Horst · Messung und Vorhersage

Paul Horst

Messung und Vorhersage

Eine Einführung in die psychologische Testtheorie

Aus dem Amerikanischen übertragen
von Dr. Ulrich Raatz

Verlag Julius Beltz · Weinheim · Berlin · Basel

Professor Ph. D. Paul Horst
Department of Psychology University of Washington

Dr. Ulrich Raatz,
Deutsches Institut für Internationale Pädagogische Forschung

Aus dem Amerikanischen übertragen von Dr. Ulrich Raatz

Titel der Originalausgabe:
„Psychological Measurement and Prediction"

ISBN 3 407 28035 1

Gesamtherstellung: Offsetdruckerei Julius Beltz, Weinheim
Printed in Germany

Vorwort zur deutschen Ausgabe

Seit dem Ende des vorigen Jahrhunderts werden in zunehmendem Maße für die verschiedensten Fragestellungen psychologische Tests eingesetzt. Grundlage der meisten Tests ist die mit dem Namen *Gulliksen* verbundene „klassische" Testtheorie.

Diese klassische Testtheorie setzt voraus, daß die zugrundeliegenden Testvariablen stetig sind

In der Realität sind aber meist nur diskrete Testpunktwerte gegeben, die oft additiv aus dichotomen Werten zusammengesetzt sind. Die Anwendung der klassischen Testtheorie auf solche Werte ist aber problematisch.

Es ist das Verdienst von Paul *Horst,* in dem vorliegenden Buch u. a. einen Ansatz für diskrete Meßwerte aufgestellt und konsequent für alle Bereiche der Testtheorie weiter ausgeführt zu haben.

Dieser Ansatz scheint bei uns noch relativ unbekannt zu sein. Deshalb wurde von Prof. G. A. Lienert, Düsseldorf, die Übersetzung des Buches angeregt.

Bei der Übersetzung wurde darauf geachtet, das Buch auch inhaltlich an deutsche Verhältnisse zu adaptieren. So wurden die vielen anglo-amerikanischen Testbeispiele in Fußnoten durch entsprechende Beispiele deutschsprachiger Tests ergänzt. Soweit erforderlich, wurden Hinweise auf weiterführende Literatur gegeben. Nur die anglo-amerikanische Schreibweise der Dezimalzahlen wurden beibehalten.

Am Ende des Buches wurde neben einem ausführlichen Schlagwort- und einem Autorenregister zusätzlich ein Verzeichnis aller genannten Tests und ein Verzeichnis aller Beweise aufgenommen. Letzteres soll denen eine Hilfe sein, die sich speziell für die Herleitung der vielen Formeln interessieren.

Mit einigen Abschnitten im Kapitel 21 über die Validität kann sich der Übersetzer inhaltlich nicht identifizieren.

Es ist zu hoffen, daß dieses Buch allen den Psychologen und Pädagogen im deutschsprachigen Raum, die sich in Theorie und Praxis, in Forschung und Lehre mit der Entwicklung von psychologischen Tests befassen, eine Hilfe ist.

U. Raatz

Vorwort

Das vorliegende Buch baut auf Erfahrungen auf, die ich in 35 Jahren bei der Entwicklung und Anwendung von psychologischen Tests in den verschiedensten Bereichen gemacht habe. Fast 20 Jahre davon habe ich mit Lehre und Forschung über die Theorie des Messens verbracht. Dabei habe ich erkannt, daß es in diesem Bereich einige grundlegende Prinzipien gibt, die oft gerade von denen nicht beachtet werden, die sie dauernd anführen. Deshalb habe ich mich dazu entschlossen, den mehr technischen Teil dieses Buches durch eine allgemeine Behandlung der Voraussetzungen und praktischen Bedeutung des psychologischen Testens einzuleiten. Das geschieht in den ersten vier Kapiteln. Sie sollen dem fortgeschrittenen Leser bestimmte Dinge ins Gedächtnis zurückrufen, den Anfänger jedoch in die praktische Bedeutung der Testtheorie, in die Testentwicklung und -administration einführen. Durch eine solche einleitende Übersicht dürfte das vorliegende Buch sowohl als Lehrbuch für Studenten, als auch als Nachschlagewerk für Lehrer, Forscher und andere, die keine Spezialisten in der Testtheorie sind, noch wertvoller sein.

Den meisten der mehr technischen Kapitel dieses Buches liegen Vorlesungsnotizen aus den letzten 20 Jahren zugrunde. Ich erhebe keinen Anspruch darauf, eklektisch zu sein oder die gesamte traditionelle Testtheorie einzuschließen und zu integrieren. Im Gegenteil, ich stehe einigen der mehr traditionellen Reliabilitäts- und Validitätskonzepten recht kritisch gegenüber, obwohl ich nicht behaupten kann, sie durch völlig entsprechende Modelle ersetzt zu haben. Ich bin immer mehr davon überzeugt, daß binäre Variable in der Testtheorie, aber auch bei der Quantifizierung in jeder Wissenschaft eine zentrale Rolle spielen. Dadurch wird eine einheitlichere Behandlung der gesamten Testtheorie möglich.

Bei der Beschreibung der Itemanalyse bin ich nicht ausführlich auf alle traditionellen Rechenverfahren eingegangen. Ich halte viele dieser Methoden für willkürlich und nicht durch entsprechende theoretische

Modelle belegt. Nichtsdestoweniger habe ich versucht, geeignete Methoden der Itemanalyse etwas systematischer darzustellen, als es sonst üblich ist. Ich hoffe, daß ihr Bezug zu den verschiedenen mathematischen Formulierungen und Rechenverfahren im Text genügend klar ist.

In dem vorliegenden Buch beziehe ich mich ebenfalls nicht auf das Werk von Dr. Frederick *Lord* und andere wahrscheinlichkeitstheoretische Ansätze. So sehr ich auch diese Arbeit bewundere, so konnte ich doch nicht erkennen, wie ich sie beim gegenwärtigen Stand ihrer Entwicklung in meinen im wesentlichen pragmatischen Ansatz, welcher sich vornehmlich mit praktischen Problemen der Vorhersage beschäftigt, einbeziehen sollte.

Ich habe das letzte Kapitel über Alter und Testleistung erst nach umfangreichen Überlegungen angeschlossen. Sicherlich wirft dieses Kapitel mehr Fragen auf, als es beantworten kann. Aber diese Fragen sind so wichtig, und entsprechende Antworten so dringend, daß das Kapitel ein passender Abschluß des Buches sein dürfte. Obwohl auf diesem Gebiet z. Z. keine Arbeit als definitiv betrachtet werden kann, glaube ich, daß das vorliegende Buch in dieser Beziehung etwas besser als andere gegenwärtige Veröffentlichungen ist. Meiner Meinung nach sollte eine angemessene Abhandlung der psychologischen Testtheorie eine Synthese aus Psychometrie, Skalierung, Psychophysik, Entwicklungstheorie und Lerntheorie, welche z. Z. am besten durch die Modelle der mathematisch orientierten Psychologen erfaßt wird, sein. Eine solche Synthese muß sich stark auf hochentwickelte faktorenanalytische Modelle stützen, mit besonderer Berücksichtigung des multidimensionalen faktorenanalytischen Ansatzes von Prof. L. *Tucker*. Voraussetzung für das Verständnis des vorliegenden Buches ist der Besuch von einführenden Vorlesungen über Statistik und Psychologie. Einige Kenntnisse über Tests und Testtheorie sind ganz nützlich, aber nicht notwendig. Ich habe für viele Gleichungen sowohl die Skalar-, als auch die Matrizenschreibweise gewählt. Jedoch ist die Kenntnis der letzteren nicht notwendig. Die mehr technischen Kapitel enthalten sowohl mathematische Modelle als auch Rechenbeispiele. Deshalb dürfte es für einen Dozenten leicht sein, in Anfängerkursen einfache Übungsbeispiele zu finden, indem er eigene Zahlen in die verschiedenen Gleichungen einsetzt. Die Abschnitte mit den mathematischen Beweisen am Ende der Kapitel sind für fortgeschrittene Studenten der ersten Semester, aber eher noch für Studenten mittlerer und höherer

Semester gedacht. Ich habe das vorliegende Buch für beide Gruppen geschrieben.
Ich möchte auf die wertvollen Anregungen von Professor L. *Tucker* und Professor Leona *Tyler* hinweisen, die das gesamte Manuskript lasen. Ich führe auch die Arbeit von Professor John B. *Carroll* an, dessen Beiträge mein eigenes Vorhaben und meinen speziellen Ansatz beeinflußt haben. Daneben gibt es viele andere, von deren Veröffentlichungen ich profitiert habe, aber deren spezielle Einflüsse ich nicht voneinander trennen kann. Insbesondere möchte ich die Unterstützung und Ermutigung durch das Office of Naval Research, Personnel and Training Branch, und durch den Leiter dieser Abteilung, Dr. Glenn L. *Bryan*, erwähnen. Ohne ihre Hilfe hätte ein Großteil der Arbeit an den mathematischen Formulierungen und an den Beispielen nicht ausgeführt werden können. Ich möchte auch dem National Institute of Mental Health danken, das Geldmittel für verschiedene Ausgaben und Entwicklungsstadien dieses Buches zur Verfügung stellte. Mrs. Fern *Thomas* schrieb die ersten Entwürfe des Manuskripts, Mrs. Billie *Castello* und ihre Stenotypistinnen vom Stenographic Pool der Universität von Washington spätere Fassungen.
Meine Frau Muriel war an der Herstellung des Buches von Anfang an beteiligt. Sie fand viele Fehler, Schreibfehler und andere, in den zahlreichen Gleichungen, und sie korrigierte viele Rechenfehler in den Beispielen. Sie legte auch das Stichwortverzeichnis an. Für die restlichen Fehler, und für Ansichten, Verfahrensweisen und Formulierungen, gegen die einige meiner geschätzten Kollegen Einwendungen erheben könnten, übernehme ich die volle Verantwortung.

Paul Horst

Inhaltsverzeichnis

1. Messung in der Psychologie

1.1. Die Stellung der Psychometrie

Eine der am weitesten verbreiteten Vorstellungen von Psychometrie bei akademisch gebildeten Psychologen ist die folgende: „Die Psychometrie ist ein Teilgebiet der Psychologie". Man braucht nur die Vorlesungsverzeichnisse verschiedener Universitäten im ganzen Lande durchzusehen. Dann stellt man fest, daß Psychometrie oft als ein Gebiet neben anderen Gebieten, wie z. B. Motivation und Wahrnehmung, physiologische, experimentelle und klinische Psychologie, angesehen wird. Unter den Spezialfächern für fortgeschrittene Psychologiestudenten findet man z. B. oft Psychometrie oder quantitative Psychologie. Dabei unterscheiden sich die in diesen Bereichen angebotenen Themen stark von einem Institut zum anderen.

Unter Psychologen besteht eine bemerkenswerte Uneinigkeit über die angemessenste Klassifizierung von Bereichen und Gegenständen der Psychologie. Die interne Struktur der American Psychological Association zeigt eine Möglichkeit, wie in der Psychologie Lehre, Forschung und Anwendung angemessen gegliedert werden können. Gegenwärtig gibt es innerhalb der American Psychological Association über zwanzig Abteilungen. Eine davon, die Abteilung 5, ist: „Messen und Testen".

Diese Einstellung zur Psychometrie, wie sie sich z. B. aus der Struktur der Sachgebiete ergibt, ist seltsam und nicht ganz glücklich. Nichts könnte irreführender sein als die Behauptung, die Psychometrie sei einer der Zweige der Psychologie. Denn Psychometrie ist für alle Gebiete der psychologischen Forschung relevant, so wie Messung allgemein für jede wissenschaftliche Untersuchung von Bedeutung ist. Diese Tatsache wird leider erst allmählich erkannt. Das ist vielleicht ein Grund dafür, daß die Psychologie nur langsam ihren Platz als eine angewandte Wissenschaft mit bedeutsamen Auswirkungen auf die moderne Gesellschaft einnimmt.

1.2 Bereiche der Psychologie, in denen gemessen wird

In den letzten Jahrzehnten hat man immer mehr die Wichtigkeit der Messung in der Psychologie erkannt. Doch gibt es auch heute noch zwischen den verschiedenen Teilgebieten der Psychologie große Unterschiede in der Verwendung von Meßtechniken und in der Erkenntnis, daß diese Techniken für jeden Fortschritt wesentlich sind. Wir glauben, daß das Ausmaß des Fortschritts in einem speziellen Bereich der Psychologie direkt proportional zu dem Grad ist, in welchem die Quantifizierung eingeführt wird und psychologische Meßverfahren in der richtigen Art angewendet werden. Es dürfte daher von Interesse sein, den Gebrauch von Meßmethoden in einigen Standardgebieten der Psychologie zu untersuchen.

1.2.1 Physiologische Psychologie

In der physiologischen Psychologie versucht man, Verhaltensaspekte mit der Struktur und Funktion des lebenden Organismus in Beziehung zu setzen. Man beschäftigt sich mit den Reaktionen des Körpers vom Zeitpunkt einer externen oder internen Reizung an bis zum Auftreten irgendeiner beobachtbaren Verhaltensweise. Physiologische Psychologen registrieren die psychogalvanische Hautreaktion, den Blutdruck, die Atemfrequenz, die Herzfrequenz, endokrine und andere Drüsensekretionen, und sie untersuchen die Beziehungen dieser körperlichen Erscheinungen zu externen und internen Reizen, die nicht nur sensorischer, sondern auch kognitiver oder verbaler Art sein können.

Häufig werden bio-elektrische Erscheinungen gemessen, die durch Reize, wie z. B. Pharmaka, hervorgerufen werden. Bei solchen Experimenten erhält man nicht immer numerische Ergebnisse, sondern auch Kurven, wie z. B. bei der fortlaufenden Registrierung von Blutdruck, Atemfrequenz und -amplitude, Herzfrequenz und psychogalvanischer Hautreaktion. Diese Aufzeichnungen können in Zahlen umgewandelt werden. Eine solche Quantifizierung ist notwendig, damit die Ergebnisse z. B. durch einen digitalen Computer bearbeitet und mathematisch analysiert werden können.

Bisher haben jedoch quantitative Methoden in der physiologischen Psychologie keine größere Rolle gespielt, zum Teil wohl deshalb, weil die Gewinnung von Daten langwierig und mühevoll ist. Zu Forschungen in der physiologischen Psychologie sind in der Regel komplizierte Apparaturen nötig, und es fallen gewöhnlich nicht so viele

Daten an, als wenn bei großen Gruppen von Probanden psychologische Tests durchgeführt werden.
Z. B. geht eine Studie über die Wirkung von bestimmten Eingriffen im Gehirn auf die Art des Verhaltens bei Ratten oder Affen nur langsam voran, und Ausfälle verkomplizieren den Versuchsplan und reduzieren die Menge der verfügbaren Daten. Dieses langwierige Sammeln von Material hat zur Folge, daß Forscher öfter Experimente mit einer viel kleineren Zahl von Beobachtungen abschließen, als es für die Erreichung definitiver Schlüsse wünschenswert wäre. Denn die Psychometrie ist nur dann produktiv, wenn hinreichend viele Daten gesammelt werden können. In der physiologischen Psychologie müssen erst noch Instrumente entwickelt werden, die relevantere Daten liefern, es bisher der Fall ist.

1.2.2 Experimentelle Psychologie

Die experimentelle Psychologie, wie sie oft genannt wird, läßt sich manchmal nur schwer von der physiologischen Psychologie trennen. Experimentell arbeitende Psychologen beschäftigen sich im allgemeinen vorwiegend mit der Erzeugung von Reizen und der Aufzeichnung der Reaktionen, z. B. durch mechanische Geräte. Das ist natürlich ein wichtiger Aspekt einer jeden wissenschaftlichen Tätigkeit.
Allerdings geht von solchen vollendeten und sinnreichen Vorrichtungen zur Erzeugung von Reizen und zur Aufzeichnung der Reaktionen immer eine starke Faszination aus. Unglücklicherweise läßt diese Faszination so manchen Forscher vergessen, daß die letzten Ziele einer Wissenschaft die Analyse und Interpretation der Daten zum Zwecke einer Vorhersage sind, und daß ohne eine solche Analyse und Interpretation Daten weitgehend nutzlos sind. Die experimentelle Psychologie hat sich nicht viel um psychologische Meßmethoden als solche gekümmert, desgleichen nicht um die Bearbeitung und Interpretation von bereits angefallenen Daten.

1.2.3 Vergleichende Psychologie

In einem anderen Bereich, der vergleichenden Psychologie, beschäftigt man sich u. a. mit dem Verhalten von niederen Wirbeltieren, insbesondere von Ratten und Affen. Dabei werden viele Experimente, z. B. über Labyrinth- und Diskriminationslernen, durchgeführt. Auch hier war bisher die Erzeugung von Daten ziemlich langwierig, und es wurden nur selten psychologische Meßtechniken verwendet. Es ist jedoch möglich, daß durch phantasievolle, begabte Forscher neue Techniken entwickelt und verstärkt eingesetzt werden können.

Eine Schwierigkeit bei der Versuchsdurchführung ist, daß für das Trainieren und Prüfen der Tiere bei den ihnen übertragenen Aufgaben viel Zeit gebraucht wird. Diese Zeit ist jedoch keineswegs notwendig. *Lockard* (1963) hat mit Erfolg für solche Experimente eine automatisierte Versuchsanlage für die Gewinnung von Daten entwickelt. In einer großen Zahl von Käfigen können gleichzeitig viele Tiere einer Vielfalt von Reizen ausgesetzt werden, wobei verschiedene Geräte die Reaktionen automatisch aufzeichnen. Es ist wahrscheinlich, daß mit genügend Phantasie, Scharfsinn und Findigkeit ähnliche Anlagen entwickelt werden können. Hierdurch könnte sich die Zahl und die Art der Fragestellungen, die mit Hilfe von Tierexperimenten bearbeitet werden können, stark erweitern.

1.2.4 Psychologie der abnormen Persönlichkeit

Die Psychologie der abnormen Persönlichkeit spielt im allgemeinen Rahmen der psychologischen Forschung eine wichtige Rolle. Trotzdem wurden die psychometrischen Techniken hier noch nicht in vollem Umfang eingesetzt. Obwohl psychologische Tests in psychiatrischen Kliniken angewendet werden, sind Psychiater und Kliniker wahrscheinlich weniger in den Techniken der Psychometrie kompetent oder geübt, da sich ihr Studium im Rahmen der traditionellen medizinischen Ausbildung bewegte. Es ist ermutigend, daß sich allmählich eine kleine Gruppe von Psychiatern und klinischen Psychologen bildet, die in der Forschung und bei der Behandlung von Geisteskrankheiten und Persönlichkeitsstörungen großen Wert auf psychometrische Methoden legen.

1.2.5 Sozialpsychologie

In der Sozialpsychologie untersucht man die Interaktionen einzelner Individuen, das Verhalten großer Gruppen und die Interaktionen von Gruppen unter verschiedenen Bedingungen in einer etablierten sozialen Ordnung.

Wenn man in der Sozialpsychologie messen will, muß man jedoch erst folgendes Problem lösen: Es muß zunächst definiert werden, was

gemessen werden soll. Denn es müssen Objekte gegeben sein, an denen man die Messungen vornimmt.
In den bereits diskutierten Bereichen der Psychologie ist die einzelne Person das Objekt, für das man sich interessiert. Dagegen fehlt den Sozialpsychologen eine entsprechende Definition des Objekts oder der Gruppe von Objekten, die sie untersuchen.
Die Objekte der Soziologie sind deutlicher. Es können Zählbezirke, Städte, Dörfer oder besonders definierte geographische Gebiete sein, in welchen Personen handeln oder in Wechselbeziehungen treten, und zwar nicht nur untereinander, sondern auch als Gruppe mit anderen Gruppen. In der Sozialpsychologie ist eine „Gruppe" gewöhnlich durch die experimentellen Bedingungen definiert. Z. B. werden mehrere Gruppen verschiedenen Bedingungen oder Instruktionen ausgesetzt. Darauf versucht man, den unterschiedlichen Effekt der Bedingungen oder anderer Faktoren auf die einzelnen Gruppen zu bestimmen.
Trotz der Probleme, die in der Definition der Objekte sozialpsychologischer Experimente liegen, sind auf diesem Gebiet bemerkenswert viele Arbeiten über Meßtechniken veröffentlicht worden.
Das ist teilweise das Ergebnis einer Vereinigung von Persönlichkeits- und Sozialpsychologie in einem Gebiet. Zu den Spezialgebieten in psychologischen Abteilungen gehört manchmal „Persönlichkeits- und Sozialpsychologie". Eine Vereinigung dieser beiden Disziplinen führt gewöhnlich dazu, daß Messungen am einzelnen Individuum innerhalb einer Gruppe oder Untergruppe, z. B. unter verschiedenen Bedingungen oder mit anderen Instruktionen, durchgeführt werden. In diesem Falle muß man sich jedoch die Frage stellen, ob man sich in der Hauptsache für die Interaktionen mehr oder weniger zusammenhängender Gruppen interessiert, oder eher für die Untersuchung vorher festgelegter Persönlichkeitsmerkmale bei einem einzelnen Individuum oder einer Gruppe.
Dann gibt es natürlich noch das große Gebiet der Meinungsforschung, das sowohl für Soziologen als auch für Sozialpsychologen von Interesse ist. Aber hier wird im allgemeinen eine ganz einfache Art des Messens verwendet: eine einzelne Frage oder z. B. der Name einer Persönlichkeit wird jedem Mitglied einer Gruppe dargeboten. Es muß seine – positive oder negative – Einstellung zu diesem Item angeben. Man kann natürlich detailliertere Antwortmöglichkeiten vorsehen, z. B. mit Eigenschaftswörtern oder Rating-Skalen. Jedoch interessiert man sich bei der Messung der öffentlichen Meinung gewöhnlich nicht für Eigenschaften eines einzelnen Individuums, sondern für Durchschnitte großer Gruppen.

1.2.6 Pädagogische Psychologie

Wenn wir eine allgemeine Übersicht über das Messen in der Psychologie geben, dann sollten wir auch die Pädagogik einschließen. Manchmal wird ein Unterschied zwischen Messen in der Pädagogik und Messen in der Psychologie gemacht. Bei der Behandlung der psychologischen Meßtechniken werden wir jedoch sehen, daß es vielfach dieselben sind wie die, welche in der Pädagogik benutzt werden.

Wenn man in der Pädagogik mißt, ist man mehr am Lernen oder an Leistungen bei verschiedenen Aufgaben oder in verschiedenen Unterrichtsfächern interessiert, nicht so sehr an den mehr grundlegenden psychologischen Aspekten menschlichen Verhaltens, es sei denn, sie betreffen den Erziehungsprozeß.

In vielen Beziehungen war das Interesse der Pädagogen an psychologischen Tests genauso groß wie das der Psychologen; und psychologische Meßtechniken wurden vielleicht häufiger durch Pädagogen als durch Psychologen angewendet.

1.2.7 Differentielle Psychologie

In den Vorlesungsverzeichnissen der psychologischen Abteilungen findet man oft Vorlesungen mit dem Titel „Differentielle Psychologie". Solche Vorlesungen können sich von einem Institut zum anderen sehr unterscheiden. Im allgemeinen wird dabei in den Vordergrund gestellt, daß sich Menschen in ihren Persönlichkeitszügen, Eigenschaften usw. voneinander unterscheiden, und daß diese Unterschiede gemessen werden können. Es sind diese Vorlesungen über differentielle Psychologie, wo die Bedeutung der Psychometrie oft am stärksten betont wird. Unglücklicherweise liegen diese Vorlesungen meistens in der ersten Hälfte des Studiums, manchmal schon im ersten oder zweiten Jahr. Deshalb können keine einwandfreien theoretischen oder technischen Grundlagen vorausgesetzt werden. Trotzdem haben sie den nützlichen Zweck, die Bedeutung von entsprechenden Meßtechniken zur Bestimmung von individuellen Differenzen hervorzuheben.

Wenn man individuelle Differenzen untersucht, muß man zwischen interindividuellen Unterschieden bezüglich einer gegebenen Eigenschaft und intraindividuellen Differenzen bezüglich einer Anzahl verschiedener Eigenschaften bei einem einzelnen Individuum unterscheiden. Diese Unterschiede spielen eine äußerst wichtige Rolle, wenn man in einem integrierten sozialen System mit Hilfe der psychologischen Meßtechniken alle menschlichen Fähigkeiten nutzbar machen und ein Höchstmaß an Zufriedenheit erreichen will.

1.3 Anwendung von psychologischen Meßmethoden

Wir haben gesehen, in welchem Ausmaß in den verschiedenen Bereichen der Psychologie Meßtechniken benutzt werden. Nun wollen wir kurz einige Möglichkeiten der praktischen Anwendung betrachten.

1.3.1 Anwendung in der Industrie

In der Industrie sind psychologische Meßverfahren seit vielen Jahren in immer stärkerem Maße für Auslese, Klassifikation, bei Schulungs- und Weiterbildungskursen usw. benutzt worden. Große und finanzstarke Firmen entwickeln ihre eigenen Tests, andere kaufen geeignete Verfahren von Verlagen. Es sollte in diesem Zusammenhang daran erinnert werden, daß die Beschreibungen in den Katalogen dieser Verlage nicht immer ganz zuverlässig sind.

Wenn ein Betrieb es sich leisten kann, sollte er lieber eine spezielle Abteilung unterhalten, die Tests entwickelt und anwendet, als von Fall zu Fall Berater hinzuziehen oder fertige psychologische Tests zu kaufen und durch ungeübte Laien durchführen zu lassen. Eigentlich sollte bei jedem psychologischen Meßinstrument eine Skala vorgesehen sein, die eine Aussage über die Kompetenz oder den Erfolg des Benutzers zuläßt. Die Verfahrensweisen zur Entwicklung solcher Instrumente sind sehr kompliziert, siehe z. B. *Thorndike* (1949). Im Unterschied zur Auslese von Arbeitskräften möchte man bei der Klassifikation den Arbeitsplatz innerhalb eines Betriebes finden, für den ein einzelner, bereits eingestellter Mann am besten geeignet ist. Auslese und Klassifikation sind so zwei Aspekte eines allgemeineren Problems: die optimale Zuordnung einer großen Gruppe von Personen zu einer großen Gruppe von Arbeitsplätzen. Auslese und Klassifikation sind hinreichend diskutiert worden (*Horst*, 1962), und zwar in „Psychological Principles in System Development“, das von *Gagné* herausgegeben wurde.

Das allgemeine Problem der optimalen Zuordnung von Arbeitskräften ist theoretisch und technisch sehr kompliziert und wird kurz in einem späteren Kapitel dieses Buches behandelt. Es ist bereits von *Horst* (1960) in seinen theoretischen und praktischen Aspekten betrachtet worden. Im allgemeinen liegt die folgende Fragestellung vor: Angenommen, es sei eine große Gruppe von Personen mit verschiedenen Fähigkeiten und eine große Zahl von unterschiedlichen Arbeitstätigkeiten gegeben. Wir nehmen an, daß diese Tätigkeiten verschiedene Fähigkeiten erfordern, und daß die Personen in der Gruppe diese in unterschiedlichem Ausmaß besitzen. Weiter sei angenommen, wir kennen die Zahl der Personen, die für jede der Arbeitstätigkeiten gesucht wird. Nehmen wir schließlich an, es wären für jede Person entsprechende Meßwerte für die Eigenschaften, die für einen Erfolg in jeder der Tätigkeiten erforderlich sind, vorhanden. Wir könnten dann zufällig mit irgendeinem Beruf beginnen und bestimmen, welche Personen die entsprechenden Arbeitsplätze am besten ausfüllen würden. Aus den übrigen könnten wir diejenigen heraussuchen, die für die Arbeitsplätze der zweiten Tätigkeit am ehesten geeignet wären. Wir könnten so weitermachen, bis alle Arbeitsplätze besetzt sind.

Bei diesem Vorgehen tritt folgende Schwierigkeit auf: Personen, die am Ende des Verfahrens für bestimmte Arbeitsplätze eingestellt werden, können diese wahrscheinlich nicht so gut ausfüllen wie die Personen, die bereits am Anfang zugeteilt worden sind. Im allgemeinen kommen auf die zuerst betrachteten Arbeitsplätze die besseren Leute. Die Reihenfolge der Besetzung bestimmt also, wohin die guten kommen.

Das Problem läßt sich auch noch auf andere Weise sehen. Wir könnten z. B. jeden Bewerber der Reihe nach betrachten und mit Hilfe einer Anzahl von verschiedenen psychologischen Messungen seiner Fähigkeiten entscheiden, für welchen Arbeitsplatz er am ehesten geeignet wäre. Angenommen, wir würden jeden Bewerber jeweils diesem Arbeitsplatz zuordnen. Es wäre ein großer Zufall, wenn wir mit Hilfe dieser Methode alle vorhandenen Arbeitsplätze besetzen könnten. Um Arbeitsplätze und Bewerber auf die beste Art zu kombinieren, müssen wir uns deshalb ein Verfahren ausdenken, das sowohl die Fähigkeiten der Bewerber berücksichtigt als auch diejenigen Fähigkeiten, die für die zu besetzenden Arbeitsplätze notwendig sind. Diese Methode sollte weiterhin so beschaffen sein, daß die Qualität der Leute von Arbeitsplatz zu Arbeitsplatz ungefähr die gleiche ist. Weiterhin können psychologische Testverfahren in der Industrie bei der Versetzung von Arbeitern auf andere Arbeitsplätze angewendet werden, wenn sich z. B. die Natur der Tätigkeit geändert hat, oder wenn der Arbeiter aus irgendwelchen Gründen für seine gegenwärtige Tätigkeit nicht mehr geeignet ist. Für diesen Zweck können psychologische Tests natürlich nur dann von Nutzen sein, wenn vorher festgestellt worden ist, daß sie einigermaßen gut den Erfolg vorhersagen können. Wenn man solche Tests verwendet, kann man möglicherweise andere Arbeitsplätze in dem Betrieb finden, für die Leute gesucht werden, und wo der Beschäftigte für das Werk wahrscheinlich nutzbringender sein wird als auf seiner gegenwärtigen Stelle.[1]

Fernerhin werden psychometrische Methoden in der Industrie verwendet, um zu ermitteln, was ein Arbeiter aus seinen Erfahrungen am Arbeitsplatz oder aus Fortbildungskursen gelernt hat. Manchmal wird auch festgestellt, was jemand auf seinem gegenwärtigen Arbeitsplatz leistet, oder welche Fortschritte er gemacht hat. Es dürfte jedoch besser sein, in diesem Fall die Leistung objektiv anzugeben, wie z. B. durch die Zahl der produzierten Stücke abzüglich der Zahl der fehlerhaften Stücke, durch den Umsatz, oder durch andere Arten von Maßen, die die Quantität und Qualität seiner Leistung anzeigen. Man kann Verfahrensweisen entwickeln, die eine Kontrolle der Produktion und eine systematische Beobachtung des Beschäftigten an seinem Arbeitsplatz durch Aufseher und andere kompetente Beobachter ermöglichen. Solche Instrumente können Rating-Skalen oder andere strukturierte Verfahren sein, bei denen die Antworten sogleich quantifizierbar sind. Derartige Methoden können in enger Beziehung zu den mehr konventionellen Arten von objektiven psychologischen Meßverfahren stehen.

Jedoch sollten Instrumente, die nicht speziell für die Feststellung einer Leistungssteigerung oder der Produktivität an einem bestimmten Arbeitsplatz gedacht sind, möglichst selten für solche Aufgaben verwendet werden. Besser sind die oben erwähnten mehr direkten Methoden.

In einer Reihe von Betrieben gibt es zwei verschiedene Arten von Beschäftigten. Eine große Zahl von Leuten ist in der täglichen routinemäßigen Produktion tätig. Eine andere Gruppe überwacht diese Arbeiter und ist für das Management verantwortlich. Wenn nun Personen auf Arbeitsplätze mit einer höheren Verantwortung versetzt

---

1 Anm. des Übers.: Auch wenn Arbeiter nach der Stillegung ihres alten Betriebs auf einen neuen Beruf umgeschult werden sollen, können Tests eingesetzt werden.

werden sollen, z. B. von einem aus der ersten Kategorie auf einen der zweiten, dann bieten psychologische Meßinstrumente die Möglichkeit zu entscheiden, wer wahrscheinlich Erfolg haben wird.

Dieser Anwendungsbereich von psychologischen Tests dürfte in Zukunft noch wichtiger werden, da infolge der Automation immer mehr Leute im Management und immer weniger in der Produktion beschäftigt sein werden. Wenn die Methoden zur Entwicklung solcher Instrumente und die Instrumente selbst verbessert werden, dürfte ihr Nutzen zweifellos immer größer werden.

1.3.2 Anwendungen in der Pädagogik

Ein weiterer wichtiger Bereich, in dem psychometrische Methoden angewendet werden, ist die Pädagogik. Wir wollen nicht versuchen, alle Anwendungsmöglichkeiten der Psychometrie im amerikanischen Erziehungswesen im Detail zu diskutieren, aber wir wollen wenigstens einige erwähnen.

Psychologische Meßverfahren werden in der Pädagogik sowohl in der Lehre als auch in der Forschung verwendet. In der Forschung werden sie benutzt, um die Effektivität verschiedener Lehrmethoden, z. B. der Bildung von Leistungsgruppen, der Benutzung von audio-visuellen Hilfsmitteln bei der Darstellung von Lehrmaterial, und programmierter und automatisierter Instruktionen zu überprüfen.

Ein anderer Anwendungsbereich in der Pädagogik ist die Diagnostik. Wenn z. B. Schüler keine zufriedenstellenden Fortschritte im Lesen oder Rechnen machen, kann man mit psychologischen Tests oft herausfinden, wo ihre Schwierigkeiten liegen. Man kann z. B. feststellen, ob dem Schüler eine spezielle Fähigkeit fehlt, die für einen normalen Fortschritt notwendig ist, oder ob die Lernschwierigkeiten durch irgendeine Art sensorischer Behinderung hervorgerufen werden, wie z. B. mangelhaftes Hören oder Sehen. Jedoch können diese sensorischen Mängel gewöhnlich durch konventionelle medizinische Techniken entdeckt werden.

Psychologische Tests können in der Pädagogik auch zur Beratung eingesetzt werden. Berufsinteressen- und -eignungstests sind sehr nützlich, wenn am Ende bestimmter Erziehungsabschnitte Entscheidungen über einen weiteren Schulbesuch oder eine Berufstätigkeit getroffen werden müssen. Gewöhnlich werden diese Tests nicht vor der Secondary School angewendet.

Auf der High School muß man sich entscheiden, ob man einen Stundenplan auswählt, der auf einen zukünftigen College-Besuch, oder einen, der auf eine Berufstätigkeit zugeschnitten ist. Für diesen Zweck sind verschiedene Arten von Tests entwickelt worden. Am Ende der High School geben solche Verfahren dem Studenten eine zusätzliche Bestätigung darüber, welchen Weg er am besten einschlagen soll, ob er zum College oder in einen Beruf gehen soll.
Eignungstests können auch für solche Studenten von Nutzen sein, die auf dem College versagt haben. Diese Tests, von denen einige häufig von den staatlichen Arbeitsämtern überall im Lande angewendet werden, können eine Vielfalt von Berufen aufzeigen, in denen solche Studenten Erfolg haben können.
Es gibt auch Instrumente, die vorhersagen können, wie erfolgreich Studenten auf dem College sein werden. Die „College Board Tests" wurden lange zu diesem Zweck verwendet. Neuerdings wurden entsprechende Verfahren im Rahmen des American College Testing Program entwickelt.
Zusätzlich zu solchen Tests, die eine mehr allgemeine Vorhersage ermöglichen, werden neuerdings Verfahren verwendet, die schätzen, welchen Erfolg Studenten auf dem College in den verschiedenen Hauptfächern oder speziellen Kursen haben werden. Tests dieser Art können für einen Studenten bei der Auswahl seiner Hauptstudienfächer äußerst nützlich sein. Techniken für die differentielle Vorhersage von Kursnoten im College sind erstmalig an der Universität von Washington entwickelt worden (*Horst*, 1957).
In Zukunft werden wegen der bereits erwähnten Probleme der Automation Tests noch anders eingesetzt werden. Denn da Arbeiter immer mehr durch Automaten ersetzt werden, wird es immer weniger Arbeitsplätze für Personen mit nur einer High-School-Ausbildung geben. Tests zu entwickeln, die noch genauer vorhersagen, welche Studenten in einem automatisierten Zeitalter erfolgreich sein werden, ist jedoch nicht das einzige Problem. Ein weiteres besteht in der Anpassung des Menschen an unser ganzes industrielles und soziales System, so daß die Arbeit, die getan werden muß, derartig organisiert und eingeteilt werden kann, daß alle Fähigkeiten und speziellen Begabungen der jungen Leute, die fortwährend neu in den Arbeitsmarkt eintreten, nutzbar gemacht werden. Probleme dieser Art müssen in sehr großem Umfang untersucht werden, und die besten Köpfe dieses Landes sollten bei ihrer Lösung mitwirken.
Als letztes wollen wir die Anwendung von psychologischen Meß-

methoden bei der Messung von Leistungsfortschritten diskutieren. Hier sind die große Zahl von Schulleistungstests mit eingeschlossen, die von Verlagen vertrieben, die aber auch von Lehrern für ihre eigenen Bedürfnisse entwickelt werden. Eine Zeitlang hielt man es für sehr wichtig, daß Lehrer lernen, objektive Schulleistungstests zu konstruieren. Die Frage ist, ob das wirklich notwendig ist, wenn man die hochgradig technische Natur des psychologischen Messens und die vielen komplizierten theoretischen Probleme bedenkt, die bei der Entwicklung von zufriedenstellenden Meßinstrumenten auftreten. Es scheint weder angemessen noch fair zu sein, von den Lehrern zu verlangen, daß sie sich mit der Unmenge von Theorie und Technik beschäftigen, die für die Herstellung von adäquaten und effektiven Tests notwendig ist. Von einem überarbeiteten und dabei unterbezahlten Lehrer sollte man nicht erwarten, daß er Spezialist in der Testentwicklung ist. Die Alternativen zum Gebrauch von Schulleistungstests, die entweder schon fertig sind oder jeweils durch den Lehrer entwickelt werden, sind jedoch z. Z. durchaus noch nicht genügend geklärt.

Man kann nicht die Entwicklung von Tests in der Pädagogik diskutieren, ohne im einzelnen die Probleme zu berücksichtigen, die bei der Zusammenstellung der Lehrpläne auftreten. Wenn diese Fragen aber einmal gestellt sind, entstehen eine Unzahl von neuen technischen, administrativen, praktischen, politischen und sozialen Problemen. Wir halten den Versuch für vermessen, in diesem Buch die Richtung aufzuzeigen, in die eine Lösung dieser Probleme gehen würden, damit die Entwicklung eines entsprechenden Testprogramms im Rahmen der nationalen Erziehung möglich wird.

Vielleicht sollte jedoch jedem Schulbezirk eine Abteilung oder eine Gruppe von Spezialisten zur Verfügung stehen, mit denen die Lehrer bei der Herstellung von Tests zusammenarbeiten können. Es erscheint gerechtfertigt, daß in großstädtischen High Schools eine eigene Gruppe von Fachleuten vorhanden ist, die den Lehrern bei den technischen Problemen, welche bei der Entwicklung von Schultests entstehen, helfen können.

1.3.3 Anwendungen beim Militär

Während und nach dem 2. Weltkrieg haben die staatlichen und militärischen Einrichtungen in den USA ausgedehnten Gebrauch von psychologischen Meßinstrumenten gemacht.

Früher spielte der einzelne Soldat bei militärischen Unternehmungen die Hauptrolle. Heute stehen wir jedoch am Beginn des nuklearen Zeitalters, und Kernwaffen gewinnen immer mehr an Bedeutung. Wahrscheinlich nimmt deshalb der Einsatz von Soldaten zugunsten von anderen Möglichkeiten bei einzelnen militärischen Operationen stark ab. Früher waren tausende oder hunderttausende von Soldaten notwendig, um eine einzige große feindliche Stadt zu zerstören. Heute erledigt das eine einzige Rakete unter der direkten Kontrolle einer kleinen Zahl von Technikern. An der Front kommt nur eine relativ kleine Zahl von Leuten bei der Bedienung dieser Verrichtungswaffen in direkten Kontakt mit ihnen, die Zahl der Leute für Wartung und andere Dienste hiner der Front kann jedoch sehr groß sein. Nichtsdestoweniger sind heutzutage konventionelle Kriegstechniken immer noch von Bedeutung. Jedenfalls wurden seit Beginn des zweiten Weltkriegs bis in die Gegenwart psychologische Tests beim Militär immer häufiger verwendet.

Psychologische Meßverfahren können beim Militär etwas effektiver eingesetzt werden als in der Industrie, weil beim Militär die organisatorische Struktur einheitlicher und autoritärer ist. In der Industrie gibt es eine große Zahl von selbständigen Einheiten, die die Entwicklung von effektiven Testprogrammen erschweren. Bei militärischen Organisationen werden Forderungen nach der Entwicklung von solchen Programmen sehr viel schneller erfüllt. (Siehe *Horst*, 1962)

Die Verwendungsmöglichkeiten von psychologischen Tests in diesem Bereich sind fast dieselben wie in der Industrie. Es sind Personalauslese und Klassifikation, Entwicklung und Prüfung von Lern- und Übungsprogrammen, und die Auswahl von Personen zum Zwecke der Beförderung in höhere Aufsichts- oder Verwaltungsstellen im Offiziersrang. Weil diese Aufgaben schon im vorigen Abschnitt diskutiert worden sind, sollen sie hier nicht wiederholt werden. Die Prinzipien und Gründe für den Gebrauch von psychologischen Tests für diese verschiedenartigen Zwecke sind die gleichen.

Heer, Marine und Luftwaffe haben während und nach dem zweiten Weltkrieg für diese Fragestellungen Personal und psychologische Tests unabhängig voneinander in großem Umfang eingesetzt. Diese Verfahrensweise muß hauptsächlich deshalb kritisiert werden, weil durch das selbständige Vorgehen innerhalb eines jeden der drei genannten Bereiche bei der Entwicklung und dem Gebrauch von psychologischen Meßinstrumenten viel Geld vergeudet worden ist. Die Meßtechniken und die Methoden bei der Entwicklung dieser Instrumente sind in jedem Bereich beinahe, wenn nicht sogar genau identisch, und die Unterschiede in den Methoden können eher auf die spezifischen organisatorischen und personellen Unterschiede zwischen den drei Bereichen, als auf Unterschiede in den Problemen oder Zielen zurückgeführt werden.

1.3.4 Geisteskrankheit

In dem vorhergehenden Abschnitt haben wir die Psychologie der abnormen Persönlichkeit unter einem mehr akademischen Gesichtspunkt betrachtet, nämlich als spezielles Lehrfach in den psychologischen Abteilungen von College und Universität. Wir können aber auch einen mehr praxisbezogenen Standpunkt einnehmen, denn Geisteskrankheiten spielen wegen der Kosten und anderer Folgeerscheinungen eine wichtige Rolle in unserer Gesellschaft. Die einzelnen Punkte, die weiter oben bezüglich der Psychologie der abnormen Persönlichkeit diskutiert worden sind, treffen auch auf die Praxis zu. Ähnlich wie in Lehre und Forschung, sind bei der Therapie von Geisteskrankheiten sowohl in staatlichen als auch in privaten Institutionen psychologische Meßtechniken noch nicht mit merklicher Effektivität angewendet worden. Jedoch gibt es verschiedene Bereiche im Rahmen der Behandlung von Geisteskrankheiten, wo Tests von Nutzen sind, und wo sie in Zukunft noch wichtiger werden könnten.

1.3.4a Diagnose

Eine angemessene theoretische Fundierung der quantitativen Forschung und ein fachkundiger Gebrauch von psychologischen Meßtechniken könnte für die Diagnose von Geisteskrankheiten wahrscheinlich sehr von Vorteil sein. Bekanntlich kommt die traditionelle Einteilung der Geisteskrankheiten allmählich in Verruf, und es scheint keine sehr zweckmäßige Klassifizierung zu geben, die man an ihre Stelle setzen könnte. Man kann nicht erwarten, eine Krankheit in der richtigen Art zu behandeln, wenn man nicht weiß, was nicht in Ordnung ist. Und wie kann man wissen, was nicht in Ordnung ist, wenn man den Mechanismus des abnormen Verhaltens nicht versteht?

Sicherlich sind diese Probleme schwierig und kompliziert; und es ist nicht beabsichtigt, Kritik an denen zu üben, die sich mit ihnen abmühen. Aber es ist unverständlich, daß es in Vergangenheit und Gegenwart immer wieder einen so deutlichen Widerstand gegenüber quantitativen Methoden und Meßverfahren gegeben hat. Bei diesen wichtigen

Problemen sollten alle Lösungsmöglichkeiten in der entsprechenden Art berücksichtigt werden.

1.3.4b Therapie

Wir wissen wenig über die Entstehung und den Mechanismus von Geisteskrankheiten, und noch weniger über eine effektive Behandlung dieser Krankheiten. Nichtsdestoweniger ist es wichtig, daß entsprechende Meßmethoden für die verschiedenen Arten und den Ausprägungsgrad von Verhaltensstörungen und die Wirksamkeit verschiedener Behandlungsweisen vorliegen.

1.3.4c Zu seltene Verwendung von Tests

Man kann verschiedene Gründe dafür anführen, weshalb psychologische Tests bei Geisteskrankheiten nicht ausreichend benutzt werden. Sie sind zwar schon vorher genannt worden, aber eine Zusammenfassung könnte von Nutzen sein.

Erstens konnten die Mechanismen und die richtige Identifikation abnormaler Verhaltensweisen noch nicht richtig erforscht werden.

Zweitens wurden nicht genügend Instrumente zur Messung solcher Verhaltensweisen entwickelt. Im Gegenteil, die Kliniker leisteten massiven Widerstand gegen den Gebrauch von quantitativen Methoden bei Diagnose, Analyse und Therapie von Geisteskrankheiten. Sie behaupteten, daß man die Faktoren, die das abnorme Verhalten ausmachen, in ihren dynamischen Wechselwirkungen betrachten muß. Aber gerade diese Konzepte von dynamischen Wechselwirkungen können viel effektiver durch mathematische Modelle als durch verbale Symbole beschrieben werden, wie vor kurzem gezeigt wurde. Diese mathematischen Formulierungen machen objektive Messungen möglich. Glücklicherweise beginnt sich eine namhafte Gruppe von Klinikern für diesen Ansatz zu interessieren.

Es sind also oft keine entsprechenden Tests vorhanden, teils wegen mangelnder Forschung, teils wegen des Widerstandes der Tradition. Kompetente und erfahrene Forscher müssen sich viel mehr um die Entwicklung von psychologischen Meßinstrumenten bemühen, die für unangepaßte und gegen die Gesellschaft gerichtete Verhaltensweisen geeignet sind.

1.3.5 Kriminologie

In der Kriminologie sind Tests öfters verwendet worden. Dieses Gebiet scheint ein fruchtbares Feld für die Psychometrie zu sein. Wir wollen zwei Anwendungsmöglichkeiten erwähnen:

1. bei der Entscheidung, ob Kriminelle unzurechnungsfähig sind, und
2. bei der Entscheidung, ob eine Entlassung auf Bewährung erfolgreich sein wird.

1.3.5a Untersuchung auf Unzurechnungsfähigkeit

Wir wollen kurz die Probleme erwähnen, die bei einer Untersuchung der Frage auftreten, ob Straftäter nicht im Vollbesitz ihrer geistigen Kräfte waren, als sie einen Mord oder eine andere schwerwiegende Straftat begingen. Unglücklicherweise sind die gesetzlichen Verfahrensweisen, die in den USA angewendet werden, unglaublich archaisch, und sie gehen nicht nur auf das Mittelalter, sondern noch viel weiter zurück. Es ist daher schwierig, eine Möglichkeit zu sehen, wie psychologische Tests direkt den gesetzlichen Status von Tätern, die man für unzurechnungsfähig hält, beeinflussen kann. Sogenannte Experten versuchen, selbstsicher und arrogant zu entscheiden, ob Täter für ihre Taten verantwortlich sind, obwohl die Psychologen Unzurechnungsfähigkeit noch nicht entsprechend definiert haben[2].

Bevor die Rolle der Psychometrie in solchen Fällen geklärt und gerechtfertigt werden kann, muß für die Entstehung, Definition und Behandlung von asozialen Verhaltensweisen eine rationalere Grundlage geschaffen werden, als sie in unserem gegenwärtigen, archaischen System augenscheinlich besteht. Es scheint jedoch möglich zu sein, versuchsweise Kriterien für Verhaltensstörungen aufzustellen und sie zu den gerade diskutierten Problemen der Unzurechnungsfähigkeit in Beziehung zu setzen. Man muß wohl sagen, daß Psychologie und Theorie und Technik des psychologischen Messens noch nicht genügend entwickelt sind, um denjenigen Hilfestellung geben zu können, die sich voreilig da Urteile erlauben, wo äußerste Vorsicht geboten wäre.

1.3.5b Bewährungsvorhersage

Eine leichter durchführbare Aufgabe auf dem Gebiet der Kriminologie ist für die Psychometrie die Vorhersage des Erfolges einer Entlassung

---

2 A. d. Ü.: In Deutschland wird in diesen Fällen vom Gericht meist ein Psychiater hinzugezogen.

auf Bewährung. In der Entwicklung von Meßinstrumenten und Verfahrensweisen hierfür ist viel geschehen. Vielleicht ist sehr viel mehr möglich, wenn „Erfolg“ besser definiert wird, wenn die Faktoren, die diesen Erfolg bestimmen, besser verstanden werden, und wenn weitere Anstrengungen bei der Entwicklung von Methoden und Instrumenten für diese Art von Vorhersage gemacht werden.

1.3.6 Anpassung in Familie und Beruf

Psychologische Meßtechniken werden in Verbindung mit der Anpassung von Individuen an ihr häusliches Leben, an ihre Freizeitbeschäftigung, und sogar an ihre Berufstätigkeit eingesetzt. Diese spezielle Art der Anwendung geht gegenwärtig quer durch die anderen, die wir bereits betrachtet haben, hindurch. Sie unterscheidet sich von den anderen im wesentlichen darin, auf wessen Initiative hin die Untersuchung durchgeführt wird. Bei den ersten fünf Anwendungsbereichen, die wir betrachtet haben, kommt die Anregung dazu von Quellen außerhalb des Individuums selbst.
Aber die Bedeutung der Stellen, die einzelnen Menschen und Familien mit persönlichen Anpassungsproblemen beistehen, wird immer größer. Hierbei kommt üblicherweise die Initiative von den Individuen oder Familien, die Hilfe für die Lösung ihrer Probleme suchen, selbst. Wenn natürlich die Schwierigkeiten so groß werden, daß andere davon betroffen werden, dann kann auch der erste Schritt von außerhalb kommen. Diese Art der Anwendung betrifft sowohl Kinder als auch Erwachsene.

1.3.6a Kinder

Bei Kindern sind Anpassungsschwierigkeiten meist deutlich zu erkennen, sowohl zu Hause als auch in der Schule. Wenn solche Probleme in der Schule zum Vorschein kommen, können Lehrer, Berater und andere die Initiative zu weiteren Untersuchungen ergreifen, und sie können bei Kindern, die Schwierigkeiten haben, Persönlichkeitstests zur Unterstützung bei Diagnose und Prognosen einsetzen.
Häusliche Schwierigkeiten sind manchmal derart, daß die Eltern selbst eine Untersuchung ihrer Problemkinder anregen. Dabei arbeiten Psychologen oder Erziehungsberater öfter mit Interview-Techniken als mit Tests. Vielleicht sind Bedeutung und Nutzungsmöglichkeiten von Meßtechniken hier nicht so groß wie in den anderen Anwendungsbereichen, die wir diskutiert haben.

1.3.6b Erwachsene

Psychologische Tests sind viel häufiger für die Vorhersage der Verträglichkeit in einer späteren Ehe als bei der Behebung von Anpassungsproblemen bei bereits Verheirateten eingesetzt worden. Man hat versucht, Techniken zu entwickeln, mit denen man für Verlobte bereits vor der Eheschließung eine Vorhersage ihrer gegenseitigen Anpassung in ihrer späteren Ehe machen konnten. Umfassende quantitative psychologische Testverfahren wurden erstellt und am späteren Erfolg in der Ehe validiert. Berücksichtigt man jedoch das Fehlen von abschließenden Untersuchungen über die Effektivität dieser Tests, so muß man feststellen, daß sie zweifelsohne zu sehr popularisiert worden sind. Es ist jedoch wahrscheinlich, daß für diesen Zweck bessere Verfahren entwickelt werden könnten.

2. Anwendungsgebiete für Tests

Im ersten Kapitel haben wir die Rolle des Messens in der Wissenschaft diskutiert, und wir haben auf die Bedeutung dieses Konzepts sowohl in der traditionellen theoretischen als auch in der angewandten Psychologie hingewiesen. In diesem Kapitel wollen wir die bedeutenderen psychologischen Bereiche, wo man messen kann, besprechen, weil die Meßinstrumente, die wir benutzen, durch das jeweilige Ziel bestimmt werden. Die psychologischen Bereiche, die wir betrachten wollen, sind: Kognitiver Bereich, sensorischer Bereich, Motorik, spezielle Leistungen und Persönlichkeit.

2.1 Der kognitive Bereich

Bei der Besprechung des kognitiven Bereichs werden wir zunächst eine vorläufige Definition geben. Dann wollen wir die Einteilung der kognitiven Fähigkeiten und entsprechende Tests diskutieren. Schließlich werden wir einige Berufe oder Tätigkeiten anführen, bei denen kognitive Fähigkeiten wichtig sind.

2.1.1 Definition

Wir nehmen an, daß die Begriffe Kognition und Intelligenz im allgemeinen die gleichen psychischen Phanomene umfassen. Jedoch hat sich in den letzten Jahren herausgestellt, daß schon der Begriff der Intelligenz nicht so einfach ist, wie man zuerst gedacht hatte. Es scheint eine Anzahl von verschiedenen Arten von Intelligenz zu geben.
Als erster versuchte der französische Psychologe *Binet* (1905) zu Beginn dieses Jahrhunderts das zu messen, was mit „allgemeiner Intelligenz“ bezeichnet wurde. *Binet* stand vor dem praktischen Problem, Schulkinder nach ihren intellektuellen Fähigkeiten einzustufen. In den USA wurde das Werk von *Binet* durch *Terman* (1916) von der Stanford-Universität aufgegriffen, und die wohlbekannten Stanford-Binet-Intelligenztests wurden entwickelt. In Verbindung mit diesen Tests entstand

das Konzept des IQ oder Intelligenzquotienten. Es gibt zwei Arten von Stanford-Binet-Intelligenz-Tests. Einer ist der Individualtest, der mündlich bei einem einzelnen Probanden durch einen – hoffentlich – erfahrenen Prüfer durchgeführt wird. Es gibt aber auch entsprechende Gruppentests in Papier-Bleistift-Form. Diese sind jedoch nicht so sehr bekannt und allgemein gebräuchlich wie die Individualtests.
Sieht man sich die Aufgaben des Stanford-Binet-Tests an, so erkennt man schnell, daß eine Anzahl verschiedenartiger geistiger Tätigkeiten erforderlich sind, und daß sich die Unterschiede nicht nur auf den Schwierigkeitsgrad beziehen. Z. B. verlangen einige Tests, einfache Aufgaben zu lösen, die das Verständnis für quantitative oder numerische Konzepte erfassen. Andere messen die Fähigkeit, mit räumlichen Beziehungen umzugehen. Einige Aufgaben erfordern auch logisches Denken oder die Fähigkeit, Probleme zu lösen. Wir haben so eine Anzahl von unterschiedlichen Fähigkeiten, die bei einem einzelnen Individuum variieren können.[3]

2.1.2 Einteilung der kognitiven Fähigkeiten

Es gibt eine Reihe von Versuchen, verschiedene Arten oder Dimensionen der intellektuellen oder kognitiven Fähigkeiten aufzufinden. Wir werden drei solcher Ansätze diskutieren, den von *Thurstone* (1938), dann eine Erweiterung durch *Guilford* (1957), und schließlich die Zusammenfassung einer Reihe von Untersuchungen durch *French* (1951).

2.1.2a Kognitive Fähigkeiten nach Thurstone

Thurstone begann sein bahnbrechendes, schon klassisch gewordenes Werk mit der Sammlung einer großen Zahl von verschiedenen psychologischen Tests. Einige davon entwickelte er selbst, andere entnahm er den Arbeiten anderer Forscher. Es waren über 50 Verfahren.
Thurstone hatte für die Analyse der Ergebnisse einer großen Zahl von Tests, die an einer Reihe von verschiedenen Personen durchgeführt worden waren, ein theoretisches Modell entwickelt, das er Faktorenanalyse nannte. Ein späteres Kapitel dieses Buches wird diese wichtige Technik detaillierter behandeln. Sie war eine hochentwickelte Erweiterung einer viel primitiveren Methode, die einige Jahre früher durch *Spearman* (1927) erdacht worden war.

---

3 A. d. Ü.: Eine deutsche Bearbeitung dieses Tests stammt von *H.-R. Lückert* (1957).

Thurstone wendete die Testbatterie bei einer Gruppe von einigen hundert Studenten der High School an. Auf Grund einer Faktorenanalyse der Ergebnisse dieser Tests schloß *Thurstone*, daß Intelligenz unmöglich eindimensional sein könnte, falls diese Tests so etwas wie Intelligenz erfaßten. Entsprechend seiner Analyse mußte es mindestens acht bis zwölf verschiedene, voneinander relativ unabhängige Arten von kognitiven oder intellektuellen Fähigkeiten geben.
Thurstone führte später weitere Untersuchungen durch, die seine früheren Schlüsse bestätigten und definitiv nachwiesen, daß es keinen einzelnen Generalfaktor der Intelligenz gibt, sondern stattdessen eine Anzahl verschiedener Intelligenzarten. Trotzdem ist es überraschend, daß sogar heute noch das Konzept einer allgemeinen, eindimensionalen Intelligenz fortbesteht, und daß es nicht nur in Laienkreisen, sondern auch bei vielen Psychologen und Pädagogen verewigt ist.
Einige der verschiedenen intellektuellen Fähigkeiten oder Intelligenzdimensionen, die *Thurstone* isolieren konnte, sind verbale und numerische Intelligenz, räumliches Vorstellungsvermögen, Wortflüssigkeit, Wahrnehmungsfähigkeit und deduktives und induktives Denken. Es ist noch nicht ganz klar, wieviele verschiedene Intelligenzarten es genau gibt, oder ob es sinnvoll oder überhaupt möglich ist, eine genaue Systematik aufzustellen.

2.1.2b Intelligenz nach Guilford

Die Untersuchungen, die von *Thurstone* angeregt und durchgeführt wurden, wurden später durch *Guilford* (1957) erheblich erweitert. Er schloß eine Anzahl verschiedenartiger Meßinstrumente mit ein, die *Thurstone* nicht verwendet hatte. Auf Grund einer Faktorenanalyse konnte *Guilford* einige der Faktoren, die *Thurstone* identifiziert hatte, weiter aufspalten. Insgesamt erhebt *Guilford* den Anspruch, einige vierzig oder fünfzig verschiedene Arten von kognitiven Fähigkeiten identifiziert zu haben, vielleicht sogar mehr.
Es sollte angemerkt werden, daß die Anzahl der Fähigkeiten, die durch die Technik der Faktorenanalyse ermittelt wird, in hohem Maße von der jeweils verwendeten faktorenanalytischen Methode abhängt. Es gibt, wie *Horst* (1965) ausgeführt hat, gegenwärtig eine Vielzahl von entsprechenden Methoden. Man kann sich fragen, ob die große Zahl von zusätzlichen Intelligenzfaktoren, die *Guilford* bestimmt hat, bei der Messung und Analyse des menschlichen Intelligenzverhaltens notwendig, geschweige denn nützlich sind.

2.1.2c Intellektuelle Fähigkeiten nach French

Die Arbeiten von *Thurstone* und *Guilford* waren experimentell in dem Sinne, daß die Autoren eine große Zahl von psychologischen Meßinstrumenten zusammenstellten bzw. entwickelten, sie anwendeten und die Ergebnisse analysierten. Dagegen faßte *French* (1951) faktorenanalytische Studien der Intelligenz und andere Merkmale zusammen, die nicht nur von *Thurstone* und *Guilford* durchgeführt worden waren, sondern auch noch von vielen anderen Forschern, und zwar alle mit faktorenanalytischen Techniken. Die Arbeit von *French* ergab auch eine erheblich größere Zahl von kognitiven Faktoren als die Untersuchungen von *Thurstone*. *French* stieß jedoch auf Schwierigkeiten, als er die Ergebnisse verschiedener Forscher vergleichbar machen wollte. Seine Arbeit ist zwar sehr umfangreich, aber die Ergebnisse sind noch nicht endgültig.

2.1.3 Items, die bei der Messung des kognitiven Bereichs verwendet werden

2.1.3a Verbale Items

Die Eigenschaften, die vielleicht am häufigsten mit der allgemeinen Intelligenz in Verbindung gebracht werden, sind die sprachlichen Fähigkeiten. Es ist erstaunlich, wie sehr jemand andere mit seiner Intelligenz beeindrucken kann, wenn er über eine ausgezeichnete Sprachbeherrschung verfügt. Man kann vielleicht sogar behaupten, daß Unwissenheit oft durch Wortgewandtheit verdeckt werden kann. Nichtsdestoweniger dürfte es sicher sein, daß Gewandtheit mit dem jeweiligen System von ethnischen Symbolen eine der Voraussetzungen für wichtige Arten der intellektuellen Leistung ist.

Die Art der Aufgaben, die bei der Messung der verbalen Fähigkeiten verwendet werden, sind den meisten, z. B. von der Schule her, wohl bekannt. Zu solchen Angaben gehört bei Wortschatzprüfungen[4] das Synonym-Antonym-Item und andere Arten von Mehrfachwahl-Aufgaben, wobei man angeben muß, welches aus einer Reihe von Wörtern dem „Schlüsselwort“ am ehesten in der Bedeutung entspricht. Items,

---

4 A. d. Ü. Beispielsweise bei den Wortschatztests WST 5–6 und WST 7–8 von A. Anger, R. Bargmann und E. Hylla (1965)

bei denen verbale Analogien gebildet werden müssen, werden ebenfalls häufig zur Messung der sprachlichen Intelligenz verwendet.[5]
Auch das Lesen wird oft dazu benutzt. Hierbei wird ein kurzes Lesestück vorgegeben. Dann werden Fragen gestellt, die sich auf das Lesestück beziehen. Der Proband muß angeben, welche von verschiedenen Alternativen die beste Antwort auf diese Fragen ist.[6] Mit Items dieser Art kann man auch Fähigkeiten oder Leistung in einer Reihe von anderen Bereichen erfassen. Die Lesestücke werden dann aus den jeweiligen Gebieten ausgewählt.

Dieses Vorgehen hat jedoch in Fachkreisen beträchtliche Verwirrung gestiftet. Die Methode scheint zwar ein einfacher Weg zu sein, Fähigkeiten und Leistungen in vielen verschiedenen Bereichen zu erfassen. Oft stellt es sich jedoch heraus, daß solche Items in der Hauptsache verbale Intelligenz messen, und zwar unabhängig von dem jeweiligen Gebiet, aus dem die Lesestücke ausgewählt sind.

Die Fähigkeit, mit Zahlen und quantitativen Beziehungen umzugehen, ist eine der am sichersten nachgewiesenen Arten der Intelligenz. Sie kann ziemlich leicht durch einfache arithmetische Aufgaben, bei denen man addieren, subtrahieren, multiplizieren oder dividieren muß, gemessen werden. Solche Items können so einfach oder so schwierig gemacht werden, wie man will. Die Rechenoperationen können auf den Gebrauch von positiven und negativen Zahlen, von Dezimalbrüchen usw. ausgedehnt werden.

2.1.3b Numerische Items

Eine der hauptsächlichsten Schwierigkeiten, die dabei auftreten kann, ist folgende: Wenn die Items zu schwierig gemacht werden, können sie genausogut eine andere Intelligenzdimension messen, z. B. die Fähigkeit zum logischen Denken. So hat man herausgefunden, daß eingekleidete Rechenaufgaben eine Kombination von von rechnerischer Fähigkeit und logischem Denkvermögen messen. Wenn man verschiedene Intelligenzdimensionen erfassen will, sollte man sie nicht in einem einzelnen Item vermischen.

---

5 A. d. Ü. Beispielsweise in einem Untertest des Intelligenz-Struktur-Tests IST von R. Amthauer (2. Aufl. 1955)

6 A. d. Ü. Beispielsweise bei den Tests „Verständiges Lesen“ VL 5–6 und VL 7–9 von H. Anger, R. Bargmann und M. Voigt (1965)

2.1.3c Räumliche Items
Die Fähigkeit, mit räumlichen Beziehungen umzugehen, ist eine gut gesicherte Dimension der Intelligenz, und die Arten von Items, die bei der Messung dieser Fähigkeit verwendet werden, sind gut bekannt. Ein Typ besteht aus einem Paar identischer Figuren, die verschieden im Raum orientiert sind. Es ist herauszufinden, ob die eine Figur umgedreht worden ist, so daß sie ein Spiegelbild der anderen ist.[7] Bei einer anderen Aufgabenart ist eine Figur in drei Dimensionen dargestellt. Eine zweidimensionale Zeichnung wird außerdem vorgegeben. Wenn man diese entsprechend den gepunkteten Linien falten würde, kann sich die dreidimensionale Figur ergeben, braucht es aber nicht. Das soll der Proband jedesmal herausfinden.[8] Bei einer anderen räumlichen Aufgabe ist ein Stapel von Klötzchen perspektivisch dargestellt. Der Prüfling muß angeben, wieviele Klötzchen der Stapel enthält.[9]

2.1.4 Berufe und der kognitive Bereich

Leider ist zu wenig darüber bekannt, welche Arten von Intelligenz oder kognitiven Fähigkeiten bei den einzelnen Berufen für den Erfolg wichtig sind. Hier war die Forschung nicht systematisch genug und erbrachte keine gesicherten Ergebnisse. Wie wir in einem späteren Kapitel sehen werden, gibt es Techniken, mit denen man empirisch auf der Basis einer einzelnen Stichprobe von Individuen bestimmen kann, welche Tests in welcher Kombination für eine Vorhersage des Erfolges bei verschiedenen Berufstätigkeiten von Bedeutung sind. Jedoch waren entsprechende Untersuchungen zu wenig umfassend oder strukturiert, um die relative Bedeutung der unterschiedlichen Fähigkeiten für verschiedene Berufe aufzeigen zu können. Trotzdem wollen wir ganz kurz, wenn auch nur als Beispiel, einige Berufsgruppen anführen und die Fähigkeiten nennen, die für diese wichtig zu sein scheinen.

2.1.4a Ingenieure
In der modernen Technik ist die Rolle des Ingenieurs höchst wichtig geworden. Dementsprechend haben Meßinstrumente für eine Vorhersage des Erfolges in technischen Berufen in den letzten Jahren viel

---

7 A. d. Ü. Z. B. ein Untertest im Leistungsprüfsystem LPS von W. Horn (1962)
8 A. d. Ü. Z. B. bei dem Test „Würfelabwicklungen" von R. Meili (1956)
9 A. d. Ü. Eine der Aufgaben im *Binet-Simon-Kramer*-Test von J. Kramer (2. Aufl. 1959)

Aufmerksamkeit auf sich gezogen. Auch sind auf diesem Gebiet viele Untersuchungen durchgeführt worden, obwohl einige nicht die besten z. Z. vorhandenen Tests verwendet haben. Auf Grund der Ergebnisse, wie auch aus theoretischen Erwägungen, kann man den eindeutigen Schluß ziehen, daß sowohl die numerische als auch die räumliche Dimension der Intelligenz für den Erfolg in technischen Berufen wichtig sind.

Obwohl verbale Fähigkeiten auch wesentlich sind, wurden sie bei der Auswahl und Ausbildung von Ingenieuren nicht beachtet. In Colleges und bei Betrieben, die Ingenieure einstellen, macht man oft die Beobachtung, daß die Fähigkeit der Ingenieure sicher und klar mit dem geschriebenen Wort umzugehen, viel zu wünschen übrig läßt. In den letzten Jahren wurde deshalb erhebliches Gewicht auf eine Verbesserung der Kommunikationsfähigkeit von Ingenieurstudenten gelegt. Es bleibt jedoch die Frage offen, ob die verbale Fähigkeit als solche für die verschiedenen, von Ingenieuren ausgeführten Arbeiten wesentlich ist. Es kann nämlich auch sein, daß es unabhängig von der jeweiligen Tätigkeit bloß darauf ankommt, sich seinen Mitarbeitern wirkungsvoll mitteilen zu können, damit ein wohlkoordiniertes Produktionsprogramm möglich ist.

2.1.4b Lehrer

Eine der Hauptanforderungen an einen erfolgreichen Lehrer auf jedem Niveau und in allen Arten von pädagogischen Institutionen ist die Fähigkeit, sich gut verständlich machen zu können. Sicherlich besteht die Rolle des Lehrers weitgehend darin, durch geeignete sprachliche Formulierungen dem Schüler den Lehrstoff zu vermitteln, oder ihn zu motivieren, anzuregen oder zu begeistern. Man kann deshalb ohne allzugroße Bedenken behaupten, daß eine wichtige Anforderung an alle Lehrer eine gute verbale Befähigung ist.

Die Frage ist noch offen, wieviele verbale Intelligenzkomponenten es gibt. *Carroll* (1959) hat mit Hilfe von faktorenanalytischen Techniken gezeigt, daß es sinnvoll ist, die sprachliche Fähigkeit in eine Anzahl von verschiedenen Dimensionen zu unterteilen. Wie weit diese Aufspaltung mit Gewinn weitergetrieben werden kann, kann gegenwärtig noch nicht gesagt werden.

Es gibt viele andere Arten von kognitiven Fähigkeiten, die für den Lehrerfolg auf Spezialgebieten wichtig sind. Diese hängen natürlich mit den speziellen Fähigkeiten zusammen, die für einen Erfolg in dem jeweiligen Fach notwendig sind. Die Frage, wie gut ein Lehrer als

Mathematiker sein muß, damit er erfolgreich Mathematik lehren kann, kann jedoch nicht definitiv beantwortet werden. Es ist bekannt, daß jemand, der sich in einem bestimmten wissenschaftlichen Bereich ausgezeichnet hat, oft nicht die notwendige Begabung besitzt, diese Dinge anderen deutlich zu machen.

2.1.4c Wissenschaftler

Es wird allgemein angenommen, daß Techniker bezüglich ihrer Interessen, Tätigkeiten und Begabungen eng mit Wissenschaftlern verwandt sind. Jedoch scheinen die Techniker in erster Linie mit der Anwendung dessen beschäftigt zu sein, was die reinen Wissenschaftler entwickelt haben. Es ist viel darüber gesagt worden, welche Eigenschaften für einen guten „reinen" Wissenschaftler notwendig sind. Eine davon ist die „Kreativität". Viele Untersuchungen wurden hierüber durchgeführt. Zum Beispiel beschäftigen sich die Arbeiten von *Guilford* (1964) und von *MacKinnon* (1959) mit der Definition, der Bewertung und der Bedeutung der Kreativität in unserem sozialen System. Dennoch besteht auch jetzt noch keine allgemeine Einigkeit über die Definition und die Methoden zur Messung der Kreativität. Vielleicht sind von den Fähigkeiten, die *Thurstone* identifiziert hat, das induktive und deduktive logische Denken für Wissenschaftler am wichtigsten.

Die Beispiele, die wir diskutiert haben, sind nur Anhaltspunkte für die vielen vorhandenen Berufstätigkeiten und die Arten von kognitiven Fähigkeiten, welche für den jeweiligen Erfolg wichtig sein können.

2.2 Der sensorische Bereich

Vorgänge im kognitiven Bereich, oder solche, die in erster Linie über das zentrale Nervensystem laufen, entstehen im allgemeinen durch eine Reizung von außen. Bei den kognitiven Vorgängen werden diese Reizkonfigurationen durch das zentrale Nervensystem verarbeitet. Die Sinne, die das Rohmaterial für die kognitiven Prozesse liefern, sind aber auch wichtig. Sie können für Erfolg oder Mißerfolg in verschiedenen, für die Gesellschaft wichtigen Tätigkeiten verantwortlich sein. Der sensorische Bereich umfaßt physiologische Aspekte des menschlichen Organismus. Traditionsgemäß beschäftigen sich die Mediziner mit Störungen im visuellen, auditiven, taktilen und kinästhetischen Bereich. Deshalb waren psychologische Messungen im sensorischen Bereich weitgehend die Angelegenheit physiologischer Psychologen,

die bis zu einem gewissen Grade die Techniken der Mediziner für die Messung der Sinnesschärfe übernommen hatten. In einigen Fällen wurden diese Techniken durch Psychologen noch verbessert.
Wir werden kurz die Einteilung des sensorischen Bereichs diskutieren und dann Arten von Meßinstrumenten und Berufe, in denen die Schärfe bestimmter Sinne wichtig sein kann, behandeln.

2.2.1 Einteilung des sensorischen Bereichs

Bei der Diskussion der verschiedenen Sinnesmodalitäten wollen wir uns auf die traditionelle Einteilung beschränken. Als Beispiele wollen wir nur den Gesichtssinn, den Gehörsinn und den Geruchssinn kurz behandeln.
Wir haben im vorigen Abschnitt gesehen, wie mit der Faktorenanalys die Dimensionen der kognitiven Fähigkeit bestimmt wurden. Diese Methode wurde auf den sensorischen Bereich bei weitem nicht so häufig angewendet.

2.2.1a Gesichtssinn

Wir wollen einige der wichtigsten visuellen Fähigkeiten erwähnen, und zwar zuerst die einfache Sehschärfe. Einer der wohl bekanntesten Standardwerte dafür ist (in den USA) die „20 – 20 – vision". Ob dieser Wert sinnvoll ist, ist eine andere Frage[10].
Ein anderer wichtiger Aspekt der visuellen Fähigkeit ist die Stereopsie oder Tiefenwahrnehmung. Ein dritter Aspekt ist die Farbwahrnehmung. Hierzu wurden viele Untersuchungen durchgeführt. Verschiedentlich hat man auch versucht, die Dimensionalität der Farbwahrnehmung durch faktorenanalytische Techniken zu bestimmen. Diese Arbeiten erbrachten jedoch keine gesicherten Ergebnisse.

2.2.1b Gehörsinn

So wie bei der Gesichtswahrnehmung, so ist auch beim Hören versucht worden, durch Faktorenanalysen die Dimensionalität der Gehörswahrnehmung zu bestimmen. Auch hier sind die Ergebnisse noch nicht überzeugend.

---

10 A. d. Ü.: Bei einer „normalen" Sehschärfe erfaßt das Auflösungsvermögen des Auges noch Einzelheiten in der Größe einer Bogenminute.

2.2.1c Geruchssinn
Bekanntlich ist der Unterschied zwischen Geschmacks- und Geruchswahrnehmung nicht so deutlich wie zwischen einigen der anderen Sinne. Man hat sich bemüht, die psychologischen Dimensionen des Geruchs herauszufinden. Vielleicht die beste Arbeit darüber ist die von *Jones* (1956). Er bestimmte vorläufig drei Dimensionen des Geruchssinns, aber diese Dimensionen konnten nicht hinreichend abgesichert werden. Die Probleme des Messens in Verbindung mit Geruchsreizen sind vielleicht ein bißchen schwieriger als die bei visuellen und auditiven Reizen.

2.2.2 Meßinstrumente im sensorischen Bereich

Wir wollen hier nicht die verschiedenen Arten von Meßinstrumenten, die bei der Erfassung der Leistungen in den einzelnen Sinnesgebieten verwendet werden, im Detail diskutieren. Wir werden nur einige charakteristische Merkmale dieser Techniken aufzeigen und dabei unsere Aufmerksamkeit auf die drei Bereiche der Gesichts-, Gehörs- und Geruchsempfindungen beschränken.

2.2.2a Meßinstrumente zur Prüfung der Gesichtswahrnehmung
Das am weitesten verbreitete Meßinstrument zur Messung der Sehschärfe ist die konventionelle *Snellen*-Tafel[11]. Diese enthält bekanntlich Reihen von Buchstaben. Die Buchstaben in jeder Reihe werden von oben nach unten sukzessiv kleiner. Der Proband wird aufgefordert, die Buchstaben aus einer festgelegten Entfernung mit und ohne Brille zu lesen. Der Meßwert für die geprüfte Fertigkeit wird durch die letzte Reihe bestimmt, die noch fehlerlos gelesen wurde. Es ist nicht schwierig, ein System dieser Art nach meßtheoretischen Gesichtspunkten zu verbessern.
Die Instrumente zur Messung der Stereopsie oder Tiefenwahrnehmung sind meistens mechanische Geräte.
Zur Erfassung der Farbwahrnehmung gibt es besonders ausgeklügelte Methoden, z. B. Karten mit einem Hintergrund von farbigen Punkten. In diese ist eine einzelne Figur in einer anderen Farbe eingebettet. Dabei sind erhebliche Variationen in der Farbe oder im Komplexitätsgrad der Figuren möglich. Die Aufgabe besteht darin, die eingebettete Figur zu identifizieren[12].

---

11 A. d. Ü.: Die gleiche Aufgabe erfüllen auch die *Landolt*schen Ringe
12 A. d. Ü.: Die sog. *Stilling*schen Tafeln.

2.2.2b Meßinstrumente zur Prüfung der Gehörswahrnehmung

Die Geräte zur Messung der Hörfähigkeit sind durch Psychophysiker entwickelt worden. Um diese Methoden umfassend besprechen zu können, müßte man zunächst die traditionellen psychophysischen Techniken betrachten. Das ist jedoch nicht die Aufgabe dieses Buches. Die Messung der Hörfähigkeit beginnt immer mit der Erzeugung eines Tons durch irgendeinen Tongenerator, bei dem die physikalischen Eigenschaften des Tones gut kontrolliert werden können. Der Proband muß dann im Bezug auf vorher festgelegte Aspekte des Reizes, wie Tonhöhe, Lautstärke usw., antworten. Bei der Messung der visuellen Fähigkeiten können wenigstens für Sehschärfe und Farbwahrnehmung Verfahren vom Papier-Bleistift-Typ benutzt werden, weil diese eine visuelle Reizung hervorrufen. Anders ist es bei auditiven Reizen, welche apparativ erzeugt werden müssen.

Hörtests werfen besonders akute Probleme bei Gruppenprüfungen auf. Deshalb sind psychologische Meßinstrumente zur Prüfung der Hörfähigkeit weitgehend Einzelverfahren.

2.2.2c Instrumente zur Prüfung der Geruchswahrnehmung

Die Messung der Geruchswahrnehmung wirft noch mehr Probleme auf. Diese betreffen sowohl die Erzeugung und Darbietung der Reize als auch die Methode der Aufzeichnung und Quantifizierung der Antworten.

Gewöhnlich beginnt man mit irgendeiner apriori-Sammlung von Geruchsreizen, wie z. B. Parfums, Chemikalien usw., welche einen weiten Bereich der möglichen Geruchsempfindungen überdecken. Diese Reize werden dem Probanden in einer bestimmten Reihenfolge dargeboten. Er wird aufgefordert, auf irgendeiner Art von Rating-Skala oder Eigenschaftswörterliste bestimmte Aspekte des Reizes, wie angenehm, scharf oder süß, zu beurteilen.

2.2.1 Relevante Berufe

Offensichtlich sind in vielen Berufen einige Sinnesmodalitäten wichtiger als andere. Zum Zwecke der Veranschaulichung wollen wir kurz nur den visuellen und auditiven Bereich betrachten.

2.2.3a Visuelle Sinnesmodalität

Bei jeder Tätigkeit, wo das Lesen von Instruktionen oder anderem Material ein wichtiger Teil der Arbeit ist, ist eine entsprechende Sehschärfe wichtig. Glücklicherweise kann diese durch optische Hilfsmittel verbessert werden, z. B. durch Brillen, Mikroskope usw.

Es gibt jedoch spezielle Berufe, bei denen scharfe Augen und eine gute Tiefen- und Farbwahrnehmung unbedingt notwendig sind. Dazu gehören Tätigkeiten, bei denen Transportfahrzeuge geführt werden müssen, wie z. B. Autos, Lastwagen, Züge, Flugzeuge usw.

Bei den meisten wichtigen Berufen dieser Art sind visuelle Fähigkeiten für den Erfolg zwar notwendig, aber nicht hinreichend. Augenscheinlich können noch andere Arten von Fähigkeiten, sogar aus dem kognitiven Bereich, äußerst wichtig sein. Bei Piloten oder Autofahrern sind z. B. Urteilsfähigkeit und das logische Denkvermögen wesentlich.

Eine andere Tätigkeit, bei der visuelle Fähigkeiten wichtig sind, ist die Kontrolle von Werkstücken oder Materialien in Fabriken. Z. B. muß ein Arbeiter Fehler bei den Objekten, die durch Maschinen oder andere Arbeiter hergestellt worden sind, suchen. Dabei kann die Sehschärfe weit wichtiger sein als irgendeine kognitive Fähigkeit. Glücklicherweise ist es relativ einfach, die bei Kontrollberufen notwendige Art der Sehschärfe zu messen.

Andererseits ist zu beobachten, daß mit dem Fortschreiten der Automation der Bedarf an Kontrolleuren fortwährend geringer wird. Sehr viele verschiedene Kontrolltätigkeiten können schon viel genauer und schneller durch elektronische Apparate und andere Geräte als durch Menschen ausgeführt werden.

2.2.3b Gehör

Die Zahl der Berufe, bei welchen das Gehör von Bedeutung ist, ist vielleicht noch geringer, als es bei den visuellen Fähigkeiten der Fall ist. Die vielleicht naheliegendsten Tätigkeiten sind die, die mit Musik und dem Beruf des Musikers zu tun haben. Bedienungspersonal von mechanischen Geräten aller Art, seien es Produktionsmaschinen, Transportfahrzeuge oder was auch immer, sollte ausreichend gut hören, um ungewöhnliche Geräusche, die durch ein fehlerhaftes Funktionieren der jeweiligen Maschine bedingt sind, erkennen zu können. Die Fähigkeit, auditive Reize aufzunehmen, kann natürlich oft durch Hörhilfen verschiedenster Art verbessert werden, besonders bei einer Verschlechterung im physiologischen Hörapparat des Individuums.

Die meisten Berufe verlangen ein Minimum an Hörempfindlichkeit, und zwar für eine rasche Verständigung mit den anderen Mitgliedern der Arbeitsgruppe. Im allgemeinen scheinen jedoch die auditiven Fähigkeiten bei den meisten gesellschaftlich bedeutsamen Tätigkeiten in unserer modernen Zivilisation keine große Rolle zu spielen.

2.3 Der motorische Bereich

Wir haben den kognitiven Bereich betrachtet, in welchem sich der Mensch am ehesten von den niederen Säugetieren unterscheidet. Wir haben auch den sensorischen Bereich betrachtet, durch den Informationen aus der externen Umgebung an das Zentralnervensystem für eine entsprechende Weiterverarbeitung übermittelt werden. Ein dritter Bereich betrifft das muskuläre System des Menschen. Es ist die Motorik. Hier denken wir natürlich an die verschiedenen Arten von Bewegungen, die in erster Linie mit den Armen, Händen, Fingern, Beinen usw. ausgeführt werden. Ähnlich wie bei den beiden vorher diskutierten Bereichen wollen wir den motorischen Bereich zunächst definieren. Dann werden wir vor dem Hintergrund eines geeigneten Klassifikationssystems kurz die verschiedenen verwendeten Meßinstrumente besprechen und dann einige Tätigkeiten anführen, bei denen die Motorik von Wichtigkeit sein kann.

2.3.1 Definition

Der motorische Bereich ist der Teil des menschlichen Organismus, der auf Grund bestimmter Informationen auf seine Umgebung reagiert. Solche Informationen erhält er über den sensorischen Mechanismus, manchmal erst nach einer umfangreichen Verarbeitung durch das zentrale Nervensystem. Wir denken dabei an die Tätigkeit der Körpermuskulatur.
Motorische Aktivität tritt zwar auch bei den glatten Muskeln des Körpers auf, z. B. bei denen des Kreislauf-, Verdauungs- und Drüsensystems. Jedoch wollen wir uns in der Hauptsache mit den nach außen gerichteten muskulären Reaktionen beschäftigen, wie sie allgemein bei der Berufsausübung vorkommen. An vielen dieser Muskeltätigkeiten ist das Zentralnervensystem natürlich nur ganz wenig beteiligt.

2.3.2 Klassifikation der motorischen Reaktionen

Wie im Falle der Sinnesmodalitäten, so hat man auch das Problem der Klassifikation der motorischen Reaktionen noch nicht sehr systematisch mit faktorenanalytischen Techniken bearbeitet. Die Ergebnisse derartiger Untersuchungen sind noch nicht überzeugend genug, als daß sie einer Klassifikation der verschiedenen Arten meßbaren motorischen Verhaltens zugrundegelegt werden könnten. Eine neuere wichtige Arbeit von *Fleishman* (1966) ist eine bemerkenswerte Ausnahme.
Wir wollen einige repräsentative Beispiele für die allgemein verwendeten Klassifikationsbezeichnungen besprechen. Es sind die einfache und die komplexe Reaktion, die „Geschicklichkeit“ und die „Stetigkeit“.

2.3.2a Einfache motorische Reaktionen

Bisher wurden bei einfachen motorischen Reaktionen meistens die Reaktionszeiten gemessen. Hierbei wird bestimmt, wie schnell jemand auf einen gegebenen Reiz mit einer speziellen motorischen Reaktion reagieren kann. Viele derartige Untersuchungen wurden für den visuellen und auditiven Sinnesbereich durchgeführt.
Zur Messung der Reaktionszeiten und zur Festlegung typischer Konstanten für unterschiedliche Reizkonfigurationen wurden komplizierte Apparaturen entwickelt. Der Proband muß z. B. auf einen einzelnen Reiz oder auf den Unterschied zwischen zwei Reizen in irgendeiner Sinnesmodalität reagieren.

2.3.2b Komplexe motorische Reaktion

Ein anderes Teilgebiet des motorischen Bereichs umfaßt komplexe oder koordinierte Reaktionen. Die Aneinanderreihung und Kombination von motorischen Reaktionen bei der Ausführung vorgeschriebener Tätigkeiten kann für manche Berufe wichtig sein.

2.3.2c Geschicklichkeit

In Zusammenhang mit der motorischen Koordination steht die muskuläre Geschicklichkeit. Der hauptsächliche Unterschied liegt in der Art der beteiligten Muskeln. Wir sprechen gewöhnlich dann von Finger- und Handgeschicklichkeit, wenn die feinen Muskeln von Hand und Finger einbezogen sind. Auch bei komplexen motorischen Reaktionen ist die Genauigkeit der Kontrolle durch die Muskeln von Bedeutung. Zum Beispiel kann man das Ausmaß, in welchem man die Arbeit der Fingerspitzen bei der Handhabung von kleinen Gegenständen sorgfältig und genau kontrollieren kann, Geschicklichkeit nennen.

2.3.2d Stetigkeit

Ein anderer Aspekt der Motorik, der einige Aufmerksamkeit auf sich gezogen hat, ist die muskuläre Stetigkeit. Diese Eigenschaft der Muskeltätigkeit ist etwas anderes als die Reaktionszeit, die Koordination oder die Geschicklichkeit. Es handelt sich hier nämlich nicht so sehr um eine Aktivierung der Muskeln zur Erzeugung von räumlichen Reaktionsmustern, als vielmehr gerade um die Verhinderung solcher Muster.

2.3.3 Meßverfahren

Die verschiedenen Meßverfahren, die zur Erfassung des motorischen Verhaltens angewendet werden, richten sich natürlich nach den jeweiligen motorischen Funktionen, die gemessen werden sollen. Wir werden sie kurz besprechen, wobei wir uns an den eben beschriebenen Arten von muskulären Reaktionen orientieren wollen.

2.3.3a Einfache motorische Reaktion

Die einfache Reaktionszeit wird mit empfindlichen Uhren erfaßt, die in dem Augenblick in Gang gesetzt werden, wo der Reiz, z. B. ein Ton, dargeboten wird, und die angehalten werden, wenn die vorgeschriebene Reaktion stattfindet. Bei dieser Methode liegt ein wesentliches Problem darin, daß die Uhr genau zur richtigen Zeit in Gang gesetzt bzw. gestoppt werden muß. Die Zeiten werden in Bruchteilen von Sekunden gemessen; deshalb können schon sehr kleine Ungenauigkeiten einen merklichen Anteil an der Reaktionszeit insgesamt ausmachen. Die Frage der Genauigkeit der Reaktionszeitmessung ist jedoch für die Theorie und die Technik des psychologischen Messens, auf die wir in den folgenden Kapiteln eingehen, von nicht allzugroßer Bedeutung.

2.3.3b Komplexe Koordination

Geräte zur Messung der komplexen Koordination sind gewöhnlich mechanische Apparaturen. Papier-Bleistift-Tests sind für diesen Zweck nicht so gut geeignet. Während des 2. Weltkriegs wurden verstärkt Geräte entwickelt, mit denen man die Koordinationsfähigkeit von Bewerbern für eine Pilotenausbildung testen konnte. Bei einem dieser Apparate mußte der Prüfling passende Bewegungen mit einem Hebel in zwei Dimensionen machen, und zwar entsprechend einer Konfiguration von Lichtern, die auf einer Platte direkt vor ihm aufleuchteten. Mit diesem Gerät wurde der sogenannte komplexe Koordinationstest durchgeführt.

Ein anderes ähnliches Meßinstrument ist der „rotary pursuit-Test". Hierbei dreht sich eine Platte, ähnlich wie eine Schallplatte, auf einer Drehscheibe. Der Proband hat einen Stift in der Hand, mit dem er einem metallenen Knopf auf der Scheibe folgen soll. Es kommt darauf an, den Stift möglichst lange mit dem Knopf in Berührung zu halten. Zählwerke zeigen die entsprechende Zeit für eine bestimmte Testdauer an. Man kann sich andere Apparaturen vorstellen, die eine Koordination der muskulären Reaktion auf ein komplexes Reizmuster hin erfordern.

2.3.3c Geschicklichkeit

Die bekanntesten Instrumente in diesem Bereich messen die Fingergeschicklichkeit. Dabei muß man meist kleinere Objekte, z. B. Pflöcke, mit den Fingern oder einer Pinzette in Lochbretter oder andere Behältnisse stecken. Hierbei wird gewöhnlich die Zeit gemessen, die zur Durchführung einer vorgeschriebenen Reihe von Operationen gebraucht wird. Je behender oder geschickter jemand mit seinen Fingern umgehen kann, desto schneller kann er die Aufgabe ausführen.

2.3.4 Relevante Berufstätigkeiten

Auf Grund der vorliegenden Informationen ist es nicht möglich, endgültig zu sagen, welche motorische Fertigkeiten für verschiedene Berufe am wichtigsten sind.

2.3.4a Einfache Reaktionszeit

Eine kurze Reaktionszeit scheint heutzutage für sehr viele Berufe nicht allzu wichtig zu sein. Mit ansteigender Automation sinkt auch hier die Bedeutung dieses Faktors. Sicherlich ist die Reaktionszeit, wie auch die Sehschärfe in Notfällen bei der Bedienung von Transportfahrzeugen von Bedeutung. Es ist jedoch sehr schwierig, die Sinnesschärfe von der motorischen Reaktionszeit zu trennen. Es kann sein, daß die Wahrnehmungsfähigkeit eines Individuums zwar in Ordnung ist, die Reaktionszeit jedoch zu lang ist, als daß es in der Lage wäre, schnell genug auf seine Empfindungen hin zu reagieren. Es ist wahrscheinlich, daß in primitiven Gesellschaften, z. B. auch bei den ersten Siedlern in Amerika, die einfache Reaktionszeit viel wichtiger war, als es in unserem gegenwärtigen sozialen System der Fall ist.

2.3.4b Komplexe Koordination

Im zweiten Weltkrieg hat sich gezeigt, daß die komplexe Koordinationsfähigkeit bei der Fliegerausbildung notwendig ist. Vermutlich ist eine Kombination von visuellen, motorischen und kognitiven Fähigkeiten für den Piloten eines Flugzeuges wesentlich. Denn schon kleine Fehler können zu großen Verlusten an Besitz und Leben führen. Man weiß jedoch nicht, in welchem Grade diese Faktoren von Bedeutung sind.

Im zweiten Weltkrieg wurden der komplexe Koordinationstest und der „rotary pursuit test", die wir weiter oben beschrieben haben, dazu benutzt, um geeignete Bewerber für eine Pilotenausbildung auszusuchen. Inwieweit gerade die komplexe Koordinationsfähigkeit bei der Führung eines modernen Flugzeuges mit seiner großen Zahl von automatischen Kontrollen notwendig ist, ist eine andere Frage.

2.3.4c Geschicklichkeit

Wichtige industrielle Tätigkeiten, bei denen Geschicklichkeit notwendig ist, sind diejenigen, wo Präzisionsinstrumente zusammengesetzt oder allgemein kleine Teile rasch und genau zusammengefügt werden müssen. Für solche Tätigkeiten werden in der Industrie weitgehend Frauen eingesetzt. Es kann sein, daß es bei feineren Montagetätigkeiten, die einen hohen Grad an Fingergeschicklichkeit verlangt, schwieriger ist, die Arbeitsvorgänge zu automatisieren, als bei vielen anderen Tätigkeiten. Das ist jedoch nicht sicher, denn die Automation vollbringt immer größere Wunder.

2.4 Spezielle Leistungen

Die Bereiche, die wir bis jetzt betrachtet haben, entsprechen der traditionellen psychologischen Struktur des Organismus im Zusammenhang mit dem Verhalten. Das sind einerseits das Zentralnervensystem, andererseits die sensorischen Mechanismen, die dieses System versorgen, und schließlich die motorischen Mechanismen, die seine Anweisungen ausführen. Wir müssen uns nun mit einem anderen Bereich beschäftigen, der für sich genommen wichtig ist, aber nicht logisch mit den anderen drei zusammenhängt. Zuerst wollen wir versuchen, wenigstens eine Arbeitsdefinition für Leistungstests zu geben. Dann wollen wir verschiedene Anwendungsbereiche für diese

Messungen anführen und schließlich kurz entsprechende Meßinstrumente diskutieren.

2.4.1 Definition

Eine große Zahl von Leistungstests ist für pädagogische Zwecke entwickelt worden. Viele davon sind in standardisierter Form durch Testvorlage erhältlich. Andere sind von Lehrern konstruiert worden.

2.4.1a Abgrenzung zu Tests zur Messung von Fähigkeiten

Im allgemeinen messen Leistungstests, was ein Proband gelernt hat, wohingegen Fähigkeitstests angeblich seine Lernkapazität erfassen. Diese Unterscheidung bringt jedoch die vielen Schwierigkeiten des Erbe-Umwelt-Problems mit sich, und wahrscheinlich ist sie als eine Basis für psychologische Tests nicht allzu sinnvoll.
Ein wichtiger Unterschied ist der, daß gewisse Probleme der Psychometrie bei der Entwicklung von Leistungstests deutlicher werden als in den anderen drei bereits beschriebenen Bereichen. Bei Leistungsmessungen muß man ganz klar das Gebiet definieren, in dem man die Leistungen erfassen will. Es ist jedoch keineswegs einfach, alle die verschiedenen Inhalte zu spezifizieren, die zu einem speziellen Gebiet gehören. Dieses und andere Probleme unterscheiden in der Hauptsache Leistungstests von Tests zur Messung von Fähigkeiten.

2.4.1b Die Verbindung von Fähigkeiten und Erfahrungen

Jede Leistung ist offensichtlich eine Kombination von Erfahrungen, und zwar solchen aus formalen Lernsituationen oder aus dem täglichen Leben, und von angeborenen Fähigkeiten. Das Problem der Vererbung ist immer schon Gegenstand großer Kontroversen und vieler Untersuchungen gewesen, und auch Politiker haben sich oft damit beschäftigt. Wir müssen annehmen, daß es bei der Geburt große individuelle Differenzen in den Fähigkeiten gibt, und daß Leistungstests sowohl Übung und Erfahrung eines Probanden, als auch seine angeborenen Fähigkeiten erfassen.

2.4.2 Leistungsbereiche

Wir wollen in diesem Abschnitt die Verwendung von Leistungstests in der Pädagogik und in der Industrie behandeln.

2.4.2a Pädagogik

Natürlich werden Leistungstests da durchgeführt, wo man Menschen ausbilden will, nämlich in pädagogischen Institutionen. Hier wird in den traditionellen Fächern in den verschiedenen Altersstufen getestet. Es gibt Leistungstests für Lesen, Rechnen, Schreiben usw. von der Volksschule an bis fast zur Universität.

Diese Tests bestehen gewöhnlich aus Stichproben des Lehrstoffes der Fächer, in denen die Leistungen gemessen werden sollen. Diese Fächer scheinen jedoch manchmal recht willkürlich auf der Basis der traditionellen Kategorien definiert zu sein. Oft ist der Stoffbereich eines einzelnen Faches sehr heterogen, z. B. in Literatur, Sozialkunde oder Geschichte. Deshalb kann es sehr schwierig sein, eine repräsentative Stichprobe von objektiven Testfragen aus einem speziellen Stoffbereich zu bilden. Wir werden in späteren Kapiteln sehen, daß diese Schwierigkeiten mit wichtigen technischen und theoretischen Problemen in Verbindung stehen.

2.4.2b Industrie

In der Industrie werden Leistungstests viel weniger benutzt als in der Pädagogik. Es gibt z. B. Betriebe, die am Ende von Schulungskursen für Neueingestellte manchmal Papier-Bleistift-Tests zur Messung des Erfolges verwenden.

2.4.3 Meßverfahren

Die am weitesten verbreiteten Arten von Tests zur Leistungsmessung sind die konventionellen Papier-Bleistift-Tests und die Arbeitsproben.

2.4.3a Papier-Bleistift-Tests

In Schulen werden in den meisten Fällen Papier-Bleistift-Tests verwendet. Viele davon sind objektiv und enthalten Aufgaben mit Mehrfachwahlantworten[13]. Diese Art Tests ist nach der Entwicklung von Auswertungsmaschinen und entsprechenden Antwortbögen in den letzten Jahrzehnten in den USA ungeheuer populär geworden, und sogar spezielle Schulleistungstests können auf IBM-Antwortbögen umgestellt werden[14].

---

13 A. d. Ü.: In Deutschland sind die meisten Schulleistungstests in der Reihe „Deutsche Schultests“ im Verlag Beltz, Weinheim, erschienen.

14 A. d. Ü.: In Deutschland stehen wir erst am Beginn dieser Entwicklung.

2.4.3b Arbeitsproben

Leistungstests, die nicht ganz so ausgeklügelt wie einige der Papier-Bleistift-Tests sind, sind die Arbeitsproben. Hier bildet man eine Stichprobe aus den Tätigkeiten, die der Beschäftigte in dem betreffenden Beruf auszuüben hat, und läßt dann diese Tätigkeit ausführen. Bei Schreibkräften oder Stenotypistinnen besteht die Arbeitsprobe z. B. daraus, daß man die Bewerberin etwas auf der Maschine schreiben läßt und feststellt, wie schnell und genau sie schreibt. In ähnlich einfacher Weise kann ein Diktiertest durchgeführt werden. Man diktiert einen Text, den die Bewerberin in Kurzschrift aufnehmen muß, und prüft Schnelligkeit und Genauigkeit. Ein Dreher kann aufgefordert werden, ein Maschinenteil zu drehen. Das hergestellte Objekt kann dann durch einen Vergleich mit einem vorgegebenen Muster beurteilt werden, oder die Bewertung kann subjektiv sein. Wenn bei bestimmten Berufen Montierarbeiten nötig sind, kann von dem Prüfling verlangt werden, ähnliche Teile zusammenzusetzen.

Ein Problem bei Tests dieser Art ist, daß sie so einfach zu ersinnen sind, und daß dann für eine entsprechende Standardisierung und Normierung nicht immer gesorgt wird. Die Arbeitsprobe ist gewöhnlich nicht für komplexere psychologische Messungen anzuwenden. Es ist natürlich möglich, Verfahren zu entwickeln, die die für einen bestimmten Beruf notwendigen Funktionen derart messen, daß sich auch theoretisch einwandfreie Resultate ergeben; solche Tests sind jedoch selten. Arbeitsproben könnten sich in der Berufsberatung als sehr nützlich erweisen. Die Messung der Leistungen und Fertigkeiten in vielen Berufszweigen könnte durch die Entwicklung von angemessenen und sinnreichen Arbeitsproben, die Meßwerte auf einer exakt geeichten Skala liefern, sehr vereinfacht werden.

2.5 Der Bereich der Persönlichkeit

Es gibt noch einen weiteren Bereich für Messungen in der Psychologie, der nicht unmittelbar mit den anderen bereits diskutierten Bereichen in Beziehung steht, den Bereich der Persönlichkeit. Das Interesse für das Studium und die Erfassung der menschlichen Persönlichkeit war immer sehr groß, obwohl ein Konsensus über die Bedeutung dieses Begriffs selbst noch in weiter Ferne liegt.

Wir werden Persönlichkeitstests nach den Methoden definieren, mit denen verschiedene Erscheinungsformen der Persönlichkeit erfaßt werden. Wir werden auch in aller Kürze und nur vorläufig die Persönlichkeitsdimensionen diskutieren, die durch faktorenanalytische Techniken, nicht so sehr jedoch durch rationale oder apriori-Verfahrensweisen, ermittelt worden sind. Schließlich wollen wir verschiedene Meßverfahren zur Erfassung von Persönlichkeitsfaktoren beschreiben.

2.5.1 Definition

Für kognitive Papier-Bleistift-Tests ist charakteristisch, daß es für jedes Item nur eine richtige Lösung gibt. Dagegen existiert bei Fragen zur Persönlichkeit keine absolut richtige oder beste Antwort. Dieser Unterschied ist wichtig, weil die Items, bei denen es keine vorherbestimmte richtige Antwort gibt, spezielle Probleme in der Theorie und Praxis des Messens aufwerfen.

Im Bereich der Persönlichkeit sind die zu messenden Gegenstände wesentlich anders als die im Bereich der Fähigkeiten und Leistungen. Hier liegt die Betonung mehr auf der Art, wie das Individuum mit anderen Personen in Wechselbeziehung tritt, als auf seiner Reaktion auf Gegenstände oder Items.

Wir schließen in unsere Definition auch Meßinstrumente mit ein, die die menschlichen Interessen zu erfassen suchen, wie den „Strong Interest Blank", der Jahrzehnte hindurch eine große Popularität hatte. Es ist wahrscheinlich, daß die verschiedenen Interessen einer Person und ihre Vorlieben und Abneigungen auf tieferliegende Motivationen bezogen werden können. Oft wird die Messung des „Temperaments" mit der Persönlichkeitsmessung in Zusammenhang gebracht, und es ist üblich geworden, das Temperament als eine wichtige Komponente der Persönlichkeit zu betrachten, wenn nicht sogar als Synonym dafür. Es ist fraglich, ob die Versuche nützlich sind, zwischen Tests, die angeblich die Persönlichkeit, und solchen, die angeblich das Temperament erfassen, zu unterscheiden. Wir werden eine solche Trennung erst gar nicht versuchen.

Ein anderer wichtiger Aspekt der Persönlichkeit sind die Neigungen (preference). Hier muß man an ein spezielles Inventar denken, nämlich den „Kuder Preference Record". Es ist jedoch schwierig, zwischen menschlichen Interessen und Neigungen zu unterscheiden. Die Methoden zur Messung dieser beiden Bereiche sind austauschbar, und wenn es irgendetwas gäbe, was zu einer separaten Betrachtung der Neigungen

zwänge, wäre es ja gerade die spezielle Art des Meßinstruments. Wir werden später diesen Unterschied genauer ausführen.
Wenn wir über die Persönlichkeit sprechen, meinen wir oft zugleich auch die Anpassungsfähigkeit. Wir sagen, eine Person sei gut oder schlecht angepaßt. Wir werden jedoch auf diesen Punkt hier nicht eingehen, welches auch immer die einer solchen Charakterisierung entsprechenden Verhaltensweisen sein mögen. Die Methoden zur Messung der Anpassungsfähigkeit und die Verfahren zur Messung der Persönlichkeit, der Interessen, des Temperaments und der Neigungen sind austauschbar.

2.5.2 Dimensionen der Persönlichkeit

Zwei bedeutendere Ansätze zur Auffindung von Persönlichkeitsdimensionen sollen kurz behandelt werden. Eine ist das apriori-Verfahren, und die andere ist die faktorenanalytische Methode.

2.5.2a apriori-Methoden

Diese sind weitgehend auf Meinungen und subjektiven Einsichten begründet. Viele Systeme von Persönlichkeitsdimensionen sind in der Literatur zu finden. Leider stiften diese mehr Verwirrung, als daß sie zu einer Klärung des Problems beitragen. Vielleicht den anspruchsvollsten Versuch machte *Murray* (1938) mit seinem „Bedürfnisinventar" (needs). Dieses enthielt über 24 solcher „needs".

2.5.2b Faktorenanalyse

Den faktorenanalytischen Methoden liegen statistische Verfahrensweisen zugrunde, die im 9. Kapitel besprochen werden. Die erste und in gewisser Hinsicht auch heute noch genaueste Arbeit über die Persönlichkeitsdimensionen auf Grund dieser Verfahren stammte von *Mosier* (1937). Seine Analyse ergab ungefähr 10 unterschiedliche, sozial bedeutsame Dimensionen der Persönlichkeit. Es muß jedoch darauf hingewiesen werden, daß *Mosier* nicht alle Möglichkeiten ausgeschöpft hat, da er nur eine begrenzte Zahl von Items in seine Untersuchung einbezogen hatte.
Einen guten Ansatz zur Erfassung der Persönlichkeitsdimensionen bietet auch die Arbeit von *Guilford* und *Zimmermann* (1949). Vielleicht eine der schwerwiegendsten Einschränkungen dieser Untersuchung ist, daß sie in den Tagen vor dem Aufkommen der Großrechenanlagen durchgeführt wurde. Es war nämlich notwendig, die Variablen

aufzuteilen und für jede Gruppe eine gesonderte Faktorenanalyse zu rechnen. Dieses Vorgehen setzt einen jedoch nicht instande, umfassende Hinweise auf die gesamte Dimensionalität des Systems zu erhalten.

2.5.3 Meßverfahren

In der Hauptsache werden zwei Arten von Tests bei der Erfassung des Persönlichkeitsbereiches verwendet. Es sind dies die projektiven Tests und Fragebogen. Zu den projektiven Tests gehören z. B. der Rorschachtest, der *TAT* von *Murray* und andere Tests mit relativ unstrukturierten Reizen. Der Proband wird aufgefordert, freie Antworten auf diese Reize hin zu geben. Das Ziel solcher Tests ist, den Probanden instand zu setzen, sich zu äußern und Verhaltensweisen zu zeigen, die nicht zum Vorschein kommen würden, wenn die Reaktionen genau kontrolliert würden. Ein schwerwiegender Einwand gegen dieses Verfahren ist, daß die Antworten nur schwer quantifizierbar sind. Jedoch sind gewisse Modifikationen dieser Tests ausgearbeitet worden, so z. B. ein objektiver Rorschachtest durch *Holtzman* (1958). Auf diese Weise kann man zu annehmbaren psychologischen Meßinstrumenten kommen.

Wir sind bereits bei der Besprechung der Interessen-, Temperaments-, Neigungs- und Anpassungsfragebögen auf das Fragebogenitem eingegangen. Trotz aller Kritik sieht es so aus, als ob dieser Ansatz große Möglichkeiten für eine sinnvolle Erfassung der Persönlichkeitsdimensionen auf der Grundlage geeigneter Meßtechniken bietet.

Ein Fragebogenitem kann unterschiedliche Formen annehmen. Es kann durch „ja", „nein" oder „?" beantwortet werden. Das ist der allgemeinste Typ. Bei einem anderen Ansatz wird die Stufenantwort verwendet, bei der der Proband für jedes Item eine Alternative angibt, die er aus einer Zahl von verbalen oder numerischen, dem Ausprägungsgrad nach geordneten Antworten auswählen kann.

Andere Antworttypen kommen bei den „forced choice"- oder „forced triad"-Items vor. Bei einem forced choice-Item muß der Proband diejenige von zwei Antwortmöglichkeiten wählen, die ihm mehr entspricht, bei den Triaden diejenige, welche auf ihn am meisten, und die, welche am wenigsten zutrifft. Solche Fragebogen haben den Vorteil, daß sie bei geeigneter Konstruktion die Tendenz, die für einen selbst günstigste Antwort zu geben, ausschalten. Aber sie bringen andere Probleme mit sich, die später in diesem Buch besprochen werden.

3. Verschiedene Testverfahren

Im 2. Kapitel haben wir mehrere Arten von Tests, die in den einzelnen diagnostischen Bereichen verwendet werden, behandelt. Wir werden nun etwas systematischer die wichtigsten äußeren Eigenschaften dieser Tests besprechen.

3.1 Apparative Tests

Wir haben bereits apparative Tests in Verbindung mit dem sensorischen und motorischen Bereich erwähnt. Apparative Tests werden jedoch genausogut woanders verwendet, z. B. auf kognitivem Gebiet. Wir werden Tests zur Messung der Koordinationsfähigkeit, der Muskelkraft und der Geschicklichkeit, außerdem Montage- und Hantiertests und kognitive Tests als Beispiele für apparative Verfahren besprechen.

3.1.1 Koordinationstests

Koordinationstests sind gewöhnlich mechanische Geräte, bei denen dem Prüfling Kombinationen von Lichtern oder von Tönen oder von beidem dargeboten werden. Die Reaktionen werden auf mechanische oder elektrische Weise erfaßt.

Diese Tests sind so konstruiert, daß der Proband gezwungen ist, bei seiner Reaktion verschiedene Muskelgruppen zugleich zu benutzen. Das Reizmuster kann einfach sein, z. B. eine sich bewegende Scheibe. Der Proband muß dieser mit irgendeiner mechanischen Vorrichtung folgen, und er muß mit ihr in Kontakt bleiben. Dabei muß er die Bewegungen seiner Hände und Arme koordinieren.

Wir haben schon den komplexen Koordinationstest erwähnt, der während des zweiten Weltkriegs dazu benutzt wurde, Flug-Personal auszusuchen. Bei diesem „rotary pursuit-Test“ muß der Proband einen Knopf auf einer Drehscheibe mit einem Stift verfolgen.

Ein ebenfalls im zweiten Weltkrieg verwendeter etwas komplexerer Test war der Zwei-Hand-Koordinationstest. Hier bewegt sich der Knopf in einer unregelmäßigen zweidimensionalen Figur, und der Prüfling muß einen Stift in Berührung mit dem Knopf halten. Die Aufgabe erfordert zwei Hände. Die eine Hand bewegt den Stift in Längs-, die andere in Querrichtung. Dazu ist die koordinierte Bewegung der Arme und Hände erforderlich.
Die Leistung in Koordinationstests kann auf zwei Arten quantitativ erfaßt werden. Entweder wird die Gesamtzeit gemessen, die notwendig ist, um auf die Folge aller dargebotenen Reizfiguren zu reagieren. Oder man stellt die Anzahl der Patterns fest, auf die der Prüfling in einer gegebenen Zeitspanne antworten kann. Im rotary pursuit-Test wird die Zeit erfaßt, in der der Proband auf dem Knopf bleibt. Diese hängt von der Größe des Knopfes, der Komplexität des Weges, den der Knopf beschreibt, und der Art der Vorrichtung, mit der der Proband dem Knopf folgen kann, ab.

3.1.2 Tests zur Messung der Muskelkraft

Manchmal interessiert man sich primär für die reine Muskelkraft eines Probanden. Entsprechende Meßverfahren werden jedoch zur Feststellung von individuellen Differenzen nicht allzu oft verwendet. Die vorhandenen Apparaturen sind gewöhnlich Modifikationen von Wiegevorrichtungen. Meist wird dabei die Muskelkraft mit der Spannung einer Feder verglichen.
Vielleicht das bekannteste Beispiel dafür ist der Handdynamometer. Der Proband ergreift das Instrument und drückt mit seinen Fingern einen Hebel, der einen Zeiger auf einer Skala betätigt. Der Hebel ist mit einer Feder verbunden, deren Spannung eingestellt werden kann. Dieses Gerät wird hauptsächlich bei der Untersuchung der Auswirkungen von Ermüdung auf die Muskelspannung verwendet, nicht so sehr zur Messung der Muskelkraft.
Man hat nur wenige Instrumente zur Messung der Muskelkraft entwickelt und sie nur selten verwendet. Das wird sich auch in Zukunft kaum ändern, denn bei den meisten für die Gesellschaft bedeutsamen Tätigkeiten ist Muskelkraft immer weniger notwendig. Heutzutage ist sie höchstens noch beim Sport und bei anderen Freizeitbeschäftigungen von Bedeutung. Voraussichtlich wird die Automation in der Industrie in naher Zukunft die Zahl der Tätigkeiten, bei denen nur reine Muskelkraft erforderlich ist, auf ein Minimum herabsetzen.

Die Ersetzung der menschlichen Muskelkraft durch mechanische Hilfsmittel geht leider nur langsam voran. Das ist weitgehend durch den politischen und sozialen Widerstand gegen eine drohende, durch die Technik bedingte Arbeitslosigkeit motiviert. Es scheint so zu sein, daß ein Großteil des Interesses an individuellen Differenzen in speziellen Bereichen des menschlichen Verhaltens nur deshalb fortbesteht, und nicht wegen aktueller Bedürfnisse der Gesellschaft.

3.1.3 Montage- und Hantiertests

Wir haben bereits Montagetests im Zusammenhang mit den Arbeitsproben erwähnt. Zu diesen Tests gehört eine große Vielfalt von pparativen Verfahren. Solche können z. B. aus dem Zusammensetzen von Muttern, Bolzen, Getrieben, Hebeln usw. zu sinnvollen Maschinen bestehen.
Es wurden einige Arten von Montagetests ausschließlich für Zwecke der Psychometrie entwickelt. Solche Verfahren können z. B. aus verschiedenen Arten von zwei- oder dreidimensionalen Gebilden bestehen, die zusammengesetzt werden müssen, oder aus Gegenständen, die in bestimmte Öffnungen in einer Platte einzusetzen sind. Montage- und Montiertests dieser Art scheinen manipulatorische oder koordinative Fähigkeiten zu erfordern, aber meist scheint die Fähigkeit, Formen oder räumliche Beziehungen wahrzunehmen, wichtiger zu sein. Tatsächlich werden auch Tests dieser Art manchmal zur Messung der nicht verbalen Intelligenz benutzt. Verbale Aspekte der Intelligenz können natürlich so nicht erfaßt werden, vorausgesetzt, daß nicht ein wesentlicher Teil der Aufgabe im Verständnis einer mündlichen oder schriftlichen Testanweisung besteht.
Vielleicht das bedeutendste Beispiel für einen Montagetest ist der O'Connor Wiggly Block Test, der einem dreidimensionalen Zusammensetzspiel gleicht. Die Aufgabe ist, die einzelnen Teile zu einem Würfel zusammenzubauen. Gemessen wird die dazu benötigte Zeit. Dieser Test ist noch kein besonders gutes psychologisches Meßinstrument. Er scheint eine Kombination von Fingergeschicklichkeit, einem begrenzten Anteil von Koordinationsfähigkeit und etwas Raum- und Formwahrnehmung zu erfordern. Einen merklichen Anteil hat der kognitive Faktor.
Andere Beispiele für Montagetests mit abstraktem Material sind die verschiedenen Arten von form-board Tests. Diese bestehen aus einer Platte mit Öffnungen von verschiedener Größe und Gestalt. Klötzchen

müssen so schnell wie möglich in die geeigneten Löcher eingepaßt werden. Nur wenige dieser Tests sind so konstruiert, daß sie gut geeichte Meßwerte ergeben. Es dürfte jedoch nicht allzu schwierig sein, Modifikationen dieser einem Puzzlespiel ähnelnden Test zu entwickeln, die aus einer Folge von Aufgaben mit ansteigender Schwierigkeit bestehen. Diesem Ansatz zur Gewinnung von genaueren Meßwerten ist bisher zu wenig Aufmerksamkeit geschenkt worden.

3.1.4 Tests zur Messung der Geschicklichkeit

Wir sind bei der Besprechung des motorischen Bereichs auf die Geschicklichkeit eingegangen, und wir wollen nun zwei der bekannteren Geschicklichkeitstests etwas detaillierter beschreiben. Diese beiden Verfahren sind der „tweezer dexterity-Test" und der „peg board-Test".
Der tweezer dexterity-Test wurde ebenfalls von Johnson *O'Connor* (1938) entwickelt. Er besteht in der Hauptsache aus einem Lochbrett und einer Reihe von Stiften. Mit einer Pinzette (tweezer) sind die Stifte zu ergreifen und in die Löcher des Brettes einzusetzen. Gemessen wird die zur Füllung der Löcher erforderliche Zeit oder die Zahl der richtig eingesetzten Stifte in einem vorgegebenen Zeitraum.
Der peg board-Test ist eine Weiterentwicklung des tweezer dexterity-Tests. Man muß Pflöcke, die manchmal unterschiedliche Querschnitte haben, in die entsprechenden Löcher stecken. Das ist ein wenig schwieriger als beim tweezer dexterity-Test, da zusätzlich die Fähigkeit zur Formunterscheidung erforderlich ist.
Geschicklichkeitstests sind im allgemeinen einfach, und zu ihrer Konstruktion sind nicht allzuviel Findigkeit, Scharfsinn und psychologische Erfahrung notwendig.[15]

3.1.5 Kognitive Tests

Wir haben darauf hingewiesen, daß der kognitive Faktor „räumliche Wahrnehmung" bei einigen apparativen Tests erforderlich sein kann. Deshalb können Montagetests auch dazu verwendet werden, bestimmte Aspekte der kognitiven Fähigkeit zu erfassen. Solche Tests sind im allgemeinen in Herstellung und Durchführung teurer als Papier-Blei-

---

15 A. d. Ü.: Weitere Beispiele zu den bisher in diesem Kapitel behandelten Testarten findet man bei *F. Merz*, Tests zur Prüfung spezieller Fähigkeiten, in Hdb. d. Psychol., Bd. 6, Hrsg. *R. Heiss,* Kap. 11, 1964

stift-Tests. Meistenteils können diese Verfahren auch nur schlecht bei vielen Probanden zugleich durchgeführt werden, da dann für jeden einzelnen Prüfling ein vergleichsweise teures Gerät erforderlich ist.

Vielleicht das bekannteste Beispiel eines solchen Tests ist der Finger-Labyrinth-Test. Er besteht aus einer Metallplatte, in die Schlitze eingelassen sind. Es kommt darauf an, wie schnell es der Proband lernt, seinen Finger durch das Labyrinth bis zum Ziel zu bewegen. Es gibt eine große Zahl von Sackgassen. Die Aufgabe besteht darin, diese Sackgassen zu vermeiden. Man weiß nicht genau, welche spezielle kognitive Fähigkeit dieser Testtyp erfaßt, aber er ist weitgehend als ein nicht verbaler Test zur Messung spezieller Aspekte der allgemeinen Intelligenz verwendet worden. Das Ergebnis ist entweder die Zahl der betretenen Sackgassen oder die Zeit bis zur Beendigung der Aufgabe.

Weitere bekannte apparative Verfahren, die angeblich diesen kognitiven Faktor messen, sind Tests für mechanisch-technisches Verständnis. Es gibt jedoch keinen psychologischen Grund dafür, daß das mechanisch-technische Verständnis eine Dimension des kognitiven Bereichs ist. Diese Fähigkeit ist niemals deutlich auf Grund faktorenanalytischer Techniken isoliert worden.

Nichtsdestoweniger ist diese Fähigkeit sehr volkstümlich, und ihr Konzept ist so allgemein, daß sich irgendetwas dieser Art als eine Mischung von verschiedenen Intelligenzdimensionen herausstellen wird. Vielleicht ist es eine Kombination von sensorischen, kognitiven und motorischen Fertigkeiten.

Einer der ältesten Tests dieser Art ist der Stenquist Mechanical Aptitude Test (1922). Hierbei muß der Proband eine Anzahl von verschiedenen Objekten, wie z. B. Schrauben und Bolzen, zusammensetzen, wobei die Schwierigkeit der einzelnen Aufgaben immer mehr ansteigt.

Apparative Tests zur Prüfung der mechanisch-technischen Fähigkeiten sind in der letzten Zeit nur selten verwendet und kaum in der Literatur erwähnt worden. Diese Verfahren sind schwer zu konstruieren und durchzuführen[16].

---

16 A. d. Ü.: Weitere Tests zur Erfassung des mechanisch-technischen Verständnisses findet man ebenfalls bei *F. Merz*, Tests zur Prüfung spezieller Fähigkeiten, Hdb. d. Psych., Bd. 6, Hrsg. *R. Heiss*, Kap. 11, 1964

3.2 Kognitive Papier-Bleistift-Tests

Die gebräuchlichste Art von psychologischen Meßinstrumenten ist der Papier-Bleistift-Test. Dieses Verfahren ist heutzutage den meisten Schülern und Studenten gut bekannt. Wir wollen zwei Arten dieser Tests betrachten, erstens die Intelligenz- und Leistungstests und zweitens die Persönlichkeitstests. Alle Intelligenz- und Leistungstests, die wir behandeln wollen, sind objektiv in dem Sinne, daß nur eine der für jedes Item vorgesehenen Antworten richtig ist.

Wir wollen nicht den Aufsatz-Test besprechen, denn es bestehen Zweifel darüber, ob dieses Verfahren ein gutes psychologisches Meßinstrument ist. Vom Gesichtspunkt der Testtheorie bereiten Aufsatz-Tests viel mehr Schwierigkeiten als objektive Tests. Natürlich kann man die Bewertung eines Aufsatz-Tests als ein Skalierungsproblem betrachten, aber dann muß man voraussetzen, daß andere Instrumente zur Messung des Merkmals vorhanden ist, das der Aufsatz-Test erfassen soll.

Wir werden die Papier-Bleistift-Tests unter dem Gesichtspunkt der verschiedenen Aufgabenarten besprechen. Wir wollen Aufgaben mit Richtig-Falsch- und mit Mehrfachwahlantworten (multiple choice), die Ergänzungsaufgaben und die Zuordnungsaufgaben diskutieren. Dabei setzen wir als selbstverständlich voraus, daß der Test aus einer Anzahl von diskreten Items besteht. Auf jedes Item muß der Prüfling gemäß bestimmten Instruktionen antworten.

3.2.1 Richtig-Falsch-Aufgaben

Richtig-Falsch-Aufgaben sind allgemein bekannt. Sie können in verschiedenen Variationen vorkommen.

Bei diesen Aufgaben wird eine Behauptung vorgegeben. Der Proband muß eine von zwei Stellungnahmen auswählen: richtig-falsch, ja-nein, plus-minus, oder irgendcin anderes Paar von Ausdrücken, die anzeigen sollen, ob der Prüfling der Behauptung zustimmt oder sie ablehnt.

Solche Tests sind von allen objektiven Tests wahrscheinlich am einfachsten zu konstruieren. Die Behauptung kann aus einem sehr kurzen Satz bestehen, der rasch gelesen werden kann. Das ist ein Vorteil, da man so in einem gegebenen Zeitraum eine große Zahl von Aufgaben darbieten und deshalb den möglichen Spielraum für den Gesamtpunktwert erhöhen kann. Eine wichtige Eigenschaft eines guten Meßverfahrens ist nämlich eine große Variationsbreite der Meßergebnisse.

Tests mit Richtig-Falsch-Items haben u. a. einen Nachteil: Der mögliche minimale Punktwert unterscheidet sich nicht allzusehr vom maximalen Wert. Wenn man nämlich annimmt, daß ein Proband die Hälfte aller Items richtig hat, wenn er rein zufällig antwortet, dann würde der erwartete minimale Punktwert halb so groß wie die Gesamtzahl aller Aufgaben sein. Dadurch wird nicht nur die Variationsbreite der Punktwerte eingeschränkt, sondern man weiß auch nicht, welcher Punktanteil auf den Zufall und welcher auf die Kenntnisse des Prüflings zurückgeht. Dieser Zufallsanteil kann von einem Probanden zum anderen variieren. Einer kann 70% der Aufgaben rein zufällig richtig haben, ein anderer nur 30%. So ist es bei einem Test mit 100 Aufgaben nicht unwahrscheinlich, daß in einer großen Gruppe von Probanden einer 70 und ein anderer 30 Punkte erhält, obwohl keiner von beiden irgendeine richtige Antwort kennt. Wir werden über den Zufallseffekt bei solchen Tests in späteren Kapiteln mehr sagen.

3.2.2 Multiple-Choice-Aufgaben

Intelligenz- und Leistungstests mit multiple-choice-Aufgaben sind die gebräuchlichste Form von Papier-Bleistift-Tests. Mehr und mehr hat dieser Itemtyp andere Arten von objektiven Aufgaben zurückgedrängt.

Das typische multiple-choice-Item besteht aus dem sogenannten Stamm und mehreren Antwortmöglichkeiten. Der Stamm enthält die Darlegung des Problems, oder irgendeine andere Anordnung von verbalem oder visuellem Material, auf das der Proband antworten muß. Die Antwort wird durch die verschiedenen vorgegebenen Antwortmöglichkeiten, die sogenannten Alternativen, genau kontrolliert. Diese bestehen z. B. aus einer Reihe von zwei oder mehr Feststellungen. Jede kann eine geeignete Antwort auf den Stamm sein. Gewöhnlich ist aber nur eine der Alternativen richtig. Diese wird richtige Antwort oder Schlüsselantwort genannt.

Die anderen Alternativen werden unterschiedlich bezeichnet, z. B. als „Distraktoren". Gewöhnlich verlangt man, daß die Distraktoren von gleicher Plausibilität, aber weniger plausibel als die richtige Antwort sind.

Die Zahl der Alternativen kann zwischen zwei und jeder Zahl innerhalb vernünftiger Grenzen variieren, aber gewöhnlich überschreitet sie nicht sechs oder sieben. Die gebräuchlichste Anzahl ist fünf. Vier davon sind die Distraktoren, eine ist die Schlüsselantwort.

Der Hauptvorteil einer multiple-choice-Aufgabe mit mehr als einem Distraktor im Vergleich zur Richtig-Falsch-Aufgabe ist, daß der Einfluß des Zufalls reduziert wird. Im allgemeinen ist die Wahrscheinlichkeit, bei einem Item die richtige Antwort rein zufällig anzustreichen, reziprok zur Zahl der Alternativen. Zum Beispiel würde man bei einem Test mit Aufgaben mit fünf Antwortmöglichkeiten erwarten, daß ein Proband rein zufällig 20% der Aufgaben richtig löst. Offensichtlich ist das viel weniger als die 50%, die man bei einem Richtig-Falsch-Item erwarten mußte.

Ein anderer Vorteil des multiple-choice-Items ist, daß die Mehrfachwahl nach allgemeiner Meinung die Erfassung eines weiteren Bereichs von Kenntnissen, Fertigkeiten und Fähigkeiten garantiert.

Vielleicht der größte Nachteil ist die Schwierigkeit, genügend plausible Distraktoren für einen gegebenen Stamm zu finden. Es dürfte nicht allzu schwierig sein, eine oder zwei mögliche Alternativen zu finden, aber vier zu finden ist zwangsläufig viel schwieriger. Genaugenommen wird auch nicht gefordert, daß alle Distraktoren gleich plausibel sind. Aber die Beziehung des Zufalleinflusses zu den Plausibilitätsunterschieden der Distraktoren wird komplizierter, wenn diese Unterschiede größer werden. Mit „gleich plausibel" meinen wir, daß im allgemeinen jeder Distraktor von der gleichen Zahl von Probanden gewählt werden sollte.

3.2.3 Ergänzungsaufgaben

Die Ergänzungsaufgabe ist ebenfalls eine wohlbekannte Form eines objektiven Items. Sie wird im allgemeinen in Intelligenz- und Begabungstests, aber noch häufiger in Leistungstests benutzt.

Ein solches Item besteht gewöhnlich aus einem Satz, bei dem ein oder mehrere Wörter ausgelassen sind. Die Aufgabe besteht darin, die fehlenden Wörter einzusetzen. Es sind erhebliche Unterschiede dahingehend möglich, in welchem Ausmaß die Auswahl der fehlenden Wörter kontrolliert wird. Die einfachste Methode ist, für die fehlenden Wörter oder Sätze in dem Abschnitt eine Lücke zu lassen. Schon früh erkannte man jedoch, daß diese Methode zu einer großen Zahl von unterschiedlichen richtigen Antworten führt. Deshalb wurden die zulässigen Antworten weiter eingeschränkt. Zum Beispiel wurden an Stelle der Lücke soviele Bindestriche eingesetzt, wie das ausgelassene Wort Buchstaben hatte. Wenn mehr als ein Wort ausgelassen worden war, wurden diese Bindestriche für jedes Wort gemacht, mit Lücken dazwischen zur Trennung der Worte. Bei einer dritten Modifikation der Ergänzungsaufgabe wird in die Lücke jeweils der erste Buchstabe des ausgelassenen Wortes eingesetzt. Manchmal wird auch der letzte Buchstabe einbezogen, aber das kommt nur selten vor.

Man kann die Ergänzungsaufgabe als einen speziellen Fall der multiple-choice-Aufgabe ansehen, bei der die Zahl der Alternativen sehr groß ist. Diese Zahl kann sich jedoch bei verschiedenen Items unterscheiden, da die Anzahl der plausiblen oder relevanten Antworten von einem Item zum nächsten variieren kann. Fernerhin besteht wahrscheinlich ein wichtiger psychologischer Unterschied zwischen dem Erkennen der richtigen oder besten Antwort aus einer begrenzten Zahl von Alternativen einerseits, andererseits aber dem sich Erinnern an die richtige Antwort, wenn im Gedächtnis eine große Zahl von möglichen Alternativen, wovon keine dem Prüfling besonders dargeboten wird, gespeichert ist.

Der größte Vorteil der Ergänzungsaufgabe, besonders für Neulinge auf dem Gebiet der Testkonstruktion, z. B. Lehrer, ist wahrscheinlich, daß sie leicht zu konstruieren sind. Man kann einfach Sätze aus Lehrbüchern herausnehmen und einige Worte auslassen. Es ist deshalb möglich, einen Test mit Ergänzungsaufgaben sehr schnell herzustellen und dabei eine umfassende Stichprobe des Lehrbuchinhaltes zu liefern. In welchem Ausmaß solche Items das messen, was wirklich wichtig ist und was der Schüler gelernt haben sollte, ist eine andere Frage.

Ein anderer Vorteil der Ergänzungsaufgabe ist, daß der Einfluß des Zufalls nur gering ist. Die Wahrscheinlichkeit, daß ein Prüfling rein zufällig die richtige Antwort findet, dürfte im allgemeinen viel niedriger sein als bei einem multiple-choice-Item.

Ein großes Problem bei diesem Itemtyp ist die Schwierigkeit, zu bestimmen, welche Antworten als richtig gelten sollen. Dieses Problem ist nicht so schwerwiegend, wenn Bindestriche oder Anfangsbuchstaben benutzt werden; nichtsdestoweniger kann es trotzdem möglich sein, daß es mehr als eine richtige Antwort mit der korrekten Zahl von Buchstaben oder dem angegebenen Anfangsbuchstaben gibt.

Ein größeres Problem besteht darin, daß solche Aufgaben nicht maschinell ausgewertet werden können. Viele werden behaupten, daß das nicht weiter schlimm sei, und daß die Kennzeichnung, Quantifizierung und Klassifizierung des Menschen sowieso schon viel zu weit gegangen sei. Wir brauchen uns nicht die Zeit zur Widerlegung derartiger Einwände zu nehmen. Aber wir können die sichere Vorhersage machen, daß psychologische Meßverfahren in Zukunft immer

häufiger bei immer mehr Menschen angewendet werden, und daß deshalb mechanische Auswertungsmethoden immer notwendiger werden. Schon diese Tatsache allein wird die Ergänzungsaufgabe, so wie sie traditionellerweise verwendet wird, allmählich seltener werden lassen.
Man hat deshalb versucht, die Ergänzungsaufgabe dem multiple-choice-Typ anzupassen. Bei solchen Modifikationen sind die Alternativen für das ausgelassene Wort durch eine Reihe von vier oder fünf Buchstaben vorgegeben. Der Proband streicht den Buchstaben an, mit dem das fehlende Wort beginnt. Ein Vorteil dieser Methode ist, daß die Zahl der möglichen Wahlen merklich über fünf hinaus gesteigert werden kann, ohne daß die Gesamtlesezeit für den Probanden stark beeinflußt wird. Das ist in der psychologischen Meßtechnik äußerst wichtig. Man kann so für viele Items leicht zu sieben oder acht Alternativen kommen. Die verschiedenen Möglichkeiten dieser Modifikation könnten noch besser ausgenutzt werden.

3.2.4 Zuordnungsaufgaben

Eine Aufgabenart, die früher gebräuchlicher als heute war, ist die Zuordnungsaufgabe. Dieser Typ ist noch bei Lehrern populär, und er wird oft in Tests kommerzieller Verleger verwendet.
Eine Zuordnungsaufgabe besteht aus zwei Reihen von Elementen, wobei jedem Element in der ersten Reihe eins in der zweiten Reihe entspricht. Es ist weder notwendig, daß die Zahl der Elemente in jeder Reihe gleich ist, noch ist es erforderlich, daß jedes Element der zweiten Reihe zu nur einem Element der ersten Reihe gehört. Es ist durchaus möglich, daß die zweite Reihe entweder mehr oder weniger Elemente als die erste Reihe enthält. Wenn die zweite Reihe mehr Elemente hat, entsprechen natürlich entweder einige Elemente davon keinem Element in der ersten Reihe, oder verschiedene Elemente in der zweiten Reihe können zu ein und demselben Element in der ersten Reihe passen. Diese zweite Möglichkeit kommt gewöhnlich bei solchen Aufgaben nicht vor. Wenn die zweite Reihe mehr Elemente enthält, handelt es sich bei den überschüssigen Elementen gewöhnlich um Distraktoren.
Die Art der Elemente in beiden Reihen kann sehr unterschiedlich sein. Zum Beispiel kann die erste Reihe aus einer Anzahl von unterschiedlichen Angaben über die Beziehung zwischen physikalischen Größen bestehen, die zweite Reihe aus Namen von Gesetzen, die

durch geeignete Elemente der ersten Reihe veranschaulicht werden. Oder es können die Elemente der ersten Reihe einfache arithmetische Aufgaben sein, und die Elemente der zweiten Reihe Zahlen, die die Lösungen dieser Rechenaufgaben darstellen.

Gegen die Zuordnungsaufgaben wird eingewendet, daß es in Theorie und Praxis schwierig ist, den Zufallseinfluß zu berücksichtigen. Man kann jedes Element in der ersten Reihe einer solchen Aufgabe als ein einzelnes Item betrachten, und jedes Element der zweiten Reihe als eine mögliche Alternativ-Antwort. Die Vorteile dieses Konzepts liegen in der Ökonomie der Darstellung. Jedoch ist es sehr schwierig, eine Reihe so zu konstruieren, daß der Zufallseinfluß bei jedem Element gleich ist. Im allgemeinen dürfte nur eine begrenzte Zahl von möglichen Alternativen in der zweiten Reihe eine plausible Antwort für irgendein Element der ersten Reihe sein.

Eine andere Schwierigkeit ist die, daß Zuordnungsaufgaben oft so konstruiert sind, daß es für jedes Item der ersten Reihe nur eine richtige Alternative aus der zweiten Reihe gibt. Wenn das der Fall ist, verringert die Auswahl einer Antwort aus der zweiten Reihe für das erste Element in der ersten Reihe die Zahl der Alternativen für das nächste Item, usw. Das erschwert die Abschätzung des Zufallseinflusses.

Es ist wahrscheinlich am besten, Zuordnungsaufgaben so zu konstruieren, daß jedes Element in der zweiten Reihe eine mögliche Antwort für mehr als ein Element der ersten Reihe ist, und daß einige Elemente der zweiten Reihe zu keinem Element der ersten Reihe passen. Unter keinen Umständen sollten jedoch mehrere verschiedene Elemente der zweiten Reihe richtige Antworten für dasselbe Element der ersten Reihe sein.

Ein Vorteil, der oft ins Feld geführt wird, ist, daß durch Zuordnungsaufgaben Abwechslung in einen Test hineingebracht wird, und daß sie deshalb den Prüflingen gefallen. Es ist jedoch fraglich, ob Überlegungen dieser Art bei der Konstruktion von psychologischen Meßinstrumenten berücksichtigt werden sollten. Wahrscheinlich sind die Versuche, Tests zu konstruieren, die den Prüflingen gefallen, viel zu weit getrieben worden. Im allgemeinen besteht ein guter psychologischer Test aus einer ausgedehnten Prüfung der Kapazität eines Probanden; und wenn eine solche Prüfung effektiv und umfassend genug sein soll, kann man nicht erwarten, daß sie bei den Prüflingen einen angenehmen Eindruck hinterläßt.

3.3 Papier-Bleistift-Tests mit keiner „richtigen" Antwort

Wir haben im zweiten Kapitel gesehen, daß der Persönlichkeitsbereich eine Vielfalt von Merkmalen umfaßt, z. B. Interessen, Neigungen, Temperament und Einstellungen. Wir haben darauf hingewiesen, daß es bei den entsprechenden Fragebogenitems keine „richtige" Antwort gibt. Es kann natürlich sein, daß für die Vorhersage irgendeines anderen Verhaltens oder z. B. auch des Erfolgs in einem bestimmten Beruf nur eine spezielle Antwort auf ein Item gewertet wird. Das ist eine andere Sache. Sie betrifft die Technik der Verschlüsselung der Persönlichkeitsfragen, die wir im Detail in einem späteren Kapitel behandeln wollen.

In diesem Abschnitt wollen wir etwas genauer die verschiedenen Formen von Persönlichkeitsfragebogen besprechen. Im allgemeinen gibt es zwei Arten: die rating-Form und die Auswahl-Form.

3.3.1 Die rating-Form

Ein Persönlichkeitsfragebogen enthält eine Anzahl von Items, die eine Vielfalt von Persönlichkeitszügen oder Verhaltensweisen erfassen. Wir haben bereits die Arbeiten von *Mosier* (1937) und *Guilford* (1949) über die Persönlichkeitsdimensionen diskutiert. Hier wollen wir uns mit der Art der Items beschäftigen, ungeachtet dessen, was sie erfassen.

Bei der rating-Form wird der Proband aufgefordert, eine graduierte Antwort auf das Item zu geben. Die Alternativen können vom ja-nein- oder Zwei-Kategorien-Typ sein, oder sie können aus einer Reihe von verbalen oder numerischen Ausdrücken bestehen, mit denen der Proband den Grad der Übereinstimmung mit der Behauptung angeben kann.

Wie im Falle der Richtig-Falsch-Aufgabe können für den Probanden nur die beiden Möglichkeiten, positiv oder negativ zu antworten, gegeben sein. Bei dieser Itemart ist manchmal ein Fragezeichen oder die Antwort „zweifelhaft" gestattet. Der wesentlichste Unterschied zwischen diesem und dem kognitiven Item ist der, daß es keine apriori-richtige Antwort gibt. Für einige Zwecke ist die eine Antwort besser, und für andere Zwecke die andere.

Anstatt eines einfachen Paars von Alternativen, z. B. ja-nein, kann eine Reihe von Möglichkeiten vorgesehen sein, z. B. „starke Zustimmung, Zustimmung, Ablehnung, starke Ablehnung", oder auch

„immer, manchmal, selten, nie“. Die Formulierung des Items, die spezielle Instruktion oder die Reihenfolge bestimmen weitgehend, wie die verbalen Auswahlantworten formuliert sein müssen. Wie bei der Frage mit zwei Alternativantworten ist hier wiederum das Problem der Festlegung der zu wertenden Alternativen anders als bei Intelligenz- oder Leistungstests. Einige externe Kriterien können dazu verwendet werden, die entsprechenden Antworten zu bestimmen.
Anstatt graduierter verbaler Auswahlmöglichkeiten kann man einfach eine Reihe von Zahlen, z. B. von eins bis fünf oder von eins bis neun, für jedes Fragebogenitem vorgeben. Der Proband streicht die Zahl an, die am besten das Ausmaß seiner Übereinstimmung mit dem Item ausdrückt.

3.3.2 Die Auswahl-Form

Wir haben bereits den Gebrauch des „forced choice“-Items bei Persönlichkeitsfragebogen beschrieben. Wir haben gezeigt, daß Items in Paaren oder Tripeln gruppiert werden können. Das sind nicht die einzigen Möglichkeiten, aber sie sollen Beispiele für die gebräuchlichsten Verfahren sein.
Bei Persönlichkeitsfragebogen können im allgemeinen die Antworten leicht verfälscht werden, da die Probanden gewöhnlich sagen können, welche Antwort sozial erwünscht ist. Das forced choice-Verfahren verwendet deshalb die Technik, Items, die ungefähr den gleichen sozialen Erwünschtheitsgrad haben, aber verschiedene Dimensionen der Persönlichkeit erfassen, zu kombinieren. Die Paare können so zusammengestellt werden, daß die Itemzahl für jede zu messende Dimension ungefähr gleich ist und daß jedes Item auch gleich oft in einem Paar erscheint. Wenn diese Bedingungen exakt eingehalten werden, so ist die Summe der Punktwerte für alle zu messenden Persönlichkeitszüge bei allen Probanden eine Konstante.
Dieses Verfahren ist ein sogenanntes „ipsatives“ Meßinstrument. Bei einem solchen sind die Punktwerte für ein gegebenes Merkmal nicht von einem Individuum zum anderen vergleichbar, sondern sie haben nur eine Bedeutung in bezug auf einen einzelnen Probanden. Da die Summe der Punkte bei allen den gleichen Wert ergibt, zeigt das Ergebnis eines Probanden in einem Merkmal nur seine relative Ausprägung bezüglich der Ausprägung in den anderen Merkmalen an. Ein Vergleich von Proband zu Proband ist durch den gewählten Aufgabentyp ausgeschlossen. Das Problem, nachträglich wieder eine Bezugsgröße in die

so gewonnenen Ergebnisse einzuführen, konnte noch nicht gelöst werden[17].

Es scheint keinen einsichtigen Grund für die Anordnung der Items in Dreiergruppen zu geben. Solche Items sollten aus Elementen gleicher sozialer Erwünschtheit bestehen, und jedes der drei Elemente sollte aus einer anderen hypothetischen Skala stammen. Man kann dann das Element, dem der Proband am meisten zugestimmt hat, mit eins, das abgelehnte mit minus eins und das nicht beurteilte mit null Punkten bewerten. Die Eigenschaften der Punktergebnisse solcher multipler Gruppierungen sind noch nicht so gut untersucht worden, wie es bei gepaarten Items der Fall ist. Es ist wahrscheinlich, daß solche Gruppierungen gegenüber der paarweisen Anordnung keine besonderen Vorteile bieten.

3.4 Filmvorführungen

Während des zweiten Weltkriegs wurde mit der Verwendung von Filmen bei der Administration von Tests experimentiert. Obwohl diese Technik noch nicht allgemein ausgearbeitet worden ist, scheint sie möglicherweise von Nutzen zu sein. Wir werden deshalb diese Darbietungsmethode kurz behandeln und angeben, für welche Art von Material sie geeignet ist. Wir werden sowohl die Vor- als auch die Nachteile dieses Verfahrens diskutieren.

3.4.1 Diskussion

Es ist überraschend, daß man mit der filmischen Darbietung von Testmaterial noch nicht in größerem Umfang gearbeitet hat. Diese Technik ist für eine Vielfalt von Material und für große Probandengruppen geeignet. Es gibt auch noch andere Vorteile, die wir etwas ausführlicher besprechen werden.

3.4.2 Für eine filmische Darbietung geeignetes Material

Fast jede Art von Testmaterial, das der Proband nicht direkt selbst handhaben muß, kann für eine Darbietung im Film adaptiert werden. Die meisten Tests, die auf Papier gedruckt werden können, können auch im Film gezeigt werden. Das gilt für alle Intelligenz-, Leistungs- und Persönlichkeitstests.

---

17 A. d. Ü.: Siehe Kap. 7.4

Einige apparative Tests können ebenfalls gut im Film dargeboten werden. Der Vorteil davon ist, daß man Bewegung in die Items bringen kann. Zum Beispiel können Items aus Tests zur Messung des mechanisch-technischen Verständnisses, die die Erläuterung der Bewegung von Getrieben, Hebeln usw. erfordern, in Bewegung gezeigt werden.
Natürlich können „Filmtests" auch nur aus Diareihen bestehen, wie z. B. bei der Darbietung von aufeinanderfolgenden Testaufgaben.

3.4.3 Vorteile der „Filmtests"

Film- oder Diavorführungen haben eine Reihe von Vorteilen. Für jedes einzelne Item kann eine spezielle Darbietungszeit vorgesehen werden; die Darbietung ist gewöhnlich billiger als bei vielen apparativen Tests, und die Aufgaben können zugleich großen Probandengruppen gegeben werden, wie bei Papier-Bleistift-Tests.
Eine Schwierigkeit bei Papier-Bleistift-Tests ist, daß bei ihrer Durchführung in großen Gruppen gewöhnlich die Zeit begrenzt werden muß, so daß nicht alle Probanden alle Aufgaben bearbeiten können. Leider bezieht sich die Testtheorie nur ungenügend auf Tests mit einer Zeitbegrenzung. Bei der Filmdarbietung kann für jedes Item eine spezielle Zeit vorgesehen werden, und deshalb kann auch jeder Proband jede Aufgabe innerhalb der vorgegebenen Zeit bearbeiten. Das scheint einer der größten Vorteile der Darbietung von Testmaterial durch Film oder Projektor zu sein. Dabei sind natürlich besondere Antwortbögen notwendig, wie bei den meisten Papier-Bleistift-Tests.
Die Herstellung von apparativen Tests auf jedem Niveau ist teuer. Wenn es notwendig ist, eine große Zahl von Probanden zu testen, ist es wünschenswert, viele Exemplare des betreffenden apparativen Tests zu besitzen. Das erhöht natürlich die Kosten und wirft Probleme bezüglich der Lagerung und Pflege auf. Bei Filmvorführungen können viele Verhaltensvariable, die sonst durch den apparativen Test gemessen werden, in bewegten Filmitems berücksichtigt werden. Es ist natürlich klar, daß z. B. die Muskelkoordination so nicht erfaßt werden kann. Wie schon ausgeführt, können Filmtests bei großen Probandengruppen zugleich administriert werden, wenn geeignete Projektionsmöglichkeiten vorhanden sind. Tests, die in dieser Art durchgeführt werden, haben große Vorteile gegenüber denen, die nur individuell oder in kleinen Gruppen gegeben werden können. Denn die Durchführungskosten und die erforderliche Zeit sind offensichtlich viel geringer.

3.4.4 Nachteile der „Filmtests“

Die Nachteile der Filmtests liegen auf der Hand. Sie hängen mit den Produktionskosten, der notwendigen speziellen Ausrüstung und dem Problem der unterschiedlichen Lage der Arbeitsplätze im Testraum zusammen.
Bei komplizierteren Arten von Filmtests können die Produktionskosten hoch sein, besonders wenn kommerzielle Hersteller für diesen Zweck eingesetzt werden. Das ist aber meist nötig, denn im allgemeinen ist eine solche Arbeit zu kompliziert und zu technisch, als daß sie von Amateuren ausgeführt werden könnte.
Mit diesen Kosten müssen jedoch die verglichen werden, die bei der Herstellung einer großen Zahl von Testheften anfallen. Natürlich werden bei moderneren Testverfahren die Hefte nach dem Test wieder eingesammelt und öfter wiederverwendet, einzig die Antwortbögen sind nur einmal benutzbar. Es ist jedoch wenig über die relativen Kosten dieser beiden Testmethoden bekannt, weil mit Film- oder Projektionstests kaum experimentiert worden ist.
Für die Darbietung von Filmtests müssen entsprechende Möglichkeiten vorhanden sein. Die Projektionsausrüstung kann relativ teuer sein, und der Testraum muß eine Projektionswand haben. Bei dieser Art von Tests kann man auch eine standardisierte Instruktion mit Hilfe eines Tonbandgerätes geben. Das ist ein zusätzlicher Vorteil, weil so eine Standardisierung der Instruktion rasch erfolgen kann. Jedoch ist die technische Ausrüstung für die Wiedergabe von visuellem und auditivem Material umfangreicher als bei visuellem Material allein.
Ein spezielles Problem entsteht dadurch, daß die Probanden in verschiedenen Teilen des Testraums nicht gleich günstig zu der Projektionsfläche oder zu den Lautsprechern sitzen. Weiterhin muß eine entsprechende Beleuchtung vorhanden sein, damit die Prüflinge ihre Antworten in die Antwortbögen eintragen können. Es gibt zweifellos bei diesem Verfahren noch andere Vor- und Nachteile, die aber so lange nicht voll gewürdigt werden können, als nicht mit diesem Medium mehr experimentiert wird.

4. Durchführungsbedingungen

Viele Faktoren, die bei der Durchführung von Tests sorgfältig kontrolliert werden müssen, sind gut untersucht; aber infolge von unzulänglichen Möglichkeiten, unerfahrenen Testleitern usw. werden sie oft vernachlässigt. In diesem Kapitel wollen wir einige der wichtigsten Bedingungen behandeln. Wir werden die Größe der Probandengruppe, äußere Bedingungen, die Instruktion und Probleme der Zeitbegrenzung diskutieren.

4.1 Größe der Probandengruppe

Die Anzahl der Probanden, bei denen Tests zugleich durchgeführt werden können, ist von Bedeutung, denn die Kosten und die Durchführungszeit pro Prüfling sind von der Gruppengröße abhängig. Wir wollen deshalb die Faktoren, die bei der Bestimmung dieser Gruppengröße berücksichtigt werden müssen, diskutieren; und zwar für die individuelle Darbietung und für die Darbietung in kleinen oder großen Gruppen.

4.1.1 Individuelle Darbietung

Im allgemeinen ist es teurer, einen oder mehrere Tests bei einem Probanden als bei vielen zugleich durchzuführen. Obwohl mehr und mehr Gruppentests entwickelt oder adaptiert werden, sind viele Tests immer noch Individualtests. Bei einigen Verfahren ergeben sich wahrscheinlich so die besten Resultate. Jedoch wird bei anderen Tests, vielleicht auf Grund einer allgemeinen Trägheit oder anderer irrelevanter Faktoren, an der individuellen Darbietung festgehalten, obwohl es möglich und auch relativ einfach wäre, diesen Test bei einer Anzahl von Probanden zugleich zu administrieren.

Ein Argument für eine individuelle Testdurchführung ist das folgende: Der Prüfer kann die Reaktionen eines jeden Prüflings im Detail beobachten und auf Grund dieser Beobachtung genauere Beurteilungen abgeben. Das ist jedoch im allgemeinen kein gültiges Argument vom Gesichtspunkte einer guten psychologischen Testtheorie und -praxis her. Denn was mit den Beobachtungen gemacht wird, und wie diese zu Zahlen und Meßwerten reduziert werden, wird gewöhnlich nicht klargestellt.

In einigen Fällen ist jedoch eine individuelle Testdurchführung angebracht. Wir wollen diese unter Berücksichtigung der Testarten und der Probanden, für die sie am ehesten geeignet ist, diskutieren.

4.1.1a Arten von Tests

Es ist einleuchtend, daß die Tests, bei denen eine individuelle Darbietung am ehesten angebracht ist, die im 3. Kapitel besprochenen apparativen Verfahren sind. Einer der Gründe dafür sind die höheren Kosten. Steckbretter, Koordinations- und Reaktionstests sind im Vergleich zu einzelnen Testheften in der Herstellung viel teurer und können deshalb oft nur in Einzelexemplaren angeschafft werden.

Tests, bei denen eine individuelle Zeitmessung wichtig ist, sollten auch als Individualtests durchgeführt werden. Das ist der einfachste Weg, um genaue Zeiten zu erhalten. Manchmal jedoch kann die Zeit automatisch erfaßt werden. Das gilt insbesondere für Koordinationstests.

Bei Papier-Bleistift-Tests, wo es wichtig ist, daß jeder Proband fertig wird, ist es jedoch fast unmöglich, die von jedem Proband benötigte Zeit genau zu bestimmen, wenn der Test zugleich bei einer Anzahl von Probanden durchgeführt wird. Es ist möglich, daß gerade diese Zeit ein Maß für irgendeinen wichtiger Faktor ist.

4.1.1b Arten von Probanden

Ob Tests individuell oder in Gruppen durchgeführt werden, kann teilweise auch von der besonderen Art der zu testenden Personen abhängen. Bei Schülern in der zweiten Hälfte der Volksschule und höher ist es sicherlich möglich, die meisten Arten von Papier-Bleistift-Tests für eine Gruppendurchführung zu adaptieren. Das geht natürlich auch bei Erwachsenen.

Bei sehr kleinen Kindern, die noch keine Erfahrung haben und in Gruppensituationen auf eine standardisierte Instruktion nicht in der gleichen Art reagieren, scheint es jedoch keine andere Alternative als den Individualtest zu geben. Man hat sich aber sehr bemüht, Tests zu entwickeln, die auch im Kindergarten und in den unteren Volksschulklassen in Gruppen durchgeführt werden können.

Ein Individualtest ist vielleicht bei Kindern in Kinderkrippen und noch jüngeren Kindern allgemein notwendig. Auch bei geistig behinderten Prüflingen ist er meist erforderlich. In den entsprechenden Institutionen, z. B. in psychiatrischen Kliniken, sollten Tests deshalb als Einzeltests durchgeführt werden.

Eine der Schwierigkeiten bei Individualtests ist die Konstanthaltung der Durchführungsbedingungen. Leider sind die Situationen, die eine individuelle Durchführung notwendig machen, oft gerade die, die die Beibehaltung gleicher Bedingungen erschweren. Das bedeutet entweder, daß die Meßergebnisse von einem Individuum zum anderen nicht vergleichbar sind, oder daß der Prüfer unterschiedliche Durchführungsbedingungen zulassen muß. Solche unterschiedlichen Bedingungen machen es einem Prüfer ebenfalls schwer, die Resultate der Individualtests objektiv und genau aufeinander abzustimmen.

4.1.2 Darbietung in kleinen Gruppen

Auch wenn Tests nicht in großen Gruppen durchgeführt werden können, ist der Individualtest nicht notwendig die einzige Alternative. In einigen Fällen kann eine kleine Zahl von Probanden zusammen getestet werden. So kann man im Vergleich zu mehreren individuellen Testdurchführungen erheblich Zeit und Geld sparen. Einige bei der Untersuchung von kleinen Gruppen relevante Faktoren sind die Testart, der verfügbare Raum, die erforderlichen Überwachungsmöglichkeiten und die Gruppengröße.

Wir haben schon gesehen, daß apparative Tests eine individuelle Darbietung erfordern. Es ist jedoch möglich, Duplikate der Tests anzuschaffen, so daß sie zugleich bei mehreren Probanden durchgeführt werden können. So ist man bei der Prüfung der Anwärter für eine Fliegerausbildung während des zweiten Weltkriegs vorgegangen. Der komplexe Koordinationstest, der rotary pursuit-Test und der Zwei-Hand-Koordinationstest wurden zugleich bei sechs oder mehr Prüflingen durchgeführt. Obwohl die Kosten für alle Duplikate der Tests zusammen natürlich größer als für einen einzelnen Test waren, waren die Durchführungskosten für zugleich sechs oder mehr Personen nur wenig, wenn überhaupt, höher, als wenn der Test bei jedem einzelnen durchgeführt worden wäre.

In einigen Fällen steht ein Raum für die gemeinsame Untersuchung von einer größeren Zahl von Probanden nicht zur Verfügung. Das kann in kleineren Schulen, in Beratungsstellen, in kleineren Colleges, in Fabriken oder sonstwo der Fall sein. Dann gibt es keine andere Möglichkeit, als die Zahl der Probanden, die zugleich getestet werden sollen, zu beschränken und dem vorhandenen Raum anzupassen.
Bei den meisten Untersuchungen ist es wichtig, die Testdurchführung in der richtigen Art zu beaufsichtigen, um unvorhergesehene Schwierigkeiten bei einzelnen Prüflingen zu beheben, um dafür zu sorgen, daß die Instruktionen auch ausgeführt werden, um das Mogeln zu verhindern, usw. Einige Tests erfordern eine stärkere Kontrolle als andere.
Manchmal ist es jedoch möglich, Aufsichtspersonal durch eine geeignete Raumaufteilung einzusparen. Die Prüflinge können relativ nahe zusammensitzen, wenn sie hinreichend überwacht werden können. Wenn das jedoch nicht der Fall ist, sollte man besser einen größeren Raum benutzen und die Prüflinge weiter auseinandersetzen.
Einer der Faktoren, der die Größe der Probandengruppe bestimmt, ist die Zahl der Probanden, die zu irgendeiner Zeit getestet werden sollen. Oft ist der Zustrom von Probanden relativ gering, z. B. in der Beratungsstelle eines Colleges oder einer Universität. Es kann sein, daß jeden Tag nur wenige Studenten um eine Beratung nachsuchen, wobei dann ein Teil dieser Beratung in der Durchführung eines psychologischen Tests bestehen kann.
Bei Industrieunternehmen kann das gleiche bei Anwärtern für bestimmte Arbeitsplätze geschehen. Jeden Tag erscheinen Bewerber im Einstellungsbüro, und es kann wünschenswert sein, einige davon auf ihre Eignung für einen bestimmten Arbeitsplatz zu untersuchen.
In allen diesen Fällen besteht eine Möglichkeit darin, jede Person einzeln dann zu testen, wenn sie erscheint und befragt wird. Ein etwas systematischeres Vorgehen wäre es, bestimmte Untersuchungszeiten festzulegen, vielleicht eine Stunde an jedem Nachmittag oder einige Stunden an bestimmten Wochentagen. Mit den zu testenden Personen können Verabredungen getroffen werden, und kleine Gruppen von einem halben Dutzend oder mehr Probanden können zusammen untersucht werden, um so Zeit zu sparen. Gewöhnlich besitzen Beratungsstellen und Einstellungsbüros entsprechende Räume für kleine Gruppen von Prüflingen.
Dieses Vorgehen ist dann von Nachteil, wenn es notwendig ist, verschiedenen Probanden verschiedene Tests zu geben. Es muß jedoch betont werden, daß im Idealfalle bei einer Beratung oder einer

Einstellung für die meisten Klienten oder Bewerber immer die gleiche Standardbatterie von Meßinstrumenten verwendet werden sollte. Auf diese Weise können die Ergebnisse besser für umfassende diagnostische Untersuchungen verwendet werden.

Die Verwendung von relativ umfangreichen Standardbatterien für solche Zwecke ist noch nicht hinreichend genutzt worden. Desgleichen ist die Technik der richtigen Gruppierung der Prüflinge für Testdurchführungen noch nicht so eingesetzt worden, wie es eigentlich nötig wäre. Eine größere Ökonomie und andere Vorteile, die sich aus einer stärkeren Gleichförmigkeit der Testdurchführung ergeben könnte, würden dieses Vorgehen voll rechtfertigen.

4.1.3 Darbietung in großen Gruppen

Bisher haben wir nicht definiert, was wir unter „kleinen" und „großen" Gruppen verstehen wollen. Im allgemeinen kann eine Gruppe mit mehr als 25 oder 30 Probanden als groß bezeichnet werden. Es ist in großen High Schools oder Universitäten nicht ungewöhnlich, Gruppen von mehreren hundert mit Eignungstests zu untersuchen. Zum Beispiel können objektive Tests in Aufnahmeklassen mit 500 Studenten oder mehr administriert werden. Wir wollen die Testdurchführung in großen Gruppen im Hinblick auf die Testarten und die Zeitbegrenzung kurz behandeln.

4.1.3a Testarten

Die Testart, die vielleicht am ehesten für große Gruppen geeignet ist, ist der Papier-Bleistift-Test. Meist werden wiederverwendbare Testhefte und separate Antwortbögen benutzt. Ein Beispiel dafür sind die großen nationalen Testprogramme wie das College Entrance Examination Board und das American College Testing Program. Oft werden auch die *Iowa* Tests of Educational Development und Testreihen der Psychological Corporation und des California Test Bureau verwendet.

Im allgemeinen ist es nicht möglich, apparative Tests bei großen Gruppen durchzuführen, da meist nicht genug Meßinstrumente vorhanden und die Schwierigkeiten bei einer Massendurchführung zu groß sind.

Eine Testart, die bei großen Gruppen durchgeführt werden kann, sofern die Möglichkeit dazu vorhanden ist, ist der Film- oder Projektionstest, den wir im vorhergehenden Kapitel diskutiert haben. Jedoch hat man bisher nur sehr wenig mit diesem Darbietungsmedium gearbeitet. Sein Gebrauch würde auf große Institutionen, wo geräumige Säle und entsprechende Projektionsvorrichtungen verfügbar sind, beschränkt sein. Jedoch werden solche Möglichkeiten bei pädagogischen, militärischen und staatlichen Institutionen immer stärker ausgebaut, und es ist nicht unwahrscheinlich, daß Film- und Projektionstests in große Testprogramme aufgenommen werden.

4.1.3b Zeitbegrenzung

Die Testarten, die eine individuelle Zeitmessung erfordern, sind natürlich nicht für eine Verwendung bei großen Gruppen geeignet. Leider ist es bei den meisten Testprogrammen notwendig, bei jedem Test für alle Probanden die gleiche Zeitbegrenzung festzulegen. Wenn diese so bestimmt wird, daß die meisten Probanden fertig werden, bedeutet das aber, daß die schnelleren viel Zeit vergeuden. Wenn sie dagegen so gewählt wird, daß keiner fertig wird, dann werden viele Probanden die meisten Items gar nicht bearbeiten können. Im letzteren Falle treten schwerwiegende theoretische Probleme auf, weil die gegenwärtig verfügbare Testtheorie meist voraussetzt, daß alle Items durch alle Probanden bearbeitet worden sind.

Kognitive Tests müssen also bei großen Gruppen mit einheitlicher Zeitbegrenzung durchgeführt werden. Wählt man die Filmdarbietung, so ist von Vorteil, daß für jedes einzelne Item einheitliche Zeitgrenzen angesetzt werden können, so daß jeder Proband Gelegenheit bekommt, jedes Item zu bearbeiten. Es sind jedoch noch sehr viele Experimente erforderlich, um die optimale Darbietungszeit für die einzelnen Items in einem Test zu bestimmen.

Es gibt natürlich nicht-kognitive Tests, für die der Zeitfaktor nicht besonders wichtig ist. Fragebögen zur Messung des Temperaments, der Interessen, der Einstellung usw. können in großen Gruppen administriert werden. Wenn ein Testprogramm kognitive Tests und Persönlichkeitsfragebögen vorsieht, werden die letzteren am Ende ohne Zeitbegrenzung durchgeführt. Bei den kognitiven Tests wird die Zeit genau gemessen, und bei den Tests ohne Zeitbegrenzung werden die Probanden aufgefordert, abzugeben, wenn sie fertig sind.

4.2 Die äußere Umgebung

Es ist wichtig, daß psychologische Tests unter den richtigen, gut kontrollierten Bedingungen durchgeführt werden. Eine größere Gruppe von solchen Bedingungen bezieht sich auf die äußere Umgebung, in der der Test durchgeführt wird. Von den vielen wichtigen Faktoren, die die Bedeutung und den Nutzen eines Testergebnisses gewährleisten, wollen wir die Beleuchtung, atmosphärische Bedingungen, störenden Lärm und die räumlichen Bedingungen besprechen.

4.2.1 Beleuchtung

Bei den vorhandenen modernen Möglichkeiten ist die richtige Beleuchtung kein schwerwiegendes Problem. Sie sollte auf jeden Fall einheitlich sein. Denn es ist bei der Durchführung eines Tests wichtig, daß die Bedingungen für alle Prüflinge gleich sind, so daß Punktunterschiede auf individuelle Differenzen, nicht auf Variationen der Durchführungsbedingungen zurückgehen. In großen Sälen oder Gruppentesträumen bedeutet das, daß die Sichtverhältnisse für alle Probanden so gleich wie möglich sein sollen. Gleichmäßige Beleuchtung ist auch bei der Durchführung von Film- oder Projektionstests wichtig.
Bei Einzeltests ist es besonders notwendig, daß die gleichen Beleuchtungsbedingungen von Tag zu Tag während der gesamten Testreihe eingehalten werden. Oft gibt es erhebliche Variationen in Ort und Zeit und den physikalischen Bedingungen, unter denen die Tests durchgeführt werden. Deshalb kann sich natürlich auch die Beleuchtung über eine längere Zeit hinweg stark ändern. Leider ist dieser Faktor bei individuellen Testdurchführungen unter relativ unstrukturierten Umständen nur schwer zu kontrollieren.
Zum Glück kann sich der durchschnittliche Proband gewöhnlich in einem ziemlich weiten Bereich an die jeweiligen Lichtverhältnisse anpassen. Es gibt aber untere und obere Grenzen, außerhalb derer das Testergebnis beeinflußt werden kann. Das Problem der Blendung und die optimale Richtung und Lage der Lichtquellen müssen ebenfalls berücksichtigt werden.

4.2.2 Atmosphärische Bedingungen

In den meisten Testsituationen können die atmosphärischen Bedingungen hinreichend gut kontrolliert werden. Die wichtigsten sind Temperatur und Lüftung.

Meistens ist eine Temperaturkontrolle durch den Testleiter nur in relativ begrenztem Umfang möglich. Trotzdem dürfte das in den meisten Testräumen in Schulen und Industriebetrieben ausreichend sein. Wenn die Temperatur überhaupt nicht kontrolliert wird, was vielleicht manchmal in kleinen Schulen oder beim Militär vorkommt, können die Meßergebnisse verfälscht werden.
Wie die Temperatur, so ist auch die Lüftung bei den meisten modernen öffentlichen Gebäuden und industriellen Anlagen ausreichend. Jedoch sind pädagogische Institutionen wie Test- und Beratungsstellen oft nur behelfsmäßig untergebracht, wobei zwar die Heizung gut, die Ventilation aber nicht optimal ist. Im allgemeinen haben aber Lüftungsprobleme bei der Kontrolle und Standardisierung der Testdurchführung keinen allzugroßen Einfluß.

4.2.3 Lärmkontrolle

Ein Faktor, der vielleicht am schwierigsten zu kontrollieren ist, ist störender Lärm. Er kann die Testergebnisse beeinflussen, wir wissen jedoch nicht, in welchem Umfang. Lärm kann sowohl im Testraum als auch außerhalb entstehen.
Innerhalb des Testraums ist die häufigste Störung dieser Art das Flüstern oder leise Sprechen der Probanden. Flüstern kann in großen Gruppen, wo es an irgendeiner Stelle im Raum auftritt und vielleicht nur die Probanden in der näheren Umgebung ablenkt, nur schwer kontrolliert werden.
Störungen dieser Art können entweder autorisiert oder nichtautorisiert sein. Prüflinge können miteinander sprechen und so die Umsitzenden stören, oder die Testleiter oder Aufseher können Probanden ablenken, wenn sie auf Fragen während der Testdurchführung antworten. Offensichtlich ist es deshalb wichtig, sowohl das autorisierte als auch das nicht autorisierte Sprechen im Testraum genauestens zu kontrollieren.
Das Problem einer Ablenkung durch Geräusche kann bei kleinen Gruppen oder individuellen Testdurchführungen noch größer sein. Manchmal finden Individualtests im gleichen Raum statt, in dem andere Tätigkeiten, z. B. Maschineschreiben oder Büroarbeiten, durchgeführt werden. Das ist zwar eine unbefriedigende, aber dennoch eine häufige Situation. Sie kann in Schulen eintreten, wo die Untersuchungsmöglichkeiten nicht ausreichen oder schlecht organisiert sind, aber auch in der Industrie, wo Tests durch unbegabte oder nicht richtig ausgebildete

Leute durchgeführt werden, und wo ausreichende Räume nicht vorhanden sind.
Eine sehr störende Art der Lärmbelästigung kann von außerhalb des Testraums kommen. In Schulen hat der Prüfer gewöhnlich wenig Kontrolle über das, was außerhalb des Raumes vorgeht. Zum Beispiel können die Geräusche von Leuten, die sich auf dem Flur oder in benachbarten Räumen befinden, Störungen verursachen. Während des Bau-Booms bei den Schulen und Universitäten nach dem Kriege waren Bauarbeiten an neuen Häusern mehr die Regel als die Ausnahme. Der entstehende Lärm ist allen nur zu bekannt.
Obwohl wir nicht genau wissen, wie und in welchem Ausmaß individuelle Leistungsdifferenzen durch verschiedene Arten von störendem Lärm beeinflußt werden, und obwohl einige Untersuchungen gezeigt haben, daß diese externen Faktoren die Leistungen bei einer großen Gruppe von Probanden nicht merklich ändern, dürfte es gut sein, ihre Existenz zu berücksichtigen.

4.2.4 Räumliche Bedingungen

Bei Testdurchführungen in großen Gruppen kann die Bereitstellung von ausreichenden Arbeitsmöglichkeiten ein Problem sein. Der Raum sollte groß genug sein, so daß zwischen je zwei Prüflingen ein genügend großer Zwischenraum vorhanden ist. Jedem Prüfling sollte eine ausreichende Arbeitsfläche, wie z. B. ein Tisch oder ein Pult, zur Verfügung stehen. Solche Möglichkeiten sind oft nicht vorhanden. Manchmal kann man eine Reihe von langen Tischen aufstellen, wo die Prüflinge bequem sitzen können und der Arbeitsraum optimal ist. Aber gerade da, wo sehr viel getestet wird, sitzt der Proband oft nur in einem gewöhnlichen Hörsaalstuhl mit einem schmalen Klapptisch, auf dem er den Antwortbogen ausfüllen muß. Bei High-Schools findet man noch eher das übliche Schulpult als in den Hörsälen der Universitäten. Aber sogar in den großen High-Schools dürften die Möglichkeiten für die Durchführung von Tests nicht sehr gut sein. Um ein Verfälschen der Testergebnisse durch Abschreiben zu verhindern, müssen die Prüfer die Probanden weit genug auseinandersetzen. Es sollte angemerkt werden, daß wir diesen Punkt nicht so sehr wegen des Täuschens selbst anführen – entsprechende ethische Folgerungen sind eigentlich für die Psychometrie irrelevant – sondern weil ein spezielles Testergebnis auch nur für den betreffenden Probanden gelten soll.

4.3 Die Instruktion

Es ist sehr wichtig, daß eine standardisierte Instruktion gegeben wird, um was für einen Test es sich auch immer handelt, und wie groß oder klein die Probandengruppe auch ist. Wir wollen die optimale Instruktion diskutieren und dabei auf die Handanweisung, das Testmaterial und die Anweisungen, die nicht ausdrücklich im Testheft stehen, eingehen.

4.3.1 Handanweisung

Der Erstellung der Handanweisung, auch „Testmanual" genannt, und ihrer Bedeutung ist noch nicht genügend Aufmerksamkeit geschenkt worden. Gewöhnlich bleibt die Vorbereitung der Handanweisung dem einzelnen Testautor überlassen, von denen viele recht fleißig und unternehmend, aber in der Wissenschaft und Technik der Psychometrie nicht allzu bewandert sind. Wir wollen hier einige relevante Überlegungen für Handanweisungen anstellen. Bei der Vorbereitung eines Testmanuals ist es wichtig, im voraus zu wissen, wie der Test durchgeführt und interpretiert werden soll. Diese Fragen sind ziemlich verwickelt. Zum Beispiel kann eine Testbatterie eine do-it-yourself-Interpretation der Ergebnisse erfordern und deshalb geeignete Handanweisungen notwendig machen. Denn diejenigen, die diese Tests durchführen, unterscheiden sich stark in den entsprechenden notwendigen Fähigkeiten. Ein anderes Testmanual kann allein für den Gebrauch durch geübte Testleiter gedacht sein.
Auf jeden Fall sollte es alle Instruktionen für den Prüfling enthalten. In ihm sollte auch genau erklärt werden, welche Anweisungen wörtlich, und welche nur dem Sinne nach gegeben werden. Eine freie Wiedergabe ist manchmal notwendig, weil der Prüfer nicht alle Probleme einer speziellen Testdurchführung vorhersehen kann, und weil er etwas Spielraum für Notfälle haben sollte.
Im allgemeinen sind die Instruktionen, die der Prüfer dem Prüfling gibt, noch nicht so routinemäßig standardisiert und vollständig, wie sie eigentlich sein sollten. Es ist für einen Testleiter nicht notwendig, eine Quelle der Inspiration oder Motivation für den Probanden zu sein, wie es z. B. ein Lehrer für seine Schüler ist. Aber es ist wichtig, daß seine Kommunikation mit dem Prüfling unzweideutig und von einer Testsituation zur anderen gleich ist. Deshalb ist es wünschenswert, daß ein möglichst großer Teil der Instruktion wörtlich vorgelesen wird.

Das Testmanual muß klarstellen, was bezüglich des Ratens bei Richtig-Falsch- oder multiple choice-Fragen geschehen soll. Man muß den Prüflingen einschärfen, Items, an die sie kommen, auch zu beantworten, selbst wenn ihre Antwort ein bloßes Raten ist. Theoretische Meßmodelle können leichter angewendet werden, wenn man annehmen kann, daß geraten worden ist. Es gibt kaum eine Berechtigung, darauf hinzuweisen, daß es für den Prüfling besser sei, die Items, die sie nicht sicher beantworten könnten, auszulassen. Weil dieser Punkt entscheidend mit der fundamentalen Testtheorie zusammenhängt, kann nicht deutlich genug betont werden, daß die Probanden raten sollen, wenn sie die Antwort nicht wissen. Vielleicht sollte man sie dahingehend instruieren, daß Auslassungen als Fehler gerechnet werden.

4.3.2 Testmaterial

Das Testmaterial hängt von der Art des verwendeten Tests ab. Es ist schwierig, irgendeine sinnvolle Diskussion über apparative Tests ohne eine ausführlichere Besprechung dieser Verfahren zu führen. Das würde aber über den Rahmen dieses Buches hinausgehen. Wir werden uns deshalb auf das Material bei Papier-Bleistift-Tests beschränken – d. h. auf die Testhefte, die Antwortbögen und das Schreibzeug.

Bevor die Testhefte ausgegeben werden, müssen die Probanden ausdrücklich und entschieden instruiert werden, die Hefte nicht zu öffnen und die Fragen zu lesen, bevor sie nicht dazu aufgefordert werden. Eine Möglichkeit, sicherzustellen, daß die Testhefte nicht vor der Zeit geöffnet werden, ist die Verwendung von Klebstreifen. Die Hefte werden zugeklebt, und die Prüflinge dürfen den Streifen nicht eher lösen, als bis der Prüfer es sagt.

Die Technik, die richtige Zahl von richtigen Antwortbögen auszuteilen, dürfte in einem gut organisierten Testprogramm nicht problematisch sein.

Das Einsammeln der Antwortbögen muß so durchgeführt werden, daß die Probanden nach dem Zeichen zum Aufhören nicht noch weiterarbeiten können. Eine entsprechende Beaufsichtigung und die Einhaltung von strengen Zeitbegrenzungen erfordern deshalb besondere Aufmerksamkeit. Das Einsammeln der Testhefte muß ebenfalls gut kontrolliert werden, um sicherzustellen, daß auch alle zurückgegeben werden.

Es ist deshalb wesentlich, daß das Aufsichtspersonal gut eingeübt und bei jeder Testdurchführung zahlreich genug vertreten ist. Die Rolle der Kontrollperson wird in den Testmanualen noch nicht ausreichend betont. Das ganze ist wiederum nicht eine Frage der Ehrenhaftigkeit oder der Ethik. Es kommt auf die Einhaltung streng standardisierter Bedingungen an, damit die Bedeutung der Testergebnisse nicht durch Unterschiede in der Zeitbegrenzung verringert wird, weil einige Prüflinge vor den anderen angefangen oder später aufgehört haben.

Umfassende Testprogramme werden üblicherweise mit Testheften und entsprechenden Antwortbögen durchgeführt, bei denen eine maschinelle Auswertung vorgesehen ist. Die meisten Studenten der USA und anderer Länder kennen den IBM-Antwortbogen. Jedoch kommen allmählich andere Arten von Antwortbögen in Gebrauch, die dem Computer besser angepaßt sind, und die mehr Items pro Bogen enthalten als der IBM-Standardbogen.

4.3.3 Die Beantwortung von Fragen

Die Prüfer sollten ganz genau wissen, wann Fragen gestellt werden dürfen, und welche Fragen rechtmäßig beantwortet werden dürfen. Bei einem gut organisierten Testprogramm sollten Fragen nur solange gestattet sein, bis die Testhefte geöffnet werden, besser jedoch, bevor sie ausgeteilt werden. Die Instruktion sollte so klar sein, daß kein Bedürfnis nach Fragen vorhanden ist. Je besser eine Anweisung ist, desto weniger Fragen werden gestellt.

4.4 Die Formulierung von Instruktionen und Übungsaufgaben

Die Formulierung der Instruktion und die Übungsaufgaben sind für die Standardisierung der Testdurchführung wichtig. Sie können das Bedürfnis nach Fragen und die zufällige Kommunikation zwischen Prüfer und Prüfling auf ein Minimum herabsetzen.

4.4.1 Instruktionen im Testheft

Bei Papier-Bleistift-Tests enthalten die Testhefte meistens eine standardisierte Instruktion für die Bearbeitung des Tests. Es ist schwierig, alles das anzuführen, was in gedruckten Testanweisungen enthalten sein sollte. Das ist ein umfassender und komplexer Gegenstand, der eine viel systematischere Behandlung erfordert, als es bisher geschehen ist. Im allgemeinen sollten Instruktionen so klar und einfach sein, daß sie der Prüfling verstehen kann. Denn der Testpunktwert soll nur seine Fähigkeit in der zu messenden Variable, und nicht seine Fähigkeit, Instruktionen zu verstehen, wiedergeben. Eine Ausnahme liegt vor, wenn der Test speziell dafür konstruiert ist, das Instruktionsverständnis zu erfassen.

Einige Testmanuale empfehlen, daß der Testleiter die Instruktionen zusammen mit den Prüflingen liest, während andere das Lesen nur den Prüflingen überlassen. In der Handanweisung sollte klargestellt sein, welche dieser Möglichkeiten empfohlen wird. Im allgemeinen ist eine Durchführung besser standardisiert, wenn der Prüfer die Instruktionen aus dem Testheft laut vorliest, während die Prüflinge still mitlesen. Ein Vorteil dieses Verfahrens ist eine größere Vereinheitlichung der Lesezeit. Sonst liest jeder in seiner eigenen Geschwindigkeit. Die Zeit für das Lesen der Instruktion sollte sorgfältig festgesetzt sein. Sie muß selbst für den Langsamsten ausreichend sein, aber nicht so lang, daß die Schnelleren unerlaubte oder irrelevante Dinge tun können. Der erfahrene Prüfer dürfte hierbei keine Schwierigkeiten haben, aber die Handanweisung sollte trotzdem allgemeine Richtlinien dafür geben, wieviel Zeit für das Lesen der Instruktion bei jeder Testeinheit vorgesehen werden sollte.

4.4.2 Die Verwendung von Übungsbeispielen

Es ist üblich, dem Prüfling Beispiele für die Aufgaben, die er bearbeiten soll, zu geben, bevor er mit dem eigentlichen Test beginnt. Dabei kann man ein oder eine Kombination von mehreren Verfahren anwenden.

Einmal können verschiedene Items mit Antworten und mit einer Erklärung der Antworten vorgegeben werden. Dann kann der Prüfling aufgefordert werden, verschiedene Übungsaufgaben zu bearbeiten, worauf ihm gesagt wird, welche Antworten er angestrichen haben sollte. Oder man gibt ihm mehrere typische Testaufgaben ohne Zeitbegrenzung, bevor er mit dem zeitlich kontrollierten Teil des Tests beginnt. Bei diesem Verfahren werden die Antworten nicht vorgegeben.

Manchmal ist es wünschenswert, eine kurze Erklärung dafür zu geben, warum gerade die Schlüsselantwort richtig ist. Oft ist die richtige Antwort aber so naheliegend, daß Erläuterungen nicht notwendig sind.

Wenn die richtige Antwort vorgegeben wird, ist es gut, sie so einfach zu machen, daß sie sofort einleuchtet.

Solche Items haben den Zweck, den Prüfling über die spezielle Art der Fragen zu informieren, damit er weiß, was er zu erwarten hat. Manchmal werden verschiedene Items von der Art, wie sie im eigentlichen Test vorkommen, mit mehreren Antwortmöglichkeiten dargeboten. Der Proband wird aufgefordert, die richtige Lösung anzustreichen. Diese Items sollten relativ leicht sein, so daß selbst die Langsamsten nicht viel Zeit brauchen, zwei oder drei davon zu lösen. Dann werden die richtigen Antworten gemeinsam eingesetzt und kurz besprochen.

Diese Technik kann in Verbindung mit den oben beschriebenen Verfahren angewendet werden. Am Anfang sollten verschiedene leichte Items mit bereits angestrichenen richtigen Antworten stehen, dann sollten mehrere relativ leichte Items folgen, wo der Prüfling die richtige Antwort einsetzen muß.

Die gedruckten Instruktionen und die Vorübungen sollten so einfach und knapp wie möglich gehalten werden, so daß der größere Teil des Testheftes den Aufgaben selbst vorbehalten bleiben kann.

Anstelle der beiden gerade besprochenen Methoden kann man dem Prüfling ein halbes Dutzend Übungsaufgaben zur Beantwortung geben, und man sagt ihm nicht, welches die richtige Antwort ist. Das kann als eine Art Übung zum „Anwärmen“ angesehen werden.

Wenn diese Art von Einführung vorgesehen ist, sollten die betreffenden Items sehr leicht sein, so daß alle Probanden sie schnell beantworten können. Erst dann können sie mit dem eigentlichen Test beginnen – was natürlich in der Instruktion deutlich ausgedrückt werden muß.

4.5 Zeitbegrenzung

Wir haben bereits den Unterschied zwischen Tests mit und ohne Zeitbegrenzung erwähnt. Manchmal spricht man auch von zeitbegrenzten und arbeitsbegrenzten oder von Speed- und Power-Tests. Elementare Lehrbücher über Messen und Testen machen diesen Unterschied deutlich. Tests ohne Zeitbegrenzung erfassen mehr die Leistungsgüte.

Die Faktoren der Leistungsgüte können andere sein als die Faktoren der Leistungsschnelligkeit, wie *Davidson* und *Carroll* (1945), *Myers*

(1952) und *Lord* (1956) gezeigt haben. Wir wollen die Zeitbegrenzung diskutieren und dabei die Testart, den Speedanteil eines Tests, die Art der verwendeten Zeitmeßgeräte, die Übungsbeispiele und den speziellen Testaufbau behandeln.

4.5.1 Zeitbegrenzung und die Art des Tests

Die Zeitbegrenzung bei der Durchführung eines psychologischen Tests hängt von der Art des Tests oder der Testbatterie ab. Persönlichkeits- und andere Fragebogen erfordern gewöhnlich keine zeitliche Begrenzung, wenn sie nach den zeitlich gebundenen Tests durchgeführt werden. Jedoch kann das Problem bei den meisten kognitiven Tests, Handlungstests und Filmtests von Bedeutung sein.

Es ist wichtig, die meisten Arten von kognitiven Tests – z. B. Intelligenz- und Leistungstests – so zu konstruieren, daß der unerwünschte Einfluß einer notwendigen zeitlichen Begrenzung so gering wie möglich ist. Die Aufgaben sollten vom Anfang bis zum Ende des Tests im Schwierigkeitsgrad ansteigen. Leider kümmern sich Testkonstrukteure manchmal nicht darum.

Die meisten apparativen Tests machen zur Bestimmung der individuellen Leistung entweder für alle die gleiche Zeitbegrenzung oder für jeden einzelnen Probanden die Messung der Zeit für die spezielle Aufgabe erforderlich. Bei großen Gruppen ist es natürlich nicht praktikabel, die Zeit als ein Maß für die jeweilige Fähigkeit zu verwenden, da hierbei ja gerade eine einheitliche Zeitbegrenzung notwendig ist.

Es ist bereits weiter oben ausgeführt worden, daß es einer der Hauptvorteile des Filmtests ist, daß die Zeit für jedes Item separat berücksichtigt werden kann. So entstehen für den Testleiter keine Probleme in bezug auf die Zeitmessung. Die Vorteile des Filmtests sind in diesem Falle offensichtlich.

4.5.2 Der Speedanteil

Bei allen Tests mit Zeitbegrenzung ist es notwendig, für jeden Test oder Testabschnitt eine Zeitgrenze festzusetzen, die von dem speziellen dargebotenen Material abhängt. Eine solche Grenze kann nicht apriori bestimmt werden, sondern muß auf Grund von Experimenten mit vergleichbaren Gruppen festgelegt werden.

Von der Theorie her ist es vielleicht am besten, bei Speed-Tests die Zeit so zu wählen, daß kein einziger alle Items bearbeiten kann. Denn wenn der Speed die zu messende Variable ist, kann das Leistungsmaximum eines Probanden, der alle Items innerhalb der gegebenen Zeit beantwortet, nicht gemessen werden. Er hätte vielleicht mehr geschafft, wenn mehr Aufgaben da gewesen wären.
Ein Nachteil dieses Verfahrens ist der, daß ein Prüfling frustriert werden kann, wenn er nur einen kleinen Teil des Tests bearbeiten kann. Das ist zu verhindern, wenn man in den Instruktionen klarstellt, man erwarte von keinem, daß er fertig wird; die Zahl der Aufgaben sei absichtlich so festgelegt worden, daß selbst der Schnellste nicht genug Zeit für alle habe.
Bei vielen standardisierten Tests und Testprogrammen ist die Zeit so festgelegt, daß mehr als die Hälfte oder auch 70 bis 80 Prozent der Prüflinge alle Items in Angriff nehmen können. Das wird vermutlich so gemacht, damit alle Items von den meisten bearbeitet werden, ohne daß die Zeit unnötigerweise ausgedehnt wird. Die College Entrance Examination Board Tests sind hierfür Beispiele. Diese Tests sind aber eigentlich als Powertests gedacht.
Vom Gesichtspunkt des theoretischen Modells, das wir in späterem Kapitel beschreiben, ist es ideal, wenn alle fertig werden. Je eher dieses Ziel erreicht ist, desto besser wird den Grundsätzen einer guten Messung entsprochen. Ideal wäre es auch, wenn die Items sukzessiv schwieriger mit ungefähr gleichem Schwierigkeitsanstieg wären. Den Prüflingen wird viel Zeit zur Bearbeitung gegeben, und es macht nicht allzuviel aus, wenn einige warten müssen, während andere noch arbeiten.
Man nimmt übrigens an, daß die, die den Test früh beenden, mehr Items richtig beantwortet haben als die, die gerade eben fertig werden.

4.5.3 Instrumente zur Zeitmessung

Ob die Zeit genau eingehalten wird oder nicht, hängt von den vorhandenen Zeitmessern ab. Das beste Instrument ist eine gute Stoppuhr. Der Meßfehler sollte nicht größer als einige Hundertstel der gegebenen Zeitspanne sein.
Oft werden Tests unter Verwendung einer gewöhnlichen Armband- oder Taschenuhr mit einem Sekundenzeiger durchgeführt. Diese Verfahrensweise ist außer in Notfällen nicht zu empfehlen. Selbst wenn man das Fortschreiten des Sekundenzeigers genau beobachtet, ist die Zeitmes-

sung ungenauer als bei der Stoppuhr, weil der Zeiger nicht auf Null zurückgestellt werden kann, wenn ein neuer Zeitabschnitt beginnt. Bei einer Testbatterie ist es wichtig, daß die Zeit bei jedem einzelnen Test so genau wie möglich gemessen wird. Bei apparativen Tests, wo es auf die individuelle Arbeitszeit ankommt, tut der Prüfer gut daran, wenn eben möglich eine Stoppuhr zu benutzen.

4.5.4 Zeitbegrenzung bei den Übungsbeispielen

In den Instruktionen müssen Angaben über die zeitliche Begrenzung der Übungsbeispiele vorhanden sein. Diese Zeit variiert je nach der Art der verwendeten Beispiele. Im allgemeinen ist es gut, diese einfach und kurz genug zu machen, so daß sie nicht länger als 10 bis 20 Prozent der gesamten Zeit dauern. In einigen Fällen ist bis zu 50 bis 60 Prozent der Testzeit vorgesehen, was aber weder ökonomisch noch sonstwie gerechtfertigt ist.

4.5.5 Testaufbau und Zeitbegrenzung

Es ist notwendig, auf den Testheften anzugeben, welche Zeiten für jeden Test oder Testabschnitt vorgesehen sind, und wann der Proband aufhören und weitere Instruktionen abwarten soll. Am Ende eines jeden Abschnitts sollte ganz klar darauf hingewiesen werden, daß der Prüfling nicht umblättern darf, bevor er nicht dazu aufgefordert wird. Diese Anweisungen sollten fett gedruckt sein, so daß sie nicht zu übersehen sind. Es ist auch wichtig, daß der Prüfer in seinen Instruktionen vor dem Test darauf hinweist, damit sie auch gelesen und genau beachtet werden. Den gleichen Zweck können auch einleitende Instruktionen vorne auf dem Testheft haben.

5. Quantifikation und Interpretation von Testergebnissen

Wir haben im ersten Kapitel darauf hingewiesen, daß die Ergebnisse psychologischer Meßverfahren Zahlen sind. Wenn wir einen Test bei einer Gruppe von Probanden durchführen, erhalten wir für jeden einzelnen Probanden irgendeinen Zahlenwert. Diese Zahl kann sich auf sehr verschiedene Weise ergeben. Das hängt von dem jeweiligen Test und von der Art und Weise ab, wie die Testleistung erfaßt wird. Bei apparativen Tests kann es die Zeit sein, die für eine vorgeschriebene Zahl von Reaktionen auf die Reizmuster des Tests erforderlich ist. Bei einem objektiven Papier-Bleistift-Test kann es die Zahl der richtig angekreuzten Items, die zur Bearbeitung notwendige Zeit oder die Zahl der bearbeiteten Items sein. Dabei nehmen wir in diesem und anderen Kapiteln in den meisten Fällen an, daß wir es mit Tests zu tun haben, die aus einer Anzahl von diskreten Reizelementen bestehen, und daß jeder Antwort entweder eine 0 oder eine 1 zugeordnet werden kann.
Es gibt natürlich noch andere Möglichkeiten, bei psychologischen Tests die Antworten zu bewerten. Die einzelnen Items können durch subjektive oder statistische Verfahren unterschiedlich gewichtet werden. Oder jede Alternative kann bei einer multiple-choice-Aufgabe anders bewertet werden. Diese Verfahrensweise ist jedoch nicht üblich. Man hat mit der unterschiedlichen Gewichtung von Aufgaben und Alternativen Versuche angestellt, aber die vorliegenden Ergebnisse scheinen solche Feinheiten nicht zu rechtfertigen. In diesem Kapitel werden wir Verteilungen und Transformationen von Punktwerten, das Problem der Metrik und schließlich eine spezielle Art von Maßen, nämlich die dichotomen oder binären Maße, behandeln.

5.1 Die Verteilung der Punktwerte

Bei der Behandlung von Punktwertverteilungen wollen wir die wichtigsten Merkmale von Häufigkeitsverteilungen wiederholen, welche gewöhnlich in einführenden Statistikvorlesungen besprochen werden. Es sind Maße für die Lokation, die Dispersion, die Schiefe und den Exzess. Schließlich wollen wir kurz auf die Normalverteilung eingehen.

5.1.1 Lokation

Die einfachste Möglichkeit, eine Häufigkeitsverteilung in einer Zahl zusammenzufassen, ist die Angabe eines Lokationswerts. Die drei gebräuchlichsten Maße dieser Art sind der Modalwert, der Median und das arithmetische Mittel.

Der Modalwert einer Verteilung ist der Punktwert, den die meisten Probanden in der untersuchten Gruppe erhalten haben. Der Median ist die Zahl, die die Verteilung in zwei flächengleiche Hälften teilt. Die Methoden zur Berechnung dieses Werts sind wahrscheinlich gut bekannt und brauchen hier nicht wiederholt zu werden. Eine interessante, jedoch weitgehend unbekannte Eigenschaft des Medians ist, daß die Summe der absoluten Abstände aller Punktwerte von ihm ein Minimum ist (siehe Abschnitt 5.5.1).

Das gebräuchlichste Maß für die Lokation ist das arithmetische Mittel oder der Durchschnitt einer Meßwertverteilung. In diesem Buch werden wir nur sehr wenig mit dem Modalwert und dem Median zu tun haben, jedoch um so mehr mit dem arithmetischen Mittel, das eine wichtige Rolle in der psychologischen Testtheorie und -praxis spielt. Das arithmetische Mittel besitzt auch eine wichtige Eigenschaft. Die Summe der Quadrate der Abweichungen aller Meßwerte von ihm ist nämlich ein Minimum (siehe Abschnitt 5.2.2). Gleichung 5.1.1 ist die Skalarschreibweise für das arithmetische Mittel

$$\bar{X} = \frac{\Sigma X}{N} \qquad (5.1.1)$$

wobei X der Rohpunktwert und N der Stichprobenumfang ist.

Gleichung 5.1.2 gibt das arithmetische Mittel in Matrizenschreibweise an.

$$X = \frac{X'1}{N} \qquad (5.1.2)$$

wo X' ein Zeilenvektor von Punktwerten und *1* ein Einheitsvektor ist.

5.1.2 Dispersion

Es liegt nahe, sich außer für die Lokation einer Meßwertverteilung auch für ihre Dispersion, d. h. für das Ausmaß, in welchem die Zahlen gehäuft oder gestreut sind, zu interessieren. Eine Anzahl von verschiedenen Maßen für die Dispersion sind verfügbar. Die gebräuchlichsten sind wohl die Variationsbreite, das Quartilmaß, die Varianz und die Standardabweichung.

Die Variationsbreite ist die Differenz zwischen der höchsten und der niedrigsten Zahl einer Meßwertreihe. Es handelt sich dabei um ein sehr grobes Dispersionsmaß, da es die Verteilung der Meßwerte zwischen dem höchsten und niedrigsten Wert nicht berücksichtigt.

Das Quartilmaß gibt mehr Informationen. Es wird folgendermaßen bestimmt: Man sucht den Punktwert, über dem 25% aller Fälle, und den, unter dem ebenfalls 25% aller Fälle liegen. Dann zieht man den zweiten Wert von dem ersten ab und erhält so das Quartilmaß.

Das gebräuchlichste Maß für die Dispersion ist die Varianz. Sie ist definiert als der Durchschnitt der Quadrate der Abweichungen aller Meßwerte einer Verteilung von ihrem arithmetischen Mittel. Dieses Maß ist wegen der im vorigen Abschnitt angedeuteten Eigenschaften des arithmetischen Mittels von besonderem Interesse. Es soll in dem vorliegenden Buch fast ausschließlich verwendet werden.

Wir werden später auf viele Probleme eingehen, welche bei der Konstruktion von solchen psychologischen Tests auftreten, bei denen die Varianz der Punktwerte bei Konstanthaltung aller anderen Variablen ein Maximum ist.

Die Gleichungen 5.1.3 und 5.1.4 stellen die Varianz in Skalarschreibweise dar

$$\sigma^2 = \frac{\Sigma X^2}{N} - \left(\frac{\Sigma X}{N}\right)^2 \tag{5.1.3}$$

$$\sigma^2 = \frac{\Sigma x^2}{N} \tag{5.1.4}$$

wobei X der Rohpunktwert und

$$x = X - \bar{X}. \tag{5.1.5}$$

ist. Die Gleichungen 5.1.6 und 5.1.7 bedeuten dasselbe in Matrizenschreibweise

$$\sigma^2 = \frac{X'X}{N} - \left(\frac{X'1}{N}\right)^2 \tag{5.1.6}$$

$$\sigma^2 = \frac{x'x}{N} \tag{5.1.7}$$

wobei X ein Spaltenvektor der Rohpunkte, I ein Einheitsspaltenvektor und

$$x = X - \bar{X}1. \tag{5.1.8}$$

ist.

Die Quadratwurzel aus der Varianz ist die Standardabweichung. Dieses Dispersionsmaß wurde bisher nicht so häufig verwendet wie die Varianz, von der es abgeleitet ist. Nichtsdestoweniger spielt es eine wichtige Rolle in Testtheorie und -konstruktion, und wir werden in späteren Kapiteln dieses Buches die Standardabweichung genauso häufig wie die Varianz verwenden.

Es muß auf einen Unterschied hingewiesen werden, der gewöhnlich in den heutigen Statistiklehrbüchern gemacht wird. Es ist der Unterschied zwischen Varianz und Standardabweichung einerseits in der Stichprobe, andererseits in der Population. Auf diesen Unterschied ist eine umfangreiche mathematische und statistische Theorie aufgebaut worden. Gewöhnlich ist jedoch nur die Stichprobe gegeben. Die Population ist ein theoretisches Konstrukt, und als solches Gegenstand der methodologischen und erkenntnistheoretischen Kritik an theoretischen Konstrukten im allgemeinen.

In diesem Buch werden wir nur ganz selten die Population im Gegensatz zur Stichprobe betrachten.

Die skalare Form der Gleichung für die Standardabweichung ist

$$\sigma = \sqrt{\frac{\Sigma x^2}{N}} \tag{5.1.9}$$

Die Gleichung für die Standardabweichung lautet in Matrizenform

$$\sigma = \sqrt{\frac{x'x}{N}} \tag{5.1.10}$$

5.1.3 Schiefe

In vielen Fällen ist es wichtig, nicht nur Lokation und Dispersion einer Reihe von Meßwerten zu kennen, sondern auch noch andere Verteilungsmerkmale. Eins davon bezieht sich auf die Symmetrie der Verteilung.

Man nennt eine Verteilung „schief", wenn sie an ihrem einen Ende eine Häufung der Meßwerte und an ihrem anderen einen weiten flachen Auslauf, einen Schwanz, aufweist. Die Schiefe einer Verteilung ist positiv, wenn der Schwanz die numerisch größeren Meßwerte umfaßt. Wenn sich jedoch dort die Meßwerte häufen, ist die Schiefe negativ.
Man nimmt allgemein an, daß in der Psychologie schiefe Meßwertverteilungen nicht erwünscht sind. Das ist jedoch vielfach nicht der Fall. Der Zweck einer Messung in der Psychologie, wie woanders auch, ist, zwischen den Elementen einer Meßwertverteilung zu diskriminieren. Manchmal ist es wichtig, Individuen in einem Abschnitt der Verteilung besser voneinander zu trennen als in einem anderen Abschnitt.
Zum Beispiel könnten wir den Wunsch haben, bei einem Aufnahmetest für ein einzelnes College nur eine begrenzte Zahl von Studenten mit möglichst hohem Testpunktwert auszulesen. Das ist z. B. bei einigen der Ivy League Colleges mit hohem Anspruchsniveau üblich. In diesem Fall ist es wünschenswert, daß die Dispersion der Punktwerte am oberen Ende der Verteilung hinreichend groß ist, so daß man noch zwischen Probanden in einer relativ kleinen Untergruppe an diesem Ende der Verteilung differenzieren kann.
Andererseits gibt es große staatliche Universitäten, wo es infolge einer gesetzlichen Regelung oder Gewohnheitsrecht nicht möglich ist, eine starke Auslese zu treffen. Dort kann der Akzent darauf liegen, die Bewerber mit den niedrigsten Punktwerten in bestimmten psychologischen Tests zurückzuweisen. Dann ist es wünschenswert, den Test so zu konstruieren, daß die größere Dispersion der Meßwerte am unteren und die Häufung am oberen Ende liegt. Man kann so auf Grund der Punktwerte genauer am unteren Ende differenzieren. Das ist sinnvoll, wenn man nur eine kleine Anzahl von Bewerbern zurückweisen möchte. Deshalb konstruiert man absichtlich Tests oft so, daß die Meßwertverteilung bei einer bestimmten Stichprobe eine positive oder negative Schiefe aufweist.
Der mathematische Ausdruck für die Schiefe ist

$$\alpha_3 = \frac{\Sigma (X - \bar{X})^3 / N}{\sigma^3} \qquad (5.1.11)$$

Es ist zu erkennen, daß der Zähler der Durchschnitt der 3. Potenzen der Abweichungen der Meßwerte vom arithmetischen Mittel ist. Bei einer Verteilung mit negativer Schiefe erstrecken sich die Meßwerte vom arithmetischen Mittel aus weiter nach links als nach rechts. Deshalb sind die 3. Potenzen der Abweichungen ganz links viel größer als die ganz rechts. Die 3. Potenzen der Abweichungen von Meßwerten, die kleiner als der Mittelwert sind, sind alle negativ, die anderen sind positiv. Wenn man über alle Werte aufsummiert, wird die Gesamtsumme negativ sein, denn die negativen dritten Potenzen sind im Durchschnitt viel größer als die positiven.

Bei einer Verteilung mit positiver Schiefe, wo der Schwanz rechts liegt, ist die Situation umgekehrt. Hier ist die Summe der positiven dritten Potenzen größer als die Summe der negativen dritten Potenzen. Aus diesem Grund ist das Maß für die Schiefe negativ, wenn der Schwanz links, und positiv, wenn er rechts vom arithmetischen Mittel liegt.

Der Nenner der Gleichung 5.1.11 enthält die 3. Potenz der Standardabweichung, oder die 1,5te Potenz der Varianz. Im Zähler steht einfach der Durchschnitt der 3. Potenzen der Abweichungen. In der folgenden Gleichung besteht der Nenner aus der 3. Potenz der Varianz, und der Zähler ist das Quadrat des Zählers aus Gleichung 5.1.11

$$\alpha_3^{\,2} = \frac{[\Sigma\,(X - \bar{X})^3/N]^2}{\sigma^6} \qquad (5.1.12)$$

Wir brauchen also nur den Wert in Gleichung 5.1.11 zu quadrieren. Deshalb ergibt sich hier immer ein positiver Wert, und die Richtung der Schiefe ist nicht mehr zu erkennen.

5.1.4 Exzess

Wir haben gesehen, daß der Schiefewert das Ausmaß angibt, in welchem sich die Meßwerte am oberen oder unteren Ende der Verteilung häufen. Deshalb entspricht der Schiefe ein Mangel an Symmetrie. Das Maß, welches wir nun betrachten wollen, betrifft andere Aspekte einer Verteilung, auch bei dem Vorliegen von Symmetrie.

Die meisten Verteilungen, mit denen wir uns beschäftigen werden, sind unimodal. Das heißt, sie haben nur ein Maximum, nicht zwei oder mehr. Jedoch kann eine Verteilung eine starke Häufung von Meßwerten um das arithmetische Mittel herum und in beiden Richtungen einen Schwanz haben, eine andere Verteilung kann U-förmige Gestalt haben, mit vielen Meßwerten an jedem Ende und wenigen in der Mitte. Das sind die Extremfälle. Zwischen diesen beiden Grenzen sind alle Variationen möglich. Der Exzess gibt den Grad an, in welchem die Meßwerte eher in der Mitte oder an den Enden gehäuft sind. Allgemeiner bezeichnet der Exzess die relative Breit- oder Schmalgipfligkeit der Verteilung.

Eine schmalgipflige Verteilung wird auch leptokurtisch, eine breitgipflige platykurtisch genannt.
Es kann eine Anzahl von symmetrischen Verteilungen, also mit einer Schiefe von 0, gegeben sein. Trotzdem können diese in ihrem Exzess stark variieren. Der Exzess einer Verteilung ist nämlich unabhängig von ihrer Schiefe, ihrer Varianz und ihrem arithmetischen Mittel. Es wird oft angenommen, daß die bezüglich des Exzesses ideale Verteilung die sogenannte mesokurtische Verteilung ist, ein glückliches Mittel zwischen leptokurtisch und platykurtisch. Wie wir noch sehen werden, ist das gerade bei der bekannten Normalverteilung der Fall. Jedoch bestimmt der Zweck des Tests zum Teil, welcher Exzess erwünscht ist.
Im allgemeinen sollte bei einer Verteilung die Häufigkeit der verschiedenen Meßwerte in dem Bereich am geringsten sein, wo der Test am besten diskriminieren soll. Wenn sich die Meßwerte in den Intervallen, wo man die schärfsten Unterscheidungen machen will, stark häufen, dann können bei den Punkten, wo man diskriminieren will, viele Fälle auftreten. Man kann aber nicht Probanden voneinander trennen, die alle den gleichen Punktwert haben. Wenn man deshalb stärker im Mittelbereich diskriminieren will, muß die Verteilung möglichst platykurtisch sein. Wenn man jedoch an den beiden Enden diskriminieren will und nicht am Mittelbereich interessiert ist, dann ist eine mehr leptokurtische Verteilung vorzuziehen.

Die Formel für den Exzess lautet

$$\alpha_4 = \frac{\Sigma (X - \bar{X})^4 / N}{\sigma^4} - 3 \qquad (5.1.13)$$

Hier sehen wir, daß der Zähler der Durchschnitt der 4. Potenzen der Abweichungen der Meßwerte vom arithmetischen Mittel, und der Nenner die 4. Potenz der Standardabweichung oder das Quadrat der Varianz ist. Der Zähler muß immer positiv sein, da er eine Summe von 4. Potenzen von Zahlen ist.

5.1.5 Die Normalverteilung

Die Normalverteilung ist so häufig verwendet und diskutiert worden, daß die meisten Menschen zumindest den Namen kennen. Sie wissen, daß es sich dabei um die sogenannte „Glockenkurve“ handelt. Die mathematischen Eigenschaften dieser Kurve sind jedoch nicht so gut

bekannt. Wir wollen sie zuerst beschreiben und dann ihre mathematische Gleichung angeben.
Die Kurve liegt symmetrisch zu ihrem arithmetischen Mittel. Theoretisch geht sie von plus bis minus unendlich, mit dem Mittel im Nullpunkt. Ihre Schiefe ist 0, da sie symetrisch ist. Wenn wir bei einer Normalverteilung den Durchschnitt der 4. Potenzen der Abweichungen der Meßwerte vom arithmetischen Mittel berechnen und diesen Wert durch das Quadrat der Varianz dividieren, dann ergibt sich gerade 3 (siehe Abschnitt 5.5.6).

Deshalb ist wegen Gleichung 5.1.13 der Exzess gleich 0. Der Grund für die Substraktion von 3 in Gleichung 5.1.13 ist also der, daß dadurch der Exzess einer Normalverteilung als 0 definiert wird.
Der algebraische Ausdruck für die Normalverteilung ist

$$y = \frac{1}{\sigma\sqrt{2\pi}} e^{-(X-\overline{X})^2/2\sigma^2} \qquad (5.1.14)$$

wobei gilt: $e = 2.718$, oder

$$y = \frac{1}{2\pi} e^{-z^2/2} \qquad (5.1.15)$$

wobei

$$z = \frac{X - \overline{X}}{\sigma} \qquad (5.1.16)$$

ist. Modalwert, arithmetisches Mittel und Median sind gleich. Das kann man erkennen, wenn man in Gleichung 5.1.14 für X den Wert $\overline{X}$ einsetzt. Eine weitere interessante Eigenschaft dieser Gleichung ergibt sich, wenn wir ihre 2. Ableitung bilden und sie gleich *0* setzen. Es darf daran erinnert werden, daß die 2. Ableitung einer Funktion die Änderung der Kurvenkrümmung angibt. Der Punkt, an dem die Beschleunigung vom positiven in den negativen Bereich wechselt, liegt bei Normalverteilungen mit einer Standardabweichung von 1 gerade bei plus bzw. minus eins, und bei Normalverteilungen im allgemeinen bei den Punkten, die eine Standardabweichungen kleiner oder größer als das arithmetische Mittel sind (siehe Abschnitt 5.5.3).

In psychologischen und pädagogischen Arbeiten wird von der Normalverteilung ausgiebig Gebrauch gemacht, und die meisten Studenten kennen nur zu gut die Gewohnheit vieler Dozenten, bei der Benotung die Normalverteilung zugrundezulegen. In vielen Fällen gibt es jedoch für dieses Vorgehen kaum eine Berechtigung.

Wir wissen natürlich, daß Meßwerte in der Praxis unmöglich von minus unendlich bis plus unendlich variieren können. Nichtsdestoweniger braucht uns auch diese Einschränkung nicht davon abzuhalten, die Normalverteilung als eine Approximation an viele beobachtete Verteilungen anzusehen, denn in einigen Fällen ist die Annahme sinnvoll, daß sich empirische Verteilungen der Normalverteilung annähern.

5.2 Transformationen von Testpunktwerten

Offensichtlich können die Ergebnisse psychologischer Tests bei verschiedenen Stichproben zu unterschiedlichen Meßwertverteilungen führen. Wenn z. B. die Quantifizierung so durchgeführt wird, daß das Ergebnis die Zeit in Sekunden ist, die für die Vollendung einer einzelnen Aufgabe notwendig ist, so können z. B. Werte zwischen 1 und 1000 Sekunden vorkommen. Wenn andererseits die Zahl der richtig beantworteten Aufgaben bei einem Test von 10 Aufgaben erfaßt wird, können die Ergebnisse z. B. zwischen 3 und 9 variieren. Es ist deshalb wünschenswert, Methoden zur Verfügung zu haben, mit denen man die in einem gegebenen psychologischen Test erhaltenen Meßwerte in andere geeignetere Werte transformieren kann. Wir werden zwei allgemeine Arten von Transformationen betrachten, die mathematischen und die Flächentransformationen.

5.2.1 Mathematische Transformationen

Unter mathematischen Transformationen verstehen wir einfach solche, bei denen eine algebraische Formel zugrundeliegt. Es gibt zwei Arten, lineare und nichtlineare Transformationen.
Eine lineare Transformation von Meßwerten liegt dann vor, wenn sich ein linearer Zusammenhang ergibt, falls man die transformierten gegen die ursprünglichen Werte abträgt. Es gibt drei verschiedenartige Transformationen dieser Art. Bei der einfachsten wird eine Konstante zu jedem Meßwert in der Stichprobe addiert oder von ihm subtrahiert. Deshalb wird der Wert eines jeden Probanden um denselben Betrag geändert. Das bekannteste Beispiel einer derartigen linearen Transformation liegt vor, wenn man von jedem Meßwert einer Stichprobe das arithmetische Mittel subtrahiert. Die sich ergebenden Werte werden gewöhnlich Abweichungswerte genannt. Es gibt auch noch andere Möglichkeiten für die Addition oder Subtraktion einer Konstanten. Wir

bezeichnen eine solche bei einer linearen Transformation als additive Konstante.
Bei einer anderen Art von linearen Transformationen wird jeder Meßwert mit derselben Konstante multipliziert. Zum Beispiel könnten wir jeden Wert mit 6 multiplizieren. Ein spezieller Fall einer solchen multiplikativen oder Skalenkonstante, wie wir sie nennen wollen, liegt vor, wenn wir jeden Meßwert einer Stichprobe mit der reziproken oder inversen Standardabweichung dieser Werte multiplizieren.
Eine dritte und allgemeinere Art von Transformationen besteht darin, daß man jeden Meßwert einer Stichprobe mit derselben Konstante multipliziert und dann zu jedem Produkt irgendeine andere Konstante addiert. Hier haben wir sowohl die additive Konstante als auch die Skalenkonstante. Ein spezieller Fall einer solchen linearen Transformation liegt vor, wenn wir den Meßwert mit der reziproken Standardabweichung der Verteilung multiplizieren und dann davon das Verhältnis von arithmetischem Mittel der Verteilung und Standardabweichung abziehen. Das ergibt den bekannten Standardwert. Wenn sich Standardwerte durch eine solche lineare Transformation von Meßwerten ergeben, dann ist ihr arithmetisches Mittel gleich 0 und ihre Standardabweichung gleich 1.

Die allgemeine Gleichung für die lineare Transformation einer Variablen lautet

$$y = AX + B \tag{5.2.1}$$

wobei B die additive Konstante und A die Skalenkonstante ist. Der spezielle Fall einer linearen Transformation, die einen Rohwert in einen Standardwert umwandelt, ist in den folgenden Gleichungen gegeben:

$$z = X\left(\frac{1}{\sigma}\right) - \frac{\bar{X}}{\sigma} \tag{5.2.2}$$

$$z = \frac{X - \bar{X}}{\sigma} \tag{5.2.3}$$

Eine andersartige lineare Transformation führt zu T-Werten, wie sie manchmal genannt werden. Der Zweck von solchen Transformationen ist es, eine Reihe von Werten in andere so umzuwandeln, daß ihre Bedeutung gleich bleibt, und zwar unabhängig von den zufällig verwendeten Quantifizierungstechniken. Bei T-Werten wird so transformiert, daß das arithmetische Mittel der Verteilung 50 und die Standardabweichung 10 ist. Die algebraische Formulierung für diese Transformation ist

$$T = \frac{10}{\sigma} X + \left(50 - \frac{10\bar{X}}{\sigma}\right) \tag{5.2.4}$$

Eine weitere lineare Transformation ergibt die sogenannten Stanine-Werte. „Stanine" ist eine Kombination der Wörter standard und nine. Bei dieser Skala sind neun verschiedene Werte möglich. Der Wert 5 ist das arithmetische Mittel. Aufeinanderfolgende Zahlen über dem Mittelwert repräsentieren je einen Zuwachs von einer halben Standardabweichung. Ähnlich sind die vier Werte unter dem Mittelwert jeweils durch eine halbe Standardabweichung getrennt. Diese Skala wurde während des 2. Weltkriegs von der Luftwaffenpsychologie entwickelt.

Manchmal ist es günstig, kompliziertere Transformationen als nur lineare ins Auge zu fassen. Ein Grund dafür ist der, daß so die Form einer Verteilung geändert werden kann. Manchmal kann die Verteilung sehr schief sein, entweder positiv oder negativ, oder ungewöhnlich breit- oder schmalgipflig. In allen diesen Fällen kann es erwünscht sein, die Verteilungsform durch irgendeine Transformation der Originaldaten so zu ändern, daß sie mehr einer Normalverteilung gleicht. Entsprechende Methoden sind vorhanden. Einige sind genaue und komplexe mathematische Verfahren, andere sind einfacher. Von diesen sollen einige kurz beschrieben werden.

Es können aber auch Verteilungen gegeben sein, die ungefähr normal sind; und man möchte sie so transformieren, daß sie entweder positiv oder negativ schief oder mehr platykurtisch oder leptokurtisch sind. Es gibt verschiedene Arten von nichtlinearen Transformationen. Eine davon ist die sogenannte Polynomialtransformation. Hierbei verwenden wir nicht nur eine additive und eine multiplikative Konstante, sondern wir addieren zusätzlich Produkte von Konstanten und höheren Potenzen der Meßwerte. Das allgemeine Polynom ist von folgender Form

$$y = a_0 + a_1 x + a_2 x^2 + a_3 x^3 + \cdots \tag{5.2.5}$$

wobei die a_i die unbekannten Koeffizienten sind.

Transformationen dieser Art sind einfach zu berechnen, und es ist möglich, bei einer gegebenen Stichprobe fast jede Verteilung durch eine solche Polynomialtransformation zu approximieren, wenn man die gewünschten Eigenschaften der Verteilung kennt. Die Anwendung dieses Verfahrens wird durch die Anzahl der verschiedenen Werte, die in der

speziellen Stichprobe vorkommen, und ihre jeweiligen Häufigkeiten eingeschränkt. Denn man kann mit keiner solchen Transformation punktgleiche Probanden voneinander trennen.
Es gibt noch andere nichtlineare Transformationen, z. B. die logarithmische, die exponentielle oder die trigonometrische Transformation. Sie werden durch die folgenden Gleichungen dargestellt:

$$y = A + B \log x \tag{5.2.6}$$

$$y = A + Be^{cx} \tag{5.2.7}$$

$$y = A + B \sin x \tag{5.2.8}$$

5.2.2 Flächentransformationen

Eine bestimmte oft verwendete Transformation führt zu Werten, die angeben, wieviel Prozent der Fläche der Verteilung rechts und links von ihnen liegen. Bekannte Maße, die sich bei einer Flächentransformation ergeben, sind Quartile, Dezile, Centile und „normalisierte Werte".
Ein Quartilwert gibt an, in welchem Viertel einer Verteilung ein einzelner Meßwert liegt. Wenn ein Proband im 1. Quartil liegt, bedeutet das, daß mindestens 75% aller Probanden einen höheren Punktwert als er haben. Wenn er im 4. Quartil liegt, haben mindestens 75% weniger Punkte. Quartile werden nur für eine sehr grobe quantitative Kennzeichnung von Individuen verwendet. Zum Beispiel kann eins der Zulassungskriterien beim Eintritt in einen Beruf oder bei der Aufnahme in ein College sein, daß der Student auf der High School mit seinen Leistungen im 4. Quartil seiner Klasse lag. Quartile können rasch durch einfaches Abzählen der Fälle und Berechnung der entsprechenden Punktwerte ermittelt werden. Die Techniken zur genauen Berechnung sind in jedem Lehrbuch der Statistik zu finden.
Gebräuchlicher und vielleicht auch nützlicher ist die Transformation in Dezilwerte. Diese haben im wesentlichen die gleiche Bedeutung wie die Quartile, nur daß nun die Verteilung in 10 anstatt 4 gleiche Teile geteilt ist. Die Stellung eines Probanden in der Verteilung wird durch die Zahlen von 1 bis 10 angegeben. Wenn er im 10. Dezil steht, bedeutet das, daß mindestens 90% aller Probanden einen niedrigeren Punktwert haben. Wenn eine spezielle Stichprobe von Meßwerten in Dezilwerte übertragen werden soll, muß eine genügend große Zahl von unterschiedlichen Werten gegeben sein, so daß aufeinanderfolgende Gruppen und Dezile in den gegebenen bzw. notwendigen Häufigkeiten genau überein-

stimmen. Wenn die Meßwerte zu stark gehäuft sind, oder wenn nicht genügend verschiedene Werte gegeben sind, gibt es zwar auch bekannte Methoden, mit deren Hilfe man die theoretischen Grenzen eines jeden Dezils berechnen kann. Diese Grenzen können jedoch Dezimalbrüche sein, die in Wirklichkeit nicht vorkommen.

Centile haben die gleiche Bedeutung wie Quartile und Dezile, außer daß jetzt die Fläche der Verteilung in hundert gleiche Abschnitte eingeteilt ist. Leider können Centile bei vielen Arten von psychologischen Meßinstrumenten nicht zufriedenstellend berechnet werden. Bei objektiven Tests und Fragebogen ist die Zahl der verschiedenen Punktwerte bei einer gegebenen Stichprobe gewöhnlich nicht groß genug, als daß eine Aufspaltung in ungefähr hundert Gruppen von gleichem Umfang möglich wäre. Auch hier gibt es Interpolationsmethoden, die Brüche oder Dezimalzahlen als Grenzen für die verschiedenen Centile ergeben. Solche Grenzen sind jedoch in der Praxis wenig von Nutzen.

Wir haben schon beschrieben, wie man durch eine Polynomialtransformation oder andere nichtlineare algebraische Transformationen die Meßwerte einer Stichprobe so umwandeln kann, daß sie sich ungefähr normal verteilen. Es ist jedoch auch möglich, den Meßwerten einer Stichprobe mit Hilfe der Normalverteilungstabelle Werte so zuzuordnen, daß die Verteilung der neuen Werte ungefähr normal ist. Man braucht nur die kumulative Häufigkeitsverteilung der Stichprobe zu berechnen und sie in Prozentwerte zu verwandeln. Diese werden dann in einer Normalverteilungstabelle aufgesucht und der entsprechende Abszissenwert dem ursprünglichen Punktwert zugeordnet.

Es ist bei allen besprochenen Flächentransformationen möglich, nichtlineare mathematische Transformationen zu verwenden. Gewöhnlich kann man eine Polynomialtransformation auswählen und ihre Parameter berechnen. Dadurch kann jede Flächentransformation so genau approximiert werden, wie es die Anzahl von verschiedenen Meßwerten in der Verteilung zuläßt. Man kann sie für normalisierte Werte und für die drei anderen Arten anwenden. Es sollte jedoch beachtet werden, daß diese drei Arten alles Spezialfälle der sogenannten Rechteckverteilung sind. Bei einer solchen Verteilung wird jedem Wert der transformierten Variablen die gleiche Zahl von Fällen zugeordnet.

5.3 Testpunktwerte und Metrik

Wir haben in den vorangehenden Abschnitten darauf hingewiesen, daß verschiedene psychologische Tests Ergebnisse liefern können, die untereinander nicht vergleichbar sind. Das ist sogar bei Papier-Bleistift-Tests möglich, wenn der eine viel mehr Items als der andere enthält. Die Punktwerte sind dann von der Anzahl der Aufgaben abhängig, und sie geben nicht genau das absolute Ausmaß der Fähigkeiten oder der Persönlichkeitsmerkmale des getesteten Probanden wieder. Wir müssen uns deshalb mit dem Problem der Metrik beschäftigen, wobei wir auf Nullpunkt und Einheit der Skala, auf die Abbildung der Eigenschaft auf die Skala und auf Normen näher eingehen wollen.

5.3.1 Nullpunkt

Der Ausdruck „Nullpunkt einer Skala" kann zwei verschiedene Bedeutungen haben. Einmal ist „0" irgendein Punkt, bei dem wir mit der Messungen beginnen. Diese Null braucht nicht notwendig die Ausprägung der speziellen Fähigkeit wiederzugeben, die wir messen wollen. Zum Beispiel bedeuten null Punkte in einem Rechentest mit 20 sehr schweren Aufgaben bei einem Schüler aus der 6. Klasse nicht, daß er überhaupt nicht befähigt ist, Rechenaufgaben zu lösen.
Andererseits kann 0 das völlige Fehlen der gemessenen Eigenschaft bedeuten. Wenn der Nullpunkt in diesem Sinne interpretiert wird, sind bei der Beschreibung von Probanden bezüglich des betreffenden Merkmals Werte kleiner als Null nicht möglich.
Die Skalen von psychologischen Tests haben im allgemeinen einen willkürlichen Nullpunkt. Bei standardisierten Punktwerten ist das arithmetische Mittel der Bezugspunkt. Wir entscheiden uns also willkürlich dafür, den Mittelwert Null zu nennen und die beobachteten Punktwerte um den Betrag dieses Werts zu vermindern. Hierdurch ergeben sich positive und negative Zahlen. Bei einem Rechentest ist der angenommene Nullpunkt bei der Messung der rechnerischen Fähigkeit einfach die Zahl von null gelösten Aufgaben. Aber das ist natürlich nicht der absolute Nullpunkt dieser Fähigkeit. Daraus ist ersichtlich, daß sich die willkürlich angenommenen Nullpunkte in verschiedenen Arten von psychologischen Tests stark voneinander unterscheiden können.

5.3.2 Einheit

Bei der Festlegung der Skaleneinheit treten die gleichen Probleme auf. Im allgemeinen kann diese Einheit beliebig definiert werden, wenn die Definition nur genau angegeben wird. Wenn wir bei einem apparativen Test die zur Ausführung notwendige Zeit erfassen, dann kann eine Sekunde oder irgendein Vielfaches davon als Skaleneinheit definiert werden. Bei einem Papier-Bleistift-Test mit objektiven Items ist das einzelne Item die Einheit.

Der Begriff eines absoluten Nullpunkts hat mehr Bedeutung als der einer absoluten Skaleneinheit. Wenn die Variable z. B. die Zeit ist, ist eine Sekunde nicht „absoluter" als eine Stunde. Bei kontinuierlichen Meßwerten ist es im allgemeinen sinnlos, sich über eine Einheit zu streiten, denn diese kann beliebig definiert werden. Wenn wir bei einem Test die Zahl der richtigen Antworten zählen, können wir wahrscheinlich jedes richtige Item als eine Einheit betrachten. Das ist das gleiche, als wenn wir den Leistungszuwachs besonders definiert hätten. Wir können natürlich die einzelnen Alternativen unterschiedlich gewichten; aber hier brauchen wir irgendeine Grundlage, um die Größe des Gewichts zu bestimmen, und das Konzept einer absoluten Einheit ist wiederum sinnlos.

Auch wenn wir in einem multiple-choice-Test jede richtige Antwort als Einheit betrachten, sind die Einheiten von einem Test zu einem anderen nicht vergleichbar, nämlich dann, wenn der eine Test viel mehr Items als der andere enthält. Die Punktwerte, die Probanden in den beiden Tests erhalten, sind hier wiederum nicht nur von ihren Fähigkeiten, sondern auch von der Zahl der Items abhängig. Daraus ist ersichtlich, daß das Problem der Einheit nicht einfach durch Abzählen von irgend etwas gelöst werden kann.

5.3.3 Transformation und Messung

Wir haben soeben ausgeführt, daß die Skaleneinheit bei psychologischen Tests beliebig ist, und daß sich drei Einheiten bei einem Test stark von drei Einheiten bei einem anderen unterscheiden können. Aber das Problem ist noch etwas schwieriger. In den Naturwissenschaften haben wir eine bessere Vorstellung davon, was z. B. mit Längen-, Zeit- und Gewichtsmaßen gemeint ist. Bei Messungen in der Psychologie jedoch sind nicht nur der absolute Skalen-Nullpunkt der Verhaltensweise, die wir erfassen wollen, und die Beziehungen zwischen den

Skaleneinheiten bei verschiedenen Variablen unbekannt; wir wissen auch nicht, ob bei ein und demselben Test der Unterschied zwischen 3 und 5 Punkten genauso groß ist wie der Unterschied zwischen 5 und 7 Punkten. Mit anderen Worten, wir wissen nicht, ob die Skaleneinheit das gleiche bedeutet, ob wir sie in dem einen oder dem anderen Abschnitt des Bereichs anwenden.

Auf diese Tatsache wird oft hingewiesen, allerdings nicht immer in der richtigen Art und Weise. Man nimmt an, daß es bei der Messung der interessierenden Variable irgendwo oder irgendwie eine zugrundeliegende „wahre" Skaleneinheit gibt. Wenn man diese kennen würde, könnte man die Punktwerte so transformieren, daß die neuen Werte ganz genau das zu messende Merkmal repräsentieren würden, und daß numerisch gleiche Intervalle überall auf der Skala auch wirklich gleich wären. Es ist nicht die Aufgabe dieses Buches, das Problem des Zusammenhangs zwischen Messung und Transformation im Detail zu behandeln. Wir können jedoch soviel sagen, daß eine Einheit, die für dieselbe Variable bei verschiedenen Messungen und in verschiedenen Abschnitten des Skalenbereichs vergleichbar ist, weitgehend eine Sache der Definition ist. *Meredith* (1964) und andere haben gezeigt, wie wichtig analytische und operationale Verfahrensweisen für die Definition einer Einheit sind. Das gilt sowohl für das schwierige Gebiet der psychologischen Skalierungsmethoden als auch für die Messung von Individuen.

Bei der Definition einer Skaleneinheit können nichtlineare Transformationen verwendet werden. Ein wichtiges Kriterium bei der Festlegung einer Einheit besteht darin, eine solche nichtlineare Transformation der gegebenen Variablen zu finden, daß sich die Eigenschaften einer optimal gewählten Verteilung ergeben. Die Skaleneinheit kann durch wünschenswerte oder optimale Charakteristika der Verteilung der transformierten Daten bei großen Stichproben definiert werden.

5.3.4 Normen

Weshalb beschäftigen wir uns mit Nullpunkt, Einheit und Transformation von Skalen? Der wichtigste Grund ist der, daß wir bei den zahlreichen unterschiedlichen Meßwerten, die unsere Tests liefern, Methoden brauchen, mit denen wir sinnvolle Meßwerte von zwei oder mehr Tests miteinander vergleichen können.

Eins der größten theoretischen und praktischen Probleme in der psychologischen Testtheorie betrifft die Beschreibung der Stichproben, die bei der Testentwicklung zugrundeliegen. Man kann leicht fordern, daß bei der Konstruktion eines speziellen Tests die Entwicklungsarbeit an Probanden durchgeführt wird, die denen, für die der Test später bestimmt ist, genau entsprechen. Man kann z. B. verlangen, daß ein Test, der bei Schülern der 6. Klasse die räumliche Wahrnehmung messen soll, auch an Schülern der 6. Klasse normiert wird. Aber sogar hier muß genauer definiert werden, was unter Schülern der 6. Klasse verstanden werden soll. Bekanntlich können 6. Klassen innerhalb desselben Schulsystems stark variieren. Noch größere Unterschiede können zwischen Gruppen aus städtischen und ländlichen Gebieten oder aus verschiedenen Landesteilen erwartet werden.

Wir können hier nur auf einige Probleme bei der Auswahl von Normgruppen hinweisen. Vielleicht die einfachste Möglichkeit ist, für die Normierung irgendeine beliebige Gruppe auszuwählen, die der Gruppe, für die der Test später bestimmt ist, in möglichst vielen Merkmalen entspricht. Es ist sehr wichtig, daß die Normgruppe bezüglich der Variablen oder Faktoren, die für bedeutsam gehalten werden, genau beschrieben wird.

Im allgemeinen kann für die Normierung oder Transformation von Rohwerten irgendeines der in Abschnitt 5.2 beschriebenen Verfahren angewendet werden. Was dabei herauskommen muß, ist, daß der und der Testpunktwert dem und dem Dezil- oder Centil- oder Standardwert im Bezug auf eine genau spezifizierte Normgruppe entspricht.

Wie wir bereits ausgeführt haben, bieten die sogenannten T-Werte eine geeignete Möglichkeit, Rohwerte zu transformieren. Wenn dabei ein Proband einen Wert größer oder kleiner als 50 erhält, wissen wir, daß er mit seinen Leistungen über oder unter dem Durchschnitt der Normgruppe liegt; und wenn er z. B. einen Wert erhält, der kleiner als 40 ist, liegt er mehr als eine Standardabweichung unter dem Durchschnitt. Die Frage, welche speziellen Transformationen verwendet werden sollen, wird im Detail in elementaren Lehrbüchern über pädagogische und psychologische Statistik und Testtheorie behandelt. Zusätzlich zu linear transformierten Werten können wir auch flächentransformierte Werte verwenden. Diese geben z. B. an, daß ein Proband mit einem Rohpunktwert von 30 soviel wie die besten 25 Prozent in der Normgruppe leistet.

5.4 Dichotome Meßwerte

Bis hierher haben wir ziemlich abstrakt Meßwerte behandelt, die von den vorhandenen psychologischen Meßinstrumenten geliefert werden, unter Hinweis auf die willkürlichen Verfahrensweisen bei der Quantifizierung der jeweiligen Reaktionen. Wir haben ausführlich die Probleme diskutiert, die bei der Transformation dieser willkürlichen Werte in sinnvolle, gebräuchliche Meßwerte entstehen. Wir wollen nun etwas eingehender eine grundlegende Art von Werten betrachten die von den einzelnen Items bei objektiven Papier-Bleistift-Tests geliefert werden, nämlich dichotome oder binäre Meßwerte. Diese werden im folgenden definiert, und die Eigenschaften ihrer Verteilung werden behandelt.

5.4.1 Definitionen

Wir werden verschiedene allgemeine Arten von binären Meßwerten betrachten, und dann etwas eingehender den Wert, der sich bei einem einzelnen Testitem ergibt. Es wird oft behauptet, daß es quantitative und qualitative Variable gäbe. Quantitative Variable sind solche, die eine Anzahl von verschiedenen numerischen Werten annehmen können. Qualitative Variable sind entweder vorhanden oder nicht. Diejenigen, die an einer philosophischen Fundierung des Messens interessiert sind, weisen auch oft darauf hin, daß es vier Arten von Skalen gibt: Nominal-, Ordinal-, Intervall– und Verhältnisskalen. Die Definition dieser Skalen ist allgemein bekannt und braucht hier nicht ausfürlich diskutiert zu werden. Wir wollen hier nur kurz sagen, daß Nominalskalen solche sind, die Individuen zu bestimmten Gruppen zuordnen oder sie ausschließen. Ordinalskalen bringen Objekte in eine Rangordnung bezüglich der Relation „größer - kleiner", ohne den Abstand zwischen aufeinanderfolgenden Objekten näher zu spezifizieren. Bei Intervallskalen ist die Differenz zwischen irgend zwei aufeinanderfolgenden Zahlen die gleiche wie die zwischen zwei anderen aufeinanderfolgenden Zahlen, Verhältnisskalen besitzen noch zusätzlich einen absoluten Nullpunkt.
Diese Unterscheidungen scheinen für die Messung in der Psychologie nicht besonders wichtig zu sein, obwohl sie von beträchtlichem theoretischen Interesse sein können. Nichtsdestoweniger muß darauf hingewiesen werden, daß für alle praktischen Zwecke die sogenannten qualitativen Variablen auf Nominalskalen gemessen werden, und daß diese Ordinalskalen mit nur zwei Zahlen entsprechen. Einen solchen Wert nennen wir einen binären Meßwert.

Ein Beispiel dafür ist das Merkmal „Geschlecht". Man kann ganz beliebig männlich den Wert 1 und weiblich den Wert 0 zuordnen.
Immer wenn wir von einem Individuum oder einer Gruppe von Individuen aussagen, ob sie zu einer bestimmten Kategorie gehören oder nicht, verwenden wir einen Spezialfall einer Ordinalskala, wo wir die Richtung beliebig definiert und die Unterscheidungsmöglichkeiten für die einzelnen Individuen auf zwei reduziert haben. Intervallskalen mit nur zwei möglichen Werten entsprechen ebenfalls binären Variablen. Ein spezieller Fall von dichotomen oder binären Meßwerten, mit denen wir uns eingehend in späteren Kapiteln des vorliegenden Buches beschäftigen wollen, ist das Ergebnis eines einzelnen Testitems. Eine Testaufgabe ergibt einen binären Meßwert. Denn ein Proband kann in einem Testitem nur null oder einen Punkt erhalten.

5.4.2 Das arithmetische Mittel

Das arithmetische Mittel einer binären Variablen wird wie üblich definiert, ob sie nun diskret oder stetig ist, oder ob sie auf einer Ordinal-, Intervall- oder Verhältnisskala gemessen ist. Das arithmetische Mittel ist einfach die Summe aller Meßwerte der Stichprobe, dividiert durch ihre Anzahl. Wenn diese Definition zugrundegelegt wird, ergibt sich für das arithmetische Mittel (siehe auch Abschnitt 5.5.4)

$$\bar{X} = p \qquad (5.4.1)$$

Das muß so sein, weil bei binären Variablen die Summe der Meßwerte einfach gleich der Zahl der Probanden ist, die den Wert eins erhalten haben. Wenn wir diese Summe durch die Gesamtzahl der Probanden dividieren, ergibt sich der Prozentanteil derer, die einen Punkt erhalten haben. Es zeigt sich also, daß eine Proportion eigentlich nichts anderes ist als ein Spezialfall des arithmetischen Mittels bei binären Variablen, was oft vergessen wird.

5.4.3 Die Varianz

Die Varianz einer binären Variablen wird wie die Varianz einer jeden anderen Variablen definiert. Sie ist die Summe der Quadrate der Abweichungswerte, dividiert durch die Gesamtzahl aller Meßwerte. Die Formel für die Varianz bei einer Stichprobe von binären Meßwerten lautet (siehe auch Abschnitt 5.5.5)

$$\sigma^2 = pq \tag{5.4.2}$$

Das ist der allgemeine Ausdruck für die Varianz einer Proportion. Er ist leicht einzusehen, weil bei binären Meßwerten die Summe der Quadrate gleich der Summe der Meßwerte selbst ist, denn die Quadrate von eins und null sind wieder eins und null.

5.4.4 Die Standardabweichung

Wieder ist die Standardabweichung einer binären Variable genauso wie bei jeder anderen Variable definiert. Sie ist einfach die Quadratwurzel aus der Varianz der Verteilung. Die Formel für die Standardabweichung bei binären Variablen lautet

$$\sigma = \sqrt{pq} \tag{5.4.3}$$

5.5 Mathematische Beweise

5.5.1 Die Summe der absoluten Abstände aller Meßwerte von einem Wert X ist ein Minimum, wenn X der Median ist.

Es sei

$$f = \sum (x - a)^{2n/(2n-1)} \tag{5.5.1}$$

wobei n eine ganze Zahl sein soll. Wegen des Zählerterms in dem Exponenten auf der rechten Seite der Gleichung 5.5.1 ist f eine Summe von positiven Werten.
Wir differenzieren jetzt f nach a und setzen gleich 0:

$$\sum (x - a)^{1/(2n-1)} = 0 \tag{5.5.2}$$

Wenn n nach unendlich geht, nähert sich Gleichung 5.5.1 einer Summe von absoluten Werten. Gleichung 5.5.2 nähert sich einer Summe von positiven und negativen 1'en, die null beträgt. Deshalb muß die eine Hälfte der Meßwerte positiv, die andere negativ sein. a ist aber der Wert, bezüglich dessen die eine Hälfte der Abweichungen positiv, die andere negativ ist. So ist aber gerade der Median definiert.

5.5.2Die Summe der Quadrate der Abstände aller Meßwerte von einem Wert X ist ein Minimum, wenn X das arithmetische Mittel ist.

Sei *n* in den Gleichungen 5.5.1 und 5.5.2 gleich eins. Dann ergeben sich

$$f = \sum (x - a)^2 \tag{5.5.3}$$

$$\sum (x - a) = 0 \tag{5.5.4}$$

Aus Gleichung 5.5.4 folgt

$$a = \frac{\Sigma x}{N} \tag{5.5.5}$$

wobei *N* die Zahl der Meßwerte ist. Das ist aber gerade die Definition des arithmetischen Mittels.

5.5.3 Bei der Normalverteilung liegt der Wendepunkt bei $\pm \sigma$

Sei

$$y = Ae^{-x^2/2\sigma^2} \tag{5.5.6}$$

Differenziert man nach *X*, so ergibt sich daraus

$$\frac{dy}{dx} = - A \frac{x}{\sigma^2} e^{-x^2/2\sigma^2} \tag{5.5.7}$$

Differenziert man nochmals, so folgt

$$\frac{d^2y}{dx^2} = - A\left(\frac{1}{\sigma^2} - \frac{x^2}{\sigma^3}\right) e^{-x^2/2\sigma^2} \tag{5.5.8}$$

Die linke Seite der Gleichung 5.5.8 verschwindet, wenn gilt:

$$\sigma^2 - x^2 = 0$$

oder

$$x = \pm \sigma \tag{5.5.9}$$

5.5.4 Das arithmetische Mittel einer binären Variable

Die allgemeine Formel für das arithmetische Mittel lautet

$$\bar{X} = \frac{\Sigma X}{N} \tag{5.5.10}$$

Bei binären Variablen gilt

$$\sum X = Np \tag{5.5.11}$$

wo Np die Anzahl der „Einsen" ist. Der relative Anteil der Einsen ist dann

$$p = \frac{Np}{N} \tag{5.5.12}$$

Aus den letzten drei Gleichungen folgt

$$\bar{X} = p \tag{5.5.13}$$

5.5.5 Die Varianz einer binären Variable

Die allgemeine Formel für die Varianz lautet

$$\sigma^2 = \frac{\Sigma X^2}{N} - (\bar{X})^2 \tag{5.5.14}$$

Bei binären Variablen gilt

$$\sum Z^2 = \sum X \tag{5.5.15}$$

Setzt man die Gleichungen 5.5.13 und 5.5.15 in Gleichung 5.5.14 ein, so folgt

$$\sigma^2 = p^2 - p \tag{5.5.16}$$

Es gilt

$$q = 1 - p \tag{5.5.17}$$

Aus den letzten beiden Gleichungen folgt dann

$$\sigma^2 = pq \tag{5.5.18}$$

5.5.6 Der Exzess der Normalverteilung

Die Kurvengleichung der Normalverteilung in Standardwerten lautet

$$y_0 = Af(z) \tag{5.5.19}$$

mit

$$A = \frac{1}{\sqrt{2\pi}} \tag{5.5.20}$$

und

$$f(z) = e^{-\frac{z^2}{2}} \tag{5.5.21}$$

und

$$z = \frac{X - \bar{X}}{\sigma} \tag{5.5.22}$$

Der Exzess einer Verteilung ist definiert durch

$$\alpha_4 = \frac{\Sigma (X - \bar{X})^4/N}{\sigma^4} - 3 \tag{5.5.23}$$

Aus den letzten beiden Gleichungen folgt

$$\alpha_4 = \frac{\Sigma z^4}{N} - 3 \tag{5.5.24}$$

Für die kontinuierliche Normalverteilung ergibt sich aus den Gleichungen 5.5.19 und 5.5.24

$$\alpha_4 = A\int_{-\infty}^{+\infty} z^4 f(z)\, dz - 3 \tag{5.5.25}$$

Es sei nun

$$y_k = Az^k f(z) \tag{5.5.26}$$

Daraus folgt durch Differenzieren nach z mit Gleichung (5.5.21)

$$\frac{dy_k}{dz} = A(kz^{k-1} - z^{k+1})f(z) \tag{5.5.27}$$

Integriert man diese Gleichung und setzt Gleichung (5.5.21) ein, so ergibt sich

$$kA\int_{-\infty}^{+\infty} z^{k-1} f(z)\, dz - A\int_{-\infty}^{+\infty} z^{k+1} f(z)\, dz = Az^k e^{-\frac{z^2}{2}}\Big]_{-\infty}^{+\infty} \tag{5.5.28}$$

Offensichtlich verschwindet die rechte Seite dieser Gleichung, deshalb folgt für $k = 3$

$$3A\int_{-\infty}^{+\infty} z^2 f(z)\, dz = A\int_{-\infty}^{+\infty} z^4 f(z)\, dz \tag{5.5.29}$$

Für $k = 1$ ergibt sich aus Gleichung 5.5.28

$$A\int_{-\infty}^{+\infty} f(z)\, dz = A\int_{-\infty}^{+\infty} z^2 f(z)\, dz \tag{5.5.30}$$

Bekanntlich gilt, wieder unter Verwendung von Gleichung 5.5.21

$$A\int_{-\infty}^{+\infty} f(z)\, dz = 1 \tag{5.5.31}$$

Aus den drei letzten Gleichungen folgt

$$A\int_{-\infty}^{+\infty} z^4 f(z)\, dz = 3 \qquad (5.5.32)$$

Setzt man Gleichung 5.5.32 in Gleichung 5.5.25 ein, ergibt sich

$$\alpha_4 = 0 \qquad (5.5.33)$$

6. Kovariation von Meßwerten

Wir haben im 5. Kapitel beschrieben, wie man bei einer einzelnen Stichprobe von Individuen für irgendeine spezielle Variable die Verteilung der Meßwerte erhalten kann. Wir haben gezeigt, wie eine solche Verteilung durch ihre Lokation, ihre Dispersion, ihre Schiefe und ihren Exzess charakterisiert wird.

Jedoch ist die Verteilung der Meßwerte für eine einzelne Variable nur von begrenzter wissenschaftlicher Bedeutung. Wir interessieren uns gewöhnlich für mindestens zwei Merkmale. Nehmen wir beispielsweise an, es sei bei einer Gruppe von Studenten die Verteilung der Punktwerte in einem College-Zulassungstest gegeben. Diese Verteilung ist für sich genommen nur von geringem Wert, es sei denn, wir wollen sie für irgendeinen Zweck verwenden. Ein solcher Zweck wäre die Vorhersage, wie erfolgreich ein Student im College sein wird. Das impliziert aber die Messung einer zweiten Variable, nämlich des Erfolges im College, der z. B. durch Noten erfaßt werden kann. Man nimmt an, daß Studenten mit einem hohen Punktwert im Zulassungstest gute Noten im College haben, solche mit einem niedrigen Punktwert schlechte Noten.

Der wichtigste Grund für unser Interesse an Tests ist also, daß wir von ihren Ergebnissen auf andere Variablen, die mit ihnen in irgendeiner Beziehung stehen, schließen können. Wir interessieren uns für die Tendenz von zwei oder mehr Meßwertreihen, zusammen zu variieren, also für ihre Kovarianz. In diesem Kapitel werden wir deshalb eine Übersicht über einige einfache Aspekte der Kovariation von Meßwerten geben und einige zusätzliche Begriffe einführen, die bei der Verwendung von psychologischen Tests von Bedeutung sind.

Zuerst wollen wir die Kovarianz im allgemeinen beschreiben und einen Überblick über die gebräuchlichsten Techniken bei der Berechnung des Korrelationskoeffizienten geben. Dann wollen wir verschiedene Arten des Produkt-Moment-Korrelationskoeffizienten und zusätzlich noch die multivariate Korrelation und Regression behandeln.

6.1 Kovarianz

Wir wollen zunächst die Kovarianz definieren, diese Definition an einigen typischen Beispielen erläutern und dann verschiedene Arten der Kovariation und ihre Beziehung zur Vorhersage beschreiben.

6.1.1 Definition

Die Kovarianz ist die Tendenz von zwei oder mehr Variablen, zusammen zu variieren. Speziell bei zwei Variablen oder Meßwertreihen ist die Kovarianz ein Maß für den Grad, in welchem eine Veränderung der einen Variable mit einer Veränderung der anderen verknüpft ist. Dabei ist nicht notwendig impliziert, daß die beiden Meßwertreihen gleichzeitig variieren. Es kann eine zeitliche Verzögerung (lag) vorhanden sein. In diesem Falle sprechen wir von einer sukzessiven Variation. Der Unterschied zwischen gleichzeitiger (simultaner) und sukzessiver Variation soll an einigen Beispielen verdeutlicht werden.

6.1.2 Beispiele für eine Kovariation

Beispiele für Variablen, die simultan oder sukzessiv miteinander variieren, gibt es nicht nur in der Psychologie, sondern auch in allen möglichen anderen Bereichen. Das Konzept der Kovariation kann auf alle physikalischen, biologischen und sozialen Erscheinungen angewendet werden. Wir wollen einige Beispiele aus der Pädagogik, der Volkswirtschaft und der Meteorologie bringen.

Wir haben bereits die Kovariation zwischen den Ergebnissen eines College-Zulassungstests und den späteren Noten erwähnt. Das ist ein Beispiel für eine sukzessive Variation. Auf eine Variation in der Verteilung der Testergebnisse folgt zu einem späteren Zeitpunkt eine Variation der Noten. Mit einer solchen sukzessiven Kovariation haben wir es in der Praxis in den meisten Fällen zu tun. Im letzten Teil dieses Abschnitts wollen wir sie etwas genauer behandeln.

Angenommen, in der 6. Klasse werde ein Rechentest und ein Lesetest durchgeführt. Auf Grund der erhaltenen Daten können wir bestimmen, ob und in welchem Ausmaß die Ergebnisse des Lesetests und des Rechentests miteinander in Beziehung stehen, d. h. wie groß die Kovarianz ist. In diesem Falle sprechen wir von einer simultanen Variation, weil die zeitliche Reihenfolge, in der die beiden Tests durchgeführt wurden, ohne Bedeutung ist.

Beispiele für eine Kovariation gibt es auch in der Volkswirtschaft. Hier liegt z. B. nahe, die beiden Variablen Einkommen und Lebensstandard miteinander zu vergleichen. Wir würden erwarten, daß der Lebensstandard um so höher ist, je höher das Einkommen ist. Das ist ein Beispiel für eine simultane Variation. Wenn wir dagegen annehmen, daß das Geld erst ausgegeben wird, nachdem es verdient wurde, dann liegt eine sukzessive Variation vor. Die Variablen können z. B. auch die Zahl der Arbeitslosen und irgendein Index für die industrielle Kapazität sein, z. B. Umsatz der Warenhäuser, Anzahl der Neubauten usw.

In der Meteorologie begegnen wir einer ganzen Anzahl von Variablen, z. B. Temperatur, Luftfeuchtigkeit, Niederschlag, Windgeschwindigkeit und -richtung, Wolkenbedeckung usw. Unsere Stichprobe kann eine Anzahl von aufeinanderfolgenden Tagen oder eine Zahl von geographischen Bereichen oder beides sein. Für jeden Meßwertträger, seien es nun Tage oder geographische Bereiche, können wir die Kovarianz zwischen zweien dieser meteorologischen Variablen, z. B. Temperatur und relative Luftfeuchtigkeit, oder zwischen mehr als zwei Variablen beobachten. Wie in den weiter betrachteten Bereichen können wir uns für eine simultane oder eine sukzessive Variation interessieren. Wenn wir z. B. als Stichprobe verschiedene geographische Gebiete wählen, können wir die Beziehung oder die Kovarianz zwischen den Temperaturen an zwei aufeinanderfolgenden Tagen ermitteln. Hier würde es sich um eine sukzessive Variation handeln.

6.1.3 Kovarianzarten

Im letzten Abschnitt haben wir den Ausdruck „Grad der Beziehung zwischen zwei Variablen“ verwendet. Obwohl wir annehmen, daß der Leser des vorliegenden Buches eine einführende Vorlesung über Statistik gehört hat, und daß ihm deshalb das Konzept des Korrelationskoeffizienten bekannt ist, wollen wir daran erinnern, daß der Korrelationskoeffizient ein Maß für die Kovariation ist und den Grad der Beziehung zwischen Variablen ausdrückt. Es dürfte sinnvoll sein, einen Überblick über die Arten der Kovariation oder Korrelation zu geben.

In einer Stichprobe liegt die höchstmögliche Kovarianz zwischen zwei Variablen dann vor, wenn eine vollkommene Beziehung zwischen diesen beiden Variablen besteht. Eine solche ist vorhanden, wenn man für einen Meßwertträger in der Stichprobe bei Kenntnis des Wertes der einen Variablen auch den Wert der anderen Variablen weiß. Angenommen, es seien für eine Anzahl von Studenten jeweils die beiden Variablen

„Ergebnis im College-Zulassungstest“ und „Noten im College“ gegeben. Eine vollkommenere Beziehung liegt genau dann vor, wenn alle Studenten mit dem gleichen Testpunktwert auch die gleichen Noten im College haben. Ein anderes Beispiel: Wenn alle Studenten mit einem Notendurchschnitt von 3.5 auf der High-School auch auf dem College im Durchschnitt die Note 3.5 erhalten, die mit der Note 3.0 auf der High-School auch die Note 3.0 im College, usw.; dann wäre die Korrelation zwischen den Noten von High-School und College vollkommen. Solche hohen Korrelationen sind selten, wenn sie überhaupt vorkommen.
Es ist eigentlich nicht exakt, wenn man eine Kovarianz „schwach“ nennt. Nichtsdestoweniger sprechen wir von einer „schwachen“ Kovarianz, wenn nur eine Tendenz für einen Zusammenhang zwischen zwei Variablen besteht. Eine solche liegt z. B. vor, wenn bei allen den Probanden, die in Variable A einen bestimmten Punktwert erreicht haben, die Variationsbreite ihrer Punktwerte in Variable B geringer ist als die Variationsbreite aller Meßwerte. In diesem Falle sagen wir, es bestehe eine bestimmte Kovarianz zwischen den beiden Variablen. Das bedeutet, daß wir eine vollkommene Beziehung auch folgendermaßen definieren können: Wenn ein Proband in der einen Variablen einen bestimmten Punktwert erreicht hat, ist bei der anderen Variablen keine Variation mehr möglich.

Die Kovarianz zwischen zwei Variablen ist gleich null; oder es besteht keine Beziehung, wenn bei allen Probanden, die in der einen Variablen einen bestimmten Punktwert erreicht haben, die Variation der Meßwerte der anderen Variablen genau so groß ist wie die Variation der Ergebnisse aller Probanden der Stichprobe.

Es kann auch der Fall eintreten, daß zwei Variable derartig zusammen variieren, daß sich der Wert der einen vergrößert, wenn der Wert der anderen kleiner wird. Das bedeutet, daß die Variablen in einer negativen Beziehung stehen, oder daß die Kovarianz negativ ist. Es ist nicht schwierig, Beispiele zu finden, bei denen die Beziehung negativ sein kann. Wir würden zwar eine positive Beziehung zwischen Temperatur und Sonnenschein, aber eine negative zwischen Temperatur und Wolkenbedeckung erwarten.
Oft können wir Variablen, zwischen denen eine von null verschiedene Beziehung besteht, derartig definieren, daß diese Beziehung nach Belieben positiv oder negativ ist. Betrachten wir als Beispiel zwei Skalen zur Messung der Persönlichkeitsmerkmale Aggressivität und Feindseligkeit. Wir finden, daß die Kovarianz zwischen diesen beiden Skalen

hoch positiv ist. Andererseits können wir ein Merkmal betrachten, das wir Submission nennen, und das wir auf der gleichen Skala wie das Merkmal Aggressivität messen, nur daß wir die Items genau entgegengesetzt bewerten. In diesem Falle würde sich eine negative Beziehung zwischen Submission und Feindseligkeit ergeben.

6.1.4 Kovariation und Vorhersage

Wenn wir bei einem einzelnen Meßwertträger den Meßwert für eine bestimmte Variable kennen, und wenn wir annehmen, daß zwischen dieser und einer anderen Variablen eine bestimmte Kovarianz besteht, dann wissen wir auf Grund der Definition der Kovarianz ungefähr, wie groß der entsprechende Wert der zweiten Variablen ist. Mit anderen Worten, wenn wir den Wert der einen Variablen kennen, können wir den Wert der anderen Variablen mit einem bestimmten Genauigkeitsgrad schätzen. Das bedeutet, daß es zwei Arten von Variablen gibt. Mit der einen Variablen sagen wir vorher, und die andere wird vorhergesagt. Wir wollen die erste eine Prädiktor – und die zweite eine Kriterienvariable nennen.

6.1.4a Die Prädiktorvariable

Wenn wir auf Grund irgendwelcher Variablen eine Vorhersage machen, sind wir gewöhnlich nicht an dem gemessenen Attribut an sich, z. B. einem psychologischen Testergebnis, interessiert.

Ein Testergebnis ist nur deshalb von Bedeutung, weil es einem einzelnen Individuum z. B. einen Arbeitsplatz verschafft, die Zulassung zu einer Ingenieurschule ermöglicht oder ihm in anderer Weise nützt. Eine Prädiktorvariable ist also zunächst nur deshalb wertvoll, weil sie eine annehmbare Kovarianz mit einer anderen wichtigen Variablen aufweist.

Prädiktorvariablen sind auch dadurch charakterisiert, daß sie vor dem Ereignis, das sie vorhersagen sollen, gemessen werden. Das Ergebnis eines College-Zulassungstests oder eines Berufseignungstests ist für einen Probanden wertlos, wenn er schon auf dem College ist oder einen Beruf hat.

Prädiktorvariablen werden auch manchmal unabhängige Variablen genannt. Obwohl diese Bezeichnung für solche Variablen nicht besonders logisch ist, werden wir sie häufig anstelle von Prädiktorvariable verwenden, weil das so üblich ist, und weil keine Gefahr von Mißverständnissen besteht.

6.1.4b Die Kriterienvariable

Wir haben bei der Besprechung der Prädiktorvariablen impliziert, daß es andere Variablen gibt, die wir vorhersagen wollen, z. B. Noten auf dem College, Berufserfolg, Temperatur, ob es schneien wird, ob die Aktienkurse steigen oder fallen, oder eine große Zahl von Dingen, die von großer individueller oder sozialer Bedeutung sind. Diese nennen wir Kriterienvariablen, manchmal auch abhängige Variablen. Offensichtlich werden die Kriterienvariablen meist zu einem späteren Zeitpunkt als die Prädiktorvariablen erfaßt. Die Kovarianz zwischen Prädiktor und Kriterium entsteht also eher auf Grund einer sukzessiven als einer simultanen Variation. Wir verwenden die Prädiktorvariablen, um die Werte der Kriterienvariablen abzuschätzen und so im voraus Hinweise auf die letzteren erhalten zu können. Das setzt uns instande, eine gewisse intellektuelle oder adaptive Kontrolle über unser Verhalten auszuüben.

Ein anderer Unterschied zwischen Prädiktor- und Kriterienvariablen ist der, daß gewöhnlich die Kosten zur Messung der Prädiktorvariablen weit geringer als die zur Erfassung der Kriterienvariablen sind. Zum Beispiel können wir die unterschiedlichsten psychologischen Tests zur Abschätzung des Erfolges im College oder in verschiedenen Berufen verwenden. Die Kosten für die Durchführung und Auswertung dieser psychologischen Tests sind weitaus geringer als die, die man im College oder in dem jeweiligen Beruf für die Ermittlung des Erfolges aufwenden muß.

6.2 Die Berechnung der Korrelationskoeffizienten

Der Korrelationskoeffizient ist das Maß für den Grad der Beziehung zwischen zwei Variablen. Dieser Wert ist eine einzelne Zahl, die gewöhnlich das Ausmaß ausdrückt, in welchem zwei Variable miteinander kovariieren. Der Korrelationskoeffizient kann als das Verhältnis der Kovarianz von zwei Variablen und dem Produkt ihrer Standardabweichungen definiert werden. In diesem Abschnitt wollen wir den Produkt-Moment-Korrelationskoeffizienten von *Pearson* behandeln. Andere Maße sind Spezialfälle davon. Wir wollen kurz die einzelnen Schritte bei der Berechnung des Korrelationskoeffizienten angeben. Eine ausführliche Behandlung der Rechenmethoden ist in einführenden Statistiklehrbüchern zu finden.

6.2.1 Die Kovarianz

Die Kovarianz zwischen zwei Variablen kann aus den Rohwerten oder den Abweichungswerten berechnet werden.

6.2.1a Die Kovarianz von Rohwerten

Wenn bei einer Stichprobe von Meßwertträgern zwei Reihen von Rohwerten gegeben sind, ist die Kovarianz einfach als das durchschnittliche Produkt der entsprechenden Meßwerte vor der Transformation definiert. Diese Kovarianz ist sinnlos, wenn Nullpunkt und Einheit der Skalen, auf denen die Variablen gemessen werden, beliebig sind. Es folgt die Formel für die Kovarianz von Rohwerten in Skalarschreibweise

$$C_{XY} = \frac{\Sigma XY}{N} \tag{6.2.1}$$

wobei C die Kovarianz ist. Die entsprechende Gleichung in Matrizenschreibweise lautet

$$C_{XY} = \frac{X'Y}{N} \tag{6.2.2}$$

wobei X' und Y die Reihen- und Spaltenvektoren der Rohwerte X bzw. Y sind.

6.2.1b Die Kovarianz von Abweichungswerten

Wenn die Rohwerte einen beliebigen Nullpunkt haben, muß man zur Korrektur von der Rohwert-Kovarianz das Produkt der beiden Mittelwerte abziehen. Man könnte natürlich von jedem Meßwert den zugehörigen Mittelwert abziehen und so Abweichungswerte erhalten. Dann könnte man den Durchschnitt der Produkte der entsprechenden Abweichungswerte berechnen. Jedoch ergibt sich das gleiche Ergebnis, wenn man von der Kovarianz der Rohwerte das Produkt der beiden Mittelwerte abzieht (siehe Abschnitt 6.6.1). Die entsprechende Formel lautet

$$C_{xy} = C_{XY} - \overline{X}\,\overline{Y} \tag{6.2.3}$$

6.2.2 Der Korrelationskoeffizient

Zur Berechnung des Korrelationskoeffizienten brauchen wir die Abweichungskovarianz und die Standardabweichungen von beiden Variablen. Die Gleichungen 6.2.4 bis 6.2.8 sind Formeln für den Korrelationskoeffizienten in Skalarschreibweise, und die Gleichungen 6.2.9 bis 6.2.11 entsprechende Formeln in Matrizenschreibweise. Diese Formeln sind alle äquivalent.

$$r = \frac{\frac{\Sigma XY}{N} - \frac{\Sigma X}{N}\frac{\Sigma Y}{N}}{\sqrt{\frac{\Sigma X^2}{N} - \left(\frac{\Sigma X}{N}\right)^2}\sqrt{\frac{\Sigma Y^2}{N} - \left(\frac{\Sigma Y}{N}\right)^2}} \qquad (6.2.4)$$

$$r = \frac{\Sigma XY - \frac{\Sigma X \Sigma Y}{N}}{\sqrt{\Sigma X^2 - \frac{(\Sigma X)^2}{N}}\sqrt{\Sigma Y^2 - \frac{(\Sigma Y)^2}{N}}} \qquad (6.2.5)$$

$$r = \frac{N\Sigma XY - \Sigma X \Sigma Y}{\sqrt{N\Sigma X^2 - (\Sigma X)^2}\sqrt{N\Sigma Y - (\Sigma Y)^2}} \qquad (6.2.6)$$

$$r = \frac{\Sigma xy}{\sqrt{\Sigma x^2}\sqrt{\Sigma y^2}} \qquad (6.2.7)$$

$$r = \frac{C_{xy}}{\sigma_x \sigma_y} \qquad (6.2.8)$$

$$r = \frac{X'\left(I - \frac{11'}{N}\right)Y}{\sqrt{X'\left(I - \frac{11'}{N}\right)X}\sqrt{Y'\left(I - \frac{11'}{N}\right)Y}} \qquad (6.2.9)$$

$$r = \frac{X'X - \frac{(X'1)(1'Y)}{N}}{\sqrt{X'X - \frac{(X'1)(1'X)}{N}}\sqrt{Y'Y - \frac{(Y'1)(1'Y)}{N}}} \qquad (6.2.10)$$

$$r = \frac{x'y}{\sqrt{x'x}\sqrt{y'y}} \qquad (6.2.11)$$

6.2.3 Das Korrelationsdigramm

Elektronische Rechenanlagen haben in den meisten Fällen die Berechnung von Korrelationskoeffizienten von Hand oder mit Tischrechenmaschinen überflüssig gemacht. Jedoch kann es bei einer kleinen Zahl von Variablen und Meßwertträgern in einigen Fällen besser sein, die langsameren Methoden zu verwenden, weil der Zeitaufwand für Routineprozeduren, z. B. das Einlesen des Programms, in Rechenzentren im Vergleich zur reinen Rechenzeit zu groß sein würde. Wenn Korrelationskoeffizienten von Hand berechnet werden müssen, und wenn die Zahl der Fälle groß ist (hundert oder mehr), ist es bequemer, zunächs' ein Korrelationsdiagramm zu zeichnen und dann an Hand dieses Diagramms den Korrelationskoeffizienten zu bestimmen.

Ein Vorteil des Korrelationsdiagramms ist der, daß es einen graphischen Überblick über die Beziehung zwischen den beiden Variablen gibt. Die Anlage eines Korrelationsdiagramms und die Ermittlung des Korrelationskoeffizienten wird in einführenden Lehrbüchern beschrieben. Für diesen Zweck sind viele bequeme und sinnreiche Verfahrensweisen entwickelt worden. Ein weiterer Vorteil der graphischen Darstellung von Daten in einem Korrelationsdiagramm ist, daß man aus ihm nicht nur Grad und Richtung, sondern auch die Art des Zusammenhangs entnehmen kann. Es kann z. B. sein, daß in einem Teil des Variationsbereichs die Beziehung enger ist als in einem anderen, oder daß die Beziehung zwischen den beiden Variablen eher kurvilinear als linear ist.

Methoden zur Berechnung des Korrelationskoeffizienten aus dem Korrelationsdiagramm sind ebenfalls in einführenden Statistikbüchern zu finden. Die Zahl der möglichen Korrelationen zwischen *n* Variablen ist in der folgenden Gleichung gegeben

$$g = \frac{n(n-1)}{2} \qquad (6.2.12)$$

wobei *g* die Zahl der Korrelationen und *n* die Zahl der Variablen ist. Wenn die Zahl der Variablen ansteigt, wächst daher die Zahl der Korrelationen ungefähr im Quadrat. Wir werden im 7. Kapitel sehen, daß bei den meisten Untersuchungen, selbst bei denen von nur mäßiger praktischer oder sozialer Bedeutung, die Zahl der einbezogenen Variablen ziemlich groß sein kann. Deshalb ist es gewöhnlich notwendig, eine große Zahl von Korrelationskoeffizienten zu berechnen. In diesem Falle ist es selten möglich, diese von Hand zu bestimmen; und es ist im

allgemeinen viel billiger, die Rechenarbeit durch einen Computer durchführen zu lassen, selbst unter Berücksichtigung der Nebenzeiten.
Es ist für einen Studenten wichtig, die Bedeutung der Korrelationskoeffizienten zu kennen und zu wissen, wie sie berechnet werden. Sind sie jedoch einmal verstanden worden, so sollte ihre Berechnung besser den Rechenzentren überlassen bleiben, damit Studenten und Forscher ihre Zeit mehr den kreativen als den routinemäßigen, rein mechanischen Tätigkeiten widmen können.

6.3 Arten von Produkt-Moment-Korrelationen

Die Produkt-Moment-Korrelationskoeffizienten, die aus empirisch gewonnenen Daten berechnet werden können, können nach der Art dieser Daten klassifiziert werden. Wir wollen fünf verschiedene Korrelationen besprechen – die allgemeine Produkt-Moment-Korrelation, die punktbiseriale Korrelation, den Phi-Koeffizienten, die biseriale und die tetrachorische Korrelation. Andere Arten von Koeffizienten sind für die Testtheorie von geringerer Bedeutung.

6.3.1 Der allgemeine Fall

Wir haben weiter oben gezeigt, daß man Meßwerte in diskrete und kontinuierliche Meßwerte einteilen kann. Kontinuierliche Meßwerte sind z. B. Zeit, Gewicht und Temperatur, wo man die Einheiten beliebig fein unterteilen kann. Diskrete Meßwerte basieren auf Operationen des Zählens, wie z. B. die Zahl der richtig beantworteten Items eines Tests oder die Zahl der Blätter an einem einzelnen Baum. Wir wollen jedoch nicht versuchen, zwischen diesen beiden Arten von Meßwerten zu unterscheiden, weil das für die meisten praktischen Zwecke nicht sehr sinnvoll sein dürfte. Man kann gewöhnlich kontinuierliche Meßwerte wie diskrete behandeln, indem man die Skala nach Belieben in irgendeine festgesetzte Zahl von Intervallen einteilt und allen den Meßwertträgern, deren Meßwerte in ein Intervall fallen, die gleiche Zahl zuordnet. Wenn bei der Berechnung des Korrelationskoeffizienten beide Variablen diskret sind oder durch eine beliebige Intervalleinteilung dazu gemacht werden können, sind zur Berechnung die im vorigen Abschnitt angeführten Methoden geeignet.

6.3.2 Der punktbiseriale Korrelationskoeffizient

Der punktbiseriale Korrelationskoeffizient ist ein Spezialfall des *Pearson*schen Produkt-Moment-Korrelationskoeffizienten. Wenn die eine der beiden korrelierenden Variablen binär und die andere diskret ist, dann wird die sich ergebende Produkt-Moment-Korrelation punktbiseriale Korrelation genannt. Es soll daran erinnert werden, daß eine binäre Variable nur zwei verschiedene Werte annehmen kann. Ohne Verlust an Allgemeingültigkeit kann für diese beiden Werte 0 und 1 eingesetzt werden. Man kann auch zwei beliebige andere Zahlen wählen, jedoch können sie immer durch eine lineare Transformation in 0 und 1 überführt werden.

Beispiele, bei denen die eine Variable diskret und die andere binär ist, lassen sich leicht finden. Zum Beispiel sei eine Reihe von Testpunktwerten bei einer Gruppe von männlichen und weiblichen Studenten gegeben. Das Geschlecht kann dann als die eine Variable betrachtet werden, und man kann ganz nach Belieben 1 den männlichen und 0 den weiblichen Studenten zuordnen. Man kann dann die *Pearson*sche Produkt-Moment-Korrelation zwischen den Werten für Geschlecht und Testergebnis berechnen.

In diesem Buche haben wir es in den meisten Fällen mit den einzelnen Items bei einem psychologischen Test zu tun. Hier ist die binäre Variable ein Testitem, bei dem ein Proband entweder den Wert 1 oder den Wert 0 erhalten kann. Die diskrete Variable kann die Gesamtzahl der richtig beantworteten Items sein.

Beispiele für die Verwendung einer binären und einer diskreten Variable findet man häufig in Untersuchungen zu Beziehungen zwischen Daten des Lebenslaufs und dem Berufserfolg. Zum Beispiel kann man an der Beziehung zwischen Hausbesitz und Erfolg als Verkäufer interessiert sein. Hausbesitz würde dann die binäre Variable sein, in der ein Proband den Wert 1 erhielte, wenn er ein Haus besäße, und den Wert 0, wenn nicht. Die diskrete Variable könnte das Jahresgehalt oder irgendein anderer Index für die Fähigkeit als Verkäufer sein.

Für den punktbiserialen Korrelationskoeffizienten gibt es eine Anzahl von verschiedenen Formen, die je nach Zweck angewendet werden können. Einige davon werden in den Gleichungen 6.3.1, 6.3.2 und 6.3.3 angegeben und in Abschnitt 6.6.2 bewiesen:

$$r = \frac{\overline{Y}_p - \overline{Y}_T}{\sigma_T}\sqrt{\frac{p}{q}} \qquad (6.3.1)$$

Dabei ist Y_p das arithmetische Mittel der diskreten Variablen für die Probanden mit dem Wert 1 in der dichotomen Variablen, Y_T ist das arithmetische Mittel der gesamten Gruppe in der diskreten Variable, σ_T ist die Standardabweichung der gesamten Gruppe in der diskreten Variablen, p ist der Anteil der 1'en und q der Anteil der 0'en bei der dichotomisierten Variablen.

$$r = \frac{\overline{Y}_p - \overline{Y}_q}{\sigma_T} \sqrt{pq} \qquad (6.3.2)$$

Dabei ist Y_q das arithmetische Mittel der diskreten Variablen für die Probanden mit dem Wert 0 in der binären Variablen, die anderen Symbole sind wie in Gleichung 6.3.2 definiert.

$$r = \frac{1}{\sqrt{1 + \dfrac{p\sigma_p^2 + q\sigma_q^2}{(\overline{Y}_p - \overline{Y}_q)^2 pq}}} \qquad (6.3.3)$$

Dabei sind σ_p^2 und σ_q^2 die Varianzen der diskreten Variable bei denen, die den Wert 1 bzw. 0 in der binären Variablen erhalten hatten.
Man sieht, daß es im allgemeinen möglich ist, einen Korrelationskoeffizienten zwischen einer binären und einer diskreten Variablen aus Mittelwerten, Standardabweichungen und den Anteilen für jede der binären Kategorien zu berechnen.
Abb. 6.3.1 zeigt die Punktwerte in einem Test bei Männern und Frauen. Die 1'en beziehen sich auf die Männer, die 0'en auf die Frauen

Geschlecht	Testergebnis-Y		
1	6	$\Sigma Y = 92$	$\frac{\Sigma Y}{N} = 6.1333$
1	9		
1	7		
0	4	$\Sigma Y^2 = 622$	$\frac{\Sigma Y^2}{N} = 41.4666$
0	5		
0	4		
0	8		
1	3		
1	8		$\left(\frac{\Sigma Y}{N}\right)^2 = 37.6174$
0	4		
1	7		
1	6	$\Sigma Y_p = 67$	$\sigma^2 = 3.8492$
1	4		
1	9		
1	8		

Abb. 6.3.1 Datenmatrix für Geschlecht und Testergebnis

Bei Verwendung der in Gleichung 6.3.1 angegebenen Methode zeigt Abb. 6.3.2 die Berechnung des punktbiserialen Korrelationskoeffizienten zwischen Geschlecht und Testergebnis für diese Daten

$$\bar{Y}_p = 6.700 \qquad \bar{Y}_T = 6.133$$

$$\sigma_T = 1.962 \qquad p = .6667 \qquad q = .3333$$

$$r = \frac{6.700 - 6.133}{1.962}\sqrt{\frac{.6667}{.3333}} = \frac{.567}{1.962}\sqrt{2}$$

$$= (.289)(1.414) = .409$$

Abb. 6.3.2 Berechnung des punktbiserialen Korrelationskoeffizienten

6.3.3 Der Phi-Koeffizient

Dieser Koeffizient, auch Punkt-Vierfelder-Koeffizient genannt, ist ein Spezialfall des Produkt-Moment-Korrelationskoeffizienten von *Pearson,* wenn beide Variablen binär sind. Einige der gebräuchlichen Formeln für den Phi-Koeffizienten lassen diese Tatsache nicht erkennen. Zum Beispiel kann die eine Variable das Geschlecht und die andere der College-Abschluß sein. Offensichtlich ist das Geschlecht eine binäre Variable. Der Collegeabschluß kann ebenso behandelt werden, indem man den Studenten mit Abschluß den Wert 1 und denen ohne den Wert 0 zuordnet. Ein anderes Beispiel wäre Hausbesitz und Familienstand. Der Wert für die Variable Hausbesitz wäre je nach dem Besitzstand 1 oder 0. Bei der Variable Familienstand stünde 1 für verheiratet und 0 für ledig. Da die Zuordnung von 1 und 0 beliebig ist, kann auch umgekehrt 0 den verheirateten und 1 den ledigen Personen zugeordnet werden. Je nachdem, wie man 0 und 1 zuordnet, wird die Korrelation positiv oder negativ.

Ein spezieller Fall des Phi-Koeffizienten, mit dem wir es in dem vorliegenden Buch zu tun haben, ist die Korrelation zwischen den Ergebnissen bei zwei verschiedenen Testitems, welche entweder mit einem oder null Punkten bewertet werden, je nachdem, ob sie richtig beantwortet worden sind oder nicht. Wir werden sehen, daß Phi-Koeffizienten und die Kovarianzen von binären Variablen eine äußerst wichtige Rolle in der Theorie und Praxis der Psychometrie spielen. Weil sich Testergebnisse aus den Punktwerten von solchen binären Variablen zusammensetzen, kann man erwarten, daß die Statistiken dieser Gesamtpunktwerte, z. B. arithmetische Mittel, Varianzen,

Kovarianzen und Korrelationen, irgendwelche Funktionen der gleichen Statistiken der binären Variablen sind.
Binäre Variablen sind äußerst wichtig, da sie spezielle und besonders einfache Eigenschaften haben. Zum Beispiel sind das Quadrat oder irgendeine positive Potenz eines binären Wertes die gleichen wie der Wert selbst. Denn wenn wir 0 oder 1 mit irgendeiner positiven Zahl potenzieren, erhalten wir wieder 0 oder 1. Wir können auch 1 mit jeder beliebigen negativen Zahl potenzieren. Auch dann ergibt sich 1.

Wir wollen verschiedene Formeln für den Phi-Koeffizienten betrachten. Sie sind in den Gleichungen 6.3.4 und 6.3.5 gegeben (siehe Abschnitt 6.6.3)

$$\varphi = \frac{p_{ij} - p_i p_j}{\sqrt{p_i - p_i^2}\sqrt{p_j - p_j^2}} \qquad (6.3.4)$$

Dabei ist p_{ij} der Anteil derjenigen, die beide Items i und j richtig beantwortet haben, und p_i und p_j sind die Anteile derjenigen, die die Aufgaben i bzw. j richtig gelöst haben.

$$\varphi = \frac{p_{ij} - p_i p_j}{\sqrt{p_i q_i}\sqrt{p_j q_j}} \qquad (6.3.5)$$

Dabei gilt $q_i = 1-p_i$ und entsprechend $q_j = 1-p_j$. Man sieht, daß in diesen Gleichungen nur der Anteil der Personen, die eine 1 bei beiden Variablen, und die Anteile derer, die eine 1 bei jeder einzelnen Variable erhalten haben, steht. Diese Formeln zeigen wieder einmal, warum der Phi-Koeffizient so leicht berechnet werden kann.
Abb. 6.3.3 zeigt Ergebnisse bzgl. Geschlecht und College-Abschluß

Geschlecht	1	1	1	0	0	0	0	1	1	1	1	0	0	0	0	1	1	1	0
College-Abschluß	1	1	0	0	1	1	0	0	1	1	1	0	1	0	1	0	0	1	0	0

Abb. 6.3.3 Datenmatrix für Geschlecht und College-Abschluß

Die Zahl 1 ist nach Zufall Männern und dem College-Abschluß zugeordnet worden; 0 bedeutet Frauen und kein Abschluß. Die Berechnung des Phi-Koeffizienten auf Grund dieser Daten und Gleichung 6.3.5 ist in Abb. 6.3.4 ausgeführt, aber diese Korrelation soll nicht als typisch für die Beziehung zwischen Geschlecht und dem College-Abschluß angesehen werden.

i = Geschlecht
j = College-Abschluß

$$p_i = \frac{11}{20} = .55 \qquad q_i = .45$$

$$p_j = \frac{10}{20} = .50 \qquad q_j = .50$$

$$p_{ij} = \frac{6}{20} = .30$$

$$\varphi = \frac{.30 - (.55) \times (.50)}{\sqrt{(.55) \times (.45) \times (.50) \times (.50)}}$$

$$= \frac{.30 - .275}{\sqrt{.0619}}$$

$$= \frac{.025}{.249} = .10$$

Abb. 6.3.4 Berechnung des Phi-Koeffizienten.

6.3.4 Die biseriale Korrelation

Sehr oft wird ein anderer, mit dem punktbiserialen Koeffizienten verwandter Korrelationskoeffizient verwendet, wahrscheinlich sogar häufiger als dieser, wenn auch nicht immer zu Recht. Dieser biseriale Korrelationskoeffizient ist nur indirekt eine *Pearson*sche Produkt-Moment-Korrelation. Er wird genauso wie der punkt-biseriale Koeffizient angewendet, wenn die eine Variable binär und die andere diskret ist.

Jedoch liegt jetzt die Annahme zugrunde, daß eine diskrete Variable künstlich dichotomisiert worden ist. Man nimmt an, daß die Verteilung der Meßwerte der binären Variablen eigentlich normal ist, daß aber an irgendeiner Stelle der Verteilung eine Grenze festgelegt worden ist. Den Fällen oberhalb dieses Punktes wird der Wert 1, den anderen der Wert 0 zugeordnet Der biseriale Korrelationskoeffizient ist eine Schätzung der Korrelation, die sich ergeben hätte, wenn normal verteilte Meßwerte verfügbar gewesen wären. Im Falle des Hausbesitzes, des Familienstandes usw. sind die Daten offensichtlich von Natur aus binär oder dichotom. Nehmen wir jedoch an, bei einer Gruppe von Studenten seien die Punktwerte in irgendeinem Test ungefähr normal verteilt. Nehmen wir weiter an, von den gleichen Studenten seien Collegenoten vorhanden. Zur Erleichterung der Rechnung könnten wir die Verteilung der Testpunktwerte bei dem arithmetischen Mittel in zwei Hälften teilen und den Studenten über diesem Mittel den Wert 1, den anderen den Wert 0 zuordnen. Wir können dann den biserialen Korrelationskoeffizienten aus den diskreten College-Noten und dem binären Testergebnis berechnen. Wir erhalten so eine Schätzung des Wertes, der sich ergeben hätte, wenn wir die ungefähr normalverteilten Testpunktwerte selbst verwendet hätten. Bei den gleichen Daten würde der punktbiseriale Korrelationskoeffizient numerisch niedriger als der biseriale sein.

Die Gleichungen 6.3.6, 6.3.7 und 6.3.8 sind die üblichen Formeln für den biserialen Korrelationskoeffizienten.

$$r_{\mathrm{bis}} = \frac{\overline{Y}_p - \overline{Y}_q}{\sigma_T} \frac{pq}{z} \tag{6.3.6}$$

Dabei ist z die Ordinate der Normalverteilung, die die Gesamtfläche im Verhältnis $p : q$ teilt.

$$r_{\mathrm{bis}} = \frac{\overline{Y} - \overline{Y}_T}{\sigma} \frac{p}{z} \tag{6.3.7}$$

$$r_{\mathrm{bis}} = r_{\mathrm{pt.bis}} \frac{\sqrt{pq}}{z} \tag{6.3.8}$$

Aus Gleichung 6.3.8 geht hervor, daß wir den punktbiserialen Korrelationskoeffizienten nur mit einem Faktor multiplizieren zu brauchen, um den biserialen Koeffizienten zu erhalten. Die Werte für diesen Faktor können in einer Tabelle nachgesehen werden, und man kann sehen, daß er immer größer als 1 ist. Wenn der Anteil in den beiden binären Kategorien gleich ist, dann ist dieser Faktor ungefähr gleich fünf Viertel. In diesem Falle ist die biseriale Korrelation also um 25% größer als die punktbiseriale.

Wir verwenden als Beispiel die gleichen Daten wie für den punktbiserialen Koeffizienten weiter oben. Wenn wir die Gleichung 6.3.8 benutzen, ergeben sich die folgenden Rechenschritte

$$r_{\text{pt.bis.}} = .409$$
$$p = 2/3$$
$$q = 1/3$$
$$z = .363$$
$$r_{\text{bis.}} = (.409)\,\frac{\sqrt{2/9}}{.363}$$
$$= (.409) \times \frac{(.471)}{.363}$$
$$= \frac{.193}{.363}$$
$$= .531$$

Abb. 6.3.5 Berechnung des biserialen aus dem punktbiserialen Korrelationskoeffizienten

6.3.5 Die tetrachorische Korrelation

Eine andersartige Korrelation, die neuerdings von Spezialisten in der Testtheorie stark empfohlen wird, ist wiederum nicht direkt ein *Pearson*scher Produkt-Moment-Korrelationskoeffizient wie der punktbiseriale oder der Phi-Koeffizient. Er setzt gewisse Annahmen über die Daten voraus, für die er berechnet werden soll.

Der tetrachorische Korrelationskoeffizient wird berechnet, wenn beide Variablen binär sind. Das ist zwar auch beim Phi-Koeffizienten der Fall. Beim tetrachorischen Korrelationskoeffizienten wird jedoch noch die zusätzliche Annahme gemacht, daß die beiden Variablen in Wirklichkeit nicht binär sind, sondern daß Binormalität vorliegt. Beide Randverteilungen sind jedoch künstlich dichotomisiert worden. Zum Beispiel können zwei Reihen von Testpunktwerten für dieselben Probanden gegeben sein, und die Meßwerte sind jeweils angenähert normalverteilt. Wir müssen weiter annehmen, wenn wir genau sein wollen, daß gewisse, für eine multinormale Verteilung notwendige Bedingungen erfüllt sein müssen, aber diese sind zu speziell, als daß wir sie jetzt einführen wollen.

Wenn wir solche Verteilungen dichotomisieren, indem wir den Wert 0 den Probanden unter dem kritischen Wert einer jeden Verteilung, und den Wert 1 denen oberhalb dieses Wertes zuordnen, erhalten wir zwei Reihen von binären Meßwerten. Man braucht nicht bei den Medianen der

Verteilungen zu dichotomisieren, sondern kann jeden anderen geeigneten Punkt wählen. Wenn man weiß, wieviel Prozent der Probanden eine 1 in jeder Variablen, und wieviel Prozent eine 1 in beiden erhalten haben, kann man aus diesen drei Werten mit Hilfe von speziellen Tabellen den entsprechenden tetrachorischen Korrelationskoeffizienten ermitteln.
Die Formeln zur Berechnung des tetrachorischen Korrelationskoeffizienten sind äußerst kompliziert und setzen mathematische Begriffe voraus, die an dieser Stelle nicht eingeführt werden sollen.

6.4 Multivariate Korrelation

Wir haben in einiger Ausführlichkeit die Bedeutung der Korrelation und Kovariation zwischen zwei Variablen betrachtet und eine Anzahl von verschiedenartigen Korrelationsmaßen behandelt. Der einfachste Fall einer Kovariation bezieht sich auf nur zwei Variablen. Bei einer Korrelationsstudie sind jedoch oft mehr als zwei Variablen gegeben, und wir können an den Korrelationen zwischen allen möglichen Variablenpaaren interessiert sein. Sind diese Korrelationen gegeben, so können wir sie auf verschiedene Weise weiter analysieren. Wir können z. B. die sogenannte partielle Korrelation und die multiple Korrelation berechnen.

6.4.1 Partielle Korrelation

Man kann die partielle Korrelation definieren als die Korrelation zwischen zwei Variablen, wenn alle anderen Variablen konstant gehalten werden. Angenommen, es seien bei einer Gruppe von Probanden die Meßwerte für drei verschiedene Variablen A, B, und C gegeben. Wir möchten die Korrelation zwischen A und B wissen, wenn C herauspartialisiert wird. Operational gesehen läuft das darauf hinaus, daß wir zunächst auf Grund der Variable C die bestmögliche Schätzung für jeden Wert der beiden Variablen A und B in der Stichprobe machen. Wenn wir diese besten Schätzungen von den tatsächlich beobachteten Werten von A und B abziehen, bleiben Unterschiede oder Residuen übrig. Wir können dann diese Residuen miteinander korrelieren. Das ist die partielle Korrelation von A und B, wobei der Einfluß von C ausgeschaltet ist. Dieses Verfahren zur Berechnung der partiellen Korrelation braucht jedoch nicht numerisch durchgeführt zu werden. Mit

Hilfe von algebraischen Gleichungen können wir diese partielle Korrelation direkt aus den drei Interkorrelationen zwischen den drei Variablen berechnen.

Angenommen, es seien bei einer Gruppe von Probanden die Punktwerte von drei verschiedenen Tests gegeben. Das kann z. B. ein Rechentest, ein Test zur Erfassung des logischen Denkens und ein Lesetest sein. Nun kann die Korrelation zwischen dem Rechentest und dem Test für logisches Denken teilweise auf die Lesefertigkeit der Studenten zurückzuführen sein. Wir möchten deshalb abschätzen, welche Korrelation sich ergeben hätte, wenn der Einfluß der Lesefertigkeit ausgeschaltet worden wäre. Das kann durch geeignete Methoden geschehen.

Die Formel für die Berechnung der partiellen Korrelation zwischen zwei Variablen bei Ausschaltung einer dritten lautet

$$r_{ab.c} = \frac{r_{ab} - r_{ac}r_{bc}}{\sqrt{1 - r_{ac}^2}\sqrt{1 - r_{bc}^2}} \qquad (6.4.1)$$

Dabei ist $r_{ab.c}$ die Korrelation zwischen den Variablen *a* und *b*, nachdem die Variable *c* herauspartialisiert worden ist. Auf diese Weise ergibt sich die gleiche Korrelation, als wenn wir zunächst für jeden Probanden auf Grund des Lesetestergebnisses die besten Schätzungen für die Leistungen in den beiden anderen Tests ermitteln, die Unterschiede zwischen diesen Schätzungen und den tatsächlichen Werten berechnen und schließlich diese Unterschiede korrelieren würden. Die besten Schätzungen dieser Werte kann man durch die im nächsten Abschnitt behandelten Regressionsmethoden erhalten.

Um die Berechnung des partiellen Korrelationskoeffizienten bei drei Variablen zu illustrieren, wollen wir annehmen, es hätten sich die in Abb. 6.4.1 dargestellten Interkorrelationen ergeben.

	a	*b*	*c*
a	1.00	.40	.50
b	.40	1.00	.60
c	.50	.60	1.00

Abb. 6.4.1 Interkorrelationen von drei Variablen

Die entsprechenden Berechnungen sind in Abb. 6.4.2 dargestellt.

$$r_{ab.c} = \frac{(.40) - (.50) \times (.60)}{\sqrt{(1 - (.50)^2)(1 - (60)^2)}}$$

$$= \frac{.40 - .30}{\sqrt{.75 \times .64}} = \frac{.10}{\sqrt{.48}} = \frac{.10}{.693}$$

$$= .144$$

Abb. 6.4.2 Berechnung des partiellen Korrelationskoeffizienten bei drei Variablen

Die Korrelation zwischen zwei Variablen kann nicht nur durch eine dritte, sondern durch eine Zahl von weiteren zusätzlichen Variablen beeinflußt werden. Mit Hilfe von Methoden, die im nächsten Abschnitt diskutiert werden, können wir bei einer Gruppe von Probanden den Punktwert jeder Person, z. B. bei Test A und Test B nicht nur auf Grund der Variable C, sondern auch der Variablen D, E, F usw. abschätzen. Diese Schätzungen dürften im allgemeinen genausogut, wenn nicht sogar noch besser als die auf Grund der Variablen C oder irgendeiner der anderen Variablen allein sein. Jedenfalls betrachten wir wieder diese Schätzungen der Variablen A und B und ihre Abweichungen von den entsprechenden beobachteten Werten. Wir können dann die partielle Korrelation zwischen den Variablen A und B berechnen, wobei der Einfluß der anderen Variablen herauspartialisiert worden ist. Die Methode zur Berechnung von partiellen Korrelationen im allgemeinen Fall soll jedoch hier nicht weiter abgehandelt werden.

6.4.2 Multiple Korrelation

Wie bei der partiellen Korrelation setzt die multiple Korrelation voraus, daß die Interkorrelationen von mehr als zwei Variablen gegeben sind. Eine multiple Korrelation ist die Korrelation zwischen einer Variable und einer gewichteten Summe von anderen Variablen. Man erhält sie also, indem man den Variablen optimale Gewichte gibt, die gewichteten Werte zusammenzählt und die Summe mit der ersten Variablen korreliert. Diese Variable wird gewöhnlich abhängige Variable oder Kriterium genannt, die anderen heißen unabhängige oder Prädiktor-Variablen.

Es ist oft der Fall, daß wir für eine Kriterienvariable Vorhersagen besser aus zwei oder mehr Prädiktorvariablen als aus einer einzigen machen können. Wenn wir z. B. den Erfolg im College, definiert durch die Durchschnittsnote, vorhersagen wollen, geht das besser, wenn wir nicht die Ergebnisse des Zulassungstests, sondern auch die Durchschnittsnote der High-School als Prädiktor verwenden. Im allgemeinen können wir bessere Vorhersagen machen, wenn wir die Ergebnisse von verschiedenen psychologischen Tests angemessen gewichten und in einer einzelnen Variable kombinieren. Wenn wir bei der Vorhersage von College-Noten aus den Ergebnissen psychologischer Tests die besten Gewichte nach der Methode der kleinsten Quadrate ermitteln, dann ist die Korrelation zwischen diesem zusammengesetzten Meßwert und den Noten eine multiple Korrelation. Wenn wir – um ein anderes Beispiel zu nennen – den Erfolg in einem bestimmten Beruf vorhersagen wollen, kann es besser sein, nicht nur einen, sondern eine Anzahl von verschiedenen Tests als Prädiktoren zu wählen. Die Verwendung einer Anzahl von verschiedenen Variablen für die Vorhersage von Kriterien ist bisher nur sporadisch erfolgt. Die Wichtigkeit dieses Verfahrens wird jedoch immer mehr von denen erkannt, die ernsthaft an einer möglichst genauen wissenschaftlichen Vorhersage menschlichens Verhaltens in sozial bedeutsamen Situationen interessiert sind.

Gleichung 6.4.2 ist die Formel für die multiple Korrelation einer Kriterienvariable mit zwei Prädiktorvariablen als Funktion ihrer drei Interkorrelationen

$$r_{a.bc} = \sqrt{\frac{r_{ab}^2 + r_{ac}^2 - 2r_{ab}r_{ac}r_{bc}}{1 - r_{bc}^2}} \qquad (6.4.2)$$

Nimmt man an, daß bei dem Beispiel in Abschnitt 6.4.1 die Variable *A* das Kriterium, die Variablen *B* und *C* die Prädiktoren sind, so ergibt sich bei Verwendungen von Gleichung 6.4.2

$$r_{a.bc} = \sqrt{\frac{(.40)^2 + (.50)^2 - 2(.40)(.50)(.60)}{1 - (.60)^2}}$$

$$= \sqrt{\frac{.16 + .25 - .24}{1 - .36}} = \sqrt{\frac{.17}{.64}} = \sqrt{.2656}$$

$$= .515$$

Abb. 6.4.3 Berechnung des multiplen Korrelationskoeffizienten bei drei Variablen.

Die zugrundeliegenden Korrelationen sind in Abb. 6.4.1 gegeben.
Wenn eine große Zahl von Prädiktorvariablen und eine Kriterienvariable vorliegen, wird die Formel zur Berechnung der multiplen Korrelation weitaus komplizierter, wenn man die Skalarschreibweise verwendet. In Matrizenschreibweise lautet die Formel

$$r_{c.1..n} = r_c{}' r^{-1} r_c \qquad (6.4.3)$$

Dabei ist r_c ein Vektor von Korrelationen des Kriteriums mit den Prädiktoren, und r^{-1} ist die inverse Matrix der Interkorrelationen der Prädiktoren.
Bei einer großen Zahl von Prädiktorvariablen werden die Berechnungen außerordentlich umfangreich. Sie sollten deshalb mit Hilfe einer elektronischen Rechenanlage ausgeführt werden.

6.5 Regression

In den vorhergehenden Abschnitten haben wir die verschiedenen Arten von Korrelationen diskutiert, und wir haben gesehen, daß bei der partiellen und multiplen Korrelation eine Variable aus einer oder mehreren anderen vorhergesagt wird. Wir wollen nun die Bedeutung der Vorhersage durch eine Regression etwas ausführlicher behandeln, und zwar für den Fall zweier, dreier und beliebig vieler Prädiktoren.

6.5.1 Zwei Variablen

Ein wichtiger Gedanke bei der Regressionsanalyse ist der, daß es bei zwei Variablen zwei Regressionsgeraden gibt, nämlich die Regression der Variablen *X* auf die Variable *Y* und die Regression der Variablen *Y* auf die Variable *X*. Welche von diesen beiden Regressionen wir verwenden, hängt davon ab, welche Variable wir vorhersagen wollen.

6.5.1a Die Regression von Y auf X

Wenn wir Y-Werte aus X-Werten vorhersagen wollen, dann sprechen wir von einer Regression von Y auf X. Die zur Vorhersage verwendete Gleichung wird Regressionsgleichung genannt. Am häufigsten kommt die Regressionsgleichung vor, die die beste Schätzung der Y-Werte aus den X-Werten ermöglicht. Der Schätzwert für Y ist eine lineare Transformation der X-Werte, wobei die additive und multiplikative Konstante

Funktionen der Mittelwerte und Standardabweichungen der beiden Variablen und ihrer Korrelation sind.
Wenn anstatt der Rohwerte Standardwerte gegeben sind, wird die Regressionsgleichung sehr einfach. Weil die Mittelwerte 0 und die Standardabweichungen 1 sind, verschwindet die additive Konstante, und die multiplikative Konstante ist einfach der Korrelationskoeffizient.
Die Formel für die Regression, die nach der Methode der kleinsten Quadrate die beste Schätzung von Y aus X gibt, ist in Gleichung 6.5.1 für Rohwerte und in Gleichung 6.5.2 für Standardwerte gegeben

$$\tilde{Y} = \left(r_{XY}\frac{\sigma_Y}{\sigma_X}\right)X + \left(\bar{Y} - r_{XY}\frac{\sigma_Y}{\sigma_X}\bar{X}\right) \tag{6.5.1}$$

$$\tilde{z}_Y = r_{XY}z_X \tag{6.5.2}$$

Dabei bedeutet die Tilde „Schätzung", und es ist

$$z_Y = \frac{Y - \bar{Y}}{\sigma_Y} \tag{6.5.3}$$

$$z_X = \frac{X - \bar{X}}{\sigma_X} \tag{6.5.4}$$

Abb. 6.5.1 zeigt ein Rechenbeispiel für die Regressionsgleichung 6.5.1

$$r_{XY} = .40 \qquad \bar{X} = 20.0 \qquad \bar{Y} = 25.0$$

$$\sigma_X = 3.0 \qquad \sigma_Y = 4.0$$

$$\begin{aligned}\tilde{Y} &= (.40)\left(\frac{4.0}{3.0}\right)X + 25.0 - (.40)\left(\frac{4.0}{3.0}\right)(20.0)\\ &= (.40)(1.333)X + 25.0 - (.40)(.125)(20.0)\\ &= .533X + 25.0 - 10.664\\ &= .50X + 15.0\end{aligned}$$

Abb. 6.5.1 Berechnung der Regressionskoeffizienten für die Regression von Y auf X

6.5.1b Die Regression von X auf Y
Wenn wir die Variable X aus der Variable Y vorhersagen wollen, dann brauchen wir natürlich nur Y für X und X für Y in den vorhergehenden Gleichungen zu substituieren. Das ist für Rohwerte in Gleichung 6.5.5 und für Standardwerte in Gleichung 6.5.6 geschehen.

$$\tilde{X} = \left(r_{XY} \frac{\sigma_X}{\sigma_Y}\right) Y + \left(\bar{X} - r_{XY} \frac{\sigma_X}{\sigma_Y} \bar{Y}\right) \tag{6.5.5}$$

$$z_X = r_{XY}\, z_Y \tag{6.5.6}$$

In Abb. 6.5.2 folgt ein Rechenbeispiel für Rohwerte, bei dem dieselben Daten wie in Abb. 6.5.1 gegeben sind.

$$\begin{aligned} \tilde{X} &= (.40)\left(\frac{3.0}{4.0}\right) Y + 20.0 - (.40)\left(\frac{3.0}{4.0}\right) 25.0 \\ &= .3Y + 20.0 - 7.5 \\ &= .3Y + 12.5 \end{aligned}$$

Abb. 6.5.2 Berechnung des Regressionskoeffizienten für die Regression von X auf Y.

6.5.2 Zwei Prädiktoren

Bei zwei Prädiktoren werden die Gleichungen etwas komplizierter. Hier liegt die Regression einer abhängigen oder Kriterienvariable auf zwei unabhängige oder Prädiktorvariablen vor. Wir werden den Fall betrachten, wo alle Variablen in Standardwerten mit Mittelwerten von 0 und Standardabweichungen von 1 gegeben sind, und auch den Fall, wo die Variablen in Rohwerten vorliegen.

6.5.2a Standardwerte
Wenn die Meßwerte als Standardwerte gegeben sind, dann hat die Regressionsgleichung nur multiplikative und keine additiven Konstanten. Diese Konstanten sind die sogenannten β-Gewichte. Es folgen die Formeln für die Regressionsgleichung bei zwei Prädiktoren, wenn alle Meßwerte als Standardwerte vorliegen

$$z_c = \beta_1 z_1 + \beta_2 z_2 \tag{6.5.7}$$

Dabei ist

$$\beta_1 = \frac{r_{1c} - r_{12}r_{2c}}{1 - r_{12}^{\ 2}} \tag{6.5.8}$$

$$\beta_2 = \frac{r_{2c} - r_{12}r_{1c}}{1 - r_{12}^{\ 2}} \tag{6.5.9}$$

Die beiden β-Koeffizienten sind Funktionen der Interkorrelationen der Kriterien- und der beiden Prädiktorvariablen.
Es folgt ein Rechenbeispiel für diesen Fall

$$r_{1c} = .40 \qquad r_{2c} = .50 \qquad r_{12} = .60$$

$$\beta_1 = \frac{.40 - (.60)(.50)}{1 - (.60)^2} = \frac{.10}{.64}$$

$$= .156$$

$$\beta_2 = \frac{.50 - (.60)(.40)}{1 - (.60)^2} = \frac{.26}{.64}$$

$$= .406$$

Abb. 6.5.3 Berechnung der β-Gewichte bei zwei Prädiktoren.

Bei diesen Rechnungen wurden die Gleichungen 6.5.8 und 6.5.9 verwendet.

6.5.2b Die Regressionsgleichung für Rohwerte

Die Regressionsgewichte, die bei in Rohwerten gegebenen Prädiktorvariablen angewendet werden, heißen b-Gewichte im Gegensatz zu den β-Gewichten. Offensichtlich müssen b-Gewichte und β-Gewichte verschieden sein, weil im ersten Falle Nullpunkt und Einheit der Skala beliebig sind. Es folgen die Formeln für die Regressionsgleichung für diesen Fall.

$$\overline{X}_c = b_1X_1 + b_2X_2 + A \tag{6.5.10}$$

Dabei ist

$$b_1 = \frac{\beta_1\sigma_c}{\sigma_1} \tag{6.5.11}$$

$$b_2 = \frac{\beta_2\sigma_c}{\sigma_2} \tag{6.5.12}$$

$$A = \overline{X}_c - b_1\overline{X}_1 - b_2\overline{X}_2 \tag{6.5.13}$$

Hier wird eine additive Konstante verwendet, die bei Standardwerten nicht nötig war.

6.5.3 *Multiple Regression*

Bei mehr als zwei Prädiktoren muß die Regressionsausgleichung Gewichte für jede Prädiktorvariable enthalten. Jedoch ist die Berechnung dieser Gewichte weitaus umfangreicher als nur bei zwei Prädiktoren. Wenn die Zahl der Prädiktoren 6 oder 7 übersteigt, ist es zu empfehlen, diese Berechnungen durch elektronische Rechenanlagen ausführen zu lassen.

6.6 *Mathematische Beweise*

6.6.1 *Die Abweichungs-Kovarianz von Rohwerten*

In Matrizenschreibweise sei

$$C_{XY} = \frac{X'Y}{N} \tag{6.6.1}$$

$$C_{xy} = \frac{x'y}{N} \tag{6.6.2}$$

Dabei sei

$$x = X - \bar{X}1 \tag{6.6.3}$$

$$y = Y - \bar{Y}1 \tag{6.6.4}$$

Wir wollen beweisen, daß

$$C_{xy} = C_{XY} - \bar{X}\bar{Y} \tag{6.6.5}$$

gilt. Wir wissen aber, daß

$$\bar{X} = \frac{1'X}{N} \tag{6.6.6}$$

$$\bar{Y} = \frac{1'Y}{N} \tag{6.6.7}$$

gilt. Aus Gleichung 6.6.3 und 6.6.6 folgt

$$x = \left(I - \frac{11'}{N}\right)X \tag{6.6.8}$$

Aus Gleichung 6.6.4 und 6.6.7 folgt

$$y = \left(I - \frac{11'}{N}\right) Y \tag{6.6.9}$$

Aus den beiden letzten Gleichungen folgt

$$x'y = X'\left(I - \frac{11'}{N}\right) Y \tag{6.6.10}$$

Aus den Gleichungen 6.6.6, 6.6.7 und 6.6.10 folgt dann

$$\frac{x'y}{N} = \frac{X'Y}{N} - \overline{X}\overline{Y} \tag{6.6.11}$$

Aus den Gleichungen 6.6.1, 6.6.2 und 6.6.11 folgt schließlich

$$C_{xy} = C_{XY} - \overline{X}\overline{Y} \tag{6.6.12}$$

Das ist aber gerade Gleichung 6.6.5 und auch Gleichung 6.2.3.

6.6.2 Der punktbiseriale Korrelationskoeffizient

Es sei der allgemeine Produkt-Moment-Korrelationskoeffizient betrachtet.

$$r = \frac{\dfrac{\Sigma XY}{N} - \dfrac{\Sigma X}{N}\dfrac{\Sigma Y}{N}}{\sigma_X \sigma_Y} \tag{6.6.13}$$

Angenommen, X sei dichotom. Dann ist

$$\sigma_X = \sqrt{pq} \tag{6.6.14}$$

$$\frac{\Sigma XY}{N} = \frac{\Sigma Y_p}{N} \tag{6.6.15}$$

Dabei ist Y_p der Y-Wert für den Meßwertträger mit dem Wert 1 bei der Variable X. Dann gilt

$$\frac{\Sigma Y_p}{N} = p\overline{Y}_p \tag{6.6.16}$$

und

$$\frac{\Sigma X}{N} = p \tag{6.6.17}$$

Setzt man die Gleichungen 6.6.14 bis 6.6.17 in Gleichung 6.6.13 ein, so folgt

$$r = \frac{\overline{Y}_p - \overline{Y}_T}{\sigma_T}\sqrt{\frac{p}{q}} \tag{6.6.18}$$

Das entspricht Gleichung 6.3.1. Es ist jedoch

$$\overline{Y}_T = p\,\overline{Y}_p + q\,\overline{Y}_q \tag{6.6.19}$$

Setzt man diese Gleichung in 6.6.18 ein, so folgt

$$r = \frac{\overline{Y}_p - \overline{Y}_q}{\sigma_T}\sqrt{pq} \tag{6.6.20}$$

Das ist aber gerade Gleichung 6.3.2.
Nun ist

$$\sigma_T^2 = \frac{\Sigma\, Y_p^2 + \Sigma\, Y_q^2}{N} - \left(\frac{\Sigma\, Y_p + \Sigma\, Y_q}{N}\right)^2 \tag{6.6.21}$$

und

$$\frac{\Sigma\, Y_p^2}{N} = p(\sigma_p^2 + \overline{Y}_p^2) \tag{6.6.22}$$

$$\frac{\Sigma\, Y_q^2}{N} = q(\sigma_q^2 + \overline{Y}_q^2) \tag{6.6.23}$$

$$\frac{\Sigma\, Y_p}{N} = p\,\overline{Y}_p \tag{6.6.24}$$

$$\frac{\Sigma\, Y_q}{N} = q\,\overline{Y}_q \tag{6.6.25}$$

Setzt man die letzten 4 Gleichungen in Gleichung 6.6.21 ein, so folgt

$$\sigma_T^2 = p\sigma_p^2 + q\sigma_q^2 + pq(\overline{Y}_p - \overline{Y}_q)^2 \tag{6.6.26}$$

Setzt man die Gleichung in Gleichung 6.6.20 ein, so folgt

$$r = \frac{1}{\sqrt{1 + \dfrac{p\sigma_p^2 + q\sigma_q^2}{(\overline{Y}_p - \overline{Y}_q)^2 pq}}} \tag{6.6.27}$$

Das ist aber gerade Gleichung 6.3.3.

6.6.3 Der Phi-Koeffizient

Beide Variablen sind binär. Deshalb gilt

$$\frac{\Sigma\, XY}{N} = p_{XY} \tag{6.6.28}$$

Dabei ist p_{xy} der Anteil derjenigen, die in beiden Variablen den Wert 1 erhalten haben. Weiter ist

$$\frac{\Sigma X}{N} = p_X \tag{6.6.29}$$

$$\frac{\Sigma\, Y}{N} = p_Y \tag{6.6.30}$$

$$\sigma_X = \sqrt{p_X q_X} \tag{6.6.31}$$

$$\sigma_Y = \sqrt{p_Y q_Y} \tag{6.6.32}$$

Wenn man die Indizes i und j für X bzw. Y verwendet und die rechten Seiten der Gleichungen 6.6.28 bis 6.6.32 in die rechte Seite von Gleichung 6.6.13 einsetzt, erhält man

$$\varphi = \frac{p_{ij} - p_i p_j}{\sqrt{p_i q_i}\sqrt{p_j q_j}} \tag{6.6.33}$$

Das ist aber gerade Gleichung 6.3.5.

7. Multiple Messungen

In den vorangegangenen Kapiteln haben wir die Messung von etwas, das wir Attribut, Eigenschaft oder Variable genannt haben, behandelt. In diesem Kapitel wollen wir den Begriff der multiplen Variablen erläutern. Zunächst wollen wir auf die Allgemeingültigkeit dieses Begriffs und seine statistische Darstellung eingehen. Dann wollen wir zwei Arten von multiplen Variablen beschreiben, Patterns oder Profile und ipsative Variablen.

7.1 Multiple Variablen gibt es überall

Um die Bedeutsamkeit und Allgemeingültigkeit von multiplen Variablen herauszustellen, wollen wir verschiedene Bereiche betrachten, wo multiple Variablen vorkommen: das Wetter, die Physiologie, verschiedene Anwendungsbereiche der Psychometrie, die Pädagogik und schließlich Tests als multiple Messungen.

7.1.1 Das Wetter

Wir haben bereits bei dem Vergleich einer Quantifizierung mit einer verbalen Beschreibung das Wetter als Beispiel genannt. Um das Wetter in der richtigen Art beschreiben zu können, müssen wir Variablen wie Temperatur, Feuchtigkeit, Wind, Sonnenschein und Niederschlag berücksichtigen.

Ein wichtiger Aspekt des Wetters ist die Temperatur. Wir können uns nun nicht nur für die Temperatur zu irgendeiner bestimmten Tageszeit interessieren, sondern auch für die Durchschnittstemperatur dieses Tages, für die Maxima und Minima, die Tageszeiten, an denen sie beobachtet wurden, und für die Temperatur der entsprechenden Tage in den vorangegangenen Jahren. Auf jeden Fall ist zu erkennen, daß die Variable „Temperatur“ in eine Anzahl von verschiedenen Variablen oder Merkmalen aufgespalten werden kann.

Die Stärke des Sonnenscheins oder der Bewölkung an einem Tag ist vielleicht eine der wichtigsten Variablen des Wetters, sei es wegen ihrer Bedeutung für das persönliche Wohlbefinden, sei es aus allgemeineren Gründen, wie z. B. wegen des Wachstums von Pflanzen und anderen landwirtschaftlichen Erzeugnissen. Ob der Tag dunstig ist mit schwachem, obwohl anhaltendem Sonnenschein, oder ob ein Teil des Tages meist sonnig, ein anderer meist bewölkt ist, das alles sind wichtige Variablen des Wetters. Ähnlich können die relative Luftfeuchtigkeit, die Windgeschwindigkeit und -richtung und die Stärke und Verteilung des Niederschlags in eine Anzahl von Variablen aufgespalten werden.
Es ist also klar, daß eine allgemeine Sache wie das Wetter für bestimmte Zwecke in eine Vielfalt von Attributen oder Variablen unterteilt werden kann.

7.1.2 Physiologie

Es ist nicht unsere Absicht, alle die für den physiologischen Status eines Lebewesens, z. B. den des Menschen, bedeutsamen Variablen im Detail aufzuführen. Wir nennen nur einige der naheliegendsten, wie z. B. Blutdruck, Grundumsatz, Pulsfrequenz, Cholesteringehalt des Blutes, Hämoglobingehalt und Atemfrequenz. Daran wird deutlich, daß selbst eine oberflächliche Beschreibung des Organismus die Messung einer Vielzahl von Variablen erfordert.

7.1.3 Die Bereiche der Psychometrie

Im 2. Kapitel haben wir die verschiedenen Anwendungsbereiche der Psychometrie behandelt, den kognitiven, den sensorischen und den motorischen Bereich, den Leistungsbereich und den Bereich der Persönlichkeit. Wir brauchen wohl nicht nochmals darauf einzugehen. Es leuchtet ein, daß wir über das Messen in der Psychologie nicht vernünftig diskutieren können, wenn wir nicht eine große Zahl von Attributen oder Eigenschaften der Psychologie des menschlichen Verhaltens berücksichtigen.
Aus folgendem Grund ist es besonders wichtig, auf die große Zahl von Variablen hinzuweisen, die für die Beschreibung des menschlichen Verhaltens von Bedeutung sind. Man betont nämlich in der experimentellen Psychologie ständig, man solle nur zwei Variable zugleich untersuchen. Die eine ist die experimentelle oder unabhängige, die andere ist die abhängige Variable. Die unabhängige Variable wird im Experiment

variiert, und man stellt fest, ob und welche Veränderungen bei der abhängigen Variablen auftreten. Diese Beschränkung auf jedesmal nur zwei Variablen ist nicht sehr glücklich.

Denn menschliches Verhalten ist so unendlich komplex, daß man nur relativ wenig über es erfährt, wenn man jeweils immer nur zwei Variablen betrachtet. Wir müssen deshalb bei der Diskussion der Messung in der Psychologie immer eine relativ große Zahl von Variablen zugleich in Betracht ziehen. Diesen Punkt haben wir kurz in Abschnitt 6.4 über die multivariate Korrelation und in Abschnitt 6.5 über die Regression angedeutet.

Wir wollen nur kurz die verschiedenen kognitiven Variablen nennen, die *Thurstone* in seinen faktorenanalytischen Studien aufgefunden hat. Das sind die Faktoren für Wortflüssigkeit, Sprachbeherrschung, Rechengewandtheit, räumliche Vorstellung, Gedächtnis, schlußfolgendes Denken und Auffassungsgeschwindigkeit. Wir haben darauf hingewiesen, daß es noch eine Anzahl von anderen Faktoren geben kann, und wir haben erwähnt, daß speziell *Guilford* (1957) bis zu vierzig oder fünfzig genannt hat. Obwohl diese Zahl größer ist, als es zu einer effizienten und ökonomischen Beschreibung des menschlichen Verhaltens nötig wäre, ist es dennoch eine Tatsache, daß zur Beschreibung des relativ begrenzten Bereichs des kognitiven Verhaltens eine beträchtliche Zahl von Variablen erforderlich ist.

Wir wollen weiterhin den Gesichts-, Gehörs-, Geruchs- und den Geschmackssinn, den Bewegungs- und den Tastsinn erwähnen. Wie eben können für jede dieser Sinnesmodalitäten verschiedene Attribute oder Variablen für eine adäquate Beschreibung und Erklärung und damit für das Verständnis eines kleinen Bereichs des menschlichen Verhaltens notwendig sein.

Zur Beschreibung des Verhaltens im motorischen Bereich müssen wir z. B. die Reaktionszeit und Reaktionszeitunterschiede bei den verschiedenen Sinnesmodalitäten und bei verschiedenen, kleine oder große Muskelkomplexe oder Kombinationen von Muskelkomplexen beanspruchende Reaktionsweisen ins Auge fassen. Wir müssen z. B. auch die Koordination und die Geschicklichkeit berücksichtigen. Nur so kommen wir zu einer umfassenden Darstellung.

7.1.4 Pädagogik

Bei Leistungsmessungen, z. B. im Bereich der Pädagogik, müssen wir sehr viele Variablen berücksichtigen. Diese können in der üblichen Art durch den Unterrichtsgegenstand, z. B. Englisch, Lesen, Mathematik und Sozialkunde, charakterisiert sein. Auf der Universität gibt es ein umfassendes Klassifikationssystem mit Medizin, Naturwissenschaften, Sozialwissenschaften, Philologie usw. Jeder Bereich kann wieder in spezielle Teilbereiche aufgegliedert werden.

Zum Beispiel enthält allein das Fach Englisch eine große Zahl von Leistungsvariablen, wie Aussprache, Vokabelkenntnisse, Grammatik und Aufsatz. Wenn wir eine Klassifizierung nach dem Stoff wählen, haben wir Themen wie Englische Literatur, Amerikanishe Literatur, Poesie, Novelle usw. Diese Bereiche können wiederum nach Epochen aufgeteilt werden, z. B. in frühe Literatur und moderne Literatur. Offensichtlich können wir das Fach „Englisch" nur dann ganz erfassen, wenn wir eine große Zahl von Variablen berücksichtign. Ähnlich lassen sich andere Fächer in viele verschiedene Teilbereiche aufspalten.

Untersuchungen zur multiplen Vorhersage des Erfolges im College aus bestimmten Variablen, wie Zulassungstestergebnissen und High School-Noten, haben gezeigt, wie wichtig es ist, gleichzeitig eine große Zahl von Variablen im pädagogischen Feld zu berücksichtigen (*Horst,* 1957). Aus den vorliegenden Variablen kann dann eine differentielle Vorhersage für den Erfolg in den verschiedenen Teilbereichen im College mit geeigneten statistischen multivariaten Analysetechniken gemacht werden. Es ist natürlich wichtig, die Schuleignung oder den Gesamterfolg im College vorherzusagen, wie es z. B. der College Board Test und andere Verfahren beabsichtigen, aber es ist noch wichtiger, den Erfolg jeweils in einer Anzahl von Teilbereichen abzuschätzen, um so die Studenten auf die für sie vorteilhaftesten Fächer hinzuweisen. Das Problem der differentiellen Vorhersage und Zuordnung ist für die bestmögliche Ausnutzung der menschlichen Fähigkeiten in einem sozialen System von größter Wichtigkeit.

7.1.5 Tests als multiple Messungen

Eine besondere Art von multiplen Meßinstrumenten, um die es in dem vorliegenden Buch geht, besteht aus den Items in einem multiple-choice-Test. Wir haben schon früher darauf hingewiesen, daß in solchen Tests einzelne Item einen binären Meßwert liefert, und daß der Testpunktwert gewöhnlich die Summe der Itempunkte ist.

7.1.5a Das einzelne Item als Variable

Die Art von psychologischen Tests, denen wir in den weiteren Kapiteln des vorliegenden Buchs die meiste Aufmerksamkeit schenken, besteht aus einer Sammlung von Testitems, wovon jedes wieder als ein separates Meßinstrument betrachtet werden kann. Was wir also bisher immer als Meßinstrument für eine einzelne Variable aufgefaßt haben, besteht in Wirklichkeit aus einer Reihe von Tests für eine relativ große Zahl von Variablen. Ein Test mit 100 Items ist eine Sammlung von Meßinstrumenten zur Messung von 100 Variablen. Es ist wichtig, diesen Unterschied, der auch in den weiteren Kapiteln dieses Buches gemacht wird, zu erkennen. Wir werden sowohl auf die Beziehungen der Testeinheiten untereinander in einem einzelnen Test, als auch auf ihre Beziehungen zu den Einheiten in einem anderen Test eingehen.

7.1.5b Null oder eins als Punktwert

Wir haben schon früher darauf hingewiesen, daß der Meßwert für jedes der durch den Test erfaßt multiplen Attribute entweder 0 oder 1 ist. Wichtig ist, daß der Gesamtpunktwert im Test die Summe der Punktwerte für die einzelnen Attribute, die jeweils durch die Testitems erfaßt werden, ist. Der Punktwert kann die Zahl der richtig beantworteten Items sein. Allgemein ist er die gewichtete Summe der Punktwerte in jedem einzelnen Testitem.

7.2 Die statistische Darstellung von multiplen Messungen

Es ist gut, wenn man so früh und so deutlich wie möglich die Bedeutung von multiplen Messungen für das Studium des menschlichen Verhaltens erkennt. Wir wollen daher an dieser Stelle die Terminologie und gewisse Standardmethoden beschreiben, die für die Darstellung der einfacheren, für die Analyse von multiplen Messungen notwendigen statistischen Konzepte erforderlich sind. Wir kennen schon die Begriffe arithmetisches Mittel, Varianz, Standardabweichung, Kovarianz und Korrelation. Wir wollen nun zeigen, wie diese Größen bei der Darstellung von multiplen Messungen verwendet werden.

7.2.1 Der Vektor der Mittelwerte

Ein Vektor ist eine Zeile oder eine Spalte von Zahlen. Diese Zahlen heißen die Elemente des Vektors. Deshalb ist der Vektor der Mittelwerte für eine Reihe von multiplen Messungen der Vektor, dessen

Elemente die arithmetischen Mittel der multiplen Variablen sind. Ein Beispiel für einen solchen Vektor folgt in Abb. 7.2.1.

$$\begin{matrix} & A & B & C & D & E & F \\ V_m' = [& 30 & 25 & 46 & 50 & 27 & 31] \end{matrix}$$

Abb. 7.2.1 Zeilenvektor von Mittelwerten

Hierbei ist 30, die erste Zahl in der Zeile, das arithmetische Mittel der Meßwerte bei Variable A in der betrachteten Stichprobe. Die Zahl 25 ist das arithmetische Mittel der Meßwert bei der Variable B für dieselbe Stichprobe, usw.

7.2.2 Der Vektor der Varianzen

Genauso wie von einem Vektor der Mittelwerte können wir von einem Vektor der Varianzen sprechen. Hier sind die Elemente des Vektors die den Variablen entsprechenden Varianzen. Man sieht: der Begriff des Vektors ist bei der Analyse von multiplen Messungen äußerst nützlich.
Es ist wichtig, bei der algebraischen Behandlung von Matrizen zwischen Zeilen- und Spaltenvektoren zu unterscheiden. Abb. 7.2.2 ist ein Beispiel für einen Zeilenvektor. Die Elemente sind die Varianzen der Variablen in Abb. 7.2.1.

$$V_{\sigma^2}' = [5.5 \quad 9.7 \quad 6.9 \quad 8.4 \quad 6.6 \quad 7.1]$$

Abb. 7.2.2 Zeilenvektor von Varianzen

Offensichtlich können wir diesen Vektor auch als Spaltenvektor wie in Abb. 7.2.3 schreiben.

$$V_{\sigma^2} = \begin{bmatrix} 5.5 \\ 9.7 \\ 6.9 \\ 8.4 \\ 6.6 \\ 7.1 \end{bmatrix}$$

Abb. 7.2.3 Spaltenvektor von Varianzen

Wir können auch die diagonale Schreibweise wie in Abb. 7.2.4 wählen.

$$D_{\sigma^2} = \begin{bmatrix} 5.5 & & & & & \\ & 9.7 & & & & \\ & & 6.9 & & & \\ & & & 8.4 & & \\ & & & & 6.6 & \\ & & & & & 7.1 \end{bmatrix}$$

Abb. 7.2.4 Diagonalmatrix von Varianzen

Das ist eine sogenannte Diagonalmatrix. Die Diagonalmatrix von Varianzen spielt bei der multivariaten Analyse von Meßwerten, speziell bei der Analyse von multiplen Testergebnissen, eine wichtige Rolle. Aus Gründen der Bequemlichkeit und Ökonomie schreiben wir jedoch häufig eine Reihe von Varianzen als Vektor und nicht als Diagonalmatrix.

7.2.3 Der Vektor der Standardabweichungen

Es ist natürlich auch möglich, von einem Vektor der Standardabweichungen zu sprechen. Dieser ist offensichtlich ein Vektor, dessen Elemente die Quadratwurzeln der Elemente des entsprechenden Varianzenvektors sind. Ähnlich gibt es hier auch die Darstellung durch einen Zeilenvektor, einen Spaltenvektor oder eine Diagonalmatrix.

7.2.4 Die Kovarianzmatrix

In dem Buch „Matrix Algebra for Social Scientists" (1963) stellt *Horst* den Begriff der Matrix und die verschiedenen Arten von Matrizen, die bei der Analyse von multiplen Meßwert reihen nützlich sind, im Detail dar. Eine Matrix besteht aus einer Anzahl von Vektoren, und sie besitzt sowohl Zeilen als auch Spalten. Wir können deshalb sagen, daß eine Matrix aus einer Anzahl von Spalten- oder Zeilenvektoren zusammengesetzt ist. Die Matrix der Kovarianzen enthält in ihrer ersten Zeile die Kovarianzen aller Variablen mit der ersten Variable. Der erste Zeilenvektor einer solchen Matrix enthält als erstes Element die Kovarianz der ersten Variable mit sich selbst. Per definitionem ist das die Varianz

der Variable. Das zweite Element ist die Kovarianz der ersten mit der zweiten, das dritte ist die Kovarianz der ersten mit der dritten Variable usw. In der zweiten Zeile stehen die Kovarianzen der zweiten mit jeder anderen Variable.
Abb. 7.2.5 ist ein Beispiel einer Kovarianzmatrix.

$$C = \begin{bmatrix} 5.5 & 3.2 & 4.7 & 5.1 & 2.9 & 5.8 \\ 3.2 & 9.7 & 5.4 & 3.7 & 5.9 & 6.7 \\ 4.7 & 5.4 & 6.9 & 4.2 & 3.1 & 4.3 \\ 5.1 & 3.7 & 4.2 & 8.4 & 5.3 & 4.8 \\ 2.9 & 5.9 & 3.1 & 5.3 & 6.6 & 3.7 \\ 5.8 & 6.7 & 4.3 & 4.8 & 3.7 & 7.1 \end{bmatrix}$$

Abb. 7.2.5 Kovarianzmatrix für sechs Variable

Man sieht, daß die Diagonalelemente der Matrix dieselben wie die entsprechenden Elemente in dem Vektor der Varianzen in Abb. 7.2.3 sind. Manchmal wird die Kovarianzmatrix auch Varianz-Kovarianzmatrix genannt. Das dürfte eine unnötig schwerfällige Bezeichnung sein. Die Diagonalelemente der Kovarianzmatrix sind zwar Varianzen, aber es gibt keine Mißverständnisse, wenn man diese Matrix trotzdem einfach Kovarianzmatrix nennt. Die Kovarianz einer Variable mit sich selbst ist ja eine Varianz; d. h. mit anderen Worten, eine Varianz ist ein Spezialfall einer Kovarianz, wenn die beiden Variablen identisch sind. Es ist schwer, einen komplizierten Namen zu rechtfertigen, wenn ein einfacherer völlig ausreicht.

7.2.5 Die Korrelationsmatrix

Die Korrelationsmatrix ist auch eine quadratische Matrix wie die Kovarianzmatrix. Ihre Elemente sind jedoch Korrelationskoeffizienten anstatt der Kovarianzen. Die Diagonalelemente sind alles Einsen. So wie die Kovarianzmatrix ist auch die Korrelationsmatrix symmetrisch. Bei einer symmerischen Matrix ist das Element in der i-ten Zeile und j-ten Spalte das gleiche wie das in der j-ten Zeile und i-ten Spalte.
Manchmal enthalten Kovarianz- und Korrelationsmatrizen nur die Elemente in und über, bzw. in und unter der Diagonale. Diese Schreib-

weise ist nicht zu empfehlen. Es gibt nämlich noch eine andere Art von Matrizen, die sogenannten Dreiecksmatrizen, die als Elemente über bzw. unter der Diagonale nur Nullen haben. Um Verwechslungen zwischen Dreiecks- und symmetrischen Matrizen, wie z. B. Korrelations- und Kovarianzmatrizen, zu vemeiden, ist es besser, bei symmetrischen Matrizen die Elemente über und unter der Diagonale einzutragen.

Ein Beispiel für eine Korrelationsmatrix ist in Abb. 7.2.6 gegeben.

$$r = \begin{bmatrix} 1.00 & .75 & .44 & .26 & .28 & .62 \\ .75 & 1.00 & .37 & .24 & .23 & .61 \\ .44 & .37 & 1.00 & .23 & .36 & .36 \\ .26 & .24 & .23 & 1.00 & .15 & .32 \\ .28 & .23 & .36 & .15 & 1.00 & .18 \\ .62 & .61 & .36 & .32 & .18 & 1.00 \end{bmatrix}$$

Abb. 7.2.6 Korrelationsmatrix für sechs Variablen

Eine Korrelationsmatrix kann aus einer Kovarianzmatrix abgeleitet werden, indem man jedes Element durch das Produkt der entsprechenden Elemente aus der Diagonalmatrix der Standardabweichungen dividiert. In der Schreibweise der Matrizenrechnung heißt das, daß die Kovarianzmatrix von links und von rechts mit der reziproken Diagonalmatrix der Standardabweichungen multipliziert werden muß, wenn sich die Korrelationsmatrix ergeben soll. Die Diagonalelemente der Korrelationsmatrix sind Einsen, weil das Produkt einer Standardabweichung mit sich selbst gleich der Varianz ist. Deshalb wird jedes Diagonalelement der Kovarianzmatrix gemäß der Definition durch die entsprechende Kovarianz, also durch sich selbst, dividiert.

Es kann natürlich eine Matrix von Rohwert-Kovarianzen oder eine Matrix von Abweichungs-Kovarianzen vorliegen. Die Rechenschritte für die Berechnung einer Korrelationsmatrix aus einer Rohwert-Matrix sind in dem Buch „Matrix Algebra for Social Scientists“ (*Horst,* 1963) dargestellt. Diese Rechenoperationen können kürzer und bequemer in Matrizenschreibweise als in der in Abschnitt 6.2 beschriebenen Skalarschreibweise angegeben werden.

7.2.6 Die kombinierte Darstellung von Kennwerten bei multiplen Messungen

Wenn eine Korrelationsmatrix aus einer Reihe von multiplen Meßwerten berechnet und dargestellt wird, ist es gewöhnlich zweckmäßig, ebenfalls die arithmetischen Mittelwerte und die Standardabweichungen anzugeben. Das kann dadurch geschehen, daß man an die rechte Seite der Korrelationsmatrix den Spaltenvektor der Mittelwerte und den der Standardabweichungen schreibt. Man kann auch diese beiden Vektoren als Zeilenvektoren oben über die Korrelationsmatrix setzen.
Die Begriffe Vektor und Matrix sind weitaus bedeutsamer, als es aus der bisherigen Diskussion hervorzugehen scheint. Zu diesen Begriffen gehört eine wohldefinierte Reihe von Rechenoperationen, die in Symbolen ausgedrückt werden können. Hiermit kann man ähnlich wie mit den üblichen algebraischen Symbolen umgehen. Diese Rechenregeln sind ebenfalls in dem erwähnten Buch zu finden. Sie geben die Möglichkeit, leicht, rationell und wirksam umfangreiche Datenvektoren und -matrizen zu bearbeiten. Die Matrixalgebra ist auch für Computer sehr geeignet, weil die symbolische Schreibweise und ihre Rechenoperationen mit der Programmiersprache von elektronischen Computern vereinbar sind. Die Begriffe Vektor und Matrix sind also nicht irgendeine pedantische Bezeichnung für Zeilen, Spalten und Tabellen, sondern sie haben wegen ihrer rechentechnischen Möglichkeiten eine große Bedeutung für die Analyse von experimentellen Daten.

7.3 Patterns und Profile

In neueren psychologischen Untersuchungen treten multiple Messungen häufig bei der sogenannten Pattern- oder Profilanalyse auf. Auf die Bedeutung dieses allgemeinen Konzepts wird in manchen Lehrbüchern nicht genügend hingewiesen. Deshalb dürfte es gut sein, Patterns und Profile etwas eingehender zu behandeln. Dabei wollen wir zuerst auf die Punktwertmatrix, dann auf das einzelne Individuum und schließlich auf die Beziehungen zwischen den Punktwerten eingehen.

7.3.1 Die Punktwertmatrix

Üblicherweise liegt bei einer Patternanalyse eine Meßwertmatrix vor. Wie wir schon gesehen haben, ist eine Matrix eine Tabelle mit Eintragungen in den Zeilen und Spalten. Im allgemeinen ist eine solche

Matrix nicht quadratisch, wie es bei der Kovarianz- oder Korrelationsmatrix der Fall ist. Wenn mehr Zeilen als Spalten vorhanden sind, dann heißt die Matrix vertikal, im anderen Falle horizontal.
Wenn wir eine solche Tabelle als Matrix auffassen, dann implizieren wir, daß eindeutig definierte Rechenoperationen mit den Eintragungen in der Tabelle durchgeführt werden dürfen.
Eine typische Punktwertmatrix enthält die Meßwerte für eine Anzahl von Probanden bei einer Anzahl von Variablen. Diese Variablen können zu denen gehören, die wir bei der Besprechung des psychologischen, des pädagogischen und anderer Bereiche erwähnt haben. Wir wollen vereinbaren, daß die Spalten der Matrix die verschiedenen Attribute und die Zeilen die Probenden repräsentieren. Wir sagen deshalb, daß die Spalten der Matrix die Variablen sind, und daß die vier Zeilen Meßwertträger darstellen, im Falle einer psychologischen Messung also Menschen oder andere Lebewesen.
Die Matrix der Testergebisse für vier verschiedene Tests und sechs verschiedene Probanden ist in Abb. 7.3.1 dargestellt.

$$X = \begin{bmatrix} 5 & 4 & 9 & 2 \\ 6 & 8 & 7 & 4 \\ 3 & 10 & 2 & 5 \\ 8 & 9 & 6 & 4 \\ 7 & 3 & 9 & 5 \\ 4 & 6 & 2 & 8 \end{bmatrix}$$

Abb. 7.3.1 Punktwertmatrix von 6 Probanden in 4 Tests

Eine andere Punktwertmatrix ist in Abb. 7.3.2 gegeben:

$$X = \begin{bmatrix} 1 & 0 & 1 & 1 \\ 1 & 1 & 0 & 1 \\ 0 & 1 & 1 & 1 \\ 1 & 1 & 1 & 0 \\ 0 & 1 & 1 & 0 \\ 1 & 1 & 0 & 0 \end{bmatrix}$$

Abb. 7.3.2 Matrix der Itemergebnisse von 6 Probanden in 4 Items

Hier sind als Attribute eine Anzahl von Testitems in einem bestimmten objektiven Test gegeben. Wir sehen, daß die Eintragungen in der Tabelle entweder 1 oder 0 sind. Es handelt sich also um eine Matrix von binären Meßwerten. Wir nehmen an, daß jeder Proband den Punktwert 1 erhalten hat, wenn er das Item richtig beantwortet hat, und 0, wenn seine Lösung falsch war.

7.3.2 Das einzelne Individuum

In der Pattern- und Profilanalyse interessiert man sich hauptsächlich für den Zeilenvektor, d. h. für den Vektor der Punktwerte eines Probanden in jeder der unterschiedlichen Variablen. Das „Pattern" dieser Punktwerte wird von vielen Psychologen für wichtig gehalten. Es ist nicht immer klar, was unter „Pattern" genau zu verstehen ist, aber man stimmt darin überein, daß sich der Ausdruck auf die spezielle Zahlenfolge in einem Vektor bezieht. Die Patterns von zwei Meßwertträgern sind dann und nur dann identisch, wenn ihre beiden Vektoren Element für Element übereinstimmen. Bei binären Meßwerten besteht das Pattern eines bestimmten Probanden aus einer speziellen Anordnung von 1'en und 0'en. Zwei Patterns sind dann und nur dann gleich, wenn die beiden Probanden genau die gleichen Items richtig und die gleichen Items falsch gelöst haben. Bei binären Meßwerten kann es daher nur eine begrenzte Zahl von verschiedenen Patterns geben, bei diskreten Meßwerten dagegen kann die Zahl von möglichen Patterns sehr groß werden.

7.3.3 Beziehungen zwischen den Punktwerten

Wir haben im 5. Kapitel die Verteilung der Punktwerte für eine einzelne Variable betrachtet. Bei der Pattern- oder Profilanalyse liegt unser Interesse etwas anders. Wenn eine Meßwertmatrix gegeben ist, wo die Spalten die Attribute und die Zeilen die Probanden sind, dann bezieht sich das im 5. Kapitel Gesagte auf die Spalten, während unser Interesse jetzt den Zeilen gilt. Wir wollen im folgenden die Zeilen der Matrix untersuchen, und zwar bei diskreten und bei binären Variablen.

7.3.3a Diskrete Variable

Wenn eine Punktwertmatrix von diskreten Variablen vorliegt, treten Probleme bei der Metrik auf. Wie wir schon gesehen haben, sind Skalennullpunkt und -einheit bei verschiedenen Variablen keineswegs miteinander vergleichbar. Diese Einheiten und Nullpunkte sind in vielen Fällen beliebig, und die Art ihrer Festlegung ändert sich von einer Variablen zur anderen. Bei der Profilanalyse wollen wir bei einem Probanden den Punktwert einer Variable mit dem einer anderen vergleichen. Aber solche Vergleiche haben keinen Sinn, solange nicht die Meßwerte der Variablen vergleichbare Nullpunkte und Einheiten haben. Bevor deshalb irgendeine Art von Profilanalyse bei Matrizen, in welchen die Variablen auf Skalen mit beliebigen Nullpunkten und Einheiten gemessen werden, durchgeführt werden kann, müssen die Meßwerte vergleichbar gemacht, d. h. in solche mit gleichen Mittelwerten und Varianzen transformiert werden. Diese Mittelwerte und Varianzen brauchen nicht notwendig null bzw. eins zu sein, aber sie müssen für alle Variablen gleich sein. Nur dann hat der Vergleich des Ergebnisses einer Variable mit dem anderer Variablen bei einem bestimmten Probanden irgendeinen Sinn. Die Profilanalyse kann natürlich ohne weiteres bei Meßwerten durchgeführt werden, die bereits sinnvolle oder natürliche Einheiten und Nullpunkte besitzen.

Wenn man annimmt, daß die Punktwertmatrix in Standardform oder in irgendeiner Form, bei der Mittelwerte bzw. Standardabweichungen bei allen Variablen gleich ist, vorliegt, dann kann man versuchen, bei einem Probanden die Beziehungen der verschiedenen Ergebnisse zueinander zu untersuchen. Viele klinische Psychologen und andere Leute vom Fach scheinen zu glauben, daß ihnen Untersuchungen dieser Art einen tiefen Einblick in die individuelle Persönlichkeitsstruktur geben. Man muß jedoch die Frage stellen, wie jemand Informationen dieser Art rein subjektiv auf angemessene Weise integrieren, daraus auf Schwierigkeiten und Probleme des Klienten schließen und angemessene Vorhersagen machen kann.

Bei der Pattern- oder Profilanalyse, so wie sie im allgemeinen verstanden wird, hat es bisher immer Schwierigkeiten gegeben, ein spezielles Pattern von Meßwerten kurz, eindeutig und sinnvoll zusammenzufassen. Eine Größe, die verschiedentlich für diesen Zweck verwendet wurde, ist die Streuung der Meßwerte einer Person um das eigene arithmetische Mittel herum. Jedoch berücksichtigt ein solcher Wert nicht, daß die Variablen voneinander abhängig sind. Außerdem ist es offensichtlich möglich, die gleichen Varianzen bei Probanden mit sehr unterschiedlichen Profilen zu erhalten. Nimmt man die etwas fundierteren Arbeiten von Forschern wie *Lubin* und *Osburn* (1957) über die Konfiguralanalyse aus, so ist es fraglich, ob diese Art von Analyse viel von Bedeutung zur Psychometrie beigetragen hat.

7.3.3b Item-Punktwerte

Wenn die Punktwerte eines einzelnen Items als binäre Meßwerte vorliegen, dann haben die Einheiten und Nullpunkte der Skalen für die verschiedenen Items relativ zueinander eine Bedeutung. Ein größeres arithmetisches Mittel für eine Itemvariable als für eine andere – d. h., daß es bei der einen Variable öfter den Punktwert 1 gegeben hat – bedeutet, daß mehr Probanden dieses Item richtig gelöst haben. Deshalb ist diese Aufgabe wahrscheinlich leichter. Weil die Standardabweichung einer binären Variable nur eine Funktion des Anteils derjenigen ist, die das Item richtig hatten, sind Vergleiche der Standardabweichungen ebenfalls sinnvoll.

Wenn jedoch bei verschiedenen psychologischen Tests Meßwerte gegeben sind, wobei jeder Meßwert die Zahl der jeweils richtig beantworteten Items ist, dann sind diese Testergebnisse wieder nicht miteinander vergleichbar, obwohl sie auf Itempunktwerten basieren. Dafür gibt es verschiedene Gründe. Die Zahl der Items ist bei jedem Test im allgemeinen nicht gleich, und die Zeitbegrenzungen können unterschiedlich sein. Sogar bei binären Items in ein und demselben Test sind Nullpunkte und Einheiten nur dann vergleichbar, wenn jeder Proband alle Items bearbeitet hat.

Die Psychologen, die mit der Patternanalyse arbeiten, halten bei binären Meßwerten unter anderem auch die verschiedenen Kombinationen der von einem Probanden richtig beantworteten Items für bedeutsam. Sie behaupten, daß der Punktwert 3 bei drei richtig beantworteten Items etwas ganz anderes bedeuten kann als der gleiche Punktwert 3, jedoch bei einer anderen Kombination von drei richtig beantworteten Items. Es ist jedoch fraglich, ob irgend jemand überhaupt in der Lage ist, auf rein subjektive, intuitive Weise den Unterschied zwischen zwei Itemkombinationen, die beide den gleichen Gesamtpunktwert ergeben, zu interpretieren. Methoden zur analytischen und systematischen Behandlung von Antwortpatterns sind von *Horst* (1954a), *Lubin* und *Osburn* (1957) und anderen angegeben worden.

Für die Profilanalyse ist ein mathematischer Formalismus entwickelt worden, mit dem man die intuitiven verbalen Rationalisationen der klinischen Psychologen verbessern kann. Die Arbeit von *Lazarsfeld* (1954) über „latent structure analysis“ steht in engem Zusammenhang mit der Patternanalyse. Seltsamerweise hat man diese Beziehung noch nicht allgemein erkannt. *Lunneborg* (1959) ist einer der wenigen, die sie bemerkt haben.

Wenn man eine Patternanalyse durchzuführen versucht, ist es das größte Problem, sogar in dem einfachen Fall binärer Items, daß es viele verschiedene Itemkombinationen gibt, die zu demselben Punktwert führen, sogar schon bei 10 oder 20 Items. Bei 10 Items ist die mögliche Zahl von verschiedenen Antwortpatterns zwei hoch zehn. Schon bei binären Variablen sind die theoretischen Probleme bei einer systematischen Profilanalyse sehr groß. Die intuitiven Ansätze der Psychologen in Kliniken und Beratungsstellen müssen erst noch ihren Wert nachweisen.

7.4 Ipsative Messungen

Ipsative Messungen sind ein anderer Spezialfall von multiplen Messungen und führen auch zu einer Datenmatrix. Zunächst wollen wir ipsative Messungen definieren, dann kurz zeigen, wie sie entstehen, und schließlich auf ihre Grenzen hinweisen.

7.4.1 Definition

Angenommen, es sei eine Matrix von multiplen Messungen gegeben, wobei die Spalten die Variablen oder Attribute und die Zeilen die Probanden repräsentieren. Nehmen wir weiter an, die Elemente einer jeden Zeile ergäben dieselbe Quersumme. Das kann 11, 17, 20 oder irgendeine andere Zahl sein; aber für alle in der Matrix erfaßten Probanden ist sie dieselbe. Eine solche Matrix wird eine ipsative Matrix genannt.

7.4.2 Wie ipsative Messungen entstehen

Ipsative Messungen können bei verschiedenen psychometrischen Methoden entstehen, z. B. bei der Q-Sortierung, bei forced-choice-Fragebogen und bei der arithmetischen Ipsation.

7.4.2a Die Q-Sortierung

Dabei handelt es sich um ein von William *Stephenson* (1953) entwickeltes Verfahren. Dem Probanden wird eine Zahl von Behauptungen vorgelegt. Diese Behauptungen können von fast jeder Art sein. Zum Beispiel können sie sich auf Einstellungen gegenüber bestimmten Institutionen, wie der Kirche, gegenüber politischen Parteien oder Rassen beziehen. Jeder Proband ordnet die Behauptungen in einer vorgegebenen Zahl von Häufchen, die dem Grad seiner Übereinstimmung mit der Behauptung entsprechen, an. Auf diese Weise wird jede Behauptung wie eine Variable behandelt, und ihr Meßwert für einen bestimmten Probanden ist die Nummer des Häufchens, der sie zugeordnet wurde. Wenn also eine Behauptung in die erste Kategorie eingeordnet wurde, erhält sie den Punktwert 1, wenn sie auf den zehnten Stapel gelegt wurde, den Wert 10. Wenn ein Proband die Behauptungen in 10 gleiche Häufchen sortiert hat, ist es klar, daß dann die Summe der Punktwerte für jeden Probanden die gleiche Konstante ergibt. Das muß so sein, denn der Gesamtpunktwert ist gleich der Summe der Zahlen von 1 bis 10, wovon jede mit der – gleichen – Zahl der Behauptungen in jedem Stapel multipliziert ist. Es ergibt sich so eine Matrix von Meßwerten, die insofern ipsativ ist, als jede Zeilensumme eine Konstante ist.

7.4.2b Forced-choice-Items

Wir haben bereits im 3. Kapitel das forced-choice-Item bei Persönlichkeitsfragebogen behandelt. Zusätzlich haben wir Erweiterungen, z. B. Items mit drei Alternativen, betrachtet. Wir haben darauf hingewiesen, daß gewisse Persönlichkeitsfragebogen, wie der „Edwards Personal Preference Schedule“ (1957) und der „Kuder Preference Record“ (1953), wobei man für jeden Probanden eine Anzahl von verschiedenen Meßwerten auf den verschiedenen Skalen erhält, für jeden die gleiche Punktsumme ergeben muß, wenn die Items in der richtigen Art gepaart sind. Solche Fragebogen führen deshalb zu Matrizen von ipsativen Meßwerten[18].

7.4.2c Arithmetische Ipsation

Es ist immer möglich, bei einer Matrix von multiplen Meßwerten eine arithmetische Ipsation durchzuführen. Das kann einfach dadurch geschehen, indem man von jeder Zeile das arithmetische Mittel dieser Zeile abzieht. Dann ist die Summe der Elemente der neuen Zeile gleich null. Wir erhalten so eine neue Matrix, bei welcher für jeden Probanden die Summe seiner umgerechneten Meßwerte gleich null ist. Es ist anschließend möglich, zu allen Elementen dieser Matrix eine Konstante zu addieren, so daß die Summe der Punktwerte bei jedem

---

18 A. d. Ü.: Z. B. hat auch der Berufsinteressentest B-I-T von M. *Irle* diese Eigenschaft.

Probanden gerade diese Konstante ergibt. Eine solche Meßwertreihe ist ipsativ. *Wright* (1957) vergleicht in einer Studie die Ergebnisse einer arithmetischen Ipsation mit den Ergebnissen eines forced-choice-Fragebogens.

7.4.3 Einschränkungen

Eine schwerwiegende Einschränkung der Anwendung von ipsativen Meßwerten ist, daß die Meßwerte für eine bestimmte Variable von einem Probanden zum anderen nicht vergleichbar sind. Ein Punktwert von 2 für eine Variable bei einem Probanden braucht nicht das gleiche zu bedeuten wie ein Punktwert von 2 für die gleiche Variable bei einem anderen Probanden. Bei einer Ipsation erhält man nur die intraindividuellen Differenzen bezüglich der Variablen, die interindividuellen Differenzen werden unterdrückt. Eine umfassende Darstellung der Eigenschaften und Grenzen von ipsativen Messungen gibt *Clemans* (1966).

8. Die Kombination von Meßwerten

Im vorigen Kapitel haben wir zu zeigen versucht, daß bei jeder sinnvollen Analyse von Naturphänomenen eine ganze Anzahl von Variablen berücksichtigt werden muß. Das trifft immer zu, ob wir nun das Wetter, biologische Organismen oder menschliches Verhalten untersuchen. Es gibt eine große Vielfalt von Variablen, Attributen oder Eigenschaften, die die Basis für eine sinnvolle Betrachtung und Messung der verschiedenen Aspekte des menschlichen Verhaltens liefern können. Allerdings kommen wir in dem Verständnis des menschlichen Verhaltens nicht weit, wenn wir nicht die entsprechenden Attribute in irgendeiner Weise quantifizieren können.

Wir haben den traditionellen Ansatz der Experimentalpsychologen beschrieben, bei welchem meist nur zwei Variable gleichzeitig betrachtet werden. Eine davon wird experimentell variiert, und der Effekt dieser Variation auf die andere wird beobachtet. Dieser Ansatz ist zu beschränkt. Die experimentelle Psychologie hat trotz eines ungeheuren Arbeitsaufwandes nur sehr wenige definitive Ergebnisse geliefert, die als Grundlage für eine genauere Vorhersage der sozial bedeutsamen Aspekte des menschlichen Verhaltens dienen können.
In Anbetracht der großen Zahl von Variablen, die für eine angemessene Beschreibung und Analyse des menschlichen Verhaltens notwendig sind, und in Anbetracht der offensichtlichen Schwächen der traditionellen experimentellen Psychologie scheint es notwendig, zu untersuchen, wie man aus dieser relativ großen Zahl von Attributen für eine bestimmte Gruppe von Probanden Folgerungen ziehen kann.
Wenn wir Messungen aller dieser Merkmale bei der Analyse menschlichen Verhaltens verwenden wollen, wenn wir also die Untersuchung von nur zwei isolierten Variablen ablehnen, dann dürfte es vermutlich die einzige Alternative sein, die Meßwerte in multiplen Kombinationen zu verwenden. In diesem Kapitel wollen wir deshalb solche Kombinationen von Meßwerten behandeln, und zwar die gewichtete Summe

von Rohwerten, die gewichtete Summe von Standardwerten und die Verwendung der Einheit als Gewicht bei Rohwerten und bei Standardwerten.

8.1 Verschiedene Meßwertkombinationen

In diesem Abschnitt wollen wir zwei allgemeine Arten von Variablen, deren Meßwerte wir kombinieren wollen, behandeln. Zuerst wollen wir die Ableitung von Testpunktwerten aus einer Kombination von Itempunktwerten besprechen, dann die Ableitung eines zusammengesetzten Punktwerts aus einer Kombination von Testpunktwerten.

8.1.1 Testpunktwerte aus Itempunktwerten

Das Ergebnis eines psychologischen Tests ist im allgemeinen eine Kombination der Punktwerte der einzelnen Items. Wir wollen nun zeigen, daß diese Methode der Quantifizierung oder Zusammenfassung einer Reihe von Antworten ein Spezialfall der Kombination von Meßwerten bei einer Anzahl von verschiedenen Variablen ist. Wir werden nur die einfachsten entsprechenden Methoden behandeln, nämlich den allgemeinen Fall der gewichteten, linearen Kombination, und den speziellen Fall der Summe von Itempunktwerten.

8.1.1a Die gewichtete Kombination von Itempunktwerten

Bei dem einfachsten Fall einer gewichteten Kombination von Itempunktwerten werden jedem Item eines Tests unterschiedliche Gewichte zugeordnet. Das Ergebnis eines Probanden ist dann die Summe der Gewichte oder Punkte, die den richtig beantworteten Items entsprechen. Rein theoretisch ist das dann ein brauchbares Verfahren, wenn eine adäquate Grundlage zur Bestimmung der Gewichte der einzelnen Items vorliegt. Aus zwei Gründen ist es jedoch nicht üblich, unterschiedliche Gewichte zu verwenden. Der eine ist, daß es sich in der Praxis meist herausgestellt hat, daß unterschiedliche Gewichtungssysteme Punktwerte ergeben, die hoch miteinander korrelieren. Das bedeutet, daß es nicht viel ausmacht, welche speziellen Gewichte bei den einzelnen Items verwendet werden. Der zweite Grund ist der, daß es gewöhnlich viel schwieriger und zeitraubender ist, eine gewichtete Summe von Punkten entweder von Hand oder mit Auswertungshilfen zu ermitteln, als ein ungewichtetes System zu verwenden, weil sehr viel mehr Rechenschritte erforderlich sind.

8.1.1b Die Summe der Itempunktwerte

Es ist nicht ganz korrekt, eine Summe von Itempunktwerten als ungewichtete Kombination zu bezeichnen. Wenn das Testergebnis einfach die Summe der einzelnen Itempunktwerte, also die Zahl der richtig beantworteten Items ist, verwendet man nämlich trotzdem ein System von Gewichten. In diesem Falle bilden die Gewichte einen Vektor, der als Elemente nur Einsen enthält. Umgekehrt werden wir jedoch noch sehen, daß bei der Summierung von Itempunkten nicht notwendig impliziert ist, daß alle Items das gleiche Gewicht haben.

8.1.2 Die Kombination von Testpunktwerten

Der allgemeinere Fall einer Kombination von Meßwerten besteht darin, daß man eine Anzahl von verschiedenen Testergebnissen für jeden Probanden zu irgendeinem einzelnen Gesamtwert vereinigt. Man sieht leicht, daß die Kombination von Itempunktwerten zu einem einzelnen Testpunktwert ein Spezialfall ist, wenn nämlich jeder Test aus einem einzigen Item besteht. Obwohl wir uns vorstellen können, daß ein Test nur aus einem einzelnen Item besteht, können wir diese Annahme nicht immer machen.

Wir wollen zwei Gründe dafür angeben, warum aus verschiedenen Testergebnissen ein Gesamtpunktwert gebildet wird. Einmal kann es einfach wünschenswert sein, die Ergebnisse verschiedener Untertests zu einem Gesamtergebnis zu kombinieren. Vielleicht möchte man aber auch die einzelnen Testergebnisse für bestimmte Zwecke unterschiedlich gewichten.

8.1.2a Die Kombination von Untertestergebnissen zu einem Gesamtergebnis

Es ist üblich, psychologische Papier-Bleistift-Tests so zu konstruieren, daß ein einzelner Test aus mehreren Untertests besteht. Manchmal liegt das einfach an der konventionellen Form der Antwortbögen oder Testhefte. Manchmal besteht ein Test aber auch aus verschiedenen Arten von Items. Jede Art bildet einen Untertest.

Für viele Zwecke ist jedoch ein einziger Meßwert erwünscht, irgendeine Kombination der Untertestergebnisse. Obwohl man beispielsweise in dem „National Merit Scholarship Program“, einer Testreihe zur

Auswahl von Schülern der High School für College-Stipendien, die Leistungen in einer Anzahl von Fächern, z. B. Mathematik, Sozialwissenschaften, Naturwissenschaften und Philologie, einzeln erfassen will, möchte man sie auch in einem Gesamtergebnis zusammenfassen. Auf Grund dieses Wertes und weiterer Informationen werden die Stipendien verteilt.

Ein anderes Beispiel, wo Untertestergebnisse in einem Gesamtpunktwert zusammengefaßt werden, ist der Stanford-Binet-Test. Wir haben bereits darauf hingewiesen, daß dieser Test aus einer Reihe von Untertests für verschiedene Intelligenzdimensionen besteht. Die Summe der Punktwerte in diesen Untertests wird als Maß für die allgemeine Intelligenz angesehen. Obwohl dieses Vorgehen nicht mit den weiter oben diskutierten Ergebnissen der Intelligenzforschung übereinstimmt (siehe Abschnitt 2.1.2), dient es nichtsdestoweniger immer noch als Grundlage für die verschiedenartigsten Entscheidungen[19]

8.1.2b Differentielle Gewichtung für bestimmte Zwecke

Die Kombination von Testpunktwerten zu einem Gesamtwert kann auch aus bestimmten, statistischen Gründen gerechtfertigt sein. Wir wollen einige dieser Gründe behandeln, ohne bezüglich der Rechenverfahren allzusehr ins Detail zu gehen.

Mit einer differentiellen Gewichtung der einzelnen Testpunktwerte kann man erreichen, daß der Gesamtpunktwert eine bestmögliche Diskrimination zwischen den Probanden gewährleisten kann. Die Gewichte werden dann so festgelegt, daß die Streuung der Gesamtpunktwerte ein Maximum wird.

Es muß jedoch darauf hingewiesen werden, daß bezüglich der Größe der Gewichte bestimmte Einschränkungen gemacht werden müssen, wenn eine sinnvolle, maximale Diskrimination erreicht werden soll. Denn die Streuung wir natürlich größer, wenn die Gewichte größer werden. Deshalb besteht das Problem dann, mehr die relative als die absolute Größe der Gewichte zweckmäßig festzulegen. Techniken für eine optimale, relative Gewichtung, womit man eine maximale Streuung erzielen kann, bestehen aus komplizierten mathematischen Rechenverfahren, die von verschiedenen Autoren behandelt worden sind (*Horst,* 1936a, und *Edgerton* und *Kolbe,* 1936).

---

19 A. d. Ü.: Ein Beispiel ist auch der Intelligenzstrukturtest IST von R. *Amthauer.* 2. Auflage 1955.

Wir können eine differentielle Gewichtung auch durchführen, um bestimmte Bedingungen bezüglich Schiefe und Exzess zu erfüllen. In diesem Falle sind wir nicht damit zufrieden, daß die Ergebnisse in einer bestimmten Stichprobe möglichst weit streuen, sondern wir verlangen darüber hinaus, daß die Streuung über dem gesamten Leistungsbereich unterschiedlich verteilt ist. Das aber kann, wie wir weiter oben festgestellt haben, durch eine zweckmäßige Festlegung von Schiefe und Exzess erreicht werden.
Man kann, wie wir bei der Besprechung der Regressionsgewichte im 6. Kapitel gesehen haben, eine Linearkombination von Meßwerten derart bilden, daß sich eine maximale Korrelation mit einer Kriterienvariable ergibt. Man muß also die Gewichte so bestimmen, daß in dieser Stichprobe die gewichtete Summe der Meßwerte höher als, oder genauso hoch wie eine mit irgendwelchen anderen Gewichten berechnete Summe mit dem Kriterium korreliert. Hier möchte man also die Testergebnisse so kombinieren, daß sich eine möglichst genaue Schätzung einer anderen, zusätzlichen Variablen ergibt, welche mit irgendeiner sozial bedeutsamen Verhaltensweise, z. B. der Schul- oder Arbeitsleistung, in Beziehung steht.
Ein weiterer Zweck einer differentiellen Gewichtung von Meßwerten ist es, differentielle Schätzungen für eine Anzahl von Kriterienvariablen durchzuführen. Dazu müssen wir verschiedene Reihen von Gewichten bestimmen. Jede entspricht einer Kriterienvariablen, für die wir eine Schätzung durchführen wollen. Dieser Fall ist etwas komplizierter, als wenn nur ein einziges Kriterium gegeben ist.
Ein anderes Ziel ist es, eine höchstmögliche Reliabilität für den Gesamtpunktwert zu erreichen. Die Reliabilität werden wir erst im 17. Kapitel behandeln. Wenn wir es ganz einfach auszudrücken versuchen, können wir hier vielleicht folgendes sagen: Reliabilität ist die Genauigkeit, mit der man aus einem Testergebnis den Punktwert bei einer Testwiederholung oder bei einem anderen Test, der dieselbe Variable mißt, vorhersagen kann. Die zweite Definition ist die gebräuchlichere, aber sie bringt uns in erhebliche Schwierigkeiten. Ist es tatsächlich dieselbe Variable, die von dem anderen Test erfaßt wird? Man sagt manchmal, daß zwei Tests dieselbe Variable messen, wenn sie beide repräsentative Stichproben von Verhaltensweisen aus demselben inhaltlichen Bereich enthalten. Aber solch ein inhaltlicher Bereich ist nur schwer exakt abzugrenzen. Alles, was wir wirklich sagen können, ist, daß uns die Korrelation zwischen zwei Meßwertreihen eine Information über den Grad gibt, in welchem diese beiden Tests dieselbe Variable messen. Wenn diese

Korrelation nicht maximal ist, und das ist im allgemeinen immer der Fall, wissen wir nicht, ob das daran liegt, daß diese beiden Tests nicht dieselbe Variable erfassen, oder ob sie nur dieselbe Variable ungenau messen.

An dieser Stelle wollen wir nicht tiefer in den Komplex der Testreliabilität eindringen. Angenommen, wir definieren Reliabilität etwas ungenau als das Ausmaß, in welchem die Ergebnisse einer Testdurchführung mit denen einer zweiten bei den gleichen Probanden korrelieren. Wir können nun eine Testbatterie betrachten, die eine Reihe von Einzelergebnissen liefert. Dann können wir fragen, wie man diese Testpunktwerte durch eine differentielle Gewichtung so zu einem Gesamtwert kombinieren kann, daß dieser mit dem Gesamtwert bei einer Testwiederholung maximal hoch korreliert, vorausgesetzt, man hat bei der Berechnung des zweiten Wertes dieselben Gewichte verwendet. Das ist eine schwieriges mathematisches Problem, das von *Green* (1950) bearbeitet worden ist, und das wir hier nicht weiter behandeln wollen. Außerdem ist die differentielle Gewichtung zum Zweck einer Erhöhung der Reliabilität für die Messung in der Psychologie vielleicht nicht so wichtig wie irgendein anderer der soeben behandelten Aspekte.

8.2 Gewichtete Summe von Rohwerten

Wir wollen untersuchen, was mathematisch geschieht, wenn wir eine gewichtete Summe von Rohwerten berechnen. Offensichtlich muß eine solche Summe die Eigenschaften der Meßwerte selbst enthalten. Wir wollen deshalb für gewichtete Summen von Rohwerten das arithmetische Mittel, die Varianz, die Kovarianz und die Korrelation als Funktion eben dieser Rohwerte betrachten.

8.2.1 Das arithmetische Mittel

Das arithmetische Mittel von gewichteten Summen von Rohwerten muß eine Funktion der arithmetischen Mittel der Rohwerte selbst sein. Wir beginnen also mit einer Matrix, in der die Gesamtzahl der Elemente gleich der Zahl der Variablen mal der Zahl der Probanden ist. Die Zahl, die wir ableiten wollen, ist eine skalare Größe. Abb. 8.2.1 ist ein Beispiel einer Datenmatrix mit 3 Variablen und 6 Probanden.

$$X = \begin{bmatrix} 3 & 4 & 7 \\ 2 & 3 & 5 \\ 4 & 7 & 3 \\ 1 & 2 & 1 \\ 5 & 1 & 2 \\ 2 & 4 & 5 \end{bmatrix}$$

Abb. 8.2.1 Datenmatrix für 3 Variablen und 6 Probanden

Abb. 8.2.2 zeigt einen 3-elementigen Gewichtsvektor

$$a' = [3 \quad 1 \quad 2]$$

Abb. 8.2.2 3-elementiger Gewichtsvektor

Wir können das arithmetische Mittel von gewichteten Summen ermitteln, indem wir mit den gewichteten Summen der Zeilenelemente oder den Summen der Spaltenelemente der Rohwertmatrix beginnen. Zuerst wollen wir diese beiden Möglichkeiten in Skalarschreibweise in den beiden folgenden Gleichungen angeben.

$$\bar{S} = a_1\bar{X}_1 + a_2\bar{X}_2 + \cdots + a_n\bar{X}_n \qquad (8.2.1)$$

Die a's sind die Gewichte der entsprechenden Variablen.

$$S = \frac{\Sigma S_i}{N} \qquad (8.2.2)$$

Dabei gilt

$$S_i = a_i X_{1i} + a_2 X_{2i} + \cdots + a_n X_{ni} \qquad (8.2.3)$$

und X_{ki} ist der Punktwert des i-ten Probanden bei der k-ten Variablen.

Als nächsten geben wir die gleichen Formeln in Matrizenschreibweise an (siehe Abschnitt 8.5.1)

$$\bar{S} = a'\bar{X} \qquad (8.2.4)$$

Dabei ist

$$\bar{X} = \frac{X'1}{N} \qquad (8.2.5)$$

a' ist ein Zeilenvektor von Gewichten, und X ist eine N x n-Matrix von Testpunktwerten.

$$\bar{S} = \frac{1'S}{N} \qquad (8.2.6)$$

Dabei ist

$$S = Xa \qquad (8.2.7)$$

Aus der Datenmatrix in Abb. 8.2.1 und dem Gewichtsvektor in Abb. 8.2.2 kann das arithmetische Mittel von gewichteten Summen wie folgt berechnet werden, wobei man zuerst die gewichtete Summe für jeden Probanden ermittelt:

$$\underset{X}{\begin{bmatrix} 3 & 4 & 7 \\ 2 & 3 & 5 \\ 4 & 7 & 3 \\ 1 & 2 & 1 \\ 5 & 1 & 2 \\ 2 & 4 & 5 \end{bmatrix}} \underset{a}{\begin{bmatrix} 3 \\ 1 \\ 2 \end{bmatrix}} = \underset{S_X}{\begin{bmatrix} 27 \\ 19 \\ 25 \\ 7 \\ 20 \\ 20 \end{bmatrix}}$$

$$\bar{S}_X = \frac{1'S_X}{N} = \frac{118}{6} = 19.6667$$

Abb. 8.2.3 Berechnung des arithmetischen Mittels von gewichteten Summen von Meßwerten

Die Methode zur Berechnung des arithmetischen Mittels, ohne daß man für jeden Probanden die gewichtete Summe ermitteln muß, ist in der folgenden Abbildung beschrieben:

$$\bar{X} = \frac{X'1}{N} = \frac{\begin{bmatrix} 17 \\ 21 \\ 23 \end{bmatrix}}{6} = \begin{bmatrix} 2.83 \\ 3.50 \\ 3.83 \end{bmatrix}$$

$$\bar{S} = a'\bar{X} = 3(2.83) + 3.50 + 2(3.83)$$
$$= 8.49 + 3.50 + 7.66 = 19.65$$

Abb. 8.2.4 Berechnung der gewichteten Summe von Mittelwerten von Meßwerten.

Die Ergebnisse sind bei beiden Methoden bis auf einen Rundungsfehler dieselben.

8.2.2 *Die Varianz*

Genauso wie bei dem arithmetischen Mittel kann die Varianz von gewichteten Summen von Meßwerten ermittelt werden, indem man zunächst die gewichtete Summe der Rohwerte für jeden einzelnen Probanden in der Stichprobe berechnet. Dann ist das Verfahren zur Berechnung der Varianz das gleiche wie bei einer einzigen Variable. Wir kennen diese Methode bereits aus dem 5. Kapitel. Andererseits können wir die Varianz von gewichteten Summen als Funktion der Gewichte selbst und der Kovarianzen zwischen den verschiedenen Variablen ausdrücken. Da die Kovarianzen ihrerseits Funktionen der Korrelationen und Standardabweichungen der Variablen sind, können wir die Varianz auch als Funktion der Gewichte, der Standardabweichungen und der Korrelationen aller Variablen berechnen. Bei der letzteren Methode ist es nicht notwendig, den kombinierten Punktwert für jeden einzelnen Probanden zu ermitteln.
Die Gleichungen 8.2.8 bis 8.2.10 geben die Formeln für die Varianz von gewichteten Summen von Meßwerten in Skalarschreibweise an:

$$\sigma_S^{\,2} = \frac{\sum S_i^{\,2}}{N} - (\bar{S})^2 \qquad (8.2.8)$$

Dabei hat S dieselbe Bedeutung wie in Gleichung 8.2.3

$$\sigma_S^{\,2} = \sum a_k^{\,2}\,\sigma_k^{\,2} + 2\sum_{k \neq h} a_k\,a_h\,C_{kh} \qquad (8.2.9)$$

$$\sigma_S^{\,2} = \sum a_k^{\,2}\,\sigma_k^{\,2} + 2\sum_{k \neq h} a_k\,a_h\,\sigma_k\,\sigma_h\,r_{kh} \qquad (8.2.10)$$

Die Gleichungen 8.2.11 bis 8.2.13 sind die entsprechenden Formeln in Matrizenschreibweise (siehe Abschnitt 8.5.2)

$$\sigma_S^{\,2} = \frac{S'S}{N} - \frac{S'1\,1'S}{N^2} \qquad (8.2.11)$$

Dabei ist S durch Gleichung 8.2.7 gegeben;

$$\sigma_S^{\,2} = a'C_{xx}\,a \qquad (8.2.12)$$

wobei C_{XX} die Kovarianzmatrix der Variablen ist;

$$\sigma_S^{\,2} = a'D_\sigma\,r_{XX}\,D_\sigma\,a \qquad (8.2.13)$$

dabei ist D_σ eine Diagonalmatrix der Standardabweichungen der Variablen, und r_{XX} ist ihre Interkorrelationsmatrix.

Unter Verwendung der Daten in Abb. 8.2.1 und 8.2.2 und der Gleichung 8.2.11 zeigen wir die Berechnung der Varianz von gewichteten Summen aus den gewichteten Punktwerten der einzelnen Probanden in Abb. 8.2.5.
Die Berechnung der Varianz aus den Gewichten, Varianzen und Kovarianzen wird in Abb. 8.2.6 dargestellt.

Die Ergebnisse in Abb. 8.2.5 und 8.2.6 sind dieselben.

$$S = \begin{bmatrix} 27 \\ 19 \\ 25 \\ 7 \\ 20 \\ 20 \end{bmatrix} \qquad \frac{S'S}{N} = \frac{2564}{6} \qquad \bar{S} = \frac{S'1}{N} = 19.6667$$

$$\sigma_S{}^2 = 427.33 - 386.78 = 40.55$$

Abb. 8.2.5 Berechnung der Varianz von gewichteten Summen von Meßwerten.

$$X'X = \begin{bmatrix} 59 & 61 & 64 \\ 61 & 95 & 88 \\ 64 & 88 & 113 \end{bmatrix}$$

$$N^2C_{xx} = \begin{bmatrix} 354 & 366 & 384 \\ 366 & 576 & 528 \\ 384 & 528 & 678 \end{bmatrix} - \begin{bmatrix} 289 & 357 & 391 \\ 357 & 441 & 483 \\ 391 & 483 & 529 \end{bmatrix}$$

$$NX'X - (X1)(1'X)$$

$$N^2C_{xx} = \begin{bmatrix} 65 & 9 & -7 \\ 9 & 129 & 45 \\ -7 & 45 & 149 \end{bmatrix}$$

$$N^2 a' C_{xx} a = [3 \quad 1 \quad 2] \begin{bmatrix} 65 & 9 & -7 \\ 9 & 129 & 45 \\ -7 & 45 & 149 \end{bmatrix} \begin{bmatrix} 3 \\ 1 \\ 2 \end{bmatrix}$$

$$\begin{aligned} = \; & 585 \quad +27 \quad -42 \\ & +27 \quad +129 \quad +90 \\ & -42 \quad +90 \quad +596 \\ = \; & 1460 \end{aligned}$$

$$\sigma_S{}^2 = a' C_{xx} a = \frac{1460}{36} = 40.55$$

Abb. 8.2.6 Berechnung der Varianz von gewichteten Summen von Meßwerten als Funktion der Kovarianzmatrix der Meßwerte.

8.2.3 Die Kovarianz

Die Kovarianz zwischen den gewichteten Summen von zwei Meßwertreihen kann entweder direkt oder als Funktion der Kovarianzen der Variablen in der einen Reihe mit denen in der anderen ausgedrückt werden. Dieser letztere Weg verläuft analog wie das Verfahren bei der Berechnung der Varianz von gewichteten Summen von Meßwerten.
Wir wollen die Formeln für die Kovarianz von gewichteten Summen sowohl in Skalar- als auch in Matrizenschreibweise angeben. Das geschieht in den Gleichungen 8.2.14 bis 8.2.16 bzw. 8.2.17 bis 8.2.19 (siehe Abschnitt 8.5.3)

$$C_{S_x S_y} = \frac{\Sigma\, S_{X_i} S_{Y_i}}{N} - \frac{\Sigma\, S_{X_i}}{N} \frac{\Sigma\, S_{Y_i}}{N} \tag{8.2.14}$$

Dabei ist

$$S_{X_i} = a_1 X_1 + a_2 X_2 + \cdots + a_{n_X} X_{n_X}$$

$$S_{Y_i} = b_1 Y_1 + b_2 Y_2 + \cdots + b_{n_Y} Y_{n_Y}$$

die *b'* sind die Gewichte für die *Y*-Variablen, und n_X und n_y ist die Anzahl der *X*- bzw. *Y*-Variablen.

$$C_{S_x S_y} = \sum a_k\, b_h\, C_{x_k y_h} \qquad \begin{array}{l} k = 1 \cdots n_x \\ h = 1 \cdots n_y \end{array} \tag{8.2.15}$$

Dabei ist $C_{x_k y_h}$ die Kovarianz von x_k und y_h.

$$C_{S_x S_y} = \sum a_k\, b_h\, \sigma_{X_k}\, \sigma_{Y_h}\, r_{X_k Y_h} \qquad \begin{array}{l} k = 1 \cdots n_x \\ h = 1 \cdots n_y \end{array} \tag{8.2.16}$$

$$C_{S_x S_y} = \frac{S_X' S_Y}{N} - \frac{S_X' 1}{N} \frac{1' S_Y}{N} \tag{8.2.17}$$

$$C_{S_x S_y} = a' C_{xy}\, b \tag{8.2.18}$$

$$C_{S_x S_y} = a' D_{\sigma X}\, r_{XY}\, D_{\sigma Y}\, b \tag{8.2.19}$$

Man beachte, daß die Matrizenschreibweise viel ökonomischer als die Skalarschreibweise ist.

Es folgen numerische Beispiele für die Berechnung der Kovarianz zwischen zwei Reihen von gewichteten Summen. Abb. 8.2.7 zeigt die Berechnung der Kovarianz direkt aus den gewichteten Summen:

$$Y = \begin{bmatrix} 3 & 1 & 5 \\ 4 & 2 & 6 \\ 7 & 3 & 2 \\ 4 & 2 & 5 \\ 1 & 3 & 8 \\ 7 & 2 & 4 \end{bmatrix} \qquad b = \begin{bmatrix} 2 \\ 3 \\ 1 \end{bmatrix}$$

$$S_Y = Yb = \begin{bmatrix} 14 \\ 20 \\ 25 \\ 19 \\ 19 \\ 24 \end{bmatrix}$$

$$\bar{S}_Y = \frac{1'S_Y}{N} = \frac{121}{6} = 20.1667$$

Aus Abb. 8.2.3

$$S_X = \begin{bmatrix} 27 \\ 19 \\ 25 \\ 7 \\ 20 \\ 20 \end{bmatrix} \qquad \bar{S}_X = 19.6667$$

$$C_{S_xS_y} = \frac{S_X'S_Y}{N} - \bar{S}_X\,\bar{S}_Y = \frac{2376}{6} - (19.6667)(20.1667)$$

$$= 396.00 - 396.61 = -.61$$

Abb. 8.2.7 Berechnung der Kovarianz zwischen gewichteten Summen von zwei Reihen von Meßwerten.

Abb. 8.2.8 zeigt die Berechnung der Kovarianz als Funktion der Kovarianzmatrix.

$$Y = \begin{bmatrix} 3 & 1 & 5 \\ 4 & 2 & 6 \\ 7 & 3 & 2 \\ 4 & 2 & 5 \\ 1 & 3 & 8 \\ 7 & 2 & 4 \end{bmatrix}$$

Aus Abb. 8.2.1

$$X'Y = \begin{bmatrix} 68 & 40 & 88 \\ 110 & 46 & 86 \\ 103 & 44 & 112 \end{bmatrix}$$

$$X'1\,1'Y = \begin{bmatrix} 17 \\ 21 \\ 23 \end{bmatrix} [26 \quad 13 \quad 30]$$

$$N^2C_{xy} = \begin{bmatrix} 408 & 240 & 528 \\ 660 & 276 & 516 \\ 618 & 264 & 672 \end{bmatrix} - \begin{bmatrix} 442 & 221 & 510 \\ 546 & 273 & 630 \\ 598 & 299 & 690 \end{bmatrix}$$

$$NX'Y - (X'1)(1'Y)$$

$$= \begin{bmatrix} -34 & 19 & 18 \\ 114 & 3 & -114 \\ 20 & -35 & -18 \end{bmatrix}$$

$$C_{S_xS_y} = a'C_{xy}\,b = [3 \quad 1 \quad 2] \frac{\begin{bmatrix} -34 & 19 & 18 \\ 114 & 3 & -114 \\ 20 & -35 & -18 \end{bmatrix}}{36} \begin{bmatrix} 2 \\ 3 \\ 1 \end{bmatrix}$$

$$= \frac{\begin{bmatrix} -204 & +171 & +54 \\ +228 & +9 & -114 \\ +80 & -210 & -36 \end{bmatrix}}{36} = \frac{-22}{36} = -.61$$

Abb. 8.2.8 Berechnung der Kovarianz zwischen gewichteten Summen von zwei Meßwertereihen als Funktion der Kovarianzmatrix.

Man sieht, daß beide Kovarianzen dieselben sind.

8.2.4 Die Korrelation

Die Korrelation zwischen zwei Variablen ist die Kovarianz zwischen diesen Variablen dividiert durch das Produkt ihrer Standardabweichungen. Die Korrelation zwischen gewichteten Summen können wir in derselben Weise ausdrücken. Die entsprechenden Formeln werden unter Verwendung der gewichteten Summen der Rohwerte, der Varianzen und Kovarianzen und der Standardabweichungen und Korrelationen der betrachteten Variablen angegeben. In den Gleichungen 8.2.20 bis 8.2.22 sind die Formeln in Skalarschreibweise dargestellt:

$$r_{S_X S_Y} = \frac{C_{S_x S_y}}{\sigma_{S_X}\,\sigma_{S_Y}} \tag{8.2.20}$$

$$r_{S_X S_Y} = \frac{\Sigma\, a_k\, b_h\, C_{x_k x_h}}{\sqrt{\Sigma\, a_k^{\,2}\sigma_{X_k}^{\;2} + 2\Sigma\, a_k\, a_h\, C_{x_k x_h}}\sqrt{\Sigma\, b_k^{\,2}\sigma_{Y_k}^{\;2} + 2\Sigma\, b_k\, b_h\, C_{y_k y_h}}} \tag{8.2.21}$$

$$r_{S_X S_Y} = \frac{\Sigma\, a_k\, b_h\, \sigma_{X_k}\, \sigma_{Y_h}\, r_{X_k Y_h}}{\sqrt{\Sigma\, a_k^{\,2}\sigma_{X_k}^{\;2} + 2\Sigma a_k\, a_h\, \sigma_{X_k}\, \sigma_{X_h}\, r_{X_k X_h}}\sqrt{\Sigma\, b_k^{\,2}\sigma_{Y_k}^{\;2} + 2\Sigma\, b_k\, b_h\, \sigma_{Y_k}\, \sigma_{Y_h}\, r_{Y_k Y_h}}} \tag{8.2.22}$$

In den beiden folgenden Gleichungen stehen die Gleichungen 8.2.21 und 8.2.22 in Matrizenschreibweise

$$r_{S_X S_Y} = \frac{a' C_{xy}\, b}{\sqrt{a' C_{xx}\, a}\sqrt{b' C_{yy}\, b}} \tag{8.2.23}$$

$$r_{S_X S_Y} = \frac{a' D_{\sigma X}\, r_{XY}\, D_{\sigma Y}\, b}{\sqrt{a' D_{\sigma X}\, r_{XX}\, D_{\sigma X}\, a}\sqrt{b' D_{\sigma Y}\, r_{YY}\, D_{\sigma Y}\, b}} \tag{8.2.24}$$

Aus diesen Formeln geht hervor, daß bei der Bestimmung der Gewichte für die in diesem Abschnitt beschriebenen Zwecke die Varianzen, Kovarianzen und Interkorrelationen der einzelnen Tests notwendig sind. Die Methoden zur Berechnung dieser Gewichte werden in späteren Kapiteln behandelt.

8.3 Die Einheit als Gewicht für Rohwerte

Offensichtlich liegt für die im vorigen Abschnitt behandelten Kennwerte ein Spezialfall vor, wenn man bei jedem Probanden für die Kombination der Rohwerte als Gewicht die Einheit wählt. Dieses Verfahren besteht also darin, daß man einfach die Summe der Meßwerte der verschiedenen Variablen für jeden Probanden nimmt. In diesem Falle spricht man manchmal von einer ungewichteten Summe von Meßwerten. Eine solche Bezeichnungsweise ist jedoch nicht korrekt, da bei jeder Linearkombination von Meßwerten irgendwelche Gewichte verwendet werden. Wir fassen deshalb eine einfache Summe von Meßwerten als eine gewichtete Summe auf, wo die Gewichte alle eins sind. Diese Interpretation ist aus theoretischen Gründen sinnvoll, weil wir so die Gegenstände des vorhergehenden Abschnitts vereinfacht darstellen können. Wir brauchen nur in den entsprechenden Formeln für die Gewichte Einsen einzusetzen. Wir wollen nun zeigen, wie sich die Formeln für arithmetisches Mittel, Varianz, Kovarianz und Korrelation von Summen von Meßwerten vereinfachen.

8.3.1 Das arithmetische Mittel

Das arithmetische Mittel von mit 1 gewichteten Summen von Rohwerten kann offensichtlich bestimmt werden, indem man das arithmetische Mittel der für jede Variable berechneten Meßwertsumme bildet. Wir können diesen Mittelwert aber auch wie bei den gewichteten Summen als Funktion der einzelnen Mittelwerte ausdrücken.
Die entsprechenden Formeln sind in den Gleichungen 8.3.1 und 8.3.2 in Skalarschreibweise und in den Gleichungen 8.3.4 und 8.3.6 in Matrizenschreibweise angegeben (siehe Abschnitt 8.5.4)

$$\bar{S} = \bar{X}_1 + \bar{X}_2 + \cdots + \bar{X}_n \qquad (8.3.1)$$

$$\bar{S} = \frac{\Sigma S_i}{N} \quad i = 1 \cdots N \qquad (8.3.2)$$

Dabei ist

$$S_i = X_{i1} + X_{i2} + \cdots + X_{in} \qquad (8.3.3)$$

$$\bar{S} = 1'\bar{X} \qquad (8.3.4)$$

Dabei ist

$$\bar{X} = \frac{X'1}{N} \qquad (8.3.5)$$

$$\bar{S} = 1'S \qquad (8.3.6)$$

Dabei ist

$$S = X1 \qquad (8.3.7)$$

8.3.2 Die Varianz

Die Varianz von Summen von mit 1 gewichteten Meßwerten kann entweder als Varianz einer Summe von Meßwerten oder als Funktion der Varianzen, Kovarianzen und Korrelationen der einzelnen Variablen berechnet werden. In den beiden folgenden Gleichungen stehen die Formeln für die Varianzen in Skalarschreibweise

$$\sigma_S^2 = \sum \sigma_k^2 + 2\sum C_{kh} \qquad (8.3.8)$$

$$\sigma_S^2 = \sum \sigma_k^2 + 2\sigma_k \, \sigma_h \, r_{kh} \qquad (8.3.9)$$

Die entsprechenden Formeln in Matrizenschreibweise lauten (siehe Abschnitt 8.5.5)

$$\sigma_S^2 = 1' C_{xx} \, 1 \qquad (8.3.10)$$

$$\sigma_S^2 = 1' D_\sigma \, r_{XX} \, D_\sigma \, 1 \qquad (8.3.11)$$

8.3.3 Die Kovarianz

Wir können die Kovarianz von zwei Reihen von mit 1 gewichteten Rohwertsummen in derselben Art abhandeln wie die Kovarianz von differentiell gewichteten Summen. Die Formeln entsprechen einander, und sie werden wieder in Skalar- und Matrizenschreibweise dargestellt. Der einzige Unterschied ist der folgende: Weil alle Gewichte 1 sind, lassen wir sie in den Formeln in Skalarschreibweise weg. Bei der Matrizenschreibweise verwenden wir den Einheitsvektor anstatt eines allgemeinen Gewichtsvektors. Die folgenden beiden Gleichungen geben die Kovarianz in Skalarschreibweise an:

$$C_{S_x S_y} = \sum C_{x_k y_h} \qquad (8.3.12)$$

$$C_{S_x S_y} = \sum \sigma_{X_k} \, \sigma_{Y_h} \, r_{X_k Y_h} \qquad (8.3.13)$$

Es folgen die entsprechenden Gleichungen in Matrizenschreibweise (siehe Abschnitt 8.5.6)

$$C_{S_x S_y} = 1' C_{xy} 1 \qquad (8.3.14)$$

$$C_{S_x S_y} = 1' D_{\sigma_X} \, r_{XY} \, D_{\sigma_Y} \, 1 \qquad (8.3.15)$$

8.3.4 Die Korrelation

Dieser Abschnitt entspricht in Inhalt, Formeln und Beispielen dem entsprechenden Abschnitt 8.2.4 über Korrelationen. Eine Vereinfachung in den Formeln entsteht dadurch, daß für die allgemeinen differentiellen Gewichte die Einheit als Gewicht eingesetzt wird. In den Gleichungen 8.3.16 und 8.3.17 stehen die Formeln für die Korrelation zwischen Summen von mit der Einheit gewichteten Rohwerten in Skalarschreibweise, in den Gleichungen 8.3.18 und 8.3.19 in Matrizenschreibweise:

$$r_{S_X S_Y} = \frac{\Sigma\, C_{x_k y_h}}{\sqrt{\Sigma\, \sigma_{X_k}{}^2 + 2\Sigma\, C_{x_k x_h}}\sqrt{\Sigma\, \sigma_{Y_k}{}^2 + 2\Sigma\, C_{y_k y_h}}} \qquad (8.3.16)$$

$$r_{S_X S_Y} = \frac{\Sigma\, \sigma_{X_k}\, \sigma_{Y_h}\, r_{X_k Y_h}}{\sqrt{\Sigma\, \sigma_{X_k}{}^2 + 2\Sigma\, \sigma_{X_k}\sigma_{X_h} r_{X_k X_h}}\sqrt{\Sigma\, \sigma_{Y_k}{}^2 + 2\Sigma\, \sigma_{Y_k}\sigma_{Y_h} r_{Y_k Y_h}}} \qquad (8.3.17)$$

$$r_{S_X S_Y} = \frac{1' C_{xy}\, 1}{\sqrt{1' C_{xx}\, 1}\sqrt{1' C_{yy}\, 1}} \qquad (8.3.18)$$

$$r_{S_X S_Y} = \frac{1'\, D_{\sigma X}\, r_{XY}\, D_{\sigma Y}\, 1}{\sqrt{1'\, D_{\sigma X}\, r_{XX}\, D_{\sigma X}\, 1}\sqrt{1'\, D_{\sigma Y}\, r_{YY}\, D_{\sigma Y}\, 1}} \qquad (8.3.19)$$

8.4 Die Einheit als Gewicht bei Standardwerten

In den beiden vorangegangenen Abschnitten haben wir angenommen, daß die Meßwerte auf Skalen mit beliebigen Einheiten, Mittelwerten und Standardabweichungen gegeben waren. Jetzt wollen wir voraussetzen, daß die Matrix der Rohwerte standardisiert ist. Alle Variablen haben also in der Stichprobe arithmetische Mittel von 0 und Standardabweichungen von 1. Wir werden sehen, wie diese Annahme die Kombination von Variablen für den Fall der Einheit als Gewicht stark vereinfacht. Wie in den zwei vorangegangenen Abschnitten wollen wir das arithmetische Mittel, die Varianz, die Kovarianz und die Korrelation behandeln.

8.4.1 Das arithmetische Mittel

Bei der Verwendung von Standardwerten tritt die größte Vereinfachung dadurch ein, daß die arithmetischen Mittel der gewichteten Meßwerte per definitionem alle gleich null sind und deshalb außer acht gelassen werden können.

8.4.2 Die Varianz

Die Varianz von Summen von mit der Einheit gewichteten Standardwerten ist ebenfalls einfacher auszudrücken als bei Rohwerten. Denn alle Standardabweichungen sind 1, und die Kovarianzen sind Korrelationskoeffizienten. Deshalb ist die Varianz einfach die Summe aller Elemente der Korrelationsmatrix. Diese Summe schließt die Einheitselemente in der Diagonalmatrix mit ein.
Die entsprechenden Formeln werden in den Gleichungen 8.4.1 und 8.4.2 in Skalar- bzw. in Matrizenschreibweise angegeben.

$$\sigma_S{}^2 = \sum r_{X_k X_h} \tag{8.4.1}$$

$$\sigma_S{}^2 = 1' r_{XX}\, 1 \tag{8.4.2}$$

8.4.3 Die Kovarianz

Die Kovarianz von Summen von mit der Einheit gewichteten Standardwerten ist viel einfacher zu berechnen, als wenn die entsprechenden Skalen beliebige Einheiten und Nullpunkte hätten. Hier ist die Kovarianz einfach die Summe der Korrelationen der Variablen in der einen Reihe mit denen in der anderen. Diese Korrelationen sind auch Kovarianzen, weil die Standardabweichungen aller Variablen in beiden Reihen gleich 1 sind. Die Formeln für die Kovarianz werden in Skalar- und Matrizenschreibweise in den beiden folgenden Gleichungen angegeben:

$$C_{S_x S_y} = \sum r_{X_k Y_h} \qquad k = 1 \cdots n_x \quad h = 1 \cdots n_y \tag{8.4.3}$$

$$C_{S_x S_y} = 1' r_{XY}\, 1 \tag{8.4.4}$$

8.4.4 Die Korrelation

Wie bei Kombinationen von Rohwerten ist die Korrelation von Summen von mit der Einheit gewichteten Standardwerten gleich dem Verhältnis der Kovarianz zum geometrischen Mittel der Varianzen. Es folgen die Formeln für diese Korrelation, wieder in Skalar- und Matrizenschreibweise

$$r_{S_X S_Y} = \frac{\Sigma\, r_{X_k Y_h}}{\sqrt{n_x + 2\Sigma\, r_{X_k X_h}}\sqrt{n_y + 2\Sigma\, r_{Y_k Y_h}}} \tag{8.4.5}$$

$$r_{S_X S_Y} = \frac{1' r_{XY} 1}{\sqrt{1' r_{XX}\, 1}\sqrt{1' r_{YY}\, 1}} \tag{8.4.6}$$

8.5 Mathematische Beweise

8.5.1 Das arithmetische Mittel von gewichteten Summen

Sei

$$S = Xa \tag{8.5.1}$$

Dann gilt per definitionem

$$\bar{S} = \frac{S'1}{N} \tag{8.5.2}$$

Setzt man Gl. 8.5.1 in Gl. 8.5.2 ein, so folgt

$$\bar{S} = \frac{a'X'1}{N} \tag{8.5.3}$$

Es gilt aber

$$\bar{X} = \frac{X'1}{N} \tag{8.5.4}$$

Setzt man Gl. 8.5.4 in Gl. 8.5.3 ein, so folgt

$$\bar{S} = a'\bar{X} \tag{8.5.5}$$

Das entspricht aber gerade Gl. 8.2.4.

8.5.2 Die Varianz von gewichteten Summen

Per definitionem gilt

$$\sigma_S{}^2 = \frac{S'S}{N} - \frac{S'1}{N}\frac{1'S}{N} \tag{8.5.6}$$

Setzt man Gl. 8.5.1 in Gl. 8.5.6 ein, so folgt

$$\sigma_S{}^2 = \frac{a'X'Xa}{N} - \frac{(a'X'1)}{N}\frac{(1'Xa)}{N} \tag{8.5.7}$$

oder

$$\sigma_S{}^2 = \frac{a'X'\left(I - \frac{1\,1'}{N}\right)Xa}{N} \tag{8.5.8}$$

Es gilt

$$x = \left(I - \frac{1\,1'}{N}\right)X \tag{8.5.9}$$

Setzt man Gl. 8.5.9 in Gl. 8.5.8 ein, so folgt

$$\sigma_S^{\,2} = \frac{a'x'xa}{N} \tag{8.5.10}$$

Es ist aber

$$C_{xx} = \frac{x'x}{N} \tag{8.5.11}$$

Setzt man Gl. 8.5.11 in Gl. 8.5.10 ein, so folgt

$$\sigma_S^{\,2} = a' C_{xx}\, a \tag{8.5.12}$$

Das entspricht gerade Gl. 8.2.12

Folgende Gleichung kann leicht bewiesen werden

$$r_{XX} = D_\sigma^{-1} C_{xx}\, D_\sigma^{-1} \tag{8.5.13}$$

Daraus folgt

$$C_{xx} = D_\sigma\, r_{XX}\, D_\sigma \tag{8.5.14}$$

Setzt man Gl. 8.5.14 in Gl. 8.5.12 ein, so folgt

$$\sigma_S^{\,2} = a' D_\sigma\, r_{XX}\, D_\sigma\, a \tag{8.5.15}$$

Das entspricht gerade Gl. 8.2.13.

8.5.3 Die Kovarianz von zwei Reihen von gewichteten Summen

Die Kovarianz zwischen zwei Reihen von gewichteten Summen S_X und S ist

$$C_{S_xS_y} = \frac{S_X' S_Y}{N} - \frac{S_X' 1}{N} \frac{1' S_Y}{N} \tag{8.5.16}$$

Es gilt aber

$$S_X = Xa \tag{8.5.17}$$

$$S_Y = Yb \tag{8.5.18}$$

wobei a und b die entsprechenden Gewichtsvektoren sind.
Setzt man Gl. 8.5.17 und Gl. 8.5.18 in Gl. 8.5.16 ein, so folgt

$$C_{S_xS_y} = \frac{a'X'Yb}{N} - \frac{a'X'1}{N} \frac{1'Yb}{N} \tag{8.5.19}$$

Daraus folgt

$$C_{S_x S_y} = \frac{a'\left[X'\left(I - \frac{1\,1'}{N}\right)Y\right]b}{N} \tag{8.5.20}$$

Es sei

$$x = \left(I - \frac{1\,1'}{N}\right)X \tag{8.5.21}$$

$$y = \left(I - \frac{1\,1'}{N}\right)Y \tag{8.5.22}$$

Setzt man die letzten beiden Gleichungen in Gl. 8.5.20 ein, so folgt

$$C_{S_x S_y} = a'\,\frac{x'y}{N}\,b \tag{8.5.23}$$

Es ist jedoch

$$C_{xy} = \frac{x'y}{N} \tag{8.5.24}$$

wobei C_{xy} die Kovarianzmatrix der X- mit den Y-Variablen ist.

Setzt man Gl. 8.5.24 in Gl. 8.5.23 ein, so folgt

$$C_{S_x S_y} = a' C_{xy}\, b \tag{8.5.25}$$

Das ist aber gerade Gl. 8.2.18.

Nun gilt per definitionem

$$r_{XY} = D_{\sigma_X}{}^{-1}\, C_{xy}\, D_{\sigma_Y}{}^{-1} \tag{8.5.26}$$

wobei r_{XY} die Matrix der Korrelationen zwischen den X- und Y-Variablen und $D_{\sigma X}$ und $D_{\sigma Y}$ die Diagonalmatrizen der entsprechenden Standardabweichungen sind.

Aus Gl. 8.5.26 folgt

$$C_{xy} = D_{\sigma_X}\, r_{XY}\, D_{\sigma_Y} \tag{8.5.27}$$

Setzt man die Gleichung in Gl. 8.5.25 ein, so folgt

$$C_{S_x S_y} = a' D_{\sigma_X}\, r_{XY}\, D_{\sigma_Y}\, b \tag{8.5.28}$$

Das ist aber gerade Gl. 8.2.19

8.5.4 Das arithmetische Mittel von Summen von mit 1 gewichteten Meßwerten

Es sei

$$S = X1 \tag{8.5.29}$$

Per definitionem gilt

$$\bar{S} = \frac{S'1}{N} \tag{8.5.30}$$

Aus den beiden letzten Gleichungen folgt

$$\bar{S} = \frac{1'X'1}{N} \tag{8.5.31}$$

Es gilt aber

$$\bar{X} = \frac{X'1}{N} \tag{8.5.32}$$

Setzt man Gl. 8.5.32 in Gl. 8.5.31 ein, so folgt

$$\bar{S} = 1'\bar{X} \tag{8.5.33}$$

Das ist aber gerade Gl. 8.3.4

8.5.5 Die Varianz von Summen von mit 1 gewichteten Meßwerten

Die Varianz von gewichteten Summen ist in Gl. 8.5.12 und Gl. 8.5.15 gegeben. Hier sei

$$a = 1 \tag{8.5.34}$$

Setzen wir Gl. 8.5.34 in Gl. 8.5.12 ein, so folgt

$$\sigma_S{}^2 = 1'C_{xx}\,1 \tag{8.5.35}$$

Das entspricht gerade Gl. 8.3.10

Setzen wir Gl. 8.5.34 in Gl. 8.5.15 ein, so folgt

$$\sigma_S{}^2 = 1'D_\sigma\, r_{XX}\, D_\sigma\, 1 \tag{8.5.36}$$

Das ist aber gerade Gl. 8.3.11

8.5.6 Die Kovarianz von zwei Reihen von Summen von mit 1 gewichteten Meßwerten

Die Kovarianz von zwei Reihen von gewichteten Summen ist in Gl. 8.5.25 und Gl. 8.5.28 gegeben. Hier sei

$$a = 1 \tag{8.5.37}$$

$$b = 1 \tag{8.5.38}$$

Setzen wir Gl. 8.5.37 und Gl. 8.5.38 in Gl. 8.5.25 ein, so folgt

$$C_{S_x S_y} = 1' C_{xy}\, 1 \tag{8.5.39}$$

Das entspricht gerade Gl. 8.3.14.

Setzen wir Gl. 8.5.37 und Gl. 8.5.38 in Gl. 8.5.28 ein, so folgt

$$C_{S_x S_y} = 1' D_{\sigma_X}\, r_{XY}\, D_{\sigma_Y}\, 1 \tag{8.5.40}$$

Das ist aber gerade Gl. 8.3.15.

9. Faktorenanalyse

In früheren Kapiteln haben wir auf die große Vielfalt von Variablen hingewiesen, die durch psychologische Tests erfaßt werden können. Im 7. Kapitel haben wir die Bedeutung von multiplen Messungen betont. Wir haben gezeigt, daß eine große Zahl von Variablen notwendig ist, um die vielen, für uns wichtigen Bereiche hinreichend zu beschreiben.

In der Theorie und Praxis des psychologischen Testens gibt es also als mögliche Meßobjekte eine ungeheure Zahl von Variablen, die alle mit dem menschlichen Verhalten in Beziehung stehen. Die Gesamtzahl solcher Variablen scheint nur durch die Kapazität des Menschen, Namen für verschiedene Dinge und Verfahrensweisen zur Messung dieser Dinge zu erfinden, beschränkt zu sein. In Anbetracht eines solchen umfangreichen Reservoirs, aus welchem wir nur eine begrenzte Zahl von Dingen mit der Absicht einer Messung auswählen können, müssen wir uns fragen, ob es überhaupt notwendig ist, sich auch nur mit der Vorstellung einer Messung aller dieser verschiedenen Dinge zu belasten.

In der Physik reicht eine relativ kleine Zahl von Variablen für die Analyse und Vorhersage von physikalischen Phänomenen aus. Auch in der Chemie haben wir es nur mit einer begrenzten Zahl von chemischen Elementen zu tun, mit Hilfe derer wir die große Zahl der in der Natur vorkommenden chemischen Verbindungen untersuchen und beschreiben können. In der Biologie ist die Zahl der Variablen nicht so beschränkt wie in der Physik. Und die Physiologen scheinen bezüglich der Variablen, die als Grundlage für die Beschreibung biologischer Erscheinungen dienen können, ziemlich gut übereinzustimmen.

In den Sozialwissenschaften, und besonders in der Psychologie, ist die Situation jedoch anders. Den Psychologen ist es bisher noch nicht gelungen, sich zu einigen, welche Variablen auch nur leidlich als Grundlage für die Beschreibung, Analyse und Vorhersage des menschlichen Verhaltens geeignet wären. Das ist eine schwerwiegende Behinderung für den Fortschritt der Psychologie als Wissenschaft.

Denn eine Wissenschaft befaßt sich vornehmlich mit dem Studium der Beziehungen zwischen den entsprechenden Variablen. Wahrscheinlich haben die meisten wissenschaftlichen Untersuchungen mehr oder weniger mit diesem Problem zu tun. Aber wenn sich die Forscher nicht darüber einigen können, welches die fundamentalen Variablen sind, dann ist die Hoffnung auf einen wissenschaftlichen Fortschritt nur gering.

Man kann natürlich sagen, daß jeder Forscher die ihn interessierenden Variablen nach Belieben selbst definieren und Methoden zu ihrer Messung entwickeln kann. Dann kann er die Beziehungen zwischen diesen Variablen an Stichproben von Probanden untersuchen. Leider tritt dabei die folgende Schwierigkeit auf: Wenn jeder Psychologe seine eigenen Variablen auswählt oder definiert, ohne sich darum zu kümmern, wie andere ihre Variablen wählen und definieren, dann wird das unvermeidliche Ergebnis ein ungeheures Durcheinander von ungeordneten, unstrukturierten Variablen sein, das das menschliche Verhalten immer verworrener erscheinen läßt, anstatt es klar und verständlich zu machen.

Das ist aber genau das, was die ganze Zeit geschehen ist, seit die Psychologie den Versuch gemacht hat, eine Wissenschaft zu werden. Es ist völlig klar, was das unvermeidliche Ergebnis sein wird: das psychologische Chaos. Eine solche Hemmungslosigkeit bei der Erfindung immer neuer Verhaltensvariablen muß zu einer wissenschaftlichen Anarchie führen. Die Psychologen haben an einem babylonischen Turm gebaut. Das immer stärkere Durcheinander der Begriffe muß aufhören, wenn die Psychologie eine respektable Wissenschaft werden soll. Glücklicherweise ist in den letzten vier Jahrzehnten eine vielversprechende Methode entwickelt worden, die Ordnung in dieses Chaos bringen könnte. Diese Methode ist die Faktorenanalyse.

Wir haben diese Technik kurz gestreift, als wir in den ersten Kapiteln die Anwendungsbereiche der Psychometrie und die verschiedenen Variablen, die in der Psychologie gemessen werden können, behandelt haben. In diesem Kapitel wollen wir diese wichtige Methode mehr im Detail diskutieren, weil sie eine entscheidende Rolle in der Psychometrie und in der Definition der zu messenden Gegenstände spielt. Wir wollen Natur und Zweck der Faktorenanalyse, verschiedene Arten von Faktoren und die Beziehung zwischen Faktoren und Tests besprechen.

9.1 Natur und Zweck der Faktorenanalyse

Die Grundlage einer Faktorenanalyse ist eine Matrix von Meßwerten, die bei einer Stichprobe von Probanden für eine Anzahl von verschiedenen Variablen erhoben worden sind. Dabei wird natürlich vorausgesetzt, daß die Variablen schon vorhanden und Techniken zu ihrer Messung entwickelt sind. Aber wie kann die Faktorenanalyse bei der Definition oder Bestimmung von fundamentalen psychologischen Variablen von Nutzen sein, wenn sie nur angewendet werden kann, wenn diese Variablen schon in irgendeiner Weise festgelegt worden sind? Wir werden sehen, daß man die Faktorenanalyse hierfür nur dann einsetzen kann – in der Psychologie oder in anderen Wissenschaften –, wenn man apriori-Hypothesen über diese Variablen gemacht hat. Das ist jedoch keine schwerwiegende Einschränkung. Es liegt in der Natur einer Wissenschaft, Hypothesen auf Grund der besten vorhandenen Informationen zu formulieren und dann diese Hypothesen zu überprüfen. Wie wir noch sehen werden, kann man mit Hilfe der Faktorenanalyse entscheiden, welche von vielen beliebig definierten Variablen zweckdienlich als fundamentale Variablen angesehen werden können. Wir wollen Natur und Zweck der Faktorenanalyse behandeln und dabei auf die Korrelationsmatrix, die Dimensionalität und die Einfachstruktur eingehen.

9.1.1 Die Korrelationsmatrix

Der Korrelationskoeffizient gibt den Grad der Beziehung zwischen zwei Variablen in einer Stichprobe an. Wir haben die aus der Rohwertmatrix abgeleitete Korrelationsmatrix behandelt, die bei multiplen Messungen die Korrelationen jeder Variablen mit jeder enthält. Die Korrelationsmatrix ist daher eine naheliegende und bequeme Möglichkeit, die Informationen über die Beziehungen zwischen einer Reihe von Variablen zusammenzufassen. Jedoch treten Probleme auf, weil die Zusammenfassung und Interpretation schwierig ist und weil sich Messungen überschneiden.

9.1.1a Schwierigkeiten bei der Zusammenfassung und Interpretation

Eine Korrelationsmatrix gibt uns eine Menge Informationen über die Beziehungen einer Anzahl von Variablen in einer Stichprobe. Wenn die Stichprobe groß ist, dürfen wir annehmen, daß diese Beziehungen leidlich stabil sind. Ein Problem in der Psychologie ist jedoch, daß die

Zahl von verschiedenen Variablen, die definiert und gemessen werden können, ungeheuer groß ist. Man kann sich leicht eine Korrelationsmatrix vorstellen, der hundert oder sogar zweihundert verschiedene Variablen zugrundeliegen. In einem solchen Fall ist die Gesamtzahl der Interkorrelationen sehr groß. Die Formel für diese Zahl ist $n(n+1)/2$. Für 100 Variable würde die Zahl der möglichen Korrelationen 4950 sein, für 200 Variable 19900. Es ist klar, daß es sogar bei einer Korrelationsmatrix von viel weniger als 100 Variablen schwierig ist, alle Beziehungen zu erfassen und zu interpretieren.

In der psychologischen Literatur findet man zwar oft eine Diskussion der Interkorrelationen einer Reihe von Variablen, bei der der Autor versucht, über die psychologischen Hintergründe einer jeden einzelnen Korrelation Theorien aufzustellen. Aber solche Versuche sind gewöhnlich nicht überzeugend, weil es nicht möglich ist, diese vielen verschiedenen Beziehungen rein verbal zu analysieren und gegeneinander abzugrenzen. Zwar setzen uns die im 6. Kapitel beschriebenen Techniken der partiellen Korrelation instande, den Grad der Beziehung zwischen zwei Variablen abzuschätzen, wenn der Einfluß der übrigen Variablen ausgeschaltet ist. Aber damit ist das Problem nicht gelöst. Die Zahl der Variablen in vielen entscheidenden Untersuchungen ist zu groß, als daß auf Grund der Korrelationsmatrix allein eine sinnvolle wissenschaftliche Interpretation möglich wäre.

9.1.1b Die Überschneidung von Messungen

Ein Grund dafür, daß diese ungeheure Zahl von Variablen, die sich erfinderische Psychologen ausgedacht haben, so viel Verwirrung stiftet, ist ihre häufige gegenseitige Überschneidung. Wir werden an das alte Sprichwort erinnert, daß man nicht dauernd sprechen kann, ohne sich zu wiederholen. Es ist diese Überschneidung, die in der Korrelation zweier entsprechender Tests zum Ausdruck kommt.

Wenn die Zahl der Variablen groß ist, ist diese Sachlage sehr komplex, und die Interpretation solcher Überschneidungen hängt in erster Linie davon ab, wie die Variablen ursprünglich definiert und gemessen wurden. Je höher die Korrelationen sind, desto größer ist die Redundanz in Definition und Messung.

Eigentlich brauchte man nichts dagegen zu haben, wenn die Psychologen eine Vielfalt von Dingen, die man messen und miteinander in Beziehung setzen kann, definieren. Denn wenn diese niedrig miteinander korrelieren, scheint es wissenschaftlich gerechtfertigt zu sein, alle zu messen. Variablen mit keiner oder niedriger Korrelation können als unabhängige Aspekte des menschlichen Verhaltens angesehen werden. Jede für sich ist für das Studium des menschlichen Verhaltens von Bedeutung. Jedoch zeigen die Interkorrelationsmatrizen, daß es solche unabhängigen Variablen kaum gibt. In den Korrelationen kommt die Überschneidung zwischen den gemessenen Variablen, also auch die verbale Redundanz der Psychologen, zum Ausdruck. Wir wollen sehen, wie die Faktorenanalyse aus dieser Redundanz einen Extrakt menschlicher Verhaltensweisen herausdestilliert.

9.1.2 Minimale Dimensionalität

Ein wichtiges Problem in jeder Wissenschaft ist es, die beobachteten Phänomene durch eine kleinere Zahl von Variablen, als ursprünglich vorhanden war, zu beschreiben – eine kleinere Zahl von Variablen, die als Basisvariablen betrachtet werden können. Wie wir gesehen haben, ist das in der Chemie der Fall, wo eine große Zahl von chemischen Verbindungen durch eine begrenzte Zahl von chemischen Elementen ausgedrückt werden kann. In den Humanwissenschaften können wir eine ungeheure Zahl von Phänomenen beobachten, und diese wollen wir durch eine viel kleinere Zahl von Basisvariablen beschreiben.
Die Dimensionalität einer Meßwertmatrix bei verschiedenen Variablen und verschiedenen Probanden ist gleich der Zahl der Basisvariablen, die zur Beschreibung der beobachteten Meßwerte bei einem bestimmten Genauigkeitsgrad erforderlich sind. Wir nennen diese kleinere Zahl von Basisvariablen „Faktoren". Obwohl diese Ausdrucksweise nicht ganz befriedigend ist, ist sie in der Literatur eingeführt, und wir wollen sie weiter benutzen. Wir sagen, daß die Matrix der Interkorrelationen einer Anzahl von verschiedenen Tests auf eine viel kleinere Zahl von Faktoren zurückgeführt werden kann. Das bedeutet in der Praxis: Wenn eine Korrelationsmatrix auf Grund einer großen Zahl von beobachteten Meßwerten gegeben ist, und wenn es möglich ist, die Meßwerte durch eine kleinere Zahl von Faktoren auszudrücken, dann sollte es irgendwie möglich sein, aus der empirischen Korrelationsmatrix eine Matrix der Faktorenladungen zu berechnen, aus der man die Korrelationsmatrix durch geeignete mathematische Methoden zurückgewinnen kann. Wenn man verstehen will, wie eine Faktorenmatrix ermittelt wird, muß man sich mit einfacher Matrixalgebra und den grundlegenden Begriffen der Faktorenanalyse bekanntmachen. Dafür sind die beiden Werke von *Horst* „Matrix Algebra for Social Scientists (1963)" und „Factor Analysis of Data Matrices (1965)" zu empfehlen.

Wählen wir die Matrizenschreibweise, so können wir eine Faktorenmatrix betrachten, die so viele Spalten hat, wie es Faktoren, und so viele Zeilen, wie es Tests gibt. Das Problem besteht darin, die Elemente einer solchen Matrix so zu bestimmen, daß das Produkt dieser Matrix mit ihrer Inversen eine hinreichend gute Annäherung an die Korrelationsmatrix ist. Das wichtigste dabei ist die Festlegung einer minimalen Zahl von Faktoren, auf die die Korrelationen zurückgeführt werden können.

Dabei liegt die Betonung eher auf einer möglichst kleinen Zahl als auf der Art dieser Faktoren. Mit Hilfe von mathematischen und statistischen Verfahrensweisen kann man diese Zahl in beliebiger Näherung bestimmen. Die Diagonalelemente in der Korrelationsmatrix geben den Gesamtbetrag der durch alle Variablen repräsentierten Varianz an. Wenn die Diagonalelemente gleich eins sind, ist die Gesamtvarianz bei n Variablen gleich n. Denn die Summe der Varianzen ist gleich der Zahl der in Standardeinheiten gemessenen Variablen. Es ist möglich, ohne Berechnung der Faktorenmatrix zu bestimmen, wie viele Faktoren erforderlich sind, um einen bestimmten Anteil der Gesamtvarianz der Variablen aufzuklären. Wenn wir beispielsweise 80% aufklären wollen, dann können wir mit Hilfe der sogenannten Eigenwerte der Korrelationsmatrix sagen, wie viele Faktoren dazu notwendig sind.

Dieser Ansatz zur Bestimmung der Dimensionalität einer Reihe von Variablen ist nicht auf die Faktorenanalyse in der Psychologie beschränkt. Bei jeder wissenschaftlichen Untersuchung gehen wir in der gleichen Weise vor, wenn es auch manchmal nicht ganz so offensichtlich ist. Immer versuchen wir, beobachtete Phänomene durch eine relativ kleine Zahl von Variablen möglichst genau zu beschreiben. In der Physik ist dieses Vorgehen nicht so augenfällig. Denn die Zahl der Grundkonzepte, die für eine Erklärung der beobachtbaren physikalischen Phänomene notwendig ist, ist viel kleiner, und diese Konzepte sind nicht hinter einer großen Zahl von Variablen versteckt.

Im wesentlichen liefert die Faktorenanalyse eine formale, gut strukturierte mathematisch-statistische Basis zur Bestimmung der kleinstmöglichen Zahl von Konzepten, die zur Beschreibung der beobachteten Phänomene mit einem vorgegebenen Genauigkeitsgrad erforderlich sind.

Bei der Konstruktion eines psychologischen Tests mit objektiven Items, sei es nun ein kognitiver Test oder ein Persönlichkeitstest, versuchen wir im Idealfalle, nur solche Items in den Test hineinzunehmen, die möglichst hoch miteinander korrelieren. Wenn in der Korrelationsmatrix alle Interkorrelationen gleich 1 sind, dann ist die Dimensionalität der Variablen einfach 1; ein Faktor reicht aus, alle Interkorrelationen zu erklären. Je höher die Interkorrelationen zwischen den Variablen sind, desto weniger Faktoren sind im allgemeinen erforderlich.

Unglücklicherweise ist nicht immer klar, daß ein Kriterium eines guten Tests möglichst hohe Iteminterkorrelationen sind. Oft wird das Argument gebracht, es sei wünschenswert, daß ein Test eine große Zahl von verschiedenen, nur niedrig miteinander korrelierenden Items enthalte. Auf diese Weise glaubt man, einen weiteren Bereich zu erfassen. Hier wollen wir nur folgendes entgegnen: Wenn jemand eine große Zahl von Dingen zu messen versucht, sollte er sie so genau wie möglich spezifizieren und versuchen, jedes für sich jeweils durch Gruppen von hoch korrelierenden Items zu erfassen. Dieses Prinzip wird im Detail im 15. Kapitel abgehandelt.

Wir haben darauf hingewiesen, daß eins der wichtigsten Ziele der Faktorenanalyse die Bestimmung der Dimensionalität einer Reihe von Variablen oder Konzepten ist. Die Interessen der Psychologen können jedoch noch weiter gehen. Wenn sich eine Faktorenmatrix finden läßt, aus der man die ursprüngliche Korrelationsmatrix in beliebiger Genauigkeit zurückgewinnen kann, so gibt es bekanntlich eine unendlich große Zahl von Faktorenmatrizen, die genau die gleiche Korrelationsmatrix ergeben. Diesem Phänomen liegt das mathematische Konzept der „orthogonalen Transformationen“ zugrunde, das zu komplex ist, als daß wir es hier erörtern könnten.

Um diese Unbestimmtheit zu überwinden, versuchte *Thurstone* (1947), aus der unendlich großen Zahl von Faktorenmatrizen, aus denen die ursprüngliche Korrelationsmatrix reproduziert werden kann, eine bestimmte, „primäre“ Matrix herauszusuchen. *Thurstone* nannte das Konzept, auf Grund dessen man eine solche primäre Matrix bestimmen konnte, „Einfachstruktur“. Wir wollen ihm unsere Aufmerksamkeit zuwenden.

9.1.3 Die Einfachstruktur

Wir wollen wissen, wie viele Basisvariablen erforderlich sind, um beobachtete Meßwerte hinreichend zu erklären. Darüber hinaus wollen wir definieren, was das für Variablen sind. Denn es ist ein Zweck der Faktorenanalyse, die Forscher einer speziellen wissenschaftlichen Disziplin in den Stand zu setzen, die Basisvariablen ihrer Wissenschaft zu definieren.

Wir verwenden absichtlich das Wort „definieren“, nicht den Begriff „entdecken“. „Entdecken“ setzt voraus, daß es wirkliche Basisvariablen gibt. Wir haben nicht die Absicht, die Wirklichkeit zu entdecken, sondern wir wollen nur Definitionen angeben, die die wissenschaftliche Forschung einfacher und fruchtbarer machen können.

Was wir brauchen, sind objektive Methoden zur Definition der primären Variablen unserer Disziplin. Mit Hilfe dieser Variablen können wir dann die beobachteten Phänomene untersuchen. Je weiter die Definitionen auf quantitative oder numerische Begriffe zurückgeführt werden können, desto leichter kann bezüglich der primären Variablen eine Übereinstimmung erzielt werden. Wir wollen deshalb etwas detaillierter darauf eingehen, was unter „Einfachstruktur“ im Sinne einer quantitativen Definition zu verstehen ist.

Das Konzept der Einfachstruktur bezieht sich auf die Faktorenmatrix. Wir haben schon gezeigt, daß diese Matrix aus Zahlen besteht, wobei jede Zahl einem gegebenen Faktor und einem gegebenen Test entspricht. Ein einzelnes Element in der Faktorenmatrix gibt das Ausmaß an, in welchem ein Faktor in einem bestimmten Test repräsentiert ist. Betrachten wir einen einzelnen Test, so entspricht deshalb jedem Faktor eine Zahl; und betrachten wir einen Faktor, so haben wir eine Zahl für jeden Test. Diese Zahlen können positiv, negativ oder null sein. Ihre Größe hängt weitgehend von der speziellen Methode ab, die bei der Berechnung der Faktorenmatrix angewendet wurde. Die Kriterien, die *Thurstone* hierfür angewendet hat, sind die Kriterien der „Einfachstruktur“, die wir nun beschreiben wollen.

Ein Kriterium ist die sogenannte „positive Mannigfaltigkeit“. Das bedeutet, daß die Faktorenmatrix möglichst wenig negative Werte enthalten sollte. In vielen Fällen gibt es jedoch neben einer Faktorenmatrix, die einer bestimmten Korrelationsmatrix entspricht und meist positive Werte enthält, noch eine große Zahl von weiteren Faktorenmatrizen, die der gleichen Korrelationsmatrix entsprechen und alle ebenfalls meist aus positiven Elementen bestehen. Da wir die Auswahl einer bestimmten Matrix, durch die wir die primären Variablen definieren wollen, weiter einschränken wollen, fordern wir noch, daß jede Spalte eine kleine Zahl von hohen Faktorladungen und eine große Zahl von Ladungen nahe null enthalten soll. Wir verlangen weiter, daß in jeder Zeile der Matrix mindestens eine Ladung nahe bei null, und daß mindestens eine der anderen Ladungen hoch positiv sein soll. Im allgemeinen gilt: Je geringer die Zahl der großen Ladungen, und je größer die Zahl der Null-Ladungen in einer Zeile ist, desto einfacher ist die Struktur dieser speziellen

Variablen. Je mehr Variablen in dieser einfachen Form ausgedrückt werden können, desto einfacher ist die Struktur der gesamten Faktorenmatrix.

Die Bedingung, daß eine relativ große Zahl von Nullen in jeder Zeile und Spalte der Faktorenmatrix stehen soll, reicht jedoch noch nicht aus. Wir müssen auch die relativen Positionen der Nullen und der hohen Werte in der Matrix betrachten. Für jedes Faktorenpaar sollten die Ladungen so angeordnet sein, daß nicht viele Tests hohe Ladungen im gleichen Faktor haben, denn das bedeutet ja, daß sie den gleichen Faktor messen. Weiterhin sollte für jedes Faktorenpaar eine Anzahl von Tests hohe Ladungen in dem einen Faktor und Null-Ladungen in dem anderen haben. Schließlich sollte dieses gleiche Faktorenpaar viele Null-Ladungen in beiden Faktoren aufweisen.

Wenn wir die Ladungen eines Faktors gegen die eines anderen Faktors abtragen, und wenn die beschriebenen Bedingungen gelten, werden wir finden, daß dann einige Tests in der Nähe des Nullpunkts, andere in der Nähe oder auf der einen bzw. anderen Achse liegen. Das Ausmaß, in welchem diese Kriterien der Einfachstruktur erfüllt sind, hängt von den jeweiligen Variablen ab, die in das Experiment einbezogen sind. Ein Verfahren, durch das man für eine gegebene Reihe von Variablen die beste Einfachstruktur auffinden kann, würde Hinweise geben, mit welchen Variablen man welche Faktoren am besten messen kann. Die Faktoren würden dann durch die Variablen definiert werden, die mit ihnen relativ hoch geladen sind.

Als *Thurstone* sein Konzept und die entsprechenden Rechenverfahren entwickelte, nahm er an, daß jemand, der bei der Berechnung der Faktorenmatrix aus einer Korrelationsmatrix nach den Kriterien der Einfachstruktur vorging, imstande sein würde, die Faktoren psychologisch sinnvoll zu interpretieren. Heute scheint eine allgemeine Übereinstimmung dahingehend zu herrschen, daß Faktoren, die den Kriterien der Einfachstruktur genügen, psychologisch, ja sogar ganz allgemein sinnvoll sind. Diese Übereinstimmung ist nicht notwendig ein Beweis für die Richtigkeit der Methode, aber sie ist für eine effektive Kommunikation und eine produktive Forschung von erheblicher Bedeutung.

Um zu zeigen, wie die Technik der Faktorenanalyse bei der Definition von sinnvollen Variablen eingesetzt werden kann, dachte sich *Thurstone* (1947) ein Experiment aus, in dem die fundamentalen Variablen bereits bekannt waren. Das waren Länge, Breite und Höhe. Er führte eine Anzahl von Messungen an einer Stichprobe von Schachteln von verschiedener Größe und Form durch. Diese Messungen bestanden aus

einer Kombination der Primärfaktoren Länge, Breite und Höhe. Insgesamt ergaben sich für jede Schachtel ungefähr 30 verschiedene Meßwerte. Einige bestanden sogar aus nichtlinearen Kombinationen der Grundvariablen. Die konventionelle Methode der Faktorenanalyse zusammen mit dem Konzept der Einfachstruktur ergab, daß gewisse Variablen ihre höchste Ladung jeweils in einem der drei Faktoren hatten. Es zeigte sich, daß diese Variablen gerade Länge, Breite und Höhe waren. Diese Untersuchung ist deshalb bedeutsam, weil sie genau die Antworten ergab, die bereits im voraus bekannt waren.Man kann vernünftigerweise erwarten, daß eine Technik, die richtige, im voraus bekannte Antworten liefert, auch zu richtigen Ergebnissen führt, wenn diese nicht vorher bekannt sind.
Ein anderes Beispiel ist eine Untersuchung, die auch von *Thurstone* (1941) durchgeführt wurde, und über die wir bereits im 2. Kapitel berichtet haben. Er stellte eine Gruppe von über 60 psychologischen Tests zusammen, und er fand mit Hilfe der in diesem Kapitel diskutierten Techniken, daß sie sich so stark überschnitten, daß sie auf ungefähr 10 primäre Variablen zurückgeführt werden konnten. Das sind die Variablen, die als „Thurstone Primary Mental Abilities Tests" bekannt geworden sind. Es handelt sich um die kognitiven Faktoren, auf die im 2. Kapitel im Zusammenhang mit den Intelligenzdimensionen hingewiesen wurde.

9.2 Faktorenarten

Es gibt viele Bücher über Faktorenanalyse; auf das von *Horst* (1965) haben wir uns bereits bezogen. Man kann kaum gegenwärtige Veröffentlichungen in Psychologie, Soziologie oder Physiologie lesen, ohne auf faktorenanalytische Studien zu stoßen. Es dürfte daher von Wert sein die verschiedenen Arten von Faktoren, die definiert oder postuliert worden sind, zu beschreiben und kurz auf ihre Beziehungen zueinander einzugehen. Es handelt sich um General-, allemeine, spezifische und Fehlerfaktoren. Es gibt noch keine Übereinstimmung darüber, welche davon in einer zufriedenstellenden Analyse von Korrelationsmatrizen gefordert werden müssen.

9.2.1 Generalfaktoren

Historisch gesehen beginnt die Faktorenanalyse mit dem Werk von Charles *Spearman* (1904). Wir wollen einen kurzen Überblick über seinen Beitrag geben.

Spearman postulierte ursprünglich zwei Arten von Intelligenzfaktoren, einen Generalfaktor und spezifische Faktoren. Sein stärkstes Interesse galt diesem Generalfaktor. Schon früh hatte er beobachtet, daß zwischen den Ergebnissen einer Anzahl von zu seiner Zeit verfügbaren psychologischen Tests meist hohe Korrelationen auftraten. Da diese Tests ausdrücklich zur Messung der Intelligenz gedacht waren, nahm er in seiner Theorie weiter an, daß es dieser zugrundeliegende Faktor der Intelligenz war, der die Korrelationen zwischen den Tests verursachte. *Spearman* arbeitete spezielle algebraische und arithmetische Verfahren aus, um aus einer Korrelationsmatrix die Ladungen eines jeden Tests im Generalfaktor bestimmen und die Intelligenz eines jeden Probanden auf Grund der Tests abschätzen zu können.
Die von *Spearman* (1927) entwickelten Methoden und seine Theorie erklärten jedoch nicht genau alle die Korrelationen, die in zu seiner Zeit erreichbaren Korrelationstabellen zu finden waren. *Spearman* war später gezwungen, noch andere Faktoren anzunehmen, die er ziemlich vage Gruppenfaktoren nannte. Nur so konnte er den Unterschieden zwischen seiner Theorie und den beobachteten Korrelationsmatrizen Rechnung tragen.
Außer dem Generalfaktor der Intelligenz nahm *Spearman* für jeden Test einen spezifischen Faktor an. Das waren die Faktoren, die übrig blieben, wenn der Generalfaktor extrahiert worden war. Jeder Test wurde so durch seine Ladung im Generalfaktor und seine Ladung in einem für diesen Test spezifischen Faktor charakterisiert. Dieses allgemeine Modell wurde von *Thurstone* (1947) erweitert. Es sollte nicht nur einen einzigen Generalfaktor, sondern auch sogenannte allgemeine Faktoren geben. Im Modell von *Spearman* gab es nur einen allgemeinen Faktor, den Generalfaktor der Intelligenz. *Thurstone* nahm jedoch an, daß man durch Erhöhung der Anzahl der allgemeinen Faktoren die Korrelationen bei verschiedenen Arten von Messungen genauer erklären konnte.

9.2.2 Allgemeine Faktoren

*Thurstone*s Beitrag bestand im wesentlichen darin, daß er Rechenverfahren zur Auffindung von mehr als einem allgemeinen Faktor entwickelte, wenn zu einer hinreichenden Erklärung der Interkorrelationen der experimentellen Daten mehr als ein Faktor erforderlich war. An dem Konzept der spezifischen Faktoren zusätzlich zu den allgemeinen Faktoren hielt er weiter fest. Als allgemeine Faktoren wurden die

Faktoren angesehen, die mindestens zwei, möglichst aber mehr Tests der Batterie gemeinsam hatten. Dagegen waren die spezifischen Faktoren die, die jeweils nur für einen einzelnen Test galten.
Bei der Unterscheidung zwischen Generalfaktoren und allgemeinen Faktoren geht einiges durcheinander. In späteren Veröffentlichungen nämlich definierte *Thurstone* für eine Reihe von gegebenen Tests mehrere Generalfaktoren. Wann wird aber ein allgemeiner Faktor ein Generalfaktor, oder wann ein Generalfaktor ein allgemeiner Faktor? Man denkt sich gewöhnlich einen Generalfaktor als einen solchen, in dem alle Tests geladen sind, während in einem allgemeinen Faktor einige, aber nicht alle Tests Ladungen haben. Aber das sind keine präzisen Definitionen. Denn bei irgendeiner arithmetischen Lösung erhalten wir niemals genau eine Null-Ladung bei irgendeinem Faktor, so daß jeder Test in allen Faktoren mindestens eine kleine positive oder negative Ladung hat. Man kann dann nach Belieben entscheiden, wie klein eine Ladung sein muß, damit sie vernachlässigt werden kann, und wie viele solcher Ladungen ein bestimmter Faktor haben muß, daß er nicht mehr als allgemeiner Generalfaktor, sondern als allgemeiner Faktor angesehen werden kann.
Jedoch sind trotz dieser Unsicherheit die faktorenanalytischen Methoden bei der Definition von zu messenden Dingen die objektivsten und am ehesten zu akzeptierenden Verfahren. Auf jeden Fall können wir die zufälligen verbalen apriori-Bezeichnungen der einzelnen Forscher, die die unzähligen Idiosynkrasien und Vorurteile der menschlichen Persönlichkeit wiederspiegeln, ausschließen.

9.2.3 Spezifische Faktoren

Eine große Zahl von Veröffentlichungen beschäftigt sich mit General- und allgemeinen Faktoren. Viele Forscher legen großen Wert auf diese Unterscheidung. Doch gibt es auch noch die Faktoren, die jeweils nur in einer Variable eine Ladung haben. Es sind deshalb so viele spezifische Faktoren vorhanden, wie es Variable gibt.

Dieses Modell bringt uns jedoch in Schwierigkeiten. Denn es zwingt uns, bei einer bestimmten Zahl von Variablen nicht nur allgemeine und vielleicht sogar Generalfaktoren, deren Anzahl kleiner als die der Variablen ist, anzunehmen, sondern auch noch spezifische Faktoren, wovon genauso viele wie Variable vorhanden sind. Also gibt es in einem solchen Modell mehr Faktoren als Variablen.

Wir können jedoch nicht auf eine Besprechung dieser spezifischen Faktoren verzichten. In der Faktorenanalyse steht ein Großteil Theorie und Rechentechnik mit der Postulierung solcher Faktoren in Verbindung. Wir müssen sie entweder in unser Modell einbauen und sie vom Gesichtspunkt einer wissenschaftlichen Sparsamkeit her rechtfertigen, oder auf sie zu Gunsten von noch sparsameren Modellen verzichten. Dazu kommt noch die Schwierigkeit, daß die spezifischen Faktoren zweifellos eine Funktion der speziellen, betrachteten Testbatterie sind.

Es wird im allgemeinen eingesehen, sogar von den Vorkämpfern der spezifischen Faktoren, daß ein Faktor, der in der einen Testbatterie spezifisch ist, in einer anderen allgemein werden kann. Wenn zwei Tests gegeben sind, die ungefähr dasselbe messen, aber von allen anderen Tests sehr verschieden sind, dann ergibt sich ein allgemeiner Faktor für diese beiden Tests, und für alle anderen Tests Null-Ladungen in diesem Faktor. Wenn man nun einen dieser beiden Tests wegläßt, dann erhält man für den anderen Test einen spezifischen Faktor, in dem die übrigen Tests keine Ladungen haben. Überhaupt sind Generalfaktoren und allgemeine Faktoren, genauso wie spezifische Faktoren, Funktionen der speziellen analysierten Testbatterie; aber spezifische Faktoren werden durch die Testbatterie stärker beeinflußt als die anderen. Eins der größten und strittigsten ungelösten Probleme der Faktorenanalyse ist das der spezifischen Faktoren. Eine ausführliche Behandlung dieser Frage geht über den Rahmen dieses Buches hinaus. Wir werden jedoch im 10. und 20. Kapitel sehen, daß das Konzept der Testspezifität eine wichtige Rolle bei der Messung und Vorhersage in der Psychologie spielt.

9.2.4 Fehlerfaktoren

Es ist im allgemeinen nicht möglich, alle Meßwerte in einer Rohwertmatrix, oder alle Korrelationen in einer aus einer solchen Rohwertmatrix abgeleiteten Korrelationsmatrix aufzuklären, ohne so viele Faktoren zu berechnen, wie es Variablen gibt. Nur weil wir annehmen, daß es bei den verschiedenen Meßwerten zufällige oder unsystematische Komponenten gibt, sind wir berechtigt, die Korrelationsmatrix zu approximieren. Wir können diese Approximation so durchführen, daß die Zahl der Faktoren kleiner als die Zahl der Variablen ist. Wenn wir das aber tun, müssen wir zusätzliche Faktoren annehmen, die wir für die Unterschiede zwischen der Approximation und der ursprünglichen Korrelationsmatrix verantwortlich machen können. Diese nennen wir Fehlerfaktoren.

Im allgemeinen haben Tests auf den Fehlerfaktoren viel kleinere Ladungen als auf den General-, den allgemeinen und den spezifischen Faktoren. Jedoch unterscheiden die Verfechter der spezifischen Faktoren nicht scharf zwischen diesen und den Fehlerfaktoren. Der wichtigste Unterschied zwischen diesen beiden Arten von Faktoren ist der, daß man bei spezifischen Faktoren nur die Diagonalelemente der Korrelationsmatrix, bei Fehlerfaktoren alle Korrelationskoeffizienten berücksichtigen muß. Fehlerfaktoren machen die Schätzungen entweder höher oder niedriger als die beobachteten Korrelationen. Dabei werden die Diagonalelemente niemals größer als 1.

Eine wichtige Bedingung, der jedes faktorenanalytische Modell genügen muß, ist nämlich, daß die Summe der Quadrate der Faktorladungen für einen bestimmten Test gleich der Varianz dieses Tests ist. Wenn die Varianz 1 ist, wie es bei der Korrelationsmatrix der Fall ist, dann muß die Summe der Quadrate aller Faktorenladungen dieses Tests, also von General-, allgemeinen, spezifischen und Fehlerfaktoren, gleich 1 sein.

Wir haben in diesem Kapitel unsere Diskussion über Faktoren und Faktorenanalyse bisher auf einem mehr allgemeinen und theoretischen Niveau geführt und Beziehungen zu psychologischen Tests nur angedeutet. Wir wollen nun etwas spezieller die Beziehungen der faktorenanalytischen Konzepte und Techniken zu Tests behandeln.

9.3 Faktoren und Tests

Wir brauchen Methoden, um die große Zahl von möglichen, immer wieder auf Grund des Erfindungsgeists und der verbalen Produktivität der Psychologen entwickelten Tests zu reduzieren. Deshalb wollen wir die Beziehungen zwischen Faktoren und Tests diskutieren. Zunächst wollen wir die Faktoren als eine kleine Zahl von „reinen" Tests auffassen. Dann wollen wir multiple Messungen und Faktoren und schließlich Tests als gewichtete Kombinationen von Faktoren behandeln.

9.3.1 Faktoren als „reine" Tests

Mit Hilfe der Faktorenanalyse kann man bei einer großen Gruppe von psychologischen Tests bestimmen, welche Tests als Meßinstrumente für reine Faktoren angesehen werden können. Denn es ist das wichtigste Ziel des Prinzips der Einfachstruktur, die Variablen zu identifizieren, mit denen man die Faktoren in einer Batterie am besten beschreiben kann. Wenn eine entsprechende Faktorenmatrix bestimmt worden ist, werden die Tests mit den höchsten Ladungen in jedem Faktor als die besten Meßinstrumente eben dieses Faktors definiert. Wenn ein Test eine hohe Ladung in einem Faktor und Null-Ladungen in allen anderen hat, und wenn wir wissen, daß der Test eine hohe Reliabilität besitzt, d. h., wenn er sehr wenig Felervarianz aufweist, dann können wir sagen, daß dieser Test den Faktor relativ rein mißt.

In den meisten faktorenanalytischen Studien stellt es sich jedoch heraus, daß kein einziger Test in allen Faktoren außer einem nur Null-Ladungen hat. Aber ein Test kann eine hohe Ladung in einem Faktor und viele kleinere Ladungen in allen anderen Faktoren aufweisen; in diesem Falle betrachten wir den Test als ein relativ reines Maß des Faktors. Wenn wir eine Anzahl von solchen Tests finden, dann können sie als Basis für die Entwicklung anderer Tests dienen, mit denen man die Faktoren noch besser erfassen kann.

Das Beispiel der Schachteln, das wir weiter oben beschrieben haben, zeigte, daß die Begriffe Länge, Breite und Höhe die besten Bezeichnungen für die drei in der Analyse gefundenen Faktoren waren. Es war notwendig, diese Faktoren so zu nennen. Bei den Untersuchungen der „primary mental abilities" stellte sich jedoch heraus, daß kein einzelner Test einen Faktor „rein" erfaßte, in dem Sinne, daß er nur in diesem Faktor hoch und in allen anderen zu null geladen war. Nichtsdestoweniger wurden verschiedene Tests gefunden, die relativ hohe Ladungen in einem bestimmten und relativ niedrige Ladungen in anderen Faktoren hatten. Solche Tests konnten vorläufig als ungefähre Messungen des reinen Faktors gewählt werden, bis daß genauere Tests entwickelt sein würden.

9.3.2 Multiple Messungen und Faktoren

Wir haben versucht, im 7. Kapitel zu zeigen, wie wichtig multiple Messungen für eine angemessene Beschreibung des menschlichen Verhaltens sind. Wir sind nun in der Lage, zwischen zwei Arten von multiplen Messungen unterscheiden zu können. Bei der ersten werden Meßinstrumente verwendet, die auf irgendeiner apriori oder rationalen Basis, oder vielleicht rein gefühlsmäßig zusammengestellt worden sind. Solche multiplen Messungen können, wie wir gesehen haben, sehr viele Variablen enthalten, ob diese nun aus einzelnen Items oder aus Mengen solcher Items, z. B. Tests oder Skalen, bestehen. Es ist sehr schwierig, die von diesen Meßinstrumenten gelieferten Informationen zusammenzufassen.

Solche multiplen Messungen können bei der Vorhersage menschlichen Verhaltens von Bedeutung sein, aber sie können nicht immer vollständig ausgenutzt werden. Die Ursache dafür sind auch Schwierigkeiten statistischer Art, nämlich eine ungenügende Zahl von Freiheitsgraden. Als Alternative kann man solche Testreihen durch eine viel kleinere Zahl von Tests ersetzen, die reine Faktoren erfassen und im wesentlichen die gleiche Information liefern. Diese Tests bilden die zweite wichtige Art von multiplen Messungen. Methoden zu ihrer Entwicklung sind in Büchern über Faktorenanalyse zu finden.

Leider haben sich im allgemeinen nur Psychologen ernsthaft mit dem Problem beschäftigt, multiple Messungen bei zufällig definierten und benannten Variablen auf eine kleinere ökonomische und sinnvolle Zahl von primären Variablen zu reduzieren. Das ist aus zwei Gründen bedauerlich. Einmal wird die Kommunikation immer schwieriger, wenn die Zahl der schlecht definierten Variablen wächst.

Zweitens könnte die Forschung stark vereinfacht werden, und Versuchspläne, Analysen und Interpretationen könnten ökonomischer und sinnvoller sein, wenn sie auf einer relativ kleinen Zahl von primären Variablen und nicht auf einer großen Zahl von zufällig definierten Variablen begründet wären. Es ist schade, daß die Verfechter der Faktorenanalyse nicht imstande gewesen sind, die Bedeutung dieser Technik für die experimentelle, die physiologische, die klinische und die vergleichende Psychologie oder andere Bereiche herauszustellen. Viele Psychologen betrachten die Faktorenanalyse eher als einen weiteren Bereich der psychologischen Forschung als eine wichtige Methode, die man bei allen wissenschaftlichen Untersuchungen anwenden kann, wo die einzelnen Variablen verschwommen und widersprüchlich sind.

Es ist zweckmäßig, jetzt etwas genauer auf die Bedeutung einer Faktorladung einzugehen. Die Ladung eines Tests auf einem speziellen Faktor ist die Korrelation des Tests mit diesem Faktor. Deshalb muß eine Faktorladung zwischen –1 und +1 liegen. Diese Definition gilt jedoch nur, wenn die Faktorenanalyse bei einer Korrelationsmatrix durchgeführt wurde. Falls eine Kovarianzmatrix zugrundeliegt, sind die Ladungen die Kovarianzen des Tests mit den verschiedenen Faktoren. Jeder Test besitzt eine Korrelation oder Kovarianz mit jedem Faktor. Anders ausgedrückt gibt es für jeden Faktor eine Korrelation oder Kovarianz mit jedem Test. Angenommen, wir hätten Tests, die nur die

Faktoren einer Testbatterie erfassen, und wir fügten diese Tests der Batterie hinzu. Dann würden die Ladungen genau die Korrelationen dieser Test mit den übrigen Tests sein.

9.3.3 Test als gewichtete Kombination von Faktoren

Testpunktwerte können als gewichtete Kombinationen von Faktorwerten angesehen werden, vorausgesetzt, bei jedem Probanden sind diese Werte für jeden Faktor verfügbar. Der Testpunktwert ist dann eine Linearkombination der Faktorwerte. Für jeden Test würde es eine solche Linearkombination geben, wobei sich die Gewichtsvektoren für die Linearkombinationen natürlich von Test zu Test unterscheiden. Die Matrix der Faktorenladungen kann als Matrix der Gewichtsvektoren angesehen werden.

Die Gl. 9.3.1 und 9.3.2 zeigen in Skalarschreibweise, wie man einen Testwert als gewichtete Summe der Faktorwerte ausdrücken kann.

$$X_{ij} = Y_{i1}a_{1j} + Y_{i2}\,a_{2j} + \cdots + Y_{im}\,a_{mj} + \varepsilon_{ij} \qquad (9.3.1)$$

$$X_{ij} = \sum_{k=1}^{m} Y_{ik}\,a_{kj} + \varepsilon_{ij} \qquad (9.3.2)$$

Dabei ist m die Anzahl der Faktoren; X_{ij} ist der Testpunktwert des i-ten Probanden im j-ten Test; Y_{ik} ist der Faktorwert des i-ten Probanden auf dem k-ten Faktor, α_{kj} ist die Ladung des j-ten Tests auf dem k-ten Faktor; und ε_{ij} ist ein Residuum, das eine spezifische, von dem verwendeten Modell abhängige Komponente einschließen kann.

Gl. 9.3.3 zeigt in Matrizenschreibweise, wie die Matrix der Testpunktwerte als Produkt einer Matrix der Faktorwerte und einer Ladungsmatrix ausgedrückt werden kann.

$$X = Ya' + \varepsilon \qquad (9.3.3)$$

Dabei ist X eine N x n-Matrix von Testpunktwerten, Y ist eine N x m-Matrix von Faktorwerten, a' ist eine m x n-Matrix von Ladungen, und ε ist eine N x n-Matrix von Residuen.

Wenn eine von einer Korrelationsmatrix abgeleitete Ladungsmatrix und weiterhin die Matrix der Testpunktwerte gegeben ist, können wir die

Faktorenmatrix berechnen. Entsprechende Verfahren sind in *Horst,* Factor Analysis of Data Matrices (1965), beschrieben. Wenn wir eine so berechnete Faktorenmatrix in Gl. 9.3.3 einsetzen, erhalten wir eine Annäherung an die Testpunktwertmatrix. Wenn die Zahl der Faktoren gleich der Zahl der Tests ist, ergibt sich eine exakte Lösung. Jedoch wird dadurch die Beschreibung der beobachteten Daten nicht ökonomischer.

10. Eigenschaften von Tests

Im 5. Kapitel behandelten wir die Eigenschaften einer Meßwertverteilung bei einer einzelnen Stichprobe. Jedoch befaßten wir uns dort mit Meßwerten im allgemeinsten Sinne, nicht speziell mit den Ergebnissen psychologischer Tests. Mit diesen haben wir es in diesem Kapitel zu tun. Tests bestehen aus einzelnen Reizelementen, nämlich den – objektiven – Testitems. Das bedeutet, daß das Testergebnis eine Kombination einer Anzahl von binären Meßwerten ist.
Solche Meßinstrumente liefern zwei wichtige Arten von Kennwerten. Die erste Art hängt mit der Verteilung der Meßwerte eines einzelnen Tests, die zweite mit den Beziehungen der Meßwerte zu anderen Meßwerten zusammen. Diese können von Tests stammen oder von allgemeiner Art sein.

10.1 Verteilungseigenschaften

Die Eigenschaften von Meßwertverteilungen im allgemeinen gelten natürlich auch für Spezialfälle, z. B. für Testergebnisse. Wir wollen im folgenden Testpunktverteilungen behandeln und dabei auf die Schwierigkeit und das Differenzierungsvermögen eingehen.

10.1.1 Schwierigkeit eines Tests

Die Schwierigkeit eines Tests ist die Zahl der Items, die von einer Stichprobe von Probanden im Durchschnitt richtig beantwortet wurden, oder der durchschnittliche Testpunktwert. Wie wir im 5. Kapitel gesehen haben, ist das gerade das erste Moment der Verteilung der Testpunktwerte für diese Stichprobe. Im allgemeinen jedoch ist diese Definition nicht ausreichend. Wir müssen darüber hinaus eine Reihe von weiteren Informationen über den Test und die Stichprobe angeben.

Offensichtlich müssen wir etwas über die Zeitbegrenzung des Tests wissen, bevor wir bei einer bestimmten Stichprobe den Mittelwert interpretieren können. Dieser Wert ist leicht zu verändern, indem man einfach die Zeitbegrenzung variiert. Theoretisch kann die Zeit so kurz bemessen sein, daß kein Proband auch nur ein Item richtig beantwortet. Dann ist die durchschnittliche Anzahl der richtig beantworteten Items gleich null. Das ist natürlich ein Extremfall, aber er unterstreicht, wie die Zeitbegrenzung die Schwierigkeit bestimmt, wenn die durchschnittliche Anzahl der richtig beantworteten Items als Maß für die Schwierigkeit gewählt wird. Wenn ausreichend Zeit vorhanden ist, dann können alle Probanden alle Items in Angriff nehmen. Wie wir schon ausgeführt haben, wird bei der psychologischen Testtheorie in den meisten Fällen vorausgesetzt, daß alle Probanden alle Items bearbeiten.

Selbst wenn der Test ohne Zeitbegrenzung durchgeführt wird, müssen wir noch wissen, wieviele Items er enthält, wenn die mittlere Zahl der richtig beantworteten Items als Schwierigkeitsindex dienen soll. Wenn dieser Durchschnitt bei 50 richtig beantworteten Items liegt, bedeutet das bei einem Test mit insgesamt 55 Items etwas ganz anderes als bei einem mit 200 Items. Außerdem beeinflußt die Zahl der Items, die rein zufällig richtig beantwortet werden, den Durchschnittspunktwert. Wenn z. B. bei einem Test mit 100 Richtig-Falsch- oder Zweifachwahlantwortaufgaben der Durchschnittswert 50 ist, würde das ein sehr schwerer Test sein. Denn wir würden einen Wert von 50 dann erwarten, wenn alle Items so schwierig sind, daß kein Proband irgendeine richtige Antwort weiß. Nimmt man andererseits an, daß der Test aus Fünffachwahlantwortaufgaben besteht, wo im Durchschnitt nur 20% der Items rein zufällig richtig beantwortet werden; dann bedeutet ein Durchschnittswert von 50 Items bei insgesamt 100 Items bei der gleichen Probandengruppe, daß die Items nicht so schwierig wie im ersten Falle sind.

Die Probandenstichprobe, an der die Schwierigkeit des Tests bestimmt wird, sollte für die Personengruppen repräsentativ sein, bei denen der Test später für diagnostische Zwecke angewendet werden soll. Wenn alle sonstigen Einflüsse ausgeschaltet sind, und wenn es nicht möglich ist, ein Item rein zufällig zu beantworten, ist es günstig, die Schwierigkeit so zu wählen, daß der durchschnittliche Testpunktwert die Hälfte der Anzahl der Testitems ist. Es gibt jedoch Ausnahmen, die wir später behandeln werden.

Es ist nicht nur wichtig, daß der Durchschnittswert für eine repräsentative Stichprobe weder zu hoch noch zu niedrig ist. Auch die Verteilung der Schwierigkeiten der einzelnen Items muß zufriedenstellend sein.

Wenn z. B. ein Test eine große Zahl von Aufgaben enthält, die kein Proband richtig beantwortet, es sei denn durch Zufall, dann sind diese Aufgaben offensichtlich zu schwer, und sie sollten nicht in den Test aufgenommen werden. Das gleiche gilt, wenn einige Items von allen Probanden richtig beantwortet werden. Diese Items sind zu leicht und im Test ohne jede Bedeutung.

Eins der schwierigsten technischen Probleme bei der Testkonstruktion dürfte die hinreichend genaue Festlegung der speziellen Gruppe sein, die als typisch oder repräsentativ für die Kollektive angesehen werden kann, für die der Test bestimmt ist. Wir können nicht von der Schwierigkeit eines Tests sprechen, ohne den Fähigkeitsgrad in der speziellen Gruppe zu berücksichtigen, bei der der Test angewendet wird. Wenn man z. B. einen bestimmten Test bei einer Stichprobe von Schülern aus dem 6. Schuljahr durchführt, werden im Durchschnitt von 100 Items 60 richtig gelöst, wohingegen Schüler aus dem 10. Schuljahr 80 oder 90 Aufgaben richtig haben. Es ist jedoch nicht nur die durchschnittliche Fähigkeit der speziellen Gruppe, die von Bedeutung ist; andere Verteilungsmerkmale, wie Dispersion, Schiefe und Exzess, können ebenfalls wichtig sein.

10.1.2 Differenzierungsvermögen

Wir haben gesehen, daß eine der wichtigsten Eigenschaften eines Tests seine Schwierigkeit ist. Diese Schwierigkeit ist eine Funktion der Items und der Fähigkeit der untersuchten Gruppe. Für uns sind aber neben dem arithmetischen Mittel oder dem ersten Moment der Testpunktverteilung auch noch andere Verteilungskennwerte von Interesse. Diese haben wir bereits im 5. Kapitel für Meßwerte im allgemeinen diskutiert. Es waren die Dispersion oder Varianz, die Schiefe und der Exzess.

Im Falle der Schwierigkeit kann man zeigen, daß die durchschnittliche Testleistung genau die Summe der Anteile der Probanden ist, die jeweils das einzelne Item richtig gelöst haben. Es ist wichtig, daß der Test eine geeignete Schwierigkeit besitzt, aber es ist vielleicht noch wichtiger, daß der Test in bestimmten Abschnitten des gesamten möglichen Punktbereichs optimal differenziert.

Im allgemeinen ist es wünschenswert, daß die Punktwerte eines Tests möglichst weit streuen. Man kann leicht zeigen, daß eine maximale Streuung dann auftritt, wenn alle die, die ein schweres Item richtig lösen, auch alle leichteren Items richtig beantworten. In diesem Falle spricht *Guttman* (1955a) von der Simplex oder einer perfekten Skala.

Eine solche perfekte Simplex kommt zwar in der Praxis niemals vor, aber sie kann als Ideal betrachtet werden, das man anstreben sollte.
Wenn man eine möglichst große Streuung erreichen will, müssen andererseits auch alle Items die gleiche Schwierigkeit haben. Aber dann kann man zeigen, daß wir bei einer Guttman-Skala genausogut mit einem einzigen wie mit einer Gruppe von Items auskommen können.

Jedenfalls gibt das Dispersionsmaß, oder das zweite zentrale Moment der Verteilung, das Differenzierungsvermögen des Tests an. Wie die Schwierigkeit oder das arithmetische Mittel der Testpunktverteilung ist auch die Dispersion eine Funktion der Zeitbegrenzung und der Anzahl der Testitems. Wenn alle Probanden alle Items bearbeiten, hängt die Dispersion von der Anzahl der Items, von der durchschnittlichen Schwierigkeit der Items, von der Dispersion der Itemschwierigkeiten und von der durchschnittlichen Itemkovarianz ab. Diese Kennwerte werden genauer im 12. Kapitel behandelt.

Wir haben bereits die Schiefe einer Meßwertverteilung behandelt. Wir haben gesehen, daß die Schiefe das Ausmaß der Dispersion der Meßwerte im oberen und unteren Teil des Wertbereichs anzeigt. Im Falle einer positiven Schiefe kann ein Test besser im Bereich hoher Punktwerte differenzieren, ein Test mit negativer Schiefe trennt besser bei Probanden mit niedrigen Punktwerten. Es ist bei der Schiefe einer Testpunktverteilung schwieriger als bei der Schwierigkeit oder der Dispersion, die Faktoren anzugeben, die für sie von Einfluß sind. Die Schiefe ist eine viel komplexere Funktion der einzelnen Items und ihrer Beziehungen untereinander als die ersten und zweiten Momente, wobei die Schiefe aus dem dritten zentralen Moment, d. h. aus der Summe der 3. Potenzen der Abweichungswerte, berechnet wird.

Die Schiefe einer Testpunktverteilung hängt auch von der Probandengruppe ab, bei der der Test durchgeführt wird. Es ist unmöglich, die Eigenschaften der einzelnen Items von den Eigenschaften der untersuchten Gruppe zu trennen. Wenn eine Reihe von Items einer Anzahl von Probanden dargeboten wird, bei welchen die entsprechende Fähigkeit im oberen Bereich stark streut, dann ist die Testpunktverteilung positiv schief. Nehmen wir beispielsweise an, eine Stichprobe bestehe aus 100 Schülern aus der 6., 60 aus der 7., 50 aus der 8., 40 aus der 9., 30 aus der 10., 20 aus der 11. und 10 aus der 12. Klasse. Wenn wir bei einer solchen Gruppe einen Test administrieren, und wenn alle anderen Bedingungen konstant sind, häufen sich die niedrigen Punktwerte bei den Schülern aus der 6. Klasse, und die Verteilung würde in einem

Schwanz zum oberen Ende der Skala hin auslaufen. Die Verteilung hätte also eine positive Schiefe.
Wir könnten natürlich auch die meisten Schüler aus der 12. Klasse nehmen und dann in der Anzahl von der 11. zur 6. Klasse heruntergehen. Für denselben Test können wir jetzt eine Testpunktverteilung mit negativer Schiefe erwarten. Man kann also durch die Auswahl der Stichprobe die Richtung der Schiefe bestimmen. Das geht aus dem Beispiel deutlich hervor.
Wir können natürlich auch eine Stichprobe von Schülern aus dem, sagen wir, achten Schuljahr wählen. Wir brauchen also irgendeine apriori-Methode, mit der wir bestimmen können, welches die geeignesten und welches die ungeeignesten Probanden sind, und zwar in bezug auf das, was der Test mißt. Wir können dann aus dieser Gruppe eine Stichprobe derart entnehmen, daß die Punktwertverteilung entweder positiv oder negativ schief ist.
Es soll nochmals betont werden, daß wir für jede beliebige Gruppe von Probanden eine Reihe von Items konstruieren können, deren Schwierigkeitsverteilung so ist, daß die Punktwertverteilung ganz nach Wunsch positiv oder negativ schief ist. Es ist nicht unsere Absicht, das Problem der Beziehungen zwischen den Eigenschaften der Testpunktverteilung, der Verteilung der betreffenden Fähigkeit in der Stichprobe und der Verteilung der Itemschwierigkeiten zu lösen. Wir haben bloß auf die Unbestimmtheit hingewiesen, die bei Versuchen einer Definition oder Spezifizierung der Kennwerte einer Testpunktverteilung vorliegt. Vielleicht sind es diese Unbestimmtheit und die bei der Berechnung der Momente der Testpunktverteilung auftretenden Schwierigkeiten, die die mathematischen Statistiker dazu geführt haben, die Grundgesamtheit oder Population zu postulieren, aus der die Stichprobe stammt. Deshalb wird in den meisten konventionellen Statistiklehrbüchern ein Unterschied zwischen Stichprobenstatistiken und Popularitionsparametern gemacht. Die Definition einer Grundgesamtheit ist aus theoretischen Gründen vorteilhaft. Jedoch bestehen in praktischer Hinsicht verschiedene Einschränkungen, die vielleicht noch nicht klar genug erkannt worden sind.
Wir haben schon früher darauf hingewiesen, daß die Definition einer Grundgesamtheit schwierig ist. Vielleicht ist eine sinnvolle Definition sogar unmöglich. Es muß in Zukunft noch viel bezüglich der Formulierung von sinnvollen Definitionen und der Entwicklung von Modellen, die nicht an das Konzept der Grundgesamtheit und der daraus gezogenen Stichprobe gebunden sind, geschehen.

Wir erinnern daran, daß in die Berechnung des Exzesses das vierte Moment der Verteilung oder der Durchschnitt der vierten Potenzen der Standardwerte eingeht. Alles was wir über Schwierigkeit, Dispersion und Schiefe gesagt haben, gilt auch für den Exzess einer Testpunktverteilung. Offensichtlich ist auch der Exzess nicht nur eine Funktion der Verteilung der Itemschwierigkeiten und der Itemkorrelationen, sondern auch eine Funktion der Verteilung der Fähigkeit in der Stichprobe.
Das Problem, bei irgendeiner Stichprobe die Eigenschaften der Testitems, die den Exzess der Testpunktverteilung beeinflussen, zu bestimmen, ist noch komplexer als das Problem der Bestimmung der Schiefe. Man kann leicht zeigen, daß der Exzess nicht nur eine Funktion der Itemschwierigkeit, sondern auch von gemischten Momenten höherer Ordnung von binären Meßwerten ist. Diese Momente enthalten dritte und vierte Potenzen.
Es ist möglich, nach der Darbietung einer Reihe von Items bei einer Stichprobe einzelne Items derart auszuscheiden, daß der Exzess der Verteilung geändert wird. Auf diese Weise kann man auch Schiefe oder Dispersion verändern. Der Ausschluß von Items in der Absicht, die Momente einer Verteilung zu beeinflussen, wird genauer im 24. Kapitel behandelt.

10.1.3 Homogenität

Wir haben bereits weiter oben ausgeführt, daß die Dispersion einer Testpunktverteilung ein Maximum annimmt, wenn alle die Probanden, die ein schweres Item richtig haben, auch alle leichteren Items richtig haben. Diese Eigenschaft einer Reihe von Items kann mit „Homogenität" bezeichnet werden. *Guttman* (1955a) spricht von einer perfekten Simplex. Je vollständiger eine Reihe von Items diesen Bedingungen bei einer Gruppe von Probanden genügt, desto homogener sind diese Items. Das bedeutet einfach, daß die Items in dem durch die Schwierigkeiten gegebenen Rahmen das gleiche Merkmal so genau wie möglich messen.
Im Zusammenhang mit dem Konzept der Homogenität müssen wir die Faktorenanalyse einer solchen Reihe von Items behandeln. Angenommen, es sei eine vollständig homogene Reihe von Items gegeben, also perfekt skalierbar im *Guttman*schen Sinne, und man berechnet die Interkorrelationen dieser Items durch *Pearson*sche Produkt-Moment-Korrelationskoeffizienten. Diese würden natürlich Phi-Koeffizienten sein, da sie für binäre Variablen berechnet werden. Weil die Items alle dasselbe Merkmal erfassen, können wir erwarten, daß sich bei einer

Faktorenanalyse nur ein Faktor ergibt. Aber das ist nicht so. Eine Faktorenanalyse ergibt so viele verschiedene Faktoren, als es verschiedene Schwierigkeitsgrade bei den Items gibt.

Wir wollen z. B. annehmen, es läge ein Test mit 10 Items vor, und der Anteil der richtigen Lösungen ist bei jedem Item anders. Selbst wenn diese Items perfekt skalierbar sind, so daß alle die Probanden, die ein schwierigeres Item richtig haben, auch alle leichteren richtig haben, finden wir nichtsdestoweniger 10 Faktoren. Dieses Phänomen weist auf ein Problem hin, das die Spezialisten in psychologischer Testtheorie bisher vergeblich zu lösen versucht haben.[20] Zum Beispiel führt der schon weiter oben erwähnte Vorschlag von *Carroll* (1945), nämlich den tetrachorischen Korrelationskoeffizienten anstelle des Phi-Koeffizienten zu verwenden, bei der Berechnung der Faktorwerte zu Schwierigkeiten. Die Frage, wie man logisch einwandfrei aus den Ladungen, die sich auf Grund solcher tetrachorischen Korrelationskoeffizienten ergeben, Faktorwerte berechnen kann, ist noch nicht beantwortet.

Es besteht eine große Verwirrung bezüglich des Konzepts der Itemhomogenität. Manchmal wird Homogenität mit Reliabilität verwechselt. Es ist aber wichtig, zwischen diesen beiden Begriffen zu unterscheiden. Items, die niedrig miteinander korrelieren, können eher sehr wenig reliabel als heterogen sein.

Einige Autoren sprechen auch von der „Trennschärfe" oder „Differenzierungskraft" eines Items. Im allgemeinen bedeuten diese Begriffe, daß das Item eine hohe Korrelation mit dem Gesamtpunktwert hat. Aber wenn ein Item hoch mit dem Gesamtpunktwert korreliert, bedeutet das einfach, daß es in bezug auf den übrigen Test einen hohen Homogenitätsgrad besitzt. Vielleicht ist es unglücklich, daß Begriffe wie Trennschärfe, Differenzierungskraft usw. von Autoren entwickelt worden sind, denen die zugrundeliegenden mathematischen Beziehungen bei binären Items nicht so geläufig waren.

Jedenfalls werden Items, die dasselbe messen und hoch untereinander kovariieren, per definitionem homogen genannt. Andererseits werden Items, die verschiedene Dinge messen – was in den relativ niedrigen Interkorrelationen oder Inter-Item-Kovarianzen zum Ausdruck kommt –, inhomogen oder heterogen genannt. Solche heterogenen Items sollten im allgemeinen nicht, wie wir schon früher betont haben,

---

20 A.d.Ü.: Siehe auch G. Fischer (Hrsg.), Psychologische Testtheorie, Bern 1968, S. 68 ff

im gleichen psychologischen Test zusammengestellt werden; ihre Ergebnisse sollten nicht in einem Gesamtpunktwert zusammengefaßt werden. Wir haben ebenfalls darauf hingewiesen, daß die Gesamtpunktwerte dann maximal streuen, wenn die Items auf einer Guttman-Skala gemessen werden. Deshalb kann man sagen, daß man die größtmögliche Dispersion erhält, wenn die Items maximal homogen sind.

10.2 Korrelative Eigenschaften

Wir haben gesehen, wie bei Testpunktverteilungen die Verteilungskennwerte sowohl durch die Eigenschaften der Items als durch die der jeweiligen Probandenstichprobe bestimmt sind. Wir wollen nun einige Eigenschaften von Tests behandeln, die die Beziehungen zwischen zwei Reihen von Testergebnissen betreffen. Das sind die Reliabilität, die Spezifität und die Validität eines Tests.

10.2.1 Reliabilität

Wir erinnern an die beiden Definitionen der Reliabilität, einmal die Korrelation der Ergebnisse eines Tests mit denen eines anderen Tests, der dasselbe messen soll, zum anderen die Korrelation der Testpunktwerte im selben Test bei derselben Probandengruppe, aber zu verschiedenen Zeiten. Im ersten Falle sprechen wir von inhaltlicher, im zweiten von Retest-Reliabilität.

10.2.1a Inhaltliche Reliabilität

Das Problem der inhaltlichen Reliabilität wird genauer im 17. Kapitel diskutiert. Bei dieser Art von Reliabilität nimmt man an, daß zwei oder mehr Mengen von Items aus demselben Universum von Items derartig ausgewählt werden, daß sie dasselbe Merkmal messen. Aber es ist sehr schwierig, ein Universum, aus dem die Itemstichprobe gezogen wird, so zu definieren, daß man mit Recht eine Itemstichprobe aus dem Universum und eine andere aus dem gleichen Universum für vergleichbar halten kann.

Zur Ermittlung der inhaltlichen Reliabilität (auch: Paralleltestreliabilität) muß man zwei Stichproben von Items aus dem gleichen Universum, wie auch immer dieses definiert sein mag, ziehen, die Items einer

Stichprobe von Probanden darbieten und die Korrelation zwischen den resultierenden Gesamtpunktwerten berechnen. Diese Korrelation wird als Reliabilitätskoeffizient aufgefaßt. Sie ist eine Funktion der Dispersion und anderer Eigenschaften der Gruppe, der der Test dargeboten wurde, außerdem eine Funktion des Grades der Ähnlichkeit zwischen beiden Itemreihen. Bisher ist es noch nicht gelungen, Modelle zu entwickeln, die nicht von den Eigenschaften der speziellen getesteten Probandengruppen abhängen.

10.2.1b Meßwiederholung

Die Reliabilität eines Tests kann auch als Korrelation zwischen den Testpunktwerten bei zwei Darbietungen desselben Tests bei derselben Probandengruppe definiert werden. Gegen diese Methode sind verschiedene Einwände gemacht worden. Einer davon ist der folgende: Wenn die Probanden den Test einmal bearbeitet haben, erinnern sie sich an ihre Antworten, und sie neigen dazu, diese Antworten bei der zweiten Darbietung zu wiederholen. Ein anderer Einwand ist der, daß zwischen den beiden Testdurchführungen gelernt wird, und daß deshalb die zweite Darbietung nicht als bloße Wiederholung der ersten betrachtet werden kann.

Diese Einwände scheinen jedoch nicht stichhaltig zu sein. Wenn man bei den Probanden eine Gehirnwäsche vornehmen könnte, um Gedächtnis und Lernen auszuschalten und so den Bedenken zu entgehen, würde man gerade die Eigenschaften des menschlichen Verhaltens eliminieren, die in der Psychometrie von besonderem Interesse sind. Das Gedächtnis gibt dem Verhalten Konsistenz und Kontinuität. Und gerade diese Konsistenz ist Inhalt der Retestreliabilität.

10.2.2 Spezifität

Eine andere korrelative Eigenschaft eines Tests ist die sogenannte Spezifität. Wir können von der Spezifität eines Tests nur in bezug auf andere Tests sprechen. Ein Test kann aus Items verschiedenen Homogenitätsgrades zusammengesetzt sein. Es ist günstig, das Konzept der Homogenität und das der Heterogenität von einem einzelnen Test auf Gruppen von Tests zu übertragen. Tests können relativ homogen sein, wenn sie so ziemlich dasselbe messen.

Wenn nun Tests gegeben ist, deren Reliabilitäten, wie auch immer sie definiert sein mögen, hoch sind, und wenn man findet, daß einer dieser Tests niedrig mit allen anderen korreliert, dann sagt man, daß dieser

Test einen hohen Grad an Spezifität besitzt. Dieses Konzept der Spezifität ist im wesentlichen dasselbe wie das, das die Faktorenanalytiker in dem im 9. Kapitel behandelten Modell der spezifischen Faktoren postuliert haben.

Das Konzept der Spezifität eines Tests ist bei Vorhersagen wichtig. Es ist wünschenswert, daß die Prädiktortests einen hohen Grad an Spezifität haben, damit sie unabhängig voneinander für die Vorhersage einer speziellen Kriteriumvariable beitragen.

10.2.3 Validität

Wir haben im 6. Kapitel schon kurz die Konzepte von Kriterien- und Prädiktortests behandelt. Die Korrelation eines Tests mit einer Kriterienvariable wird die Validität des Tests genannt. Ein Test kann viele verschiedene Validitäten haben – für jedes verwendete Kriterium eine.

Ein Komitee der American Psychological Association (1954) hat versucht, verschiedene Konzepte der Validität zu definieren. Eins ist die „inhaltliche Validität." Dabei wird ein Test valide genannt, weil Experten sagen, er sei es. Man kann dieses Konzept nur rechtfertigen, wenn der Test aus Items aus den Fachgebieten besteht, in welchen die Befähigung getestet werden soll, wie z. B. bei Leistungstests. Am sinnvollsten kann Validität als Korrelation des Tests mit Messungen von sozial bedeutsamen Verhaltensweisen definiert werden. Im 21. Kapitel wollen wir genauer auf die Validität eingehen.

10.2.4 Zusammenfassung

Die wichtigsten praktischen, theoretischen und historischen korrelativen Eigenschaften eines Tests sind also Reliabilität, Spezifität und Validität. Die Reliabilität bezieht sich auf das Ausmaß, in welchem eine Messung einer Funktion mit einer anderen Messung derselben Funktion korreliert, sei es die inhaltliche oder die Retestreliabilität. Die Spezifität bezieht sich auf das Ausmaß, in welchem ein reliabler Test etwas anderes als die anderen Tests in der Testbatterie, zu der er gehört, erfaßt. Die Validität bezieht sich auf das Ausmaß, in welchem Testergebnisse mit einem Kriterium, z. B. Messungen sozialer bedeutsamer Verhaltensweisen, korrelieren.

11. Kennwerte von Testitems

Wir haben im 5. Kapitel gezeigt, daß binäre Meßwerte, wie wir sie bei einzelnen Testitems als Ergebnisse erhalten, spezielle Eigenschaften aufweisen, die diskrete oder kontinuierliche Meßwerte nicht haben. Weil die binären Meßwerte eine so wichtige Rolle in der Testtheorie spielen, wollen wir die Eigenschaften der Kennwerte einzelner Testitems im Detail behandeln. Wir wollen die Kennwerte eines Items, zweier Items und einer beliebigen Zahl von Items diskutieren.

11.1 Die Kennwerte eines einzelnen Items

Die Kennwerte eines einzelnen Items können als Spezialfall der Kennwerte irgendeiner Variable betrachtet werden. Wir wollen das arithmetische Mittel, die Varianz, die Schiefe und den Exzess behandeln.

11.1.1 Das arithmetische Mittel

Bei der Beschreibung der Kennwerte einer Meßwertverteilung im 5. Kapitel haben wir bereits das arithmetische Mittel von binären Meßwerten besprochen. Da jeder Punktwert entweder 0 oder 1 sein muß, kann man leicht sehen, daß das arithmetische Mittel eines einzelnen Items einfach der Anteil der Probanden ist, die das Item richtig beantwortet haben.

In Abb. 11.1.1 stehen die Ergebnisse von 10 Probanden bei einem Item.

1 1 0 1 1 0 1 1 1 0

Abb. 11.1.1 Punktwerte von 10 Probanden bei einem einzelnen Item.

Man sieht, daß 7 Probanden 1 Punkt und 3 Probanden 0 Punkte erhalten haben. Das arithmetische Mittel ist daher .7.

11.1.2 Die Varianz

Auch die Varianz ist einfach ein Spezialfall der Varianz bei irgendwelchen Meßwerten, aber es tritt eine Vereinfachung ein, da die Variable nur zwei mögliche Werte annehmen kann. Die Formel für die Varianz kann aus der allgemeinen Formel für die Varianz einer Reihe von Meßwerten abgeleitet werden (siehe 6. Kapitel).
Die Varianz der Punktwerte in Abb. 11.1.1 ist .7 mal .3, also .21. Weiter ist die Standardabweichung einfach die Quadratwurzel aus der Varianz, nämlich .458.

11.1.3 Die Schiefe

Die Schiefe der Verteilung einer binären Variable wird genauso wie bei irgendeiner anderen Variable berechnet. Die Formel für die Schiefe einer binären Variable wird in der folgenden Gleichung angegeben (siehe Abschnitt 11.4.1)

$$\alpha_3 = \frac{q - p}{\sqrt{pq}} \tag{11.1.1}$$

Unter Verwendung der Punktwerte aus Abb. 11.1.1 berechnen wir die Schiefe in der folgenden Abbildung.

$$p = .7 \qquad q = .3 \qquad \sqrt{pq} = .458$$

$$\alpha_3 = \frac{.3 - .7}{.458} = \frac{-.4}{.458}$$

$$= -.873$$

Abb. 11.1.2 Berechnung der Schiefe einer binären Variable.

Wie die Varianz ist auch die Schiefe nur eine Funktion des Anteils derjenigen, die das Item richtig haben. Aus Gründen der Bequemlichkeit können wir die Werte *p* und *q* verwenden, aber offensichtlich ist *q* einfach *1-p*. Bei der Berechnung der Varianz macht es nichts aus, ob wir als *p* den Anteil derjenigen, die die Aufgabe richtig, oder derjenigen, die die Aufgabe falsch gelöst haben, wählen. Wir erhalten in beiden Fällen für die Varianz das gleiche Ergebnis. Wenn wir jedoch bei der Schiefe den Anteil derjenigen, die das Item falsch haben, *p* nennen, bleibt zwar der absolute Wert für die Schiefe unverändert, aber das Vorzeichen ändert sich.

11.1.4 Der Exzess

Der Exzess einer binären Variable kann offentsichtlich auch nach einem Spezialfall der Formel für den Exzess einer beliebigen Variablen berechnet werden. Sie ist in der folgenden Gleichung angegeben (siehe Abschnitt 11.4.2)

$$\alpha_4 = \frac{1}{pq} - 6 \tag{11.1.2}$$

Wir sehen auch hier, daß der Exzess nur eine Funktion des Anteils der Probanden mit einer richtigen Antwort ist.
Die Berechnungen des Exzesses für die In Abb. 11.1.1 gegebenen Daten folgt in Abb. 11.1.3

$$\alpha_4 = \frac{1}{(.7)(.3)} - 6 = \frac{1}{.21} - 6$$
$$= 4.76 - 6 = -1.24$$

Abb. 11.1.3 Berechnung des Exzesses einer binären Variable.

11.1.5 Beliebige Momente bei standardisierten Werten

Es muß darauf hingewiesen werden, daß das arithmetische Mittel einfach der Durchschnitt der Rohwerte, von welcher Art sie auch immer sind, ist, wohingegen die Varianz als Durchschnitt der quadrierten Abweichungswerte definiert wird. Bei der Berechnung der Schiefe wird nicht nur das arithmetische Mittel von jedem Meßwert abgezogen, sondern diese Abweichungswerte werden auch noch durch die Standardabweichung dividiert. Die Schiefe ist dann die durchschnittliche 3. Potenz dieser Standardwerte. Wir nehmen also für das arithmetische Mittel das 1. Moment der Rohwerte, für die Schiefe das 3. Moment der Standardwerte und für den Exzess das 4. Moment der Standardwerte, wovon noch 3 abgezogen wird. Die allgemeine Formel für irgendein Moment bei standardisierten Meßwerten lautet:

$$\alpha_n = \frac{\Sigma(X - \bar{X})^n / N}{\sigma^n} \tag{11.1.3}$$

Bei binären Variablen vereinfacht sich Gl. 11.1.3 zu Gl. 11.1.4, da die Summe irgendeiner Potenz von binären Meßwerten gleich der Summe der Meßwerte selbst ist (siehe Abschnitt 11.4.3)

$$\alpha_n = \frac{q^{n-1} - (-p)^{n-1}}{(pq)^{(n-2)/2}} \tag{11.1.4}$$

11.2 Die Kennwerte von zwei Items

Wir haben bereits die Kennwerte von zwei Meßwertreihen behandelt und sind dabei auf die Rohwert-Kovarianz, die Kovarianz und die Korrelation eingegangen. Wie bei einem einzelnen Item vereinfachen sich wieder die Formeln für die Berechnung der Beziehung zwischen zwei binären Variablen erheblich. Wir wollen die Kennwerte von zwei Items, und zwar die Rohwert-Kovarianz, die Kovarianz und die Korrelation beschreiben.

11.2.1 Die Rohwert-Kovarianz

Die Rohwert-Kovarianz zwischen zwei Variablen war als Durchschnitt der Produkte entsprechender Meßwerte definiert worden. Man spricht auch von Produktmoment von zwei Meßwertreihen. Die Rohwert-Kovarianz ist einfach der Anteil der Probanden, die beide Items richtig gelöst haben. Das ist so, weil das Produkt der beiden Meßwerte eines Probanden nur einen von zwei Werten annehmen kann, nämlich 0 oder 1; und 1 nur dann, wenn der Punktwert bei beiden Items 1 ist.
Als Beispiel für das Produktmoment oder die Rohwert-Kovarianz für zwei Items können wir die 10 x 2-Matrix in Abb. 11.2.1, die die Punktwerte von binären Items enthält, wählen:

$$\begin{bmatrix} 1 & 1 & 1 & 0 & 1 & 1 & 0 & 1 & 1 & 1 \\ 1 & 1 & 0 & 1 & 0 & 1 & 0 & 1 & 0 & 1 \end{bmatrix}$$

Abb. 11.2.1 Punktwertmatrix für 10 Probanden bei 2 Items

Die Rohwert-Kovarianz-Matrix ist deshalb .5, weil das der Anteil derjenigen Probanden ist, die beide Items richtig beantwortet haben.

11.2.2 Die Kovarianz

Wieder ist die Kovarianz von zwei binären Variablen ein Spezialfall der Kovarianz von zwei beliebigen Meßwertreihen. Die Formel für diese Kovarianz lautet

$$C_{ij} = p_{ij} - p_i p_j \qquad (11.2.1)$$

Diese Gleichung enthält den Anteil derjenigen, die beide Aufgaben richtig gelöst haben, vermindert um das Produkt der Anteile derjenigen, die jeweils ein Item richtig haben. Es folgt ein Rechenbeispiel für die Kovarianz auf Grund der Daten aus Abb. 11.2.1.

$$p_i = .8 \qquad p_j = .6 \qquad p_{ij} = .5$$
$$C_{ij} = .5 - (.8)(.6) = .02$$

Abb. 11.2.2 Berechnung der Kovarianz bei zwei Reihen von binären Meßwerten.

11.2.3 Die Korrelation

Die Korrelation zwischen zwei beliebigen Variablen ist natürlich die Kovarianz dieser Variablen dividiert durch das geometrische Mittel der beiden Standardabweichungen. Die Korrelation war im 6. Kapitel abgeleitet worden. Sie wird hier aus Bequemlichkeitsgründen nochmals als Gl. 11.2.2 aufgeführt.

$$\varphi_{ij} = \frac{p_{ij} - p_i p_j}{\sqrt{p_i q_i}\sqrt{p_j q_j}} \qquad (11.2.2)$$

Es folgt ein Beispiel für die Korrelation von zwei binären Variablen auf Grund der Daten aus Abb. 11.2.1.

$$\varphi_{ij} = \frac{.5 - (.8)(.6)}{\sqrt{(.8)(.2)(.6)(.4)}} = \frac{.02}{\sqrt{.0384}}$$
$$= \frac{.02}{.196} = .102$$

Abb. 11.2.3 Berechnung der Produkt-Moment-Korrelation zwischen zwei binären Variablen.

11.3 Die Kennwerte einer beliebigen Anzahl von Items

Wir haben schon öfter darauf hingewiesen, daß das Ergebnis eines objektiven psychologischen Tests meist die Summe der Punktwerte der einzelnen Items ist. Deshalb wollen wir die Itemkennwerte für eine beliebige Zahl von binären Variablen behandeln. Wir beginnen mit einer Matrix von binären Meßwerten, der „Binärmatrix", wo die Spalten Items und die Zeilen Probanden sind. Wir wollen nacheinander den Vektor der Mittelwerte, den Vektor der Varianzen, die Matrix der Rohwert-Kovarianzen, die Kovarianz- und die Korrelationsmatrix betrachten.

$$X = \begin{bmatrix} 1 & 1 & 1 & 1 & 1 & 0 & 1 \\ 1 & 1 & 1 & 0 & 0 & 1 & 1 \\ 1 & 0 & 0 & 1 & 0 & 1 & 1 \\ 0 & 1 & 1 & 1 & 1 & 1 & 1 \\ 1 & 0 & 1 & 1 & 1 & 0 & 0 \\ 1 & 1 & 1 & 0 & 1 & 0 & 0 \\ 0 & 0 & 0 & 0 & 0 & 1 & 1 \\ 1 & 1 & 0 & 1 & 1 & 1 & 1 \\ 1 & 0 & 1 & 1 & 1 & 1 & 0 \\ 1 & 1 & 1 & 0 & 1 & 0 & 0 \end{bmatrix}$$

Abb. 11.3.1 Binärmatrix für 10 Probanden bei 7 Items.

11.3.1 Die Binärmatrix

Das bekannteste Beispiel für eine Binärmatrix in der Psychologie ist die Matrix der einzelnen Itempunktwerte für die Probanden eines Kollektivs. Jedem Probanden entspricht eine Zeile, in der für jedes richtig beantwortete Item eine 1 und für jede falsch beantwortete eine 0 steht. Ähnlich entspricht jedem Item eine Spalte mit 1'en und 0'en für die Probanden, die dieses Item richtig bzw. falsch beantwortet haben. Ein Beispiel für solche Binärmatrix ist in Abb. 11.3.1 zu finden. Die ersten beiden Spalten in dieser Matrix sind die gleichen wie die Zeilen in Abb. 11.2.1. In dieser Matrix haben wir 7 Items und 10 Probanden.

11.3.2 Der Vektor der arithmetischen Mittel

Aus der Definition des arithmetischen Mittels und aus Abschnitt 11.1 wissen wir, daß das arithmetische Mittel einer jeden Spalte einfach der Anteil der Probanden ist, die das betreffende Item richtig beantwortet haben. Der Vektor der arithmetischen Mittelwerte ist symbolisch in der folgenden Gleichung angegeben:

$$p = \frac{X'1}{N} \qquad (11.3.1)$$

Dabei ist X eine Binärmatrix und p der Spaltenvektor der Anteile.

Dieser Vektor spielt eine wichtige Rolle in Testtheorie und Testpraxis. Der Zeilenvektor der arithmetischen Mittel für die Binärmatrix in Abb. 11.3.1 ist in der folgenden Abbildung gegeben.

$$p_X' = [.8 \quad .6 \quad .7 \quad .6 \quad .7 \quad .6 \quad .6]$$

Abb. 11.3.2 Zeilenvektor der arithmetischen Mittel für die Binärmatrix in Abb. 11.3.1

Dieser Vektor enthält die Anteile der Probanden, die die einzelnen Items richtig beantwortet haben.

11.3.3 Der Vektor der Varianzen

Da wir bereits wissen, daß die Varianz einer binären Variablen der Anteil der richtigen mal dem Anteil der falschen Lösungen ist, können wir den Vektor der Varianzen folgendermaßen schreiben:

$$V_\sigma = D_q\, p \qquad (11.3.2)$$

Dabei ist V_σ der Spaltenvektor der Varianzen; und D_q ist eine Diagonalmatrix mit den Anteilen der falschen Lösungen bei den binären Variablen.
Der Vektor der Varianzen für die Abb. 11.3.1 ist in der folgenden Abbildung gegeben:

$$V_{\sigma_X}' = [.16 \quad .24 \quad .21 \quad .24 \quad .21 \quad .24 \quad .24]$$

Abb. 11.3.3 Zeilenvektor der Varianzen für die Binärmatrix in Abb. 11.3.1.

Wir wollen von nun an etwas stärker die Matrizenschreibweise verwenden. Dabei soll ein einzelnes Symbol mit einem geeigneten Index einen speziellen Vektor oder eine spezielle Matrix bedeuten. Die Matrizenschreibweise ist äußerst ökonomisch und effizient, wenn man die einzelnen Rechenschritte bei Messungen, die eine große Zahl von Variablen und Probanden betreffen, angeben will.

11.3.4 Die Matrix der Anteile der Probanden, die jeweils zwei Items richtig haben

In dieser Matrix gibt das Element in der i-ten Zeile und j-ten Spalte den Anteil derjenigen Probanden an, die sowohl das i-te als auch das j-te Item richtig beantwortet haben. Man erhält diese Matrix, indem die Binärmatrix mit ihrer Transponierten von links multipliziert und jedes

Element durch die Zahl der Fälle dividiert. Legt man die Regeln der Matrizenmultiplikation zugrunde *(Horst,* 1963*)*, so kann man zeigen, daß eine solche „Produkt-Moment-Matrix" in der Diagonale die Anteile der Probanden, die das entsprechende Item richtig, und in den anderen Feldern die Anteile der Probanden, die die beiden entsprechenden Items richtig haben, enthält. Die folgende Abbildung enthält eine solche Matrix für die Binärmatrix in Abb. 11.3.1.

$$p_{XX} = \begin{bmatrix} .8 & .5 & .6 & .5 & .6 & .4 & .4 \\ .5 & .6 & .5 & .3 & .5 & .3 & .4 \\ .6 & .5 & .7 & .4 & .6 & .3 & .3 \\ .5 & .3 & .4 & .6 & .5 & .4 & .4 \\ .6 & .5 & .6 & .5 & .7 & .3 & .3 \\ .4 & .3 & .3 & .4 & .3 & .6 & .5 \\ .4 & .4 & .3 & .4 & .3 & .5 & .6 \end{bmatrix}$$

Abb. 11.3.4 Matrix der Anteile der Probanden, die jeweils 2 Items richtig haben, für die Binärmatrix in Abb. 11.3.1.

11.3.5 Die Kovarianzmatrix

Die Kovarianzmatrix enthält in den Diagonalfeldern die Varianzen der entsprechenden Items, und in den anderen Feldern die Kovarianzen von Itempaaren. Da wir bereits wissen, daß eine Kovarianz gleich dem Anteil derer, die die beiden Items richtig hatten, abzüglich dem Produkt der Anteile derer, die jedes einzelne Item richtig hatten, ist, können wir leicht die Kovarianzmatrix bilden. Wir kennen auch schon die Gleichung für diese Kovarianzen in Skalarschreibweise, aber es ist bequemer, die gesamte Kovarianzmatrix in Matrizenschreibweise anzugeben. Gleichung 11.3.3 gibt in Matrizenschreibweise die Kovarianzmatrix als Differenz der Produkt-Moment-Matrix und des Produkts des Vektors der Anteile der richtigen Lösungen mit seinem Transponierten an (siehe Abschnitt 11.4.4)

$$C_{xx} = p_{XX} - p_X p_X' \qquad (11.3.3)$$

Dabei ist p_{XX} eine Matrix, deren *ij*-tes Element $p_{X_iX_j}$ der Anteil derer ist, die Item *i* und *j* richtig beantwortet haben; und p_X ist ein Vektor, dessen *i*-tes Element p_{X_i} der Anteil derer ist, die Item *i* richtig haben.

Die folgende Abbildung zeigt die Berechnung der Kovarianzmatrix für die Binärmatrix in Abb. 11.3.1.

$$C_{xx} = \overset{p_{XX}}{\begin{bmatrix} .80 & .50 & .60 & .50 & .60 & .40 & .40 \\ .50 & .60 & .50 & .30 & .50 & .30 & .40 \\ .60 & .50 & .70 & .40 & .60 & .30 & .30 \\ .50 & .30 & .40 & .60 & .50 & .40 & .40 \\ .60 & .50 & .60 & .50 & .70 & .30 & .30 \\ .40 & .30 & .30 & .40 & .30 & .60 & .50 \\ .40 & .40 & .30 & .40 & .30 & .50 & .60 \end{bmatrix}} - \overset{p_X p_X'}{\begin{bmatrix} .64 & .48 & .56 & .48 & .56 & .48 & .48 \\ .48 & .36 & .42 & .36 & .42 & .36 & .36 \\ .56 & .42 & .49 & .42 & .49 & .42 & .42 \\ .48 & .36 & .42 & .36 & .42 & .36 & .36 \\ .56 & .42 & .49 & .42 & .49 & .42 & .42 \\ .48 & .36 & .42 & .36 & .42 & .36 & .36 \\ .48 & .36 & .42 & .36 & .42 & .36 & .36 \end{bmatrix}}$$

$$C_{xx} = \begin{bmatrix} .16 & .02 & .04 & .02 & .04 & -.08 & -.08 \\ .02 & .24 & .08 & -.06 & .08 & -.06 & .04 \\ .04 & .08 & .21 & -.02 & .11 & -.12 & -.12 \\ .02 & -.06 & -.02 & .24 & .08 & .04 & .04 \\ .04 & .08 & .11 & .08 & .21 & -.12 & -.12 \\ -.08 & -.06 & -.12 & .04 & -.12 & .24 & .14 \\ -.08 & .04 & -.12 & .04 & -.12 & .14 & .24 \end{bmatrix}$$

Abb. 11.3.5 Berechnung der Matrix von Phi-Kovarianzen aus den Daten in Abb. 11.3.2 und 11.3.4

11.3.6 Die Korrelationsmatrix

Die Korrelationsmatrix wird aus der Kovarianzmatrix und den Vektoren der Standardabweichung berechnet. Wir verwenden jedoch in der Matrizenrechnung nicht diese Vektoren der Standardabweichungen, sondern lieber die entsprechenden Diagonalmatrizen. Wir multiplizieren die Kovarianzmatrix von links und von rechts mit dem reziproken Wert der Diagonalmatrix der Standardabweichungen der Variablen. In Matrizenschreibweise können wir die Berechnung einer Matrix von Phi-Koeffizienten aus der Kovarianzmatrix und der Diagonalmatrix der Standardabweichungen folgendermaßen darstellen.

$$\varphi = [D_p(I - D_p)]^{-\frac{1}{2}}(p_{XX} - p_X p_X')[D_p(I - D_p)]^{-\frac{1}{2}} \qquad (11.3.4)$$

Dabei ist D_p eine Diagonalmatrix mit den Elementen von *p,* dem Vektor der Anteile der richtigen Lösungen.

Es mag daran erinnert werden, daß diese Korrelationsmatrix Phi-Koeffizienten enthält, wie wir sie im 6. Kapitel genannt haben.

11.4 Mathematische Beweise

11.4.1 Die Schiefe einer binären Variable

Das *n*-te zentrale Moment einer beliebigen Verteilung ist

$$\mu_n = \frac{\sum_{i=1}^{N}(X_i - \bar{X})^n}{N} \tag{11.4.1}$$

Daraus folgt nach Entwicklung des Binoms

$$\mu_n = \sum_{k=0}^{n}(-1)^k \frac{n!}{k!(n-k)!} \bar{X}^k \frac{\sum_{i=1}^{N} X_i^{n-k}}{N} \tag{11.4.2}$$

Wenn X eine binäre Variable ist, gilt

$$\bar{X}^k = p^k \tag{11.4.3}$$

$$\frac{\sum_{i=1}^{N} X_i^{n-k}}{N} = p \tag{11.4.4}$$

für $k<n$.

Setzt man Gl. 11.4.3 und Gl. 11.4.4 in Gl. 11.4.2 ein, so folgt

$$\mu_n = \sum_{k=0}^{n-1}(-1)^k \frac{n!}{k!(n-k)!} p^{k+1} + (-p)^n \tag{11.4.5}$$

und daraus

$$\mu_n = p\left[\sum_{k=0}^{n-1}(-1)^k \frac{n!}{k!(n-k)!} p^k - (-p)^{n-1}\right] \tag{11.4.6}$$

Es ist jedoch

$$\sum_{k=0}^{n-1}(-1)^k \frac{n!}{k!(n-k!)} p^k = (1-p)^n - (-p)^n \tag{11.4.7}$$

Setzt man Gl. 11.4.7 in Gl. 11.4.6 ein, so folgt

$$\mu_n = p[(1-p)^n - (-p)^n - (-p)^{n-1}] \tag{11.4.8}$$

oder

$$\mu_n = p[(1-p)^n - (-p)^{n-1}(1-p)] \tag{11.4.9}$$

oder schließlich

$$\mu_n = pq[q^{n-1} - (-p)^{n-1}] \tag{11.4.10}$$

Sei $n = 3$. Dann folgt aus Gl. 11.4.10

$$\mu_3 = pq(q^2 - p^2) \tag{11.4.11}$$

Es ist aber

$$q^2 - p^2 = q - p \tag{11.4.12}$$

Also ist

$$\mu_3 = pq(q-p) \tag{11.4.13}$$

Für die Schiefe gilt

$$\alpha_3 = \frac{\mu_3}{\mu_2^{3/2}} \tag{11.4.14}$$

Für eine binäre Variable gilt per definitionem

$$\mu_2 = pq \tag{11.4.15}$$

Setzt man die Gln. 11.4.13 und 11.4.15 in Gl. 11.4.14 ein, so folgt

$$\alpha_3 = \frac{q-p}{\sqrt{pq}} \tag{11.4.16}$$

Das ist aber gerade Gl. 11.1.1.

11.4.2 Der Exzess einer binären Variable

Das allgemeine Maß für den Exzess ist

$$\alpha_4 = \frac{\mu_4}{\mu_2^{\,2}} - 3 \tag{11.4.17}$$

Aus Gl. 11.4.10 folgt

$$\mu_4 = pq(q^3 + p^3) \tag{11.4.18}$$

Man kann folgende Gleichung leicht zeigen

$$q^3 + p^3 = 1 - 3pq \tag{11.4.19}$$

Aus den beiden letzten Gleichungen folgt

$$\mu_4 = pq(1 - 3pq) \tag{11.4.20}$$

Aus den Gln. 11.4.15, 11.4.17 und 11.4.20 folgt

$$\alpha_4 = \frac{1 - 3pq}{pq} - 3 \tag{11.4.21}$$

oder

$$\alpha_4 = \frac{1}{pq} - 6 \tag{11.4.22}$$

Das ist aber gerade Gl. 11.1.2.

11.4.3 Das n-te Moment einer standardisierten binären Variable

Das *n*-te Moment einer standardisierten Variable ist

$$\alpha_n = \frac{\Sigma(X - \bar{X})^n/N}{\sigma^n} \tag{11.4.23}$$

oder, indem man Gl. 11.4.1 in Gl. 11.4.23 einsetzt

$$\alpha_n = \frac{\mu_n}{\mu_2^{n/2}} \tag{11.4.24}$$

Für eine binäre Variable setzten wir Gl. 11.4.10 und Gl. 11.4.15 in Gl. 11.4.24 ein und erhalten

$$\alpha_n = \frac{pq[q^{n-1} - (-p)^{n-1}]}{(pq)^{n/2}} \tag{11.4.25}$$

oder

$$\alpha_n = \frac{q^{n-1} - (-p)^{n-1}}{(pq)^{(n-2)/2}} \tag{11.4.26}$$

Das ist aber gerade Gl. 11.1.4.

11.4.4 Die Kovarianzmatrix von binären Meßwerten

Die allgemeine Gleichung für eine Kovarianzmatrix als eine Funktion der Datenmatrix kann folgendermaßen geschrieben werden

$$C_{xx} = \frac{X'X}{N} - \frac{X'1}{N}\frac{1'X}{N} \qquad (11.4.27)$$

Wenn X eine Binärmatrix ist, gilt

$$p_X = \frac{X'1}{N} \qquad (11.4.28)$$

Dabei ist p_X der Vektor der Anteile für die binären Variablen.

$$p_{XX} = \frac{X'X}{N} \qquad (11.4.29)$$

Dabei ist p_{XX} die Produkt-Moment-Matrix für die binären Variablen. Setzt man Gl. 11.4.28 und 11.4.29 in Gl. 11.4.27 ein, so folgt

$$C_{xx} = p_{XX} - p_X p_X' \qquad (11.4.30)$$

Das ist aber gerade Gl. 11.3.3.

12. Testkennwerte als Funktion von Itemkennwerten

Im vorangegangenen Kapitel haben wir Kennwerte von einer und zwei binären Variablen behandelt. In diesem Kapitel wollen wir sehen, wie diese Kennwerte in die der Testpunktverteilungen eingehen. Die Kennwerte der Testpunktverteilungen sind Funktionen der binären Kennwerte, weil die Punktwerte Linearkombinationen der binären Variablen sind.

Zunächst wollen wir die Kennwerte einer einzelnen Testpunktverteilung als Funktionen der Kennwerte der binären Items behandeln. Dann wollen wir die Kennwerte der Kovariation von zwei Reihen von Testpunktwerten, wovon jeder eine Summe von binären Meßwerten ist, beschreiben. Schließlich wollen wir die Beziehung zwischen einem einzelnen Itempunktwert und einem Testpunktwert betrachten.

12.1 Die Testkennwerte

Die wichtigsten Testkennwerte sind das arithmetische Mittel und die Varianz. Wir werden uns auch mit Schiefe und Exzess beschäftigen, wobei wir dritte bzw. vierte Momente berücksichtigen müssen. Das sind jedoch komplexere Funktionen der Itemkennwerte, als es arithmetisches Mittel und Varianz sind.

12.1.1 Das arithmetische Mittel

Das arithmetische Mittel einer Reihe von Meßwerten, die selbst Summen von anderen Meßwerten sind, ist bereits behandelt worden. Wir haben gezeigt, daß bei einem einzelnen, aus binären Variablen zusammengesetzten Test das arithmetische Mittel einer Reihe von Punktwerten gleich der Summe der arithmetischen Mittel der binären Variablen ist. Diese arithmetischen Mittel sind die Anteile der Probanden, die die jeweiligen Items richtig gelöst haben. Das arithmetische

Mittel der Testpunktwerte ist deshalb einfach die Summe der Anteile, wie in der folgenden Gleichung angegeben:

$$\bar{S} = \sum_{i=1}^{n} p_i \qquad (12.1.1)$$

Dabei ist n die Anzahl der Items und p_i der Anteil der 1'en für Item i. Das arithmetische Mittel einer Reihe von Testpunktwerten kann in Matrizenschreibweise folgendermaßen ausgedrückt werden (siehe Abschnitt 12.4.1)

$$\bar{S} = 1'p \qquad (12.1.2)$$

Dabei ist p der Vektor der Anteile derer, die die einzelnen Items richtig haben. Diese Anteile wollen wir im folgenden „Schwierigkeiten" nennen.

Ein Beispiel für die Berechnung des arithmetischen Mittels der Testpunktwerte bei einem Test, dessen Itemschwierigkeiten bekannt sind, folgt in Abb. 12.1.1

$$p_x' = [.8 \quad .6 \quad .7 \quad .6 \quad .7 \quad .6 \quad .6]$$
$$\bar{S} = 1'p = .8 + .6 + .7 + .6 + .7 + .6 + .6 = 4.6$$

Abb. 12.1.1 Arithmetisches Mittel einer Reihe von Testpunktwerten als Summe der Itemschwierigkeiten.

Hier verwenden wir denselben Mittelwertsvektor wie in Abb. 11.3.2. Wir können die Richtigkeit dieses Wertes überprüfen, indem wir ihn auf andere Weise berechnen. Wir multiplizieren die Matrix in Abb. 11.3.1 von rechts mit einem Einheitsvektor und erhalten so den Vektor der Testpunktwerte. Dann können wir das arithmetische Mittel der Testpunktwerte berechnen.

12.1.2 Die Varianz

Wie schon ausgeführt, ist die Varianz einer Verteilung von Testpunktwerten, die durch Summation von binären Werten entstanden sind, gleich der Summe der Elemente der Kovarianzmatrix der Itempunktwerte. Wir kennen bereits die Methode, mit der man eine solche Kovarianzmatrix berechnen kann. In den beiden folgenden Gleichungen wird die Formel für die Varianz von Testpunktwerten als Funktion der Itemkennwerte in Skalar- und Matrizenschreibweise angegeben (siehe Abschnitt 12.4.2)

$$\sigma_X{}^2 = \sum p_i q_i + 2\sum_{i<j}(p_{ij} - p_i p_j) \tag{12.1.3}$$

Dabei ist p_{ij} der Anteil derer, die bei den Items i und j richtig gelöst haben.

$$\sigma_X{}^2 = 1'(p_{XX} - p_X p_X')1 \tag{12.1.4}$$

Die Varianz kann auch durch die Itemvarianzen und die Phi-Koeffizienten ausgedrückt werden, was in den beiden folgenden Gleichungen in Skalar- und Matrizenschreibweise geschieht (siehe Abschnitt 12.4.3)

$$\sigma_X{}^2 = \sum_{i=1}^{n} p_i q_i + 2\sum_{i<j}\sqrt{p_i q_i}\sqrt{p_j q_j}\,\varphi_{ij} \tag{12.1.5}$$

$$\sigma_X{}^2 = 1' D_{pq}{}^{\frac{1}{2}} \varphi D_{pq}{}^{\frac{1}{2}} 1 \tag{12.1.6}$$

Dabei ist D_{pq} eine Diagonalmatrix von Itemvarianzen und φ eine Matrix von Phi-Koeffizienten.

Wenn irgendein Vektor von Itemschwierigkeiten gegeben ist, ist die Varianz der Testpunktwerte ein Maximum, wenn die Kovarianzen maximal groß sind. Das gilt, weil die Diagonalelemente der Kovarianzmatrix nur Funktionen der Schwierigkeiten sind. Wenn man diese festgelegt hat, ist die Varianz nur dann ein Maximum, wenn die anderen Elemente der Matrix, d. h. die Kovarianzen, so groß wie möglich sind. Im 13. Kapitel wollen wir etwas genauer untersuchen, welche maximale Kovarianz bei einer Binärmatrix überhaupt möglich ist. Hier genügt es vielleicht zu sagen, daß die Varianz ein Maximum ist, wenn die Matrix der Itempunktwerte eine Simplex ist, d. h. daß die Items auf einer Guttman-Skala liegen

Aus den Gleichungen 12.1.5 und 12.1.6 geht hervor, daß sich bei vorgegebenen Itemmittelwerten und -varianzen dann eine maximale Varianz ergibt, wenn die Iteminterkorrelation möglichst groß sind. Das gilt, weil die zur Gewichtung verwendeten Standardabweichungen und die in der Diagonale stehenden Varianzen allein durch den Vektor der Schwierigkeiten bestimmt sind. Deshalb kann man nur die Korrelationen variieren, um die Varianz der Testpunktwerte größer oder kleiner zu machen.

Unter Verwendung von Gl. 12.1.4 können wir die Varianz der in Abb. 12.1.2 gegebenen Testpunktwerte berechnen, indem wir die

Elemente der Kovarianzmatrix in Abb. 11.3.5 summieren. Das ergibt 1.44.

$$S' = [6 \quad 5 \quad 4 \quad 6 \quad 4 \quad 4 \quad 2 \quad 6 \quad 5 \quad 4]$$

Abb. 12.1.2 Vektor der Testpunktwerte aus der Binärmatrix in Abb. 11.3.1

Der Vektor der Punktwerte in Abb. 12.1.2 ergibt sich aus der Binärmatrix der Itempunktwerte in Abb. 11.3.1.
Wir haben einen Umweg gemacht, indem wir die Varianz aus den Itemvarianzen und -kovarianzen berechnet haben. Direkt wird die Varianz aus dem Vektor der Testpunktwerte in Abb. 12.1.2 mit Hilfe der konventionellen Formel zur Berechnung von Varianzen ermittelt. Diese Rechenmethode ergibt ebenfalls 1.44. Man würde natürlich kaum die Varianz der Testpunktwerte nach Gl. 12.1.4 berechnen.

12.1.3 Standardmomente höherer Ordnung

Die Momente höherer Ordnung, beginnend mit der Schiefe und dem Exzess, enthalten Produkte der Punktwerte bei 3 oder mehr Itemvariablen. Die Produkt-Momente höherer Ordnung spielen in den im 7. Kapitel behandelten spezielleren Theorien und Modellen der Konfigural- und Patternanalyse eine wichtige Rolle. Sie sind weiterhin in der von *Lazarsfeld* (1954) entwickelten „latent class analysis" von Bedeutung. Es ist möglich, diese Standardmomente höherer Ordnung und damit die Verteilung der Testpunktwerte einfach durch eine Selektion geeigneter Untergruppen von Items zu ändern. Diese Momente höherer Ordnung sind nicht nur Funktionen der ursprünglichen Schwierigkeit der einzelnen Items und der Schwierigkeit von Lösungspaaren, sondern auch der Schwierigkeit von Lösungstripeln, quadrupeln und -n-tripeln bei den verschiedensten Itemkombinationen.

12.2 Kennwerte für die Kovariation bei zwei Tests

Wir wollen die Kennwerte für die Kovariation zweier Reihen von Testpunktwerten behandeln und dabei auf ihre Kovarianz und auf ihre Korrelation eingehen. Wir wollen annehmen, daß zwei Binärmatrizen mit zwei Reihen von Items bei derselben Stichprobe von Probanden vorliegen.

12.2.1 Die Kovarianz zwischen zwei Tests

Die Kovarianz zwischen den beiden Reihen von Testpunktwerten, die aus binären Items zusammengesetzt sind, ist eine Funktion der Matrix, die die Schwierigkeiten der Lösungspaare enthält, und der entsprechenden zwei Vektoren der Itemschwierigkeiten. Wenn zwei Binärmatrizen gegeben sind, errechnet man die Matrix der Schwierigkeiten der Lösungspaare, indem man die eine Binärmatrix von links mit der Transponierten der anderen Matrix multipliziert und durch die Anzahl der Fälle dividiert. Das Element in der i-ten Zeile und der j-ten Spalte ist der Anteil der Probanden, die das i-te Item im ersten Test und das j-te Item im zweiten Test richtig beantwortet haben. Die Item-Kovarianz-Matrix ist dann einfach gleich der Matrix der Schwierigkeiten der Lösungspaare zwischen den Tests abzüglich dem Produkt des einen Schwierigkeits-Vektors mit dem Transponierten des anderen. Die Kovarianz zwischen den beiden zwei Tests ist die Summe der Elemente in der Item-Kovarianz-Matrix.

Es folgen die Formeln für die Kovarianz zwischen zwei Reihen von Punktwerten in Skalar- und Matrizenschreibweise (siehe Abschnitt 12.4.4)

$$C_{xy} = \sum_{\substack{i=1\dots n_X \\ j=1\dots n_Y}} p_{X_iY_j} - \sum_{i=1\dots n_X} p_{X_i} \sum_{j=1\dots n_Y} p_{Y_j} \tag{12.2.1}$$

Dabei ist $P_{X_iY_j}$ der Anteil der Probanden, die sowohl Item *i* in Test *X* als auch Item *j* in Test *Y* richtig hatten; p_{X_i} und p_{Y_j} sind die Anteile derjenigen, die Item *i* in Test *X* bzw. Item *j* in Test *Y* richtig hatten; und n_X und n_Y sind die Anzahlen der Items in Test *X* bzw. Test *Y*.

$$C_{xy} = 1'(p_{XY} - p_X p_Y')1 \tag{12.2.2}$$

Dabei ist p_{XY} eine Matrix, deren *ij*-tes Element der Anteil der Probanden ist, die sowohl Item *i* in Test *X* und Item *j* in Test *Y* richtig hatten; und p_X und p_Y sind die Vektoren der Schwierigkeiten für die einzelnen Items in Test *X* bzw. Test *Y*.

Wir können auch die Kovarianz zwischen zwei Reihen von Punktwerten als Funktion der Standardabweichungen der Items in beiden Reihen und den Phi-Koeffizienten der Items in der einen Reihe mit denen in der anderen ausdrücken. Die Kovarianz läßt sich also aus den Phi-Koeffizienten und den beiden Varianzen berechnen. Wir geben die entsprechende Formel in Skalar- und Matrixschreibweise an (siehe Abschnitt 12.4.5).

$$C_{xy} = \sum_{\substack{i=1\ldots n_X \\ j=1\ldots n_Y}} \sqrt{p_{X_i} q_{X_i}} \sqrt{p_{Y_j} q_{Y_j}}\; \varphi_{X_i Y_j} \tag{12.2.3}$$

Dabei ist $\varphi_{X_iY_j}$ der Phi-Koeffizient für die Korrelation den *i*-ten Items im Test *X* mit dem *j*-ten Item in Test *Y*.

$$C_{xy} = 1' D_{p_X q_X}^{\frac{1}{2}}\, \varphi_{XY}\, D_{p_Y q_Y}^{\frac{1}{2}} 1 \tag{12.2.4}$$

Dabei sind $D_{p_x q_x}$ und $D_{p_y q_y}$ die Diagonalmatrizen der Itemvarianzen in Test *X* bzw. *Y*, und φ_{xy} ist eine Matrix der Phi-Koeffizienten der Items in Test *X* mit denen in Test *Y*.

12.2.2 Die Korrelation zwischen zwei Tests

Wir haben die Kovarianz zwischen zwei Reihen von Testpunktwerten als Funktion der Itemkovarianzen von Items aus verschiedenen Tests und die Varianz einer jeden Reihe als Funktion der Itemvarianzen und der Kovarianzen von Items innerhalb des jeweiligen Tests ausgedrückt. Wir können diese Funktionen zusammensetzen und so die Korrelation zwischen zwei Tests als eine Funktion dieser Itemkovarianzen und -varianzen berechnen. Es folgen die entsprechenden Formeln in Skalar- und Matrizenschreibweise:

$$r_{XY} = \frac{\sum p_{X_i Y_j} - \sum p_{X_i} \sum p_{Y_j}}{\sqrt{\sum p_{X_i} q_{X_i} + 2 \sum_{i>j} (p_{X_i X_j} - p_{X_i} p_{X_j})} \sqrt{\sum p_{Y_i} q_{Y_i} + 2 \sum_{i>j} (p_{Y_i Y_j} - p_{Y_i} p_{Y_j})}} \tag{12.2.5}$$

$$r_{XY} = \frac{1'(p_{XY} - p_X p_Y')1}{\sqrt{1'(p_{XX} - p_X p_X')1} \sqrt{1'(p_{YY} - p_Y p_Y')1}} \tag{12.2.6}$$

Wir können diese Korrelation ebenfalls aus den Phi-Koeffizienten und den Varianzen der Items berechnen, wie in den folgenden Gleichungen gezeigt wird

$$r_{XY} = \frac{\sum \sqrt{p_{X_i} q_{X_i}} \sqrt{p_{Y_j} q_{Y_j}}\, \varphi_{X_i Y_j}}{\sqrt{\sum p_{X_i} q_{X_i} + 2 \sum\limits_{\substack{i \geq j \\ i,j=1\cdots n}} \sqrt{p_{X_i} q_{X_i}} \sqrt{p_{X_j} q_{X_j}}\, \varphi_{X_i X_j}} \times 1 \sqrt{\sum p_{Y_i} q_{Y_i} + 2 \sum\limits_{\substack{i \geq j \\ i,j=1\cdots n}} \sqrt{p_{Y_i} q_{Y_i}} \sqrt{p_{Y_j} q_{Y_j}}\, \varphi_{Y_i Y_j}}} \tag{12.2.7}$$

$$r_{XY} = \frac{1' D_{p_X q_X}^{\frac{1}{2}}\, \varphi_{XY}\, D_{p_Y q_Y}^{\frac{1}{2}} 1}{\sqrt{1' D_{p_X q_X}^{\frac{1}{2}}\, \varphi_{XX} D_{p_X q_X}^{\frac{1}{2}} 1} \sqrt{1' D_{p_Y q_Y}^{\frac{1}{2}}\, \varphi_{YY}\, D_{p_Y q_Y}^{\frac{1}{2}} 1}} \tag{12.2.8}$$

12.3 Item-Test-Kennwerte

Öfters interessieren wir uns für die Beziehung zwischen einem bestimmten Itempunktwert und dem Testpunktwert. Das ist bei der Itemanalyse oder Itemselektion besonders wichtig, wo wir Items mit bestimmten vorgegebenen Eigenschaften aus der Menge aller Items aussuchen wollen. Beispielsweise könnten wir die Items eliminieren, die weniger homogen sind oder eine niedrigere Kovarianz mit dem Testpunktwert haben. Wir wollen zwei Fälle betrachten: zunächst die Korrelation des Items mit dem Gesamtpunktwert, wenn das Item in diesem Gesamtpunktwert eingeschlossen ist; dann die Korrelation des Items mit dem Test ohne dieses Item. Im allgemeinen wird die Korrelation im ersten Fall höher als im zweiten Falle sein.

12.3.1 Das Item ist im Gesamtpunktwert enthalten

Die Formel für die Kovarianz eines Items mit dem Gesamtpunktwert einschließlich dieses Items wird häufig bei der Itemselektion verwendet, obwohl das eine fälschlich überhöhte Korrelation ergibt. Wenn man jedoch eine Itemanalyse durchführen will und jedes Item mit dem Gesamtpunktwert korreliert, wobei man nur die Items mit den höchsten Korrelationen beibehält oder einige mit den niedrigsten Korrelationen ausschließt, dann werden die Ergebnisse nicht sehr verschieden sein, ob man nun das jeweilige Item in den Gesamtpunktwert einbezieht oder nicht. Die Formel für die Kovarianz ist einfacher, wenn wir das Item einschließen. Sie wird in den folgenden Gleichungen angegeben (siehe Abschnitt 12.4.6).

$$C_{ks} = \sigma_k^2 + \sum C_{ki} \qquad (12.3.1)$$

Dabei ist σ_k^2 die Varianz der Items k, und C_{ki} ist die Kovarianz der Items k und i.

$$C_{ks} = p_{kX}'1 - p_k p_X'1 \qquad (12.3.2)$$

Dabei ist $p_{kX'}$ der Vektor der Anteil der Probanden, die Item k und jeweils ein Item im Test X richtig haben, p_k ist der Anteil der richtigen Lösungen bei Item k, und $p_{X'}$ ist der Vektor der entsprechenden Anteile aller Items, also der Schwierigkeiten.

12.3.2 *Das Item ist im Gesamtpunktwert nicht enthalten*

Wir haben in dem vorangegangenen Abschnitt bereits darauf hingewiesen, daß die Kovarianz und auch die Korrelation eines Itempunktwerts mit dem Gesamtpunktwert fälschlich überhöht ist, weil der Itempunktwert im Gesamtpunktwert enthalten ist. Gewöhnlich ist der Hauptgrund für die Berechnung der Kovarianz oder Korrelation des Items mit dem Gesamttest der, Hinweise auf die Homogenität des Items bzgl. der übrigen Items zu erhalten. Es ist deshalb wichtig, aus dem Gesamtpunktwert den Effekt des jeweiligen Items zu eliminieren. Dabei ist es jedoch nicht notwendig, den Punktwert für alle Items außer dem betreffenden zu ermitteln, um die Kovarianz oder Korrelation dieses Items mit dem Gesamttest ohne das Item zu bestimmen. Man braucht nur die Kovarianz des Items mit dem Gesamtpunktwert einschließlich des Items und die Varianz des Gesamtpunktwerts zu kennen. Wir wollen zunächst die Varianz des Tests ohne das Item, dann die Kovarianz und schließlich die Korrelation des Items mit dem Test ohne das Item behandeln.

12.3.2a *Testvarianz*

Die Varianz des Gesamtpunktwerts auf Grund aller Items und die Varianz des Gesamtpunktwerts ohne das betreffende Item sind natürlich verschieden. Die Varianz einschließlich des Items ist eine Funktion der Gesamtvarianz, der Kovarianz des Items mit dem Gesamtwert und der Itemvarianz. Wenn man die Korrelation eines Items mit dem Gesamttest ohne das Item berechnen will, braucht man die Kovarianz des Items mit dem Test ohne das Item, die Varianz des Items und die Varianz des Gesamttests ohne das Item.

Die folgende Gleichung enthält die Formel für die Varianz der Differenz zwei Variablen (siehe Abschnitt 12.4.7).

$$\sigma_{S-X}{}^2 = \sigma_S{}^2 - 2r_{SX}\,\sigma_S\,\sigma_X + \sigma_X{}^2 \qquad (12.3.3)$$

Dabei ist σ_{S-X^2} die Varianz der Differenz zwischen den Variablen S und X.

Um die Varianz des Gesamtpunktwerts abzüglich des betreffenden Items zu erhalten, müssen wir die Varianz der Differenz zwischen dem Gesamtpunktwert und dem Itempunktwert berechnen. Die folgende Gleichung enthält einen Spezialfall, nämlich die Formel für die Varianz eines Tests ohne das Item *i* als Funktion der Varianz des Gesamttests (siehe Abschnitt 12.4.8)

$$\sigma_{S-X_i}{}^2 = \sigma_S{}^2 - 2p_i(\bar{S}_{p_i} - \bar{S}) + p_i q_i \tag{12.3.4}$$

Dabei ist $\bar{S}_{p_i}$ das arithmetische Mittel aller Items bei den Probanden, die Item i richtig beantwortet haben.

12.3.2b Die Kovarianz eines Items mit dem Test ohne das Item

Die Kovarianz eines Items mit dem Test ohne das Item ist ein Spezialfall der Kovarianz einer Variablen mit der Differenz zwischen zwei Variablen. Die folgende Gleichung enthält die Kovarianz einer Variable mit der Differenz zwischen zwei Variablen (siehe Abschnitt 12.4.9):

$$C_{y(s-x)} = C_{ys} - C_{yx} \tag{12.3.5}$$

Dabei sind C_{ys} und C_{yx} die Kovarianzen von y mit s bzw. x.
Die folgende Gleichung enthält die Formel für die Kovarianz einer Variable mit der Differenz zwischen zwei Variablen, wenn eine Variable des Paars die erste Variable selbst ist (siehe Abschnitt 12.4.9)

$$C_{x(s-x)} = C_{xs} - \sigma_X{}^2 \tag{12.3.6}$$

Die folgende Gleichung enthält die Gl. 12.3.6 entsprechende Formel, wenn die erste Variable binär ist (siehe Abschnitt 12.4.9).

$$C_{x_i(s-x_i)} = p_i(\bar{S}_{p_i} - \bar{S}) - p_i q_i \tag{12.3.7}$$

12.3.2c Die Korrelation

Gleichung 12.3.4 enthielt die Varianz des Gesamtpunktwerts ohne das betreffende Item. Gleichung 12.3.7 enthielt die Kovarianz des Items mit dem Gesamtpunktwert ohne das Item. Es ist jetzt leicht, die Korrelation des Items mit dem Gesamtpunktwert ohne das Item zu berechnen. Es folgt die entsprechende Formel (siehe Abschnitt 12.4.10):

$$r_{X_i(S-X_i)} = \frac{\bar{S}_{p_i} - \bar{S} - q_i}{\sqrt{\sigma_S{}^2 - 2p_i(\bar{S}_{p_i} - \bar{S}) + p_i q_i}} \sqrt{\frac{p_i}{q_i}} \tag{12.3.8}$$

Wir sollten anmerken, daß die Korrelation des Items mit dem Gesamttest mit oder ohne das betreffende Item ein punkt-biserialer Korrelationskoeffizient ist. Diesen haben wir im 6. Kapitel behandelt.

12.3.3 Momente der Verteilung des Gesamtpunktwerts ohne das Item

Wir haben schon früher gesehen, daß Schiefe und Exzess einer Meßwertverteilung Funktionen der 3. bzw. 4. Momente der Verteilung sind. Wenn wir bestimmte Bedingungen an Schiefe und Exzess einer Meßwertverteilung stellen wollen, können wir mit einer relativ großen Zahl von Items beginnen und dann bestimmte Items entfernen, bis die sich ergebende Verteilung in Schiefe und Exzess unseren Wünschen entspricht. Um so vorgehen zu können, müssen wir wissen, wie sich Schiefe und Exzess einer Verteilung verändern, wenn wir irgendein Item entfernen. Es folgt die allgemeine Formel zur Berechnung der Momente der Verteilung der Gesamtpunktwerte nach Ausscheidung irgendeines Items in Matrizenschreibweise (siehe Abschnitt 12.4.11).

$$ {}_k\mu = {}_kDA\,{}_kD^{-1}(DA^{-1}D^{-1}\mu - C\,{}_k\rho) \qquad (12.3.9) $$

Dabei ist ${}_k\mu$ ein Vektor der ersten n Abweichungsmomente von S ohne Item k; μ ist ein Vektor der ersten n Abweichungsmomente von S einschließlich Item k; und ${}_kD$, A, C, D und ${}_k\varrho$ sind wie in den Gln. 12.4.77, 12.4.83, 12.4.72, 12.4.63 bzw. 12.4.70 definiert.

12.4 Mathematische Beweise

12.4.1 Das arithmetische Mittel als Funktion der Anteile der richtigen Lösungen bei jedem Item (Itemschwierigkeiten)

Es sei

$$ S = X1 \qquad (12.4.1) $$

wobei X eine $N \times n$-Matrix der Meßwerte für N Probanden bei n Variablen ist. Dann ist S der N-elementige Spaltenvektor der Punktsummen. Das arithmetische Mittel von S ist

$$ \bar{S} = \frac{S'1}{N} \qquad (12.4.2) $$

Sei X eine Binärmatrix von Itempunktwerten. Dann gilt per definitionem

$$ p = \frac{X'1}{N} \qquad (12.4.3) $$

wobei p ein Vektor der Schwierigkeit ist.

Setzt man Gl. 12.4.1 in Gl. 12.4.2 ein, so folgt

$$\bar{S} = \frac{1'X'1}{N} \qquad (12.4.4)$$

Setzt man Gl. 12.4.3 in Gl. 12.4.4 ein, so folgt

$$\bar{S} = 1'p \qquad (12.4.5)$$

Dem entspricht aber gerade Gl. 12.1.2.

12.4.2 Die Varianz als Funktion der Itemschwierigkeiten

Sei

$$S = X1 \qquad (12.4.6)$$

wobei X eine N x n-Matrix von Meßwerten ist. Die Varianz von S ist

$$\sigma_X^2 = \frac{S'\left(I - \frac{1\,1'}{N}\right)S}{N} \qquad (12.4.7)$$

Setzt man Gl. 12.4.6 in Gl. 12.4.7 ein so folgt (12.4.8)

$$\sigma_X^2 = 1'\left(\frac{X'X}{N} - \frac{X'1}{N}\frac{1'X}{N}\right)1 \qquad (12.4.8)$$

Wenn X binär ist, gilt

$$p_{XX} = \frac{X'X}{N} \qquad (12.4.9)$$

$$p_X = \frac{X'1}{N} \qquad (12.4.10)$$

Setzt man Gl. 12.4.9 und Gl. 12.4.10 in Gl. 12.4.8 ein, so folgt

$$\sigma_X^2 = 1'(p_{XX} - p_X p_X')1 \qquad (12.4.11)$$

Das ist aber gerade Gl. 12.1.4.

12.4.3 Die Varianz als Funktion der Standardabweichungen und der Phi-Koeffizienten der Items

Die Matrix der Phi-Koeffizienten wird gegeben durch

$$\varphi = D_{pq}^{-\frac{1}{2}}(p_{XX} - p_X p_X')D_{pq}^{-\frac{1}{2}} \qquad (12.4.12)$$

Dabei ist D_{pq} die Diagonalmatrix der Itemvarianzen. Aus Gl. 12.4.3 folgt

$$p_{XX} - p_X p_X' = D_{pq}^{\frac{1}{2}} \varphi D_{pq}^{\frac{1}{2}} \tag{12.4.13}$$

Setzt man Gl. 12.4.13 in Gl. 12.4.11 ein, so folgt

$$\sigma_X^2 = 1' D_{pq}^{\frac{1}{2}} \varphi D_{pq}^{\frac{1}{2}} 1 \tag{12.4.14}$$

Das ist aber gerade Gl. 12.1.6

12.4.4 Die Kovarianz zwischen zwei Tests als Funktion der Kovarianz der Items

Sei

$$S_X = X1 \tag{12.4.15}$$

$$S_Y = Y1 \tag{12.4.16}$$

wobei X und Y Binärmatrizen für dieselben Meßwertträger und die Tests X und Y sind. Die Kovarianz zwischen Test X und Test Y ist dann

$$C_{xy} = \frac{S_X' S_Y}{N} - \frac{S_X' 1}{N} \frac{1' S_Y}{N} \tag{12.4.17}$$

Per definitionem gilt

$$p_X = \frac{X'1}{N} \tag{12.4.18}$$

$$p_Y = \frac{Y'1}{N} \tag{12.4.19}$$

$$p_{XY} = \frac{X'Y}{N} \tag{12.4.20}$$

Dabei sind p_X und p_Y die Vektoren der Itemschwierigkeiten für die Items von Test X und Test Y, und p_{XY} ist die Matrix der Anteile der Probanden, die ein bestimmtes Item in Test X und zugleich ein bestimmtes Item in Test Y gelöst haben. Setzt man Gl. 12.4.15 und 12.4.16 in Gl. 12.4.17 ein, so folgt

$$C_{xy} = \frac{1'X'Y1}{N} - \frac{1'X'1}{N} \frac{1'Y1}{N} \tag{12.4.21}$$

Setzt man die Gln. 12.4.18, 12.4.19 und 12.4.20 in Gl. 12.4.21 ein, so folgt

$$C_{xy} = 1'p_{XY}1 - 1'p_X p_Y'1$$

oder

$$C_{xy} = 1'(p_{XY} - p_X p_Y')1 \qquad (12.4.22)$$

Das ist aber gerade Gl. 12.2.2.

12.4.5 Die Kovarianz zwischen zwei Tests als Funktion der Itemvarianzen und Phi-Koeffizienten

Die Matrix der Phi-Koeffizienten für die Items in Test X mit denen in Test Y wird durch folgende Gleichung gegeben:

$$\varphi_{XY} = D_{p_X q_X}^{-\frac{1}{2}}(p_{XY} - p_X p_Y')D_{p_Y q_Y}^{-\frac{1}{2}} \qquad (12.4.23)$$

Dabei sind $D_{p_X q_X}$ und $D_{p_y q_y}$ die Diagonalmatrizen der Itemvarianzen bei Test X und Test Y.
Aus Gl. 12.4.23 folgt

$$p_{XY} - p_X p_Y' = D_{p_X q_X}^{\frac{1}{2}} \varphi_{XY} D_{p_Y q_Y}^{\frac{1}{2}} \qquad (12.4.24)$$

Setzt man diese Gleichung in Gl. 12.4.22 ein, so folgt

$$C_{xy} = 1' D_{p_X q_X}^{\frac{1}{2}} \varphi_{XY} D_{p_Y q_Y}^{\frac{1}{2}} 1 \qquad (12.4.25)$$

Das ist aber gerade Gl. 12.2.4.

12.4.6 Die Kovarianz eines Items mit einem Test, der dieses Item enthält

Sei

$$S = X1 \qquad (12.4.26)$$

Die Kovarianz des k-ten Items mit dem Gesamtpunktwert ist

$$C_{ks} = \frac{X_{.k}'\left(I - \frac{1\,1'}{N}\right)S}{N} \qquad (12.4.27)$$

Setzt man Gl. 12.4.26 in Gl. 12.4.27 ein, so folgt

$$C_{ks} = \frac{X_{.k}'X1 - \frac{X_{.k}'1\,1'X1}{N}}{N} \qquad (12.4.28)$$

Da jedoch X eine Binärmatrix ist, gilt

$$\frac{X_{.k}' X 1}{N} = p_{kX}' 1 \tag{12.4.29}$$

Dabei ist p_{kX} ein Vektor der Anteile für die gleichzeitige richtige Beantwortung des Items k und aller Items in Test X, der Item k enthält.

$$\frac{X_{.k}' 1}{N} = p_k \tag{12.4.30}$$

Dabei ist p_k der Anteil der richtigen Antworten bei Item k

$$\frac{1' X}{N} = p_X' \tag{12.4.31}$$

Dabei ist p_X der Anteil der richtigen Antworten für alle Items in Test X. Setzt man die Gln. 12.4.29 bis 12.4.31 in Gl. 12.4.28 ein, so folgt

$$C_{ks} = p_{kX}' 1 - p_k p_X' 1 \tag{12.4.32}$$

Das ist aber gerade Gl. 12.3.2.

12.4.7 Die Varianz der Differenz zwischen zwei Variablen

Wenn σ_{S-X}^2 die Varianz der Differenz zwischen zwei Variablen ist, gilt per definitionem

$$\sigma_{S-X}^2 = \frac{\Sigma (S - X)^2}{N} - \left(\frac{\Sigma (S - X)}{N}\right)^2 \tag{12.4.33}$$

Daraus folgt

$$\sigma_{S-X}^2 = \frac{\Sigma S^2}{N} - 2\frac{\Sigma SX}{N} + \frac{\Sigma X^2}{N} - \left(\frac{\Sigma S}{N}\right)^2 + 2\frac{\Sigma S}{N}\frac{\Sigma X}{N} - \left(\frac{\Sigma X}{N}\right)^2 \tag{12.4.34}$$

Es ist jedoch

$$\frac{\Sigma S^2}{N} - \left(\frac{\Sigma S}{N}\right)^2 = \sigma_S^2 \tag{12.4.35}$$

$$\frac{\Sigma X^2}{N} - \left(\frac{\Sigma X}{N}\right)^2 = \sigma_X^2 \tag{12.4.36}$$

$$\frac{\Sigma SX}{N} - \frac{\Sigma S}{N}\frac{\Sigma X}{N} = r_{SX}\,\sigma_S\,\sigma_X \tag{12.4.37}$$

Setzt man die letzten drei Gleichungen in Gl. 12.4.34 ein, so folgt

$$\sigma_{S-X}^2 = \sigma_S^2 - 2r_{SX}\sigma_S\sigma_X + \sigma_X^2 \qquad (12.4.38)$$

Das ist aber gerade Gl. 12.3.3.
Es soll angemerkt werden, daß Gl. 12.4.38 sofort aus Gl. 8.5.15 abgeleitet werden kann. Sei r_{XX} von 2. Ordnung, und sei $X_1 = S$, $X_2 = X$, $a_1 = 1$, $a_2 = -1$ $S = S - X$.
Dann ist

$$\sigma_{S-X}^2 = [1 \quad -1]\begin{bmatrix}\sigma_S & 0\\ 0 & \sigma_X\end{bmatrix}\begin{bmatrix}1 & r_{SX}\\ r_{SX} & 1\end{bmatrix}\begin{bmatrix}\sigma_S & 0\\ 0 & \sigma_X\end{bmatrix}\begin{bmatrix}1\\ 1\end{bmatrix}$$

$$= \sigma_S^2 - 2r_{SX}\sigma_S\sigma_X + \sigma_X^2 \qquad (12.4.39)$$

12.4.8 Die Varianz eines Tests nach Ausschluß eines Items

Wir setzen in Gl. 12.4.38 $X = X_i$ und schreiben

$$\sigma_{S-X_i}^2 = \sigma_S^2 - 2r_{SX_i}\sigma_S\sigma_{X_i} + \sigma_{X_i}^2 \qquad (12.4.40)$$

Dabei ist r_{SX_i} die Korrelation des Items *i* mit dem gesamten Test. Aus Gl. 6.6.18 folgt als Korrelation zwischen einer diskreten und einer dichotomen Variable

$$r = \frac{\bar{Y}_p - \bar{Y}_T}{\sigma_T}\sqrt{\frac{p}{q}} \qquad (12.4.41)$$

Wenn wir $\bar{S}_{p_i} = \bar{Y}_p$ $\bar{S} = \bar{Y}_T$, $\sigma_S = \sigma_T$, $r_{SX_i} = r$ setzen, folgt aus Gl. 12.4.41

$$r_{SX_i} = \frac{\bar{S}_{p_i} - \bar{S}}{\sigma_S}\sqrt{\frac{p_i}{q_i}} \qquad (12.4.42)$$

Es gilt

$$\sigma_{X_i}^2 = p_i q_i \qquad (12.4.43)$$

Setzen wir Gl. 12.4.42 und Gl. 12.4.43 in Gl. 12.4.40 ein, so folgt

$$\sigma_{S-X_i}^2 = \sigma_S^2 - 2p_i(\bar{S}_{p_i} - \bar{S}) + p_i q_i \qquad (12.4.44)$$

Das ist aber gerade Gl. 12.3.4

12.4.9 Die Kovarianz eines Items mit einem Test ohne dieses Item

Die Kovarianz einer Variablen mit der Differenz zwischen zwei Variablen ist

$$C_{y(s-x)} = \frac{\Sigma\, Y(S-X)}{N} - \frac{\Sigma\, Y}{N}\frac{\Sigma\,(S-X)}{N} \tag{12.4.45}$$

Daraus folgt

$$C_{y(s-x)} = \frac{\Sigma\, YS}{N} - \frac{\Sigma\, YX}{N} - \frac{\Sigma\, Y}{N}\frac{\Sigma\, S}{N} + \frac{\Sigma\, Y}{N}\frac{\Sigma\, X}{N} \tag{12.4.46}$$

Es ist aber

$$C_{ys} = \frac{\Sigma\, YS}{N} - \frac{\Sigma\, Y}{N}\frac{\Sigma\, S}{N} \tag{12.4.47}$$

$$C_{yx} = \frac{\Sigma\, YX}{N} - \frac{\Sigma\, Y}{N}\frac{\Sigma\, X}{N} \tag{12.4.48}$$

Dabei sind C_{ys} *und* C_{yx} die Kovarianzen von Y mit S bzw. X. Setzen wir Gl. 12.4.47 und Gl. 12.4.48 in Gl. 12.4.46 ein, so folgt

$$C_{y(s-x)} = C_{ys} - C_{yx} \tag{12.4.49}$$

Das ist aber gerade Gl. 12.3.5.

Wenn wir $Y = X$ setzen, gilt

$$C_{yx} = \sigma_X{}^2 \tag{12.4.50}$$

Setzen wir Gl. 12.4.50 in Gl. 12.4.49 ein, so folgt

$$C_{x(s-x)} = C_{xs} - \sigma_X{}^2 \tag{12.4.51}$$

Das ist aber gerade Gl. 12.3.6.

Wenn X binär ist, dann folgt aus Gl. 12.4.51 für das i-te Item

$$C_{x_i(s-x_i)} = C_{x_is} - p_iq_i \tag{12.4.52}$$

Es ist aber

$$C_{x_is} = r_{SX}\,\sigma_S\sigma_{X_i} \tag{12.4.53}$$

Aus Gl. 12.4.42 und Gl. 12.4.53 folgt

$$C_{x_is} = p_i(\bar{S}_{p_i} - \bar{S}) \tag{12.4.54}$$

Aus Gl. 12.4.52 und Gl. 12.4.54 folgt

$$C_{x_i(s-x_i)} = p_i(\bar{S}_{p_i} - \bar{S}) - p_i q_i \tag{12.4.55}$$

Das ist aber gerade Gl. 12.3.7.

12.4.10 Die Korrelation eines Items mit einem Test ohne dieses Item

Per definitionem gilt

$$r_{X_i(S-X_i)} = \frac{C_{x_i(s-x_i)}}{\sigma_{X_i}\sigma_{S-X_i}} \tag{12.4.56}$$

Setzt man die Gln. 12.4.43, 12.4.44 und 12.4.55 in Gl. 12.4.56 ein, so folgt

$$r_{X_i(S-X_i)} = \frac{p_i(\bar{S}_{p_i} - \bar{S}) - p_i q_i}{\sqrt{p_i q_i}\sqrt{\sigma_S{}^2 - 2p_i(\bar{S}_{p_i} - \bar{S}) + p_i q_i}} \tag{12.4.57}$$

oder

$$r_{X_i(S-X_i)} = \frac{\bar{S}_{p_i} - \bar{S} - q_i}{\sqrt{\sigma_S{}^2 - 2p_i(\bar{S}_{p_i} - \bar{S}) + p_i q_i}}\sqrt{\frac{p_i}{q_i}} \tag{12.4.58}$$

Das ist aber gerade Gl. 12.3.8.

12.4.11 Momente der Verteilung des Gesamtpunktwerts nach Ausschluß von Item k

Sei

$$\mu_1 = \frac{\Sigma\, S}{1N} \tag{12.4.59}$$

$$\mu_i = \frac{\Sigma\,(S - \mu_1)^i}{N} \tag{12.4.60}$$

$$\mu' = [\mu_1 \cdots \mu_n] \tag{12.4.61}$$

$$\nu' = \frac{[\Sigma\, S \cdots \Sigma\, S^n]}{N} \tag{12.4.62}$$

$$D = \begin{bmatrix} \mu_1 & . & 0 \\ . & . & . \\ 0 & . & \mu_1{}^n \end{bmatrix} \tag{12.4.63}$$

$$i = \begin{bmatrix} 1 & 0 & \dots & 0 \\ 0 & -1 & \dots & 0 \\ \dots & \dots & \dots & \dots \\ 0 & 0 & . & (-1)^{n-1} \end{bmatrix} \tag{12.4.64}$$

$$M = \begin{bmatrix} 1 & 0 & 0 & \cdots & 0 \\ 1 & 1 & 0 & \cdots & 0 \\ 2 & 3 & 1 & \cdots & 0 \\ \dots & \dots & \dots & \dots & \dots \\ n-1 & \frac{n!}{2!\,(n-2)!} & \frac{n!}{3!\,(n-3)!} & \cdots & 1 \end{bmatrix} \tag{12.4.65}$$

Sei

$$A = iMi \tag{12.4.66}$$

Unter Verwendung der Gln. 12.4.59 bis 12.4.65 kann folgende Gleichung bewiesen werden

$$\mu = DAD^{-1}\nu \tag{12.4.67}$$

Sei

$$_kS = S - X_k \tag{12.4.68}$$

$$_k\nu' = \frac{[\Sigma\, _kS \cdots \Sigma\, _kS^n]}{N} \tag{12.4.69}$$

$$_k\rho' = \frac{[\Sigma\, X_k, \Sigma\, SX_k \cdots \Sigma\, S^{n-1}X_k]}{N} \tag{12.4.70}$$

$$\gamma = \begin{bmatrix} 1 & 0 & 0 & \cdots & 0 \\ 1 & 2 & 0 & \cdots & 0 \\ \dots & \dots & \dots & \dots & \dots \\ 1 & \frac{n!}{1!(n-1)!} & \frac{n!}{2!\,(n-2)!} & . & \frac{n!}{(n-1)!\,2!} \end{bmatrix} \tag{12.4.71}$$

$$C = i\gamma i \tag{12.4.72}$$

Unter Verwendung der Gln. 12.4.62, 12.4.64 und 12.4.68 bis 12.4.71 kann folgende Gleichung bewiesen werden

$$_{k}\nu = \nu - C_{k}\rho \tag{12.4.73}$$

Sei

$$_{k}\mu_1 = \frac{\Sigma\, _{k}S}{N} \tag{12.4.74}$$

$$_{k}\mu_i = \frac{\Sigma\, (_{k}S - {}_{k}\mu_1)^i}{N} \tag{12.4.75}$$

$$_{k}\mu' = [_{k}\mu_1 \cdots {}_{k}\mu_n] \tag{12.4.76}$$

$$_{k}D = \begin{bmatrix} _{k}\mu_1 \cdots & 0 \\ \cdots\cdots & \\ 0 & \cdots {}_{k}\mu_1{}^n \end{bmatrix} \tag{12.4.77}$$

Unter Verwendung der Gln. 12.4.64 und 12.4.74 bis 12.4.77 kann folgende Gleichung bewiesen werden

$$_{k}\mu = {}_{k}DA_{k}D^{-1}{}_{k}\nu \tag{12.4.78}$$

Aus den Gln. 12.4.67 bzw. 12.4.73 folgt

$$\nu = DA^{-1}D^{-1}\mu \tag{12.4.79}$$

$$\nu = {}_{k}\nu + C_{k}\rho \tag{12.4.80}$$

Aus den Gln. 12.4.79 und 12.4.80 folgt

$$_{k}\nu = DA^{-1}D^{-1}\mu - C_{k}\rho \tag{12.4.81}$$

Aus den Gln. 12.4.78 und 12.4.81 folgt

$$_{k}\mu = {}_{k}DA_{k}D^{-1}(DA^{-1}D^{-1}\mu - C_{k}\rho) \tag{12.4.82}$$

Das ist aber gerade Gl. 12.3.9

Sei

$$iMi = A \tag{12.4.83}$$

$$A\mu = Y \tag{12.4.84}$$

Setzt man die Gln. 12.4.83 und 12.4.84 in Gl. 12.4.82 ein, so folgt

$$_{k}\mu = {}_{k}DA_{k}D^{-1}(Y - C_{k}\rho) \tag{12.4.85}$$

Sei

$$ {}_kD^{-1}(Y - C_k\rho) = {}_kZ \tag{12.4.86} $$

Setzt man Gl. 12.4.86 in Gl. 12.4.85 ein, so folgt

$$ {}_k\mu = {}_kD(A_kZ) \tag{12.4.87} $$

Sei

$$ A_kZ = {}_kW \tag{12.4.88} $$

Setzt man Gl. 12.4.88 in Gl. 12.4.87 ein, so folgt

$$ {}_k\mu = {}_kD_kW \tag{12.4.89} $$

13. Maximale Testkennwerte

Weil der Korrelationskoeffizient eine so bedeutende Rolle in der Psychometrie spielt, ist es wichtig zu wissen, welche maximalen Werte er annehmen kann. Der *Pearson*sche Produkt-Moment-Korrelationskoeffizient kann nicht größer als +1 und nicht kleiner als −1 sein. Tatsächlich jedoch erreicht er diese Grenzen nur in speziellen Fällen. Sie werden durch die Eigenschaften unserer Meßinstrumente und Quantifizierungsmethoden bestimmt.

Bei Testpunktwerten, die aus binären Meßwerten zusammengesetzt sind, ist der Produkt-Moment-Korrelationskoeffizient im allgemeinen größer als −1 und kleiner als +1. Die Koeffizienten sind Funktionen der maximalen Werte, die Kovarianz und Varianz annehmen können. Diese Werte sind ihrerseits Funktionen der maximalen Werte, die die Kovarianzen der Items erreichen können. Wir wollen in diesem Kapitel maximale Itemkennwerte, maximale Testkennwerte, maximale Item-Test-Kennwerte und Spezialfälle von maximalen Testkennwerten behandeln.

13.1 Maximale Itemkennwerte

Weil der Gesamtpunktwert aus den einzelnen binären Itempunktwerten zusammengesetzt ist, sind die Testpunktkennwerte Funktionen der Itemkennwerte. Wir wollen deshalb zunächst die Maximalwerte betrachten, die die Itemkennwerte annehmen können.

Die höchstmögliche Varianz eines Items ergibt sich, wenn das arithmetische Mittel des Itempunktwertes .5 ist. Das gilt natürlich deshalb, weil die Varianz das Produkt von p und q ist, und weil die Summe von p und q gleich 1 sein muß. Diese p-Werte variieren, denn der Test soll zwischen den Probanden einer Stichprobe hinreichend gut diskriminieren.

Man kann sich natürlich nicht nur für die Varianz der Verteilung der p-Werte der Items in einem speziellen Test interessieren, sondern auch noch für andere Eigenschaften dieser Verteilung. Darauf wollen wir jedoch nicht eingehen. Denn in diesem Kapitel wollen wir nur den maximalen Wert der Testkennwerte als Funktion irgendeiner zugrundeliegenden Verteilung der in einer bestimmten Stichprobe beobachteten p-Werte behandeln. Wir wollen annehmen, daß die einzelnen p-Werte gegeben sind, und wir wollen nur noch zwei Itemkennwerte, die maximale Kovarianz und die maximale Korrelation zwischen zwei Items diskutieren.

13.1.1 Die Kovarianz

Die maximale Kovarianz zwischen zwei Items kann leicht aus der Formel 11.2.1 für die Kovarianz zwischen binären Meßwerten bestimmt werden. Diese Kovarianz ist einfach der Anteil der Probanden, die beide Items richtig beantwortet haben, vermindert um das Produkt der Anteile derer, die jeweils ein Item richtig beantwortet haben. Weil die Zahl der Probanden, die die beiden Items jeweils richtig haben, festgelegt ist, brauchen wir nur den Anteil der Probanden zu bestimmen, die beide Items zugleich richtig haben, damit die Kovarianz ein Maximum wird. Wir fragen deshalb, welches der maximal mögliche Wert dieses Anteils ist. Die Antwort liegt auf der Hand. Der Anteil der Probanden mit zwei richtigen Lösungen kann nicht größer als der Anteil richtiger Lösungen bei dem Item met dem kleineren der beiden *p*-Werte sein. Deshalb lautet die Formel für die maximale Kovarianz, die zwei binäre Meßwerte haben können,

$$C_{\max} = p_j - p_i p_j \qquad (13.1.1)$$

Dabei gilt $p_j \leqslant p_i$. Diese maximale Kovarianz ist einfach der Anteil der Probanden, die das schwierigere Item richtig haben, vermindert um das Produkt der beiden Anteile.
Ein numerisches Beispiel für den maximalen Wert der Kovarianz zwischen Items der Schwierigkeiten .7 und .5 würde deshalb .15 sein. Die maximale Kovarianz zwischen zwei Items kann auch folgendermaßen ausgedrückt werden:

$$C_{\max} = p_j q_i \qquad (13.1.2)$$

Wir sehen, daß die maximale Kovarianz das Produkt der Anteile derjenigen Probanden ist, die das schwerere Item richtig bzw. das leichtere falsch haben.

Wenn die beiden Anteile gleich sind, wird die Formel für die maximale Kovarianz

$$C_{\max} = pq \tag{13.1.3}$$

Offensichtlich ist das einfach die Varianz der Items. Man sieht, daß die maximale Kovarianz zweier Items gleicher Schwierigkeiten die Varianz der Itempunktwerte ist.

13.1.2 Die Korrelation

Die maximale Korrelation zwischen zwei Items gleicher Schwierigkeit ergibt sich, wenn die Kovarianz zwischen diesen Items ein Maximum ist. Das gilt, weil für die beiden Items irgendwelche festen Schwierigkeitsgrade vorgegeben und deshalb beide Varianzen festgelegt sind. Und die Kovarianz dieser Items dividiert durch das Produkt ihrer Standardabweichungen ist ja gerade die Korrelation zwischen den beiden Items. Es folgt die maximal mögliche Korrelation zwischen zwei Items als Funktion der Kovarianz und der beiden Varianzen.

$$\varphi_{\max} = \frac{p_j - p_i q_j}{\sqrt{p_i q_i}\sqrt{p_j q_j}} \tag{13.1.4}$$

Eine andere Möglichkeit zur Darstellung der Korrelation ist

$$\varphi_{\max} = \frac{\sqrt{p_j - p_i p_j}}{\sqrt{p_i - p_i p_j}} \tag{13.1.5}$$

Der zweite Term im Zähler und der zweite Term im Nenner sind gleich, nämlich die Produkte der beiden Itemschwierigkeiten. Jedoch ist der erste Term im Zähler der Anteil derer, die das schwierigere Item richtig haben, und der erste Term im Nenner ist der Anteil derer, die das leichtere Item richtig haben. Weil der erstere Term laut Definition kleiner als der letztere ist, kann die maximale Korrelation nicht gleich 1 sein, weil der Zähler kleiner als der Nenner ist. Nur wenn die beiden Anteile gleich sind, ist die maximale Korrelation gleich 1. Die höchste Korrelation zwischen zwei Items mit den Schwierigkeiten .6 bzw. .8 kann sein:

$$\frac{.60 - .48}{\sqrt{(.24)(.16)}} = .61.$$

13.2 Maximale Testkennwerte

Intuitiv würden wir sagen, daß die maximalen Varianzen und die maximale Korrelation, die bei zwei Tests mit festgelegten Itemschwierigkeiten möglich ist, irgendeine Funktion der Kovarianzen der Items zwischen den Tests ist. Das ist tatsächlich der Fall. Wir wollen die maximalen Varianzen und die maximale Kovarianz und Korrelation bei zwei Tests mit vorgegebenen Itemschwierigkeiten behandeln.

13.2.1 Die Varianz

Die maximale Varianz, die ein Test haben kann, muß eine Funktion der maximalen Kovarianzen der Items innerhalb des Tests sein. Wir wissen nach Gl. 12.1.5, daß die Varianz eines Tests gleich der Summe der Itemvarianzen vermehrt um zweimal die Summe der Itemkovarianzen ist. Weil die Itemvarianzen festgelegt sind, ist die Varianz ein Maximum, wenn alle Itemkovarianzen möglichst groß sind. Wir wissen aus Abschnitt 13.1., wie die maximale Kovarianz von zwei Items aus ihren beiden p-Werten oder Schwierigkeiten berechnet werden kann. In der folgenden Gleichung ist die maximale Varianz eines Tests als Funktion der Itemschwierigkeiten in Skalarschreibweise angegeben.

$$\sigma_S{}^2 = 2\sum_1^n ip_i - \bar{S}(1 + \bar{S}) \qquad (13.2.1)$$

Dabei sind die p_i-Werte absteigend nach der Größe geordnet. Die entsprechende Gleichung in Matrizenschreibweise lautet (siehe Abschnitt 13.5.2)

$$\sigma_S{}^2 = 2V'p - \bar{S}(1 + \bar{S}) \qquad (13.2.2)$$

Dabei ist

$$V' = (1, 2 \ldots n) \qquad (13.2.3)$$

und p ist ein Vektor der absteigend nach der Größe geordneten

Schwierigkeiten. Die maximale Varianz ergibt sich, wenn die Matrix der Itempunktwerte eine *Guttman*sche Simplex ist. Das heißt, daß der, der ein schwierigeres Item lösen kann, auch alle leichteren Items richtig beantwortet.

Abb. 13.2.1 ist ein Beispiel einer Punktwertmatrix für den Fall einer perfekten Simplex, so daß die Verteilung der Testpunktwerte bei vorgegebenen Itemschwierigkeiten maximale Varianz hat.

$$X = \begin{bmatrix} 1 & 0 & 0 & 0 \\ 1 & 0 & 0 & 0 \\ 1 & 0 & 0 & 0 \\ 1 & 1 & 0 & 0 \\ 1 & 1 & 0 & 0 \\ 1 & 1 & 1 & 0 \\ 1 & 1 & 1 & 0 \\ 1 & 1 & 1 & 0 \\ 1 & 1 & 1 & 1 \\ 1 & 1 & 1 & 1 \end{bmatrix}$$

Abb. 13.2.1 Punktwertmatrix für Items. Perfekte Simplex

Der Vektor der Testergebnisse folgt in Abb. 13.2.2.

$$S' = [1 \quad 1 \quad 1 \quad 2 \quad 2 \quad 3 \quad 3 \quad 3 \quad 4 \quad 4]$$

Abb. 13.2.2 Vektor der Testpunktwerte für die Matrix in Abb. 13.2.1

Der Vektor der Itemschwierigkeiten folgt in Abb. 13.2.3.

$$p_X' = [1.0 \quad .7 \quad .5 \quad .2]$$

Abb. 13.2.3 Vektor der Itemschwierigkeiten für die Matrix in Abb. 13.2.1.

Es folgt die Berechnung der Varianz des Testpunktvektors in Abb. 13.2.4.

$$\sigma_S{}^2 = \frac{S_X'S_X}{N} - \frac{S_X'1}{N}\frac{1'S_X}{N} = \frac{70}{10} - \left(\frac{24}{10}\right)\left(\frac{24}{10}\right) = 1.24$$

Abb. 13.2.4 Auf konventionelle Weise berechnete Varianz des Testpunktvektors aus Abb. 13.2.2

Wir berechnen ebenfalls die maximale Varianz, die ein Test mit den in Abb. 13.2.3 gegebenen Itemschwierigkeiten haben kann. Dabei verwenden wir Gl. 13.2.2.

$$\begin{aligned}\sigma_S{}^2 &= 2[1.0 + 2(.7) + 3(.5) + 4(.2)] - (2.4)(1.0 + 2.4)\\ &= 2[1.0 + 1.4 + 1.5 + .8] - (2.4)(3.4)\\ &= 2(4.7) - 8.16 = 1.24\end{aligned}$$

Abb. 13.2.5 Berechnung der maximalen Testpunktvarianz für die in Abb. 13.2.3 gegebenen Itemschwierigkeiten.

Es zeigt sich, daß sich bei beiden Rechnungen die gleiche Varianz von 1.24 ergibt. Wir können sicher sein, daß jede andere Matrix mit Itempunktwerten, bei der die Items die gleichen Schwierigkeiten wie bei unserem Beispiel haben, eine niedrigere Varianz der Gesamtpunktwerte ergeben würden.

13.2.2 Die Kovarianz

Die maximale Kovarianz, die zwei Tests mit gegebenen Itemschwierigkeiten haben können, muß ebenfalls eine Funktion der maximalen Kovarianzen der Items zwischen den Tests sein. Bei der Ableitung dieser maximalen Kovarianz beginnen wir mit der folgenden Gleichung

$$C_{xy} = \frac{\sigma_{X+Y}{}^2 - \sigma_X{}^2 - \sigma_Y{}^2}{2} \qquad (13.2.4)$$

Dabei ist $\sigma_{X+Y}{}^2$ die Varianz der Summe der X- und Y-Variablen. Diese Gleichung ergibt die Kovarianz von zwei Variablen als Funktion der Varianzen der beiden einzelnen Variablen und der Varianz ihrer Summe (siehe Abschnitt 13.5.3). Wenn man die maximal mögliche Kovarianz bei zwei Reihen von Items mit festgelegten Schwierigkeitsvektoren erhalten will, braucht man einfach nur dafür zu sorgen, daß die Items maximal homogen sind. Es folgt die Formel für die maximale Kovarianz zwischen den Punktwerten zweier Tests, die aus binären Items zusammengesetzt sind, in Skalarschreibweise

$$C_{xy} = \sum_1^{n_X+n_Y} ip_{T_i} - \sum_1^{n_X} ip_{X_i} - \sum_1^{n_Y} ip_{Y_i} - \sum_1^{n_X} p_{X_i} \sum_1^{n_Y} p_{Y_i} \qquad (13.2.5)$$

Dabei sind n_X und n_Y die Anzahl der Items in den Tests X bzw. Y, p_{T_i} ist die Schwierigkeit des i-ten Items, wobei die Items beider Tests nach der Größe absteigend in einer Reihe geordnet sind, ohne Rücksicht darauf, zu welchem Test das jeweilige Item gehört. p_{X_i} und p_{Y_i} sind die Schwierigkeiten des i-ten Items in Test X bzw. Test Y, wobei die Items innerhalb eines jeden Tests absteigend nach der Größe geordnet sind. Die folgende Gleichung gibt die maximale Kovarianz in Matrizenschreibweise an (siehe Abschnitt 13.5.4)

$$C_{xy} = V_T'\tilde{p}_T - V_X'p_X - V_Y'p_Y - p_X'1\,1'p_Y \qquad (13.2.6)$$

Dabei ist $\tilde{p}_T$ ein Vektor der Itemschwierigkeiten aller Items in Test X und Test Y, die ohne Rücksicht auf ihre Testzugehörigkeit absteigend nach der Größe geordnet sind. p_X und p_Y sind die Vektoren der Itemschwierigkeiten von Test X bzw. Test Y, wobei auch hier die Schwierigkeiten absteigend nach der Größe geordnet sind. Außerdem gilt

$$V_X' = [1, 2 \,..\, n_X] \qquad (13.2.7)$$

$$V_Y' = [1, 2 \,..\, n_Y] \qquad (13.2.8)$$

Abb. 13.2.6 zeigt zwei Matrizen von Itempunktwerten, wovon jede bezüglich der jeweiligen Items perfekt homogen ist. Auch die Homogenität zwischen den Matrizen ist maximal.

$$X = \begin{bmatrix} 1 & 0 & 0 & 0 \\ 1 & 0 & 0 & 0 \\ 1 & 0 & 0 & 0 \\ 1 & 1 & 0 & 0 \\ 1 & 1 & 0 & 0 \\ 1 & 1 & 1 & 0 \\ 1 & 1 & 1 & 0 \\ 1 & 1 & 1 & 0 \\ 1 & 1 & 1 & 1 \\ 1 & 1 & 1 & 1 \end{bmatrix} \qquad Y = \begin{bmatrix} 0 & 0 & 0 & 0 \\ 1 & 0 & 0 & 0 \\ 1 & 0 & 0 & 0 \\ 1 & 0 & 0 & 0 \\ 1 & 1 & 0 & 0 \\ 1 & 1 & 0 & 0 \\ 1 & 1 & 1 & 0 \\ 1 & 1 & 1 & 0 \\ 1 & 1 & 1 & 0 \\ 1 & 1 & 1 & 1 \end{bmatrix}$$

Abb. 13.2.6 Zwei Matrizen mit Itempunktwerten. Innerhalb und zwischen ihnen besteht perfekte Homogenität.

Die folgende Abbildung zeigt die beiden Vektoren der Testpunktwerte.

$$S_X' = [1 \quad 1 \quad 1 \quad 2 \quad 2 \quad 3 \quad 3 \quad 3 \quad 4 \quad 4]$$
$$S_Y' = [0 \quad 1 \quad 1 \quad 1 \quad 2 \quad 2 \quad 3 \quad 3 \quad 3 \quad 4]$$

Abb. 13.2.7 Vektoren der Testpunktwerte für die Matrizen in Abb. 13.2.6

Es folgen die zugehörigen Schwierigkeits-Vektoren.

$$p_X' = [1.0 \quad .7 \quad .5 \quad .2]$$
$$p_Y' = [\ .9 \quad .6 \quad .4 \quad .1]$$

Abb. 13.2.8 Vektoren der Itemschwierigkeiten für die Matrizen in Abb. 13.2.6.

Wir können die Kovarianz zwischen den beiden Reihen von Gesamtpunktwerten mit Hilfe der konventionellen Formel für die Kovarianz berechnen. Das geschieht in der folgenden Abbildung.

$$C_{xy} = \frac{S_X'S_Y}{N} - \frac{S_X'1}{N}\frac{1'S_Y}{N} = 6.0 - 4.8 = 1.2$$

Abb. 13.2.9 Berechnung der Kovarianz zwischen den Testpunktwerten aus Abb. 13.2.7 mit Hilfe der konventionellen Formel.

Auf Grund der Itemschwierigkeiten konstruieren wir nun den in Abb. 13.2.10 angegebenen Vektor der Schwierigkeiten, der die p-Werte beider Tests enthält, aber nun sind die Items ohne Rücksicht auf Ihre Testzugehörigkeit absteigend nach der Größe geordnet.

$$V_T' = [1.0 \quad .9 \quad .7 \quad .6 \quad .5 \quad .4 \quad .2 \quad .1]$$

Abb. 13.2.10 Vektor der Itemschwierigkeiten aus Abb. 13.2.8, der Größe nach geordnet.

Mit Hilfe von Gl. 13.2.6 berechnen wir in der folgenden Abbildung die maximal mögliche Kovarianz auf Grund der gegebenen Schwierigkeiten.

$$\begin{aligned} C_{xy} &= [1.0 + 2(.9) + 3(.7) + 4(.6) + 5(.5) + 6(.4) + 7(.2) + 8(.1)] \\ &\quad - [1.0 + 2(.7) + 3(.5) + 4(.2)] \\ &\quad - [.9 + 2(.6) + 3(.4) + 4(.1)] \\ &\quad - (2.4)(2.0) \\ &= [1.0 + 1.8 + 2.1 + 2.4 + 2.5 + 2.4 + 1.4 + .8] \\ &\quad - [1.0 + 1.4 + 1.5 + .8] - [.9 + 1.2 + 1.2 + .4] - 4.8 \\ &= 1.2 \end{aligned}$$

Abb. 13.2.11 Berechnung der maximalen Kovarianz für Tests mit den in Abb. 13.2.8 angegebenen Itemschwierigkeiten.

Es ergibt sich der gleiche Wert, nämlich 1.2, den wir auf konventionelle Weise in Abb. 13.2.9 erhalten haben.

13.2.3 Die Korrelation

Zur Berechnung der maximalen Korrelation zwischen zwei Tests, wovon jeder maximale Varianz bei festgelegten Itemschwierigkeiten besitzt, dividieren wir einfach die maximal mögliche Kovarianz durch das geometrische Mittel der beiden Varianzen. Die allgemeine Formel für die maximale Korrelation lautet

$$r_{XY} = \frac{V_T'\tilde{p}_T - V_X'p_X - V_Y'p_Y - p_X'1\,1'p_Y}{\sqrt{2V_X'p_X - 1'p_X(1 + 1'p_X)}\sqrt{2V_Y'p_Y - 1'p_Y(1 + 1'p_Y)}} \tag{13.2.9}$$

Wenn wir die geeigneten Werte aus den Daten der Abbn. 13.2.8 und 13.2.11 in diese Formel einsetzen, ergibt sich für die maximale Korrelation

$$C_{xy} = 1.20 \quad \sigma_X{}^2 = 1.24 \quad \sigma_Y{}^2 = 1.40$$

$$r_{XY} = \frac{1.20}{\sqrt{(1.24)(1.40)}} = \frac{1.20}{1.32} = .91$$

Abb. 13.2.12 Berechnung der maximalen Korrelation zweier Tests mit den in Abb. 13.2.8 angegebenen Itemschwierigkeiten.

13.3 Maximale Item-Test-Kennwerte

Wir haben die maximale Varianz einer Verteilung von Testpunktwerten als Funktion der Anteile richtiger Lösungen bei den einzelnen Items des Tests und bei den Itempaaren betrachtet. Wir haben weiterhin die maximal mögliche Kovarianz zwischen zwei Tests mit gegebenen Itemschwierigkeiten behandelt. Wir haben die maximale Korrelation zwischen zwei Tests mit maximalen Varianzen angegeben.
Es kann ferner von Interesse sein, die maximale Korrelation zwischen einem einzelnen Testitem und dem Test, zu dem das Item gehört, zu kennen. Diese Korrelation soll im folgenden abgeleitet werden, wobei wir zunächst auf die maximale Kovarianz zwischen einem Item und dem Test und dann auf die maximale Korrelation eingehen.

13.3.1 Die Kovarianz

Die maximale Kovarianz zwischen einem Test und einem Item aus dem Test ist eine Funktion der Kovarianzen des Items mit den anderen Testitems und der Varianz des Items. Wir können diese Beziehung ableiten, indem wir mit der Kovarianz einer Variablen mit der Summe von Variablen beginnen. Es folgt die Gleichung für die Kovarianz einer Variablen mit der Summe von Variablen, wozu die Variable selbst gehört:

$$C_{x_k \Sigma x_i} = \sum C_{x_k x_i} \qquad (13.3.1)$$

Dabei sind die $C_{x_k x_i}$ die Kovarianzen der X_k-Variable mit den X_i-Variablen.
Wenn wir nun berücksichtigen, daß alle Variablen binär sind, dann gibt die folgende Gleichung den Spezialfall der Kovarianz des Items mit dem Gesamtpunktwert an.

$$C_{ks_{\max}} = \sum_{i \neq k} (p_{ki} - p_k p_i) + p_k q_k \qquad (13.3.2)$$

Dabei sind die P_{ki} die Anteile der Probanden, die Item k und jeweils die Items i richtig haben. Diese Kovarianz ist einfach die Summe der Kovarianzen des Items mit allen anderen Items, zuzüglich der Varianz des Items. Die maximale Kovarianz, die das Item mit allen anderen Items eines Tests mit festgelegten Itemschwierigkeiten haben kann, hängt von der relativen Größe der Schwierigkeit dieses Items bezüglich der Schwierigkeiten aller anderen Items ab. Wenn wir diese Schwierigkeiten der Größe nach ordnen, dann können wir leicht die maximale Kovarianz als Funktion des Rangplatzes des Items und den Schwierigkeiten aller anderen Items ausdrücken. Die entsprechende Formel lautet (siehe Abschnitt 13.5.5):

$$C_{ks_{\max}} = \sum_{i=k+1}^{n} p_i + p_k(k - \bar{S}) \qquad (13.3.3)$$

wobei die Items nach der Schwierigkeit absteigend geordnet sind.
Es folgt ein numerisches Beispiel für die maximal mögliche Kovarianz des 3. Items aus Abb. 13.2.1 mit dem Test. Mit Hilfe von Gl. 13.3.3, worin nicht die Gesamtpunktwerte, sondern nur die Itemschwierigkeiten stehen, berechnen wir die maximale Kovarianz folgendermaßen

$$k = 3 \quad \sum_{i=k+1}^{n} p_i = .2 \quad p_k = .5 \quad \bar{S} = 2.4$$

$$C_{ks_{\max}} = .2 + .5(3 - 2.4) = .50$$

Abb. 13.3.1 Berechnung der maximalen Kovarianz des 3. Items aus Abb. 13.2.1 mit dem Test.

13.3.2 Die Korrelation

Die maximale Korrelation ist die maximale Kovarianz dividiert durch das geometrische Mittel der Item- und der Gesamtvarianz:

$$r_{ks} = \frac{\sum_{i=k+1}^{n} p_i + p_k(k - \bar{S})}{\sqrt{p_k q_k}\sqrt{2\sum_{i=1}^{n} i p_i - \bar{S}(1 + \bar{S})}} \qquad (13.3.4)$$

Die folgende Abbildung zeigt die Berechnung dieser Korrelation unter Verwendung derselben Daten wie bei der Berechnung der maximalen Varianz und Kovarianz.

$$p_k = .5 \qquad \sigma_{S_{\max}}{}^2 = 1.24 \quad C_{ks_{\max}} = .50$$

$$r_{ks_{\max}} = \frac{.50}{.50\sqrt{1.24}} = \frac{1}{1.11} = .90$$

Abb. 13.3.2 Berechnung der maximalen Korrelation eines Items mit dem Test für die Daten aus Abb. 13.2.1.

13.4 Spezialfälle

Wir haben den allgemeinen Fall behandelt, wo wir maximale Varianz in beiden Tests voraussetzten und zeigen konnten, daß die maximale Kovarianz durch die vorgegebenen Vektoren der Itemschwierigkeiten ausgedrückt werden konnte. Wir wollen nun einige Spezialfälle diskutieren, in welchen wir bestimmte Einschränkungen für die Itemschwierigkeiten machen. Wir wollen drei verschiedene Fälle betrachten. Zunächst sollen alle Items des einen und alle Items des anderen Tests jeweils die gleichen Schwierigkeiten haben. Im zweiten Fall sollen alle Items des einen Tests leichter als irgendein Item des anderen Tests sein, und drittens sollen beide Tests den gleichen Itemschwierigkeitsvektor haben.

13.4.1 Alle Items der beiden Tests haben jeweils die gleiche Schwierigkeit

Im allgemeinen ist es nicht wünschenswert, daß alle Items eines Tests bei einer bestimmten Probandenstichprobe die gleiche Schwierigkeit haben. Trotzdem glauben einige Psychometriker, gleiche Itemschwierigkeiten seien gerechtfertigt, damit mehr als ein Item vorliegt, falls die Items nicht vollkommen reliabel sind.
Wir beginnen mit Gl. 13.2.9 für die maximale Korrelation zwischen zwei Tests mit maximaler Varianz. Wir nehmen an, daß die Items in Test X leichter als die in Test Y sind. Es folgt die Formel für die entsprechende maximale Korrelation (siehe Abschnitt 13.5.8)

$$r_{XY} = \frac{\sqrt{p_Y q_X}}{\sqrt{p_X q_Y}} \qquad (13.4.1)$$

Die maximale Korrelation zwischen den beiden Tests ist dieselbe wie die zwischen zwei Items der Schwierigkeiten p_X bzw. p_Y, wobei $p_X > p_Y$ ist. Wie wir schon gesehen haben, ist ein vollkommen reliabler Test von vollkommen homogenen Items nicht besser als ein vollkommen reliabler, aus einem einzelnen Item bestehender Test von derselben Schwierigkeit.

13.4.2 Alle Items in dem einen Test sind leichter als irgendein Item in dem anderen Test

Wir haben im 11. Kapitel gezeigt, daß die relative Schwierigkeit von zwei Tests einen Einfluß auf ihre Korrelation hat. Nun wollen wir den Fall behandeln, wo alle Items des einen Tests leichter als irgendein Item des anderen ist. Wir beginnen mit der Formel für die maximal Kovarianz zwischen zwei Tests von maximaler Varianz. Nach Voraussetzung sieht der Vektor der geordneten Schwierigkeiten der Kombination beider Tests so aus, daß alle Items des leichteren Tests im ersten Teil, und die Items des schwierigeren Tests im zweiten Teil des Vektors erscheinen. Das setzt uns instande, die Formel für die Kovarianz der beiden Tests folgendermaßen zu vereinfachen (siehe Abschnitt 13.5.6):

$$C_{xy} = \bar{S}_Y(n_X - \bar{S}_X) \qquad (13.4.2)$$

Dabei sind alle Items des Tests X leichter als irgendein Item in Test Y. Wir erkennen, daß die Kovarianz zwischen den beiden Tests einzig eine Funktion der beiden arithmetischen Mittel und der Zahl der Items in dem einen Test ist. Die Standardabweichungen beider Tests ergeben sich aus Gl. 13.2.2. Deshalb lautet die Formel für die maximale Korrelation dieser beiden Tests

$$r_{XY} = \frac{\bar{S}_Y(n_X - \bar{S}_X)}{\sqrt{2V_X'p_X - \bar{S}_X(1 + S_X)}\sqrt{2V_Y'p_Y - \bar{S}_Y(1 + S_Y)}} \qquad (13.4.3)$$

13.4.3 Entsprechende Items beider Tests haben dieselbe Schwierigkeit

Wir wollen zuletzt den Fall behandeln, wo die Vektoren der Itemschwierigkeiten bei beiden Tests gleich sind. Das bedeutet, daß auch die maximale Varianz beider Tests gleich ist, so daß wir im Nenner der Formel für den Korrelationskoeffizient die Varianz eines der beiden Tests einsetzen zu können.

Bei der Berechnung des Zählers müssen wir daran denken, daß bei der Zusammenstellung der Items beider Tests in einer gemeinsamen Reihe, wobei die Items absteigend nach der Größe ihrer Schwierigkeit geordnet sind, Paare von gleichen Werten auftreten, und daß der eine Wert nach Zufall an die erste und der andere an die zweite Stelle gesetzt wird. Bei der Berechnung der maximalen Varianz wird jedoch der jeweils zweite Wert mit einer um eins größeren natürlichen Zahl als der erste

Wert multipliziert. Wir können die maximale Kovarianz zweier Tests mit gleichen Item-Schwierigkeitsvektoren folgendermaßen in Matrizenschreibweise ausdrücken (siehe Abschnitt 13.5.7)

$$C_{xy} = 2V'p - \bar{S}(1 + \bar{S}) \tag{13.4.4}$$

Diese maximale Kovarianz ist jedoch die gleiche wie in Gl. 13.2.2, die die maximale Varianz eines Tests mit gegebenen Itemschwierigkeiten angibt. Daher ist die maximal mögliche Korrelation zweier Tests mit identischen Itemschwierigkeiten und maximaler Varianz gleich 1, was wir schon rein intuitiv vermutet haben.

13.5 Mathematische Beweise

13.5.1 Der maximale Wert des Phi-Koeffizienten

Wir setzen $p_j \leqslant p_i$ voraus. Dann kann der Maximalwert des φ-Koeffizienten folgendermaßen ausgedrückt werden

$$\varphi_{\max} = \frac{p_j - p_i p_j}{\sqrt{p_i q_i \, p_j q_j}} \tag{13.5.1}$$

Aus dieser Gleichung folgt

$$\varphi_{\max} = \sqrt{\frac{p_j q_i}{p_i q_j}} \tag{13.5.2}$$

und daraus

$$\varphi_{\max} = \sqrt{\frac{p_j(1 - q_i)}{p_i(1 - q_j)}} \tag{13.5.3}$$

oder

$$\varphi_{\max} = \sqrt{\frac{p_j - p_i p_j}{p_i - p_i p_j}} \tag{13.5.4}$$

Das ist aber gerade Gl. 13.1.5. Weil $p_j \leqslant p_i$ gilt, ergibt sich aus Gl. 13.5.4

$$\varphi_{\max} \lesseqgtr 1.00 \tag{13.5.5}$$

13.5.2 Die maximale Varianz als Funktion der Itemschwierigkeiten

Die Varianz eines Tests kann folgendermaßen ausgedrückt werden

$$\sigma_S^2 = 1'p_{XX}1 - 1'p_X p_X'1 \tag{13.5.6}$$

Dabei ist p_{XX} die Matrix der Schwierigkeiten von Itempaaren.
Ohne Verlust an Allgemeingültigkeit können wir annehmen, daß die Items nach der Größe der Schwierigkeit absteigend geordnet sind. Der größte Wert von $\sigma_S{}^2$ ergibt sich, wenn der erste Ausdruck auf der rechten Seite in Gl. 13.5.6 ein Maximum ist. Das bedeutet

$$1'p_{XX}1 = \begin{bmatrix} p_1 + p_2 + p_3 + \cdots + p_n \\ +p_2 + p_2 + p_3 + \cdots + p_n \\ +p_3 + p_3 + p_3 + \cdots + p_n \\ \cdots\cdots\cdots\cdots\cdots\cdots \\ +p_n + p_n + p_n + \cdots + p_n \end{bmatrix} \tag{13.5.7}$$

Die rechte Seite von Gl. 13.5.7 können wir folgendermaßen schreiben

$$1'p_{XX}1 = ((2)(1) - 1)p_1 + ((2)(2) - 1)p_2 + \cdots + ((2)(n) - 1)p_n \tag{13.5.8}$$

oder

$$1'p_{XX}1 = 2\sum_1^n ip_i - \Sigma\, p_i \tag{13.5.9}$$

Sei

$$V' = (1, 2, \ldots n) \tag{13.5.10}$$

$$p' = (p_1 \cdots p_n) \tag{13.5.11}$$

Aus den letzten drei Gleichungen folgt

$$1'p_{XX}1 = 2V'p - 1'p \tag{13.5.12}$$

Es ist jedoch

$$1'p = \bar{S} \tag{13.5.13}$$

Wenn wir den Index X in Gl. 13.5.6 auslassen und die Gln. 13.5.12 und 13.5.13 einsetzen, folgt

$$\sigma_S^2 = 2V'p - \bar{S}(1 + \bar{S}) \tag{13.5.14}$$

Das ist aber gerade Gl. 13.2.2.

13.5.3 Die Kovarianz als Summe von Varianzen

Die Varianz einer Summe von zwei Variablen ist

$$\sigma^2_{X+Y} = \sigma_X{}^2 + \sigma_Y{}^2 + 2r_{XY}\,\sigma_X\,\sigma_Y \qquad (13.5.15)$$

Aber die Kovarianz von X und Y ist

$$C_{xy} = r_{XY}\,\sigma_X\,\sigma_Y \qquad (13.5.16)$$

Aus den beiden letzten Gleichungen folgt

$$C_{xy} = \frac{\sigma_{X+Y}{}^2 - \sigma_X{}^2 - \sigma_Y{}^2}{2} \qquad (13.5.17)$$

Das ist aber gerade Gl. 13.2.4.

13.5.4 Die maximale Kovarianz von homogenen Tests

Sei

$$T = (X, Y) \qquad (13.5.18)$$

Dabei sind X und Y Untermatrizen von Itempunktwerten für die Tests X bzw. Y.
Sei

$$S_T = T1 \qquad (13.5.19)$$

$$S_X = X1 \qquad (13.5.20)$$

$$S_Y = Y1 \qquad (13.5.21)$$

Aus den Gln. 13.5.18 bis 13.5.21 folgt

$$S_T = S_X + S_Y \qquad (13.5.22)$$

Aus den Gln. 13.5.17 und 13.5.22 folgt

$$C_{xy} = \frac{\sigma_T{}^2 - \sigma_X{}^2 - \sigma_Y{}^2}{2} \qquad (13.5.23)$$

Es ist jedoch

$$\sigma_T{}^2 = \frac{S_T'S_T}{N} - \frac{S_T'1}{N}\,\frac{1'S_T}{N} \qquad (13.5.24)$$

$$\sigma_X{}^2 = \frac{S_X'S_X}{N} - \frac{S_X'1}{N}\,\frac{1'S_X}{N} \qquad (13.5.25)$$

$$\sigma_Y{}^2 = \frac{S_Y{}'S_Y}{N} - \frac{S_Y{}'1}{N}\frac{1'S_Y}{N} \tag{13.5.26}$$

Aus Gl. 13.5.22 folgt

$$S_T{}'1 = S_X{}'1 + S_Y{}'1 \tag{13.5.27}$$

Aus den Gln. 13.5.19, 13.5.20 bzw. 13.5.21 folgt

$$\frac{S_T{}'S_T}{N} = 1'p_{TT}1 \tag{13.5.28}$$

$$\frac{S_X{}'S_X}{N} = 1'p_{XX}1 \tag{13.5.29}$$

$$\frac{S_Y{}'S_Y}{N} = 1'p_{YY}1 \tag{13.5.30}$$

Dabei ist p_{TT} eine Matrix der Schwierigkeiten der Itempaare in X und Y zusammen, und p_{XX} und p_{YY} sind die entsprechenden Matrizen in Test X bzw. Test Y. Aus den Gln. 13.5.20 und 13.5.21 folgt

$$\frac{S_X{}'1}{N} = p_X \tag{13.5.31}$$

$$\frac{S_Y{}'1}{N} = p_Y \tag{13.5.32}$$

Dabei sind p_X und p_Y die Vektoren der Schwierigkeiten der Items in Test X bzw. Y. Aus den Gln. 13.5.27, 13.5.31 und 13.5.32 folgt

$$\frac{S_T{}'1}{N} = 1'p_X + 1'p_Y \tag{13.5.33}$$

Aus den Gln. 13.5.28 und 13.5.33 folgt

$$\sigma_T{}^2 = 1'p_{TT}1 - (1'p_X + 1'p_Y)^2 \tag{13.5.34}$$

Aus den Gln. 13.5.29 und 13.5.31 folgt

$$\sigma_X{}^2 = 1'p_{XX}1 - (1'p_X)^2 \tag{13.5.35}$$

Aus den Gln. 13.5.30 und 13.5.32 folgt

$$\sigma_Y{}^2 = 1'p_{YY}1 - (1'p_Y)^2 \tag{13.5.36}$$

Setzt man die Gln. 13.5.34 bis 13.5.36 in Gl. 13.5.23 ein, so folgt

$$C_{xy} = \frac{1'p_{TT}1 - 1'p_{XX}1 - 1'p_{YY}1 - 2(1'p_X p_Y'1)}{2} \qquad (13.5.37)$$

Es sei nun angenommen, daß die Items vollkommen homogen innerhalb und zwischen den Tests sind. Dann gilt wegen Gl. 13.5.12

$$1'p_{XX}1 = 2V_X'p_X - 1'p_X \qquad (13.5.38)$$

$$1'p_{YY}1 = 2V_Y'p_Y - 1'p_Y \qquad (13.5.39)$$

$$1'p_{TT}1 = 2V_T'\tilde{p}_T - 1'\tilde{p}_T \qquad (13.5.40)$$

Dabei ist

$$V_X' = (1, 2 \cdots n_X) \qquad (13.5.41)$$

$$V_Y' = (1, 2 \cdots n_Y) \qquad (13.5.42)$$

$$V_T' = (1, 2 \cdots n_X + n_Y) \qquad (13.5.43)$$

und $\tilde{p}_T$ ist ein Vektor der Itemschwierigkeiten beider Tests *X* und *Y* ohne Rücksicht auf die Testzugehörigkeit, absteigend nach der Größe geordnet.
Offensichtlich ist nun

$$1'\tilde{p}_T = 1'p_T \qquad (13.5.44)$$

und

$$1'p_T = 1'p_X + 1'p_Y \qquad (13.5.45)$$

Also folgt

$$1'\tilde{p}_T = 1'p_X + 1'p_Y \qquad (13.5.46)$$

Setzt man die Gln. 13.5.38 bis 13.5.40 und Gl. 13.5.46 in Gl. 13.5.37 ein, so folgt

$$C_{xy} = V_T'\tilde{p}_T - V_X'p_X - V_Y'p_Y - p_X'1\,1'p_Y \qquad (13.5.47)$$

Das ist aber gerade Gl. 13.2.6.

13.5.5 Die maximale Kovarianz eines Items mit einem Test

Die Kovarianz eines Items mit dem Gesamttest ist durch folgende Gleichung gegeben

$$C_{ks} = \sum (p_{ki} - p_k p_i) \tag{13.5.48}$$

Daraus folgt mit Gl. 12.1.1

$$C_{ks} = \sum p_{ki} - p_k \bar{S} \tag{13.5.49}$$

Damit C_{ks} bei festgelegten Itemschwierigkeiten p_i ein Maximum wird, muß der erste Term auf der rechten Seite von Gl. 13.5.49 ein Maximum sein. Das ist der Fall, wenn für $i \leqslant k$ folgendes gilt

$$p_{ki} = p_k \tag{13.5.50}$$

und für $i > k$

$$p_{ki} = p_i \tag{13.5.51}$$

Aus diesen beiden Gleichungen folgt

$$\sum p_{ki} = kp_k + \sum_{i=k+1}^{n} p_i \tag{13.5.52}$$

Aus den Gln. 13.5.49 und 13.5.52 folgt

$$C_{ks_{\max}} = \sum_{i=k+1}^{n} p_i + p_k(k - \bar{S}) \tag{13.5.53}$$

Das ist aber gerade Gl. 13.3.3.

13.5.6 Die maximale Kovarianz, wenn alle Items des einen Tests leichter als irgendein Item des anderen Tests sind

Wenn alle Items des Tests X leichter als irgendein Item des Tests Y sind, kann man leicht zeigen, daß folgende Gleichungen gelten.

$$V_T' = [V_X', n_X 1' + V_Y'] \tag{13.5.54}$$

$$\tilde{p}_T = \begin{bmatrix} p_X \\ p_Y \end{bmatrix} \tag{13.5.55}$$

Aus diesen beiden Gleichungen folgt

$$V_T' \tilde{p}_T = V_X' p_X + V_Y' p_Y + n_X 1' p_Y \tag{13.5.56}$$

Aus den Gleichungen 13.5.47 und 13.5.56 folgt

$$C_{xy} = n_X 1' p_Y - 1' p_X \, p_Y' 1 \tag{13.5.57}$$

Da nach 12.1.2 $\bar{S}_Y = 1' p_Y$ und $\bar{S}_X = 1' p_X$ ist, gilt

$$C_{xy} = \bar{S}_Y (n_X - \bar{S}_X) \tag{13.5.58}$$

Das ist aber gerade Gl. 13.4.2.

13.5.7 Die maximale Kovarianz für homogene Tests mit den gleichen Itemschwierigkeits-Vektoren

Wenn die beiden Tests Items mit entsprechenden Schwierigkeiten haben, können wir schreiben

$$V_T' \tilde{p}_T = p_1 + 2p_1 + 3p_2 + 4p_2 + \cdots \tag{13.5.59}$$

Diese Gleichung kann man folgendermaßen verallgemeinern

$$V_T' \tilde{p}_T = \sum (4i - 1) p_i \tag{13.5.60}$$

Die letzte Gleichung lautet in Matrizenschreibweise

$$V_T' \tilde{p}_T = 4V'p - 1'p \tag{13.5.61}$$

Nach Voraussetzung ist aber

$$V_X' p_X = V_Y' p_Y = V'p \tag{13.5.62}$$

$$1' p_X = 1' p_Y = 1' p \tag{13.5.63}$$

Wenn wir die Gln. 13.5.61 bis 13.5.63 in Gl. 13.5.47 einsetzen und daran denken, daß nach Gl. 12.1.2 $\bar{S} = 1'p$ ist, erhalten wir

$$C_{xy} = 2V'p - \bar{S}(1 + \bar{S}) \tag{13.5.64}$$

Das ist aber gerade Gl. 13.4.4.

13.5.8 Die maximale Korrelation, wenn alle Items in Test X die Schwierigkeit p_X und alle Items in Test Y die Schwierigkeit p_Y haben und $p_X > p_Y$ ist

Wir wissen, daß folgendes gilt

$$\bar{S} = np \tag{13.5.65}$$

Wir können die Richtigkeit folgender Gleichung zeigen

$$n^2pq = 2V'p - \bar{S}(1 + \bar{S}) \qquad (13.5.66)$$

Unter Verwendung der Gln. 13.5.65, 13.5.66, 13.5.14 und 13.5.58 erhalten wir

$$r_{XY} = \sqrt{\frac{p_Y q_X}{p_X q_Y}} \qquad (13.5.67)$$

Das ist aber gerade Gl. 13.4.1

14. Der Einfluß des Zufalls auf Testkennwerte

Im letzten Kapitel haben wir den maximalen Wert von Varianzen, Kovarianzen und Korrelationen bei binären Variablen und Summen von binären Variablen, wie sie meist bei objektiven psychologischen Tests vorkommen, behandelt. Wie wir gesehen haben, sind diese maximalen Korrelationen nur in speziellen Fällen gleich 1.
Die maximalen Werte, die wir für die verschiedenen Testkennwerte erwarten können, sind sogar noch niedriger als die theoretisch erwarteten Werte. Das liegt daran, daß in Tests vom multiple-choice-Typ durch den Einfluß des Zufalls die maximalen theoretischen Werte vermindert werden. Wir wollen diesen Zufallseinfluß auf Testkennwerte untersuchen und dabei die Zufallskorrektur von Testpunktwerten, die Schwierigkeit von multiple-choice-Aufgaben, die Wirkung des Zufalls auf Item- und Testkennwerte und schließlich den höchstmöglichen Wert von Testkennwerten diskutieren.

14.1 Die Zufallskorrektur von Testpunktwerten

In theoretischen Meßmodellen nimmt man im allgemeinen an, daß einige Meßwerte rein zufällig höher sind, als sie eigentlich sein sollten, und andere niedriger. Diese Annahme liegt der Fehlertheorie in der Psychometrie, die wir im 16. Kapitel behandeln werden, zugrunde. Dabei wird leider oft nicht geklärt, was unter „Fehler" des Testpunktwerts verstanden werden soll.
Beispielsweise kann es sich bei einem Test mit multiple-choice-Aufgaben, der zweimal bei derselben Probandengruppe durchgeführt wird, herausstellen, daß die Punktwerte beim zweiten Mal bei einigen Probanden niedriger, bei anderen höher als beim ersten Mal sind. Das ist dann vermutlich auf die Meßfehler zurückzuführen, die in der klassischen Testtheorie postuliert werden. Dabei wird die Annahme gemacht, daß die Summe dieser Fehler gleich 0 ist.

Bei multiple-choice-Tests muß man zwischen zwei verschiedenen Fehlerarten unterscheiden, nämlich erstens dem Fehler, der bei zwei sukzessiven Durchführungen desselben Tests auftritt, und zweitens dem Fehler, der dadurch zustandekommt, daß Probanden rein zufällig eine richtige Antwort geben. Wir wollen die Zufallskorrektur für Testpunktwerte behandeln, und zwar für Tests ohne und mit Zeitbegrenzung.

14.1.1 Tests ohne Zeitbegrenzung

Wir haben in früheren Kapiteln schon öfter darauf hingewiesen, daß die traditionelle Testtheorie weitgehend auf der Voraussetzung beruht, daß alle Probanden alle Items bearbeiten. Das ist aber nur dann möglich, wenn die Tests nicht unter Zeitbegrenzung durchgeführt werden. Vorausgesetzt, alle Probanden bearbeiten alle Items des Tests, wir kennen die Wahrscheinlichkeit, rein zufällig eine richtige Antwort zu geben, und diese Wahrscheinlichkeit ist bei allen Items dieselbe. Man kann dann annehmen, daß die Wahrscheinlichkeit einer zufällig richtigen Lösung einfach eins dividiert durch die Zahl der Antwortmöglichkeiten des Items ist. Gewöhnlich ist das die beste verfügbare Schätzung des Zufallsparameters in der Praxis. Der bei einem Probanden beobachtete Wert S_o kann dann als Summe zweier Werte angesehen werden. Der erste ist die Zahl der Items S_t, deren richtige Lösung er kennt, der andere ist die Zahl der zufällig richtig beantworteten Aufgaben. Letztere Zahl ist die Anzahl der Items, deren richtige Lösung er nicht kennt, multipliziert mit der Wahrscheinlichkeit c, rein zufällig ein Item richtig zu beantworten. Der beobachtete Wert kann folgendermaßen ausgedrückt werden:

$$S_o = S_t + (n - S_t)c \qquad (14.1.1)$$

Die folgende Gleichung gibt das beobachtete arithmetische Mittel als Funktion des „wahren“ arithmetischen Mittels, der Zahl der Items und c an (siehe Abschnitt 14.6.7)

$$\bar{S}_o = \bar{S}_t\,(1 - c) + nc \qquad (14.1.2)$$

Gl. 14.1.2 kann nach dem „wahren“ Mittelwert aufgelöst werden (siehe Abschnitt 14.6.7)

$$\bar{S}_t = \frac{\bar{S}_o - nc}{1 - c} \qquad (14.1.3)$$

Die folgende Abbildung enthält ein Beispiel eines beobachteten Itemmittels mit Zufallskorrektur. Dabei ist $\overline{S}_t = \varrho$, $\overline{S}_0 = p$, und $n = 1$

$$p = .6 \qquad c = .2$$

$$\rho = \frac{.6 - .2}{1.0 - .2} = .5$$

Abb. 14.1.1 Berechnung des wahren Itemmittels aus dem beobachteten Itemmittel

14.1.2 Tests mit Zeitbegrenzung

Das Problem, bei Tests mit Zeitbegrenzung eine Zufallskorrektur durchzuführen, ist etwas komplexer als bei Tests ohne Zeitbegrenzung. Die Anzahl der Items, die ein Proband rein zufällig richtig beantworten kann, hängt von der Zahl der Items ab, die er bearbeitet. Wenn bei einem Test mit Fünffach-Wahl-Aufgaben ein Proband 100 und ein anderer 50 Items bearbeitet, dann können wir unter der Annahme, daß keiner bei irgendeinem Item die richtige Antwort weiß, erwarten, daß der erste Proband rein zufällig 20 und der zweite 10 Items richtig hat. Es ergibt sich daher, daß man bei Tests mit Zeitbegrenzung nicht nur die Zahl der von jedem Probanden richtig beantworteten Items, sondern auch die Zahl der jeweils bearbeiteten Items berücksichtigen muß. Bei der Zufallskorrektur eines mittleren Punktwerts brauchen wir nicht nur die Anzahl der im Durchschnitt richtig beantworteten Items, sondern auch die Anzahl der im Durchschnitt bearbeiteten Items. Die beste Schätzung der Wahrscheinlichkeit c würde wieder der reziproke Wert der Zahl der Antwortmöglichkeiten sein.

In diesem Stadium der Diskussion müssen wir nochmals betonen, wie wichtig es ist, die gleiche Zahl von Alternativen für alle Testitems vorzusehen. In der Praxis arbeitet man am meisten mit fünf Antwortmöglichkeiten. Es ist jedoch nicht immer leicht, vier gleich attraktive Distraktoren für einen Stamm zu finden, und die unterschiedliche Plausibilität der Distraktoren kann den Zufallsfaktor auf unbekannte Art beeinflussen. Es existieren kaum theoretische Untersuchungen über die Beziehungen des Zufallseffekts zu Veränderungen der Plausibilität der Distraktoren.

Die Verwendung von Fünffach-Wahl-Items hat also Nachteile. Es dürfte besser sein, vier oder noch weniger Alternativen und dafür mehr Items zu nehmen. Bei einer kleineren Zahl von Auswahlmöglichkeiten ist es leichter, ungefähr gleich plausible Distraktoren zu finden.

Ein Problem bei der Zufallskorrektur der Punktwerte von Tests mit Zeitbegrenzung ist es, die Zahl der von jedem Probanden bearbeiteten Items ökonomisch zu bestimmen. Wenn mechanische Auswertungsgeräte zur Verfügung stehen, dürfte es nicht schwierig sein, effiziente Methoden zur Bestimmung der Zahl der bearbeiteten Items zu entwickeln. Eine relativ einfache Lösung des Problems ist es, in der Instruktion zu verlangen, daß jeder Proband die Items der Reihe nach bearbeiten soll. Die Zahl der bearbeiteten Items ist dann einfach gleich der Anzahl der Markierungen.

Es folgt die Formel für die Zufallskorrektur bei Tests mit Zeitbegrenzung

$$\bar{S}_t = \frac{\bar{S} - c\bar{a}}{1 - c} \qquad (14.1.4)$$

Dabei ist a die durchschnittliche Anzahl der bearbeiteten Items.

14.2 Die Schwierigkeit des multiple-choice-Items

Bevor wir weiter den Einfluß des Zufalls auf die Testkennwerte behandeln, wollen wir speziell den Zufallseinfluß auf die Antworten bei multiple-choice-Items analysieren. Wir wollen versuchen, die Schwierigkeit eines multiple-choice-Items unter Berücksichtigung des Zufallseinflusses zu definieren. Bisher haben wir den Begriff „Schwierigkeit" etwas ungenau für den Anteil der Probanden, die das Item richtig beantwortet haben, verwendet. Dieser Anteil kann jedoch je nach der Zahl der Alternativen bei einem einzelnen Item variieren. Je weniger Wahlmöglichkeiten vorhanden sind, desto größer ist der Anteil der Probanden, die das Item rein zufällig richtig beantworten; und je größer die Zahl der Alternativen ist, desto geringer ist dieser Anteil. Wir wollen deshalb eine strengere Definition der Schwierigkeit bei multiple-choice-Items diskutieren und dabei auf die zugrundeliegenden Annahmen, auf die Probleme bezüglich der Anzahl der Probanden, die die richtige Antwort wissen, und der gleichen Plausibilität aller Distraktoren, und auf die Korrektur wegen des Zufallseinflusses und der Itemschwierigkeit eingehen.

14.2.1 Die zugrundeliegenden Annahmen

Wir wollen bei dem Versuch, die Schwierigkeit von multiple-choice-Items zu definieren, zwei Annahmen machen. Die eine Annahme ist, daß die Probanden bezüglich eines Items nicht falsch informiert sind. Die andere ist, daß diejenigen, die die richtige Antwort wissen, sie auch angeben.

14.2.1a Keine Falschinformation

Für das Prinzip, das wir entwickeln wollen, ist es zweckmäßig anzunehmen, daß alle Probanden, bei denen der Test durchgeführt wird, für die Antworten entweder die richtigen oder gar keine Informationen besitzen. Wenn bei einem Test mit Richtig-Falsch-Aufgaben alle Probanden bei allen Items die falschen Antworten anstreichen, müssen wir annehmen, daß alle Probanden bezüglich der richtigen Antworten völlig falsch informiert sind. Auch wenn schon einige Probanden falsch informiert sind, kann der Anteil der richtigen Antworten bei einem Item kleiner als der reziproke Wert der Anzahl der Alternativen sein. Dieser Fall ist in dem von uns unterstellten Modell offensichtlich nicht berücksichtigt. Es ist natürlich bekannt, daß er trotzdem oft eintritt. Wahrscheinlich könnte ein allgemeineres Prinzip oder Modell entwickelt werden, daß solche Fälle mit einbezieht.

Es ist nicht schwierig, sich einzelne Items auszudenken, die von mehr als von der erwarteten, vom Zufall bestimmten Zahl von Probanden falsch beantwortet würden. Das kann sein, wenn eine bestimmte Gruppe von Fachleuten die eine Antwort und eine andere Gruppe die andere Antwort für richtig hält.

Nehmen wir beispielsweise an, eine Gruppe von begeisterten Demokraten hätte folgendes Testitem entwickelt: „Der Demokratischen Partei liegen die Interessen aller Menschen mehr am Herzen als der Republikanischen Partei." Wahrscheinlich würde nach Meinung der Fachleute, die das Item konstruiert haben, die richtige Antwort „stimmt" sein. Wenn das Item jedoch einer Gruppe von Republikanern dargeboten würde, würde man erwarten, daß die Mehrheit „stimmt nicht" anstreicht. Es ist offensichtlich, daß der Anteil der Probanden, die das Item „richtig" haben, von der jeweiligen Gruppe, die das Item bearbeitet, und davon, wie die richtige Antwort bestimmt ist, abhängt.

Deshalb kann das Modell, das wir entwickeln, nur eine ungefähre Annäherung an eine allgemeinere Lösung sein. Diese müßte die Möglichkeit des Vorhandenseins von Falschinformationen zulassen.

14.2.1b Wer die richtige Antwort weiß, streicht sie auch an
Wir nehmen weiter an, daß ein Proband die richtige Antwort anstreicht, wenn er sie kennt. Natürlich kann er unbeabsichtigt die falsche Stelle oder den falschen Buchstaben auf dem Antwortbogen anstreichen, oder noch subtilere Faktoren können der Grund dafür sein, daß er falsch antwortet, obwohl er die richtige Antwort weiß. Er kann z.B. die Alternativen nicht richtig lesen, oder irgendein Schlüsselwort in einem der Distraktoren oder in der richtigen Antwort übersehen. Unser Modell berücksichtigt solche Ergebnisse nicht, es nimmt an, daß sie zu vernachlässigen sind.

14.2.2 Die Anzahl der Probanden, die die richtige Antwort wissen

Wir wollen nun ein Modell zur Bestimmung des Anteils der Probanden, die die richtige Antwort wissen, betrachten, wobei wir die eben diskutierten Annahmen verwenden. Dabei wollen wir voraussetzen, daß alle Distraktoren irgendeinen Grad von Plausibilität besitzen, und daß sie im allgemeinen bzgl. ihres Plausibilitätsgrades auf einer eindimensionalen Skala angeordnet werden können. Wir wollen weiterhin annehmen, daß sich die Probanden bzgl. dessen, was das Item mißt, über einer Skala verteilen, und daß diese Skala in demselben Maßstab geeicht ist wie die Skala der Plausibilitätswerte. Wenn wir nun diejenigen Probanden betrachten, deren Fähigkeiten auf der Skala unterhalb des Punktes liegen, der dem Plausibilitätswert der am wenigsten plausiblen Alternative entspricht, dürfen wir erwarten, daß diese Probanden ihre Antworten rein zufällig ankreuzen, so daß aus dieser Gruppe ungefähr gleichviele Probanden jeweils eine der Antworten wählen. Wenn es fünf Antwortmöglichkeiten gibt, würde der fünfte Teil dieser Probanden mit der geringsten Fähigkeit rein zufällig die richtige Antwort finden. Wir betrachten als nächstes diejenigen Probanden, deren Fähigkeitswert zwischen der Alternative mit der geringsten und der mit der nächstgeringsten Plausibilität liegt. Voraussichtlich wird davon keiner die am wenigsten plausible Antwort wählen, aber sie werden die verbleibenden Antworten rein zufällig anstreichen, so daß sich ihre Eintragungen ungefähr gleich über die verbleibenden Antworten verteilen.
Wir können auf diese Weise jede Teilgruppe der Gesamtgruppe betrachten, bis wir zu den Probanden kommen, deren Fähigkeitswert über dem höchsten Plausibilitätswert liegt. Entsprechend unseren Voraussetzungen würden alle diese Probanden die richtige Antwort ankreuzen, weil sie auf Grund ihrer Fähigkeit wissen, daß keiner der

Distraktoren richtig ist. Wenn wir nun von dem Anteil der Probanden, die die richtige Antwort angestrichen haben, den Anteil der Probanden aus jeder Teilgruppe, die rein zufällig die richtige Lösung gefunden haben könnten, abziehen, ergibt sich der Anteil derjenigen, die die richtige Antwort tatsächlich kennen.

Wenn wir voraussetzen, die Annahmen und die Gültigkeit des entwickelten Ansatzes seien erwiesen, können wir nun als nächstes Formeln entwickeln, die die Anteile der Probanden, die jeweils die Alternativen anstreichen, angeben. Sie sind in den folgenden Gleichungen aufgeführt

$$\left.\begin{aligned} p_1 &= \frac{\rho_1}{n} \\ p_2 &= \frac{\rho_1}{n} + \frac{\rho_2}{n-1} \\ &\cdots\cdots\cdots\cdots \\ p_n &= \frac{\rho_1}{n} + \frac{\rho_2}{n-1} + \cdots + \rho_n \end{aligned}\right\} \qquad (14.2.1)$$

Dabei ist p_i der Anteil der Probanden, die die Alternative i anstreichen. Die Alternativen sind nach der Größe von p in ansteigender Ordnung indiziert. n ist die Anzahl der Wahlmöglichkeiten; ϱ_i ist der Anteil derer, die wissen, daß alle Alternativen mit einer Nummer kleiner als i nicht richtig sind, und ϱ_n ist der Anteil derer, die wissen, daß keiner der Distraktoren richtig ist, und die deshalb die richtige Antwort wählen. Wir können für jede Auswahlmöglichkeit den Anteil der Probanden abschätzen, die wissen, daß diese Antwort besser als die vom nächstniedrigeren Plausibilitätsgrad ist. Diese Anteile lassen sich leicht bestimmen, indem man Gl. 14.2.1 nach den ϱ_i-Werten auflöst. Dann folgt

$$\rho_1 = np_1 \qquad (14.2.2)$$

$$\rho_2 = (n-1)(p_2 - p_1) \qquad (14.2.3)$$

$$\rho_3 = (n-2)(p_3 - p_2) \qquad (14.2.4)$$

$$\cdots$$

$$\rho_n = p_n - p_{n-1} \qquad (14.2.5)$$

Es ergibt sich aus Gl. 14.2.5, daß der Anteil derjenigen, die die richtige Antwort wissen, gleich dem Anteil der Probanden, die die richtige

Antwort anstreichen, vermindert um den Anteil derjenigen, die den plausibelsten Distraktor wählen, ist.

Das Prinzip, das wir hier umrissen haben, hat einige interessante Folgerungen in bezug auf die richtige Antwort. Es bestärkt den Standpunkt, daß es bei den meisten Testitems keine vollkommen richtige Antwort gibt. Es gibt nur eine „beste" Antwort. Meistens können Argumente angeführt werden, die beweisen, daß bei fast jedem Item die angegebene richtige Antwort nicht völlig richtig ist. So gesehen gibt es tatsächlich zwei Probandengruppen, die wissen, daß die vorgesehene Antwort auch wirklich die beste Antwort ist. Die Probanden der einen Gruppe liegen in ihrer Fähigkeit zwischen den Plausibilitätsgraden des plausibelsten Distraktors und der richtigen Antwort. Die Probanden der zweiten Gruppe liegen in ihrer Fähigkeit über dem Plausibilitätsgrad der richtigen Antwort. Das heißt, daß diejenigen, die die richtige Antwort wissen, einmal die sind, die wissen, daß alle Distraktoren falsch sind, und einmal die, die wissen, daß die richtige Antwort richtig ist. Das mag eine subtile Unterscheidung sein, aber sie könnte einige interessante Folgerungen für die Testkonstruktion haben. Man kann tatsächlich ein Item so leicht oder so schwer machen, wie man will, indem man die Differenz zwischen den Plausibilitätsgraden der plausibelsten und der nächstplausibelsten Alternative verändert, und zwar unabhängig von dem absoluten Plausibilitätsgrad der ersteren.

14.2.3 Alle Distraktoren sind gleich plausibel

Das Ideal, das man anstreben sollte, ist, daß bei einem Item alle Distraktoren eine möglichst gleiche Plausibilität haben, so daß in der Probandenstichprobe die Zahl der Probanden, die jeweils einen Distraktor anstreichen, ungefähr gleich ist. Das zu erreichen ist schwierig, besonders bei Items mit 5 oder mehr Auswahlantworten. Wenn es nur zwei Distraktoren gibt, ist es nicht so schwierig, einige zu finden, die gleich plausibel sind.

Einer der Vorteile, den das Konzept einer besten Antwort gegenüber dem einer richtigen Antwort bietet, ist, daß es öfter leichter ist, verschiedene Distraktoren von gleicher Plausibilität, aber von relativ niedrigem Plausibilitätsgrad zu finden. Wenn die Distraktoren von gleicher, aber geringer Plausibilität sind, dann kann die Plausibilität der besten Antwort bzgl. der Distraktoren variiert werden. So ist die Schwierigkeit des Items im wesentlichen eine Funktion der Differenz

zwischen diesen beiden Plausibilitätsgraden und kann nach Belieben variiert werden.
Wenn alle Distraktoren ungefähr gleich plausibel sind, so daß sie jeweils ungefähr die gleiche Anzahl von Antworten auf sich vereinen, dann ist der Anteil derer, die die richtige Antwort wissen, einfach der Anteil derer, die die richtige Antwort anstreichen, vermindert um den Anteil derer, die einen Distraktor wählen:

$$\rho_n = \frac{p - c}{1 - c} \tag{14.2.6}$$

Diese Gleichung hat die gleiche Form wie Gl. 13.1.3, die dazu verwendet wird, bei dem arithmetischen Mittel von Punktwerten in einem multiple-choice-Test eine Zufallskorrektur durchzuführen.

14.2.4 Zufallskorrektur und Itemschwierigkeit

Wenn wir versuchen, eine Zufallskorrektur der Punktwerte auf Grund der Anzahl der Antwortmöglichkeiten durchzuführen, müssen wir sowohl den Effekt der Falschinformation als auch die Wirkung der Variation in der Plausibilität der Distraktoren in Rechnung stellen.

14.2.4a Der Effekt der Falschinformation
Wenn, verursacht durch die entgegengesetzte Meinung der Fachleute, falsche Informationen in der Gruppe überwiegen, kann die auf der Anzahl der Wahlmöglichkeiten basierende Zufallskorrektur offensichtlich für einige Probanden zu negativen Punktwerten führen. Tatsächlich könnte eine solche Korrektur sogar ein negatives arithmetisches Mittel ergeben. Das würde bedeuten, daß die Probanden im allgemeinen Informationen besitzen, die das Gegenteil der Informationen sind, welche den für die Festlegung der richtigen Antwort Verantwortlichen zur Verfügung standen.

14.2.4b Der Einfluß der Variation in der Plausibilität der Distraktoren
Man kann leicht sehen, daß die konventionelle Formel für die Zufallskorrektur um so stärker beeinflußt wird, je größer die Variation in der Plausibilität der Distraktoren ist. Beispielsweise sei angenommen, daß in einem Test mit Fünffach-Wahl-Items jedes Item eine Alternative besitzt, die keinmal gewählt worden ist. Die übliche Zufallskorrektur auf der Basis von 20% würde in diesem Fall sicherlich eine Überkorrek-

tur sein, weil die Distraktoren, die keiner gewählt hat, zwecklos sind und ohne weiteres weggelassen werden können. Die angemessene Zufallskorrektur würde deshalb eher ein Viertel als ein Fünftel sein. Das ist ein Grenzfall; aber er illustriert, wie die Zufallskorrektur streng genommen eine Funktion der Variation in der Plausibilität der Distraktoren sein sollte. Wenn jedoch diese Variation sehr klein ist, dann können wir annehmen, daß die übliche Korrektur auf der Basis des reziproken Werts der Zahl der Antwortmöglichkeiten ausreichend ist.

14.3 Der Einfluß des Zufalls auf die Itemkennwerte

Im folgenden Abschnitt wollen wir annehmen, daß die Anzahl der Wahlmöglichkeiten als Basis für die Bestimmung des Zufallseinflusses auf die Itemkennwerte dienen kann, und daß die Distraktoren ungefähr gleich plausibel sind. Wir sind bisher bei der Diskussion der Plausibilität dem viel unangenehmeren Problem, ob die Variation der Plausibilität eindimensional oder multidimensional ist, aus dem Wege gegangen. Bei der Diskussion der Fähigkeit einer Gruppe und der Plausibilität der Distraktoren haben wir ein eindimensionales Kontinuum vorausgesetzt. Wahrscheinlich wird diese Voraussetzung in vielen praktischen Situationen nicht eingehalten. Es ist schwierig, bei einem gegebenen Item Distraktoren von gleicher Plausibilität zu finden, aber es ist noch viel schwieriger, zu garantieren, daß diese Plausibilitätsgrade ein einzelnes Kontinuum repräsentieren. Das Prinzip und die Art von Analysen, die geeignet wären, die Dimensionalität einer Reihe von Distraktoren zu bestimmen, sind noch nicht genügend untersucht worden. Nichtdestoweniger sind Anfangsgründe einer geeigneten Methodologie vorhanden.
Jedenfalls wollen wir Eindimensionalität und eine zu vernachlässigende Variation in der Plausibilität voraussetzen. Wir wollen den Einfluß des Zufalls auf die Itemkennwerte behandeln und dabei auf arithmetische Mittel, Varianzen, Kovarianzen und Korrelationen eingehen.

14.3.1 Die arithmetischen Mittel eines Items

Wir wollen sowohl den wahren Mittelwert als Funktion des beobachteten, als auch den beobachteten als Funktion des wahren Mittelwerts betrachten.

14.3.1a Der geschätzte wahre Mittelwert ist eine Funktion des beobachteten Mittelwerts

Wenn wir von dem wahren arithmetischen Mittel eines Items sprechen, meinen wir einfach den Anteil derjenigen, die die richtige Antwort wissen. Wir haben bereits das Prinzip behandelt, mit dem wir diesen Anteil erhalten. Eine Schätzung wurde in Gl. 14.2.5 gegeben. Tatsächlich nehmen wir aber den vereinfachten Fall an, wo alle Distraktoren gleich plausibel sind, und wir verwenden Gl. 14.2.6. Diese Formeln geben eine Schätzung des wahren arithmetischen Mittels, oder des Anteils derjenigen Probanden, die die richtige Antwort wissen, als Funktion des Anteils derjenigen, die die richtige Antwort angestrichen haben. Ein numerisches Beispiel wurde in Abb. 14.1.1 durchgerechnet.

14.3.1b Der beobachtete Mittelwert ist eine Funktion des geschätzten wahren Mittelwerts

Im allgemeinen haben wir keine Gelegenheit, das beobachtete arithmetische Mittel eines Items als Funktion des wahren arithmetischen Mittels zu berechnen, weil das letztere unbekannt ist. Es ist nichtsdestoweniger sinnvoll, die Gleichung in dieser Form zu schreiben, und zwar im Hinblick auf spätere theoretische Entwicklungen. Die folgende Gleichung gibt das beobachtete arithmetische Mittel eines Items als eine Funktion des wahren arithmetischen Mittels an

$$p = \rho + c(1 - \rho) \qquad (14.3.1)$$

Es folgt ein numerisches Beispiel für diese Gleichung:

$$\rho = .5 \qquad c = .2$$

$$p = .5 + .2(1.0 - .5) = .6$$

Abb. 14.3.1 Berechnung des beobachteten arithmetischen Mittels eines Items aus dem wahren arithmetischen Mittel

14.3.2 Die Varianzen eines Items

Wir wollen auch die Itemvarianzen untersuchen und dabei auf die geschätzte wahre Itemvarianz als Funktion der beobachteten und auf die beobachtete als Funktion der wahren Itemvarianz eingehen.

14.3.2a Die wahre Varianz als Funktion der beobachteten Varianz
Zur Ableitung der Gleichung für eine Schätzung der wahren Itemvarianz als Funktion der beobachteten Varianz multiplizieren wir den geschätzten Anteil derjenigen, die die richtige Antwort kennen, mit dem geschätzten Anteil derjenigen, die sie nicht kennen. Es folgt die entsprechende Formel (siehe Abschnitt 14.6.1)

$$\sigma_i^2 = \frac{\sigma_o^2 - c(1 - p)}{(1 - c)^2} \tag{14.3.2}$$

In Abb. 14.3.2 wird ein Beispiel für die Schätzung der wahren Varianz als Funktion der beobachteten Varianz durchgerechnet:

$$\sigma_o^2 = .24 \qquad p = .6 \qquad c = .2$$

$$\sigma_t^2 = \frac{.24 - .2(1.0 - .6)}{(1.0 - .2)^2} = \frac{.16}{.64} = .25$$

Abb. 14.3.2 Berechnung der wahren aus der beobachteten Itemvarianz

14.3.2b Die beobachtete Varianz als Funktion der wahren Varianz
Unter Verwendung der Formel für das wahre arithmetische Mittel als Funktion des beobachteten arithmetischen Mittels können wir die beobachtete Varianz als Funktion der wahren Varianz angeben. Die entsprechende Formel lautet (siehe Abschnitt 14.6.1)

$$\sigma_o^2 = (1 - c)^2\sigma_t^2 + c(1 - c)(1 - \rho) \tag{14.3.3}$$

Es folgt ein numerisches Beispiel für die Berechnung der beobachteten Varianz als Funktion der wahren Varianz und des Anteils der Probanden, die die richtige Antwort wahrscheinlich rein zufällig anstreichen:

$$\sigma_t^2 = .25 \qquad \rho = .5 \qquad c = .2$$

$$\sigma_o^2 = (1.0 - .2)^2.25 + .2(1 - .2)(1 - .5)$$

$$= (.64)(.25) + (.16)(.5) = .24$$

Abb. 14.3.3 Berechnung der beobachteten aus der wahren Itemvarianz

14.3.3 Die Kovarianz von Items

Die Anzahl von Probanden, die bei zwei Items richtige Antworten geben, ist eine Funktion der Anzahl derjenigen, die die richtige Antwort bei beiden Items wissen, und der Wahrscheinlichkeit, rein zufällig zwei richtige Antworten zu geben. Wir wollen sowohl die beobachtete Itemkovarianz als Funktion der geschätzten wahren Itemkovarianz, als auch die geschätzte Itemkovarianz als Funktion der beobachteten Itemkovarianz betrachten.

14.3.3a Die beobachtete Kovarianz als Funktion der wahren Kovarianz
Wir erinnern daran, daß die Kovarianz zwischen zwei binären Variablen gleich dem Anteil der Probanden, die bei beiden Variablen 1'en erhalten haben, vermindert um das Produkt der Anteile der Probanden, die jeweils bei beiden Variablen 1'en erhalten haben, ist. Zur Berechnung der beobachteten Kovarianz als Funktion der wahren Kovarianz von zwei Items brauchen wir zuerst den Anteil derer, die beide Items richtig beantwortet haben, als Funktion des Anteils derjenigen, die die richtige Antwort bei beiden Items gewußt haben. Die folgende Gleichung enthält die beobachtete Rohwert-Kovarianz zweier Items als Funktion der wahren Anteile (siehe Abschnitt 14.6.2)

$$p_{ij} = (1 - c)^2 \rho_{ij} + c(1 - c)(\rho_i + \rho_j) + c^2 \qquad (14.3.4)$$

Dabei ist p_{ij} der Anteil derjenigen, die beide Items i und j richtig beantwortet haben; ϱ_{ij} ist der Anteil der Probanden, die die richtige Antwort bei beiden Items wußten; und ϱ_i und ϱ_j sind die Anteile derer, die die richtige Antwort bei Item i bzw. bei Item j wußten. Gl. 14.3.1 ergibt die beobachteten arithmetischen Mittel der beiden Items als Funktionen der wahren arithmetischen Mittel. Wir subtrahieren das Produkt dieser beiden von der Rohwert-Kovarianz und erhalten so die beobachtete Kovarianz als Funktion der wahren Kovarianz (siehe Abschnitt 14.6.4)

$$C_{ij} = (1 - c)^2 \gamma_{ij} \qquad (14.3.5)$$

Dabei ist γ_{ij} die wahre Kovarianz.

14.3.3b Die wahre Kovarianz als Funktion der beobachteten Kovarianz
Der wahre Rohwert-Kovarianz von zwei Items kann als Funktion des beobachteten Rohwert-Kovarianz und der Itemmittelwerte ausgedrückt werden (siehe Abschnitt 14.6.3)

$$\rho_{ij} = \frac{p_{ij} - c(p_i + p_j) + c^2}{(1 - c)^2} \qquad (14.3.6)$$

Die wahre Kovarianz als Funktion der beobachteten Kovarianz kann direkt aus Gl. 14.3.5 abgeleitet werden:

$$\gamma_{ij} = \frac{C_{ij}}{(1 - c)^2} \qquad (14.3.7)$$

14.3.4 Die Korrelationen von Items

Wie bei dem arithmetischen Mittel, der Varianz und der Kovarianz von Itempunktwerten wollen wir auch die Korrelation auf zwei Arten darstellen. Zuerst drücken wir die geschätzte wahre als Funktion der beobachteten Korrelation und dann die beobachtete als Funktion der wahren Korrelation aus.

14.3.4a Die wahre Korrelation als Funktion der beobachteten Korrelation

Um die wahre Korrelation als Funktion der beobachteten Korrelation zu erhalten, dividieren wir die geschätzte wahre Kovarianz durch das geometrische Mittel der geschätzten wahren Varianzen. Die entsprechende Formel lautet (siehe Abschnitt 14.6.5)

$${}_t\varphi_{ij} = \frac{{}_o\varphi_{ij}}{\sqrt{1 - \frac{c}{p_i}}\sqrt{1 - \frac{c}{p_j}}} \qquad (14.3.8)$$

14.3.4b Die beobachtete Korrelation als Funktion der wahren Korrelation

Die folgende Gleichung enthält die beobachtete Korrelation als Funktion der geschätzten wahren Korrelation (siehe Abschnitt 14.6.6)

$${}_o\varphi_{ij} = \frac{{}_t\varphi_{ij}}{\sqrt{1 + \frac{c}{\rho_i(1 - c)}}\sqrt{1 + \frac{c}{\rho_j(1 - c)}}} \qquad (14.3.9)$$

14.4 Der Einfluß des Zufalls auf Testkennwerte

Wir haben gesehen, wie der Zufall auf die Kennwerte von binären Itemvariablen einwirkt. Die Testkennwerte sind Funktionen der Itemkennwerte, wie wir im 12. Kapitel gezeigt haben. Wir wollen daher untersuchen, wie der Zufall die Testkennwerte beeinflußt. Die Kennwerte, die wir betrachten wollen, sind arithmetische Mittel, Varianzen, Kovarianzen und Korrelationen.

14.4.1 Das arithmetische Mittel

Wir wollen sowohl das geschätzte wahre arithmetische Mittel als Funktion des beobachteten und das beobachtete als Funktion des geschätzten wahren arithmetischen Mittels behandeln.

14.4.1a Das wahre arithmetische Mittel als Funktion des beobachteten arithmetischen Mittels

Man erhält leicht das wahre arithmetische Mittel als Funktion des beobachteten arithmetischen Mittels, wenn man berücksichtigt, daß das arithmetische Mittel einer Summe von binären Variablen gleich der Summe der Elemente des Vektors der Schwierigkeiten der einzelnen binären Variablen ist. Weil wir eine Schätzung des wahren Schwierigkeitsvektors haben und wissen, daß dieser eine Funktion des beobachteten Schwierigkeitsvektors ist, können wir leicht das geschätzte wahre arithmetische Mittel als Funktion des beobachteten Mittels und des Zufallsparameters berechnen. Die Gleichung kann aus der Formel für das beobachtete arithmetische Mittel einer binären Variable als Funktion des wahren arithmetischen Mittels abgeleitet werden (siehe Abschnitt 14.6.7). Die folgende Abbildung enthält ein Beispiel für die Schätzung des wahren arithmetischen Mittels als Funktion des beobachteten arithmetischen Mittels und des Zufallsparameters.

$$\bar{S}_o = 26 \qquad n = 50 \qquad c = .2$$

$$\bar{S}_t = \frac{26 - 50(.20)}{.8} = 20$$

Abb. 14.4.1 Berechnung des wahren arithmetischen Mittels aus dem beobachteten arithmetischen Mittel

14.4.1b Das beobachtete arithmetische Mittel als Funktion des geschätzten wahren arithmetischen Mittels

Wenn wir das beobachtete arithmetische Mittel als Funktion des wahren arithmetischen Mittels und des Zufallsparameters ausdrücken wollen, brauchen wir nur Gl. 14.1.3 nach dem beobachteten arithmetischen Mittel aufzulösen. Offensichtlich folgt dann Gl. 14.1.2. Wir können diese Gleichung auch aus der Beziehung zwischen den wahren und beobachteten Mittelwerten einer binären Variable ableiten (siehe Abschnitt 14.6.7). Die folgende Abbildung zeigt die Berechnung des beobachteten arithmetischen Mittels als Funktion des geschätzten wahren arithmetischen Mittels und des Zufallsparameters.

$$\bar{S}_t = 20 \qquad n = 50 \quad c = .2$$
$$\bar{S}_o = 20(1.0 - .2) + 50(.2) = 26$$

Abb. 14.4.2 Berechnung des beobachteten arithmetischen Mittels aus dem wahren arithmetischen Mittel.

Es zeigt sich, daß das der gleiche beobachtete Wert ist wie der, von dem wir in Abb. 14.4.1 bei der Berechnung des geschätzten wahren Wertes ausgegangen waren.

14.4.2 Die Varianz

Wir wollen als nächstes die geschätzte wahre Varianz der Testpunktwerte als eine Funktion der Kennwerte der beobachteten Testpunktwerte, und umgekehrt die beobachtete Varianz als Funktion der geschätzten Kennwerte der wahren Testpunktwerte ermitteln.

14.4.2a Die wahre Varianz als Funktion der beobachteten Kennwerte
Wir wissen, daß die Varianz einer Reihe von Meßwerten, die aus binären Meßwerten zusammengesetzt sind, eine Funktion der Varianzen und Kovarianzen dieser binären Werte ist. Weil wir bereits bei binären Variablen die Beziehungen zwischen wahren und beobachteten Mittelwerten, Varianzen und Kovarianzen kennen, können wir eine Schätzung der wahren Varianz als Funktion der beobachteten Varianz herleiten. Es folgt die entsprechende Formel (siehe Abschnitt 14.6.8)

$$\sigma_t^2 = \frac{\sigma_o^2 - c(n - \bar{S}_o)}{(1 - c)^2} \tag{14.4.1}$$

Ein numerisches Beispiel für diese Formel ist in der folgenden Abbildung durchgerechnet.

$$\sigma_o^2 = 11.2 \qquad \bar{S}_o = 26 \qquad n = 50 \qquad c = .2$$
$$\sigma_t^2 = \frac{11.2 - .2(50 - 26)}{(.8)^2} = 10.00$$

Abb. 14.4.3 Berechnung der wahren Varianz aus beobachtetem arithmetischen Mittel und Varianz.

14.4.2b Die beobachtete Varianz als Funtion der wahren Kennwerte
Wir können ebenfalls die beobachtete Varianz als Funktion der geschätzten wahren Kennwerte ausdrücken, indem wir Gl. 14.1.2 in Gl.

14.4.1 einsetzen und dann nach der beobachteten Varianz auflösen. Dann ergibt sich (siehe Abschnitt 14.6.9)

$$\sigma_o^2 = (1-c)^2\left[\sigma_t^2 + \frac{c}{1-c}(n - \bar{S}_t)\right] \tag{14.4.2}$$

Es folgt ein numerisches Beispiel:

$$\sigma_t^2 = 10.0 \qquad \bar{S}_t = 20 \qquad n = 50 \qquad c = .2$$

$$\sigma_o^2 = (.8)^2\left[10 + \frac{.2}{.8}(50 - 20)\right] = .64[10 + (.25)(30)]$$
$$= (.64)(17.5) = 11.2$$

Abb. 14.4.4 Berechnung der beobachteten Varianz aus wahrem arithmetischem Mittel und Varianz.

Wir sehen, daß die sich ergebende beobachtete Varianz denselben numerischen Wert hat wie die, die bei der Berechnung der geschätzten wahren Varianz in Abb. 14.4.3 zugrundelag. Das muß natürlich so sein, wenn unsere algebraische Ableitung und die Berechnung richtig sind.

14.4.3 Die Kovarianz

Wir wollen als nächstes die Kovarianz von zwei Reihen von Meßwerten, die aus binären Itempunktwerten zusammengesetzt sind, behandeln. Zuerst wollen wir wieder die geschätzte wahre Kovarianz als Funktion der beobachteten Kennwerte, und dann die beobachtete Kovarianz als Funktion der geschätzten wahren Kennwerte ausdrücken.

14.4.3a Die wahre Kovarianz als Funktion der beobachteten Kovarianz

Bei der Ableitung der Kovarianz von geschätzten wahren Meßwerten denken wir daran, daß die Kovarianz zwischen Meßwertsummen gleich der Summe der Itemkovarianzen zwischen den Tests ist. Weil die Art der Beziehung zwischen beobachteten und geschätzten wahren Itemkovarianzen bereits abgeleitet worden ist, ist es einfach, die geschätzten wahren Inter-Test-Itemkovarianzen einzusetzen und nach der entsprechenden Rechenschritten die Schätzung der wahren Testkovarianz zu erhalten. Diese Beziehung ist in der folgenden Gleichung gegeben (siehe Abschnitt 14.6.10)

$$\gamma_{xy} = \frac{C_{xy}}{(1-c)^2} \tag{14.4.3}$$

14.4.3b Die beobachtete Kovarianz als Funktion der wahren Kovarianz
Die beobachtete Kovarianz als Funktion der wahren Kovarianz ergibt sich, wenn man Gl. 14.4.3 nach der beobachteten Kovarianz auflöst. Dann folgt

$$C_{xy} = (1 - c)^2 \gamma_{xy} \tag{14.4.4}$$

14.4.4 Die Korrelation

Mit Hilfe der Schätzung des wahren arithmetischen Mittels als Funktion des beobachteten arithmetischen Mittels und umgekehrt, der wahren Varianz als Funktion der beobachteten Varianz und umgekehrt, und der wahren Kovarianz als Funktion der beobachteten Kovarianz und umgekehrt, sind wir in der Lage, sowohl die wahre Korrelation als Funktion der beobachteten Korrelation als auch die beobachtete Korrelation als Funktion der wahren Korrelation anzugeben.

14.4.4a Die wahre Korrelation als Funktion der beobachteten Kennwerte
Es folgt die Gleichung für die wahre Korrelation als Funktion der beobachteten Kennwerte (siehe Abschnitt 14.6.11)

$$_{t}r_{XY} = \frac{_{o}r_{XY}}{\sqrt{1 - \frac{c(n_X - \bar{S}_{o_X})}{\sigma_{o_X}{}^2}}\sqrt{1 - \frac{c(n_Y - \bar{S}_{o_Y})}{\sigma_{o_Y}{}^2}}} \tag{14.4.5}$$

Abb. 14.4.5 enthält ein numerisches Beispiel für diese Formel.

$$_{o}r_{XY} = .50 \quad \sigma_{o_X}{}^2 = \sigma_{o_Y}{}^2 = 11.2 \quad \bar{S}_{o_X} = \bar{S}_{o_Y} = 26 \quad n_X = n_Y = 50 \quad c = .2$$

$$_{t}r_{XY} = \frac{.50}{1 - \frac{.2(50 - 26)}{11.2}} = \frac{.50}{1.0 - \frac{4.8}{11.2}} = \frac{.50}{.571} = .877$$

Abb. 14.4.5 Berechnung der wahren Korrelation als Funktion der beobachteten Korrelation, der Mittelwerte und der Varianzen.

14.4.4b Die beobachtete Korrelation als Funktion der wahren Kennwerte
Es folgt die Gleichung für die beobachtete Korrelation als Funktion der wahren Kennwerte (siehe Abschnitt 14.6.12)

$$_{o}r_{XY} = \frac{_{t}r_{XY}}{\sqrt{1 + \frac{c}{1 - c}\frac{(n_X - \bar{S}_{tX})}{\sigma_{t_X}{}^2}}\sqrt{1 + \frac{c}{1 - c}\frac{(n_Y - \bar{S}_{tY})}{\sigma_{t_Y}{}^2}}} \tag{14.4.6}$$

Abb. 14.4.6 enthält ein numerisches Beispiel für diese Formel.

$$ {}_t r_{XY} = .877 \quad \sigma_{t_X}{}^2 = \sigma_{t_Y}{}^2 = 10 \quad \bar{S}_{t_X} = \bar{S}_{t_Y} = 20 \quad n_X = n_Y = 50 \quad c = .2 $$

$$ {}_o r_{XY} = \frac{.877}{1.0 + .25\left(\frac{50 - 20}{10}\right)} = \frac{.877}{1.75} = .50 $$

Abb. 14.4.6 Berechnung der beobachteten Korrelation als Funktion der wahren Korrelation, der Mittelwerte und Varianzen.

Man sieht, daß die sich ergebende beobachtete Korrelation dieselbe ist wie die, von der wir in Abb. 14.4.5 ausgegangen sind.

14.5. Maximal erreichbare Testkennwerte

Im 13. Kapitel haben wir die maximale Varianz, die ein Test haben kann, und die maximale Kovarianz, die zwei Tests haben können, abgeleitet. Wir haben darauf hingewiesen, daß diese maximale Varianz, mathematisch gesehen, größer ist, als sie in einer experimentellen Situation tatsächlich erreicht werden kann, weil auch rein zufällig richtige Lösungen auftreten. In diesem Abschnitt wollen wir untersuchen, wie diese maximal erreichbaren Werte geschätzt werden können. Wir werden zunächst maximal erreichbare Werte definieren und dann die Ausdrücke für die maximalen Item- und Testkennwerte ableiten.

14.5.1 Definition

Wir wollen annehmen, daß die arithmetischen Mittel der Items festgelegt sind; d. h., daß bei zwei Binärmatrizen für dieselben Meßwertträger die Mittelwerte vorgegeben sind. Wir wollen ferner voraussetzen, daß sowohl die Item- als auch die Testkennwerte unter diesen Bedingungen ihre maximal möglichen Werte annehmen, und daß keine Zufallskorrektur durchgeführt wurde.

14.5.2 Itemkennwerte

Wir haben im 13. Kapitel gesehen, daß die Frage nach der maximalen Itemvarianz bei vorgegebenem Mittelwert nicht sinnvoll ist, weil die Itemvarianz nur eine Funktion des Mittelwertes und damit ebenfalls festgelegt ist. Wir brauchen deshalb nur die maximal erreichbare Korrelation zu betrachten.

14.5.2a Die maximal erreichbare Kovarianz
Die maximal erreichbare Kovarianz zweier Tests kann leicht berechnet werden, weil wir die maximale Kovarianz für jedes Itempaar mit festgelegten Schwierigkeiten kennen. Wir können daher die maximal erreichbare Itemkovarianz durch die beobachteten Mittelwerte der betreffenden Items ausdrücken. Diese Beziehung wird in der folgenden Gleichung angegeben (siehe Abschnitt 14.6.13)

$$C_{ij} = (p_j - c)(1 - p_i) \qquad (14.5.1)$$

Dabei gilt $p_i \geqslant p_j$.

Es folgt ein numerisches Beispiel für diese Formel.

$$p_i = .7 \qquad p_j = .6 \qquad c = .2$$
$$C_{ij} = (.6 - .2)(1.0 - .7) = .12$$

Abb. 14.5.1 Berechnung der maximal erreichbaren Itemkovarianz aus den beobachteten Schwierigkeiten.

14.5.2b Die maximal erreichbare Korrelation
Die maximal erreichbare Korrelation ist natürlich gleich der maximal erreichbaren Kovarianz dividiert durch das geometrische Mittel der beobachteten Itemvarianzen. Die folgende Gleichung enthält den maximal erreichbaren Phi-Koeffizienten als Funktion der beobachteten *p*- und *q*–Werte bei beiden Variablen und dem Zufallsparameter.

$$\varphi_{\text{ex}} = \frac{(p_j - c)q_i}{\sqrt{p_i q_i}\sqrt{p_j q_j}} \qquad (14.5.2)$$

Wir können auch den maximal erreichbaren Phi-Koeffizienten als Funktion des maximalen Phi-Koeffizienten, der beobachteten Schwierigkeiten bei beiden Variablen und dem Zufallsparameter ausdrücken. Es folgt die entsprechende Gleichung

$$\varphi_{\text{ex}} = \varphi_{\max} - c\sqrt{\frac{q_i}{p_i p_j q_j}} \qquad (14.5.3)$$

14.5.3 Testkennwerte

Erwartungsgemäß sind die maximal erreichbaren Testkennwerte bei zwei Reihen von Testpunktwerten, die von binären Meßwerten abgeleitet sind, Funktionen der maximal erreichbaren Kennwerte der binären Variablen. Wir wollen deshalb die Formeln für diese maximalen Werte bringen und dabei zunächst auf die Varianz, dann auf die Kovarianz und schließlich auf die Korrelation eingehen.
Bei der Berechnung der maximal erreichbaren Varianz müssen offensichtlich die maximal erreichbaren Varianzen und Kovarianzen der entsprechenden binären Meßwerte einbezogen werden. Es folgt die entsprechende Formel (siehe Abschnitt 14.6.14)

$$\sigma_{o_{\text{ex}}}{}^2 = 2(1-c)V'p + \bar{S}_o(2nc - 1 - \bar{S}_o) - cn(n-1) \qquad (14.5.4)$$

Die Formel für die maximal erreichbare Kovarianz lautet (siehe Abschnitt 14.6.15)

$$C_{xv_{\text{ex}}} = (1-c)[V_T'\tilde{p}_T - V_X'p_X - V_Y'p_Y - cn_Xn_Y] - (\bar{S}_{X_o} - cn_X)(\bar{S}_{Y_o} - cn_Y) \qquad (14.5.5)$$

Die Formel für die maximal erreichbare Korrelation lautet:

$$r_{XY\text{ex}} = (V_T{}'\tilde{p}_T - V_X{}'p_X - V_Y{}'p_Y - cn_Xn_Y) - \frac{(\bar{S}_{X_o} - cn_X)(\bar{S}_{Y_o} - cn_Y)}{1-c} \Bigg/ \left(\sqrt{2V_X{}'p_X + \frac{\bar{S}_{X_o}(2n_Xc - 1 - \bar{S}_{X_o}) - cn_X(n_X-1)}{1-c}} \times \sqrt{2V_Y{}'p_Y + \frac{\bar{S}_{Y_o}(2n_Yc - 1 - \bar{S}_{Y_o}) - cn_Y(n_Y-1)}{1-c}}\right) \qquad (14.5.6)$$

14.6 Mathematische Beweise

14.6.1 Beobachtete und wahre Itemvarianzen

Das wahre arithmetische Mittel eines Items als Funktion des beobachteten arithmetischen Mittels ist

$$\rho = \frac{p-c}{1-c} \qquad (14.6.1)$$

Die wahre Varianz ist per definitionem

$$\sigma_t^2 = \rho(1 - \rho) \tag{14.6.2}$$

Die beobachtete Varianz ist per definitionem

$$\sigma_o^2 = p(1 - p) \tag{14.6.3}$$

Setzt man Gl. 14.6.1 in Gl. 14.6.2 ein, so folgt

$$\sigma_t^2 = \frac{p - c}{1 - c}\left(1 - \frac{p - c}{1 - c}\right) \tag{14.6.4}$$

Aus Gl. 14.6.3 und Gl. 14.6.4 folgt

$$\sigma_t^2 = \frac{\sigma_o^2 - c(1 - p)}{(1 - c)^2} \tag{14.6.5}$$

Das ist aber gerade Gl. 14.3.2

Das beobachtete arithmetische Mittel eines Items als Funktion des wahren arithmetischen Mittels aus Gl. 14.6.1 ist

$$p = \rho(1 - c) + c \tag{14.6.6}$$

Aus den Gln. 14.6.3 und 14.6.6 folgt

$$\sigma_o^2 = [\rho(1 - c) + c](1 - c)(1 - \rho) \tag{14.6.7}$$

Aus den Gln. 14.6.2 und 14.6.7 folgt

$$\sigma_o^2 = (1 - c)^2\sigma_t^2 + c(1 - c)(1 - \rho) \tag{14.6.8}$$

Das ist aber gerade Gl. 14.3.3.

14.6.2 Der Anteil der Probanden, die beide Items richtig haben, als Funktion des Anteils der Probanden, die die Lösung beider Items wußten

Seien
ϱ_i und ϱ_j die Anteile derer, die die Lösung bei Item i bzw. j wußten,
ϱ_{00} der Anteil derer, die keine Lösung wußten,
ϱ_{10} der Anteil derer, die nur die Lösung bei Item i wußten,
ϱ_{01} der Anteil derer, die nur die Lösung bei Item j wußten,
ϱ_{ij} der Anteil derer, die beide Lösungen wußten.

Seien
p_i und p_j die Anteile derer, die Item i bzw. Item j richtig beantwortet haben,
p_{00} der Anteil derer, die kein Item richtig beantwortet haben,
p_{10} der Anteil derer, die nur Item i richtig beantwortet haben,
p_{01} der Anteil derer, die nur Item j richtig beantwortet haben,
p_{ij} der Anteil derer, die beide Items richtig beantwortet haben.

Aus Gl. 14.6.1 folgt

$$p_i = \rho_i(1 - c) + c \tag{14.6.9}$$

$$p_j = \rho_j(1 - c) + c \tag{14.6.10}$$

Aus den Gln. 14.6.9 bzw. 14.6.10 folgt

$$\rho_i = \frac{p_i - c}{1 - c} \tag{14.6.11}$$

$$\rho_j = \frac{p_j - c}{1 - c} \tag{14.6.12}$$

Aus den obigen Definitionen folgt

$$\rho_i = \rho_{10} + \rho_{ij} \tag{14.6.13}$$

$$\rho_j = \rho_{01} + \rho_{ij} \tag{14.6.14}$$

$$1 = \rho_{10} + \rho_{01} + \rho_{00} + \rho_{ij} \tag{14.6.15}$$

Von den ϱ_{00} Probanden, die weder die Lösung von Item i noch von Item j kennen, werden $c^2\varrho_{00}$ beide Items rein zufällig richtig beantworten. Von den ϱ_{10} Probanden, die nur die Antwort bei Item i wußten, werden $c\varrho_{10}$ beide Items rein zufällig beantworten. Und von den ϱ_{01} Probanden, die nur die richtige Antwort bei Item j wußten, werden $c\varrho_{01}$ beide Items rein zufällig richtig beantworten. Deshalb ist der Anteil der Probanden, die beide Items richtig beantwortet haben.

$$p_{ij} = c(\rho_{10} + \rho_{01}) + c^2\rho_{00} + \rho_{ij} \tag{14.6.16}$$

Aus den Gln. 14.6.13 und 14.6.14 folgt

$$\rho_{10} + \rho_{01} = \rho_i + \rho_j - 2\rho_{ij} \tag{14.6.17}$$

Aus den Gln. 14.6.15 und 14.6.17 folgt

$$\rho_{00} = 1 - (\rho_i + \rho_j) + \rho_{ij} \tag{14.6.18}$$

Setzt man die Gln. 14.6.17 und 14.6.18 in Gl. 14.6.16 ein, so folgt

$$p_{ij} = (1 - c)^2\rho_{ij} + c(1 - c)(\rho_i + \rho_j) + c^2 \tag{14.6.19}$$

Das ist aber gerade Gl. 14.3.4.

14.6.3 Der Anteil der Probanden, die die Lösungen beider Items kennen, als Funktion des Anteils der Probanden, die beide Items richtig lösen

Aus Gl. 14.6.19 folgt

$$\rho_{ij} = \frac{p_{ij} - c(1 - c)(\rho_i + \rho_j) - c^2}{(1 - c)^2} \tag{14.6.20}$$

Aus den Gln. 14.6.11 und 14.6.12 folgt

$$\rho_i + \rho_j = \frac{p_i + p_j - 2c}{1 - c} \tag{14.6.21}$$

Setzt man Gl. 14.6.21 in Gl. 14.6.20 ein, ergibt sich

$$\rho_{ij} = \frac{p_{ij} - c(p_i + p_j) + c^2}{(1 - c)^2} \tag{14.6.22}$$

Das ist aber gerade Gl. 14.3.6.

14.6.4 Die beobachtete Kovarianz zweier Items als Funktion der wahren Kovarianz

Die beobachtete Kovarianz zwischen zwei Items ist

$$C_{ij} = p_{ij} - p_i p_j \tag{14.6.23}$$

Die wahre Kovarianz ist

$$\gamma_{ij} = \rho_{ij} - \rho_i \rho_j \tag{14.6.24}$$

Setzt man die Gln. 14.6.9, 14.6.10 und 14.6.19 in Gl. 14.6.23 ein, so ergibt sich

$$C_{ij} = (1 - c)^2\rho_{ij} + c(1 - c)(\rho_i + \rho_j) + c^2 - [(1 - c)\rho_i + c][(1 - c)\rho_j + c] \tag{14.6.25}$$

Aus Gl. 14.6.25 folgt

$$C_{ij} = (1 - c)^2(\rho_{ij} - \rho_i \rho_j) \tag{14.6.26}$$

Aus den Gln. 14.6.24 und 14.6.26 folgt

$$C_{ij} = (1 - c)^2 \gamma_{ij} \tag{14.6.27}$$

Das ist aber gerade Gl. 14.3.5.

14.6.5 Die wahre Korrelation zweier Items als Funktion der beobachteten Korrelation

Die wahre Korrelation ist das Verhältnis der wahren Kovarianz und dem geometrischen Mittel der wahren Varianzen, nämlich

$${}_t\varphi_{ij} = \frac{\gamma_{ij}}{\sigma_{t_i}\sigma_{t_j}} \tag{14.6.28}$$

Entsprechend ist die beobachtete Korrelation

$${}_o\varphi_{ij} = \frac{C_{ij}}{\sigma_{o_i}\sigma_{o_j}} \tag{14.6.29}$$

Aus den Gln. 14.6.5 und 14.6.27 folgt

$${}_t\varphi_{ij} = \frac{C_{ij}/(1-c)^2}{\sqrt{\dfrac{\sigma_{o_i}{}^2 - c(1-p_i)}{(1-c)^2}}\sqrt{\dfrac{\sigma_{o_j}{}^2 - c(1-p_j)}{(1-c)^2}}} \tag{14.6.30}$$

oder

$${}_t\varphi_{ij} = \frac{C_{ij}}{\sqrt{\sigma_{o_i}{}^2 - c(1-p_i)}\sqrt{\sigma_{o_j}{}^2 - c(1-p_j)}} \tag{14.6.31}$$

Es ist aber

$$C_{ij} = {}_o r_{ij}\sigma_{o_i}\sigma_{o_j} \tag{14.6.32}$$

Setzt man Gl. 14.6.32 in Gl. 14.6.31 ein, so folgt

$${}_t\varphi_{ij} = \frac{{}_o\varphi_{ij}}{\sqrt{1 - \dfrac{c(1-p_i)}{\sigma_{o_i}{}^2}}\sqrt{1 - \dfrac{c(1-p_j)}{\sigma_{o_j}{}^2}}} \tag{14.6.33}$$

Setzt man Gl. 14.6.3 in Gl. 14.6.33 ein, so folgt

$${}_t\varphi_{ij} = \frac{{}_o\varphi_{ij}}{\sqrt{1 - \dfrac{c}{p_i}}\sqrt{1 - \dfrac{c}{p_j}}} \tag{14.6.34}$$

Das ist gerade Gl. 14.3.8.

14.6.6 Die beobachtete Korrelation zweier Items als Funktion der wahren Korrelation

Setzt man Gln. 14.6.8 und 14.6.27 in Gl. 14.6.29 ein, so folgt

$$ {}_o\varphi_{ij} = \frac{(1-c)^2\gamma_{ij}}{\sqrt{(1-c)^2\left[\sigma_{t_i}^2 + \frac{c}{1-c}(1-\rho_i)\right]}\sqrt{(1-c)^2\left[\sigma_{t_j}^2 + \frac{c}{1-c}(1-\rho_j)\right]}} \qquad (14.6.35) $$

oder

$$ {}_o\varphi_{ij} = \frac{\gamma_{ij}}{\sqrt{\sigma_{t_i}^2 + \frac{c}{1-c}(1-\rho_i)}\sqrt{\sigma_{t_j}^2 + \frac{c}{1-c}(1-\rho_j)}} \qquad (14.6.36) $$

Es ist aber

$$ \gamma_{ij} = {}_t r_{ij}\, \sigma_{t_i}\sigma_{t_j} \qquad (14.6.37) $$

Setzt man Gl. 14.6.37 in Gl. 14.6.36 ein, so folgt

$$ {}_o\varphi_{ij} = \frac{{}_t\varphi_{ij}}{\sqrt{1 + \frac{c}{1-c}\left(\frac{1-\rho_i}{\sigma_{t_i}^2}\right)}\sqrt{1 + \frac{c}{1-c}\left(\frac{1-\rho_j}{\sigma_{t_j}^2}\right)}} \qquad (14.6.38) $$

Setzt man Gl. 14.6.5 in Gl. 14.6.38 ein, so folgt

$$ {}_o\varphi_{ij} = \frac{{}_t\varphi_{ij}}{\sqrt{1 + \frac{c}{\rho_i(1-c)}}\sqrt{1 + \frac{c}{\rho_j(1-c)}}} \qquad (14.6.39) $$

Das ist aber gerade Gl. 14.3.9.

14.6.7 Die Beziehungen zwischen den wahren und beobachteten arithmetischen Mitteln

Aus Gl. 14.6.6 folgt

$$ \sum_1^n p = (1-c)\sum \rho + nc \qquad (14.6.40) $$

Es ist aber

$$ \sum p = \bar{S}_o \qquad (14.6.41) $$

$$ \sum \rho = \bar{S}_t \qquad (14.6.42) $$

Setzt man die Gln. 14.6.41 und 14.6.42 in Gl. 14.6.40 ein, so folgt

$$\bar{S}_o = (1 - c)\bar{S}_t + nc \qquad (14.6.43)$$

Das ist aber gerade Gl. 14.1.2.

Löst man Gl. 14.6.3 nach S_t auf, erhält man

$$\bar{S}_t = \frac{\bar{S}_o - nc}{1 - c} \qquad (14.6.44)$$

Das ist aber gerade Gl. 14.1.3

14.6.8 Die wahre Varianz als Funktion der beobachteten Varianz und des arithmetischen Mittels

Man kann leicht zeigen, daß folgende Gleichungen gelten

$$\sigma_o^2 = \sum p_i(1 - p_i) + \sum_{i \neq j}(p_{ij} - p_i p_j) \qquad (14.6.45)$$

$$\sigma_o^2 = \sum \rho_i(1 - \rho_i) + \sum_{i \neq j}(\rho_{ij} - \rho_i \rho_j) \qquad (14.6.46)$$

Aus den Gln. 14.6.2, 14.6.3 und 14.6.5 folgt

$$\rho_i(1 - \rho_i) = \frac{p_i(1 - p_i) - c(1 - p_i)}{(1 - c)^2} \qquad (14.6.47)$$

Aus den Gln. 14.6.26 und 14.6.27 folgt

$$\rho_{ij} - \rho_i \rho_j = \frac{p_{ij} - p_i p_j}{(1 - c)^2} \qquad (14.6.48)$$

Setzt man die Gln. 14.6.47 und 14.6.48 in Gl. 14.6.46 ein, so ergibt sich

$$\sigma_t^2 = \frac{\Sigma\, p_i(1 - p_i) + \Sigma\,(p_{ij} - p_i p_j)}{(1 - c)^2} - \frac{c\Sigma\,(1 - p_i)}{(1 - c)^2} \qquad (14.6.49)$$

Es ist aber

$$\sum p_i = \bar{S}_o \qquad (14.6.50)$$

Setzt man die Gln. 14.6.45 und 14.6.50 in Gl. 14.6.49 ein, so folgt

$$\sigma_t^2 = \frac{\sigma_o^2 - c(n - \bar{S}_o)}{(1 - c)^2} \qquad (14.6.51)$$

Das ist aber gerade Gl. 14.4.1.

14.6.9 Die beobachtete Testvarianz als Funktion der wahren Varianz und des arithmetischen Mittels

Aus Gl. 14.6.51 folgt

$$\sigma_o^2 = (1 - c)^2\sigma_t^2 + c(n - \bar{S}_o) \tag{14.6.52}$$

Aus Gl. 14.6.43 folgt

$$n - \bar{S}_o = (1 - c)(n - \bar{S}_t) \tag{14.6.53}$$

Setzt man Gl. 14.6.53 in Gl. 14.6.52 ein, ergibt sich

$$\sigma_o^2 = (1 - c)^2\left[\sigma_t^2 + \frac{c}{1 - c}(n - \bar{S}_t)\right] \tag{14.6.54}$$

Das ist aber gerade Gl. 14.4.2.

14.6.10 Die wahre Testkovarianz als Funktion der beobachteten Kovarianz

Die wahre Kovarianz als Funktion der wahren Itemschwierigkeiten und den wahren Schwierigkeiten von Itempaaren (Rohwert-Kovarianz) ist durch folgende Gleichung gegeben

$$\gamma_{xy} = \sum (\rho_{X_iY_j} - \rho_{X_i}\rho_{Y_j}) \tag{14.6.55}$$

Ähnlich ergibt sich für die beobachtete Kovarianz

$$C_{xy} = \sum (p_{X_iX_j} - p_{X_i}p_{Y_j}) \tag{14.6.56}$$

Aus den Gln. 14.6.27 und 14.6.56 folgt

$$\gamma_{xy} = \frac{C_{xy}}{(1 - c)^2} \tag{14.6.57}$$

Das ist aber gerade Gl. 14.4.3.

14.6.11 Die wahre Korrelation als Funktion der beobachteten Testkennwerte

Die wahre Korrelation zwischen den Tests X und Y kann durch das Verhältnis der wahren Kovarianz und dem geometrischen Mittel der beiden wahren Varianzen ausgedrückt werden. Es ergibt sich

$$_t r_{XY} = \frac{\gamma_{xy}}{\sigma_{tX}\sigma_{tY}} \tag{14.6.58}$$

Setzt man die Gln. 14.6.51 und 14.6.57 in Gl. 14.6.58 ein, so folgt

$$ {}_t r_{XY} = \frac{C_{xy}}{\sqrt{\sigma_{o_X}{}^2 - c(n_X - \bar{S}_{o_X})}\sqrt{\sigma_{o_Y}{}^2 - c(n_Y - \bar{S}_{o_Y})}} \qquad (14.6.59) $$

Es ist aber

$$ C_{xy} = {}_o r_{XY}\, \sigma_{o_X} \sigma_{o_Y} \qquad (14.6.60) $$

Setzt man Gl. 14.6.60 in Gl. 14.6.59 ein, so folgt

$$ {}_t r_{XY} = \frac{{}_o r_{XY}}{\sqrt{1 - \dfrac{c(n_X - \bar{S}_{o_X})}{\sigma_{o_X}{}^2}}\sqrt{1 - \dfrac{c(n_Y - \bar{S}_{o_Y})}{\sigma_{o_Y}{}^2}}} \qquad (14.6.61) $$

Das ist aber gerade Gl. 14.4.5.

14.6.12 Die beobachtete Korrelation als Funktion der wahren Testkennwerte

Die beobachtete Korrelation zwischen den Tests *X* und *Y* ist

$$ {}_o r_{XY} = \frac{C_{xy}}{\sigma_{o_X} \sigma_{o_Y}} \qquad (14.6.62) $$

Setzt man die Gln. 14.6.54 und 14.6.57 in Gl. 14.6.62 ein, so folgt

$$ {}_o r_{XY} = \frac{\gamma_{xy}}{\sqrt{\sigma_{t_X}{}^2 + \dfrac{c}{1-c}(n_X - \bar{S}_{t_X})}\sqrt{\sigma_{t_Y}{}^2 + \dfrac{c}{1-c}(n_Y - \bar{S}_{t_Y})}} \qquad (14.6.63) $$

Es ist aber

$$ \gamma_{xy} = {}_t r_{XY}\, \sigma_{t_X} \sigma_{t_Y} \qquad (14.6.64) $$

Setzt man Gl. 14.6.64 in Gl. 14.6.63 ein, so folgt

$$ {}_o r_{XY} = \frac{{}_t r_{XY}}{\sqrt{1 + \dfrac{c}{1-c}\dfrac{(n_X - \bar{S}_{t_X})}{\sigma_{t_X}{}^2}}\sqrt{1 + \dfrac{c}{1-c}\dfrac{(n_Y - \bar{S}_{t_Y})}{\sigma_{t_Y}{}^2}}} \qquad (14.6.65) $$

Das ist aber gerade Gl. 14.4.6

14.6.13 Die maximal erreichbare Itemkovarianz

Wenn Item j schwieriger als Item i ist, dann ist der maximale Anteil der Probanden ϱ_{ij}, die Antworten bei beiden Items wissen,

$$\rho_{ij} = \rho_j \tag{14.6.66}$$

Wenn man Gl. 14.6.66 in Gl. 14.6.19 einsetzt, erhält man den maximal erreichbaren Wert für p_{ij}, den Anteil derjenigen, die beide Items richtig gelöst haben, nämlich

$$p_{ij} = (1 - c)^2\rho_j + c(1 - c)(\rho_i + \rho_j) + c^2 \tag{14.6.67}$$

oder

$$p_{ij} = (1 - c)(\rho_j + c\rho_i) + c^2 \tag{14.6.68}$$

Wenn man die Gln. 14.6.11 und 14.6.12 in Gl. 14.6.68 einsetzt, erhält man den maximal erreichbaren Anteil derjenigen, die die Lösung beider Items kennen, nämlich

$$p_{ij} = p_j - c(1 - p_i) \tag{14.6.69}$$

Aus den Gln. 14.6.23 und 14.6.69 ergibt sich

$$C_{ij} = p_j - c(1 - p_i) - p_i p_j \tag{14.6.70}$$

oder

$$C_{ij} = (p_j - c)(1 - p_i) \tag{14.6.71}$$

Das ist aber gerade Gl. 14.5.1.

14.6.14 Die maximal erreichbare Testvarianz

Die maximale wahre Varianz ist wegen Gl. 13.5.14

$$\sigma_t^2 = 2V'\rho - 1'\rho - 1'\rho\rho'1 \tag{14.6.72}$$

Auf Grund von Gl. 14.6.11 gilt folgende Gleichung in Matrizenschreibweise

$$\rho = \frac{p - c1}{1 - c} \tag{14.6.73}$$

Dabei sind ϱ und p Schwierigkeitsvektoren. Aus den beiden letzten Gleichungen folgt

$$\sigma_t^2 = \frac{1}{1 - c}\left[2V'p - cn^2 - \bar{S}_o - \frac{(\bar{S}_o - nc)^2}{1 - c}\right] \tag{14.6.74}$$

Aus den Gln. 14.6.52 und 14.6.74 folgt als maximal erreichbare Varianz

$$\sigma_o{}^2 = (1-c)\left[2V'p - cn^2 - \bar{S}_o - \frac{(\bar{S}_o - nc)^2}{1-c}\right] + c(n - \bar{S}_o) \quad (14.6.75)$$

oder

$$\sigma_{o_{\mathrm{ex}}}{}^2 = 2(1-c)V'p + \bar{S}_o(2nc - 1 - \bar{S}_o) - cn(n-1) \quad (14.6.76)$$

Das ist aber gerade Gl. 14.5.4.

14.6.15 Die maximal erreichbare Testkovarianz

Die maximale wahre Kovarianz ist wegen Gl. 13.5.46

$$\gamma_{xy_{\max}} = V_T{}'\tilde{\rho}_T = V_X{}'\rho_X - V_Y{}'\rho_Y - \bar{S}_{X_t}\bar{S}_{Y_t} \quad (14.6.77)$$

Aus den Gln. 14.6.44, 14.6.73 und 14.6.77 ergibt sich

$$\gamma_{xy_{\max}} = \frac{1}{1-c}\left[V_T{}'\tilde{p}_T - V_X{}'p_X - V_Y{}'p_Y - cn_Xn_Y - \frac{(\bar{S}_{X_o} - cn_X)(\bar{S}_{Y_o} - cn_Y)}{1-c}\right] \quad (14.6.78)$$

Aus den Gln. 14.6.57 und 14.6.78 folgt

$$C_{xy_{\mathrm{ex}}} = (1-c)[V_T{}'\tilde{p}_T - V_X{}'p_X - V_Y{}'p_Y - cn_Xn_Y] - (\bar{S}_{X_o} - cn_X)(\bar{S}_{Y_o} - cn_Y) \quad (14.6.79)$$

Das ist aber gerade Gl. 14.5.5.

14.6.16 Die maximal erreichbare Item-Test-Kovarianz

Die maximale wahre Item-Test-Kovarianz ist wegen Gl. 13.5.53 für Item k

$$\gamma_{ks_{\max}} = \sum_{i=k+1}^{n} \rho_i + \rho_k(k - \bar{S}_t) \quad (14.6.80)$$

Aus den Gln. 14.6.11 und 14.6.80 folgt

$$\gamma_{ks_{\max}} = \frac{1}{(1-c)}\left[\sum_{i=k+1}^{n} p_i + p_k(k - \bar{S}_t) - c(n - 1 - \bar{S}_t)\right] \quad (14.6.81)$$

Aus den Gln. 14.6.57 und 14.6.81 folgt

$$C_{ks_{\mathrm{ex}}} = (1-c)\left[\sum_{i=k+1}^{n} p_i + p_k(k - \bar{S}_t) - c(n - 1 - \bar{S}_t)\right] \quad (14.6.82)$$

15. Testhomogenität

Die Homogenität ist als ein fundamentales Konzept in der Psychometrie noch noch nicht genügend beachtet worden. *Loevinger* (1947) diskutierte dieses Problem auf äußerst provokative Art und schlug einige interessante Maße für die Testhomogenität vor, aber ihre Ideen wurden von anderen Forschern angegriffen und sind seitdem in Vergessenheit geraten. Es ist schade, daß *Loevinger* auf diese Weise entmutigt wurde. Denn weil man die Wichtigkeit des Konzeptes der Homogenität nicht erkannt hatte, ist ein großes Durcheinander in der psychologischen Testtheorie entstanden. Dieses Durcheinander spiegelt sich in der unklaren Behandlung der Reliabilität wider, soweit sie als Inhaltsreliabilität definiert ist.
In diesem Kapitel wollen wir zunächst die Testhomogenität einführen und dann nacheinander die Homogenität von zwei Testitems, eines einzelnen Tests, eines Items und eines Tests und schließlich von zwei Tests behandeln.

15.1 Einführung

In diesem Abschnitt wollen wir versuchen, objektivere Homogenitätsmaße, als sie bisher erwähnt wurden, abzuleiten. Zunächst müssen wir jedoch eine Definition entwickeln und begründen.

15.1.1 Definition

Wir wollen zwei grundlegende Konzepte betrachten. Das erste hat mit den maximalen Kennwerten zu tun, die auf Grund der beobachteten Schwierigkeitsvektoren bei Binärmatrizen rein theoretisch ermittelt werden können. Das zweite betrifft die Zufallskorrektur dieser Werte. Es handelt sich also um das Konzept der maximalen Kennwerte und das der maximal erreichbaren Kennwerte.

Die Kennwerte, deren Maximalwerte und maximal erreichbaren Werte wir in vorangehenden Kapiteln behandelt haben, beziehen in erster Linie die Varianz, die Kovarianz und die Korrelationen von Testpunktverteilungen mit ein, wobei die Testpunktwerte aus binären Meßwerten zusammengesetzt sind. Bei einzelnen Itempunktwerten kann man nur die maximal erreichbare Kovarianz ermitteln, da bei festgelegtem Itemmittelwert die Varianz ebenfalls festliegt.
Wir können dann die Homogenität eines Kennwerts auf zwei Arten bestimmen, einmal als Verhältnis des beobachteten zum maximalen Kennwert bei festgelegten Itemmittelwerten, zum anderen als Verhältnis des beobachteten zum maximal erreichbaren Kennwert. Wir erinnern daran, daß dieser maximal erreichbare Wert eine Funktion der beobachteten Werte und des Zufallsparameters ist.
Wir wollen nun die Argumente für und gegen jede dieser beiden Definitionen der Homogenität betrachten. Das Verhältnis des beobachteten zum maximalen Kennwert kann niemals 1 übersteigen, gewöhnlich aber wegen des Zufallseinflusses auch nicht erreichen. In der Praxis gilt das immer. Weil es jedoch wünschenswert sein kann, einen Homogenitätsindex zu besitzen, der auch in praktischen Situationen 1 erreichen kann, verwenden wir lieber das Verhältnis des beobachteten zum maximal erreichbaren Kennwert.
Dieses Verhältnis hat im Vergleich zu dem erstgenannten einen Vorteil: Es kann als ein reineres Maß für die Homogenität angesehen werden. Denn wenn wir das mathematische Maximum verwenden, geht in das Verhältnis die Reliabilität der Messung mit ein. Es ist aber besser, die Homogenität unabhängig von der Reliabilität oder zufälligen Fluktuationen zu erfassen. Wenn ein Test mit Richtig-Falsch- oder Zweifachwahl-Items vorliegt, wo die Wahrscheinlichkeit, rein zufällig eine richtige Antwort zu haben, .5 ist, dann würde die Schätzung der Homogenität mit dem maximalen Kennwert im Nenner einen niedrigeren Wert ergeben, als wenn die Items des Tests fünf Antwortmöglichkeiten hätten.
Es ist theoretisch möglich, daß das Verhältnis des beobachteten zum maximal erreichbaren Kennwert 1 überschreitet, weil der nach den Formeln im 14. Kapitel maximal erreichbare Wert kleiner als der beobachtete Wert sein kann. In den meisten praktischen Situationen ist es trotzdem besser, den maximal erreichbaren und nicht den maximalen Wert in den Nenner zu setzen.
Das sich ergebende Verhältnis ist zumindest eine obere Grenze für die Homogenität der Testitems. Die auf Grund der verschiedenen Nenner

erhaltenen zwei verschiedenen Ergebnisse geben also die obere und untere Grenze der Homogenität an. (Höchst- und Mindesthomogenität)

15.1.2 Rechtfertigung für die Verwendung von Verhältnissen

Eine Kritik an dem Ansatz, die Homogenität eines Kennwerts durch ein Verhältnis darzustellen, ist die, daß das Verhältnis anscheinend nach Gutdünken gewählt worden ist. Man könnte andere Funktionen der beobachteten und maximalen oder maximal erreichbaren Kennwerte finden, die ebenfalls 1 als obere Grenze haben.
Aber dieses Argument ist nicht zwingend.
Es ist bei allen wissenschaftlichen Untersuchungen und bei der Konstruktion von vielen theoretischen Modellen allgemein üblich, beliebige mathematische Funktionen anzusetzen, die auf einer apriori-Basis vernünftig sind. Aus der möglichen Anzahl von beliebigen Funktionen, die bestimmten Kriterien genügen, sollte man eine der einfachsten Funktionen auswählen. Das Verhältnis scheint eine solche einfache Funktion zu sein. Solange keine besseren Prinzipien angeboten werden, glauben wir uns berechtigt, die vorgeschlagenen Verhältnisse zur Schätzung der Homogenität von Itemkennwerten zu verwenden.

Wir wollen nun Indizes für die Homogenität von verschiedenen Item- und Testkennwerten behandeln.

15.2 Die Homogenität von zwei Testitems

Wir wollen die beiden Maße für die Homogenität, nämlich das Verhältnis der beobachteten zur maximalen und das Verhältnis der beobachteten zur maximal erreichbaren Kovarianz, bei zwei binären Testitems behandeln. Der Phi-Koeffizienz zwischen zwei Testitems von ungleicher Schwierigkeit ist eine Unterschätzung des Zusammenhangs zwischen den beiden von den Items erfaßten Funktionen, weil die maximale Korrelation zwischen zwei Testitems von ungleicher Schwierigkeit absolut genommen immer kleiner als 1 ist. Das ist eine rein mathematische Einschränkung, ohne Rücksicht darauf, wie ähnlich die Items – bis auf die Schwierigkeit – sonst sind. *Loevinger* (1947) schlug vor, daß man zur Korrektur dieser Diskrepanz die beobachtete Korrelation durch die maximale Korrelation, die bei zwei Items von verschiedenem Schwierigkeitsgrad möglich ist, dividieren solle. Man kann leicht zeigen, daß dieses Verhältnis unabhängig von den Varianzen der beiden Items ist, und daß man nur die beobachtete Kovarianz durch die maximale Kovarianz zu dividieren braucht. *Loevingers* Vorschlag ist von *Carroll* (1961) kritisiert worden. *Carroll* zieht es vor, bei binären Variablen tetrachorische Korrelationskoeffizienten zu verwenden.

15.2.1 Das Verhältnis der beobachteten zur maximalen Kovarianz

Wir wollen annehmen, daß das Verhältnis der beobachteten zur maximalen Kovarianz bei vorgegebenen Itemschwierigkeiten ein einfacher und praktischer Homogenitätsindex für zwei Testitems ist. Die Formel für diesen Index lautet:

$$h_{ij} = \frac{p_{ij} - p_i p_j}{p_j(1 - p_i)} \qquad (15.2.1)$$

Dabei ist $p_j \leqslant p_i$. Diese Formel kann auch folgendermaßen ausgedrückt werden:

$$h_{ij} = \frac{p_{ij}/p_j - p_i}{1 - p_i} \qquad (15.2.2)$$

Es folgt ein numerisches Beispiel für die Mindesthomogenität von zwei Testitems

$$p_i = .7 \quad p_j = .6 \quad p_{ij} = .5$$

$$h_{ij} = \frac{.5 - (.7)(.6)}{(.6)(1.0 - .7)} = \frac{.08}{.18} = .44$$

Abb. 15.2.1 Berechnung der Mindesthomogenität von zwei Testitems.

15.2.2 Das Verhältnis der beobachteten zur maximal erreichbaren Kovarianz

Der Homogenitätsindex für zwei Testitems, den wir soeben behandelt haben, kann „Mindesthomogenität" genannt werden (lower limit homogeneity). Weil die maximal erreichbare Kovarianz im allgemeinen niedriger als die maximale Kovarianz ist (siehe Abschnitt 15.6), wollen wir das Verhältnis der beobachteten zur maximal erreichbaren Kovarianz als „Höchsthomogenität" bezeichnen (upper limit homogeneity). Es folgt die Gleichung für diesen Index:

$$H_{ij} = \frac{p_{ij} - p_i p_j}{(p_j - c)(1 - p_i)} \qquad (15.2.3)$$

Dabei ist *c* der Zufallsparameter. Zur Illustration dieser Formel folgt ein numerisches Beispiel mit denselben Daten wie in Abb. 15.2.1. Wir verwenden die Zahl .2 als Zufallsparameter, in der Annahme, daß der Test Items mit fünf Antwortmöglichkeiten besitzt.

$$H_{ij} = \frac{.5 - (.7)(.6)}{(.6 - .2)(1.0 - .7)} = \frac{.08}{.12} = .67$$

Abb. 15.2.2 Berechnung der Höchsthomogenität der beiden Testitems aus Abb. 15.2.1 für c = .2

15.3 Die Homogenität eines Tests

Unter der Homogenität eines Tests verstehen wir das Ausmaß, in welchem die Items des Tests dasselbe messen. Dieses Ausmaß ist durch die Kovarianzen zwischen den einzelnen Items gegeben. Wir können sagen, daß die Testitems dasselbe messen, wenn die Kovarianzen der Items bei vorgegebenen Itemschwierigkeiten so groß wie möglich sind. Da aber die Varianz ein Maximum ist, wenn die Kovarianzen der Items bei gegebenen Itemschwierigkeiten maximal sind, wollen wir die Homogenität eines Tests als das Verhältnis der beobachteten zu entweder der maximalen oder der maximal erreichbaren Testvarianz definieren.

15.3.1 Das Verhältnis der beobachteten zur maximalen Varianz

Wir wollen zunächst den Mindesthomogenitätsindex eines Tests behandeln. Dabei wollen wir nicht das von *Loevinger* (1947) vorgeschlagene Kriterium verwenden, obwohl dieses verschiedene Vorteile haben kann. Bei der von uns gewählten Methode kann der Homogenitätsindex zwischen 0 und 1 liegen. Es folgt die Gleichung für die Homogenität eines Tests als Verhältnis der beobachteten zur maximalen Varianz:

$$h_S = \frac{\sigma_S^{\ 2}}{2\sum_{1}^{n} ip_i - \bar{S}(1 + \bar{S})} \tag{15.3.1}$$

Abb. 15.3.1 ist ein numerisches Beispiel für den Homogenitätsindex eines Tests als Funktion seines Mittelwerts, seiner Standardabweichungen und dem Vektor der Itemschwierigkeiten.

$$\sigma_S^2 = 2.0 \qquad \bar{S} = 4.0$$

$$p_X' = [1.0 \quad .8 \quad .7 \quad .6 \quad .4 \quad .3 \quad .2]$$

$$h_S = \frac{2.0}{2[1.0 + 2(.8) + 3(.7) + 4(.6) + 5(.4) + 6(.3) + 7(.2)] - (4.0)(5.0)}$$

$$= \frac{2.0}{2(1.0 + 1.6 + 2.1 + 2.4 + 2.0 + 1.8 + 1.4) - 20.0}$$

$$= \frac{2.0}{2(12.3) - 20.0} = \frac{2.0}{4.6} = .43$$

Abb. 15.3.1 Berechnung der Mindesthomogenität eines Tests.

15.3.2 Das Verhältnis der beobachteten zur maximal erreichbaren Varianz

Das Verhältnis der beobachteten zur maximal erreichbaren Varianz kann Höchsthomogenität eines Tests genannt werden. Die entsprechende Formel lautet

$$H_S = \frac{\sigma_S^2}{2(1 - c)\sum_1^n ip_i + \bar{S}(2nc - 1 - \bar{S}) - cn(n - 1)} \qquad (15.3.2)$$

In Abb. 15.3.2 wird ein numerisches Beispiel durchgerechnet, wobei dieselben Daten wie in Abb. 15.3.1 verwendet werden. Der Zufallsparameter ist .2.

$$\sum_1^n ip_i = 12.3 \qquad c = .2 \qquad n = 7$$

$$H_S = \frac{2.0}{2(.8)(12.3) + 4.0[(2)7(.2) - 5] - (.2)7(6)}$$

$$= \frac{2.0}{(1.6)(12.3) - 4.0(2.2) - 8.4} = \frac{2.0}{19.68 - 8.80 - 8.40}$$

$$= \frac{2.0}{2.48} = .81$$

Abb. 15.3.2 Berechnung der Höchsthomogenität eines Tests mit Varianz, Mittelwert und Schwierigkeiten aus Abb. 15.3.1.

15.4 Die Homogenität eines Items mit einem Test

Wir haben die Homogenität zweier Testitems und eines einzelnen Tests behandelt. Nun wollen wir ein Maß für die Homogenität eines Items mit einem Test definieren. Das sollte ein Wert für das Ausmaß sein, in welchem ein einzelnes Item dasselbe erfaßt wie die anderen Items in dem Test. Es kann natürlich sein, daß die anderen Items in dem Test nicht alle dasselbe messen. In diesem Falle kann irgendein einzelnes Item natürlich nicht alle die Dinge erfassen, die die anderen Items messen. Es ist deshalb klar, daß der Homogenitätsindex eines Items mit einem Test sowohl die Homogenität der Testitems, als auch die Übereinstimmung des Items mit dem, was die Testitems gemeinsam erfassen, widerspiegelt. Wir definieren deshalb den Mindestwert der Item-Test-Homogenität als die beobachtete Kovarianz des Items und des Tests, dividiert durch die maximale Kovarianz, die das Item und ein Test mit denselben Aufgabenschwierigkeiten haben kann. Hierbei wird angenommen, daß das Item nicht zu den Testitems gehört. Die entsprechende Formel lautet

$$h_{kS} = \frac{C_{ks} - p_k q_k}{\sum_{i=k+1}^{n} p_i + p_k(k - \bar{S}) - p_k q_k} \qquad (15.4.1)$$

Es folgt ein numerisches Beispiel für diese Gleichung

$$p_k = .7 \qquad q_k = .3$$

$$k = 3 \qquad \bar{S} = 4 \qquad C_{ks} = .50$$

$$p' = [1.0 \quad .8 \quad .7 \quad .6 \quad .4 \quad .3 \quad .2]$$

$$h_{kS} = \frac{.50 - (.7)(.3)}{(.6 + .4 + .3 + .2) + .7(3 - 4) - (.7)(.3)}$$

$$= \frac{.50 - .21}{1.50 - .70 - .21} = \frac{.29}{.59} = .49$$

Abb. 15.4.1 Berechnung der Mindesthomogenität eines Items und eines Tests.

Der Höchstwert der Item-Test-Homogenität als Verhältnis von zwei Kovarianzen wird durch folgende Gleichung gegeben.

$$H_{kS} = \frac{C_{ks} - p_k q_k}{(1 - c)\left[\sum_{i=k+1}^{n} p_i + p_k(k - \bar{S}_t) - c(n - 1 - \bar{S}_t)\right] - p_k q_k} \qquad (15.4.2)$$

Das ergibt sich aus Gl. 14.6.82. Es folgt ein numerisches Beispiel mit den Daten aus Abb. 15.3.2 und Abb. 15.4.1.

$$S_t = \frac{4 - 7(.2)}{.8} = 3.25$$

$$H_{kS} = \frac{.29}{.8[1.5 + .7(3.0 - 3.25) - .2(6 - 3.25)] - .21}$$

$$= \frac{.29}{.8(1.5 - .175 - .550) - .21} = \frac{.29}{.41} = .71$$

Abb. 15.4.2 Berechnung der Höchsthomogenität eines Items mit einem Test mit den Daten aus Abb. 15.4.1.

15.5 Die Homogenität von zwei Tests

Wir wollen die Homogenität von zwei Tests als Verhältnis ihrer beobachteten Kovarianz und entweder ihrer maximalen oder ihrer maximal erreichbaren Kovarianz bei vorgegebenen Itemschwierigkeitsvektoren definieren. Wir müssen anmerken, daß wir bei dieser Definition nicht nur die Homogenität der Items zwischen den beiden Tests, sondern auch die Homogenität der Items innerhalb jeden Tests einbeziehen.

Natürlich könnten wir die Homogenität zweier Test durch die Homogenität entsprechender Items beider Tests definieren, aber das würde bedeuten, daß wir die Items beider Tests paarweise einander zuordnen müßten. Eine solche Paarung würde vermutlich zu sehr auf subjektiven und zufälligen Urteilen beruhen. Es sind noch weitere Untersuchungen erforderlich, wenn man andere Konzepte der Inter-Test-Homogenität entwickeln will.

Wir wollen die Verhältnisse verwenden, die uns Mindestwerte für die Testhomogenität geben, denn wir nehmen für den Kovarianzterm im Nenner maximale Homogenität innerhalb und zwischen den Tests an.

15.5.1 Das Verhältnis der beobachteten zur maximalen Kovarianz

Die folgende Gleichung gibt den Mindestwert für die Testhomogenität an, wie oben definiert

$$h_{XY} = \frac{C_{xy}}{V_T{}'\tilde{p}_T - V_X{}'p_X - V_Y{}'p_Y - \bar{S}_X\bar{S}_Y} \qquad (15.5.1)$$

Diese Gleichung gilt wegen Gl. 14.6.77. Es folgt ein numerisches Beispiel.

$$p_X' = [1.0\ .7\ .5\ .2]$$

$$p_Y' = [.9\ .6\ .4\ .1]$$

$$\tilde{p}_T' = [1.0\ .9\ .7\ .6\ .5\ .4\ .2\ .1]$$

$$V_T'\tilde{p}_T = 14.4 \qquad V_X'p_X = 4.7 \qquad V_Y'p_Y = 3.7$$

$$\bar{S}_X = 2.4 \qquad \bar{S}_Y = 2.0 \qquad C_{xy} = .3$$

$$h_{XY} = \frac{.3}{14.4 - 4.7 - 3.7 - 4.8} = \frac{.3}{1.2} = .25$$

Abb. 15.5.1 Mindesthomogenität der Kovarianz zweier Tests.

15.5.2 Das Verhältnis der beobachteten zur maximal erreichbaren Kovarianz

Die folgende Gleichung gibt den Höchstwert für die Homogenität zweier Tests an.

$$H_{XY} = \frac{C_{xy}}{(1-c)[V_T'\tilde{p}_T - V_X'p_X - V_Y'p_Y - cn_Xn_Y] - (\bar{S}_X - cn_X)(\bar{S}_Y - cn_Y)} \tag{15.5.2}$$

Diese Gleichung gilt wegen Gl. 14.6.79. Es folgt ein numerisches Beispiel.

$$H_{XY} = \frac{.3}{.8[14.4 - 4.7 - 3.7 - .2(4)(4)] - [2.4 - .2(4)][2.0 - .2(4)]}$$

$$= \frac{.3}{.8(6.0 - 3.2) - (1.6)(1.2)} = \frac{.3}{.8(2.8) - 1.92}$$

$$= \frac{.3}{2.24 - 1.92} = \frac{.3}{.32} = .94$$

Abb. 15.5.2 Höchsthomogenität der Kovarianz der beiden Tests aus Abb. 15.5.1.

15.6 Mathematischer Beweis: Die maximale Varianz ist größer als die maximal erreichbare Varianz

Die maximale Varianz ist

$$\sigma_{\max}^2 = 2 \sum_1^n i p_i - \bar{S}(1 + \bar{S}) \qquad (15.6.1)$$

Dabei sind p_i absteigend nach der Größe geordnet. Die maximal erreichbare Varianz kann folgendermaßen ausgedrückt werden

$$\sigma_{ex}^2 = 2(1 - c) \sum_1^n i p_i + \bar{S}(2nc - 1 - \bar{S}) - cn(n - 1) \qquad (15.6.2)$$

Aus den Gln. 15.6.1 und 15.6.2 folgt

$$\sigma_{\max}^2 - \sigma_{ex}^2 = c2\left[\sum_1^n i p_i - n\bar{S} + \frac{n(n-1)}{2}\right] \qquad (15.6.3)$$

Es genügt die Richtigkeit folgender Gleichung zu zeigen

$$\frac{n(n-1)}{2} - (n\bar{S} - \sum_1^n i p_i) > 0 \qquad (15.6.4)$$

Es ist

$$\bar{S} = \sum p_i \qquad (15.6.5)$$

Aus den Gln. 15.6.4 und 15.6.5 folgt

$$\frac{n(n-1)}{2} - \sum_1^n (n - i) p_i > 0 \qquad (15.6.6)$$

Wenn der höchste mögliche Wert für den zweiten Term auf der linken Seite von Gl. 15.6.6 für $p_i < 1$ kleiner als der erste Term ist, dann ist Gl. 15.6.4 bewiesen. Der höchste Wert ist gegeben für $p_i = p_1$. Wir können deshalb aus Gl. 15.6.6 ableiten

$$\frac{n(n-1)}{2} - p_1 \sum_1^n (n - i) > 0 \qquad (15.6.7)$$

Daraus folgt

$$\frac{n(n-1)}{2} - p_1\left[n^2 - \frac{n(n+1)}{2}\right] > 0 \qquad (15.6.8)$$

oder

$$\frac{n(n-1)}{2}(1 - p_1) > 0 \qquad (15.6.9)$$

Damit ist Gl. 15.6.4 bewiesen.

16. Testpunktwert und Fehler

In diesem Kapitel wollen wir den traditionellen Zugang zur Testtheorie behandeln, einen Zugang, der viele Jahre eher entstanden ist, als überhaupt Psychologen ernsthaft versucht haben, Meßtechniken bei der Erfassung menschlichen Verhaltens anzuwenden. Dieser Ansatz ist viel theoretischer als alles, was wir bis jetzt betrachtet haben. Als abstrakter Zugang zur Testtheorie ist er jedoch mit den zugehörigen Konzepten der Variation, Kovarianz und Korrelation von erheblichem Interesse.

Leider ist es schwierig, diese Theorie mit den Methoden, die gewöhnlich in der Praxis der Psychometrie angewendet werden, in Verbindung zu bringen. Es klafft eine Lücke zwischen den traditionellen Meßmodellen und den Modellen, die auf binären Variablen, welche bei objektiven psychologischen Tests anfallen, basieren. Es ist nicht üblich, eine logische Integration der klassischen Meßmodelle mit den typischen psychologischen Testverfahren zu versuchen, und keiner der bisher entwickelten Ansätze ist völlig einwandfrei.

Die klassischen Meßmodelle, die vor vielen Jahren von Astronomen und anderen Wissenschaftlern entwickelt wurden, sind in den Meß- und Quantifizierungsmethoden ganz anders als die, die später von den Psychometrikern ausgearbeitet worden sind. Der Unterschied besteht darin, daß die ersteren kontinuierliche Messungen voraussetzen. Es ist natürlich schwierig, eine Grenze zwischen diskreten und kontinuierlichen Meßwerten zu ziehen; diskrete Werte entsprechen immer mehr kontinuierlichen Werten, wenn die Skaleneinheit kleiner und kleiner wird. Nichtsdestoweniger ist dieser Unterschied für weite Bereiche der Testtheorie und -praxis entscheidend.

Das in der klassischen Testtheorie zugrundeliegende Modell setzt kontinuierliche Meßwerte voraus, es schließt binäre Meßwerte als Spezialfall jedoch nicht mit ein. In psychologischen Meßmodellen, denen binäre Variablen zugrundeliegen muß der Gesamtpunktwert als Summe von 0'en und 1'en eine ganze Zahl sein; und wenn Meßwerte nur ganzzahlig sind, sind sie nicht kontinuierlich.

Man könnte natürlich argumentieren, daß die Punktwerte dann als Annäherung an kontinuierliche Variablen angesehen werden können, wenn der Test genügend Items besitzt und deshalb der Bereich von möglichen ganzen Zahlen groß ist. Aber dieser Standpunkt ist unrealistisch.

Bei den üblichen psychologischen Tests übersteigt die Gesamtzahl der Items kaum jemals 100, gewöhnlich ist sie viel kleiner. Bei dieser begrenzten Itemzahl kann die beobachtete Testpunktverteilung kaum als kontinuierlich angesehen werden. Wenn z. B. ein Test mit 30 Items mit jeweils 5 Antwortmöglichkeiten gegeben ist, dann würde die Wahrscheinlichkeit, rein zufällig ein Item richtig zu beantworten, ein Fünftel sein. Ein Proband dürfte bei völliger Unkenntnis des Testmaterials mindestens sechs Items richtig haben. Wenn wir voraussetzen, daß keiner alle Items richtig hat, daß aber auch keiner ganz ohne die Fähigkeit oder die Kenntnisse ist, die der Test erfaßt, dann können wir annehmen, daß die Variationsbreite der Punktwerte von, sagen wir mal, 8 bis 28 geht, also gleich 20 ist. Deshalb würde die Differenz zwischen zwei aufeinanderfolgenden Punktwerten ein Zwanzigstel der Variationsbreite sein. Dieser Zuwachs kann ganz sicher nicht als infinitesimal betrachtet werden, was er sein müßte, wenn die Testpunktwerte kontinuierlich verteilt wären.

Möglicherweise ist es ein schwerwiegendes Hindernis bei der Entwicklung der psychologischen Testtheorie gewesen, daß die Psychometriker die fundamentale Rolle der binären Variablen im Unterschied zu kontinuierlichen Variablen bei den üblichen psychologischen Tests nicht richtig erkannt haben.

Wir haben vorausgesetzt, daß ein Testpunktwert die Anzahl der richtig beantworteten Items ist. Er ist also einfach eine Summe von binären Meßwerten bei den einzelnen Itemvariablen. Wir haben auch darauf hingewiesen, daß es möglich ist, Auswertungssysteme mit differentiellen Gewichten für die einzelnen Items zu entwickeln. Dann würde der Punktwert eines Probanden gleich der Summe der Gewichte sein, die den von ihm richtig gelösten Items entsprechen. Diese Gewichte können nicht nur ganze Zahlen, sondern auch Dezimalbrüche sein. Deshalb sind auch Testpunktwerte möglich, die keine ganzen Zahlen sind. Es ist jedoch noch nicht klar, in welchem Ausmaß ein solches Verfahren glättere Testpunktverteilungen ergeben würde als die einfache Summation der richtigen Antworten. Zur Beantwortung dieser Frage sind noch viele analytische und mathematische Untersuchungen nötig.

Auf jeden Fall ist es gut, den klassischen Ansatz der Testtheorie zu kennen. Wir wollen deshalb diesen Ansatz beschreiben und dabei auf den beobachteten Wert,auf statistische Annahmen für die Fehlerkomponente und auf die Varianzen und Korrelationen der Punktwerte eingehen.

16.1 Der Testpunkwert

Die klassische Testtheorie beginnt mit der Annahme, daß einem oder jedem von mehreren Meßwertträgern bezüglich einer oder mehrerer Attribute oder Variablen eine Zahl, die im allgemeinen keine ganze Zahl zu sein braucht, zugeordnet ist. Wir wollen den beobachteten Wert als Funktion des wahren und des Fehlerwerts und den Fehler als Funktion des wahren und des beobachteten Werts diskutieren.

16.1.1 Der beobachtete Wert als Funktion des wahren Werts und des Fehlerwerts

In der klassischen Testtheorie werden folgende Annahmen gemacht: Es gibt für einen Meßwertträger so etwas wie einen wahren Meßwert der betreffenden Variablen. Es ist im allgemeinen nicht möglich, diesen Meßwert bei allen Meßwertträgern genau zu beobachten oder zu erfassen. Der beobachtete Wert ist die Summe dieses wahren Werts und eines Fehlerwerts. Dieser Fehlerwert kann positiv oder negativ sein, so daß der beobachtete Wert entweder größer oder kleiner als der wahre Wert ist.
Leider ist die Frage, was genau mit „wahrem Wert" gemeint ist, in der psychologischen Testtheorie, und vielleicht aus diesem Grund in der Theorie des Messens im allgemeinen, noch nicht hinreichend beantwortet. Man sagt in der psychologischen Testtheorie gewöhnlich, der wahre Wert sei der Mittelwert einer unendlich großen Zahl von Messungen einer einzelnen Variable bei einem Probanden. Offensichtlich ist diese Definition nicht realistisch, weil es unmöglich ist, eine unendlich große Zahl von Meßwerten derselben Variable bei einem einzelnen Probanden zu erheben. Sicherlich können wir bei einem Probanden denselben psychologischen Test nicht wieder und wieder durchführen. Und selbst wenn wir es könnten, würde sich der Proband ändern, nicht nur wegen der vielen Einflüsse, die über eine gewisse Zeit hinweg jeden Menschen ändern, sondern auch deshalb, weil der Einfluß der

wiederholten Testdurchführung die Antworten in diesem Test im Laufe der Zeit modifiziert. Nichtsdestoweniger wollen wir das Modell weiter beschreiben und sehen, welche Folgerungen für die üblichen statistischen Konstanten gezogen werden müssen.
Es folgt die Gleichung für den beobachteten Wert als Funktion des wahren Werts und des Fehlers:

$$X = T + e \quad (16.1.1)$$

16.1.2 Der wahre Wert als Funktion des beobachteten Werts und des Fehlerwerts

Um den wahren Wert als Funktion des beobachteten und des Fehlerwerts auszudrücken, brauchen wir offensichtlich nur Gl. 16.1.1 nach dem wahren Wert aufzulösen. Natürlich kennen wir weder den Fehler noch den wahren Wert, aber mit Hilfe von geeigneten Annahmen können wir Verteilungskennwerte sowohl der wahren als auch der Fehlerwerte abschätzen, wenn wir zwei oder mehr Reihen von beobachteten Meßwerten desselben psychologischen Merkmals zur Verfügung haben.
Offensichtlich lautet die Formel für den wahren Wert als Funktion des beobachteten Werts und des Fehlers.

$$T = X - e \quad (16.1.2)$$

16.1.3 Der Fehlerwert als Funktion des wahren Werts und des beobachteten Werts

Wieder verwenden wir bei der Berechnung des Fehlerwerts als Funktion des wahren und des beobachteten Werts elementare algebraische Kenntnisse. Hier muß der Fehlerwert gleich der Differenz zwischen beobachtetem und wahrem Wert sein. Die entsprechende Gleichung lautet

$$e = X - T \quad (16.1.3)$$

16.2 Statistische Annahmen bezüglich der Fehlerkomponente

In der klassischen Testtheorie ist es üblich, zwei Arten von Fehlern zu unterscheiden. Einer wird konstanter Fehler, einer Zufallsfehler genannt. Wenn wir eine Anzahl von Probanden mit einer Waage, die zwei Pfund zu wenig anzeigt, wiegen würden, hätten wir ein Beispiel für einen konstanten Fehler. Den Zufallsfehler, mit dem wir es in erster Linie zu tun haben, wollen wir durch sein arithmetisches Mittel und seine Korrelation mit dem wahren Wert und anderen Fehlervariablen definieren.

16.2.1 Das arithmetische Mittel

In der klassischen Testtheorie werden Fehlerwerte so definiert, daß in der Population, aus der die Stichprobe gezogen worden ist, die Summe der Fehlerwerte gleich null sein soll. Manchmal sagt man auch, daß der Erwartungswert des arithmetischen Mittels der Fehlerwerte gleich null ist. Der Ausdruck „Erwartungswert" wird gegenwärtig immer häufiger in statistischen Arbeiten verwendet. Er scheint jedoch bei einer Diskussion der Testtheorie nicht von allzugroßem Wert zu sein, obwohl viele glauben, daß sein Nutzen in der allgemeinen Theorie der Statistik gezeigt worden ist. Die folgende Gleichung gibt das arithmetische Mittel der Verteilung der Fehlerwerte an.

$$\bar{e} = 0 \tag{16.2.1}$$

Es muß angemerkt werden, daß es sich um eine Definition und nicht um eine Annahme handelt, wenn wir sagen, daß das arithmetische Mittel der Fehlerverteilung gleich null ist. Wir definieren Fehler gerade so, daß ihr Mittelwert gleich null ist. Daraus folgt, daß das arithmetische Mittel der wahren Werte gleich dem arithmetischen Mittel der beobachteten Werte ist, nämlich

$$\bar{X} = \bar{T} \tag{16.2.2}$$

16.2.2 Die Korrelationen

Wenn bei einer Gruppe von Probanden für dasselbe Merkmal zwei Reihen von Meßwerten gegeben sind, werden die wahren Werte jeweils gleich sein, ungeachtet der beobachteten Meßwerte. Jeder beobachtete Wert ist die Summe dieses wahren Werts und eines Fehlerwerts. Wir können die Beziehung zwischen zwei Meßwerten desselben Merkmals folgendermaßen ausdrücken

$$X_1 = T + e_1 \tag{16.2.3}$$

$$X_2 = T + e_2 \tag{16.2.4}$$

Hier haben wir zwei beobachtete Werte und zwei korrespondierende Fehlerwerte, aber nur einen wahren Wert. Wir wollen deshalb weitere

Definitionen der Fehler auf Grund der Korrelationen zwischen beobachteten, wahren und Fehlerwerten behandeln.

16.2.2a Die Korrelation zwischen Fehlerwerten

In diesem Abschnitt folgt wieder eine Definition, nicht eine Annahme. Die Fehlerwerte werden so definiert, daß die Korrelation zwischen zwei Reihen von Fehlern gleich null sein soll. In diesem Fall ist auch die Kovarianz gleich null. Es folgen die entsprechenden Gleichungen.

$$C_{e_1e_2} = 0 \qquad (16.2.5)$$

$$r_{e_1e_2} = 0 \qquad (16.2.6)$$

16.2.2b Die Korrelation zwischen Fehlern und wahren Werten

Eine weitere Bedingung, die bei der Definition von wahren Werten und Fehlerwerten erfüllt sein muß, ist, daß die Kovarianz und Korrelation zwischen ihnen gleich null sein müssen, nämlich

$$C_{Te} = 0 \qquad (16.2.7)$$

$$r_{Te} = 0 \qquad (16.2.8)$$

16.2.2c Die Korrelation zwischen Fehlern und beobachteten Werten

Wenn der Fehler so definiert ist, daß die Korrelation zwischen ihnen und den wahren Werten gleich null ist, dann kann die Korrelation zwischen Fehlern und beobachteten Werten nicht gleich null sein. Es folgt also

$$r_{xe} \neq 0 \qquad (16.2.9)$$

16.2.2d Die Korrelation zwischen wahren Werten

Wenn für dasselbe Merkmal zwei beobachtete Werte gegeben sind, wovon jeder die Summe des wahren Wertes und eines Fehlers ist, dann muß wegen dieser Definition die Korrelation zwischen den beiden wahren Werten für dasselbe Merkmal gleich eins sein. Die entsprechende Gleichung lautet

$$r_{T_1T_2} = 1 \qquad (16.2.10)$$

16.2.2e Die Korrelation zwischen beobachteten Werten

Wenn die Korrelationen zwischen Fehlerwerten gleich null, zwischen wahren und Fehlerwerten gleich null und zwischen wahren Werten gleich eins ist, dann kann die Korrelation zwischen beobachteten

Werten, die ja beide Fehlerkomponenten haben, nicht gleich eins sein. Es gilt also

$$r_{X_1X_2} \neq 1 \tag{16.2.11}$$

16.2.2f Die Korrelation zwischen beobachteten und wahren Werten
Wenn alle die bisher in diesem Abschnitt genannten Bedingungen zutreffen, dann kann weiter gezeigt werden, daß die Korrelation zwischen beobachteten und wahren Werten nicht gleich eins sein kann, also

$$r_{XT} \neq 1 \tag{16.2.12}$$

16.3. Varianzen von Punktwerten

Wir wollen nun die Formeln für die Varianzen dieser drei Arten von Variablen, des beobachteten, des wahren und des Fehlerwerts, als Funktionen der verschiedenen Varianzen und Korrelationen dieser drei Variablen behandeln.

16.3.1 Die Varianz der beobachteten Werte

Die Varianz der beobachteten Werte kann als Funktion der Varianzen der wahren Werte und der Fehlerwerte, von Kennwerten der wahren Werte und der Fehlerwerte, der Varianz der wahren und der Korrelation der beobachteten Werte ausgedrückt werden.

16.3.1a Eine Funktion der wahren Varianz und der Fehlervarianz
Die Varianz der beobachteten Punktwerte kann einfach als Funktion der Varianzen der wahren Werte und der Fehler ausgedrückt werden, nämlich (siehe Abschnitt 16.5.2)

$$\sigma_X^2 = \sigma_T^2 + \sigma_e^2 \tag{16.3.1}$$

16.3.1b Eine Funktion von Kennwerten der wahren Werte
Die Varianz der beobachteten Punktwerte kann auch nur als Funktion von Kennwerten der wahren Werte ausgedrückt werden, nämlich

$$\sigma_X^2 = \frac{\sigma_T^2}{r_{XT}^2} \tag{16.3.2}$$

16.3.1c Eine Funktion von Kennwerten der Fehlerwerte

Die Varianz der beobachteten Punktwerte kann auch als Funktion von Kennwerten der Fehlerwerte ausgedrückt werden, nämlich

$$\sigma_X^2 = \frac{\sigma_e^2}{r_{Xe}^2} \tag{16.3.3}$$

16.3.1d Eine Funktion der wahren Varianz und der beobachteten Korrelation

Die Varianz der beobachteten Punktwerte kann auch als Funktion der Varianz der wahren Punktwerte und der Korrelation von zwei Reihen von beobachteten Punktwerten für dasselbe Merkmal ausgedrückt werden, nämlich

$$\sigma_X^2 = \frac{\sigma_T^2}{r_{X_i X_j}} \tag{16.3.4}$$

16.3.2 Die Varianz der wahren Werte

Wir können auch die Varianz der wahren Punktwerte auf verschiedene Arten ausdrücken. Wir wollen sie als Funktion der beobachteten Varianz und der Fehlervarianz, der Korrelation zwischen beobachteten und wahren Werten und der beobachteten Varianz und als Funktion der beobachteten Korrelation und Varianz betrachten.

Es folgt die Gleichung für die Varianz der wahren Punktwerte als Funktion der beobachteten Varianz und der Fehlervarianz.

$$\sigma_T^2 = \sigma_X^2 - \sigma_e^2 \tag{16.3.5}$$

Die Varianz der wahren Punktwerte kann auch als Funktion der Korrelation zwischen beobachteten und wahren Werten und der beobachteten Varianz ausgedrückt werden, nämlich

$$\sigma_T^2 = r_{XT}^2 \sigma_X^2 \tag{16.3.6}$$

Die Varianz der wahren Punktwerte, ausgedrückt als Funktion der Korrelation zwischen den beobachteten Punktwerten und der beobachteten Varianz, ist

$$\sigma_T^2 = r_{X_i X_j} \sigma_X^2 \tag{16.3.7}$$

16.3.3 Die Varianz der Fehlerwerte

Die Varianz der Fehlerwerte kann auch auf verschiedene Arten ausgedrückt werden – als Funktion der beobachteten und der wahren Varianz, der Korrelation zwischen beobachteten Werten und Fehlern und der beobachteten Varianz, und der beobachteten Varianz und Korrelation.

Es folgt die Formel für die Varianz der Fehlerpunktwerte als Funktion der beobachteten und wahren Varianzen

$$\sigma_e^2 = \sigma_X^2 - \sigma_T^2 \tag{16.3.8}$$

Die Varianz der Fehlerpunktwerte als Funktion der Korrelation zwischen beobachteten und Fehlerwerten und der beobachteten Varianz lautet

$$\sigma_e^2 = r_{Xe}^2 \sigma_X^2 \tag{16.3.9}$$

Der Ausdruck für die Varianz der Fehlerpunktwerte als Funktion der beobachteten Varianz und Korrelation lautet

$$\sigma_e^2 = \sigma_X^2(1 - r_{X_iX_j}) \tag{16.3.10}$$

16.4 Korrelationen von Punktwerten

Wir haben gesehen, daß das arithmetische Mittel der Fehlerwerte per definitionem gleich null, und daß das arithmetische Mittel der wahren Werte per definitionem gleich dem Mittelwert der beobachteten Werte ist. Wir haben weiterhin gezeigt, daß die Varianzen einer jeden der verschiedenen Arten von Werten auf mehrere Weisen als Funktionen der Varianzen und Korrelationen dieser Werte ausgedrückt werden können. Wir wollen nun darauf eingehen, wie die Korrelationen zwischen diesen drei Arten von Werten als Funktionen der verschiedenen Korrelationen und Varianzen dieser Werte formuliert werden können. Wir wollen die Korrelationen zwischen beobachteten und wahren Werten, zwischen beobachteten und Fehlerwerten, zwischen wahren und Fehlerwerten, und schließlich die beobachtete Korrelation zwischen zwei Messungen desselben Merkmals behandeln.

16.4.1 Die Korrelation der beobachteten und wahren Werte

Die Korrelation zwischen den beobachteten und wahren Werten kann auf verschiedene Arten ausgedrückt werden. Wir wollen im folgenden einige Möglichkeiten angeben.

16.4.1a Eine Funktion der Korrelation zwischen Fehlern und beobachteten Werten

Die Korrelation der beobachteten und wahren Werte kann als Funktion der Korrelation zwischen beobachteten und Fehlerwerten angegeben werden, nämlich (siehe auch Abschnitt 16.5.2)

$$r_{XT} = \sqrt{1 - r_{Xe}^2} \qquad (16.4.1)$$

16.4.1b Eine Funktion der Korrelation der beobachteten Werte

Die Korrelation der beobachteten und wahren Werte kann auch als Funktion der Korrelation zwischen zwei Messungen desselben Merkmals ausgedrückt werden, nämlich

$$r_{XT} = \sqrt{r_{X_i X_j}} \qquad (16.4.2)$$

Wir sollten darauf hinweisen, daß diese Korrelation zwischen den beiden Messungen desselben Merkmals der sogenannte Reliabilitätskoeffizient ist. Wir wollen hier jedoch nicht im Detail darauf eingehen, was wir unter zwei Messungen desselben Merkmals verstehen. Das ist ein ziemlich kompliziertes und unangenehmes Problem, welches bisher nur unzureichend bearbeitet worden ist.

16.4.1c Eine Funktion der beobachteten und der Fehlervarianz

Die Formel für die Korrelation zwischen den beobachteten und wahren Werten als Funktion der beobachteten und der Fehlervarianz lautet

$$r_{XT} = \sqrt{1 - \frac{\sigma_e^2}{\sigma_X^2}} \qquad (16.4.3)$$

16.4.1d Eine Funktion der wahren und der beobachteten Varianz

Die folgende Gleichung enthält die Formel für die Korrelation zwischen den beobachteten und wahren Punktwerten als Funktion der wahren und der beobachteten Varianz.

$$r_{XT} = \frac{\sigma_T}{\sigma_X} \qquad (16.4.4)$$

16.4.2 Die Korrelation der beobachteten und der Fehlerwerte

Die Korrelationen zwischen den beobachteten und den Fehlerwerten kann ebenfalls unterschiedlich als Funktion der Korrelation der beobachteten und wahren Werte, als Funktion der Korrelation zweier

Messungen desselben Merkmals und als Funktion der beobachteten und der Fehlervarianz ausgedrückt werden.

16.4.2a Eine Funktion der Korrelation zwischen beobachteten und wahren Werten

Die Korrelation zwischen den beobachteten und Fehlerwerten als Funktion der Korrelation zwischen beobachteten und wahren Werten lautet

$$r_{Xe} = \sqrt{1 - r_{XT}^2} \tag{16.4.5}$$

16.4.2b Eine Funktion der Korrelation zwischen zwei beobachteten Meßwertreihen desselben Merkmals

Die folgende Gleichùng enthält die Formel für die Korrelation zwischen beobachteten und Fehlerwerten als Funktion der Korrelation zweier beobachteter Meßwertreihen desselben Merkmals.

$$r_{Xe} = \sqrt{1 - r_{X_i X_j}} \tag{16.4.6}$$

16.4.2c Eine Funktion der beobachteten und der Fehlervarianz

Es folgt die Formel für die Korrelation zwischen beobachteten und Fehlerwerten als Funktion der beobachteten und der Fehlervarianz.

$$r_{Xe} = \frac{\sigma_e}{\sigma_X} \tag{16.4.7}$$

16.4.3 Die Korrelation zweier beobachteter Messungen bei demselben Merkmal

Wir können die Korrelation zwischen zwei beobachteten Messungen desselben Merkmals als Funktion verschiedener Varianz- und Korrelationskennwerte bei beobachteten Werten, wahren Werten und Fehlerwerten darstellen. Weil es sich dabei um eine beobachtete Korrelation handelt, ist es nicht der Zweck dieser Formeln, eine Schätzung, sondern die theoretischen Beziehungen zwischen der beobachteten Korrelation oder dem Reliabilitätskoeffizienten und anderen Kennwerten der Verteilungen der wahren, beobachteten und Fehlerwerten anzugeben. Wir wollen diese Korrelation, also den Reliabilitätskoeffizienten, als Funktion der Korrelation zwischen beobachteten und wahren Werten und zwischen beobachteten Werten und Fehlern und als Funktionen der wahren und beobachteten Varianz bzw. der beobachteten und Fehlervarianz angeben.

16.4.3a Eine Funktion der Korrelation zwischen wahren und beobachteten Werten

Die folgende Gleichung gibt die Formel für die Korrelation zweier beobachteter Werte desselben Merkmals als Funktion der Korrelation zwischen beobachteten und wahren Werten an.

$$r_{X_iX_j} = r_{XT}^2 \tag{16.4.8}$$

16.4.3b Eine Funktion der Korrelation zwischen beobachteten und Fehlerwerten

Wir verwenden die folgende Gleichung, um die Korrelation zwischen zwei beobachteten Messungen derselben Variablen als Funktion der Korrelation zwischen beobachteten Werten und Fehlern anzugeben.

$$r_{X_iX_j} = \sqrt{1 - r_{Xe}^2} \tag{16.4.9}$$

16.4.3c Eine Funktion der wahren und beobachteten Varianz

Es folgt die Formel für den Reliabilitätskoeffizienten oder die Korrelation zwischen zwei vergleichbaren Messungen derselben Variable als Funktion der Varianzen der wahren Werte und der beobachteten Werte einer der Messungen.

$$r_{X_iX_j} = \frac{\sigma_T^2}{\sigma_X^2} \tag{16.4.10}$$

16.4.3d Eine Funktion der beobachteten Varianz und der Fehlervarianz

Die folgende Gleichung gibt die Formel für den Reliabilitätskoeffizienten als Funktion der Varianzen der beobachteten und der Fehlerwerte an:

$$r_{X_iX_j} = 1 - \frac{\sigma_e^2}{\sigma_X^2} \tag{16.4.11}$$

Alle von uns angegebenen Gleichungen entstehen durch einfache algebraische Umwandlungen von Gleichungen in Skalarschreibweise. In Abschnitt 16.5 wollen wir nochmals die drei Arten von Werten – beobachte, wahre und Fehlerwerte – betrachten und einen allgemeineren Ansatz, mit dem wir die verschiedenen, bisher in diesem Kapitel dargestellten Beziehungen berechnen können, entwickeln. Wir können aus diesen Werten eine Matrix bilden und mit der fundamentalen Gleichung 16.1.1 beginnen, wonach der beobachtete Wert die Summe von wahrem und Fehlerwert ist. Wir können dann für dieselbe Probandengruppe eine

andere, ähnliche Matrix bilden, die sich von der ersten nur dadurch unterscheidet, daß die Vektoren der Fehler- und der beobachteten Werte anders als die entsprechenden Vektoren in der ersten Matrix sind. Der Vektor der wahren Werte ist derselbe. Wenn man das Produkt-Moment einer dieser Matrizen bildet, wobei man die Matrix mit ihrer Transponierten von links multipliziert, und wenn man die daraus ableitbaren Varianzen, Kovarianzen und Korrelationen betrachtet, kann man daraus leicht einige der Beziehungen entwickeln, die wir in den vorangegangenen Abschnitten behandelt haben. Wenn man die entsprechenden Rechnungen bei den beiden Matrizen durchführt, kann man die übrigen Beziehungen ableiten, wobei man die Restriktionen aus Abschnitt 16.2, die die Fehlervektoren derartig definieren, daß ihr arithmetisches Mittel und ihre Korrelationen mit dem wahren Wert und miteinander gleich null sind, berücksichtigen muß.
Wir werden in Abschnitt 6.5 sehen, daß die meisten Beziehungen aus den vorangegangenen Abschnitten als Spezialfälle der Varianz von gewichteten Summen von Meßwerten und der Kovarianz von zwei Reihen von gewichteten Summen von Meßwerten abgeleitet werden können. Wir brauchen nur die allgemeine Gleichung für diese beiden Funktionen durch die Matrizen der Vektoren auszudrücken und dann die spezifischen Restriktionen einzuführen, nämlich erstens, daß das Skalarprodukt der beiden wahren Vektoren gleich einem dieser von links mit seinem Transponierten multiplizierten Vektoren ist, und zweitens, daß die Fehlervektoren zueinander und zu den Vektoren der wahren Werte orthogonal sind.

16.5 Mathematische Beweise

16.5.1 Allgemeine Gleichungen für die Beziehungen zwischen den Testpunktwerten in Matrizenschreibweise

Sei

$$Y_i = (T_i \quad e_i \quad -X_i) \qquad (16.5.1)$$

$$Y_j = (T_j \quad e_j \quad -X_j) \qquad (16.5.2)$$

$$Z_i = Y_i 1 \qquad (16.5.3)$$

$$Z_j = Y_j 1 \qquad (16.5.4)$$

Dabei sind T_i und T_j zwei Vektoren von wahren Werten bei demselben Merkmal, e_i und e_j sind Fehlervektoren, und X_i und X_j sind zwei Vektoren von beobachteten Werten für zwei verschiedene Messungen desselben Merkmals.
Ohne Einschränkung der Verallgemeinerungsfähigkeit sei folgendes angenommen

$$1'Y_i = 0' \quad (16.5.5)$$

$$1'Y_j = 0' \quad (16.5.6)$$

Wahre Werte und Fehlerwerte sind folgendermaßen definiert.

$$T + e - X = 0 \quad (16.5.7)$$

Setzt man Gl. 16.5.7 in die Gln. 16.5.1 bzw. 16.5.2 ein, so folgt

$$Y_i 1 = 0 \quad (16.5.8)$$

$$Y_j 1 = 0 \quad (16.5.9)$$

Aus den Gln. 16.5.8 und 16.5.9 folgt

$$\frac{Y_i' Y_i 1}{N} = 0 \quad (16.5.10)$$

$$\frac{Y_i' Y_j 1}{N} = 0 \quad (16.5.11)$$

$$\frac{Y_j' Y_j 1}{N} = 0 \quad (16.5.12)$$

Sei

$$G_{ii} = \frac{Y_i' Y_i}{N} \quad (16.5.13)$$

$$G_{ij} = \frac{Y_i' Y_j}{N} \quad (16.5.14)$$

$$G_{jj} = \frac{Y_j' Y_j}{N} \quad (16.5.15)$$

Setzt man die Gln. 16.5.13 bis 16.5.15 in die Gln. 16.5.10 bis 16.5.12 ein, so ergibt sich

$$G_{ii} 1 = 0 \quad (16.5.16)$$

$$G_{ij} 1 = 0 \quad (16.5.17)$$

$$G_{jj} 1 = 0 \quad (16.5.18)$$

Nach den Methoden aus Abschnitt 8.5 ergibt sich wegen der Gln. 16.5.1, 16.5.2 und 16.5.13 bis 16.5.15

$$G_{ii} = \begin{bmatrix} \sigma_{T_i}{}^2 & r_{T_i e_i}\sigma_{T_i}\sigma_{e_i} & -r_{T_i X_i}\sigma_{T_i}\sigma_{X_i} \\ r_{e_i T_i}\sigma_{e_i}\sigma_{T_i} & \sigma_{e_i}{}^2 & -r_{e_i X_i}\sigma_{e_i}\sigma_{X_i} \\ -r_{X_i T_i}\sigma_{X_i}\sigma_{T_i} & -r_{X_i e_i}\sigma_{X_i}\sigma_{e_i} & \sigma_{X_i}{}^2 \end{bmatrix} \tag{16.5.19}$$

$$G_{ij} = \begin{bmatrix} r_{T_i T_j}\sigma_{T_i}\sigma_{T_j} & r_{T_i e_j}\sigma_{T_i}\sigma_{e_j} & -r_{T_i X_j}\sigma_{T_i}\sigma_{X_j} \\ r_{e_i T_j}\sigma_{e_i}\sigma_{T_j} & r_{e_i e_j}\sigma_{e_i}\sigma_{e_j} & -r_{e_i X_j}\sigma_{e_i}\sigma_{X_j} \\ -r_{X_i T_j}\sigma_{X_i}\sigma_{T_j} & -r_{X_i e_j}\sigma_{X_i}\sigma_{e_j} & r_{X_i X_j}\sigma_{X_i}\sigma_{X_j} \end{bmatrix} \tag{16.5.20}$$

$$G_{jj} = \begin{bmatrix} \sigma_{T_j}{}^2 & r_{T_j e_j}\sigma_{T_j}\sigma_{e_j} & -r_{T_j X_j}\sigma_{T_j}\sigma_{X_j} \\ r_{e_j T_j}\sigma_{e_j}\sigma_{T_j} & \sigma_{e_j}{}^2 & -r_{e_j X_j}\sigma_{e_j}\sigma_{X_j} \\ -r_{X_j T_j}\sigma_{X_j}\sigma_{T_j} & -r_{X_j e_j}\sigma_{X_j}\sigma_{e_j} & \sigma_{X_j}{}^2 \end{bmatrix} \tag{16.5.21}$$

Wir nehmen nun an, daß folgendes gilt

$$\sigma_{X_i}{}^2 = \sigma_{X_j}{}^2 = \sigma_X{}^2 \tag{16.5.22}$$

Wegen der Definition von e gilt

$$r_{e_i e_j} = r_{e_i T_j} = r_{e_j T_i} = 0 \tag{16.5.23}$$

$$r_{T_i T_j} = 1 \tag{16.5.24}$$

$$\sigma_{T_i} = \sigma_{T_j} \tag{16.5.25}$$

$$r_{TX} = r_{TX_i} = r_{TX_j} \tag{16.5.26}$$

Infolge der Gln. 16.5.22 bis 16.5.26 gilt

$$G_{ii} = \begin{bmatrix} \sigma_T{}^2 & 0 & -r_{TX}\sigma_T\sigma_X \\ 0 & \sigma_e{}^2 & -r_{eX}\sigma_e\sigma_X \\ -r_{XT}\sigma_X\sigma_T & -r_{Xe}\sigma_X\sigma_e & \sigma_X{}^2 \end{bmatrix} \tag{16.5.27}$$

$$G_{ij} = \begin{bmatrix} \sigma_T{}^2 & 0 & -r_{TX}\sigma_T\sigma_X \\ 0 & 0 & -r_{e_i X_j}\sigma_{e_i}\sigma_X \\ -r_{XT}\sigma_X\sigma_T & -r_{X_i e_j}\sigma_X\sigma_{e_j} & r_{X_i X_j}\sigma_X{}^2 \end{bmatrix} \tag{16.5.28}$$

und

$$G_{ii} = G_{jj} \tag{16.5.29}$$

16.5.2 Gleichungen für die Beziehungen zwischen den Testpunktkennwerten in Skalarschreibweise

Aus den Gln. 16.5.16 und 16.5.27 folgt

$$\sigma_T - r_{TX}\sigma_X = 0 \tag{16.5.30}$$

$$\sigma_e - r_{eX}\sigma_X = 0 \tag{16.5.31}$$

$$r_{XT}\sigma_T + r_{Xe}\sigma_e - \sigma_X = 0 \tag{16.5.32}$$

Aus den Gln. 16.5.17 und 16.5.28 folgt

$$r_{e_iX_j} = 0 \tag{16.5.33}$$

$$r_{XT}\sigma_T + r_{X_ie_j}\sigma_{e_j} - r_{X_iX_j}\sigma_X = 0 \tag{16.5.34}$$

Wegen Gl. 16.5.33 und Gl. 16.5.34 gilt

$$r_{XT}\sigma_T - r_{X_iX_j}\sigma_X = 0 \tag{16.5.35}$$

Setzt man die aus den Gln. 16.5.30 und 16.5.31 berechneten Korrelationen in Gl. 16.5.32 ein, so folgt

$$\sigma_X^2 = \sigma_T^2 + \sigma_e^2 \tag{16.5.36}$$

Das ist aber gerade Gl. 16.3.1. Aus Gl. 16.5.30 folgt

$$\sigma_X^2 = \frac{\sigma_T^2}{r_{XT}^2} \tag{16.5.37}$$

Das ist aber gerade Gl. 16.3.2. Aus Gl. 16.5.31 folgt

$$\sigma_X^2 = \frac{\sigma_e^2}{r_{Xe}^2} \tag{16.5.38}$$

Das ist aber gerade Gl. 16.3.3. Aus den Gln. 16.5.30 und 16.5.35 folgt

$$\sigma_X^2 = \frac{\sigma_T^2}{r_{X_iX_j}} \tag{16.5.39}$$

Das ist aber gerade Gl. 16.3.4. Aus Gl. 16.5.36 folgt

$$\sigma_T^2 = \sigma_X^2 - \sigma_e^2 \tag{16.5.40}$$

Das ist aber gerade Gl. 16.3.5. Aus Gl. 16.5.37 folgt

$$\sigma_T^2 = r_{XT}^2\sigma_X^2 \tag{16.5.41}$$

Das ist aber gerade Gl. 16.3.6. Aus Gl. 16.5.39 folgt

$$\sigma_T^2 = r_{X_iX_j}\sigma_X^2 \tag{16.5.42}$$

Das ist aber gerade Gl. 16.3.7. Aus Gl. 16.5.36 folgt

$$\sigma_e^2 = \sigma_X^2 - \sigma_T^2 \tag{16.5.43}$$

Das ist aber gerade Gl. 16.3.8. Aus Gl. 16.5.38 folgt

$$\sigma_e^2 = r_{Xe}^2\sigma_X^2 \tag{16.5.44}$$

Das ist aber gerade Gl. 16.3.9. Aus den Gln. 16.5.36 und 16.5.39 folgt

$$\sigma_e^2 = \sigma_X^2(1 - r_{X_iX_j}) \tag{16.5.45}$$

Das ist aber gerade Gl. 16.3.10. Aus den Gln. 16.5.30, 16.5.31 und 16.5.32 folgt

$$r_{XT} = \sqrt{1 - r_{Xe}^2} \tag{16.5.46}$$

Das ist aber gerade Gl. 16.4.1. Aus den Gln. 16.5.30 und 16.5.35 folgt

$$r_{XT} = \sqrt{r_{X_iX_j}} \tag{16.5.47}$$

Das ist aber gerade Gl. 16.4.2. Aus Gl. 16.5.30 folgt

$$r_{XT} = \frac{\sigma_T}{\sigma_X} \tag{16.5.48}$$

Das ist aber gerade Gl. 16.4.4. Aus den Gln. 16.5.40 und 16.5.48 folgt

$$r_{XT} = \sqrt{1 - \frac{\sigma_e^2}{\sigma_X^2}} \tag{16.5.49}$$

Das ist aber gerade Gl. 16.4.3. Aus Gl. 16.5.46 folgt

$$r_{Xe} = \sqrt{1 - r_{XT}^2} \tag{16.5.50}$$

Das ist aber gerade Gl. 16.4.5. Aus den Gln. 16.5.47 und 16.5.50 folgt

$$r_{Xe} = \sqrt{1 - r_{X_iX_j}} \tag{16.5.51}$$

Das ist aber gerade Gl. 16.4.6. Aus Gl. 16.5.44 folgt

$$r_{Xe} = \frac{\sigma_e}{\sigma_X} \tag{16.5.52}$$

Das ist aber gerade Gl. 16.4.7. Aus Gl. 16.5.47 folgt

$$r_{X_i X_j} = r_{XT}^{\;2} \qquad (16.5.53)$$

Das ist aber gerade Gl. 16.4.8. Aus Gl. 16.5.51 folgt

$$r_{X_i X_j} = \sqrt{1 - r_{Xe}^{\;2}} \qquad (16.5.54)$$

Das ist aber gerade Gl. 16.4.9. Aus Gl. 16.5.42 folgt

$$r_{X_i X_j} = \frac{\sigma_T^{\;2}}{\sigma_X^{\;2}} \qquad (16.5.55)$$

Das ist aber gerade Gl. 16.4.10. Aus den Gln. 16.5.40 und 16.5.55 folgt

$$r_{X_i X_j} = 1 - \frac{\sigma_e^{\;2}}{\sigma_X^{\;2}} \qquad (16.5.56)$$

Das ist aber gerade Gl. 16.4.11.

17. Reliabilität

In den vorangegangenen Kapiteln haben wir öfters den Begriff „Reliabilität“ verwendet und dabei darauf hingewiesen, daß eine erhebliche Verwirrung darüber besteht, wie dieser Begriff definiert werden muß. In diesem Kapitel wollen wir die Konzepte der Testreliabilität unter den folgenden Gesichtspunkten behandeln: Reliabilitätskonzepte im allgemeinen, Variabilitätsursachen, Schätzungen der Reliabilität, der Standardmeßfehler, die Reliabilität von kombinierten Meßwerten und die Reliabilität von Tests mit Zeitbegrenzung.

17.1 Reliabilitätskonzepte

Die allgemeine Idee der Testreliabilität ist nicht schwierig zu verstehen. Wir wollen wissen, wieviel Vertrauen wir in die Messung eines Merkmals bei einem einzelnen Probanden setzen können. Die Probleme entstehen erst bei dem Versuch, die Reliabilität zu bestimmen. Wir wollen drei verschiedene Konzepte der Reliabilität diskutieren: Homogenität, Itemsampling-Reliabilität und zeitliche Stabilität.

17.1.1 Homogenität

Im 15. Kapitel haben wir die Homogenität von zwei oder mehr Items, eines ganzen Tests, eines Items mit einem Test und zweier Tests besprochen. Wir definierten Homogenität als das Ausmaß, in welchem alle Items eines Tests dasselbe messen. Homogenität wird oft mit Reliabilität verwechselt. Es ist jedoch möglich, daß ein hochreliabler Test aus binären Items besteht, die selbst extrem heterogen sind. Zum Beispiel könnten wir eine große Zahl von biographischen Items konstruieren, wie z. B. „Mein Alter ist . . .“, bei denen die Antworten hochgradig reliabel, die Interkorrelationen jedoch sehr niedrig wären. Man kann der Praxis, die Reliabilität durch das Ausmaß, in welchem die

Items innerhalb eines Tests miteinander korrelieren, abzuschätzen, nur mit Vorsicht zustimmen. Denn diese Korrelationen geben noch mehr an als nur, wie sehr man sich auf die von den einzelnen Items gelieferten Meßwerte verlassen kann.
Das Konzept der Homogenität kann jedoch nicht vollständig von dem der Reliabilität getrennt werden. Wir werden einige operationale Definitionen der Reliabilität kennenlernen, in denen diese eine Funktion der Homogenität von Untergruppen von Items innerhalb eines Tests ist.

17.1.2 Item-sampling-Reliabilität

Im 10. Kapitel haben wir kurz das Konzept der Item-sampling-Reliabilität behandelt. Jetzt wollen wir diesen Ansatz wieder aufnehmen und erweitern. Wir wollen nacheinander die Methode, aus einem Universum von Items eine Stichpobe zu ziehen, die Schwierigkeit, ein solches Universum zu definieren, und das allgemeine Problem, Ähnlichkeit, aber keine Identität zu erreichen, diskutieren.

17.1.2a Eine Stichprobe aus einem Universum von Items

Wir legen die Annahme zugrunde, daß ein Universum von Items existiert, aus welchem zur Messung eines bestimmten Merkmals eine Stichprobe von Items gezogen werden kann. Nehmen wir an, ein solches Universum bestehe aus 50 000 Items. Wir können uns dann vorstellen, wir hätten diese 50 000 Items einer Gruppe von Probanden gegeben, und wir hätten für dieses Universum eine Kovarianzmatrix berechnet. Stellen wir uns weiter vor, die Zahl der Probanden sei ebenfalls groß, so daß wir in die Varianzen und Kovarianzen der Items einiges Vertrauen setzen können. Nach dem Konzept der Item-sampling-Reliabilität können wir nun Untergruppen oder Stichproben von Items aus dem Universum entnehmen, deren Kovarianzmatrizen alle die gleichen Eigenschaften zeigen wie die Kovarianzmatrix des Itemuniversums selbst.
Wir fordern, daß die Verteilungen der Itemvarianzen und -kovarianzen in den Untergruppen bezüglich der ersten vier Momente mit den Verteilungen der Itemvarianzen und Kovarianzen in dem Universum vergleichbar sind. Wir verlangen weiter, daß die Verteilungen der Itemkovarianzen „zwischen" Momente haben, die mit denen der Kovarianzen der Stichproben und des Universums übereinstimmen. Dabei können wir annehmen, daß die Stichproben alle denselben Umfang haben.
Es muß angemerkt werden, daß wir nicht verlangt haben, die Items in dem Universum sollten alle dasselbe messen; d.h. wir haben keine

Annahme über ihre Homogenität gemacht. Wir haben ebenfalls nicht gefordert, daß die Itemkovarianzen ihre maximalen Werte erreichen sollen.
Wir müssen also auf irgendeine, noch unklare Art eine große Zahl von Items sammeln, die irgendwelchen vorgegebenen Instruktionen, Regeln, Operationen o.ä. entsprechen, ohne daß wir bezüglich ihrer Homogenität Einschränkungen zu machen brauchen.
Das Konzept der Item-sampling-Reliabilität nimmt nun an, daß die Itemstichproben vergleichbare psychometrische Tests konstituieren, wovon jeder Variablen in demselben Universum mißt. Wenn die Itemgruppen den im vorangegangenen Abschnitt diskutierten Kriterien genügen, dann kann die Korrelation zwischen Meßwerten auf Grund zweier dieser Tests als die Reliabilität der Messung angesehen werden.

17.1.2b Die Schwierigkeit, das Universum objektiv zu definieren
Wir haben bereits früher das Problem behandelt, wie man das Universum objektiv definieren kann. Der vorhergehende Abschnitt zeigt, wie wichtig es ist, das Universum, aus welchem die Items entnommen werden, hinreichend abzugrenzen. Es ist offensichtlich, daß die Konstruktion vergleichbarer Tests sehr stark davon abhängt, wie das Universum gebildet wird. Viele Autoren nehmen den Standpunkt ein, besonders bei Kenntnis- und Leistungstests, daß die zu messenden Bereiche deutlich und genau herausgelöst werden sollten, und daß Experten entscheiden sollten, welche Testfragen eingeschlossen werden müßten, damit das spezielle, klar und eindeutig definierte Universum ganz abgedeckt wird. Eine Reihe von Arbeiten, z. B. die von *Bloom* (1956), sind zur Entwicklung einer Taxonomie der Erziehungsziele durchgeführt worden.
Trotz der großen semantischen Energie, die auf die Abgrenzung von Universa gerichtet wurde, lassen die Ergebnisse nichtsdestoweniger viel zu wünschen übrig, wenn man eindeutige Methoden fordert. Es kann in der Natur der Sache liegen, daß keine statistischen Kriterien angegeben werden können, die zeigen, wie man zwei verschiedene Gruppen von Items so auswählen kann, daß man aus den Leistungen bei den Items der einen Gruppe mit einem hohen Genauigkeitsgrad auf die Leistungen bei den Items der anderen Gruppe schließen kann.

17.1.2c Das allgemeine Problem der Ähnlichkeit ohne Identität

Bei dem Versuch, zwei Mengen von Items zu sammeln, die dasselbe messen sollen, wird man mit dem Homogenitätskonzept konfrontiert, oder mit dem Problem, „dasselbe" zu definieren. Wir können uns eine Reihe von Items vorstellen, die aus einem derartig definierten Universum stammen, daß ihre Interkorrelationen relativ gering sind, die also deshalb per definitionem heterogen sind. Wir wollen nun eine weitere Reihe von Items aus demselben Universum konstruieren, deren Interkorrelationen ebenfalls niedrig sind. Jedoch sollten diese Items so gebildet werden, daß das erste Item in der ersten Reihe dasselbe wie das erste Item in der zweiten Reihe, das zweite Item in der ersten Reihe dasselbe wie das zweite Item in der zweiten Reihe, usw. messen soll. Mit anderen Worten, die Items in der ersten und zweiten Reihe sollen Item für Item dasselbe erfassen, obwohl die Items innerhalb einer jeden Reihe nicht notwendig dasselbe zu messen brauchen, d. h., daß die Korrelationen innerhalb jeder Reihe nicht hoch sind.

Die Frage ist, wie man zwei solche Reihen von Items konstruieren kann. Wir können natürlich so vorgehen, daß wir die Items der zweiten Reihe derartig formulieren, daß sie dem jeweiligen Item der ersten Reihe möglichst ähnlich sind. Die Unterschiede können aus geringen Variationen im Ausdruck oder kleineren Veränderungen bei der Auswahl der Distraktoren bestehen. Zwei Reihen können so gebildet werden, daß Item für Item der Stamm und die Distraktoren genau gleich sind, nur die richtigen Antworten sind etwas voneinander verschieden. Es können auch Stamm und richtige Antwort genau übereinstimmen, nur die Distraktoren sind etwas anders. Man kann leicht sehen, daß man zwei Items auf viele Arten so ähnlich machen kann, wie man will. Dies alles weist jedoch auf das entscheidende Problem hin: Wie kann man Ähnlichkeit erreichen, ohne gleich Identität zu erhalten. Die Korrelation zwischen irgend zwei vergleichbaren Items zeigt in erster Linie, wie sehr wir die Items identisch gemacht haben. Das Problem, verschiedene, jedoch vergleichbare Formen zu konstruieren, ist nicht wirklich gelöst.

Wenn entsprechende Items nicht identisch sind, kann gezeigt werden, daß bei zufälliger Auswahl der Items die Korrelation der Punktwerte der beiden Tests einfach eine Funktion der Heterogenität der Items ist. Solch ein Verfahren würde uns jedoch ein Reliabilitätsmaß geben, daß nicht eine Funktion des Meßinstruments, sondern der Definition des Universums ist, aus dem die Items entnommen sind.

Es dürfte klar geworden sein, daß uns das Konzept der Item-sampling-Reliabilität mit schwierigen theoretischen und praktischen Problemen konfrontiert. Diesbezügliche Ergebnisse sind in der Vergangenheit leider oft nicht klar genug herausgestellt worden. Die Modelle, auf denen sich die Theorie der Reliabilität gründet, sind weitgehend von den Modellen abgeleitet worden, die im vorangegangenen Kapitel diskutiert wurden.

Die Schwierigkeiten, auf die wir soeben hingewiesen haben, zeigen, daß die traditionellen theoretischen Modelle des vorangegangenen Kapitels noch nicht eng genug mit den tatsächlichen operationalen Verfahrensweisen bei der Konstruktion von objektiven psychologischen Tests verknüpft sind.

17.1.3 Zeitliche Stabilität

Wir haben darauf hingewiesen, daß das Konzept der Reliabilität die Korrelationen zwischen zwei Messungen voraussetzt. Wir wollen nun Reliabilität als Korrelation zweier aufeinanderfolgender Messungen mit demselben Test behandeln. Das Konzept der Reliabilität auf Grund der zeitlichen Stabilität soll im folgenden im Hinblick auf den Nutzen für eine Vorhersage diskutiert werden. Dann soll auf den Einfluß des Gedächtnisfaktors und den Unterschied zwischen systematischen und zufälligen Veränderungen im Laufe der Zeit eingegangen werden.

17.1.3a Vorteile vom Gesichtspunkt der Vorhersage aus

Es kann nicht oft genug betont werden, daß die meisten Theorien, Methoden und Modelle der Psychologie nach ihrer Eignung zur Vorhersage bewertet werden sollten. Wir haben darauf hingewiesen, daß es in der Psychologie, wie in jeder Wissenschaft, unser Hauptanliegen ist, eine oder mehrere Variablen auf Grund von einer oder mehrerer anderen Variablen abzuschätzen oder vorherzusagen. Vom Gesichtspunkt der Vorhersage aus können wir die Reliabilität als ein Maß für die Genauigkeit ansehen, mit welcher man bei einem bestimmten Test aus einer Reihe von Punktwerten die Punktwerte vorhersagen kann, die sich in demselben Test bei derselben Probandengruppe zu einem späteren Zeitpunkt ergeben würden. Das scheint ein relativ eindeutiges Konzept zu sein. Offensichtlich ist aber die Länge des Zeitintervalls zwischen den beiden Darbietungen von Bedeutung. Diese Tatsache ist nicht allein auf das Konzept der Retest-Reliabilität beschränkt, sondern sie ist bei allen Problemen einer Vorhersage in der Wissenschaft relevant. Im allgemeinen gilt für die meisten Ereignisse, daß sie um so schwerer vorherzusagen sind, je weiter sie in der Zukunft liegen, wenn alles andere konstant gehalten wird.

17.1.3b Der Gedächtnisfaktor

Es ist manchmal eingewendet worden, daß die Definition der Reliabilität als zeitliche Stabilität zu Reliabilitätsschätzungen führt, die ungerechtfertigt hoch sind. Man argumentiert, daß die Probanden dazu neigen, sich zu erinnern, wie sie die Aufgaben das erste Mal gelöst haben, und daß sie deshalb beim zweiten Mal die gleichen Antworten geben; und zwar unabhängig von der Richtigkeit der Antworten. Deshalb ist die Korrelation zwischen den Ergebnissen der ersten Durchführung und der Testwiederholung fälschlich zu hoch.

Wenn sich aber die Probanden daran erinnern, wie sie ein Item beim ersten Mal beantwortet haben, so ist das weitgehend der Tatsache zuzuschreiben, daß sie sich an die geistigen Prozesse erinnern, auf Grund derer sie zu der jeweiligen Lösung gekommen sind. Das Ausmaß, in welchem derselbe Stimulus beim zweiten Mal dieselbe Antwort hervorruft, ist ja gerade genau das, was wir durch die Schätzung der Retest-Reliabilität bestimmen wollen.

Wir wollen hier keine vollständige psychologische Theorie darstellen, aber wir können auch so behaupten, daß jeder Einwand gegen die Reliabilität als temporale Stabilität, der sich auf den Gedächtnisfaktor beruft, nicht überzeugend ist. Wenn es kein Gedächtnis gäbe, gäbe es auch sicherlich kein intelligentes Verhalten, und damit auch keine sinnvolle Psychometrie.

17.1.3c Der Unterschied zwischen systematischen und zufälligen zeitlichen Änderungen

Eine Reihe von Einwänden gegen die Retest-Reliabilität gründen sich darauf, daß zwischen der ersten und zweiten Testdurchführung gelernt werden kann. Dafür werden die Erfahrungen verantwortlich gemacht, die bei der ersten Testdurchführung gewonnen wurden, und die Erfahrungen, die in der Zwischenzeit gemacht werden.

In diesem Zusammenhang müssen wir an den Unterschied zwischen systematischen und zufälligen zeitlichen Veränderungen erinnern, auf den im 16. Kapitel hingewiesen wurde, oder an den Unterschied zwischen konstanten Fehlern und Zufallsfehlern oder zufälligen Abweichungen. Wenn gelernt wird, liegt ein spezieller Fall einer systematischen Veränderung vor.

Wenn das arithmetische Mittel der Testpunktwerte beim zweiten Mal höher ist, können wir daraus schließen, daß irgendeine systematische Veränderung stattgefunden hat, und daß im allgemeinen die meisten Probanden beim zweiten Mal einen höheren Punktwert erhalten haben als beim ersten Mal.

Wir sind jedoch nicht an den arithmetischen Mitteln der Ergebnisse der beiden Testdurchführungen interessiert, wenn wir die Retest-Reliabilität berechnen. Für uns sind nur die Unterschiede wichtig, die auftreten, nachdem beide Testpunktreihen in Standardwerte transformiert worden sind. Wir können natürlich aus anderen Gründen an solchen systematischen Änderungen von der ersten zu folgenden Testdurchführungen interessiert sein, so wie wir ganz allgemein an systematischen Veränderungen bei allen Arten von Lernprozessen bei menschlichen und tierischen Organismen interessiert sind. Das ist jedoch eine andere Frage, die direkt nichts mit unserer Beurteilung der Retest-Reliabilität zu tun hat.

17.2 Ursachen der Variabilität

Die Reliabilität einer Messung betrifft also das Ausmaß, in welchem eine Anzahl von verschiedenen Meßwerten des gleichen psychologischen Merkmals ähnlich sind. Mit anderen Worten, wenn wir annehmen, daß bei jedem Probanden einer Gruppe eine Anzahl von Messungen desselben Merkmals durchgeführt worden ist, können wir die Verteilung dieser Meßwerte bei jedem Probanden betrachten. Diese Verteilung hat eine Varianz. Die Reliabilität der Meßwerte kann als eine Funktion dieser Varianzen angesehen werden.

Wir wollen nun einige Faktoren behandeln, die eine Variabilität hervorrufen, also die Reliabilität herabsetzen können. Wir haben zwei allgemeine Konzepte der Reliabilität diskutiert, nämlich das Item-sampling- und das Retest-Konzept. Auf diese Konzepte wollen wir auch bei unserer Besprechung der Ursachen für die Variabilität der Meßwerte eines Merkmals bei einem einzelnen Probanden eingehen. Wir wollen Variationsquellen behandeln, die auf die Beobachtung und Aufzeichnung des Verhaltens, auf den Test selbst, auf den Probanden, auf die Umgebung und auf Wechselwirkungen zwischen den untersuchten Probanden zurückgeführt werden können.

17.2.1 Variabilität bei Beobachtung und Aufzeichnung des Verhaltens

In dem vorliegenden Buch haben wir unsere Aufmerksamkeit vornehmlich auf solche Tests gerichtet, wo der Proband auf jedes einer Anzahl von verschiedenen Reizelementen in Kategorien antwortet. Zum Beispiel besitzt der multiple-choice-Test eine Anzahl von verschiedenen Reizelementen, die einzelnen Items. Für jedes gibt es wiederum eine Anzahl von einzelnen Reizelementen, die Auswahlantworten oder Alternativen. Der Proband antwortet bei jedem Item auf jedes dieser letzteren Reizelemente in zwei Kategorien. Entweder läßt er die entsprechende Stelle bei dem gegebenen Item auf dem Antwortbogen leer, oder er macht dort eine Markierung.

Ein wichtiges Kriterium einer gut ausgearbeiteten und effektiven Methodologie des Messens in der Psychologie, wofür wir gerade ein Beispiel gebracht haben, ist, daß die Reizelemente oder Fragen klar und eindeutig formuliert sind, so daß der Proband gezwungen werden kann, auf jedes Element in Kategorien zu antworten. Er kann seine Antwort nicht näher erläutern. Die Bewertung einer einzelnen Antwort mit schlecht, ziemlich gut oder sehr gut ist nicht vorgesehen.

Falls so etwas doch geschehen soll, kann das durch zusätzliche Elemente, die den verschiedenen Reizelementen eines Items untergeordnet sind, erreicht werden. Zum Beispiel kann es für jede Antwortmöglichkeit wieder eine Untergruppe von numerischen oder verbalen Alternativen geben, die den Grad der Plausibilität oder Angemessenheit der Wahl angeben. Jede dieser Alternativen kann der Proband wieder kategorial beantworten, indem er eins dieser Subelemente, das die Angemessenheit dieser Antwortmöglichkeit als Antwort auf den Stamm am besten anzeigt, anstreicht und die anderen nicht markiert. Bei der Konstruktion von psychologischen Tests ist diese Technik ein Kunstgriff, mit dem man auf Grund von binären Meßwerten eindeutig quantifizierbare kategoriale Antworten erhalten kann.

Eine solche Struktur der Reizelemente eines psychologischen Tests mit den entsprechenden Einschränkungen der Antwortmöglichkeiten ist jedoch bei weitem nicht bei allen den Tests anzutreffen, die die Jahre hindurch konstruiert worden sind. Zum Beispiel sind projektive Tests, wie der TAT von *Murray,* der Rorschach-Test und viele andere weniger bekannte Tests unstrukturierte Verfahren. Auch bei Ergänzungsaufgaben, wo eine freie Antwort in einen leeren Raum eingetragen werden muß, ist diese Antwort offensichtlich nicht kategorial. Beim Stanford-Binet-Test, der individuell durchgeführt wird, muß der Prüfer die Richtigkeit der Antwort beurteilen und sie auf irgendeine quantitative oder kategoriale Weise aufzeichnen.

Eins der extremsten Beispiele eines unstrukturierten Tests ist der Aufsatztest. Dabei muß der Beurteiler jedem Aufsatz z.B. die Noten von 1 bis 6 zuordnen. Wenn nun eine Anzahl von verschiedenen Beurteilern denselben Aufsatz beurteilt, können wir eine Verteilung der Notenwerte über dem gesamten Bereich erwarten. Die Varianz dieser Urteile würde nicht nur von der Art des in dem Aufsatz behandelten Materials, sondern auch von der speziellen Auswahl der Beurteiler abhängen.

In der Tat ist es leichter, psychologische Tests zu entwickeln, bei denen die Antwortmöglichkeiten nicht eingeschränkt sind, als Tests zu konstruieren, die kategoriale oder binäre Antworten erfordern. Wenn man bei solchen Meßinstrumenten mit freier Beantwortung für die Leistung eines Probanden quantitative Punktwerte erhalten will, muß sie der Versuchsleiter oder Auswerter zuordnen, und er ist offensichtlich für diese Quantifikation verantwortlich. Deshalb ist dieser Versuchsleiter oder Auswerter eine der Variationsquellen, ein Grund für die Unreliabilität des Tests.

Denn es ist klar, daß bei projektiven Tests und Verfahren mit freier Beantwortung Versuchsleiter oder Auswerter die Antworten der Probanden kategorisieren müssen, wenn eine einzelne Zahl das Verhalten des Probanden in diesem Test charakterisieren soll. Es ist ebenfalls klar, daß der schließlich erhaltene Gesamtpunktwert vom Versuchsleiter oder Auswerter abhängt; und daß man im allgemeinen nicht erwarten kann, daß ein Versuchsleiter genau die gleiche Zahl wie der andere herauskriegt. Das Ausmaß der Unterschiede zwischen den Auswertern ist natürlich eine Funktion des Grades, in welchem das Reizmaterial des Tests unstrukturiert, zweideutig usw. ist, und eine Funktion des Ausmaßes, in welchem die Beurteilungen der Auswerter frei oder eingeschränkt sind.

Es ist also zu erwarten, daß bei den relativ unstrukturierten Arten von Tests mit relativ freien Antworten verschiedene Auswerter bei einer Aufgabe unterschiedliche Punktzahlen geben, so daß die Verteilung dieser Punktwerte eine von Null verschiedene Varianz hat. Es ist ebenfalls klar, daß diese auf die Auswerter rückführbare Varianz auch eine Funktion der Auswertungsrichtlinien ist, die den Versuchsleitern und Auswertern bei der Bewertung und Quantifizierung der Antworten der Probanden zur Verfügung stehen. Je zwingender und eindeutiger diese

Instruktionen sind, desto geringer ist wahrscheinlich die Variation von Auswerter zu Auswerter.
Die beiden Extreme sind deutlich. Bei einem gut konstruierten Test mit eindeutig definierten und spezifizierten Reizelementen und mit eindeutig vorgegebenen Antwortmöglichkeiten ist das Problem einer Variabilität auf Grund der Auswertung nicht vorhanden. In diesem Fall kann die Auswertung auch maschinell erfolgen. Wenn wir andererseits einen völlig unstrukturierten Reizkomplex als Meßinstrument mit relativ freien Antwortmöglichkeiten für den Probanden und relativ unbeschränkten und unspezifizierten Auswertungsrichtlinien betrachten, dürfte die Variation auf Grund der Auswerter groß sein.
Streng genommen sollten psychologische Meßinstrumente von der ersten Art sein. Projektive oder unstrukturierte Tests sollten nicht als geeignete psychologische Tests angesehen werden. Natürlich wird von den klinischen Psychologen und anderen großer Druck ausgeübt, damit die unstrukturierten Meßverfahren mit freien Antwortmöglichkeiten und freier Interpretation erhalten bleiben, denn diese Psychologen glauben, daß sie mit Hilfe solcher Tests ein Individium viel besser verstehen können als mit den hoch strukturierten Verfahren. Bis heute gibt es aber kaum Beweise für dieses Argument, und es liegt in der Natur der Sache, daß es schwierig ist, die Behauptungen dieser Psychologen objektiv zu beurteilen.

17.2.2 Variabilität des Tests

Bei der Quantifizierung des menschlichen Verhaltens kann eine Unreliabilität auch durch eine Variabilität in dem Reizkomplex, der das Meßinstrument bildet, entstehen. Bei Papier-Bleistift-Tests in multiple-choice-Form kann diese Variabilität im allgemeinen vernachlässigt werden. Es könnte natürlich möglich sein, daß bei einer Anzahl von verschiedenen Reproduktionen oder Kopien die Lesbarkeit von einem Exemplar zum anderen stark variiert, aber in Anbetracht der modernen Reproduktions- und Druckverfahren brauchen solche Variationsquellen nicht beachtet zu werden. Nur bei, sagen wir, Vervielfältigungen oder ähnlichen Reproduktionen könnte man erwarten, daß minimale Unterschiede in der Lesbarkeit bei einer Anzahl von Kopien desselben Tests auftreten.
Bei apparativen Tests findet man ziemlich häufig eine signifikante Variabilität von Test zu Test, oder bei einem einzelnen Meßinstrument von einer Durchführung zur anderen. Einige der Tests zur Erfassung der

Psychomotorik oder der Koordination, die wir in früheren Kapiteln behandelt haben, können diese Art von Variabilität aufweisen. Wir haben z. B. den Zwei-Hand-Koordinationstest beschrieben. Hierbei ist es möglich, daß verschiedene Ausgaben des gleichen Apparats unterschiedlich gut funktionieren können. Das kann an, sagen wir, elektrischen Kontakten, an der zeitlichen Steuerung, oder an den angeschlossenen Zähl- oder Schreibgeräten liegen. Es ist auch möglich, daß in einem Gerät, welches ziemlich kompliziert ist – wie z. B. in einigen Apparaten zur Erfassung der komplexen Reaktionszeit – Fehler auftreten können, welche eine Zeitlang unerkannt bleiben. Selbst wenn diese Geräte dauernd gewartet werden, kann eine längere gleichmäßige Leistung nicht hinreichend garantiert werden.
Es ist also bei speziellen apparativen Meßinstrumenten möglich, daß sich die Testergebnisse bei zwei Probanden mit genau den gleichen Leistungen unterscheiden, wenn man zwei verschiedene Ausgaben des Geräts oder dasselbe Gerät zu verschiedenen Zeiten verwendet.
Variationen dieser Art scheinen jedoch nicht groß zu sein, wenn man sie zu der Variation in der Leistung bei einer Probandenstichprobe in Beziehung setzt. Während des 2. Weltkriegs wurden Hunderttausende von angehenden Fliegern mit einer Anzahl von verschiedenartigen psychomotorischen Tests untersucht. Die Variation der Ergebnisse auf Grund von Veränderungen in den Instrumenten war im Vergleich zur Variation der von diesen Instrumenten erfaßten Leistungen nicht groß. Trotzdem wurde auf die Wartung der Geräte und ihre Vergleichbarkeit große Aufmerksamkeit gerichtet. Wenn die Wartung vernachlässigt wird, kann die in diesem Abschnitt behandelte Art der Variation ein schwerwiegendes Problem werden.

17.2.3 Intraindividuelle Variabilität

Häufig werden die relative Variabilität des Meßinstruments und die intraindividuelle Variabilität des Probanden bzgl. des gemessenen Verhaltens oder Merkmals miteinander verwechselt. Dieser Unterschied ist jedoch in der psychologischen Testtheorie und Testpraxis äußerst wichtig, genau wie bei jeder anderen Art von Messung.
Beispielsweise sei angenommen, wir wollten den Druck eines Gases in einem einzelnen Behälter messen. Verschiedene Manometer können zu einem bestimmten Zeitpunkt unterschiedliche Druckwerte anzeigen. Hierbei handelt es sich um die weiter oben diskutierte Variation in den Meßinstrumenten. Der Gasdruck ist zu jedem Zeitpunkt eindeutig fest-

gelegt, und wenn sich die Instrumente in ihrer Anzeige unterscheiden, sind sie nicht reliabel.
Es sei nun angenommen, daß alle Manometer denselben Druck anzeigen, so daß wir sie für genau halten können. Nehmen wir weiter an, es stelle sich zu einem späteren Zeitpunkt heraus, daß der Gasdruck gemäß diesen Manometern größer oder kleiner als beim ersten Mal ist. Wenn wir die Verteilung der Druckwerte auf Grund unserer Beobachtungen betrachten, können wir folgern, daß das Subjekt (das Gas) und nicht das Instrument die Quelle der Variabilität ist.
Wir haben schon darauf hingewiesen, daß es zwei Arten von intraindividuellen Veränderungen geben kann. Es sind systematische Veränderungen, die im Laufe der Zeit auftreten können, und zufällige Veränderungen.

17.2.3a Systematische Variation
Systematische Veränderungen können infolge von Lernen eintreten. Bei der Vermittlung von Fertigkeiten, z. B. Schreibmaschineschreiben, und von Kenntnissen kann man mit Hilfe von Tests feststellen, was von der Gruppe insgesamt in einem bestimmten Zeitraum erreicht worden ist. Das ist nicht die Art von Veränderung, die wir berücksichtigen wollen. Lernen oder Vervollkommnung, oder Vergessen oder Verschlechterung von Fertigkeiten infolge mangelnden Gebrauchs im Laufe der Zeit sind systematische Veränderungen, und wir brauchen uns bei der Behandlung der Reliabilität nicht mit ihnen zu beschäftigen.

17.2.3b Zufällige Variation
Wir können jedoch auch an der Variation der Leistung in einer bestimmten Zeitspanne um irgendeinen speziellen Trend herum interessiert sein. Zum Beispiel könnten wir bei den Schülern eines Kurses die Leistungen im Schreibmaschineschreiben in wöchentlichen Abständen erfassen. Wir könnten feststellen, daß Schreibgeschwindigkeit und -genauigkeit von Woche zu Woche gleichmäßig zunehmen. Wenn wir jetzt für jeden einzelnen Schüler die Abweichungen seiner Leistungen von den wöchentlichen Durchschnitten berechnen, könnten wir finden, daß einige über, andere unter dem Durchschnitt liegen. Wenn wir nun diese Abweichungen für zwei aufeinanderfolgende Zeitpunkte korrelieren, könnte sich irgendeine positive Korrelation ergeben. Diese Korrelation wäre ein Anhaltspunkt für die Reliabilität oder Stabilität der relativen Position der Schüler in der Gruppe. Wir könnten natürlich auch feststellen, daß es keine derartige Stabilität gibt, und daß man für die, die

beim ersten Mal über oder unter dem Durchschnitt liegen, nicht vorhersagen kann, ob sie mit einer bestimmten Wahrscheinlichkeit später ebenfalls über oder unter dem Durchschnitt liegen werden.
Wenn man die zufälligen Fluktuationen oder die unsystematischen Komponenten bei einer einzelnen, während einer gewissen Zeit wiederholt gemessenen Antwort experimentell isolieren will, könnte man folgendermaßen vorgehen. Zuerst müssen wir irgendeine mathematische, zeitliche Funktion konstruieren oder annehmen, z. B. ein Polynom oder irgendeine Art von logistischer Funktion oder Wachstumskurve, die bei jedem Probanden den allgemeinen Trend der Ausprägung einer einzelnen Verhaltensvariable während einer bestimmten Zeit repräsentiert. Diese Funktion würde für jeden Probanden dieselbe sein mit Ausnahme der jeweiligen unbekannten Parameter, z. B. den Koeffizienten eines Polynoms. Nachdem wir diese Parameter für jeden Probanden mittels der Methode der kleinsten Quadrate oder anderen geeigneten Methoden bestimmt haben, können wir bei jedem Probanden die Abweichung des beobachteten Meßwerts von dieser Kurve für jeden betrachteten Zeitpunkt feststellen. Wenn man dann für zwei beliebige Zeitintervalle die Abweichungswerte bei allen Probanden der Gruppe miteinander korreliert, würde die Korrelation zwischen diesen Meßwerten ungefähr gleich null sein. Die Kurvenpunkte, von denen aus die Abweichungen bestimmt werden, würden die wahren Meßwerte der Probanden zu den zwei beobachteten Zeitintervallen sein.
Ein besonderer Fall liegt dann vor, wenn die Trendlinie oder die Funktion, die wir betrachtet haben, bei jedem Probanden eine horizontale Gerade ist. Hier würden wir folgern, daß die Verhaltensweise, die wir eine gewisse Zeitlang beobachtet haben, nicht verstärkt oder abgeschwächt ist, sondern einfach infolge von zufälligen und unvorhersagbaren intraindividuellen Veränderungen geschwankt hat. Das ist der einfachste Fall einer mathematischen Beziehung. Wir können nämlich für jeden Probanden den Leistungdurchschnitt oder das arithmetische Mittel seiner Meßwerte als Schätzung seines wahren Werts und die Abweichungen als zufällige Variation, die die mangelnde Reliabilität der Messungen über eine Zeitspanne hinweg verursachen, ansehen.
Jetzt wollen wir annehmen, wir hätten einen Papier-Bleistift-Test mit multiple-choice-Items, bei welchem keinerlei instrumentelle Variabilität von einem Zeitpunkt zum anderen oder von einem Testexemplar zum anderen besteht, und wir betrachten ein psychologisches Merkmal, das in einem kurzen Zeitintervall relativ stabil ist. Wenn wir in sehr kurzem Abstand zwei Messungen durchführen, können wir annehmen,

daß sich der Proband in dieser Zeit nicht geändert hat. Können wir dann nicht auch annehmen, daß die Punktwerte beidesmal dieselben sind? Wenn sie nicht gleich sind, was würde den Unterschied verursachen? Ein Grund für einen Unterschied ist der Zufallseffekt bei multiple-choice-Items. Ein Proband kann beim ersten Mal rein zufällig mehr Items richtig haben als beim zweiten Mal, bei einem anderen kann es umgekehrt sein. Es ist dieser Unterschied, der das Fehlen einer perfekten Korrelation verursachen kann, also das Fehlen einer maximalen Reliabilität bei zwei oder mehr aufeinanderfolgenden Darbietungen desselben Tests.

In diesem Fall können wir die Reliabilität auf Grund der Annahme abschätzen, daß die Punktwertdifferenzen bei zwei sukzessiven Testdurchführungen auf diejenigen Items zurückgeführt werden können, die die Probanden rein zufällig richtig beantwortet haben. Dieser Unterschied ist jedoch etwas ganz anderes als der, der sich bei der Durchführung von zwei verschiedenen Tests, wovon jeder angeblich dieselbe Fähigkeit erfassen soll, ergibt. Im letzteren Falle liegt der Ansatz des Item-samplings vor. Hier kann sich ergeben, daß ein Proband mehr Items des ersten als des zweiten Tests weiß, während es bei einem anderen Probanden umgekehrt ist.

17.2.4 Variation auf Grund von Umwelteinflüssen

Wir wollen zwei Arten von Variationen auf Grund von Umwelteinflüssen nennen, wobei diese Umwelteinflüsse einmal wirksam sind, wenn eine Gruppe von Probanden gleichzeitig, dann aber auch, wenn ein einzelner Proband wiederholt getestet wird. Wenn beispielsweise im ersten Fall bei einigen Probanden in einem Teil eines Raumes ein Test durchgeführt wird, kann Sprechen oder Flüstern in dem anderen Teil des Raumes die Probanden in der Nähe stören, die entfernter Sitzenden jedoch nicht. Im allgemeinen kann jede interindividuelle Variation in der Umgebung, wie z. B. durch Lärm, Temperatur oder Beleuchtung, einen Umweltfaktor bilden, der eine Variation in der Leistung verursachen kann, sie also unabhängig von dem Meßinstrument oder dem inneren Zustand des Probanden verbessert oder verschlechtert.

Die zweite Art von Variation auf Grund von Umwelteinflüssen kann auftreten, wenn der Test bei demselben Probanden wiederholt durchgeführt wird. Dann können sich die Umweltbedingungen zum positiven oder negativen hin ändern. Wenn der Test einmal unter günstigen

Bedingungen, ein anderes Mal an einem Tisch in einem lauten Büro ausgefüllt wird, wird die Leistung unterschiedlich beeinflußt.

17.2.5 Wechselwirkungen zwischen den Probanden

Eine andere interessante Situation, die eine Variation verursachen kann und dazu führt, daß manche Probanden andere Punktwerte erhalten, als sie eigentlich erhalten sollten, ist das Mogeln. Mogeln kann entweder als Transfer eines Ergebnisses von irgendeiner Bezugsquelle, z. B. einem Buch, auf den mogelnden Probanden, oder als Übertragung des Ergebnisses eines Probanden auf einen anderen Probanden interpretiert werden. Wir haben schon im 4. Kapitel betont, daß wir uns für entsprechende ethische oder moralische Folgerungen nicht interessieren. Leider treten derartige Betrachtungen bei Prüfungen und Tests öfters auf. Mit der Psychometrie haben sie jedoch nichts zu tun. Mogeln ist für das Messen in der Psychologie nur relevant, weil es zu unreliablen Messungen führt, oder zur Zuordnung von unrichtigen Meßwerten zu den betrachteten Probanden. Es ist wichtig, dieses Phänomen wegen seiner Wichtigkeit für eine gute Testmethodik in der Psychologie zu berücksichtigen, aber wir dürfen nicht die ethischen oder moralischen Folgerungen des Mogelns mit seiner Bedeutung für das Messen verwechseln.

17.3 Die Schätzung der Reliabilität

Wir haben schon verschiedene Reliabilitätskonzepte diskutiert und einige der Gründe betrachtet, die eine Variabilität bei Messungen derselben Verhaltensvariablen bei einem einzelnen Meßwertträger verursachen. Wir wollen nun einige rechnerische Methoden zur Schätzung der Reliabilität eines Meßinstruments behandeln, und zwar für die Konzepte der Homogenität, der Item-sampling-Reliabilität und der zeitlichen Stabilität. Schließlich wollen wir noch auf gewisse Spezialfälle eingehen.

17.3.1 Schätzungen der Homogenität

Im Abschnitt 17.1.1 haben wir auf die Grenzen des Homogenitätskonzepts bei der Reliabilitätsbestimmung hingewiesen. Wenn jedoch gewisse einschränkende Annahmen erfüllt sind, kann eine auf der Homogenität basierende Reliabilitätsschätzung gewisse untere Grenzen der Reliabilität ergeben.

Aus einem mehr praktischen Gesichtspunkt hat die Verwendung des Homogenitätskonzepts als Grundlage für die Entwicklung von Formeln für die Reliabilität einen großen Vorteil: man benötigt nur die Ergebnisse eines einzigen Tests. Es muß jedoch betont werden, daß in diesem Falle alle Items des Tests dieselbe Verhaltensvariable erfassen müssen. Messen sie in Wirklichkeit nicht dasselbe Merkmal, so sind die Schätzungen bei allen den Reliabilitätsarten, die wir definiert haben, zu niedrig. Wenn wir die Reliabilität über die Homogenität abschätzen, nehmen wir an, daß die Interkorrelationen einer gegebenen Menge von Items so groß wie möglich sind, falls maximale Reliabilität vorliegt. Wir haben bereits solche maximalen Werte betrachtet und gezeigt, wie sie berechnet werden.

Die bekanntesten Formeln zur Abschätzung der Reliabilität eines Tests auf Grund der Homogenität seiner Testitems sind die „Kuder-Richardson-Formeln". Sie wurden erstmalig durch Frederick *Kuder* und Marion W. *Richardson* in einem Artikel in der Psychometrika (1937) veröffentlicht. Die Formeln werden gewöhnlich *K-R 20* und *K-R 21* genannt. Dabei steht *K* für *Kuder* und *R* für *Richardson.* Die Formeln können auf verschiedene Art auf Grund einer Reihe von Annahmen abgeleitet werden. In Wirklichkeit sind sie Spezialfälle von allgemeineren Formeln. Darin werden die Items als einzelne Tests angesehen, und es wird angenommen, daß die entsprechenden Meßwerte mit 1 gewichtet und dann kombiniert werden. Man kann jedoch auch noch allgemeinere Formeln ableiten, bei denen die Gewichte, die den einzelnen Items zugeordnet werden, unterschiedlich sind. Die folgenden beiden Gleichungen sind die *K-R 20* bzw. *K-R 21* (siehe die Abschnitte 17.7.1 und 17.7.3)

$$r_{X_iX_j} = \frac{n}{n-1}\left(1 - \frac{n\overline{pq}}{\sigma_X^{\ 2}}\right) \tag{17.3.1}$$

$$r_{X_iX_j} = \frac{1}{n-1}\left(n - \frac{\bar{S}(n-\bar{S})}{\sigma_X^{\ 2}}\right) \tag{17.3.2}$$

Eine Alternative zu Gl. 17.3.2 ist (siehe Abschnitt 17.7.4)

$$r_{X_iX_j} = \frac{1}{n-1}\left(n - \frac{\bar{S}(n-\bar{S})}{\sigma_X^{\ 2}}\right) + \frac{n^2\sigma_p^{\ 2}}{(n-1)\sigma_X^{\ 2}} \tag{17.3.3}$$

Dabei ist σ_p^2 die Varianz der Itemschwierigkeiten. In dieser Gleichung wird die *K-R 20* als Funktion der *K-R 21* nach 17.3.2 und der Varianz der Itemschwierigkeiten dargestellt.

Bei der Anwendung der *K-R 21* nimmt man an, daß alle Items die gleiche Schwierigkeit haben. Die Formel ist dann sehr einfach, weil sie nur die Zahl der Items und das arithmetische Mittel und die Standardabweichung der Punktwertverteilung enthält. Wenn die Items jedoch nicht gleich schwierig sind, und wenn wir die Streuung dieser Schwierigkeiten kennen, dann können sie in einer Modifikation der Formel berücksichtigt werden. Diese Modifikation führt zu einer Erhöhung des Schätzwertes der Reliabilität. Die entsprechende Formel lautet (siehe Abschnitt 17.7.2)

$$r_{X_iX_j} = 1 - \frac{n\overline{pq}(1 - H)}{\sigma_X{}^2} \tag{17.3.4}$$

Dabei ist *H* der Homogenitätskoeffizient von *Loevinger* (1947), nämlich

$$H = \frac{\sigma_X{}^2 - n\overline{pq}}{\sigma^2_{\max} - n\overline{pq}} \tag{17.3.5}$$

und

$$\sigma^2_{\max} = 2V'p - \bar{S}(1 + \bar{S}) \tag{17.3.6}$$

Es soll nochmals darauf hingewiesen werden, daß die in Gl. 17.3.1 angegebene *K-R 20* die Kenntnis der einzelnen Item-Schwierigkeiten erfordert, während die in Gl. 17.3.2 angegebene *K-R 21* annimmt, daß die einzelnen Schwierigkeiten alle gleich sind. Wenn sie nicht gleich sind, was sie im allgemeinen auch nicht sind oder nicht sein sollten, dann gibt die *K-R 21* eine niedrigere Schätzung als die *K-R 20* (siehe Abschnitt 17.7.4). Die folgende Abb. enthält ein numerisches Beispiel für die Anwendung der *K-R 20* bei der Abschätzung der Reliabilität eines Tests, bei welchem die durchschnittliche Itemvarianz und die Streuung der Itemschwierigkeiten bekannt sind.

$$\sigma_X{}^2 = 2 \qquad n = 6$$

$$p' = [.9 \quad .7 \quad .6 \quad .5 \quad .3 \quad .2]$$

$$V_{pq}{}' = [.09 \quad .21 \quad .24 \quad .25 \quad .21 \quad .16]$$

$$n\overline{pq} = 1.16$$

$$r_{X_iX_j} = \frac{6}{5}\left(1 - \frac{1.16}{2}\right)$$

$$= \frac{6}{5}(.42) = \frac{2.52}{5} = .504$$

Abb. 17.3.1 Anwendung der K-R 20

Die folgende Abbildung enthält ein Beispiel für die Reliabilitätsschätzung nach der *K-R 21,* wobei arithmetisches Mittel und Varianz der Testpunkteverteilung bekannt sind, die Varianz der Itemschwierigkeiten jedoch gleich null gesetzt wird.

$$\sigma_X{}^2 = 2 \qquad \bar{S} = 3.2 \qquad n = 6$$

$$r_{X_iX_j} = \frac{1}{5}\left(6 - \frac{3.2(6 - 3.2)}{2}\right)$$

$$= \frac{1}{5}(6 - 3.2(1.4)) = \frac{1.52}{5} = .304$$

Abb. 17.3.2 Anwendung der K-R 21 für die Daten aus Abb. 17.3.1

Wenn man die Reliabilitätsschätzungen aus den Abbn. 17.3.1 und 17.3.2 miteinander vergleicht, kann man sehen, daß die zweite niedriger als die erste ist. In der folgenden Abbildung wird die Reliabilität unabhängig von der Streuung der Itemschwierigkeiten berechnet, wobei die Gln. 17.3.4, 17.3.5 und 17.3.6 verwendet werden.

$$\sigma^2_{\max} = 2[.9 + 2(.7) + 3(.6) + 4(.5) + 5(.3) + 6(.2)] - (3.2)(4.2)$$

$$= 2[.9 + 1.4 + 1.8 + 2.0 + 1.5 + 1.2] - 13.44$$

$$= 2(8.8) - 13.44 = 4.16$$

$$H = \frac{2.00 - 1.16}{4.16 - 1.16} = \frac{.84}{3.00} = .28$$

$$r_{X_iX_j} = 1 - \frac{(1.16)(.72)}{2} = .582$$

Abb. 17.3.3 Anwendung der K-R 20 mit einer Korrektur für die Streuung der Itemschwierigkeiten.

Es kann nicht oft genug darauf hingewiesen werden, daß die Kuder-Richardson-Formeln oder irgendwelche anderen Reliabilitätsschätzungen auf Grund der Homogenität nur bei Tests ohne Zeitbegrenzung durchgeführt werden dürfen. Denn die Schätzung der Reliabilität ist eine funktion der Zahl der Items und setzt voraus, daß alle Probanden alle Items bearbeitet haben. Wenn das jedoch nicht der Fall ist, ist die Reliabilitätsschätzung unbestimmt, weil man nicht weiß, wie groß arithmetisches Mittel und Varianz gewesen wären, wenn alle Probanden alle Items bearbeitet hätten. Es könnte möglich sein, für diesen Fall eine

Formel abzuleiten, die folgende zwei Voraussetzungen hat: Erstens müssen die Kovarianzen aller Itempaare gegeben sein, wobei diese Kovarianzen nur auf denjenigen Probanden basieren, die jeweils beide Items bearbeitet haben. Zweitens müssen diese Kovarianzen auch dann gelten, wenn alle Probanden alle Items bearbeiten.

17.3.2 Schätzung der Item-sampling-Reliabilität

Wir haben bereits die Technik behandelt, wie man Itemstichproben aus einem Universum von Items ziehen und Untergruppen bilden kann, die separate Formen eines Tests für Messungen innerhalb eines gegebenen Bereichs bilden. Wir haben auch die Probleme diskutiert, die bei der Definition des Bereichs und bei einer angemessenen Itemauswahl nach einer Reihe von Vorschriften auftreten. Nun wollen wir die Paralleltestreliabilität, die split-half-Reliabilität und die odd-even-Reliabilität besprechen, alles Methoden zur Reliabilitätsschätzung bei der Item-sampling-Technik. Es wird sich zeigen, daß bei allen drei Methoden zwei Reihen von Items vorliegen. Deshalb können wir auf der Basis der Punktwerte bei den beiden Reihen von Items Korrelationskoeffizienten berechnen und sie als Reliabilitätsschätzungen verwenden.

17.3.2a Paralleltestreliabilität

Das Problem, parallele Testformen zu konstruieren, indem man z.B. zwei Zufallsstichproben von Items bildet oder versucht, zwei Reihen von Items zu finden, die Item für Item paarweise vergleichbar sind, ist bereits diskutiert worden. Bei der Entwicklung von Tests ist man sehr oft in dieser Art vorgegangen, und massenweise sind Testitems und Tests produziert worden, die vorgeben, Parallelformen zu sein. Das ist sicher auch bei den College Board Scholastic Aptitude Tests der Fall, die jedes Jahr in einer angeblich neuen Form erscheinen. Diese soll dasselbe Merkmal erfassen, welches die früheren Formen mutmaßlich erfaßt haben. Leider hat man nur sehr wenig theoretische Überlegungen oder Rechenarbeit darauf verwandt, um zu untersuchen, ob diese Formen tatsächlich vergleichbar sind, und in welchem Sinne sie vergleichbar sind. Die gleichen Beobachtungen können bei dem neueren American College Testing-Programm gemacht werden, das seit einigen Jahren läuft.

Die Idee der Paralleltestreliabilität ist überall akzeptiert worden, und sie wird zumindest von vielen, die in der Forschung arbeiten oder Tests durchführen, leicht eingesehen. Das Konzept ist einfach das, daß auf

Grund der Ansicht von Experten, die Erfahrung in der Testkonstruktion haben, irgendwie aus zwei oder mehr Gruppen von Items zwei oder mehr Formen eines Meßinstruments gebildet werden, die dasselbe messen. Weil wir schon das Problem, „dasselbe" zu definieren, genügend strapaziert haben, wollen wir hier nicht versuchen, ins einzelne zu gehen oder die Unklarheiten dieses Begriffs weiter zu kritisieren. Jedenfalls ist die Reliabilität einer Messung durch die Korrelation zwischen zwei parallelen Testformen definiert.

17.3.2b Split-half-Reliabilität

Eine andere bekannte Methode zur Schätzung der Reliabilität ist die, die Items des Tests in zwei gleiche Teile zu teilen, z. B. in die erste und die zweite Hälfte, und jede Hälfte separat auszuwerten. Bei der Anwendung dieser Methode muß man ebenfalls voraussetzen, daß alle Probanden alle Items bearbeitet haben. Sonst würden die Ergebnisse der zweiten Hälfte nicht mit den Ergebnissen der ersten Hälfte vergleichbar sein, weil nicht so viele Probanden die Items der zweiten Hälfte im Vergleich zur ersten Hälfte bearbeitet haben, und die Reliabilität wird unterschätzt.

Man kann die Korrelation zwischen den beiden Testhälften berechnen und dann auf Grund von geeigneten, bereits im 10. Kapitel behandelten Methoden abschätzen, wie hoch die Korrelation zwischen dem Gesamtpunktwert und dem Ergebnis einer Parallelform sein würde.

Es folgt die Gleichung für die Reliabilitätsschätzung des ganzen Tests, d. h. seine Korrelation mit einem Paralleltest auf Grund der Korrelation zwischen den beiden Hälften (siehe Abschnitt 17.7.6)

$$r_{X_i X_j} = \frac{2r}{1+r} \tag{17.3.7}$$

Dabei ist $r_{X_i X_j}$ die geschätzte Reliabilität des Tests, und r ist die Korrelation der Punktwerte beider Hälften.

17.3.2c Odd-even-Reliabilität

Bei einer anderen Methode der Reliabilitätsschätzung wertet man die Items mit geradzahliger und die mit ungeradzahliger Aufgabennummer separat aus und korreliert die Ergebnisse. Dieses Verfahren entspricht natürlich dem, das wir soeben behandelt haben, bis auf die Tatsache, daß die Testitems unterschiedlich aufgeteilt werden. Der Vorteil dieser Methode ist der, daß die beiden Punktwerte eher vergleichbar sind, wenn man Ermüdung und andere Faktoren, die die Ergebnisse beeinflussen können, in Betracht zieht. Wenn der Proband in der ersten Hälfte des Tests aufmerksamer ist als in der zweiten, dann würden bei Anwendung der split-half-Methode die Ergebnisse der ersten und zweiten Testhälfte nicht so gut vergleichbar sein wie die der geraden und ungeraden Items bei der odd-even-Methode. Wenn man Reliabilitätsschätzungen nach der odd-even-Methode durchführt, kann man billigerweise annehmen, daß die Bedingungen, unter denen die ungeraden Items beantwortet werden, mit denen vergleichbar sind, unter denen die geraden Items gelöst werden, und zwar im Hinblick sowohl auf die inneren als auch auf die Umweltsbedingungen.

Bei der Verwendung der odd-even-Methode muß man ebenfalls voraussetzen, daß die Zeit nicht begrenzt worden ist, daß also alle Items von allen Probanden bearbeitet worden sind. Anderenfalls könnte sich eine starke Überschätzung der Reliabilität ergeben. Wenn ein Test ein reiner Speed-Test ist, so daß alle Probanden alle bearbeiteten Items richtig haben, dann erkennt man leicht, daß die odd-even-Reliabilität maximal groß sein würde, wenn jeder Proband eine gerade Zahl von Items bearbeitet. Denn jeder Proband erhält dann bei den geraden und ungeraden Items denselben Punktwert. Wenn jeder eine ungerade Zahl von Items bearbeitet, würde die Punktdifferenz eins sein, aber die Korrelation ist auch dann maximal hoch.

Man sieht also, daß die split-half-Methode im Falle eines zeitbegrenzten Tests eine starke Unterschätzung der Reliabilität, die odd-even-Methode dagegen eine sehr starke Überschätzung ergibt.

Das Verfahren, mit der man die Reliabilität des Gesamttests abschätzt, ist hier natürlich dasselbe wie bei Anwendung der split-half-Methode. Wir verwenden dieselbe Formel, wenn wir die Reliabilität auf Grund der Korrelation der Ergebnisse der geraden und ungeraden Items abschätzen.

17.3.3 Stabilitätsschätzungen

Wir haben gesehen, daß sowohl Homogenitätsschätzungen, wobei nur Messungen mit einem einzelnen Test erforderlich sind, als auch Schätzungen der Item-sampling-Reliabilität voraussetzen, daß alle Testitems dasselbe Merkmal messen, daß also ihre Korrelationen und Kovarianzen maximal sind, wenn man die Reliabilität der einzelnen Items nicht berücksichtigt.

Wir haben auf die Schwierigkeit hingewiesen, die Reliabilität eines einzelnen Items zu definieren, es sei denn, mit Hilfe des Konzepts der Retest-Reliabilität. Wir haben gezeigt, daß wir den Begriff der Ähnlichkeit zweier Items nur dann verwenden können, wenn wir das Konzept der Homogenität zugrundelegen. Wir scheinen deshalb keine andere Wahl zu haben, als die Reliabilität eines einzelnen Items als das Ausmaß zu definieren, in dem die Ergebnisse zweier sukzessiver Darbietungen des Items miteinander korrelieren.
Wir wollen zwei verschiedene Schätzungen der zeitlichen Stabilität oder Reliabilität betrachten, eine auf Grund eines tatsächlichen Retests, die andere auf Grund nur einer Testdurchführung, aus deren Ergebnissen wir auf die Retest-Reliabilität schließen können.

17.3.3a Retest-Reliabilität

Wenn wir die Reliabilität auf Grund einer Testwiederholung mit demselben Meßinstrument abschätzen wollen, müssen wir daran denken, daß zwischen den beiden Testdurchführungen sehr unterschiedliche Zeiträume möglich sind. Wir können denselben Test bei derselben Gruppe in derselben Sitzung oder an zwei aufeinanderfolgenden Tagen durchführen – das ist nicht allgemein üblich –, oder nach einer Woche.
Ein Retest mit demselben Instrument nach irgendeinem Zeitintervall geschieht allerdings nicht oft, hauptsächlich weil es schwierig ist, den Teilnehmern die Notwendigkeit einer Testwiederholung zu erklären. Obwohl das Konzept der Reliabilität ziemlich einfach zu sein scheint, ist es schwierig, es Laien zu verdeutlichen.
Seltsamerweise ist dies aber auch bei Fachleuten der Fall, z. B. bei Ärzten, die ja dauernd irgendwelche Arten von Messungen durchführen. Diese Fachleute haben im allgemeinen noch nicht eingesehen, wie wichtig die Retest-Reliabilität, z. B. bei Messungen der Herzfrequenz, des Blutdrucks usw., die bei den üblichen Routineuntersuchungen durchgeführt werden, ist. Die Frage, wie stabil diese Meßwerte von einem Zeitpunkt zum anderen sind, ist von ihnen noch nicht systematisch untersucht worden.
Das Zeitintervall zwischen den beiden Testdurchführungen hat einen großen Einfluß auf die Korrelation zwischen den beiden Meßwertreihen. Wenn der Test zweimal am gleichen Tag oder an zwei aufeinanderfolgenden Tagen durchgeführt wird, kann man sicherlich eine viel höhere Korrelation erwarten, als wenn das Zeitintervall ein Monat oder ein Jahr beträgt. Der Grund dafür ist offensichtlich der folgende: Je größer der zeitliche Zwischenraum ist, desto mehr verschiedene Ereig-

nisse können zwischendurch auftreten, die Probanden unterschiedlich beeinflussen und damit ihre relative Position in der Gruppe ändern. Es ist sinnlos, von der Reliabilität einer Messung zu sprechen, wenn man nicht die Länge des Zeitintervalls zwischen den beiden Testdurchführungen genau angibt. Das kann als Kritik an der Retest-Methode zur Schätzung der Reliabilität angesehen werden, aber sicherlich ist sie nicht mehr zu beanstanden als die Paralleltest-Reliabilität, die einen viel offenkundigeren Mangel an Exaktheit bei der Definition der Kriterien für die Vergleichbarkeit der Formen zeigt.

Bei der Ermittlung der Retest-Reliabilität gibt es einen Effekt, der etwas stärker stört als die Veränderung des Zeitintervalls für alle Probanden einer bestimmten Gruppe, nämlich eine unterschiedliche Variation der Zwischenzeit bei den einzelnen Probanden. Es kommt manchmal vor, daß ein Test bei einer Anzahl von verschiedenen Probanden zu verschiedenen Zeiten individuell durchgeführt wird. Wenn die Validität dieser Messung bei einigen Probanden aus irgendwelchen Gründen in Frage steht, kann es wünschenswert sein, bei diesen Probanden die Messung mit demselben Meßinstrument zu wiederholen. Das geschieht manchmal bei Einstellungsuntersuchungen, wo die Testdurchführung nicht genau kontrolliert und auf Vertreter der jeweiligen Organisation übertragen wird, die im Land umherreisen und Leute anwerben. Wenn man dann beispielsweise später bei einigen dieser Bewerber diese Tests in den regionalen Büros nach Gutdünken wiederholt, können die Zeitintervalle in einer Gruppe von Probanden stark streuen. In diesem Fall hat man große Schwierigkeiten, das Zeitintervall genau zu spezifizieren und die Retest-Reliabilität sinnvoll zu interpretieren. Nichtsdestoweniger werden solche Situationen in der Praxis in Anbetracht der Bedürfnisse und Wünsche der Personalabteilungen gewöhnlich noch in Kauf genommen.

Über die Beziehung der Reliabilität zu dem zeitlichen Intervall zwischen Test und Retest ist nur sehr wenig bekannt. Hierzu müßte viel mehr Forschung betrieben werden, so daß man zumindest Schätzungen der Retest-Reliabilität für bestimmte Zeitintervalle extra- oder intrapolieren kann. Das Vorhersagekonzept der Reliabilität bedeutet ja, daß wir wissen wollen, wie genau wir die Leistung in einem speziellen Test zu einem späteren Zeitpunkt vorhersagen können, wenn wir wissen, wie die Leistung in diesem Test zu einem früheren Zeitpunkt war. Wenn wir noch zusätzlich den Einfluß des Zeitintervalls kennen, können wir viel genauer die Effektivität der Vorhersage beurteilen.

17.3.3b Schätzungen auf Grund einer einzelnen Darbietung

Es ist möglich, die Retest-Reliabilität eines multiple-choice-Tests auf Grund einer einzelnen Darbietung abzuschätzen. Solch eine Schätzung würde eine obere Grenze, und zwar die unmittelbare Retest-Reliabilität angeben. Bei dieser Methode nimmt man an, daß die Unreliabilität der Messung allein auf die Anzahl der von den Probanden rein zufällig richtig beantworteten Items und der Veränderung dieser Zahl von der ersten zur zweiten Durchführung zurückzuführen ist. Die entsprechende Formel lautet (siehe Abschnitt 17.7.5)

$$r_{X_iX_j} = 1 - \frac{n - \bar{S}_X}{m\sigma_X^{\,2}} \qquad (17.3.8)$$

Es folgt ein numerisches Beispiel für die Schätzung der unmittelbaren Retest-Reliabilität nach dieser Formel

$$n = 6 \qquad m = 5 \qquad \sigma_X^2 = 2 \qquad \bar{S}_X = 3.2$$

$$r_{X_iX_j} = 1 - \frac{6 - 3.2}{10} = .72$$

Abb. 17.3.4 Berechnung der unmittelbaren Retest-Reliabilität.

17.3.4 Schätzung bei Teilen ungleicher Länge

Horst (1951) hat eine Formel entwickelt, mit der man die Reliabilität eines Tests schätzen kann, wenn die Punktwerte von zwei ungleichen Teilen desselben Tests bekannt sind. Wir haben bereits die odd-even- und die split-half-Methode behandelt. Man findet jedoch manchmal, daß die Teilpunktwerte anders bequemer ermittelt werden können, wobei aber die Zahl der Items oder die für jeden Teil zur Verfügung stehende Zeit nicht dieselbe ist. Wenn wir annehmen können, daß die beiden Teile bis auf die Länge oder die Zeit vergleichbar sind, wenn sie also als parallel angesehen werden könnten, wenn sie dieselbe Anzahl von Items hätten oder wenn die Zeitbegrenzung gleich wäre, dann können wir eine allgemeinere Formel ableiten. Diese lautet (siehe Abschnitt 17.7.6)

$$r_{X_iX_j} = \frac{r\left(\sqrt{r^2 + 4pq(1 - r^2)} - r\right)}{2pq(1 - r^2)} \qquad (17.3.9)$$

Dabei sind p bzw. q die Anteile der Teile an dem gesamten Test, und r ist die Korrelation zwischen den Teilen. Es folgt ein entsprechendes Beispiel.

$$r = .4 \qquad p = .7$$

$$r_{X_iX_j} = \frac{.4(\sqrt{(.4)^2 + 4(.7)(.3)(1-(.4)^2)} - .4)}{2(.7)(.3)(1-(.4)^2)}$$

$$= \frac{.4(\sqrt{.16 + .84(.84)} - .4)}{.42(.84)}$$

$$= \frac{.4(\sqrt{.16 + .7056} - .4)}{.3528} = \frac{.4(.93 - .4)}{.3528}$$

$$= \frac{.212}{.3528} = .601$$

Abb. 17.3.5 Berechnung der Reliabilität aus der Korrelation zwischen zwei ungleichen Teiltests.

17.4 Die Reliabilität von kombinierten Meßwerten

Die Reliabilität von kombinierten Meßwerten ist offensichtlich eine Funktion der Reliabilität der einzelnen beteiligten Meßwerte. Wir wollen drei spezielle Fälle der Reliabilität einer solchen Kombination behandeln. Im ersten Fall werden unterschiedliche Gewichte, im zweiten Fall wird eins als Gewicht verwendet, und zwar bei einer beliebigen Anzahl von Messungen. Im dritten Fall werden nur zwei Messungen betrachtet.

17.4.1 Unterschiedliche Gewichte

Der kombinierte Gesamtpunktwert kann eine Linearkombination einer Reihe von Meßwerten sein. Die geschätzte Reliabilität dieses Gesamtpunktwertes kann auf Grund der Kenntnis der einzelnen Reliabilitäten ermittelt werden.
Es folgt die entsprechende Formel, wobei die Einzelreliabilitäten, die Gewichte bei der Kombination der Meßwerte, die Varianzen und die Interkorrelationen der Meßwerte verwendet werden (siehe Abschnitt 17.7.7).

$$r_{S_X S_X} = 1 - \frac{a' D_{\sigma X}{}^2 D_u a}{a' D_{\sigma X} r_{XX} D_{\sigma X} a} \tag{17.4.1}$$

Dabei gilt $D_u = I - D_{r_{ii}}$, $D_{r_{ii}}$ ist eine Diagonalmatrix der Reliabilitäten der einzelnen Tests, a ist der Vektor der Gewichte, D_{σ_X} ist eine Diagonalmatrix der Standardabweichungen des Tests, und r_{xx} ist die Matrix der Testinterkorrelationen.

17.4.2 Alle Gewichte sind gleich eins

Wenn die Meßwerte ohne eine unterschiedliche Gewichtung kombiniert werden, wenn wir also einfach die Summe der Meßwerte als Gesamtwert nehmen, dann vereinfacht sich die Formel für die geschätzte Reliabilität der Summe erheblich.

Es folgt die Formel für die Reliabilität einer Summe von Meßwerten als Funktion der Reliabilitäten, der Varianzen und Korrelationen der einzelnen Tests (siehe Abschnitt 17.7.7)

$$r_{S_X S_X} = 1 - \frac{1' D_{\sigma X}{}^2 D_u 1}{1' D_{\sigma X} r_{XX} D_{\sigma X} 1} \tag{17.4.2}$$

17.4.3 Die Reliabilität einer Kombination von zwei Messungen

Hier ist die Linearkombination von zwei Messungen gegeben. Wir wollen die beiden Fälle betrachten, wo nach einer Gewichtung mit eins einmal die Summe, einmal die Differenz der Punktwerte gebildet wird.

17.4.3a Die Reliabilität der Summe von zwei Punktwerten

Die Formel für die Reliabilität der Summe von zwei Punktwerten lautet (siehe Abschnitt 17.7.7)

$$r_{S_X S_X} = \frac{\sigma_1{}^2 r_{11} + \sigma_2{}^2 r_{22} + 2 r_{12}\sigma_1\sigma_2}{\sigma_1{}^2 + \sigma_2{}^2 + 2 r_{12}\sigma_1\sigma_2} \tag{17.4.3}$$

Wenn wir annehmen, daß die beiden Tests vergleichbar sind, dann ist diese Formel die gleiche wie die Formel zur Schätzung der Reliabilität eines Tests, wenn die Korrelation zwischen den beiden Testhälften bekannt ist, wie bei der split-half- oder odd-even-Methode (siehe Abschnitt 17.7.7).

Es folgt ein numerisches Beispiel für die Reliabilität der Summe von zwei Reihen von Meßwerten als Funktion der Korrelation der Meßwerte und ihrer Reliabilitäten und Varianzen.

$$\sigma_1^2 = 2 \quad \sigma_2^2 = 3 \quad r_{11} = .6 \quad r_{22} = .8 \quad r_{12} = .4$$

$$r_{S_X S_X} = \frac{2(.6) + (3.8) + 2(.4)\sqrt{(2)(3)}}{2 + 3 + 2(.4)\sqrt{(2)(3)}}$$

$$= \frac{3.6 + 1.96}{5 + 1.96} = \frac{5.56}{6.96} = .799$$

Abb. 17.4.1 Berechnung der Reliabilität der Summe von zwei Meßwertreihen.

17.4.3b Die Reliabilität der Differenz von zwei Punktwerten

Der Reliabilität von Differenzen ist großes Interesse entgegengebracht worden. Die folgende Gleichung enthält die Formel für die Reliabilität der Differenz von zwei Punktwerten als Funktion der Korrelation zwischen den beiden Messungen, ihren Reliabilitäten und ihren Standardabweichungen (siehe Abschnitt 17.7.7)

$$r_{dd} = \frac{\sigma_1^2 r_{11} + \sigma_2^2 r_{22} - 2r_{12}\sigma_1\sigma_2}{\sigma_1^2 + \sigma_2^2 - 2r_{12}\sigma_1\sigma_2} \qquad (17.4.4)$$

Die folgende Abbildung zeigt ein entsprechendes Rechenbeispiel.

$$\sigma_1^2 = 2 \qquad \sigma_2^2 = 3 \qquad r_{11} = .6 \qquad r_{22} = .8 \qquad r_{12} = .4$$

$$r_{dd} = \frac{2(.6) + 3(.8) - 2(.4)\sqrt{(2)(3)}}{2 + 3 - 2(.4)\sqrt{(2)(3)}}$$

$$= \frac{3.6 - 1.96}{5 - 1.96} = \frac{1.64}{3.04} = .539$$

Abb. 17.4.2 Berechnung der Reliabilität der Differenz zwischen zwei Meßwertreihen.

Bei diesem Beispiel haben wir dieselben Daten wie bei der Schätzung der Reliabilität der Summe der beiden Meßwertreihen in Abb. 17.4.1 verwendet. Man sieht, daß die Schätzung der Reliabilität der Differenz viel niedriger ist als die Schätzung der Reliabilität der Summe. Dieser Abfall war zu erwarten. Das Beispiel weist darauf hin, mit welcher Vorsicht Punktwertdifferenzen behandelt werden müssen. Die Reliabilität einer Differenz ist immer kleiner als die einer Summe, wenn die Korrelation zwischen den beiden Messungen positiv ist. Falls sie negativ ist, sind die Punktdifferenzen reliabler als die Punktsummen.

17.5 Der Standardmeßfehler

Wir müssen nun ein Konzept einführen, welches von erheblicher Bedeutung für die Abschätzung des Vertrauens ist, das wir den mit einem psychologischen Meßinstrument erhaltenen Meßwerten entgegenbringen können. Das ist der Standardmeßfehler, der als Zufallsstreuung um den wahren Wert herum definiert werden kann. Wir wollen bei der Diskussion des Standardmeßfehlers zuerst einige grundlegende Begriffe einführen und dann den Standardmeßfehler eines einzelnen und eines kombinierten Meßwerts behandeln.

17.5.1 Einführung

Wir können uns für jeden Probanden einer Gruppe zwei Werte vorstellen. Der eine ist der wahre Wert des Probanden, und der andere ist der im 16. Kapitel definierte beobachtete Meßwert. Wir können uns weiter vorstellen, daß der beobachtete Wert in einem Koordinatensystem gegen den wahren Wert aufgetragen wird. Für jeden wahren Wert gibt es die beobachteten Werte einer Anzahl von Probanden, die um diesen wahren Wert streuen. Das einfachste und gebräuchlichste Modell ist das, wo die Variation der beobachteten Werte um den wahren Wert für jeden wahren Wert dieselbe ist. Man kann leicht zeigen, daß das in vielen Situationen nicht der Fall ist. Nichtsdestoweniger ist es eine bequeme Annäherung, die für die Ableitung weiterer Beziehungen von Nutzen ist.

Mollenkopf (1950) hat ein komplexeres Modell entwickelt. Er nimmt an, daß der Standardmeßfehler, oder die Streuung der beobachteten Werte um den wahren Wert, eine Funktion des wahren Werts selbst ist. Der von *Mollenkopf* entwickelte Ansatz führt zu einer Methode, mit der man den Standardmeßfehler als Funktion des wahren Wertes durch die Momente der Verteilung der beobachteten Werte abschätzen kann. Weil dieses Verfahren bisher nur selten verwendet worden ist, besteht noch Unsicherheit bezüglich seines Erfolgs in der Praxis. *Keats* (1957) hat ebenfalls die Fehlervarianz von Testpunktwerten untersucht.

17.5.2 Der Standardmeßfehler eines einzelnen Meßwerts

Wir können den Standardmeßfehler eines einzelnen festgelegten wahren Werts auf Grund der Annahme berechnen, daß die Varianz der Meßfehler über die gesamte Variationsbreite der wahren Werte gleich ist. Wenn wir den Reliabilitätskoeffizienten eines speziellen Tests kennen, dann können wir bei Vorliegen eines bestimmten angenommenen wahren Werts die Wahrscheinlichkeit abschätzen, mit der irgendein beobachteter Meßwert rein zufällig um einen bestimmten Betrag oder mehr von dem wahren Wert abweicht. Die Formel für den Standardmeßfehler eines einzelnen Meßwerts lautet

$$\sigma_e = \sigma_X \sqrt{1 - r_{X_i X_j}} \qquad (17.5.1)$$

Man sieht, daß das genau die Quadratwurzel aus der Varianz der Fehlerwerte ist, die in Gl. 16.5.45 angegeben wurde.

17.5.3 Der Standardmeßfehler eines kombinierten Meßwerts

Es kann ein Meßwert gegeben sein, der eine Linearkombination von verschiedenen anderen Meßwerten ist. Wir wollen den Fall differentieller Gewichte und den mit eins als Gewicht betrachten und schließlich noch auf Punktdifferenzen eingehen.

17.5.3a Unterschiedliche Gewichte

Es folgt die Formel für den Standardmeßfehler einer differentiell gewichteten Kombination von mehreren Meßwerten in Matrizenschreibweise (siehe Abschnitt 17.7.8).

$$\sigma_{e_C} = \sqrt{a' D_{\sigma_X}{}^2 D_u\, a} \qquad (17.5.2)$$

17.5.3b Alle Gewichte sind gleich eins

Wenn ein Meßwert vorliegt, der einfach die Summe von anderen Meßwerten ist, dann ist der Standardmeßfehler dieser Summe ein Spezialfall des Standardmeßfehlers eines kombinierten Meßwerts, wo alle Gewichte gleich eins sind. Die folgende Gleichung zeigt, wie man durch Einsetzen von Einsen für die verschiedenen Gewichte den Standardmeßfehler eines aus mit eins gewichteten Meßwerten zusammengesetzten Gesamtmeßwerts berechnen kann.

$$\sigma_{e_C} = \sqrt{\sum \sigma_{X_i}{}^2 (1 - r_{ii})} \qquad (17.5.3)$$

17.5.3c Punktwertdifferenzen

Eine der interessantesten Arten von Standardmeßfehlern liegt vor, wenn zwei Testpunktwerte gegeben und die beiden Gewichte 1 bzw. –1 sind. Das ist ein Spezialfall einer differentiellen Gewichtung, den wir in die allgemeinere Formel einsetzen können.

Gl. 17.5.3 ist auch die Formel für den Standardmeßfehler von Punktwertdifferenzen als Spezialfall von differentiell gewichteten Meßwerten (siehe Abschnitt 17.7.8). Folgendes ist interessant: Während die Standardabweichung der Differenz zwischen zwei positiv korrelierten Meßwerten kleiner als die ihrer Summe ist, ist der Standardmeßfehler in beiden Fällen gleich.

17.6 Tests mit Zeitbegrenzung

Wir haben schon öfter darauf hingewiesen, daß der größere Teil der psychologischen Testtheorie nur auf solche Tests exakt anwendbar ist, die nicht zeitbegrenzt sind. Wir haben jedoch auch gezeigt, daß es in der Praxis oft notwendig ist, die Testzeit zu beschränken, da sonst bei großen Gruppen die Durchführung von Tests nicht möglich ist. Leider ist die Testtheorie noch nicht hinreichend auf solche Tests ausgedehnt worden, obwohl diese eher die Regel als die Ausnahme sind.

Wahrscheinlich liegen bereits entsprechende Prinzipien und Methoden für die Analyse von unvollständigen Datenmatrizen vor. Diese könnten die Basis für eine angemessenere Theorie bei Tests mit Zeitbegrenzung bilden. Leider ist dieses Material weder überall bekannt, noch leicht erhältlich.

Wir wollen trotzdem solche Tests behandeln, dabei aber nur auf das Homogenitäts- und das Retest-Konzept der Reliabilität eingehen.

17.6.1 Homogenität

Wir wollen die Verwendung der Formeln für die Berechnung der Homogenität zur Schätzung der Reliabilität bei zeitbegrenzten Tests diskutieren, und zwar bei einzelnen Tests, bei Paralleltests und bei Testhälften mit separater Zeitbegrenzung, und wir wollen dann kurz auf die Schwierigkeiten bei der Kombination solcher Testhälften eingehen.

17.6.1a Schätzung auf Grund eines einzelnen Tests

Wir haben schon gesehen, daß die Kuder-Richardson-Formeln, die in Wirklichkeit Homogenitäts-Formeln sind, bei Punktwerten angewendet werden können, die sich bei einer einzigen Durchführung eines einzelnen Tests ergeben, daß sie aber für Tests mit starker Zeitbegrenzung nicht geeignet sind. Sie sind insbesondere bei den Tests nicht brauchbar, bei denen Zeitbegrenzung, Schwierigkeit und Itemzahl so festgelegt sind, daß kein Proband alle Items bearbeiten kann. Offensichtlich ist es in den Kuder-Richardson-Formeln die Gesamtzahl der Items, die wir nicht einsetzen können, denn diese Zahl setzt ja voraus, daß jeder Proband alle Items bearbeitet hat. Wenn die Zeitbegrenzung jedoch so liegt, daß die meisten, sagen wir 85 bis 90 Prozent, fertig werden, dann können die Formeln zur Berechnung der Homogenität angewendet werden.

17.6.1b Schätzungen auf Grund von Paralleltests

Die Verwendung von Parallelformen zur Schätzung der Testreliabilität hat alle Nachteile, die die Item-sampling-Techniken haben, und es treten alle die Schwierigkeiten auf, die in dem Gebrauch von Homogenitätsmaßen als Reliabilitätsschätzungen liegen. Nichtsdestoweniger ist die Paralleltestmethode wahrscheinlich der praktischste Weg zur Schätzung der Reliabilität bei zeitbegrenzten Tests, wenn überhaupt Homogenitätsschätzungen vorgezogen werden.

17.6.1c Testhälften mit separater Zeitbegrenzung

Wenn nur für eine Testform genügend Items verfügbar sind, und wenn man es nicht für notwendig hält, Parallelformen zu entwickeln, dann ist es möglich, zur Schätzung der Reliabilität eine spezielle Methode anzuwenden, bei der die Zeiten für beide Testhälften separat begrenzt werden. Falls das geschehen soll, müssen die Items derartig auf die Hälften aufgeteilt werden, daß die beiden Teile eindrucksmäßig möglichst ähnlich werden. Wenn man dann zum Zwecke der Schätzung der Reliabilität den gesamten Test durchführt, muß jede Hälfte eine eigene Zeitbegrenzung erhalten. Darauf wird die Korrelation der Ergebnisse dieser beiden Hälften bestimmt. Mit Hilfe von Gl. 17.3.7 ist es möglich, eine sehr grobe und nicht unverfälschte Schätzung der Reliabilität des Tests für den Fall zu erhalten, wenn man die Testhälften kombinieren und nur einmal die Testzeit begrenzen würde.

17.6.1d Die Schwierigkeit, Testhälften mit separater Zeitbegrenzung zu kombinieren

Es ist nicht möglich, mit hinreichender Genauigkeit zu bestimmen, wie groß die Reliabilität des ganzen Tests sein würde, wenn man die Bearbeitungszeit soweit erhöht, daß beide Hälften eingeschlossen werden. Eine weitere große Schwierigkeit ist die, daß man nicht weiß, was in den Probanden, die mit dem ersten Teil fertig sind und auf den Beginn des zweiten warten, und in den Probanden, die nicht fertig geworden sind, vorgeht. Es könnte möglich sein, einen Ansatz zu entwickeln, der auf Grund der Kenntnis der Zahl der in jeder Hälfte bearbeiteten und richtig gelösten Aufgaben eine hinreichende Schätzung der Reliabilität der Kombination beider Teile mit nur einer einzigen Zeitbegrenzung gibt. Eine solche Methode würde nützlich sein, weil in vielen Fällen keine Parallelformen vorhanden sind.

17.6.2 Retest-Reliabilität

Wieder kommen wir zu dem Schluß, daß die beste und theoretisch am meisten befriedigende Möglichkeit der Reliabilitätsschätzung der Retest mit demselben Test ist. Das trifft noch eher bei Tests mit als bei solchen ohne Zeitbegrenzung zu. Diese Methode setzt uns instande, den Schwierigkeiten und Uneindeutigkeiten des Homogenitätskonzepts zu entgehen und genügend befriedigende theoretische und praktische Definitionen zu erhalten. Es stimmt zwar, daß dieses Verfahren zur Reliabilitätsschätzung voraussetzt, daß die Schnelligkeit ein Teil des zu messenden Merkmals ist; aber das scheint keine störende Annahme zu sein.

Sicher ist die Schnelligkeit bei sozial bedeutsamen Verhaltensweisen oft ein wichtiger Gesichtspunkt. Die Geschwindigkeit, in der sozial wichtiges oder nützliches Verhalten hervorgebracht wird, kann oft der eigentliche Grund für die interindividuellen Differenzen sein. Sogar in denjenigen gegenwärtigen Lerntheorien, die annehmen, daß durch entsprechende Programme wenigstens theoretisch jeder fast alles lernen kann, gibt man zu, daß es einen wesentlichen Unterschied zwischen den Individuen gibt: die Lerngeschwindigkeit.

17.7 Mathematische Beweise

17.7.1 Die Kuder-Richardson-Formel 20 zur Reliabilitätsschätzung

Gl. 12.2.6 enthält die Formel für die Korrelation zwischen zwei Summen von binären Meßwerten, die wir als Gl. 17.7.1 wiederholen.

$$r_{XY} = \frac{1'(p_{XY} - p_X p_Y')1}{\sqrt{1'(p_{XX} - p_X p_X')1}\sqrt{1'(p_{YY} - p_Y p_Y')1}} \tag{17.7.1}$$

Dabei ist p_{XY} die Matrix der Schwierigkeiten von Itempaaren „zwischen", p_{XX} und p_{YY} sind die entsprechenden Matrizen „innerhalb", p_X und p_Y sind die Vektoren der Schwierigkeiten von Test X bzw. Y.

Die Matrizen der Itemkovarianzen „zwischen" und innerhalb sind durch

$$\rho_{xy} = p_{XY} - p_X p_Y' \tag{17.7.2}$$

$$\rho_{xx} = p_{XX} - p_X p_X' \tag{17.7.3}$$

$$\rho_{yy} = p_{YY} - p_Y p_Y' \tag{17.7.4}$$

gegeben. Aus den Gln. 17.7.1, 17.7.3 und 17.7.4 folgt

$$r_{XY} = \frac{1'\rho_{xy}1}{\sqrt{1'\rho_{xx}1}\sqrt{1'\rho_{yy}1}} \tag{17.7.5}$$

Seien $D_X{}^2$ und $D_Y{}^2$ die Diagonalmatrizen der Diagonalen von ϱ_{xx} und ϱ_{yy}, und sei

$$\rho_{xy} = C_{xy} \tag{17.7.6}$$

$$\rho_{xx} - D_X{}^2 = C_{xx} \tag{17.7.7}$$

$$\rho_{yy} - D_Y{}^2 = C_{yy} \tag{17.7.8}$$

Seien $\bar{C}_{xy}$, $\bar{C}_{xx}$, $\bar{C}_{yy}$ die durchschnittlichen Itemkovarianzen „zwischen" und „innerhalb", $\overline{\sigma_X{}^2}$ und $\overline{\sigma_Y{}^2}$ die durchschnittlichen Itemkovarianzen für die Tests X und Y, und n_X und n_Y die Zahl der Items in Test X bzw. Y. Dann gilt

$$1'C_{xy}1 = n_X n_Y \bar{C}_{xy} \tag{17.7.9}$$

$$1'D_X{}^2 1 = n_X \overline{\sigma_{X_i}{}^2} \tag{17.7.10}$$

$$1'C_{xx}1 = n_X(n_X - 1)\bar{C}_{xx} \tag{17.7.11}$$

$$1'D_Y{}^2 1 = n_Y \overline{\sigma_{Y_i}{}^2} \tag{17.7.12}$$

$$1'C_{yy}1 = n_Y(n_Y - 1)\bar{C}_{yy} \tag{17.7.13}$$

Setzt man die Gln. 17.7.6 bis 17.7.13 in Gl. 17.7.5 ein, so folgt

$$r_{XY} = \frac{n_X n_Y \bar{C}_{xy}}{\sqrt{n_X \overline{\sigma_{X_i}^2} + n_X(n_X - 1)\bar{C}_{xx}}\sqrt{n_Y \overline{\sigma_{Y_i}^2} + n_Y(n_Y - 1)\bar{C}_{yy}}} \tag{17.7.14}$$

Wir nehmen jetzt an, daß

$$n_X = n_Y = n \tag{17.7.15}$$

$$\bar{C}_{xy} = \bar{C}_{xx} = \bar{C}_{yy} = C \tag{17.7.16}$$

$$\overline{\sigma_{X_i}^2} = \overline{\sigma_{Y_i}^2} = \overline{\sigma_i^2} \tag{17.7.17}$$

gilt. Aus Gl. 17.7.14 mit den Gln. 17.7.15 bis 17.7.17 folgt

$$r_{X_iX_j} = \frac{n^2\bar{C}}{n\overline{\sigma_i^2} + n(n-1)\bar{C}} \tag{17.7.18}$$

Dabei kann $r_{X_iX_j}$ als Korrelation zwischen zwei vergleichbaren Formen desselben Tests angesehen werden, und die Gln. 17.7.15 bis 17.7.17 sind die Definition der Vergleichbarkeit.
Die folgende Gleichung läßt sich leicht aus Gl. 17.7.18 ableiten.

$$\sigma_X^2 = n\overline{\sigma_i^2} + n(n-1)\bar{C} \tag{17.7.19}$$

Dabei ist $\sigma_X{}^2$ sowohl die Varianz von Test i als auch von Test j. Löst man diese Gleichung nach $\bar{C}$ auf, ergibt sich

$$\bar{C} = \frac{\sigma_X^2 - n\overline{\sigma_i^2}}{n(n-1)} \tag{17.7.20}$$

Setzt man Gl. 17.7.20 in Gl. 17.7.18 ein, so folgt

$$r_{X_iX_j} = \frac{n}{n-1}\left(1 - \frac{n\overline{pq}}{\sigma_X^2}\right) \tag{17.7.21}$$

Das ist aber gerade Gl. 17.3.1.

17.7.2 Korrektur für die Streuung der Itemschwierigkeiten

Man kann leicht zeigen, daß Gl. 17.7.21 folgendermaßen geschrieben werden kann:

$$r_{X_iY_j} = 1 - \frac{(n^2\overline{pq} - \sigma_X^2)/(n-1)}{\sigma_X^2} \tag{17.7.22}$$

Aus den Gln. 17.7.19 und 17.7.22 folgt

$$r_{X_iX_j} = 1 - \frac{n(\overline{pq} - \bar{C})}{\sigma_X^2} \qquad (17.7.23)$$

Aus dieser Gleichung ergibt sich zusammen mit Gl. 16.4.11, daß die Fehlervarianz durch

$$\sigma_e^2 = n(\overline{pq} - \bar{C}) \qquad (17.7.24)$$

abgeschätzt werden kann. Die Fehlervarianz ist also einfach gleich dem n-fachen der Differenz aus durchschnittlicher Itemvarianz und -kovarianz. Wenn die p-Werte jedoch nicht alle gleich sind, läßt sich leicht zeigen, daß die durchschnittliche Itemkovarianz kleiner als die durchschnittliche Itemvarianz ist. Das bedeutet, daß die mit der *K-R 20* geschätzte Fehlervarianz bei Items mit ungleichen p-Werten nicht gleich null sein kann. Es scheint deshalb logisch, eine Skalenkonstante zu $\bar{C}$ hinzuzufügen, so daß σ_e^2 verschwindet, wenn $\bar{C}$ den maximal möglichen Wert für festgelegte Itemschwierigkeiten erreicht. Offensichtlich ist diese Konstante das Verhältnis der durchschnittlichen Itemvarianz zur maximalen durchschnittlichen Item-Kovarianz bei festgelegten p-Werten. Wenn wir diesen korrigierten Wert für σ_e^2 mit S_e^2 bezeichnen, können wir schreiben

$$S_e^2 = n\overline{pq}\left(1 - \frac{\bar{C}}{\bar{C}_{\max}}\right) \qquad (17.7.25)$$

Es ist jedoch

$$\bar{C} = \frac{\sigma_X^2 - n\overline{pq}}{n(n-1)} \qquad (17.7.26)$$

$$\bar{C}_{\max} = \frac{\sigma_{\max}^2 - n\overline{pq}}{n(n-1)} \qquad (17.7.27)$$

Der Reliabilitätskoeffizient kann folgendermaßen geschrieben werden

$$r_{X_iX_j} = 1 - \frac{S_e^2}{\sigma_X^2} \qquad (17.7.28)$$

Setzt man die Gln. 17.7.25 bis 17.7.27 in Gl. 17.7.28 ein, ergibt sich

$$r_{X_iX_j} = 1 - \frac{n\overline{pq}\left(1 - \dfrac{\sigma_X^2 - n\overline{pq}}{\sigma_{\max}^2 - n\overline{pq}}\right)}{\sigma_X^2} \qquad (17.7.29)$$

An dieser Stelle ist es interessant, anzumerken, daß *Loevingers* (1947) leider vergessener Homogenitätskoeffizient, nämlich

$$H = \frac{\sigma_X^2 - n\overline{pq}}{\sigma_{\max}^2 - n\overline{pq}} \qquad (17.7.30)$$

eine wesentliche Rolle bei der Modifikation der *K-R 20* spielt, so daß diese unabhängig von den jeweiligen Itemschwierigkeiten den Wert 1 annehmen kann. Aus den Gln. 17.7.29 und 17.7.30 folgt

$$r_{X_iX_j} = 1 - \frac{n\overline{pq}(1 - H)}{\sigma_X^2} \qquad (17.7.31)$$

Das ist aber gerade Gl. 17.3.4.

17.7.3 Die Kuder-Richardson-Formel 21 zur Reliabilitätsschätzung

Wenn alle Items dieselbe Schwierigkeit haben, folgt aus Gl. 17.7.21

$$r_{X_iX_j} = \frac{n}{n-1}\left(1 - \frac{np(1-p)}{\sigma_X^2}\right) \qquad (17.7.32)$$

wobei p die Schwierigkeit der Items ist. Es gilt aber

$$np = \bar{S} \qquad (17.7.33)$$

$$p = \frac{\bar{S}}{n} \qquad (17.7.34)$$

Setzt man die Gln. 17.7.33 und 17.7.34 in 17.7.32 ein, so folgt

$$r_{X_iX_j} = \frac{n}{n-1}\left(1 - \frac{\bar{S}\left(1 - \frac{\bar{S}}{n}\right)}{\sigma_X^2}\right) \qquad (17.7.35)$$

oder

$$r_{X_iX_j} = \frac{1}{n-1}\left(n - \frac{\bar{S}(n - \bar{S})}{\sigma_X^2}\right) \qquad (17.7.36)$$

Das ist aber gerade Gl. 17.3.2.

17.7.4 Die Beziehung zwischen K-R 20 und K-R 21.

Gl. 17.7.21 kann folgendermaßen geschrieben werden

$$r_{X_iX_j} = \frac{n}{n-1}\left(1 - \frac{np(1-p)}{\sigma_X^2}\right) \tag{17.7.37}$$

oder

$$r_{X_iX_j} = \frac{n}{n-1}\left(1 - \frac{n\bar{p} - n\overline{p^2}}{\sigma_X^2}\right) \tag{17.7.38}$$

Es ist jedoch

$$n\bar{p} = \bar{S} \tag{17.7.39}$$

$$n\overline{p^2} = \frac{\bar{S}^2}{n} + n\sigma_p^2 \tag{17.7.40}$$

Dabei ist σ_p^2 die Varianz der *p*-Werte.

Setzt man die Gln. 17.7.39 und 17.7.40 in Gl. 17.7.38 ein, so folgt

$$r_{X_iX_j} = \frac{1}{n-1}\left(n - \frac{\bar{S}(n-\bar{S})}{\sigma_X^2}\right) + \frac{n^2\sigma_p^2}{(n-1)\sigma_X^2} \tag{17.7.41}$$

Das ist aber gerade Gl. 17.3.3.

Wenn man die Gln. 17.7.36 und 17.7.41 miteinander vergleicht, sieht man, daß der Wert der *K-R 20* gerade um $\frac{n^2}{n-1} \cdot \frac{\sigma_p^2}{\sigma_x^2}$ größer ist als der Wert der *K-R 21.* Nur wenn $\sigma_p^2 = 0$ ist, d. h. wenn alle Items die gleiche Schwierigkeit haben, dann ergeben beide Formeln denselben Wert.

17.7.5 Unmittelbare Retest-Reliabilität

Die Gleichung zur Schätzung der wahren Korrelation zwischen den Tests *X* und *Y* aus den beobachteten Kennwerten und der Wahrscheinlichkeit, rein zufällig richtige Antworten zu erhalten, wurde in Gl. 14.6.61 gegeben. Sie wird hier in etwas anderer Schreibweise als Gl. 17.7.42 wiederholt.

$$r_{X_TY_T} = \frac{r_{X_oX_o}}{\sqrt{1 - \frac{c(n_X - \bar{S}_{X_o})}{\sigma_{X_o}^2}}\sqrt{1 - \frac{c(n_Y - \bar{S}_{Y_o})}{\sigma_{Y_o}^2}}} \tag{17.7.42}$$

Wir nehmen nun an, daß Test *Y* eine Wiederholung des Tests *X* ist, und daß die Ergebnisse bis auf den Zufallsfaktor bei beiden Durchführungen gleich sind. Diese Annahme führt zu den folgenden Gleichungen.

$$n_X = n_Y = n \qquad (17.7.43)$$

$$\bar{S}_{X_o} = \bar{S}_{Y_o} = \bar{S}_X \qquad (17.7.44)$$

$$\sigma_{X_o}{}^2 = \sigma_{Y_o}{}^2 = \sigma_Y{}^2 \qquad (17.7.45)$$

Setzt man die Gln. 17.7.43 bis 17.7.45 in Gl. 17.7.42 ein, so folgt

$$1 = \frac{r_{X_oX_o}}{1 - \dfrac{c(n - \bar{S}_o)}{\sigma_o{}^2}} \qquad (17.7.46)$$

Es sei

$$c = \frac{1}{m} \qquad (17.7.47)$$

und

$$r_{X_iX_j} = r_{X_oX_o} \qquad (17.7.48)$$

Aus den Gln. 17.7.46 bis 17.7.48 folgt

$$r_{X_iX_j} = 1 - \frac{n - \bar{S}_X}{m\sigma_X{}^2} \qquad (17.7.49)$$

Das ist aber gerade Gl. 17.3.8.

17.7.6 Die Schätzung der Reliabilität des gesamten Tests aus Teilen von ungleicher Länge

Angenommen, wir hätten *n* Parallelformen eines Tests, und die Korrelation zwischen jedem Testpaar sei ρ. Dann kann man zeigen, daß die Korrelation zwischen der Summe der Punktwerte bei *n* solcher Formen und der Summe der Punktwerte bei einer anderen Reihe von *n* solcher Parallelformen

$$r = \frac{n\rho}{1 + (n - 1)\rho} \qquad (17.7.50)$$

ist (siehe Abschnitt 19.5.6). Die Korrelation zwischen der Summe von *a* Parallelformen und *b* Parallelformen ist (siehe Abschnitt 19.5.3)

$$r = \frac{\sqrt{ab}\rho}{\sqrt{1 + (a - 1)\rho}\sqrt{1 + (b - 1)\rho}} \qquad (17.7.51)$$

Sei

$$a + b = n \tag{17.7.52}$$

Aus Gl. 17.7.50 folgt

$$\rho = \frac{R}{n + (1 - n)R} \tag{17.7.53}$$

Setzt man Gl. 17.7.53 in Gl. 17.7.51 ein, ergibt sich

$$r = \frac{R\sqrt{ab}}{\sqrt{n + (a - n)R}\sqrt{n + (b - n)R}} \tag{17.7.54}$$

Sei

$$a = np \tag{17.7.55}$$

$$b = nq \tag{17.7.56}$$

wobei wegen Gl. 17.7.52

$$p + q = 1 \tag{17.7.57}$$

gilt. Setzt man die Gln. 17.7.55 und 17.7.56 in Gl. 17.7.54 ein, so folgt

$$r = \frac{R\sqrt{pq}}{\sqrt{1 - qR}\sqrt{1 - pR}} \tag{17.7.58}$$

Aus Gl. 17.7.58 folgt

$$r^2(1 - qR)(1 - pR) = R^2pq \tag{17.7.59}$$

Aus den Gln. 17.7.57 und 17.7.59 ergibt sich

$$pq(1 - r^2)R^2 + r^2R - r^2 = \sigma \tag{17.7.60}$$

Löst man diese quadratische Gleichung nach R auf, so folgt

$$R = \frac{-r^2 + \sqrt{r^4 + 4r^2pq(1 - r^2)}}{2pq(1 - r^2)} \tag{17.7.61}$$

Weil R im allgemeinen nicht negativ ist, verwenden wir in Gl. 17.7.61 das positive Vorzeichen vor der Wurzel. Wenn wir nun für R den Wert $r_{X_iX_j}$ einsetzen, so folgt aus Gl. 17.7.61

$$r_{X_iX_j} = \frac{r\left(\sqrt{r^2 + 4pq(1 - r^2)} - r\right)}{2pq(1 - r^2)} \tag{17.7.62}$$

Das ist aber gerade Gl. 17.3.9. Nehmen wir nun an, daß

$$p = q = \tfrac{1}{2} \tag{17.7.63}$$

gilt. Setzt man Gl. 17.7.63 in Gl. 17.7.62 ein, so folgt

$$r_{X_iX_j} = \frac{r(1-r)}{\frac{1}{2}(1-r^2)} \tag{17.7.64}$$

oder

$$r_{X_iX_j} = \frac{2r}{1+r} \tag{17.7.65}$$

Das ist aber gerade Gl. 17.3.7.

17.7.7 Die Reliabilität einer gewichteten Summe von Meßwerten

Wir beginnen mit Gl. 8.2.24 für die Korrelation zwischen zwei gewichteten Summen von Meßwerten.

$$r_{S_XS_Y} = \frac{a' D_{\sigma_X} r_{XY} D_{\sigma_Y} b}{\sqrt{a' D_{\sigma_X} r_{XX} D_{\sigma_X} a}\sqrt{b' D_{\sigma_Y} r_{YY} D_{\sigma_Y} b}} \tag{17.7.66}$$

Die einzelnen Terme dieser Gleichung sind in Abschnitt 8.5 definiert.

Wir nehmen nun an, daß die Y-Tests mit den X-Tests vergleichbar sind. Dann gilt

$$b = a \tag{17.7.67}$$

$$D_{\sigma_Y} = D_{\sigma_X} \tag{17.7.68}$$

$$r_{XX} = r_{YY} \tag{17.7.69}$$

Wir nehmen weiter an, daß

$$r_{X_iY_j} = r_{X_iX_j} = r_{Y_iY_j} \tag{17.7.70}$$

für $i = j$ gilt. Dann ist die Reliabilität des Tests X_i per definitionem $r_{X_iY_i}$. Wir nennen die Diagonalmatrix der Reliabilitäten $D_{r_{ii}}$ und dedefinieren

$$D_u = I - D_{r_{ii}} \tag{17.7.71}$$

Daraus folgt

$$r_{XY} = r_{XX} - D_u \tag{17.7.72}$$

Setzt man die Gln. 17.7.67 bis 17.7.72 in Gl. 17.7.66 ein, so folgt

$$r_{S_X S_X} = \frac{a' D_{\sigma X}(r_{XX} - D_u) D_{\sigma X} a}{a' D_{\sigma X} r_{XX} D_{\sigma X} a} \tag{17.7.73}$$

oder

$$r_{S_X S_X} = 1 - \frac{a' D_{\sigma X}{}^2 D_u\, a}{a' D_{\sigma X} r_{XX} D_{\sigma X} a} \tag{17.7.74}$$

Das ist aber gerade Gl. 17.4.1. Für die Reliabilität einer einfachen Summe von Meßwerten gilt

$$a = 1 \tag{17.7.75}$$

Setzt man Gl. 17.7.75 in Gl. 17.7.74 ein, so folgt

$$r_{S_X S_X} = 1 - \frac{1' D_{\sigma X}{}^2 D_u 1}{1' D_{\sigma X} r_{XX} D_{\sigma X} 1} \tag{17.7.76}$$

Das ist aber gerade Gl. 17.4.2. Wenn nur zwei Tests X_1 und X_2 gegeben sind, folgt aus Gl. 17.7.71

$$1' D_{\sigma_X}{}^2 D_u 1 = \sigma_1{}^2(1 - r_{11}) + \sigma_2{}^2(1 - r_{22}) \tag{17.7.77}$$

und

$$1' D_X r_{XX} D_X 1 = \sigma_1{}^2 + \sigma_2{}^2 + 2r_{12}\sigma_1\sigma_2 \tag{17.7.78}$$

Setzt man die Gln. 17.7.77 und 17.7.78 in Gl. 17.7.76 ein, so folgt

$$r_{S_X S_X} = 1 - \frac{\sigma_1{}^2(1 - r_{11}) + \sigma_2{}^2(1 - r_{22})}{\sigma_1{}^2 + \sigma_2{}^2 + 2r_{12}\sigma_1\sigma_2} \tag{17.7.79}$$

oder

$$r_{S_X S_X} = \frac{\sigma_1{}^2 r_{11} + \sigma_2{}^2 r_{22} + 2r_{12}\sigma_1\sigma_2}{\sigma_1{}^2 + \sigma_2{}^2 + 2r_{12}\sigma_1\sigma_2} \tag{17.7.80}$$

Das ist aber gerade Gl. 17.4.3.
Sei nun

$$\sigma_1 = \sigma_2 \tag{17.7.81}$$

$$r_{12} = r_{11} = r_{22} = r \tag{17.7.82}$$

Setzt man die Gln. 17.7.81 und 17.7.82 in Gl. 17.7.80 ein, so folgt

$$r_{S_X S_X} = \frac{2r}{1 + r} \tag{17.7.83}$$

Das ist auf der rechten Seite gerade dasselbe wie Gl. 17.3.7.

Wenn in Gl. 17.7.74 nur zwei Tests gegeben sind, und $a_1 = 1$ und $a_2 = -1$ ist, folgt

$$r_{dd} = \frac{\sigma_1^2 r_{11} + \sigma_2^2 r_{22} - 2r_{12}\sigma_1\sigma_2}{\sigma_1^2 + \sigma_2^2 - 2r_{12}\sigma_1\sigma_2} \qquad (17.7.84)$$

Das ist aber gerade Gl. 17.4.4.

17.7.8 Der Standardmeßfehler eines kombinierten Meßwerts

Der Standardmeßfehler ist

$$\sigma_e = \sigma\sqrt{1 - r_{ii}} \qquad (17.7.85)$$

Dabei ist σ die Standardabweichung der Meßwertverteilung, und r_{ii} ist die Reabilität. Gl. 17.7.66 enthält die Varianz eines kombinierten Meßwerts, nämlich

$$\sigma^2 = a' D_{\sigma_X} r_{XX} D_{\sigma_X} a \qquad (17.7.86)$$

Wenn wir $r_{ii} = r_{S_X S_X}$ setzen und die Gln. 17.7.74 und 17.7.86 in Gl. 17.7.85 einsetzen, erhalten wir

$$\sigma_{e_C} = \sqrt{a' D_{\sigma_X}{}^2 D_u a} \qquad (17.7.87)$$

Das ist aber gerade Gl. 17.5.2

Sei $a_1 = a_2 = 1$. dann folgt aus Gl. 17.7.87

$$\sigma_{e_C} = \sqrt{\sigma_{X_1}{}^2(1 - r_{11}) + \sigma_{X_2}{}^2(1 - r_{22})} \qquad (17.7.88)$$

Das ist ein Spezialfall von Gl. 17.5.3 für zwei Tests.

Wenn wir nun $a_1 = 1$ und $a_2 = -1$ setzen, haben wir den Spezialfall des Standardmeßfehlers einer Punktdifferenz. Wenn wir hierfür σ_{e_d} einführen und in Gl. 17.7.87 einsetzen, so erhalten wir in Skalarschreibweise

$$\sigma_{e_d} = \sqrt{\sigma_{X_1}{}^2(1 - r_{11}) + \sigma_{X_2}{}^2(1 - r_{22})} \qquad (17.7.89)$$

Die rechte Seite dieser Gleichung entspricht gerade der rechten Seite von Gl. 17.7.88.

18. Parallelformen

In den vorangegangenen Kapiteln haben wir verschiedene psychologische Meßinstrumente behandelt, die angeblich dieselbe Verhaltensvariable oder denselben psychischen Prozeß erfassen sollten. Wir haben diese Tests vergleichbare oder parallele Tests genannt. Es ist jedoch egal, wie wir sie nennen, wenn wir nur eindeutig die Definitionen und Annahmen angeben, die der Vergleichbarkeit oder Parallelität zugrunde liegen. Wir haben bereits erkannt, daß solche Definitionen nicht leicht zu formulieren sind, und wir haben schon einige der Probleme vorweggenommen, die bei der Entwicklung von vergleichbaren oder parallelen Formen in Betracht gezogen werden müssen. In diesem Kapitel wollen wir Parallelformen etwas systematischer als bisher behandeln. Dabei wollen wir auf folgende Fragen eingehen: Annahmen bei Parallelformen, statistische Kriterien für Vergleichbarkeit, experimentelle Verfahren, Anwendungen von Parallelformen und Einschränkungen.

18.1 Annahmen bei Parallelformen

Die Annahmen, die bei der Definition und Konstruktion von Parallelformen zugrundeliegen, sind im allgemeinen noch nicht hinreichend beschrieben worden. Diese Annahmen werden oft im Rahmen von theoretischen oder abstrakten Konstrukten angegeben, welche wenig Beziehung zu individuellen Itemkennwerten zeigen. Wir wollen die den Parallelformen zugrundeliegenden Annahmen unter folgenden Gesichtspunkten betrachten: das Ziehen einer Itemstichprobe aus einem Itemuniversum, das Problem der Ähnlichkeit, die keine Identität sein darf, und die Beziehung von Parallelität und Homogenität.

18.1.1 Das Ziehen einer Stichprobe aus einem Itemuniversum

Wir haben weiter oben angedeutet, daß die Reliabilität eines Tests auf Grund des Item-sampling-Konzepts definiert werden kann. Dabei wird eine Stichprobe aus einem Itemuniversum eines gegebenen inhaltlichen Bereichs gezogen, so daß jede von zwei oder mehr Itemstichproben als repräsentativ für diesen Bereich angesehen werden kann. Dieses Vorgehen führt zu sogenannten Parallelformen, aber es setzt zwei grundlegende Annahmen voraus. Erstens muß das Universum genau definiert sein, und zweitens muß eine repräsentative Itemstichprobe aus diesem Universum gezogen werden können.

Wir haben schon früher darauf hingewiesen, daß man erst imstande sein muß, das Universum zu definieren, ehe man eine Stichprobe ziehen kann. Gewöhnlich wird die Annahme gemacht, daß dieses Itemuniversum schon vorhanden ist. Aber diese Annahme kann unberechtigt sein. Denn erstens gibt es keine klar definierten Verfahrensweisen oder keine detaillierten objektiven Methoden zur vollständigen und eindeutigen Spezifizierung eines Gegenstandsbereichs. Zweitens existieren keine klar definierten Methoden, mit denen wenigstens theoretisch sichergestellt werden kann, daß man ein Gesamtuniversum von Items konstruieren kann, das die meisten in dem zu messenden Bereich enthaltenen Dinge abdeckt. Bis daß eine solche Methodologie gut ausgearbeitet, objektiviert und beschrieben worden ist, hat der Begriff des Item-samplings nur eine begrenzte theoretische und vielleicht eine noch geringere praktische Bedeutung.

Setzt man voraus, daß das Itemuniversum entsprechend konstruiert und der zugehörige Gegenstandsbereich hinreichend genau definiert werden kann, dann muß eine zweite Annahme gemacht werden: Die Itemstichproben müssen so gezogen werden, daß sie auf irgendeine festgelegte Weise repräsentativ für alle Items sind. Es sollen also nicht bloß Zufallsstichproben sein.

Wir haben bereits darauf hingewiesen, daß es möglich ist, bei einer großen Probandenstichprobe aus der Gesamtmatrix der Itempunktwerte gewisse Kennwerte abzuleiten, die gewährleisten, daß die Items der Parallelformen eine repräsentative Stichprobe aus dem Itemuniversum bilden. Wir werden später in diesem Kapitel einen Überblick über die Verwendung von solchen Kennwerten geben und etwas detaillierter auf sie eingehen.

18.1.2 Ähnlichkeit, aber keine Identität

Wir haben bereits das Problem der Ähnlichkeit, die keine Identität sein soll, erwähnt. Dabei handelt es sich um eine grundlegende Frage bei der Entwicklung von vergleichbaren Testformen aus Untergruppen von Items. Wir wollen nun etwas genauer das bereits erwähnte Kriterium betrachten, nämlich daß die Items beider Stichproben paarweise einander entsprechen sollen.

Wir wollen jetzt den Unterschied zwischen zwei oder mehr repräsentativen Itemstichproben einerseits und der paarweisen Entsprechung der Items bei zwei oder mehr Testformen andererseits behandeln. Angenommen, es ist eine Supermatrix von Punktwerten für alle Items und für ein große Stichprobe von Meßwertträgern gegeben. Diese Supermatrix sei in zwei Submatrizen mit jeweils der gleichen Itemzahl aufgeteilt. Als nächstes wollen wir die entsprechende Supermatrix der Kovarianzen betrachten. Diese besteht aus vier symmetrisch angeordneten Kovarianzmatrizen. Die beiden Submatrizen in der Richtung der Hauptdiagonalen enthalten die Kovarianzen innerhalb jeder der beiden Itemgruppen. Die beiden anderen Submatrizen enthalten die Kovarianzen zwischen den Itemgruppen. Die Annahme der Repräsentativität der Stichprobe ist hinreichend erfüllt, wenn alle Submatrizen in der Kovarianzsupermatrix genügend kongruent sind, jedoch mit Ausnahme ihrer Diagonalelemente. An die Diagonalelemente der beiden Submatrizen, die nicht in Richtung der Hauptdiagonale liegen, werden jedoch keine strengen Anforderungen gestellt. In den beiden Submatrizen in Hauptdiagonalenrichtung sind die Diagonalenelemente natürlich ähnlich.

Wenn man weiter annimmt, daß die Items der beiden Itemgruppen paarweise einander entsprechen, muß man fordern, daß die Diagonalelemente der nicht in Hauptdiagonalrichtung liegenden Submatrizen numerisch hoch sind. Das bedeutet natürlich, daß die Kovarianzen entsprechender Items aus den beiden Gruppen groß sein sollen. Diese zusätzliche Annahme wird gewöhnlich bei der Aufzählung der Kriterien für die Parallelität zweier Testformen nicht klar genug angeführt.

Diese Unterscheidung zwischen zwei repräsentativen Zufallsstichproben einerseits und zwei Stichproben mit paarweise einander entsprechenden Items andererseits ist ziemlich vage und bedarf weiterer Erläuterung. Es genügt nicht, wenn man verlangt, daß die Submatrizen der Kovarianzen relativ kongruent, oder daß die Diagonalelemente der Submatrizen hoch sein sollen. Diese verbalen Beschreibungen sind nicht hinreichend präzise, wenn man Paralleltests in operationalen und rechnerischen Konzepten definieren will. Angemessene quantitative Kriterien sind jedoch bisher noch nicht entwickelt worden.

18.1.3 Die Beziehung zur Homogenität

Durch die vorangegangene Diskussion wird eine Beziehung zwischen den Konzepten der Parallelität und der Item- und Test-Homogenität nahegelegt. Natürlich ist die Homogenität nicht einbezogen, wenn repräsentative Zufallsstichproben von Items gebildet werden. Der Verhaltensbereich oder das spezielle Gebiet, wofür Tests entwickelt werden sollen, kann so definiert werden, daß die Items, die dieses Gebiet hinreichend überdecken, im statistischen Sinne nicht oder nur wenig homogen sind, daß also die Kovarianz der Itempunktwerte bei einer gegebenen Probandenstichprobe nicht groß ist. Bei der Diskussion dieser Methode und der bezüglich der Kovarianz-Submatrizen aufgestellten Kriterien haben wir ja auch nicht gefordert, daß die nicht auf der Hauptdiagonale liegenden Kovarianzen der in Nebendiagonalenrichtung liegenden Submatrizen groß sein sollen. Wir haben nur verlangt, daß sie von einer Submatrix zur anderen ungefähr gleich sein sollen.

Wenn wir jedoch fordern, daß die Hauptdiagonalelemente der in Nebendiagonalenrichtung liegenden Kovarianz-Submatrizen groß sein sollen, beziehen wir das Konzept der Homogenität mit ein. Wir verlangen dann, daß die Items der beiden Subtests derartig ausgewählt werden, daß jeweils entsprechende Items relativ homogen sind.

Mit Hilfe der Faktorenanalyse können wir jetzt eine etwas schärfere operationale Definition für Parallelformen geben. Ohne ins Detail zu gehen, empfehlen wir das folgende theoretische Vorgehen. Wir stellen uns einen hinreichend definierten Bereich vor, den wir erfassen wollen, weiterhin eine große Zahl von Items, die so konstruiert sind, daß sie diesen Bereich genügend überdecken. Dann betrachten wir für diese große Zahl von Items und für eine große Probandengruppe die Matrix der Itempunktwerte und die daraus berechnete Korrelationsmatrix. Die Frage, welche Art von Korrelationskoeffizienten oder von faktorenanalytischen Methoden wir verwenden sollen, ist hier nicht von Bedeutung, obwohl diese Fragen einige schwierige Probleme aufwerfen.

Wir betrachten dann die dieser Kovarianz- oder Korrelationsmatrix entsprechende Matrix der Faktorenladungen in der Form der Einfachstruktur. Entsprechend dem 9. Kapitel können wir dieser Matrix entnehmen, durch wie viele Faktoren der gemessene Bereich beschrieben werden kann, und welche Items die höchsten Ladungen in jedem dieser Faktoren haben. Auf Grund dieser Matrix können wir jetzt Untergruppen von Items aussondern, die genügend hohe Ladungen aufweisen. Wenn wir nun parallele Formen konstruieren wollen, müssen wir zunächst festlegen, wie viele Items jede Form enthalten soll. Dann müssen wir die Untergruppen von Items, aus denen die Parallelformen zusammengesetzt sind, so auswählen, daß die Faktoren in jeder Form hinreichend gut repräsentiert sind.

Dieser Vorschlag ist natürlich nur ein Entwurf, denn er setzt voraus, daß für eine Reihe von bisher nicht vollständig gelösten theoretischen und praktischen Problemen bereits Ergebnisse vorliegen.

An dieser Stelle sehen wir, daß durch die Anwendung der Faktorenanalyse einige wichtige Fragen bezüglich der Entwicklung von vergleichbaren Testformen im speziellen und bezüglich der Konstruktion von psychologischen Meßinstrumenten im allgemeinen aufgeworfen werden. Ein Ergebnis der Faktorenanalyse des gesamten Itemuniversums ist eine Information über die Anzahl und Art der Dimensionen des Bereichs, den wir messen wollen. Hieraus ergibt sich die wichtige Frage, ob wir überhaupt berechtigt sind, Gruppen von Items zusammenzuwerfen, die nicht homogen sind und die eine Anzahl von verschiedenen Dimensionen erfassen. Probleme dieser Art sind noch nicht hinreichend gelöst worden. Dazu ist eine etwas bessere Synthese von Faktorenanalyse und Testtheorie erforderlich.

Wir könnten fordern, daß ein spezieller Bereich, der in der richtigen Weise erfaßt werden soll, in eindimensionale, durch die Ergebnisse der Faktorenanalyse definierte Teilbereiche aufgegliedert werden sollte. Es ist dann leicht einzusehen, daß eine solche Forderung das Vorgehen bei der Entwicklung von Parallelformen beeinflussen würde. Man braucht nur noch Items aus homogenen Untergruppen auszuwählen, wobei jede Gruppe einen einzelnen Faktor repräsentiert. Es folgt also, daß dieses Vorgehen bei der Testentwicklung für einen einzelnen beliebigen oder apriori-Bereich eine Anzahl von unterschiedlichen Tests zur Erfassung der verschiedenen Dimensionen dieses Bereichs erforderlich macht, und daß Items für Parallelformen für jede dieser eindimensionalen Komponenten ausgewählt werden müssen.

Wenn wir darauf bestehen, daß ein einzelner Test nur hochgradig homogene Items enthalten soll, dann wäre der Ansatz, die Reliabilität durch die Homogenität zu erfassen, eher gerechtfertigt. Das Problem, daß Items zwar möglichst ähnlich, aber nicht gleich identisch sind, ist jedoch noch nicht gelöst, und wir können nicht eine maximal homogene Reihe von Items gleicher Schwierigkeit konstruieren, ohne daß Items identisch sind. Das scheint ein methodologisches, vielleicht eher noch ein erkenntnistheoretisches Problem zu sein, das nicht eher gelöst werden kann, bis bessere theoretische und mathematische Modelle vorliegen.

18.2 Statistische Kriterien für die Parallelität

Die vorangegangene Diskussion hat wegen des zur Zeit noch ungenügenden Ausbaus dieses Wissensgebiets offensichtlich nur vorläufigen Charakter. Trotzdem wollen wir im folgenden etwas genauer einige der einfacheren statistischen Kriterien besprechen, die als notwendige, wenn vielleicht auch nicht als hinreichende Bedingungen für die Vergleichbarkeit von zwei oder mehr Parallelformen angesehen werden können.

Votaw (1948) hat solche Kriterien entwickelt. Seine Arbeit zeigt eine große Kenntnis der mathematischen Statistik und trägt einige unzweifelhaft nützliche Indizes für statistische Signifikanzprüfungen bei. Aber seine Kriterien sind nicht hinreichend, sie brauchen nicht einmal notwendig zu sein.

Die in *Votaws* Kriterien einbezogenen Kennwerte sind die Mittelwerte, die Varianzen und die Interkorrelationen der Parallelformen. Entsprechend seiner Definition sind zwei oder mehr Tests dann vollständig parallel, wenn die arithmetischen Mittel, die Standardabweichungen und die Interkorrelationen alle gleich sind. Die von ihm entwickelten Signifikanztests setzen einen instande, die Hypothese einer Gleichheit von Mittelwerten, Standardabweichungen und Korrelationen zu überprüfen.

Es ist jedoch offensichtlich, daß die Testformen überhaupt nicht parallel zu sein brauchen, obwohl alle diese Kennwerte gleich sind. Man könnte wahrscheinlich einen Test zur Erfassung des rechnerischen Denkens mit einfachen arithmetischen Items, einen Test zur Messung des räumlichen Vorstellungsvermögens mit entsprechenden Items und einen Verbaltest mit verbalen Items derartig entwickeln, daß ihre Mittelwerte, Varianzen und Interkorrelationen alle ungefähr gleich sind. Entsprechend den Parallelitätskriterien von *Votaw* würden diese drei Tests parallel sein. Natürlich sind diese Tests in jedem annehmbaren Sinne nicht vergleichbar oder parallel. Denn sie würden ver-

schiedene Primärfähigkeiten erfassen, entsprechend der klassischen Untersuchung der primary mental abilities von *Thurstone* (1938).
Diese Bemerkungen sollen keine Kritik an der geistreichen mathematischen und logischen Entwicklung, die zu den Signifikanztests geführt hat, sein. Sie sollen einfach nur zeigen, daß man Methoden, die zur Durchführung von statistischen Signifikanztests angeboten werden, sehr sorgfältig prüfen muß, ehe man sie bei speziellen Problemen anwendet. Die Signifikanztests von *Votaw* scheinen nicht geeignet zu sein, den Grad der Parallelität bei zwei oder mehr verschiedenen Testformen anzugeben.
Wir wollen nun etwas systematischer die mehr konventionellen Kennwerte behandeln, die bei der Beurteilung der Parallelität von Tests herangezogen werden. Diese Kennwerte betreffen die Anzahl der Items, ihre Schwierigkeit, ihre Varianz und ihre Kovarianz und die Kovarianz von Item und Kriterium. Wir haben bereits einige dieser Kennwerte bei der Besprechung der Item-sampling-Reliabilität betrachtet.

18.2.1 Die Zahl der Items

Es wird häufig behauptet, daß die Anzahl der Items in jedem von zwei Tests gleich sein muß, wenn die beiden Tests vergleichbar sein sollen. Wenn wir jedoch unter Parallelität nur verstehen, daß zwei Tests dasselbe messen, brauchen wir eine solche Übereinstimmung nicht zu fordern. Eine Vergrößerung der Itemzahl, ohne daß die spezielle zu messende Verhaltensvariable geändert wird, hat, wie wir im 19. Kapitel sehen werden, zur Folge, daß die Reliabilität oder die Konsistenz, mit der die Variable gemessen wird, wächst. Aber das hat nichts mit der Übereinstimmung der Itemzahl in den beiden Formen zu tun.
Jedoch sind arithmetische Mittel und Standardabweichungen der Tests offensichtlich Funktionen der Anzahl der Items. Wenn man fordert, daß die Rohwerte beider Tests vergleichbar sind, oder daß die Reliabilitäten gleich sind, dann ist es notwendig, daß die Anzahl der Items in beiden Testformen gleich ist. Wir ziehen es deshalb vor, daß Parallelformen dieselbe Zahl von Items haben sollen, und zwar nicht so sehr wegen des theoretischen Meßmodells als aus praktischen Gründen. Das heißt

$$n_X = n_Y \tag{18.2.1}$$

wobei die Indizes X und Y die Tests X bzw. Y bedeuten.

18.2.2 Itemschwierigkeiten

Wir wollen die Einschränkungen für die Itempunktwerte bei zwei oder mehr Parallelformen behandeln und dabei auf die arithmetischen Mittel und die Streuung der Itemschwierigkeiten eingehen.

18.2.2a Das arithmetische Mittel der Itemschwierigkeiten

Wenn die Anzahl der Items in beiden Tests dieselbe ist, dann sollten die arithmetischen Mittel der Itemschwierigkeiten bei beiden Testformen gleich sein. Es soll also gelten

$$\bar{p}_X = \bar{p}_Y \tag{18.2.2}$$

Man kann diese Forderung natürlich auch noch anders ausdrücken: Wenn die Anzahl der Items in beiden Tests gleich ist, sollten die Summen der Itemschwierigkeiten gleich sein. Wenn das aber der Fall ist, sind auch die arithmetischen Mittel der Punktwerte bei beiden Tests gleich, wie wir im 12. Kapitel gesehen haben. Diese Bedingung gehört zu *Votaws* Kriterien.

Wir müssen natürlich daran denken, daß wir uns immer auf eine spezielle Probandenstichprobe beziehen, wenn wir von den arithmetischen Mitteln oder von irgendwelchen anderen Testkennwerten sprechen. Denn weil nur selten das gesamte Universum zur Verfügung steht, und weil wir es in den meisten Fällen noch nicht einmal richtig definieren können, müssen wir auch weiterhin die Kennwerte der Stichprobe zugrundelegen. Wir stehen damit im Gegensatz zur Lehre der gegenwärtigen mathematischen Statistik, die das Gewicht mehr auf die Populationsparameter als auf die Stichprobenkennwerte legt.

18.2.2b Die Streuung der Schwierigkeiten

Es scheint weiterhin wünschenswert zu sein, daß außer den arithmetischen Mitteln auch die Streuungen der Itemschwierigkeiten gleich sind. Wir haben gesehen, daß das Ausmaß, in welchem ein Test die Probanden einer einzelnen Gruppe voneinander trennen kann, eine Funktion der Streuung der Itemschwierigkeiten ist. Wenn zwei Testformen als parallel betrachtet werden sollen, sollten sie die einzelnen Probanden gleich gut unterscheiden können. Das bedeutet

$$\sigma_{p_X}{}^2 = \sigma_{p_Y}{}^2 \tag{18.2.3}$$

18.2.3 Itemvarianzen

Wir wissen, daß die Itemvarianzen vollständig durch die Itemschwierigkeiten bestimmt sind. Wenn die arithmetischen Mittel und die Streuungen der Itemschwierigkeiten gleich sind, läßt sich leicht zeigen (siehe Abschnitt 18.5.1), daß die arithmetischen Mittel der Itemvarianzen ebenfalls gleich sind, nämlich

$$\overline{\sigma_{X_i}^{\;2}} = \overline{\sigma_{Y_i}^{\;2}} \tag{18.2.4}$$

Wir können weiterhin fordern, daß die Varianzen der Itemvarianzen gleich sind, d. h.

$$\sigma_{p_X q_X}^{\;2} = \sigma_{p_Y q_Y}^{\;2} \tag{18.2.5}$$

Die arithmetischen Mittel der Varianzen können bei beiden Tests gleich sein, und doch brauchen die Varianzen dieser Varianzen nicht dieselben zu sein. Das ist so, weil die Varianz der Varianzen eine Funktion von höheren als zweiten Potenzen der Itemschwierigkeiten ist, wie aus der folgenden Gleichung hervorgeht (siehe Abschnitt 18.5.2)

$$\sigma_{pq}^{\;2} = \sigma_p^{\;2} - 2\sigma_p \sigma_{p^2} r_{pp^2} + \sigma_{p^2}^{\;2} \tag{18.2.6}$$

18.2.4 Itemkovarianzen

Im 17. Kapitel schlugen wir vor, daß die Itemkovarianzen innerhalb und zwischen den Tests in die Gruppe der Kriterien für Parallelität einbezogen werden sollte. Wir wollen deshalb sowohl die arithmetischen Mittel als auch die Varianzen dieser Kovarianzen betrachten.
Es scheint sinnvoll zu sein, zu fordern, daß die arithmetischen Mittel der Kovarianzen in jedem der beiden Paralleltests gleich sind, d. h.

$$\bar{C}_{x_i x_j} = \bar{C}_{y_i y_j} \tag{18.2.7}$$

Wenn die arithmetischen Mittel der Itemvarianzen, die arithmetischen Mittel der Itemkovarianzen und die Itemzahl bei beiden Tests gleich sind, läßt sich leicht zeigen, daß die Varianzen der Rohpunktwerte beider Tests gleich sind (siehe Abschnitt 18.5.3);

$$\sigma_X^{\;2} = \sigma_Y^{\;2} \tag{18.2.8}$$

Aus diesem Grunde entsprechen die beiden Kriterien, nämlich daß die arithmetischen Mittel der Itemkovarianzen und der Itemschwierigkei-

ten bei beiden Tests die gleichen sind, dem Kriterium von *Votaw*, nämlich daß die Testpunktvarianzen gleich sein sollen.
Zur Forderung, daß die arithmetischen Mittel der Kovarianzen innerhalb der Tests gleich sein sollen, kommt jedoch noch hinzu, daß das arithmetische Mittel der Itemkovarianzen zwischen den Tests genauso groß wie das innerhalb der Tests sein soll, also

$$\bar{C}_{x_i y_j} = \bar{C}_{x_i x_j} \tag{18.2.9}$$

Wenn wir diese weitere Bedingung aufstellen, verhindern wir, daß ein numerischer, ein verbaler und ein räumlicher Test Parallelformen desselben Tests sein können, wie es auf Grund der Kriterien von *Votaw* geschehen kann. Die durchschnittliche Kovarianz innerhalb der numerischen Items ist natürlich nicht dieselbe wie die zwischen den numerischen und den verbalen oder räumlichen Items. Die letzteren durchschnittlichen Kovarianzen werden im allgemeinen niedriger sein. Also scheint diese zusätzliche Forderung für Parallelität eine der Lücken in den Kriterien von *Votaw* zu schließen.

Zusätzlich zu dieser Bedingung müssen wir auch noch verlangen, daß die Varianzen der Verteilungen dieser Kovarianzen gleich sein sollen, nämlich

$$\sigma_{C_{x_i x_j}}{}^2 = \sigma_{C_{y_i y_j}}{}^2 = \sigma_{C_{x_i y_j}}{}^2 \tag{18.2.10}$$

Diese Varianz gibt eine Vorstellung von der Variation der Itemhomogenitäten „innerhalb“ und „zwischen“ den geplanten Parallelformen. Wenn die Items in einem Test alle untereinander die gleiche Kovarianz haben, so daß die Varianz dieser Kovarianzen ungefähr gleich null ist, so sind die Items alle ungefähr gleich homogen.

Nehmen wir an, bei einem anderen Test gäbe es bei der Verteilung der Itemkovarianzen eine erhebliche Varianz. Das bedeutet, daß einige Items mehr homogen, andere mehr heterogen sind. In diesem Falle wäre das arithmetische Mittel der Kovarianzen genauso groß, als wenn die Itemkovarianzen eine Varianz von ungefähr null gehabt hätten. Das Ausmaß, in welchem die Items gleiche oder verschiedene Dinge messen, kann aber in beiden Tests offensichtlich nicht dasselbe sein. Deshalb ist diese zusätzliche Bedingung notwendig.

Wenn alle arithmetischen Mittel der Itemkovarianzen „zwischen“ und alle Testvarianzen gleich sind, dann sind die Interkorrelationen zwischen den Tests ebenfalls gleich. So ist *Votaws* drittes Kriterium ebenfalls erfüllt. Man hat behauptet, daß man bei der Anwendung der Kriterien von *Votaw* sicher sein muß, daß die Items alle aus demselben Bereich stammen. Das ist jedoch eine schwerwiegende Einschränkung, zumal wenn keine angemessene Definition des Bereichs vorliegt.

18.2.5 Item-Kriterium-Kovarianzen

Um zu garantieren, daß die Tests wirklich parallel sind, wird oft eine weitere Einschränkung für die Itemkennwerte vorgeschlagen: Arithmetische Mittel und Streuungen der Kovarianzen der Items mit einem einzelnen externen Kriterium sollen bei beiden Testformen gleich sein. Diese Beschränkung ist jedoch nicht spezifisch genug, weil es eine sehr große Zahl von Kriterien geben kann, und weil es für die Frage, welches spezielle Kriterium man verwenden sollte, keine befriedigende Antwort zu geben scheint.

18.3. Experimentelle Methoden

Wir können die für die Bestimmung der Parallelität von zwei oder mehr Formen vorgeschlagenen Kriterien als Grundlage für die Konstruktion von Parallelformen verwenden. Wir wollen zunächst gewisse vorbereitende Rechenschritte betrachten, die erforderlich sind, und dann die Verwendung eines Diagramms behandeln.

18.3.1 Vorbereitende Rechenschritte

Angenommen, wir haben einer Probandengruppe eine große Zahl von Items, die irgendeine vorher definierte Reihe von Verhaltensvariablen messen sollen, vorgegeben. Wir ermitteln zuerst für jeden Probanden den Gesamtpunktwert. Dann berechnen wir für jedes Item zwei Werte, nämlich erstens den Anteil der Probanden, die das Item richtig haben, oder den Vektor der Itemmittelwerte, und zweitens die Kovarianz eines jeden Items mit dem Gesamtpunktwert. Natürlich ist die Korrelation des Items mit dem Gesamtpunktwert eine Funktion der Varianz des Items und seiner Kovarianz mit jedem anderen Item im Test. Diese Kovarianz wurde in den Gleichungen 12.3.1 und 12.3.2 angegeben.
Es kann wünschenswert sein, die Kovarianz des Items mit dem Test ohne dieses Item zu berechnen. Die entsprechende Formel steht in Gl. 12.3.7.

18.3.2 Das Diagramm

Wir können nun die Schwierigkeiten der Items gegen ihre Kovarianz mit dem Gesamtergebnis auftragen. Diese Kovarianzen geben einen Eindruck von dem Ausmaß, in welchem ein bestimmtes Item dasselbe wie alle anderen Items des Tests mißt. Das ist ein grobes Maß für die Heterogenität oder Homogenität des Items bezüglich der anderen Items. Wenn wir nun Parallelformen entwickeln, sollten wir unsere Items so auswählen, daß für jeden Schwierigkeits- und Kovarianzwert in jedem Test ein Item enthalten ist. Eine solche Auswahl setzt voraus, daß vorher bestimmt worden ist, wieviele Testformen aus den Items gebildet werden sollen. Man kann versuchen, ein Gitter so über das Diagramm zu legen, daß ungefähr die gleiche Anzahl von Items in jedem Feld liegen. Diese Zahl ist die Anzahl der gewünschten Testformen.
Gulliksen (1950) hat eine vielleicht einfacher durchführbare Methode für die Konstruktion von vergleichbaren Formen beschrieben. Dabei werden in dem Diagramm beieinanderliegende Items eingekreist, so daß alle Gruppen ungefähr dieselbe Anzahl von Items enthalten. Aus jeder Gruppe werden dann die Items nach Zufall jeweils den einzelnen Testformen zugeordnet.

18.4 Anwendung und Grenzen von Paralleltests

Es ist üblich, Parallelformen zu konstruieren und zu veröffentlichen. Bei den meisten kommerziellen Tests sind Parallelformen vorhanden. Sie haben ihre Einsatzmöglichkeiten, aber auch ihre Grenzen.

18.4.1 Anwendungsmöglichkeiten

Vielleicht am häufigsten werden Parallelformen bei Retests und zur Verhinderung des „Mogelns“ verwendet.

18.4.1a Testwiederholung

Es ist manchmal wünschenswert, einen Probanden ein zweites Mal zu testen, weil die Ergebnisse der ersten Durchführung unbrauchbar sind. Dabei möchte man lieber eine Parallelform als dieselbe Form verwenden, damit der Gedächtniseffekt möglichst klein gehalten wird.
Eine weitere Anwendungsmöglichkeit einer Parallelform bei einer Testwiederholung ist die Schätzung der Reliabilität des Tests. Dieser

Verwendungszweck kann einigermaßen gerechtfertigt sein, aber man sollte dabei an die Interpretationsschwierigkeiten denken, die wir bereits bei der Behandlung der Item-sampling-Reliabilität diskutiert haben.
Parallelformen werden manchmal auch verwendet, um Unterrichtsfortschritte zu erfassen. Für diesen Zweck werden meist Leistungstests verwendet. Zu Beginn eines Übungsprogramms oder einer Unterrichtseinheit kann man eine Form des Tests durchführen, am Ende eine Parallelform. Die Punktdifferenz kann als Maß für die Leistungssteigerung angesehen werden. Diese Methode kann auch bei einer Kontroll- und einer Versuchsgruppe angewendet werden, wenn der Effekt irgendeiner Art von Versuchsbedingung gezeigt werden soll. Auch hier treten bei der Interpretation Probleme auf, z. B. bezüglich der Frage, ob die Tests wirklich dasselbe messen. Die Bedeutung dieser Probleme hängt davon ab, wie sorgfältig die Vergleichbarkeit der beiden Tests abgesichert worden ist.

18.4.1b Verhinderung des Mogelns

Ein großer Anwendungsbereich von Paralleltests sind die großen nationalen Testprogramme, z. B. die College Entrance Examination Board Tests und die American College Testing Program-Tests. Bei diesen Programmen wird in einem bestimmten Jahr eine einzelne Testform einer Reihe von Prüflingen – Studenten der High-School, die sich um Zulassung zum College bewerben – vorgegeben. Parallelformen werden für das folgende Jahr entwickelt. Diese werden verwendet, um z. B. ein vorheriges – unerlaubtes – Einüben zu verhindern.
Vielleicht die größte Gefahr dieser massierten Anwendung von Parallelformen ist die, daß die durch den Test gemessene Funktion von einem Jahr zum anderen variieren kann, weil neue Testformen entwickelt werden. Diese Variation kann eintreten, obwohl beim Schreiben der Items detaillierte Anweisungen mit großer Sorgfalt eingehalten werden. Andererseits ist es wahrscheinlich für viele Testprogramme wünschenswert, daß sich der Test von Jahr zu Jahr ändert, weil Lehrpläne und Erziehungsziele wechseln. Betrachtungen über Lehrpläne und Erziehungsziele führen jedoch zu komplexen und widersprüchlichen Problemen, die für das vorliegende Buch nicht geeignet sind.

18.4.2 Grenzen von Paralleltests

Einer der schwerwiegendsten Einwände gegen den Gebrauch von parallelen Testformen bei der Ermittlung der Reliabilität ist bereits aufgezeigt worden, nämlich der, daß die Korrelation zwischen beiden Formen sowohl ein Maß für die Reliabilität oder zeitliche Stabilität als auch für die Homogenität ist.
Eine praktische Schwierigkeit bei der Konstruktion von Paralleltests ist natürlich, daß man eine große Zahl von Items produzieren muß, aus denen die parallelen Formen zusammengestellt werden, und daß man die Items so konstruieren muß, daß die einzelnen Formen mit Sicherheit den genannten Kriterien entsprechen. Natürlich haben die großen Testhersteller, wie der Educational Testing Service und die Science Research Associates, die Möglichkeiten, viele vergleichbare Testformen zu entwickeln. Aber selbst bei diesen Organisationen kann man nicht völlig sicher sein, daß die Kriterien für Parallelität entsprechend beachtet werden.

18.5 Mathematische Beweise

18.5.1 Die Beziehung zwischen Mittelwert und Varianz der Itemmittelwerte und den Mittelwerten der Itemvarianzen

Angenommen, für die Tests *X* und *Y* gelte

$$\bar{p}_X = \bar{p}_Y \tag{18.5.1}$$

$$\sigma_{p_X}{}^2 = \sigma_{p_Y}{}^2 \tag{18.5.2}$$

Wir wollen beweisen, daß die arithmetischen Mittel der Itemvarianzen gleich sind, also

$$\overline{\sigma_{X_i}{}^2} = \overline{\sigma_{Y_i}{}^2} \tag{18.5.3}$$

Per definitionem gilt

$$\sigma_{p_X}{}^2 = \overline{p_X{}^2} - (\overline{p}_X)^2 \tag{18.5.4}$$

$$\sigma_{p_Y}{}^2 = \overline{p_Y{}^2} - (\overline{p}_Y)^2 \tag{18.5.5}$$

und

$$\overline{\sigma_{X_i}{}^2} = \overline{p}_X - \overline{p_X{}^2} \tag{18.5.6}$$

$$\overline{\sigma_{Y_i}{}^2} = \overline{p}_Y - \overline{p_Y{}^2} \tag{18.5.7}$$

Aus den Gln. 18.5.1, 18.5.4 und 18.5.5 folgt

$$\sigma_{p_X}{}^2 - \sigma_{p_Y}{}^2 = \overline{p_X{}^2} - \overline{p_Y{}^2} \tag{18.5.8}$$

Aus den Gln. 18.5.2 und 18.5.8 folgt

$$\overline{p_X{}^2} = \overline{p_Y{}^2} \tag{18.5.9}$$

Aus den Gln. 18.5.1, 18.5.6, 18.5.7 und 18.5.9 folgt

$$\overline{\sigma_{X_i}{}^2} = \overline{\sigma_{Y_i}{}^2} \tag{18.5.10}$$

Das ist aber gerade Gl. 18.5.3 und auch Gl. 18.2.4.

18.5.2 Die Varianz der Itemvarianzen

Per definitionem ist die Varianz der Itemvarianzen

$$\sigma_{pq}{}^2 = \frac{\Sigma\,(p - p^2)^2}{n} - \left(\frac{\Sigma\,(p - p^2)}{n}\right)^2 \tag{18.5.11}$$

Daraus folgt

$$\sigma_{pq}{}^2 = \overline{p^2} - 2\overline{p^3} + \overline{p^4} - (\bar{p}^2 - 2\bar{p}\overline{p^2} + \overline{p^2}^2) \tag{18.5.12}$$

Es ist aber

$$\overline{p^2} - \bar{p}^2 = \sigma_p{}^2 \tag{18.5.13}$$

$$\overline{p^3} - \bar{p}\overline{p^2} = \sigma_p \sigma_{p^2}\, r_{pp^2} \tag{18.5.14}$$

$$\overline{p^4} - \overline{p^2}^2 = \sigma_{p^2}{}^2 \tag{18.5.15}$$

Setzt man die Gln. 18.5.13, 18.5.14 und 18.5.15 in Gl. 18.5.12 ein, so folgt

$$\sigma_{pq}{}^2 = \sigma_p{}^2 - 2\sigma_p\sigma_{p^2}\, r_{pp^2} + \sigma_{p^2}{}^2 \tag{18.5.16}$$

Das ist aber gerade Gl. 18.2.6.

18.5.3 Die Gleichheit der Mittelwerte und Varianzen der Items und der Varianzen der Tests

Aus Gl. 17.7.19 folgt

$$\sigma_X{}^2 = n_X\overline{\sigma_{X_i}{}^2} + n_X(n_X - 1)\overline{C}_{x_i x_j} \tag{18.5.17}$$

$$\sigma_Y{}^2 = n_Y\overline{\sigma_{Y_i}{}^2} + n_Y(n_Y - 1)\overline{C}_{y_i y_j} \tag{18.5.18}$$

Sei

$$n_X = n_Y \tag{18.5.19}$$

$$\overline{\sigma_{X_i}}^2 = \overline{\sigma_{Y_i}}^2 \tag{18.5.20}$$

$$\bar{C}_{x_i x_j} = \bar{C}_{y_i y_j} \tag{18.5.21}$$

Aus den Gln. 18.5.17 bis 18.5.21 ergibt sich

$$\sigma_X^2 = \sigma_Y^2 \tag{18.5.22}$$

Das ist aber gerade Gl. 18.2.8.

19. Kennwerte bei Änderung der Testlänge

Wenn wir die Länge eines Tests verändern, ändern wir auch sein arithmetisches Mittel, seine Varianz und seine Korrelation mit anderen Variablen. Diesen Effekt wollen wir in diesem Kapitel behandeln. Zuerst wollen wir seine Wirkung auf arithmetisches Mittel und Varianz eines einzelnen Tests, dann auf die Korrelation zwischen zwei Tests und auf die Reliabilität eines einzelnen Tests betrachten. Schließlich wollen wir den Einfluß der Anzahl der Auswahlantworten und der Items auf die Reliabilität eines Tests untersuchen.

19.1 Die Kennwerte eines Tests mit veränderter Länge

Wir wollen zunächst die Beziehung zwischen dem arithmetischen Mittel und der Varianz eines Tests nach einer Veränderung seiner Länge und denselben Kennwerten des Tests in seiner ursprünglichen Länge behandeln. Dabei wollen wir nicht das klassische theoretische Modell zugrundelegen, bei dem der beobachtete Testpunktwert die Summe eines wahren und eines Fehlerwerts ist.

19.1.1 Das arithmetische Mittel

Wir wollen nur das Modell zugrundelegen, in dem ein Test aus einer Anzahl von binären Meßinstrumenten, z. B. Testitems, besteht. Wir nehmen an, daß wir die Zahl dieser binären Variablen ändern, wenn wir den Test verlängern oder verkürzen.
Im folgenden wollen wir kurz das zugrundeliegende Konzept diskutieren und dann die Formel für die Berechnung des arithmetischen Mittels eines Tests von geänderter Länge angeben.
Wenn man die Wirkung einer Längenänderung auf Kennwerte wie arithmetisches Mittel, Varianz und Korrelation behandelt, geht man meistens davon aus, daß die Anzahl der Testitems zunimmt.

Eine Verallgemeinerung dieses Konzepts ist jedoch möglich, so daß auch eine Abnahme der Itemzahl eingeschlossen ist. Das ist nicht nur in der Theorie, sondern auch in der Praxis wichtig. Es ist manchmal wünschenswert, in einer Testbatterie einige Tests zu verlängern, andere zu verkürzen.
Die Formel für das arithmetische Mittel eines Tests mit geänderter Länge als Funktion der ursprünglichen Testkennwerte enthält nur das arithmetische Mittel des Originaltests und den Änderungsparameter *a*. Die entsprechende Formel lautet (siehe Abschnitt 9.5.1)

$$\overline{X}_a = a\overline{X} \tag{19.1.1}$$

Dabei ist a das Verhältnis der geänderten zur ursprünglichen Länge, $\overline{X}$ ist das arithmetische Mittel des Originaltests, und $\overline{X}_a$ ist das arithmetische Mittel des Tests mit geänderter Länge.

19.1.2 Die Varianz

Die Formel für die Varianz eines Tests mit geänderter Länge als Funktion der ursprünglichen Kennwerte lautet (siehe Abschnitt 19.5.2)

$$\sigma_{X_a}{}^2 = \sigma_X{}^2 a[1 + (a - 1)r_{XX}] \tag{19.1.2}$$

Dabei ist r_{XX} die Reliabilitätsschätzung für den Originaltest.
Abb. 19.1.1 zeigt die Berechnung der Varianz eines Tests mit geänderter Länge als Funktion der Varianz des unveränderten Tests:

$$\sigma_X{}^2 = 2 \qquad r_{XX} = .6 \qquad a = 3$$

$$\sigma_{X_a}{}^2 = 2(3)[1 + (3 - 1)(.6)] = 6(2.2) = 13.2$$

Abb. 19.1.1 Berechnung der Varianz eines verlängerten Tests.

Die folgende Abb. zeigt die entsprechende Berechnung bei einer Verkürzung des Tests.

$$\sigma_X{}^2 = 2 \qquad r_{XX} = .6 \qquad a = .5$$

$$\sigma_{X_a}{}^2 = 2(.5)[1 + (.5 - 1)(.6)] = .7$$

Abb. 19.1.2 Berechnung der Varianz eines verkürzten Tests.

19.2 Korrelationen zwischen Tests mit geänderter Länge

Wie erwartet ist die Korrelation zwischen zwei Tests mit geänderter Länge ebenfalls eine Funktion der Korrelation und anderer Kennwerte der ursprünglichen Tests. Wir wollen zuerst den allgemeinen Fall, dann den Fall, wo nur ein Test verlängert wird, den Fall, wo ein Test unendlich lang, und schließlich den Fall, wo beide Tests unendlich lang gemacht werden, behandeln.

19.2.1 Der allgemeine Fall

Hierbei kann jeder von beiden Tests entweder verlängert oder verkürzt werden. Die folgende Gleichung ist die allgemeine Formel für die Korrelation zweier Tests mit geänderter Länge als Funktion der ursprünglichen Kennwerte und den Veränderungsparametern *a* und *b*.

$$r_{X_aY_b} = \frac{\sqrt{ab}\, r_{XY}}{\sqrt{1+(a-1)r_{XX}}\sqrt{1+(b-1)r_{YY}}} \qquad (19.2.1)$$

Dabei ist r_{XY} die Originalkorrelation, und r_{XX} und r_{YY} sind die beiden Reliabilitätskoeffizienten.
Die folgende Abbildung enthält ein Rechenbeispiel für diese Formel. Dabei werden beide Tests verlängert.

$$r_{XY} = .5 \qquad r_{XX} = .7 \qquad r_{YY} = .8 \qquad a = 2 \qquad b = 3$$

$$r_{X_aY_a} = \frac{\sqrt{(2)(3)}(.5)}{\sqrt{1+(2-1)(.7)}\sqrt{1+(3-1)(.8)}} = \frac{\sqrt{6}(.5)}{\sqrt{1.7}\sqrt{2.6}}$$

$$= \sqrt{\frac{1.5}{4.42}} = .582$$

Abb. 19.2.1 Berechnung der Korrelation zweier verlängerter Tests.

Es folgt ein entsprechendes Beispiel, bei dem beide Tests verkürzt werden.

$$r_{XY} = .5 \qquad r_{XX} = .7 \qquad r_{YY} = .8 \qquad a = .5 \qquad b = .7$$

$$r_{X_aY_a} = \frac{\sqrt{(.5)(.7)}(.5)}{\sqrt{1+(.5-1)(.7)}\sqrt{1+(.7-1)(.8)}} = \frac{\sqrt{.35}(.5)}{\sqrt{.65}\sqrt{.76}}$$

$$= \sqrt{\frac{.0875}{.494}} = .421$$

Abb. 19.2.2 Berechnung der Korrelation zweier verkürzter Tests.

19.2.2 Nur ein Test wird in seiner Länge verändert

Manchmal interessiert man sich speziell dafür, welchen Einfluß die Veränderung der Länge nur eines der beiden Tests auf die Korrelation hat. Diese Korrelation ist dann von besonderer Bedeutung, wenn es sich um den Zusammenhang zwischen einem Test und einem Kriterium handelt.

Es folgt die Formel für die Beziehung zwischen der Korrelation eines Tests mit geänderter Länge mit einer anderen Variable als Funktion der Korrelation des Originaltests und eben dieser Variable (siehe Abschnitt 19.5.3)

$$r_{X_aY} = \sqrt{\frac{a}{1 + (a-1)r_{XX}}}\, r_{XY} \qquad (19.2.2)$$

Abb. 19.2.3 zeigt ein entsprechendes Beispiel.

$$r_{XY} = .5 \qquad r_{XX} = .7 \qquad a = 2$$

$$r_{X_aY} = \sqrt{\frac{2}{1 + (2-1)(.7)}}\,(.5) = \sqrt{\frac{2}{1.7}}\,(.5)$$

$$= \sqrt{\frac{.5}{1.7}} = .542$$

Abb. 19.2.3 Berechnung der Korrelation zwischen zwei Tests, nachdem der eine verlängert worden ist.

In Abb. 19.2.4 folgt ein zweites Beispiel, bei dem der Test verkürzt worden ist.

$$r_{XY} = .5 \qquad r_{XX} = .7 \qquad a = .4$$

$$r_{X_aY} = \sqrt{\frac{.4}{1 + (.4-1)(.7)}}\,(.5) = \sqrt{\frac{.10}{.58}} = .415$$

Abb. 19.2.4 Berechnung der Korrelation zwischen zwei Tests, nachdem der eine verkürzt worden ist.

19.2.3 Ein Test wird unendlichfach verlängert

Nach einer Definition ist der wahre Wert das arithmetische Mittel einer unendlich großen Zahl von Messungen derselben Funktion. Der Effekt einer unendlichfachen Testverlängerung ist in der folgenden Gleichung dargestellt. Darin wird die Korrelation der Punktwerte eines Tests von unendlicher Länge und einer anderen Variable als Funktion der Reliabilität des ursprünglichen Tests angegeben (siehe Abschnitt 19.5.4)

$$r_{X_\infty Y} = \frac{r_{XY}}{\sqrt{r_{XX}}} \qquad (19.2.3)$$

Es folgt ein entsprechendes numerisches Beispiel

$$r_{XY} = .5 \qquad\qquad r_{XX} = .7$$

$$r_{X_\infty Y} = \frac{.5}{\sqrt{.7}} = \frac{.5}{.837} = .597$$

Abb. 19.2.5 Berechnung der Korrelation zwischen zwei Tests, wovon der eine unendlichfach verlängert worden ist.

19.2.4 Beide Tests werden unendlichfach verlängert

Wenn beide Tests unendlich lang gemacht werden, können wir annehmen, daß bei keinem der zwei Tests die Punktwerte mit Meßfehlern behaftet sind, weil sie die vollständige Gesamtheit der Verhaltensweisen der gemessenen Variablen umfassen. Wir können uns zwar ein solches theoretisches Modell vorstellen, jedoch ist die unendlichfache Vergrößerung der Anzahl der Items in einem Test praktisch unmöglich. Fragen der Homogenität, der Varianz der Itemschwierigkeiten und der Varianz anderer Momente der Verteilung der Itemschwierigkeiten, schließlich die Momente der Verteilung der Testpunktwerte müssen alle berücksichtigt werden, wenn man ein völlig angemessenes theoretisches Modell für fehlerfreie Tests aufstellen will.
Die folgende Gleichung enthält die Formel für die Schätzung der Korrelation zweier, unendlich langer Tests (siehe Abschnitt 19.5.5)

$$r_{X_\infty Y_\infty} = \frac{r_{XY}}{\sqrt{r_{XX} r_{YY}}} \qquad (19.2.4)$$

Diese Formel wird durch ein Beispiel erläutert.

$$r_{XY} = .5 \qquad r_{XX} = .7 \qquad r_{YY} = .8$$

$$r_{X_\infty Y_\infty} = \frac{.5}{\sqrt{(.7)(.8)}} = \frac{.5}{.748} = .668$$

Abb. 19.2.6 Berechnung der Korrelation von zwei unendlich langen Tests.

Spearman (1904) hatte die in Gl. 19.2.4 angegebene Formel zuerst entwickelt. Er nannte sie „Minderungskorrektur" (correction for attenuation) des Korrelationskoeffizienten und führte die der Ableitung zugrundeliegenden Annahmen auf. Diese Korrelation ist das Verhältnis der beobachteten Korrelation zwischen den beiden Variablen und des geometrischen Mittels ihrer geschätzten Reliabilitätskoeffizienten. Die Gültigkeit der Formel hängt von den jeweils verwendeten Reliabilitätsschätzungen ab. Wir können jedoch annehmen, daß die Itemkovarianzen „zwischen" im Durchschnitt konstant bleiben, wenn wir die Anzahl der Items in beiden Tests vergrößern. Die gleiche Annahme können wir auch bezüglich der jeweiligen Itemkovarianzen „innerhalb" machen. Dann enthält die Formel das Verhältnis der durchschnittlichen Itemkovarianz „zwischen" und das geometrische Mittel von Funktionen der durchschnittlichen Itemkovarianzen „innerhalb".

19.3 Die Reliabilität von Tests mit geänderter Länge

Wenn wir die Reliabilität eines Tests kennen, können wir mit geeigneten Annahmen seine Reliabilität für den Fall abschätzen, daß die Länge des Tests geändert wird. Wir wollen zunächst die Spearman-Brown-Formel diskutieren und dann die für eine vorgegebene Reliabilität notwendige Testlänge ableiten.

19.3.1 Die Spearman-Brown-Formel

Die meisten der frühen Ansätze über die Beziehung der Reliabilität zur Testlänge stammen von *Brown* (1911) und *Spearman* (1913). Unsere Ergebnisse werden die gleichen sein, obwohl die Methode, mit der wir sie in Abschnitt 19.5. ableiten, etwas anders ist. Wir wollen zunächst den allgemeinen Fall und dann den Spezialfall einer Verdopplung der Testlänge betrachten.

19.3.1a Der allgemeine Fall

Es folgt die allgemeine Formel für die Reliabilität eines um einen bestimmten Betrag verlängerten oder verkürzten Tests als Funktion seiner ursprünglichen Reliabilität und des Änderungsparameters (siehe Abschnitt 19.5.6).

$$r_{X_a X_a} = \frac{a r_{XX}}{1 + (a - 1) r_{XX}} \qquad (19.3.1)$$

Die folgende Abbildung illustriert die Schätzung der Reliabilität eines Tests, der auf das dreifache verlängert worden ist:

$$r_{XX} = .5 \qquad a = 3$$

$$r_{X_a X_a} = \frac{3(.5)}{1 + (3 - 1)(.5)} - \frac{1.5}{2} = .75$$

Abb. 19.3.1 Berechnung der Reliabilität eines verlängerten Tests.

In dem folgenden Beispiel wird die Testlänge um den Faktor .4 verkürzt.

$$r_{XX} = .5 \qquad a = .4$$

$$r_{X_a X_a} = \frac{(.4)(.5)}{1 + (.4 - 1)(.5)} = \frac{.2}{.7} = .286$$

Abb. 19.3.2 Berechnung der Reliabilität eines verkürzten Tests.

19.3.1b Doppelte Länge

Im 17. Kapitel behandelten wir die Schätzung der Reliabilität eines Tests, dessen Länge verdoppelt worden ist. Damals leiteten wir die entsprechende Formel nicht ab. Offensichtlich brauchen wir dafür nur die Zahl 2 für den Änderungsparameter in Gl. 19.3.1 einzusetzen.

Bei der damaligen Diskussion dieser Formel fanden wir die Korrelation zwischen zwei Testhälften, und auf Grund dieser Korrelation schätzen wir die Reliabilität des ganzen Tests. Wir können diese Formel auch als Spezialfall der Korrelation zwischen zwei Parallelformen eines Tests mit derselben Anzahl von Items ansehen.

In der folgenden Gleichung wird die Formel für die Schätzung der Reliabilität eines Tests mit doppelter Länge wiederholt:

$$r_{X_2 X_2} = \frac{2 r_{XX}}{1 + r_{XX}} \qquad (19.3.2)$$

19.3.2 Testlänge bei vorgegebener Reliabilität

Eine interessante Variation des Problems Testlänge – Reliabilität tritt dann auf, wenn wir wissen wollen, wie lang ein Test sein muß, damit er einen bestimmten Reliabilitätsgrad erreicht. Das läßt sich berechnen, wenn man Gl. 19.3.1 nach dem unbekannten Änderungsparameter auflöst. Diese Formel wird in Gl. 19.3.3 angegeben. Es soll hier nochmal daran erinnert werden, daß in den Formeln für die Veränderung der Testlänge der Änderungsparameter nicht auf positive ganze Zahlen beschränkt ist, sondern auch ein positiver Dezimalbruch, nämlich bei einer Verkürzung der Testlänge, sein kann.

$$a = \frac{r_{X_aX_a}(1 - r_{XX})}{r_{XX}(1 - r_{X_aX_a})} \qquad (19.3.3)$$

Es folgt ein Beispiel für diese Formel

$$r_{X_aX_a} = .75 \qquad r_{XX} = .5$$

$$a = \frac{.75(1 - .5)}{.5(1 - .75)} = \frac{.375}{.125} = 3$$

19.3.3 Berechnung des Änderungsparameters eines Tests aus beobachteter und erwünschter Reliabilität.

19.4 Die Reliabilität eines Tests, bei dem die Anzahl der Items und die Anzahl der Antwortmöglichkeiten geändert wurde

Wir haben in Abschnitt 19.3. gesehen, wie sich die Reliabilität eines Tests ändert, wenn sich die Anzahl der Items ändert, vorausgesetzt, die speziellen Voraussetzungen sind erfüllt, und die Art der Reliabilität ist genau definiert. In Abschnitt 17.3.3 haben wir weiter gesehen, wie die Reliabilität von der Anzahl der Auswahlantworten abhängt. Wir wollen jetzt den Fall betrachten, bei welchem sowohl die Anzahl der Items als auch die Anzahl der Antwortmöglichkeiten verändert wird. Die folgenden Gleichungen zeigen die neue Reliabilität als Funktion der ursprünglichen Reliabilität, der Anzahl der Items und der Wahlen bei dem neuen und alten Test und der Zufallsparameter (siehe Abschnitt 19.5.7)

$$R = \frac{ar}{1 - r + bG + ar} \qquad (19.4.1)$$

Dabei ist

$$a = \frac{n_d}{n_c} \tag{19.4.2}$$

$$b = \frac{m_c - m_d}{m_c(m_d - 1)} \tag{19.4.3}$$

$$G = \frac{\bar{q}}{\overline{pq} - \sigma_p{}^2}\left(1 - \frac{n_c - 1}{n_c}\, r\right) \tag{19.4.4}$$

n_c und n_d sind die Anzahlen der Items in dem ursprünglichen und veränderten Test; m_c und m_d sind die jeweiligen Anzahlen der Wahlmöglichkeiten bei den Items; $\bar{p}$ ist die durchschnittliche Itemschwierigkeit; $\bar{q} = 1-\bar{p}$; $\sigma_p{}^2$ ist die Varianz der p-Werte; und r ist die Schätzung der Reliabilität des Originaltests nach der *K-R 20.*
Es folgt ein entsprechendes Beispiel

$$n_c = 10 \qquad n_d = 20 \qquad m_c = 2 \qquad m_d = 4$$

$$\bar{p} = .6 \qquad \sigma_p{}^2 = .04 \qquad r = .6$$

$$a = \frac{20}{10} = 2$$

$$b = \frac{2 - 4}{2(4 - 1)} = \frac{-2}{6} = -.333$$

$$G = \frac{.4}{(.6)(.4) - (.04)}\left(1 - \frac{(10 - 1)}{10}.6\right)$$

$$= \frac{.4}{.2}(1 - .54) = \frac{.184}{.2} = .92$$

$$R = \frac{2(.6)}{1 - .6 + (-.333)(.92) + 2(.6)} = \frac{1.2}{.4 - .31 + 1.2}$$

$$= \frac{1.2}{1.29} = .93$$

Abb. 19.4.1 Berechnung der Reliabilität eines Tests nach Änderung der Anzahl der Items und Wahlmöglichkeiten.

19.5 Mathematische Beweise

19.5.1 Das arithmetische Mittel eines Tests nach einer Änderung der Länge

Sei n die Anzahl der Items in Test X in der ursprünglichen Länge, n_a die Anzahl der Items in dem Test nach einer Änderung der Länge, und sei

$$a = \frac{n_a}{n} \quad (19.5.1)$$

Sei $\bar{p}$ die durchschnittliche Itemschwierigkeit in dem Originaltest, und $\bar{p}_a$ die durchschnittliche Itemschwierigkeit in dem geänderten Test, und sei angenommen

$$\bar{p} = \bar{p}_a \quad (19.5.2)$$

Dann ist das arithmetische Mittel der Punktwerte des Originaltests

$$\bar{X} = n\bar{p} \quad (19.5.3)$$

und das arithmetische Mittel der Punktwerte des geänderten Tests

$$X_a = n_a\bar{p}_a \quad (19.5.4)$$

Aus den Gln. 19.5.1 bis 19.5.4 folgt

$$X_a = a\bar{X} \quad (19.5.5)$$

Das ist aber gerade Gl. 19.1.1.

19.5.2 Die Varianz eines Tests nach einer Änderung der Länge

Nach Gl. 17.7.19 ist die Varianz eins Tests mit n Items

$$\sigma_X{}^2 = n\overline{\sigma_{X_i}{}^2} + n(n-1)\bar{C}_{x_ix_j} \quad (19.5.6)$$

Dabei ist $\sigma_{X_i}{}^2$ die durchschnittliche Itemvarianz und $\bar{C}_{x_ix_j}$ ist die durchschnittliche Itemkovarianz des Tests. Die Varianz eines Tests mit geänderter Länge ist

$$\sigma_{Xa}{}^2 = n_a\overline{\sigma_{X_i}{}^2} + n_a(n_a-1)\bar{C}_{x_ix_j} \quad (19.5.7)$$

Hier geht die Annahme mit ein, daß die durchschnittliche Itemvarianz und die durchschnittliche Itemkovarianz bei beiden Tests gleich sind.

Für die Paralleltestreliabilität eines Tests mit n Items gilt wegen Gl. 17.7.18

$$r_{XX} = \frac{n^2 \bar{C}_{x_i x_j}}{n[\sigma_{X_i}^2 + (n-1)\bar{C}_{x_i x_j}]} \qquad (19.5.8)$$

Aus den Gln. 19.5.6 und 19.5.8 folgt

$$\bar{C}_{x_i x_j} = \frac{r_{XX}\sigma_X^2}{n^2} \qquad (19.5.9)$$

Setzt man Gl. 19.5.9 in die Gln. 19.5.6 und 19.5.7 ein und löst nach $\sigma_{X_i}^2$ auf, so erhält man

$$\overline{\sigma_{X_i}^2} = \frac{\sigma_X^2}{n} - \frac{n-1}{n^2} r_{XX}\sigma_X^2 \qquad (19.5.10)$$

und

$$\overline{\sigma_{X_i}^2} = \frac{\sigma_{X_a}^2}{n_a} - \frac{n_a-1}{n^2} r_{XX}\sigma_X^2 \qquad (19.5.11)$$

Aus den Gln. 19.5.1, 19.5.10 und 19.5.11 folgt

$$\sigma_{X_a}^2 = \sigma_X^2 a[1 + (a-1)r_{XX}] \qquad (19.5.12)$$

Das ist aber gerade Gl. 19.1.2.

19.5.3 Die Korrelation zwischen Tests veränderter Länge

Die Korrelation der Tests X und Y der Länge n_X bzw. n_Y *ist*

$$r_{XY} = \frac{C_{xy}}{\sigma_X \sigma_Y} \qquad (19.5.13)$$

wobei C_{xy} die Kovarianz zwischen den Tests ist. Aus Gl. 17.7.9 folgt jedoch

$$C_{xy} = n_X n_Y \bar{C}_{x_i y_j} \qquad (19.5.14)$$

wobei $\bar{C}_{x_i x_j}$ die durchschnittliche Itemkovarianz „zwischen" ist. Wenn die neuen Testlängen n_{X_a} und n_{X_b} sind, ist die Interkorrelation

$$r_{X_a X_b} = \frac{C_{x_a x_b}}{\sigma_{X_a}\sigma_{X_b}} \qquad (19.5.15)$$

Wir nehmen an, daß die durchschnittliche Itemkovarianz „zwischen“ bei einer Veränderung der Testlängen konstant bleibt. Also gilt

$$C_{x_a y_b} = n_{X_a} n_{Y_b} \bar{C}_{x_i y_j} \tag{19.5.16}$$

Sei

$$a = \frac{n_{X_a}}{n_X} \tag{19.5.17}$$

$$b = \frac{n_{Y_b}}{n_Y} \tag{19.5.18}$$

Aus den Gln. 19.5.13 und 19.5.14 folgt

$$r_{XY} = \frac{n_X n_Y \bar{C}_{x_i y_j}}{\sigma_X \sigma_Y} \tag{19.5.19}$$

Aus den Gln. 19.5.12 und 19.5.15 bis 19.5.18 erhalten wir

$$r_{X_a Y_b} = \frac{n_{X_a} n_{Y_b} \bar{C}_{x_i y_j}}{\sigma_X \sigma_Y \sqrt{a + a(a-1) r_{XX}} \sqrt{b + b(b-1) r_{YY}}} \tag{19.5.20}$$

Dabei ist r_{YY} die Paralleltestreliabilität des Tests Y, wenn man in Gl. 19.5.8 den Index Y für den Index X einsetzt. Aus den Gln. 19.5.19 und 19.5.20 folgt

$$r_{X_a Y_b} = \frac{\sqrt{ab}\, r_{XY}}{\sqrt{1 + (a-1) r_{XX}} \sqrt{1 + (b-1) r_{YY}}} \tag{19.5.21}$$

Das ist aber gerade Gl. 19.2.1.

Wenn nur die Länge von Test X geändert wird, ist $b = 1$, und aus Gl. 19.5.21 folgt

$$r_{X_a Y} = \sqrt{\frac{a}{1 + (a-1) r_{XX}}}\, r_{XY} \tag{19.5.22}$$

Das ist aber gerade Gl. 19.2.2

19.5.4 Einer von beiden Tests ist unendlich lang

Aus Gl. 19.5.22 folgt

$$r_{X_a Y} = \frac{r_{XY}}{\sqrt{\dfrac{1 - r_{XX}}{a} + r_{XX}}} \tag{19.5.23}$$

Wenn a nach unendlich geht, folgt

$$r_{X_\infty Y} = \frac{r_{XY}}{\sqrt{r_{XX}}} \tag{19.5.24}$$

Das ist aber gerade Gl. 19.2.3.

19.5.5 Beide Tests sind unendlich lang

Gl. 19.5.21 können wir folgendermaßen schreiben

$$r_{X_a Y_b} = \frac{r_{XY}}{\sqrt{\dfrac{1 - r_{XX}}{a} + r_{XX}}\sqrt{\dfrac{1 - r_{YY}}{b} + r_{YY}}} \tag{19.5.25}$$

Wenn a und b nach unendlich gehen, folgt

$$r_{X_\infty Y_\infty} = \frac{r_{XY}}{\sqrt{r_{XX} r_{YY}}} \tag{19.5.26}$$

Das ist aber gerade Gl. 19.2.4.

19.5.6 Die Reliabilität eines Tests mit geänderter Länge

Es sei angenommen, die Tests X und Y seien Paralleltests, und jeder werde in seiner Länge um den Faktor a verändert. Dann gilt

$$r_{XY} = r_{XX} = r_{YY} \tag{19.5.27}$$

und

$$b = a \tag{19.5.28}$$

Setzen wir die Gln. 19.5.27 und 19.5.28 in Gl. 19.5.21 ein, so folgt

$$r_{X_a X_a} = \frac{a r_{XX}}{1 + (a - 1) r_{XX}} \tag{19.5.29}$$

Das ist aber gerade Gl. 19.3.1.

19.5.7 Die Reliabilität eines Tests, bei dem die Zahl der Items und die Zahl der Wahlmöglichkeiten geändert wurde

Wir wiederholen Gl. 14.6.65

$$ {}_o r_{XY} = \frac{{}_t r_{XY}}{\sqrt{1 + \frac{c}{1-c}\left(\frac{n_X - \bar{S}_{tX}}{\sigma_{tX}{}^2}\right)}\sqrt{1 + \frac{c}{1-c}\left(\frac{n_Y - \bar{S}_{tY}}{\sigma_{tY}{}^2}\right)}} \tag{19.5.30} $$

Nimmt man an, daß Test Y eine Wiederholung des Tests X ist, folgt

$$ {}_t r_{XY} = 1 \tag{19.5.31} $$

$$ \bar{S}_{t_X} = \bar{S}_{t_Y} = \bar{S}_t \tag{19.5.32} $$

$$ \sigma_{t_X}{}^2 = \sigma_{t_Y}{}^2 = \sigma_t{}^2 \tag{19.5.33} $$

Setzt man die Gln. 19.5.31 bis 19.5.33 in Gl. 19.5.30 ein, ergibt sich

$$ r_{cc} = \frac{\sigma_t^2}{\sigma_t^2 + \frac{c}{1-c}(n - \bar{S}_t)} \tag{19.5.34} $$

Wenn bei einer Testaufgabe die Wahrscheinlichkeit d besteht, rein zufällig die richtige Antwort zu finden, gilt

$$ r_{dd} = \frac{\sigma_t^2}{\sigma_t^2 + \frac{d}{1-d}(n - \bar{S}_t)} \tag{19.5.35} $$

Aus den Gl. 19.5.34 und 19.5.35 folgt

$$ \frac{r_{dd}}{r_{cc}} = \frac{\sigma_t^2 + \frac{c}{1-c}(n - \bar{S}_t)}{\sigma_t^2 + \frac{d}{1-d}(n - \bar{S}_t)} \tag{19.5.36} $$

Wir wiederholen die Gln. 14.6.44 bzw. 14.6.51

$$ S_t = \frac{\bar{S}_o - nc}{1-c} \tag{19.5.37} $$

$$ \sigma_t{}^2 = \frac{\sigma_o{}^2 - c(n - \bar{S}_o)}{(1-c)^2} \tag{19.5.38} $$

Aus Gl. 19.5.37 folgt

$$n - \bar{S}_t = \frac{n - S_o}{1 - c} \tag{19.5.39}$$

Setzt man die Gln. 19.5.38 und 19.5.39 in Gl. 19.5.36 ein, ergibt sich

$$\frac{r_{dd}}{r_{cc}} = \frac{\dfrac{\sigma_o^2 - c(n - \bar{S}_o)}{(1-c)^2} + \dfrac{c}{1-c}\left(\dfrac{n - \bar{S}_o}{1-c}\right)}{\dfrac{\sigma_o^2 - c(n - \bar{S}_o)}{(1-c)^2} + \dfrac{d}{1-d}\left(\dfrac{n - \bar{S}_o}{1-c}\right)} \tag{19.5.40}$$

Nach Vereinfachung folgt

$$\frac{r_{dd}}{r_{cc}} = \frac{\sigma_o^2}{\sigma_o^2 - c(n - \bar{S}_o) + \dfrac{d(1-c)}{1-d}(n - \bar{S}_o)} \tag{19.5.41}$$

oder

$$r_{dd} = \frac{r_{cc}}{1 + \dfrac{d-c}{1-d}\,\dfrac{n - \bar{S}_o}{\sigma_o^2}} \tag{19.5.42}$$

Sei

$$c = \frac{1}{m_c} \tag{19.5.43}$$

$$d = \frac{1}{m_d} \tag{19.5.44}$$

Dabei seien m_c und m_d die Anzahlen der Wahlmöglichkeiten bei dem ursprünglichen und dem veränderten Test. Setzt man die Gln. 19.5.43 und 19.5.44 in Gl. 19.5.42 ein und verändert etwas die Schreibweise, ergibt sich

$$_cr_d = \frac{r}{1 + \dfrac{m_c - m_d}{m_c(m_d - 1)}\,\dfrac{n_c - S_c}{\sigma_c^2}} \tag{19.5.45}$$

Dabei ist n_c die Anzahl der Items in dem Test; r ist die Reliabilität des Tests mit n_c Items und jeweils m_c Antwortmöglichkeiten; $_cr_d$ ist die Reliabilität des Tests mit n_c Items und jeweils m_d Antwortmöglichkeiten; und $\bar{S}_c$ und σ_c^2 sind arithmetisches Mittel bzw. Varianz des Tests mit n_c Items und m_c Antwortmöglichkeiten. Weiter folgt aus Gl. 17.7.21

$$r = \frac{n_c}{n_c - 1}\left[1 - \frac{n_c(\bar{p}\bar{q} - \sigma_p^2)}{\sigma_c^2}\right] \tag{19.5.46}$$

Löst man diese Gleichung nach $\frac{1}{\sigma_c^2}$ auf, so folgt

$$\frac{1}{\sigma_c^2} = \frac{n_c - (n_c - 1)r}{n_c^2(\bar{p}\bar{q} - \sigma_p^2)} \tag{19.5.47}$$

Jetzt sei

$$n_c - S_c = n_c\bar{q} \tag{19.5.48}$$

Setzt man die Gln. 19.5.47 und 19.5.48 in Gl. 19.5.45 ein, ergibt sich

$${}_cr_d = \frac{r}{1 + \frac{m_c - m_d}{m_c(m_d - 1)} \frac{\bar{q}}{\bar{p}\bar{q} - \sigma_p^2}\left(1 - \frac{n_c - 1}{n_c} r\right)} \tag{19.5.49}$$

Diese Gleichung entspricht einem Ausdruck, der von *Lord* und *Coward* (1950) abgeleitet wurde.

Gl. 19.5.29 kann folgendermaßen geschrieben werden

$$R = \frac{a\,{}_cr_d}{1 + (a - 1)\,{}_cr_d} \tag{19.5.50}$$

Dabei ist

$$a = \frac{n_d}{n_c} \tag{19.5.51}$$

n_d ist die Anzahl der Items in dem veränderten Test, und R ist die Reliabilität des Tests mit n_d Items und jeweils m_d Wahlmöglichkeiten.

Sei

$$b = \frac{m_c - m_d}{m_c(m_d - 1)} \tag{19.5.52}$$

$$G = \frac{\bar{q}}{\bar{p}\bar{q} - \sigma_p^2}\left(1 - \frac{n_c - 1}{n_c} r\right) \tag{19.5.53}$$

Setzt man die Gln. 19.5.52 und 19.5.53 in Gl. 19.5.49 ein, so folgt

$$ {}_{c}r_{d} = \frac{r}{1 + bG} \qquad (19.5.54) $$

Setzt man diese Gleichung in Gl. 19.5.50 ein, ergibt sich

$$ R = \frac{a\dfrac{r}{1 + bG}}{1 + (a - 1)\dfrac{r}{1 + bG}} \qquad (19.5.55) $$

oder

$$ R = \frac{ar}{1 - r + bG + ar} \qquad (19.5.56) $$

Das ist aber gerade Gl. 19.4.1.

20. Spezifität

Im 10. Kapitel haben wir die Spezifität von Tests als eine korrelative Eigenschaft von multiplen Messungen behandelt. Jetzt wollen wir diese Eigenschaft etwas systematischer und detaillierter betrachten. Dabei wollen wir mit einer kurzen Definition und Diskussion dieses Begriffes beginnen und dann auf seine Bedeutung in der Psychometrie und auf das zugrundeliegende statistische Konzept eingehen. Schließlich werden wir Methoden für eine quantitative Schätzung der Spezifität eines Tests angeben.

20.1 Definition und Diskussion der Spezifität

Die Spezifität eines Tests kann am zweckmäßigsten abgehandelt werden, wenn man die Beziehungen einer Variable zu anderen Variablen zugrundelegt. Solche Variablen können Testpunktwerte, die aus der Summe oder der gewichteten Summe von Itempunktwerten bestehen, das können aber auch die Itempunktwerte selbst sein. Wir werden die Definition der Spezifität unter dem Gesichtspunkt der multiple Messungen und der Homogenität diskutieren.

20.1.1 Multiple Messungen

Wir werden bei der Behandlung der Spezifität sowohl apriori- als auch Faktorvariablen zugrundelegen; denn wie wir im 7. und 9. Kapitel über multiple Messungen und Faktorenanalyse gesehen haben, ist das Konzept der Korrelation zwischen Variablen für eine Einsicht in die Beziehungen zwischen einer Anzahl von verschiedenen Messungen notwendig. Wir werden auch Beispiele für solche Variablen bringen, weiterhin eine Korrelationsmatrix, die etwas genauer das Konzept der Spezifität illustriert.

20.1.1a Apriori- und Faktorvariablen

Der Unterschied zwischen apriori- und Faktorvariablen dürfte inzwischen klar sein. Im 7. Kapitel über multiple Messungen haben wir zunächst apriori-Variablen betrachtet, also Variablen, die von Forschern erdacht und ihren Untersuchungen zugrundegelegt worden waren. Diese Variable waren jedoch unsystematisch; die wirklichen Basisvariablen wurden nicht erkannt.

Wenn Faktorvariablen vorliegen, haben wir die Meßwerte bei einer Reihe von apriori-Variablen analysiert und nicht nur die Dimensionalität des Systems bestimmt – d. h. die Anzahl der Variablen, die eine größere Gruppe von apriori-Variablen sinnvoll beschreiben –, sondern auch, wie man diese Faktoren mit Hilfe der apriori-Variablen benennen kann. Obwohl wir in dem vorliegenden Buch nicht den Versuch gemacht haben, die Faktorenanalyse detailliert und umfassend zu beschreiben, haben wir doch soviel gesagt, daß einige apriori-Variablen Faktorvariablen repräsentieren können, und daß die Faktorenladungen der apriori-Tests die Korrelationen dieser Tests mit den einzelnen Faktoren sind.

20.1.1b Beispiele

Wir können die Kombination von apriori-Variablen und Faktoren leicht an der klassischen Untersuchung von *Thurstone* (1941) über die primary mental abilities verdeutlichen. *Thurstone* sammelte und konstruierte seine 56 ursprünglichen Variablen für verschiedene kognitive Fähigkeiten auf Grund von apriori-Überlegungen, d. h. auf Grund von eigenen Gedanken und solchen anderer Forscher vor ihm, z. B. *Binet, Terman, Thorndike* und *Otis*, welche Meßinstrumente für hypothetische, also nicht experimentell bestimmte psychische Prozesse oder kognitive Fähigkeiten entwickelt hatten.

Diese große Zahl von apriori-Variablen kann theoretisch durch einige Faktoren beschrieben werden. In *Thurstone*s Experiment ergaben sich zwischen acht und zwölf Faktoren, je nachdem, wieviel Varianz aufgeklärt werden sollte. Die Matrix der Faktorenladungen, die sich bei der Analyse der Interkorrelationen der apriori-Variablen ergibt, kann als eine Submatrix mit Korrelationen zwischen den apriori-Tests und den Faktortests angesehen werden.

Wir können nun die Frage stellen, was mit Spezifität gemeint ist. Spezifität bedeutet einfach das Ausmaß, in welchem einer der Tests einen Faktor mißt, den keiner der anderen Tests erfaßt. Die Spezifität

eines Tests hat deshalb nur in bezug auf eine gegebene Testbatterie einen Sinn.
Im 9. Kapitel über Faktorenanalyse haben wir ein Modell, das spezifische Faktoren einschließt, betrachtet, und wir haben einige Voraussetzungen dieses Modells diskutiert. Ein Test, der irgendetwas mißt, das keiner der anderen Tests mißt, hat nur in einem spezifischen Faktor eine hohe Ladung. Da die Matrix der allgemeinen Faktoren keine spezifischen Faktoren enthält, müssen diese in einer Diagonalmatrix von spezifischen Faktorenladungen ausgedrückt werden.

20.1.1c Ein Beispiel für eine Korrelationsmatrix

Ein vereinfachtes Beispiel für diese korrelativen Beziehungen ist in der folgenden Abbildung gegeben:

$$
\begin{array}{cc}
 & \begin{array}{ccccccccc} & X & & & a & & & S & \end{array} \\
R = & \left[\begin{array}{ccc|cc|ccc}
1.00 & .32 & .45 & .50 & .60 & .62 & .00 & .00 \\
.32 & 1.00 & .22 & .40 & .20 & .00 & .89 & .00 \\
.45 & .22 & 1.00 & .30 & .50 & .00 & .00 & .81 \\
\hline
.50 & .40 & .30 & 1.00 & .00 & .00 & .00 & .00 \\
.60 & .20 & .50 & .00 & 1.00 & .00 & .00 & .00 \\
\hline
.62 & .00 & .00 & .00 & .00 & 1.00 & .00 & .00 \\
.00 & .89 & .00 & .00 & .00 & .00 & 1.00 & .00 \\
.00 & .00 & .81 & .00 & .00 & .00 & .00 & 1.00
\end{array}\right]
\begin{array}{c} \\ X \\ \\ \\ a \\ \\ S \\ \\ \end{array}
\end{array}
$$

Abb. 20.1.1 Numerisches Beispiel für eine Korrelationssupermatrix mit Testvariablen, allgemeinen Faktoren und spezifischen Faktoren.

Dieses Supermatrix wird in der folgenden Abbildung symbolisch ausgedrückt, wobei die Symbole denen in der Korrelationsmatrix in Abb. 20.1.1 entsprechen. Tests, allgemeine Faktoren und spezifische Faktoren werden durch die Indizies *X, a* bzw. *S* ausgedrückt.

$$
R = \begin{bmatrix} r_{XX} & r_{Xa} & r_{XS} \\ r_{aX} & r_{aa} & r_{aS} \\ r_{SX} & r_{Sa} & r_{SS} \end{bmatrix}
$$

Abb. 20.1.2 Symbolisches Beispiel für eine Korrelationssupermatrix mit Testvariablen, allgemeinen Faktoren und spezifischen Faktoren.

20.1.2 Spezifität und Homogenität

Wir haben im 10. Kapitel das Konzept der Testspezifität im Gegensatz zur Homogenität diskutiert. Es wurde im 15. Kapitel über Homogenität etwas ausführlicher dargestellt. Wir wollen diese Diskussion nach einem kurzen Rückblick noch mehr erweitern und dabei auf die Homogenität „innerhalb" und „zwischen" eingehen.

20.1.2a Homogenität „innerhalb"

Ein Test kann als homogen angesehen werden, wenn seine Items miteinander hoch kovariieren oder korrelieren. In einem solchen Falle können wir sicher sein, daß der Test selbst hinreichend homogen ist, und daß die Spezifität der einzelnen Items niedrig ist. Die Logik der Testkonstruktion verlangt, daß wir ein Meßinstrument nicht eher als Test bezeichnen sollten, bis seine Items einen hohen Grad an Homogenität besitzen. Wenn nicht, sollten sie unterteilt oder in andere Meßinstrumente aufgenommen werden, bis daß die Items in einem einzelnen Test homogen sind. Die Homogenität der Items „zwischen" ist dann gering, deshalb ist die Spezifität des Tests hoch.

Diese Regel kann eine Ausnahme haben. Bei Papier-Bleistift-Verfahren werden manchmal homogene Items räumlich getrennt.

Bei Tests mit Fragen zur Persönlichkeit oder anderen Items, in denen der Proband sich selbst beurteilen muß, kann es wünschenswert sein, Items, die verschiedene Persönlichkeitsmerkmale erfassen, zu mischen. Dadurch ist es nicht mehr so offensichtlich, welche Verhaltensvariablen erfaßt werden, und die Tendenz, Antworten zu verfälschen, ist geringer. Nichtsdestoweniger sollte ein solcher Fragebogen logisch als eine Testbatterie betrachtet werden. Mit Hilfe der Auswertungsanleitungen oder Schablonen kann man dann die homogenen Untergruppen von Items heraussondern und getrennt auswerten.

20.1.2b Homogenität „zwischen"

Es dürfte jetzt klar sein, daß Spezifität und Homogenität einfach die beiden entgegengesetzten Extreme des Konzepts der Kovarianz zwischen Variablen sind. Niedrige Kovarianz ist auf Itemspezifität, hohe Kovarianz auf Itemhomogenität zurückzuführen.

Diese Beziehungen gelten, ob wir nun von Items oder von Tests sprechen. Wenn die Items in einem Test hinreichend homogen sind, können wir die Korrelation zwischen zwei homogenen Tests betrachten. Wenn sie niedrig ist, haben die Tests bezüglich der gemessenen Variable

einen hohen Grad an Spezifität. Ist sie hoch, so ist auch die Homogenität der Tests hoch. Bei m Tests sind alle Tests zu berücksichtigen, wenn man angeben will, welcher der m Tests spezifisch ist. Angenommen, in einer großen Testbatterie finden wir einen Test, der mit allen anderen niedrig korreliert. Wenn die Items innerhalb dieses Tests homogen sind, können wir sagen, daß der Test einen hohen Grad an Spezifität besitzt.
Das beste Beispiel hierfür ist der 2. Test aus den mit X überschriebenen Spalten in Abb. 20.1.1. Man sieht, daß dieser Test die höchste Ladung im spezifischen Faktor und die niedrigsten Ladungen in den allgemeinen Faktoren besitzt. Man kann auch feststellen, daß seine Korrelationen mit den beiden anderen Tests niedrig sind. Wenn wir annehmen, daß der Homogenitätskoeffizient dieses Tests hoch ist, dann können wir auch annehmen, daß er eine hohe Spezifität besitzt. Wir werden später sehen, warum wir etwas über die Homogenität der Items innerhalb des Tests wissen müssen, bevor wir eindeutige Aussagen über seine Spezifität machen können.

20.2 Die Bedeutung der Spezifität

Wenn man mit einer Testbatterie Vorhersagen machen will, ist es im allgemeinen wichtig, daß die einzelnen Tests der Batterie einen hohen Grad an Spezifität besitzen. Die Konzepte der Spezifität und Reliabilität sind eng miteinander verknüpft; die Bedeutung dieser Beziehung für Messung und Vorhersage in der Psychologie wird jedoch nur selten in der richtigen Art herausgestellt. Im Idealfall muß man die Tests für eine Testbatterie so auswählen, daß jeder bezüglich seiner Items in hohem Grade homogen, bezüglich der anderen Tests jedoch in hohem Grade spezifisch ist. Wir wollen die Bedeutung der Spezifität für die Vermeidung von Überlappungen, die Vorhersage eines komplexen Kriteriums und die differentielle Vorhersage eines multiplen Kriteriums diskutieren.

20.2.1 Die Vermeidung von Überlappungen

Vielleicht der wichtigste Grund für die Forderung, daß jeder Test einer Testbatterie einen hohen Grad an Spezifität besitzen soll, sind Fragen der Ökonomie, und zwar bezüglich des zeitlichen als auch des finanziellen Aufwandes. Es ist im allgemeinen sinnlos, in einer Testbatterie verschiedene Tests zu vereinigen, die dasselbe messen.

In Abb. 20.1.1 sehen wir, daß der zweite und der dritte Test spezifischer als der erste Test sind, und daß sie deshalb mehr einzigartige Informationen über die Meßwertträger liefern als der erste Test. Die Korrelation von r = .45 zwischen dem 1. und 3. Test ist jedoch höher als die anderen beiden Korrelationen. Diese zwei Tests überlappen einander in dem, was sie messen, mehr als der 1. und 2. oder der 2. und 3. Test. Wenn die Korrelation zwischen zwei Tests sehr hoch ist, verschwendet man Zeit und Mühe, wenn man beide anwendet. Die zusätzlichen Daten tragen bei der Darstellung der Ergebnisse nur zur Verwirrung bei. In einigen Fällen kann es natürlich doch notwendig sein, mehrere verschiedene Tests für dieselbe Funktion, oder aber Parallelformen desselben Tests anzuwenden. Das ist jedoch etwas ganz anderes, als wenn man zwei Tests nimmt, die nur ungefähr, aber nicht genau dasselbe erfassen. Wie wir bereits gesehen haben, ist es aus Sicherheitsgründen wichtig, Parallelformen desselben Tests zu besitzen, so daß verschiedene Formen zu verschiedenen Zeiten und an verschiedenen Orten bei verschiedenen Probandengruppen durchgeführt werden und so Täuschungsmöglichkeiten auf ein Minimum reduziert werden können. Es ist weiterhin wünschenswert, Paralleltests oder Tests, die sich so weit wie möglich überlappen, zur Verfügung zu haben, um Reliabilitätsschätzungen des einen oder anderen Verfahrens zu ermöglichen. Dieses Problem wurde ausführlich im 10. 17. und 18. Kapitel diskutiert. Dabei haben wir es jedoch mit Tests zu tun, die dieselbe Verhaltensvariable oder denselben psychischen Prozeß möglichst in der gleichen Art erfassen sollen, nicht aber mit Tests, die verschiedene in enger Beziehung stehende, aber nichtsdestoweniger unterschiedliche Funktionen messen.
Der unbefriedigendste Fall einer Überlappung liegt dann vor, wenn zwei oder mehr Tests praktisch dieselbe Funktion messen, ihre Überlappung jedoch nicht so stark ist, als daß sie als Paralleltests dienen könnten.

20.2.2 Die Vorhersage von komplexen Kriterien

Wir haben bereits im 7. Kapitel angedeutet, daß multiple Messungen bei der Vorhersage eines komplexen Kriteriums von Nutzen sein können. Man kann eine solche Kriterienvariable derartig definieren, daß sie aus einer Anzahl von unterschiedlichen Verhaltensvariablen oder psychischen Prozessen zusammengesetzt ist.
Ein Beispiel für ein solches Kriterium ist die Berufseignung. Hier kann ein ziemlich komplexes pattern von Verhaltensweisen für eine zufrie-

denstellende Leistung erforderlich sein. Die meisten Tätigkeiten, bei denen man nicht immer nur denselben Handgriff wiederholen muß, sind von solcher Art. Es ist deshalb bei der Vorhersage oder der Schätzung des Erfolges bei solchen Kriterien wichtig, daß die entsprechenden Tests die unterschiedlichen Dimensionen einer jeden Kriterienvariablen repräsentieren. Je eher diese Tests spezifische Funktionen erfassen, desto weniger Tests sind erforderlich, und desto sinnvoller ist die Interpretation der den Tests zugeordneten Gewichte.

Je höher der Grad der Überlappung der Prädiktorvariablen ist, desto niedriger ist im allgemeinen die Zahl der unterschiedlichen Dimensionen, die durch die Testbatterie geschätzt werden können, und desto ungenauer können die meisten Kriterien bei einer vorgegebenen Anzahl von Tests vorhergesagt werden.

20.2.3 Differentielle Vorhersage

Eine andere Situation ergibt sich, wenn nicht ein einzelnes Kriterium, das aus einer komplexen Kombinationen von Verhaltenspattern besteht, vorliegt, sondern eine Anzahl von verschiedenen Kriterien. Bei der differentiellen Vorhersage des Erfolges, wie er von *Horst* (1954 b) und anderen behandelt wurde, ist es wichtig, daß die einzelnen Prädiktorvariablen der Testbatterie relativ unabhängig voneinander sind. Die Schätzung einer jeden Kriterienvariable aus den Prädiktorvariablen sollte so spezifisch wie möglich sein.

Der Grund dafür ist der folgende: Es ist leichter, für jeden Probanden die spezielle Tätigkeit – das Kriterium –, für die er am besten geeignet ist, herauszudifferenzieren, wenn die geschätzten Kriterienwerte relativ spezifisch sind. Wenn die Interkorrelationen der Prädiktorvariablen hoch sind –, d. h., wenn ihre Spezifität niedrig ist –, dann korrelieren im allgemeinen die Schätzungen der Kriterienvariablen ebenfalls miteinander hoch, und es ist nicht möglich, scharf zwischen den einzelnen Kriterientätigkeiten zu unterscheiden. Deshalb haben solche Schätzungen nur einen begrenzten Wert für eine Vorhersage oder eine Beratung. Auf das Problem der differentiellen Vorhersage und der differentiellen Zuordnung sind wir auch im 1. Kapitel eingegangen; diese Frage wird ausführlicher in den Veröffentlichungen von *Horst* (1954b, 1955, 1960) behandelt.

20.3 Die statistische Interpretation der Spezifität

Die vorangegangene Diskussion dieses Kapitels sollte die praktische Bedeutung der Spezifität deutlich machen. Wir haben gezeigt, daß Spezifität und Homogenität entgegengesetzte Extreme desselben Phänomens sind. Das Konzept der Homogenität haben wir im 15. Kapitel behandelt. Jetzt können wir etwas genauer unter Verwendung von statistischen Begriffen ausführen, was wir unter Spezifität verstehen wollen. Zuerst wollen wir sie zur Faktorenanalyse, dann zur multiplen Korrelation in Beziehung setzen. Schließlich wollen wir eine wichtige Beziehung zwischen Spezifität und Reliabilität anführen.

20.3.1 Spezifität und Faktorenanalyse

Wir haben bereits darauf hingewiesen, daß ein Test mit hoher Spezifität innerhalb einer Reihe von anderen Tests eine hohe Ladung in einem spezifischen Faktor, aber nur niedrige Ladungen in den allgemeinen Faktoren besitzt. Wenn eine Reihe von Tests mit jeweils perfekter Spezifität oder – was dasselbe ist – mit Homogenitäten von null vorliegen würde, dann wäre die entsprechende Faktorenmatrix die Einheitsmatrix. Theoretisch würde die Korrelation zwischen allen diesen Variablen gleich null sein. Wenn wir daher bei einer solchen Testbatterie eine Faktorenanalyse durchführen und das Modell der allgemeinen, spezifischen und Fehlerfaktoren zugrundelegen, zeigt sich, daß es keinen allgemeinen Faktor gibt, und daß alle Varianz durch spezifische Faktoren aufgeklärt wird. Das würde für eine Testbatterie ideal sein. In der Praxis sind solche Ergebnisse mit den konventionellen Methoden der Punktbewertung nur schwer, wenn überhaupt, zu erreichen. Es ist jedoch möglich, spezielle Bewertungsverfahren auf der Basis von Linearkombinationen der Meßwerte zu entwickeln. Dadurch kann man erreichen, daß bei einer gegebenen Testbatterie und einer bestimmten Probandengruppe alle Korrelationen zwischen diesen abgeleiteten Werten gleich null sind.

20.3.2 Spezifität und multiple Korrelation

Ein Test ist dann völlig spezifisch, wenn alle seine Korrelationen zu den anderen betrachteten Tests gleich null sind. Dieser Fall ist bei experimentellen Variablen nicht zu erwarten. Wenn ein Test bei einer Probandenstichprobe innerhalb einer Testbatterie angewendet wird, kann jedoch auf Grund der multiplen Korrelation ein Spezifitätsindex abgeleitet werden. Die Definition der Spezifität unter Rückgriff auf die Faktorenanalyse basiert auf der Varianz in dem spezifischen Faktor. Wenn wir die multiple Korrelation zugrundelegen, wobei eine Reihe von Korrelationen zwischen Variablenpaaren gegeben ist, können wir die Spezifität eines Tests als Funktion seiner multiplen Korrelation mit allen anderen Tests der Testbatterie definieren, und zwar einfach als „eins" minus dem Quadrat dieser multiplen Korrelation. Dieser Wert repräsentiert den Varianzanteil des Tests, der in dieser speziellen Stichprobe nicht auf Grund der anderen Tests geschätzt werden kann, und er kann deshalb gut als Spezifität des Tests angesehen werden.

Diese Definition der Spezifität steht in enger Beziehung zu einer bestimmten Technik der Faktorenanalyse, die als „image analysis" bekannt ist und von *Guttman* (1953) entwickelt wurde.

Die Kommunalität eines Tests ist definiert als der Anteil der Varianz, die der Tests mit den anderen Tests der Batterie gemeinsam hat. Die untere Grenze dieser Kommunalität ist bekanntlich das Quadrat der multiplen Korrelation des betreffenden Tests mit allen anderen Tests der Batterie. Also kann die Spezifität als „eins" minus der Kommunalität definiert werden.

20.3.3 Spezifität und Reliabilität

Wir haben weiter oben festgestellt, daß wir bei der Bestimmung der Spezifität eines Tests auch seine interne Homogenität berücksichtigen müssen. Das ist notwendig, denn ein Test kann auch deshalb einen hohen Grad an Spezifität in bezug auf die anderen Tests der Batterie zeigen, weil er unreliabel ist, so daß die beobachtete Korrelation mit allen anderen Variablen unmöglich hoch sein kann. Es ist deshalb wichtig, daß wir bei der Berechnung der Spezifität eines Tests auch Informationen über seine Reliabilität haben. Wenn ein hoher Grad an Homogenität „innerhalb" vorliegt, sind die Kovarianzen zwischen den Items per definitionem hoch; und deshalb muß die Reliabilität hoch sein. Eins der großen allgemeinen Probleme sowohl in der Faktorenanalyse als auch in der Testtheorie ist es, die Testreliabilität zu schätzen und dabei sowohl die Konzepte als auch die Anteile der Reliabilität und Homogenität auseinanderzuhalten.

20.4 Die Schätzung der Spezifität eines Tests

Methoden zur Schätzung der Spezifität eines Tests sind in dem vorangegangenen Abschnitt angeführt worden. Wir haben gezeigt, daß wir sowohl mit Hilfe der Faktorenanalyse als auch mit der multiplen Korrelation die Spezifität abschätzen können. Das kann ziemlich einfach direkt auf Grund der Korrelationen mit den anderen Tests bei Kenntnis der Reliabilitäten geschehen. Man kann diese Schätzung aber auch etwas genauer mit Hilfe der multiplen Korrelation des Tests mit den anderen Tests durchführen.

20.4.1 Die Schätzung der Spezifität aus den Korrelationen

Eine grobe, aber schnelle Methode zur Bestimmung der Spezifität eines Tests aus seinen Korrelationen mit anderen Tests in der Batterie ist die folgende: Wir suchen den Test, mit dem der betrachtete Test am höchsten korreliert. Weiter nehmen wir an, die Reliabilitäten beider Tests seien bekannt. Aus diesen Zahlen berechnen wir die minderungskorrigierte Korrelation zwischen beiden Tests. Dieser korrigierte Korrelationskoeffizient wird dann quadriert und von eins abgezogen. Das Ergebnis kann als ein Index der Spezifität des Tests aufgefaßt werden. Die entsprechende Formel lautet

$$\rho_k = 1 - \frac{{r_{kh}}^2}{r_{kk} r_{hh}} \tag{20.4.1}$$

Dabei ist r_{kh} die Korrelation des betrachteten Tests k mit dem Test h in der Batterie, mit welchem seine Korrelation maximal ist, und r_{kk} und r_{hh} sind die Reliabilitäten der Tests h bzw. k.

Es folgt ein Beispiel für die Schätzung der Spezifität eines Tests auf Grund der höchsten Korrelation mit einem der anderen Tests und den beiden entsprechenden Reliabilitätskoeffizienten.

$$r_{kh} = .32 \qquad r_{kk} = .7 \qquad r_{hh} = .8$$

$$\rho_k = 1 - \frac{(.32)^2}{(.7)(.8)} = 1 - \frac{.1024}{.56} = .817$$

Abb. 20.4.1 Berechnung eines groben Schätzwerts der Spezifität eines Tests.

20.4.2 Die Schätzung der Spezifität auf Grund der multiplen Korrelation

Wenn wir die Spezifität eines Tests genauer und sinnvoller abschätzen wollen, können wir die multiple Korrelation des Tests mit den anderen Tests der Testbatterie heranziehen. Jedoch kann die multiple Korrelation als solche nicht zur Schätzung dieser Spezifität verwendet werden, da sie wegen der Unreliabilität der Meßwerte zu einer Unterschätzung führen würde. Es ist deshalb eine Methode nötig, mit der man die Höhe der Spezifität schätzen kann, wenn alle Variablen ein Höchstmaß an Reliabilität besäßen. Deshalb brauchen wir Reliabilitätsschätzungen aller Tests der Batterie. Man erhält dann einen Schätzwert für die Spezifität, indem man das Quadrat des minderungskorrigierten multiplen Korrelationskoeffizienten von eins abzieht. In die Schätzung gehen die Standardpartialregressionskoeffizienten, also die β-Gewichte, und die Reliabilitäten der einzelnen Tests mit ein.

Die folgende Gleichung enthält in Matrizenschreibweise die Formel für eine Schätzung der Spezifitäten von Tests aus ihrer multiplen Korrelation mit den anderen Tests, allen Reliabilitäten und der Matrix der β-Gewichte (siehe Abschnitt 20.5),

$$D_\rho = I - D_{R_k}{}^2[I - D_{\beta' D_u \beta} D_{R_k}{}^{-2}]^{-1}(I - D_u)^{-1} \qquad (20.4.2)$$

wobei $D_{R_k}{}^2$ eine Diagonalmatrix der quadrierten multiplen Korrelation einer jeden Variable mit allen anderen ist. Für diese Matrix gilt

$$D_{R_k}{}^2 = I - D_{R^{-1}}^{-1} \qquad (20.4.3)$$

Außerdem ist

$$\beta = I - R^{-1} D_{R^{-1}}^{-1} \qquad (20.4.4)$$

R ist die Matrix der Interkorrelationen aller X-Variablen, und D_u ist eine Diagonalmatrix aller Unreliabilitäten der X-Variablen. Die folgende Gleichung enthält die Gleichung für die Schätzung der Spezifität eines Tests als Funktion dieser Kennwerte in Skalarschreibweise (siehe Abschnitt 20.5)

$$\rho_k = 1 - \frac{R_k{}^2}{\left[1 - \frac{\sum \beta_{k.i}^2 (1 - r_{ii})}{R_k{}^2}\right] r_{kk}} \qquad (20.4.5)$$

Dabei ist r_{ii} die Reliabilität des Tests i, und $\beta_{k \cdot i}$ ist der Standardpartialregressionskoeffizient von Test k auf Test i.

Die folgende Abbildung zeigt die Anwendung von Gl. 20.4.5 auf die Daten aus den Abbn. 6.4.3 und 6.5.3

$$r_{k1} = .40 \qquad r_{k2} = .50 \qquad r_{12} = .60$$

$$r_{kk} = .80 \qquad r_{11} = .90 \qquad r_{22} = .90$$

$$R^2_{k.12} = .2656 \qquad \beta_1{}^2 = .0243 \qquad \beta_2{}^2 = .1664$$

$$\rho = 1 - \frac{.2656}{\left[1 - \frac{(.0243)(.10) + (.1664)(.10)}{.2656}\right](.80)}$$

$$= 1 - \frac{.2656}{\left[1 - \frac{.0191}{.2656}\right](.80)} = 1 - \frac{.2656}{(1 - .0719)(.80)}$$

$$= 1 - \frac{.2656}{(.9281)(.80)} = 1 - \frac{.2656}{.7425} = 1 - .358$$

$$= .642$$

Abb. 20.4.2 Berechnung der Spezifität eines Tests als Funktion der Reliabilitäten und Kennwerten einer multiplen Regression.

20.5 Mathematischer Beweis für die Spezifität eines Tests als Funktion von Kennwerten einer multiplen Regression

Sei

$$R = \frac{x_1{}' x_1}{N} \tag{20.5.1}$$

wobei x_1 die Matrix der standardisierten Rohpunktwerte einer Reihe von Tests ist. Sei

$$R - D_u = \frac{x_1{}' x_2}{N} \tag{20.5.2}$$

wobei x_2 die Matrix der standardisierten Rohpunktwerte einer Reihe von Paralleltests bei denselben Probanden und

$$D_u = I - D_{r_{ii}} \tag{20.5.3}$$

ist. Sei

$$\beta = I - R^{-1}D_{R^{-1}}^{-1} \tag{20.5.4}$$

$$y_1 = x_1\beta \tag{20.5.5}$$

$$y_2 = x_2\beta \tag{20.5.6}$$

und

$$C_{x_1y_1} = \frac{x_1'y_1}{N} \tag{20.5.7}$$

Aus den Gln. 20.5.1, 20.5.4, 20.5.5 und 20.5.7 folgt

$$C_{x_1y_1} = R - D_{R^{-1}}^{-1} \tag{20.5.8}$$

Sei

$$C_{y_1y_1} = \frac{y_1'y_1}{N} \tag{20.5.9}$$

Aus den Gln. 20.5.1, 20.5.4, 20.5.5 und 20.5.8 folgt.

$$C_{y_1y_1} = R - 2D_{R^{-1}}^{-1} + D_{R^{-1}}^{-1}R^{-1}D_{R^{-1}}^{-1} \tag{20.5.10}$$

Sei

$$C_{y_1y_2} = \frac{y_1'y_2}{N} \tag{20.5.11}$$

Aus den Gln. 20.5.2, 20.5.4, 20.5.5, 20.5.10 und 20.5.11 folgt

$$C_{y_1y_2} = C_{y_1y_1} - \beta' D_u\, \beta \tag{20.5.12}$$

Seien D_{x1y1}, D_{y1y1} und D_{y1y2} die Diagonalmatrizen mit den Diagonalelementen von C_{x1y1}, C_{y1y1} bzw. C_{y1y2}, und $D_{\beta' D_u \beta}$ sei die Diagonale von $\beta' D_u \beta$. Aus den Gln. 20.5.8 und 20.5.10 und den Definitionen ergibt sich

$$D_{x_1y_1} = D_{y_1y_1} \tag{20.5.13}$$

Aus Gl. 20.5.12 und den Definitionen folgt

$$D_{y_1y_2} = D_{y_1y_1} - D_{\beta' D_u \beta} \tag{20.5.14}$$

Sei D_{RXY} eine Diagonalmatrix mit den Korrelationen der X- mit den entsprechenden Y-Variablen. Dann gilt

$$D_{RXY} = D_{x_1y_1} D_{y_1y_1}^{-\frac{1}{2}} \tag{20.5.15}$$

Aus den Gln. 20.5.13 und 20.5.15 folgt

$$D_{R_{XY}}{}^2 = D_{x_1 y_1} \qquad (20.5.16)$$

Sei $D_{\varrho_{12}}$ eine Diagonalmatrix mit den Reliabilitäten der y-Variablen. Dann gilt

$$D_{\rho_{12}} = D_{y_1 y_2} D^{-1}_{y_1 y_1} \qquad (20.5.17)$$

Aus den Gln. 20.5.14 und 20.5.17 folgt

$$D_{\rho_{12}} = (D_{y_1 y_1} - D_{\beta' D_u \beta}) D^{-1}_{y_1 y_1} \qquad (20.5.18)$$

Sei $D_{\varrho_{xy}}$ die Diagonalmatrix mit den Korrelationen der x- mit den entsprechenden y-Variablen nach Durchführung der Minderungskorrektur. Dann gilt

$$D_{\rho_{xy}}{}^2 = D_{R_{XY}}{}^2 D^{-1}_{\rho_{12}} (I - D_u)^{-1} \qquad (20.5.19)$$

Aus Gl. 20.5.16 folgt

$$D_{\rho_{xy}}{}^2 = D_{x_1 y_1} [(D_{y_1 y_1} - D_{\beta' D_u \beta}) D^{-1}_{y_1 y_1}]^{-1} (I - D_u)^{-1} \qquad (20.5.20)$$

Aus Gl. 20.5.8 folgt

$$D_{x_i y_i} = I - D_{R^{-1}}^{-1} \qquad (20.5.21)$$

Man kann jedoch zeigen, daß die rechte Seite von Gl. 20.5.21 eine Diagonalmatrix mit den quadrierten multiplen Korrelationen einer jeden Variable mit jeder ist.
Wir können deshalb definieren

$$D_{R_k}{}^2 = I - D_{R^{-1}}^{-1} \qquad (20.5.22)$$

Aus den Gln. 20.5.13, 20.5.14, 20.5.20, 20.5.21 und 20.5.22 folgt

$$D_{\rho_{xy}}{}^2 = D_{R_k}{}^2 [I - D_{\beta' D_u \beta} D_{R_k}{}^{-2}]^{-1} (I - D_u)^{-1} \qquad (20.5.23)$$

Definiert man die Spezifität als eins minus der quadrierten minderungskorrigierten multiplen Korrelation, so folgt aus Gl. 20.5.23

$$D_\rho = I - D_{R_k}{}^2 [I - D_{\beta' D_u \beta} D_{R_k}{}^{-2}]^{-1} (I - D_u)^{-1} \qquad (20.5.24)$$

Das ist aber gerade Gl. 20.4.2.

Ein einzelnes Element aus Gl. 20.5.24 ist durch

$$\rho_k = 1 - \frac{R_k^{\,2}}{\left[1 - \dfrac{\Sigma\, \beta_{k.i}^2 (1 - r_{ii})}{R_k^{\,2}}\right] r_{kk}} \tag{20.5.25}$$

gegeben, wobei r_{ii} die Reliabilität des Tests i ist. Das ist aber gerade Gl. 20.4.5.

21. Validität

Im 10. Kapitel haben wir darauf hingewiesen, daß die Validität oder Gültigkeit, eine der korrelativen Eigenschaften von psychologischen Tests, nicht ein statistisches, sondern ein auf Werturteile bezogenes Konzept ist. Korrelativ heißt, daß eine Korrelation des psychologischen Tests mit irgendeiner anderen Messung zugrundeliegt. Auf Werturteile bezogenes Konzept bedeutet, daß in die Messungen, mit denen der Test korreliert wird, Werturteile eingehen.

In diesem Kapitel wollen wir etwas systematischer einige der traditionellen Begriffe, die mit dem Validitätskonzept verbunden sind, diskutieren. Wir wollen zunächst das Validitätskriterium und die Validität bei der Vorhersage menschlicher Verhaltensvariablen behandeln. Dann wollen wir eine gewisse Art von Kriterien betrachten, die manchmal auch als Prädiktorvariablen dienen können, und die intermediäre Kriterien genannt werden. Als nächstes wollen wir zwei Arten von temporaler Validität diskutieren, und schließlich wollen wir kritisch einige der traditionellen Validitätskonzepte überprüfen[21].

21.1 Das Validitätskriterium

Das Konzept der Validität impliziert die Korrelation eines psychologischen Tests mit einer besonderen Art von Variablen, Kriterium genannt. Wir wollen den Begriff „Kriterium" etwas eingehender behandeln und dabei auf seine Beziehung zu Werturteilen, einige seiner Eigenschaften und auf die auf ihn aufbauende statistische Definition der Validität eingehen.

---

21 A. d. Ü.: Die in diesem Kapitel erkennbare Einstellung des Autors sollte kritisch überprüft werden.

21.1.1 Kriterium und Werthaltungen

Bei Diskussionen über die Methodologie und die Ziele einer Wissenschaft wird oft darauf hingewiesen, daß die Aufgabe einer Wissenschaft einzig und allein darin bestehe, funktionale Beziehungen zwischen Variablen zu entdecken. Dabei sei es ohne Belang, ob die Variablen selbst oder die funktionalen Beziehungen in irgendeiner Weise den Aufwand lohnen. Sie könne sich nicht mit moralischen, ethischen oder sozialen Werten beschäftigen, außer wenn sie in diesen Bereichen Variablen zu definieren und Beziehungen zwischen ihnen zu entdecken versuche.

Aus diesem Grunde liegt das Konzept der Validität, wie es üblicherweise in der Testtheorie und -praxis verwendet wird, außerhalb der legitimen Interessen der Wissenschaft. Das heißt natürlich nicht, daß sich der Wissenschaftler als Mensch nicht um Werturteile oder moralische und ethische Betrachtungen kümmern sollte oder müßte. Es bedeutet nur, daß solche Überlegungen keine geeignete Grundlage für eine wissenschaftliche Methodologie oder Verfahrensweise sind.

Leider ist dieser Unterschied bisher nicht deutlich genug betont worden. Viele Menschen finden es schwierig, Wertkonzepte von wissenschaftlichen Konzepten zu trennen. Wenn Werte definiert werden, und wenn auf Grund dieser Werte Ziele gesetzt werden, dann ist es die legitime Aufgabe der Wissenschaft, Methoden zur Erreichung dieser Ziele zu erfinden oder zu entwickeln, aber die Wissenschaft kann nicht sagen, ob die Ziele überhaupt erreicht werden sollten. Mit wissenschaftlichen Methoden kann man angeben, ob das Erreichen gewisser Ziele die Verwirklichung anderer Ziele erleichtern kann, aber man kann nicht sagen, ob diese Ziele „gut" oder „schlecht" sind, außer, wenn sie die Erreichung anderer Ziele fördern.

Werte, die mit irgendwelchen speziellen Zielen zusammenhängen, werden nicht durch den Wissenschaftler bestimmt. Im allgemeinen legen soziale oder kulturelle Gruppen diese Werte fest. Darunter verstehen wir folgendes: In dem speziellen System, in dem das Individuum lebt, gibt es gewisse Institutionen, die das Individuum für bestimmte Verhaltensweisen in irgendeiner Art belohnen, für andere bestrafen. Wir können uns jetzt vorstellen, daß das Kriterium eine solche Verhaltensvariable ist. Individuen mit hohen Punktwerten werden belohnt, solche mit niedrigen Punktwerten werden bestraft. Die Werte werden also durch das jeweilige soziokulturelle System bestimmt, das entschei-

det, mit welchen Verhaltensweisen Belohnungen und mit welchen Strafen verknüpft sein sollen.
Beispiele für Kriterienvariablen lassen sich leicht finden. Wenn Arbeiter an ihren Arbeitsplätzen gewisse positive Verhaltensweisen zeigen, bekommen sie eine Lohnerhöhung, oder sie werden befördert, oder sie werden auf andere Weise belohnt, woraufhin diese Arbeiter wiederum positiv reagieren. Den Arbeitern, die sich auf ihren Arbeitsplätzen negativ verhalten, können die Löhne gekürzt werden, sie können gemaßregelt, degradiert oder entlassen werden, oder man kann sie noch anders in einer Art behandeln, die unangenehm ist und negative Reaktionen hervorruft. Mit anderen Worten, eine erfolgreiche Arbeitsleistung wird belohnt, eine weniger erfolgreiche wird bestraft. Ob ein Erfolg „ethisch gut", und ob ein Mißerfolg „ethisch schlecht" ist, steht nicht zur Diskussion. Es kann sein, daß die Ergebnisse einer „guten" Arbeitsleistung auf Grund gewisser Normen absolut unerwünscht sind. Jedoch werden dadurch, daß das soziale Milieu einer Person so strukturiert ist, daß bestimmte Verhaltensweisen belohnt, andere bestraft werden, gewisse Verhaltensvariablen als Kriterien festgelegt. Die zugrundeliegenden Werthaltungen werden durch die engere oder weitere soziale Umgebung bestimmt.

21.1.2 Eigenschaften des Kriteriums

Im nächsten Abschnitt wollen wir Validität und Vorhersage behandeln. Vorher müssen wir aber einige wichtige Eigenschaften von Kriterien aufführen. Die Kenntnis dieser Eigenschaften wird uns in die Lage versetzen, die Bedeutung der Prädiktorvariablen besser zu verstehen. Die Merkmale von Kriterien, die wir kurz betrachten wollen, sind ihr gegenwärtiges Nichtvorhandensein und die hohen Kosten ihrer Erfassung.

21.1.2a Kriterien sind nicht direkt vorhanden

Zu dem Zeitpunkt, wo man sich zum erstenmal für ein Kriterium interessiert, sind entsprechende Kriterienmeßwerte nicht verfügbar. Zum Beispiel sei ein Kriterium für den Erfolg in einem bestimmten Beruf betrachtet, sei es nun die Zufriedenheit mit der Tätigkeit oder das finanzielle Einkommen.
Ein Studienanfänger möchte wissen, wie erfolgreich er, sagen wir, als Arzt sein wird. Dieses Interesse an dem möglichen Erfolg in dem gewünschten Beruf ist schon lange vorher vorhanden, bevor er überhaupt als Arzt zu praktizieren beginnt.

Ein solcher zeitlicher Zwischenraum ist für die meisten Berufe typisch. Man will wissen, ob man in verschiedenen Tätigkeiten erfolgreich sein wird, lange bevor man mit der Ausbildung beginnt.
Das gleiche Interesse ist auch bei denen vorhanden, die für die Anwerbung, Ausbildung und Beschäftigung von Arbeitskräften für die verschiedensten Berufe verantwortlich sind. Sie wollen wissen, ob die Bewerber erfolgreich sein werden, vorausgesetzt, sie werden eingestellt. Ein anderes Beispiel ist die Strafaussetzung zur Bewährung. Eine solche ist immer ein Risiko, und zu dem Zeitpunkt, wo über die Strafaussetzung entschieden werden muß, weiß man nicht, ob ein Sträfling wieder rückfällig wird oder nicht.
Ähnlich wissen Studenten, die sich für das College bewerben, nicht, wie erfolgreich sie zu dem Zeitpunkt, wo sie den zweiten Teil ihres Studiengangs planen müssen, sein werden. Unter dem gleichen Mangel an Informationen leidet auch die Zulassungskommission. Wenn die Studenten sich für eine Zulassung zum College bewerben, ist ungewiß, wie erfolgreich diese Studenten sein würden, wenn man sie annehmen würde.
Aus diesen Beispielen wird offensichtlich, daß die Kriterienvariablen, denen die Gesellschaft auf Grund ihres Systems von Lohn und Strafe eine Bedeutung zumißt, nicht zu der Zeit erfaßbar sind, wo eine Kenntnis dieser Variable für die einzelnen Individuen wichtig wird.

21.1.2b Die Erfassung der Kriterien ist teuer
Die Erfassung der Kriterienvariablen ist im allgemeinen bei den einzelnen Probanden aus finanziellen und zeitlichen Gesichtspunkten relativ aufwendig. Jemand weiß nicht sicher, wie erfolgreich er in einem Beruf ist, ehe er nicht ein Gutteil seiner kostbaren Zeit und Arbeitskraft auf diese Tätigkeit verwendet hat. Die einzige Möglichkeit, definitiv zu erfahren, ob man Erfolg haben wird, ist, den Beruf auszuüben, bis sich der Erfolg zeigt. Das gilt natürlich auch im Erziehungswesen. Ein Student hat keine absolute Garantie, ob er auf dem College erfolgreich sein wird oder nicht, bis daß er das Examen besteht oder nicht besteht und viel Zeit, Geld und Arbeitskraft einsetzt.
Offenbar können die Aufwendungen für Zeit, Mühe, Geld und Material zur Messung vielen Kriterien sehr groß sein, wobei sowohl das einzelne Individuum als auch die Gesellschaft betroffen sind.

21.1.3 Statistische Definition der Validität

Wir haben bereits ausgeführt, daß die Validität statistisch durch die Korrelation des psychologischen Tests mit einem Kriterium definiert ist. Das ist ein kurzer und einfacher Weg zur Beschreibung der statistischen Validität. Wenn man die vorangegangene Diskussion und die Bedeutung der Kriterienvariablen im Hinblick auf menschliche Wertvorstellungen berücksichtigt, ist leicht einzusehen, warum das Konzept der Testvalidität Jahre hindurch soviel Beachtung gefunden hat.

Es ist nicht direkt die Aufgabe des vorliegenden Buches, die Probleme zu behandeln, die bei der Messung einer Kriterienvariable auftreten. Die Messung des Kriteriums, sei es nun in der Industrie, im Erziehungswesen, in Strafanstalten oder in anderen Bereichen von großer sozialer Bedeutung, war und ist sehr wichtig. Es handelt sich dabei um ein äußerst komplexes und schwieriges Problem, zumal da auf der Seite des Kriteriums nicht nur binäre Variablen, wie Testitems, sondern auch kontinuierliche und diskrete Variablen auftreten. Die Frage der Messung des Kriteriums ist anderswo behandelt worden *(Horst, Gagné* et al., 1962; und *Horst*, 1941). Das Problem ist jedoch in keiner dieser Arbeiten hinreichend abgehandelt oder gar gelöst worden, und es ist zweifelhaft, ob das jemals geschehen wird. Nichtsdestoweniger wollen wir annehmen, daß Messungen der Kriterienvariablen für eine einzelne Probandenstichprobe verfügbar sind, und daß auch Meßwerte von bestimmten psychologischen Variablen, z. B. Tests, vorliegen.

Weil es soviele verschiedene Kriterien gibt, z. B. den Erfolg in dem einen oder anderen Beruf, in der Schulausbildung, oder bei anderen sozial bedeutsamen Tätigkeiten, ist leicht einzusehen, daß man das Kriterium, mit dem man korreliert, spezifizieren muß, wenn man von der Validität eines Tests spricht. Ein Test kann soviele Validitäten haben, wie es definierbare Kriterien gibt – offensichtlich eine ziemlich große Zahl. Oft wird zu einem Test folgende naive Frage gestellt: „Wie hoch ist seine Validität?“ Diese Frage muß viel spezieller gestellt werden: „Welche Validitäten sind bisher festgestellt worden?“

21.2 Validität und Vorhersage

Wir haben im 10. Kapitel und in dem vorangegangenen Abschnitt dieses Kapitels ausgeführt, daß das Konzept der Validität wegen seiner Bedeutung für die Vorhersage wichtig ist. In diesem Abschnitt wollen wir Prädiktorvariablen im allgemeinen und einige ihrer typischen Eigenschaften diskutieren.

21.2.1 Prädiktorvariablen

Prädiktorvariablen werden verwendet, um Kriterienvariablen vorherzusagen. Die entsprechenden Methoden sind im 6. Kapitel diskutiert worden. Es ist der Zweck dieses Abschnitts, die Eigenschaften von Prädiktorvariablen etwas genauer zu beschreiben; aber wir wollen nicht so sehr bei den statistischen und rechnerischen Methoden, die für Vorhersagen von Kriterien aus Prädiktoren erforderlich sind, ins Detail gehen.

Wie wir schon früher gezeigt haben, werden Prädiktorvariablen auch manchmal unabhängige, und Kriterienbariablen abhängige Variablen genannt. Bei statistischen Vorhersagen sind die unabhängigen Variablen diejenigen, auf Grund derer Schätzungen oder Vorhersagen der abhängigen Variablen gemacht werden. Bei der statistischen Vorhersage in den meisten wissenschaftlichen Disziplinen haben die abhängigen Variablen die gleichen Eigenschaften wie die Kriterienvariablen in psychologischen Untersuchungen, d. h. sie sind von sozialer Bedeutung, und sie sind nur schwierig im voraus zu schätzen.

Die Prädiktorvariablen in der Psychologie können Testergebnisse sein, sie brauchen es aber nicht. Jedoch interessieren wir uns in dem vorliegenden Buch vornehmlich um Messungen mit psychologischen Tests. In anderen Disziplinen brauchen Prädiktorvariablen nur wenig, wenn überhaupt, mit psychologischen Tests zu tun zu haben, und sie sind deshalb meist nicht Summen von binären Meßwerten.

21.2.2 Eigenschaften von Prädiktorvariablen

Wir wollen einige der charakteristischen Eigenschaften betrachten, welche Prädiktorvariablen in allen den Disziplinen besitzen, in welchen statistische Vorhersagen möglich und sinnvoll sind. Diese Eigenschaften gelten insbesondere für Variablen, die mit Hilfe psychologischer Tests gemessen werden. Vielleicht die drei wichtigsten Eigenschaften sind die folgenden: Prädiktorvariablen als solche sind gewöhnlich nur von geringer sozialer Bedeutung, sie sind relativ billig zu messen, und sie können zu einem früheren Zeitpunkt als die Kriterienvariablen erfaßt werden.

21.2.2a Geringe soziale Bedeutung

Wie wir im 10. Kapitel gezeigt haben, ist die Leistung in psychologischen Tests gewöhnlich von geringer Bedeutung. Der Punktwert, den ein Proband in einem Test erreicht, ist an sich für ihn oder sonst jemand

ohne besonderen Wert. Dagegen ist für ihn und für die Organisation, für die er tätig ist, die Leistung in seinem Beruf wichtig. Wenn er ein gutes Produkt herstellt, oder einen Kranken erfolgreich operiert, oder als Pilot einen militärischen Auftrag mit Erfolg durchführt, kann das für ihn oder für andere viel bedeuten. Wenn ein Proband in einem verbalen Test alle Items richtig beantwortet, kann das zwar im bezug auf andere Dinge, die er tun kann, Konsequenzen haben, aber die bloße Tatsache, daß er in einem einzelnen Antwortblatt, das zu einem Testheft gehört, die richtigen Antworten anstreicht, ist für ihn oder irgendjemand anders ohne Wert. Er kann den richtig markierten Antwortbogen für keinerlei nützliche Sache, z. B. einen neuen Anzug, eintauschen, sei es nun direkt oder indirekt.
Es dürfte jetzt klar sein, daß die Ergebnisse psychologischer Tests selbst weder sozial nützlich, noch für andere Personen interessant sind. Natürlich kann ein Proband den Wunsch haben, in einem Test gut abzuschneiden, so daß er gewisse Möglichkeiten wahrnehmen kann, z. B. in einem Beruf zu arbeiten oder in ein College zu kommen, aber das Ergebnis als solches ist ohne Wert – dieser liegt nur in den Möglichkeiten, die ihm das Testergebnis eröffnet.
Man könnte natürlich anführen, daß ein Proband auf Grund einer guten Berufsleistung mehr Geld verdienen kann, und daß das Geld als solches ebenfalls ohne Bedeutung ist, sondern nur das, was man dafür kaufen kann. Dieses Argument gilt nicht für Testergebnisse, weil eine gute Testleistung einen Probanden nicht in die Lage versetzt, den Punktwert gegen eine Collegeerziehung einzutauschen, sie gibt ihm nur die Möglichkeit, die Collegeerziehung zu kaufen. Es gibt natürlich Ausnahmen, z. B. Stipendien; aber auch hier ist der Punktwert mehr ein Symbol für ein Versprechen als irgendeine nützliche Dienstleistung oder ein verbrauchbares Gut.

21.2.2b Billig zu erfassen

Ein anderer Unterschied zwischen Kriterienvariablen und Prädiktorvariablen ist der folgende: Prädiktorvariablen, z. B. psychologische Tests, erfordern nur einen geringen zeitlichen und finanziellen Aufwand. Es kann Monate oder Jahre dauern und für das einzelne Individuum, die Firma oder beide sehr teuer sein, bis man herausfindet, daß jemand keine hohe Arbeitsleistung zeigt. Dagegen benötigt man wenig Zeit und Geld, um für einen Probanden in einem gebräuchlichen psychologischen Test ein Ergebnis zu erhalten, vielleicht eine oder höchstens zwei Stunden. Der Aufwand für die Auswertung ist nur gering. Die Kosten

für das einzelne Testheft sind auch minimal, wenn diese in großer Auflage gedruckt werden.
Bei der Erfassung des Verhaltens im motorischen Bereich sind die notwendigen Apparaturen in der Herstellung und Anschaffung zunächst zwar relativ teuer. Sie können aber immer wieder verwendet werden, so daß die Kosten pro Person für die Ermittlung eines Testergebnisses für die Psychomotorik verschwindend gering sind, wenn man sie mit den Kosten für die Ermittlung der Leistung in der Kriterienvariable vergleicht.
Wenn Tests als Gruppentests durchgeführt werden, sind die Durchführungskosten pro Person ebenfalls relativ gering. Zum Beispiel wird für alle Studenten der High School im Staat Washington ein großes Testprogramm durchgeführt, um die relative Wahrscheinlichkeit des Erfolges in jedem einer großen Zahl von Spezialfächern auf dem College vorhersagen zu können. Diese Tests, deren Durchführung weniger als einen Tag dauert, kosten den Studenten nur ein paar Dollar. Diese Kosten sind zu vernachlässigen, wenn man sie mit den Kosten von fünf- bis zehntausend Dollar für den vierjährigen Besuch einer staatlichen Universität vergleicht. Denn diese Zeit wäre erforderlich, um ausreichende Kriterienwerte für die Lernleistung im College zu gewinnen.

21.2.2c Frühere Verfügbarkeit

Eine andere wichtige Eigenschaft von Prädiktorvariablen, z. B. von psychologischen Tests, ist die, daß die Ergebnisse dieser Variablen eher als die Kriterienwerte verfügbar sind. Wenn die Testpunktwerte zur Vorhersage eines Kriteriums verwendet werden, müssen sie offensichtlich vorliegen, bevor das Kriterium gemessen wird. Es ist sinnlos, einen Test zur Vorhersage des Erfolgs im College oder in einem Beruf durchzuführen, wenn der betreffende Proband schon im College ist und Noten als Kriterium seines Erfolges vorliegen, oder wenn er den Beruf bereits ausübt und man seinen Erfolg beobachten kann.

21.3 Intermediäre Kriterien

Im vorangegangenen Abschnitt haben wir ausgeführt, daß es einen deutlichen Unterschied zwischen Prädiktor- und Kriterienvariablen gibt. Aber das ist nicht immer der Fall. Manchmal ist es nicht möglich, für ein psychologisches Meßinstrument anzugeben, ob es eine Kriterienvariable oder eine Prädiktorvariable erfaßt. Diese Uneindeutigkeit gilt besonders bei Leistungstests. Wir können derartige Variablen als intermediäre Kriterien bezeichnen. Intermediäre Kriterien können einmal als Kriterium, ein anderes Mal als Prädiktor dienen.

21.3.1 Funktion als Kriterium

Wenn eine Variable als Kriterium dienen soll, setzt das voraus, daß sie irgendetwas erfaßt, was als sozial bedeutsam angesehen wird, ob der Prüfling nun für seine Leistung finanziell belohnt oder bestraft wird oder nicht.
Betrachten wir einen Leistungstest. Man kann ihn zur Messung des Leistungsstandes der Schüler am Ende des Schuljahres verwenden, und man kann dann auf Grund des Testergebnisses z. B. entscheiden, ob die Schüler versetzt werden sollen. Es kann nun wünschenswert sein, vor dem Leistungstest andere Tests durchzuführen, um die Leistung in dem ersteren vorhersagen zu können. Zum Beispiel können auf der High School in verschiedenen Fächern im Laufe des Schuljahrs Leistungstests durchgeführt werden, und man möchte vorhersagen, wie Studenten der ersten Semester später in den einzelnen Fächern in diesen Tests abschneiden. So sind die Leistungstests, die in der High School bei Studenten höherer Semester durchgeführt werden, die Kriterien für die zu Beginn des Studiums durchgeführten Prädiktortests.

21.3.2 Funktion als Prädiktor

Diese Leistungstests, die als Kriterien dienen, können auch für die getesteten Studenten als Prädiktorvariablen verwendet werden. Zum Beispiel können die in der High School durchgeführten Leistungstests als Basis für die Festlegung der Noten in den verschiedenen Fächern benutzt werden. Diese Noten wiederum können als Basis für eine Vorhersage des Erfolgs im College dienen. In diesem Fall ist der Leistungstest ein Prädiktor für den Erfolg in dem Kriterium „Collegeleistung".

21.4 Temporale Validität

Einer der Hauptgründe für die Entwicklung und Verwendung von psychologischen Tests ist die Vorhersage des Erfolges in irgendeiner speziellen Kriterienvariable. Aber wir haben uns bisher nur wenig für die eigentliche Technik der Vorhersage des Erfolges in Kriterienvariablen aus Prädiktorvariablen interessiert. Im 6. Kapitel haben wir gezeigt, daß das mit Hilfe von Regressionsgewichten geschieht, die den Prädiktorvariablen bei einer Schätzung des Kriteriums zugeordnet werden müssen. Zur Bestimmung dieser Gewichte ist es notwendig, bei einer einzelnen Probandenstichprobe sowohl die Prädiktor- als auch die Kriterienvariable zu messen. Beide müssen verfügbar sein, damit geeignete Regressionsgewichte berechnet werden können. Erst wenn diese bei einer Stichprobe vorliegen, können sie bei anderen Stichproben, bei denen nur der Prädiktor vorhanden ist und der wahrscheinliche Kriterienwert geschätzt werden soll, angewendet werden. Für die Bestimmung dieser Regressionsgewichte gibt es zwei Ansätze. Diese unterscheiden sich durch die zeitliche Ordnung, in der Prädiktor und Kriterium bei der Experimentalgruppe oder der Stichprobe erfaßt werden. Die eine Methode führt zu der sogenannten „Vorhersagevalidität" (predictiv validity), die andere zu der „Übereinstimmungsvalidität" (concurrent validity).

21.4.1 Die „Vorhersagevalidität"

Bekanntlich ist die multiple Korrelation zwischen einer Reihe von Prädiktorvariablen und einem Kriterium gleich der *Pearson*schen Produkt-Moment-Korrelation zwischen der besten Schätzung des Kriteriums aus den Prädiktoren und dem Kriterium selbst. Man kann diese Korrelation Validität des Tests oder der Testbatterie nennen, je nachdem, ob es sich um einen oder mehrere Prädiktoren handelt.
Wenn man auf Grund von einem oder mehreren Prädiktoren und einem Kriterium die geeignete Regressionsgleichung bestimmen will, ist der einfachste Weg, die Prädiktortests bei einer Gruppe von Probanden durchzuführen, wovon mindestens einige in dem entsprechenden Beruf arbeiten werden. Die Tests werden durchgeführt, bevor die Probanden ihre Tätigkeit beginnen. Die Ergebnisse werden beiseitegelegt, bis die Probanden lange genug gearbeitet haben, bis also der Erfolg quantitativ erfaßt werden kann. Dann werden die Regressionsgleichungen aus den Prädiktor- und Kriterienwerten ermitteln, wie wir im 6. Kapitel gezeigt haben. Das ist der natürliche Weg, denn er entspricht dem praktischen Vorgehen bei der Verwendung des Tests für die Vorhersage des Berufserfolgs. Die Korrelation zwischen dem vorhergesagten und dem tatsächlichen Erfolg bei einer einzelnen experimentellen Gruppe wird Vorhersagevalidität (predictiv validity) des Tests oder der Testbatterie in bezug auf das spezielle Kriterium genannt.

21.4.2 Die „Übereinstimmungsvalidität"

Eine andere Möglichkeit, Prädiktor- und Kriterienwerte zu sammeln, ist die folgende: Man bildet eine experimentelle Gruppe von Probanden, die bereits den als Kriterium dienenden Beruf ausüben. Es liegen also schon in dieser Gruppe Meßwerte für den Erfolg in dem Kriterium vor. Trotzdem führt man noch bestimmte psychologische Tests durch, deren Ergebnisse man mit den Kriterienwerten korrelieren kann. Auf Grund dieser Prädiktortests und des Kriteriums kann man Regressionsgleichungen zur Schätzung der bereits bekannten Kriterienwerte ermitteln. Man macht dann die Annahme, daß diese Regressionsgleichung auch dann anzuwenden ist, wenn man bei weiteren Gruppen von Probanden den Erfolg in dem Kriterium bereits vor Arbeitsbeginn schätzen will. Diese Schätzungen können dann möglicherweise bei Beratungen und Entscheidungen verwendet werden, und zwar sowohl von den Bewerbern, für die die Voraussagen gemacht werden, als auch von den Institutionen, die sie einstellen oder ablehnen müssen.

21.4.3 Vergleich der Vorhersage- und der Übereinstimmungsvalidität

Wir wollen nun die Vor- und Nachteile der beiden diskutierten Validitätsarten behandeln.

21.4.3a Vorhersagevalidität

Wie bereits ausgeführt, hat die Vorhersagevalidität einen großen Vorteil: Die zeitliche Abfolge bei der Erfassung der Variablen ist in der experimentellen Gruppe dieselbe wie in den Gruppen, für die die Regressionsgleichungen später angewendet werden. Bei der Bestimmung der Vorhersagevalidität werden die Tests durchgeführt, bevor man die Tätigkeit, die als Kriterium dienen soll, begonnen hat, also bevor man Gelegenheit gehabt hat, Verhaltensmuster zu entwickeln, die für die betreffende Tätigkeit relevant sind.

Der Hauptnachteil dieses Verfahrens ist praktischer Art. Wenn man Tests bei einer experimentellen Gruppe durchführt und dann rasch eine Regressionsgleichung entwickeln will, mit Hilfe derer man aus den Prädiktorvariablen den Erfolg in einem Kriterium abschätzen kann, muß man unter Umständen lange warten, bis Kriterienwerte verfügbar sind. In einigen Fällen ist es möglich, schon nach einigen Monaten den Berufserfolg mit einem hinreichenden Grad an Genauigkeit zu ermitteln. In anderen Fällen kann es Jahre dauern. Das gilt insbesondere dann, wenn Probanden eingestellt werden, die nach einer Anzahl von Jahren in leitende Positionen aufsteigen sollen. Dann ist das entsprechende Kriterium der Erfolg als Direktor oder leitender Angestellter in einem Betrieb oder einer Organisation. Es kann jedoch zwei, drei, oder fünf oder zehn Jahre dauern, bis ein derartiger Erfolg eintritt. Auch bei untergeordneten Stellen können ein oder zwei Jahre vergehen, bis man genau weiß, wie erfolgreich jemand sein wird. Das ist besonders bei großen Industrieunternehmen der Fall, die für Neueingestellte zunächst ziemlich umfangreiche und systematische, mehrere Monate dauernde Einübungsprogramme vorsehen.

Bei der Bestimmung der Vorhersagevalidität tritt noch eine weitere Schwierigkeit auf. Bei der Durchführung der Prädiktortests muß die Anzahl der Probanden viel größer sein als bei der späteren Erfassung des Kriteriums. Es ist schwer, vorherzusagen, wieviele der zunächst getesteten Probanden später tatsächlich die Gelegenheit erhalten, ihre Leistungsfähigkeit in einem bestimmten Kriterium zu beweisen.

Ein Beispiel hierfür sind die Zulassungstests für das College. Wenn man in einem bestimmten College eine Validitätsuntersuchung machen und als Kriterium den Studienerfolg nehmen will, muß man die Prädiktoren, nämlich die Zulassungstests, bei einer großen Anzahl von High-School-Studenten in einem oder mehreren Staaten durchführen, damit eine hinreichende Anzahl der getesteten Studenten in dem ausgewählten College erscheint. Es kann äußerst mühevoll sein, Probanden, die an Prädiktortests teilgenommen haben, weiter im Auge zu behalten. Bei den College-Zulassungstests z. B. können die Studenten auf viele verschiedene Colleges gehen, oder sie können aufhören zu studieren. Es ist dann außerordentlich schwierig und teuer zu ermitteln, wohin sie gegangen sind und was mit ihnen geschehen ist, damit später Kriterien erfaßt werden können.

21.4.3b Übereinstimmungsvalidität

Im allgemeinen sind die Vorteile der Übereinstimmungsvalidität die Nachteile der Vorhersagevalidität, und umgekehrt. Die Übereinstimmungsvalidität ist vorteilhaft, weil man für jede Gruppe, für die bereits ein Kriterium verfügbar ist, sofort Regressionsgleichungen aufstellen kann. Man kann bei dieser Gruppe eine Reihe von Prädiktortests durchführen und in kurzer Zeit Regressionsgleichungen für die Schätzung des Kriteriums aus diesen Tests entwickeln. Diese Gleichungen können sofort bei Neueinstellungen, Collegezulassungen usw. angewendet werden.

Leider ist es aber so, daß die sofortige Verfügbarkeit der Ergebnisse ungefähr der einzige Vorteil der Übereinstimmungsvalidität ist. Die Nachteile sind weit zahlreicher.
Erstens ist es gewöhnlich sehr schwierig, die Prädiktortests bei den Probanden durchzuführen, die bereits die als Kriterium dienende Tätigkeit ausüben, z. B. ein Collegestudium oder eine Tätigkeit in der Industrie, beim Militär oder beim Staat. Denn die zur Testdurchführung notwendige Zeit wird von Verwaltungsbeamten, Vorgesetzten oder Direktoren oft nur ungern bewilligt. Auch die Probanden selbst opfern nicht gerne ihre Zeit.
Wenn sich aber Probanden entschlossen haben, an den Tests teilzunehmen, kann man zweitens nie genau wissen, wie ernst es ihnen mit diesem Entschluß ist. Einerseits können die Probanden zu der Annahme kommen, daß die Testergebnisse auf irgendeine Weise für oder gegen sie verwendet werden könnten. Wenn sie andererseits hinreichend davon überzeugt werden können, daß die Ergebnisse unter keinen Umständen ihre Stellung beeinflussen, sondern daß sie ausschließlich als Grundlage für die Auswahl von weiteren Bewerbern für die betreffende Tätigkeit verwendet werden, dann nehmen sie den Test nicht mehr ernst, und sie zeigen nicht die Leistungen, die für die jeweilige Fähigkeit oder die relevanten psychischen Prozesse repräsentativ sind.
Schwerwiegender ist ein mehr theoretischer Nachteil: Man kann nicht sicher sein, wie hoch die Übereinstimmung zwischen der Testleistung vor und nach dem Beginn der Kriterientätigkeit ist. Wenn man die Garantie hätte, daß die Korrelation zwischen diesen beiden Variablen relativ hoch ist, dann gäbe es vom theoretischen Gesichtspunkt keine Nachteile der Übereinstimmungsgültigkeit. Wenn jedoch die durch die Tests erfaßte Funktion mit dem Kriterium in enger Beziehung steht, dann würde eine Übung der als Kriterium dienenden Tätigkeit das allgemeine Niveau der Testergebnisse anheben. Damit entsprechen diese aber nicht mehr den Werten, die sich ergeben hätten, wenn die Tests vorher durchgeführt worden wären.
Natürlich könnten entsprechende Untersuchungen systematische Verschiebungen oder Änderungen dieser Art als Grundlage für eine geeignete Korrektur der Ergebnisse aufdecken. Jedoch dürften die praktischen Probleme bei der Planung und Durchführung von Experimenten, die die gewünschte Informationen liefern würden, zu groß sein, als daß ernsthafte Versuche gerechtfertigt wären.
Jedenfalls geht man meist von der Annahme aus, daß die Übereinstimmungsvalidität hinreichend genaue Hinweise auf die Vorhersage-

validität gibt, sodaß ihre Verwendung bei der Entwicklung von Regressionsgleichungen für die Vorhersage von Kriterien aus Tests gerechtfertigt erscheint. Obwohl die Erfassung der Übereinstimmungsvalidität außerdem organisatorische Probleme mit sich bringt, glaubt man, daß dieser Nachteil durch das rasche Vorliegen von Ergebnissen aufgewogen wird. Die Methode ist bisher oft verwendet worden. Wahrscheinlich wird das auch weiterhin der Fall sein.

21.5 Verschiedene Validitätsbegriffe

Wir haben bereits früher ausgeführt, daß es nur eine einzige annehmbare Definition der Kriterienvariable gibt, und daß Validität nur in bezug auf diese Variable definiert werden sollte. Es gibt jedoch noch andere Verwendungen des Begriffs Validität, die auch behandelt werden sollten. Wir wollen zusätzlich zu dem Wertkonzept der Validität noch kurz die inhaltliche Validität (content validity), die Konstruktvalidität (construct validity) und die Augenscheinvalidität (face validity) diskutieren.

21.5.1 Das Wertkonzept der Validität

Wir brauchen nur wenig über dasjenige Validitätskonzept zu sagen, bei dem eine Kriterienvariable und Werturteile verwendet werden. Wir haben das Kriterium als eine Variable definiert, die solche Verhaltensweisen oder psychischen Prozesse erfaßt, welche für die Gesellschaft von Nutzen sind. Wenn wir versuchen würden, „gesellschaftlichen Nutzen“ genau zu definieren, würden wir in Schwierigkeiten kommen. Aber man kann leicht die Verhaltensvariablen erkennen, für die die Gesellschaft Belohnungen und Bestrafungen aussetzt, und man kann diese Verhaltensweisen von denen unterscheiden, die sozial uninteressant sind. In dem vorliegenden Buch ist der soziale Nutzen oder Wert das bei weitem wichtigste Validitätskonzept; und wir behandeln andere Konzepte nur deshalb, weil sie von vielen anderen Forschern für wichtig gehalten werden.

21.5.2 Inhaltliche Validität

Man sagt, ein psychologischer Test besitze dann eine inhaltliche Validität, wenn er das tatsächlich mißt, was er nach Meinung irgendeiner Autorität oder einer Gruppe von Autoritäten messen soll. Manchmal lautet die Formulierung: Die inhaltliche Validität ist das Ausmaß, in dem ein Test das erfaßt, was er erfassen soll. Aber diese Definition hilft auch nicht weiter.

Es ist natürlich richtig, wenn Leistungstests und Arbeitsproben, die wir im 3. Kapitel behandelt haben, valide in dem Sinne genannt werden, daß man sie einfach als Instrumente zur Quantifizierung des Verhaltens auffaßt, das als Kriterium dienen soll, oder auch des Verhaltens, das von der Gesellschaft belohnt oder bestraft wird. Es dürfte aber wahrscheinlich sinnvoller sein, Tests dieser Art als Meßinstrumente für ein Kriterium zu betrachten, nicht als Tests, die einfach als valide postuliert werden. Auf jeden Fall besitzt das Konzept der inhaltlichen Validität den gleichen Grad an Verschwommenheit, Zweideutigkeit und unklarem Denken wie das Konzept des „content sampling" bei der Reliabilität.

21.5.3 Konstruktvalidität

Der Begriff der Konstruktvalidität, der offiziell durch die American Psychological Association eingeführt wurde, war bereits einige Jahre vorher durch einen besonderen Testausschuß dieser Organisation formuliert worden (siehe *Cronbach* und *Meehl*, 1955). Es ist vielleicht etwas unglücklich, daß dieses Konzept durch eine nationale Gesellschaft dieser Art den Status einer formalen Anerkennung erlangt hat. Denn wenn man die Diskussion dieses Konzepts in der Originalveröffentlichung aufmerksam liest, so fällt es einem sehr schwer, dieses Konzept in die logische und praktische Theorie des Messens in der Psychologie zu integrieren.

Der Begriff der Konstruktvalidität setzt voraus, daß irgendein theoretisches Gerüst oder Netz von Konzepten und experimentellen Ergebnissen entwickelt wird. Dieses identifiziert irgendwie gewisse Variablen, die als wirklich oder grundlegend und deshalb als gültig per se angesehen werden können. Das ganze scheint weitgehend eine semantische Neuschöpfung zu sein, die wenig Nutzen für eine Verbesserung unserer theoretischen Modelle in der Testtheorie und -praxis haben dürfte.

Der Begriff scheint entfernt mit der faktorenanalytischen Interpretation der Primärfaktoren in Beziehung zu stehen. Sicherlich kann man aber nicht sagen, Konstruktvalidität sei z. B. das gleiche wie die *Thurstone*schen Primärfaktoren. Die faktorenanalytische Interpretation der Konstruktvalidität würde wahrscheinlich die folgende sein: Ein Test, der

auf Grund einer entsprechenden Faktorenanalyse hinreichend rein einen Faktor mißt, wird als valide bezeichnet [22].
Die Konstruktvalidität ist also nicht dasselbe wie die auf Werturteile bezogene Validität. Die Art, in der dieser Begriff verwendet wird, ist wahrscheinlich für die Psychometrie weder sinnvoll noch von Nutzen.

21.5.4 Augenscheinvalidität

Eine Validitätsart, die alle die Jahre hindurch eine erhebliche Beachtung gefunden hat, ist die sogenannte Augenscheinvalidität (face validity). Dieser Begriff bedeutet, daß das Meßinstrument, sei es nun ein apparativer oder ein Papier-Bleistift-Test, dem Laien ein guter Indikator für das zu sein scheint, was man vorherzusagen versucht. Wenn man z. B. den Erfolg einer Pilotenausbildung vorhersagen will, dann sollten die Testitems kleine Abbildungen von Flugzeugen enthalten; sogar bei Aufgaben zum räumlichen Vorstellunsvermögen könnte man stilisierte Flugzeuge in verschiedenen Lagen und Richtungen verwenden.
Die Augenscheinvalidität ist für die tatsächliche Validität ohne jede Bedeutung. Es ist nicht nötig, daß ein psychologischer Test so aussieht, als ob er dieselben Fähigkeiten erfaßt, die die Kriterientätigkeit erfordert. Jedoch können solche Ähnlichkeiten von Nutzen sein, wenn man mit der Öffentlichkeit in Beziehung tritt. Viele psychologische Testuntersuchungen machen es erforderlich, daß die Teilnehmer, das mit der Durchführung betraute Personal und die vorgesetzten Stellen von der Validität der Tests überzeugt sind, damit die Untersuchung allgemein akzeptiert wird und begonnen werden kann. Bei Tests im Bereich des Militärs müssen Admiräle und Generäle, bei Tests in der Industrie müssen Präsidenten, Vizepräsidenten und Direktoren, bei Collegezulassungstests müssen die Zulassungsgremien, Abteilungsleiter, Dekane usw. überzeugt werden. Für diese Zwecke kann die Augenscheinvalidität von Nutzen sein.
Es muß jedoch darauf hingewiesen werden, daß die Augenscheinvalidität eine Falle sein kann, denn sie kann so überzeugend sein, daß auch ein schlechter Test gut verkauft wird. Ein Test kann nämlich eine sehr niedrige Korrelation mit einem Kriterium haben, obwohl es so aussieht, als wenn er sehr viele der Verhaltensweisen erfaßte, die für das Kriterium relevant sind.

---

22 AdÜ.: Dieses Konzept wird von einigen Autoren als „faktorielle Gültigkeit“ bezeichnet (z. B. *G. A. Lienert*, Testaufbau und Testanalyse, Weinheim, 2. Aufl. 1967).

22. Multiple Vorhersage

Gegenstand früherer Kapitel waren die Eigenschaften eines einzelnen psychologischen Tests und der Items, aus denen er sich zusammensetzt. Ferner wurde im Detail die Bedeutung des allgemeinen Konzepts der multiplen Messung für Messung und Vorhersage in der Psychologie diskutiert. Und es wurde die Validität behandelt. Wir wollen nun etwas eingehender die Probleme und Methoden der Vorhersage auf Grund einer Reihe von Meßinstrumenten besprechen.
Die beiden Arten von Variablen, die bei der Vorhersage vorkommen, sind uns bereits bekannt, nämlich die Prädiktorvariablen und die Kriterienvariablen, oder allgemeiner die unabhängigen und die abhängigen Variablen. In diesem Kapitel wollen wir folgende Punkte behandeln: (1) die Anzahl der Prädiktoren; (2) multiple und einfache Korrelation; (3) Regressionskoeffizienten; (4) multiple kritische Punktwerte bei der Vorhersage; (5) multiple Korrelation als Funktion der Testlänge; (6) der Beitrag eines einzelnen Tests zur Validität einer Testbatterie; (7) die Vorhersage von multiplen Kriterien; (8) statistische Arten vonPrädiktor-Variablen; und (9) die multiple Trennfunktion.

22.1 Die Anzahl der Prädiktoren

Wir haben bereits ausgeführt, daß bei der Vorhersage von Kriterien ein oder mehr als ein Prädiktor vorliegen kann. Wir haben einige der Gründe diskutiert, weshalb es wünschenswert ist, mehr als einen Prädiktor zu verwenden, und wir haben die Bedingungen angeführt, die sie erfüllen müssen. Weil es jedoch üblich ist, sowohl Untersuchungen mit einem, als auch mit mehreren Prädiktoren durchzuführen, dürfte es zweckmäßig sein, jede dieser beiden Vorgehensweisen systematisch zu behandeln.

22.1.1 Ein einzelner Prädiktor

Obwohl wir darauf hingewiesen haben, daß ein einzelner Prädiktortest in vielen Fällen zu wenig ist, wofür wir verschiedene Gründe genannt haben, ist dieses Vorgehen nichtsdestoweniger üblich, z. B. bei einigen großen Testprogrammen. Aber selbst dann ist es noch offen, welches einzelne Kriterium oder welche Kriterien verwendet werden sollen. Wir unterscheiden daher zwei Möglichkeiten, nämlich den Fall eines einzelnen Kriteriums oder den Fall mehrerer Kriterien.

22.1.1a Ein einzelnes Kriterium

Bei dem einfachsten Fall einer Vorhersage ist ein einzelner Prädiktor und ein einzelnes Kriterium gegeben. Wir haben im 6. Kapitel gezeigt, wie man eine Regressionsgleichung zur Schätzung einer Variablen aus einer anderen aufstellt. Wenn eine Prädiktor- und eine Kriterienvariable vorliegen, wollen wir im allgemeinen die Kriterienvariable aus der Prädiktorvariablen schätzen, nicht umgekehrt; aber rein formal besteht eigentlich kein Grund, die eine Variable der anderen vorzuziehen. Die mathematischen und rechnerischen Verfahrensweisen sind in beiden Fällen gleich. Es liegt einfach daran, daß wir uns für die eine Variable interessieren, weil sie für die Gesellschaft von Belang ist. Deshalb schätzen wir diese, die Kriterienvariable, aus der Prädiktorvariable.

Es war früher üblich, einen einzelnen Test für die Vorhersage des Erfolges in einer speziellen Tätigkeit zu verwenden. Beispielsweise wurde im zweiten Weltkrieg ein Test entwickelt, die sogenannte „Aviation Cadet Qualifying Examination“. Dieser Test ergab einen einzelnen Punktwert, auf Grund dessen der Erfolg einer Pilotenausbildung vorhergesagt wurde. Obwohl der Test aus verschiedenen Teilen mit unterschiedlichem Testmaterial bestand, wurden außer in speziellen Untersuchungen keine Teilpunktwerte ermittelt. Offiziell wurde nur der Gesamtpunktwert verwendet.

Im 21. Kapitel haben wir auf die Grenzen bei der Verwendung eines einzigen Tests zur Vorhersage eines Kriteriums hingewiesen. Man dürfte kaum in der Lage sein, in nur einem Prädiktortest alle Dimensionen des Kriteriums zu berücksichtigen. Nur wenn ein Test aus einer Anzahl von Untertests besteht, die verschiedene psychische Prozesse oder Verhaltensweisen messen, kann es gerechtfertigt sein, diese für die Vorhersage eines bestimmten Kriteriums in einem Gesamtpunktwert zu kombinieren. Dabei entsteht jedoch ein Problem, auf das wir schon früher hingewiesen haben: Ist es überhaupt richtig, ein so komplexes Meßinstrument als einen einzelnen Test aufzufassen?

22.1.1b Mehrere Kriterien

Ein einzelner Test kann für die Vorhersage einer Anzahl von verschiedenen Kriterien verwendet werden. Es ist z. B. in einigen Industriebetrieben üblich, einen einzelnen Test, z. B. einen sogenannten allgemeinen Intelligenztest, als Grundlage für die Einstellung von Bewerbern für eine große Vielfalt von Tätigkeiten in diesem Betrieb zu benutzen. Man kann sagen, daß in solchen Fällen auf Grund eines Tests Voraussagen für eine Anzahl von verschiedenen Kriterien gemacht werden.

Es ist auch nicht ungewöhnlich, College-Zulassungstests durchzuführen, um den Erfolg im College vorhersagen zu können. Natürlich kann man den Collegeerfolg als solchen nicht vorhersagen, weil der Erfolg in verschiedenen Fächern erreicht wird.

Wir haben darauf hingewiesen, daß es sinnlos ist, von „der" Validität eines Tests zu sprechen, sondern daß wir seine Validität immer nur in bezug auf ein oder mehrere bestimmte Kriterien angeben können. Wenn wir deshalb eine Kombination aus einem einzelnen Prädiktor und mehreren Kriterien betrachten, müssen wir von seinen verschiedenen Validitäten in bezug auf die verschiedenen Kriterien sprechen.

Vorhersagen für eine Anzahl von verschiedenen Kriterien auf Grund nur eines Prädiktors werden viel zu oft gemacht. Ein einzelner Prädiktor kann nicht unterschiedliche Informationen für verschiedene Kriterien geben. Aus der Form der Regressiongleichung geht ganz klar hervor, daß die Schätzung des Kriteriums letztlich auf Grund einer linearen Funktion des beobachteten Testpunktwerts durchgeführt wird. Hierbei können die additiven oder multiplikativen Konstanten sein, wie sie wollen; alle diese Schätzwerte müssen zu eins miteinander korrelieren. Deshalb können sie nicht unterschiedliche Informationen geben, z. B. bezüglich der Frage, welche Tätigkeit für einen Prüfling am geeignetsten ist.

22.1.2 Mehrere Prädiktoren

Wenn getestet werden soll, ist meist die Verwendung von mehr als einem Prädiktortest zu empfehlen. Wir wollen deshalb diesen Fall behandeln. Wie bei einem einzelnen Prädiktor können auch hier nur ein Kriterium oder mehrere Kriterien vorliegen.

22.1.2a Ein einzelnes Kriterium

Schon bei einem einzelnen Kriterium ist es wahrscheinlich besser, mehr als einen Prädiktor zu verwenden. Die Gründe dafür sind bereits diskutiert worden. Meist sind die Kriterien komplex, und sie bestehen aus einer Anzahl von verschiedenen psychischen Prozessen und Verhaltensvariablen, die nicht hoch korreliert zu sein brauchen. Es ist nicht schwer, Beispiele zu finden, wo mehrere Prädiktoren zur Schätzung eines einzelnen Kriteriums verwendet werden sollten.

Wenn wir den Erfolg im College vorhersagen wollen, wobei das Kriterium der Durchschnitt aller Noten ist, können wir eine Anzahl von verschiedenen Tests einsetzen, z. B. solche aus dem American College Testing Program. Hierbei gibt es vier verschiedene Tests, einen für Mathematik, einen für Englisch, einen für Sozialwissenschaften und einen für Naturwissenschaften. Die Ergebnisse in diesen Tests können unter Verwendung von Regressionsgewichten kombiniert werden. Diese Gewichte erhält man, wenn man eine multiple Regression berechnet und dabei den Notendurchschnitt als Kriterium nimmt. Die Regressionsgewichte werden dann verwendet, um den Notendurchschnitt eines Bewerbers an einer bestimmten Universität oder an einem speziellen College vorherzusagen.

Wir wollen an dieser Stelle nicht die Frage aufgreifen, wie man die Unterschiede zwischen den Colleges behandeln soll, obwohl gerade bezüglich der Beurteilungsmaßstäbe eine große Variabilität besteht. Ein theoretischer Ansatz zur Lösung dieses Problems ist von *Tucker* (1963) vorgeschlagen worden.

In Wirklichkeit ist es bei der Collegezulassung nicht üblich, eine Reihe von Prädiktoren zur Vorhersage eines einzelnen Kriteriums zu verwenden. Sogar bei der Auswahl von Bewerbern in der Industrie hält man die Berechnung eines Schätzwerts als gewichtete Summe der einzelnen Testpunktwerte für zu schwierig und zeitlich zu aufwendig. Natürlich gelten diese Gründe heutzutage nicht mehr ganz, weil solche zusammengesetzten Punktwerte sehr billig und rasch durch Computer ermittelt werden können, die inzwischen in den meisten Universitäten und sogar auf einigen Colleges und Sekundarschulen verfügbar sind.

Wir haben bereits auf folgenden Vorteil der Verwendung von mehreren Prädiktoren hingewiesen: Wenn die Prädiktoren gut ausgewählt worden sind, ist die Wahrscheinlichkeit, durch jeden Prädiktor eine andere relevante Dimension der Kriterienvariable zu erfassen, viel größer, als wenn nur ein einziger Test verwendet wird. Wenn mehrere Prädiktoren benutzt werden, ist es jedoch wichtig, daß ihre Interkorrelationen niedrig sind. Das haben wir im 15. Kapitel gezeigt, wo das Problem von Homogenität und Heterogenität von Tests in einer Testbatterie diskutiert wurde.

22.1.2b Mehrere Kriterien

In den meisten realen Situationen ist es am günstigsten und auch am einsichtigsten, nicht nur mehrere Prädiktoren, sondern auch mehrere Kriterien zu verwenden. Wenn psychologische Tests für Prognosen eingesetzt werden, ist es meistens gut, wenn man nicht nur ein einzelnes Kriterium, sondern eine große Anzahl von Kriterien vorhersagen kann. Das wird am Beispiel der Zulassungs- und Beratungstests für das College klar. Auf Grund dieser Tests, die vor dem College-Eintritt durchgeführt werden, möchte man den Studenten differentielle Schätzwerte ihres wahrscheinlichen Erfolges in einer Reihe von verschiedenen Studienfächern zur Verfügung stellen.

Im Staat Washington wurde für diesen Zweck ein Testprogramm entwickelt (*Horst,* 1957). Die Prädiktorvariablen wurden aus einer Anzahl von verschiedenen psychologischen Tests, die vor dem Collegeeintritt durchgeführt wurden, und außerdem aus einer Anzahl von Noten in verschiedenen Unterrichtsfächern der High School zusammengestellt. Aus den Punktwerten in diesen Prädiktoren einerseits und aus den Noten in einer Anzahl von verschiedenen Fachkursen andererseits wurde für die Studenten, bei denen alle diese Informationen verfügbar waren, eine Matrix von Regressionsgewichten berechnet. Mit Hilfe dieser Gewichte waren differentielle Schätzungen des Erfolges in ungefähr 40 verschiedenen Fachkursen auf Grund von 13 Prädiktoren möglich. In den meisten Fällen überlappen sich viele Prädiktorvariablen stark. Hier ist das beschriebene Verfahren von Vorteil. Denn es macht möglich, mit geeigneten Methoden eine begrenzte Anzahl von Prädiktoren zu bestimmen, welche eine leidlich umfassende Stichprobe der Verhaltensweisen und psychischen Prozesse, die bei einer Anzahl von Kriterien, z. B. Kursnoten, erforderlich sind, bilden. Solch ein Satz von Prädiktoren ist sehr ökonomisch, weil er immer wieder verwendet werden kann.

Ein anderes Testprogramm mit vielen Prädiktoren und vielen Kriterien wurde während des 2. Weltkriegs entwickelt. Eine Testbatterie wurde zusammengestellt und validiert, mit der man bei der Luftwaffe den Erfolg bei der Ausbildung von Spezialisten, wie z. B. von Piloten, Navigatoren und Bombenschützen, vorhersagen konnte.

Im allgemeinen gibt es in jedem sozialen System pädagogischer, militärischer oder industrieller Art eine Anzahl von verschiedenartigen

Tätigkeiten. Eine Analyse dieser Tätigkeiten kann ergeben, daß die Anzahl der Verhaltensvariablen oder psychischen Prozesse, die als grundlegend oder primär angesehen werden können, begrenzt ist, und daß das Ausmaß, in dem jede dieser Primärvariablen an den verschiedenen Kriterientätigkeiten beteiligt ist, variiert. Es ändert sich also die relative Bedeutung dieser Variablen von Tätigkeit zu Tätigkeit; beteiligt sind sie aber meist alle. So ist es oft möglich, eine begrenzte Anzahl von Tests zu entwickeln, die die meisten wichtigen Dimensionen der Verhaltensvariablen, die für den Erfolg in den verschiedensten Berufen erforderlich sind, erfassen.
Obwohl dieses Vorgehen, nämlich die Zusammenstellung eines Satzes von Prädiktoren und die Festlegung einer Reihe von Kriterien, für die Vorhersage ideal ist, ist es bis heute nicht in entsprechendem Maße angewendet worden. Wenn man die Ökonomie und die Möglichkeiten für eine wirksame differentielle Beratung und Klassifikation berücksichtigt, hat diese Methode große Vorteile.

22.2 Multiple oder einfache Korrelationen

Im 6. Kapitel diskutierten wir die Bedeutung von multiplen Korrelationen und zeigten, wie sie mit Hilfe von einfachen Korrelationen interpretiert werden konnten. Im vorangegangenen Abschnitt haben wir die Verwendung von einem und mehreren Prädiktoren für ein oder mehrere Kriterien behandelt. Ob wir es nun mit mehreren Kriterien oder nur mit einem einzigen Kriterium zu tun haben, multiple Korrelationen werden bei mehreren Prädiktoren, einfache Korrelationen bei einem einzelnen Prädiktor verwendet. Die Wirksamkeit eines ganzen Satzes von Prädiktoren kann nämlich größer sein, wenn wir das Konzept der multiplen Korrelation heranziehen. Die Anwendung eines solchen Prädiktorsatzes hat Vorteile, aber auch bestimmte Grenzen.

22.2.1 Vorteile bei der Anwendung mehrerer Prädiktoren

Wir können erwarten, daß bei mehreren Prädiktoren die Korrelation der geschätzten mit den beobachteten Kriterienwerten höher ist als bei einem einzigen Prädiktor. Das muß so sein, wie wir gezeigt haben; denn je mehr Variablen oder Dimensionenwir in dem Prädiktorensatz berücksichtigen, desto größer ist die Wahrscheinlichkeit, die vielen Dimensionen irgendeines speziellen Kriteriums hinreichend zu erfassen.

Betrachten wir z. B. das Führen eines Flugzeugs. Es leuchtet ein, daß hierbei eine Anzahl von verschiedenen psychischen Prozessen beteiligt sind. Mechanische Fähigkeiten können sehr wichtig sein, aber auch die Unterscheidungsfähigkeit bei der Wahrnehmung von Bodenstrukturen. Die Korrelation zwischen diesen beiden Variablen braucht jedoch nicht hoch zu sein. Wir können uns noch andere Fähigkeiten vorstellen, z. B. Umgang mit Zahlen und räumliches Vorstellungsvermögen, die wahrscheinlich für Flugzeugführer von Bedeutung sind. Wenn nur ein einziger homogener Test als Basis für die Schätzung aller dieser Fähigkeiten vorliegt, können wir nicht erwarten, daß sie alle hinreichend erfaßt werden.

22.2.2 Grenzen bei der Anwendung mehrerer Prädiktoren

Es gibt Grenzen bei der Anwendung mehrerer Prädiktoren. Praktische Erfahrungen haben folgendes gezeigt: Je mehr Prädiktoren für ein einzelnes Kriterium bei einer bestimmten Stichprobe eingesetzt werden, desto geringer wird der durch die Hinzunahme eines neuen Prädiktors bewirkte Zuwachs bei der multiplen Korrelation. Einer der Gründe dafür ist die Schwierigkeit, zusätzliche Tests zu entwickeln oder zu erfinden, die solche Komponenten des Kriteriums erfassen, welche von den bereits vorhandenen Tests nicht erfaßt werden.

Ein anderer Nachteil bei der Verwendung einer großen Zahl von Prädiktortests ist der, daß die Zahl der Freiheitsgrade stark herabgesetzt werden kann. Je mehr die Zahl der Probanden die Zahl der Prädiktoren übersteigt, desto mehr Freiheitsgrade besitzt das System. Wenn eine multiple Korrelation auf Grund einer bestimmten Regressionsgleichung bei einer vorgegebenen Stichprobe gegeben ist, und wenn wir dieselbe Regressionsgleichung bei einer anderen Stichprobe zur Vorhersage desselben Kriteriums verwenden, so können wir später bei Vorliegen der Kriterienwerte in der zweiten Stichprobe die Korrelation zwischen diesen und den vorhergesagten Werten bestimmen. Gewöhnlich ist diese Korrelation nicht so hoch wie die entsprechende in der ersten Stichprobe, in der die multiple Korrelation berechnet wurde. Es tritt eine Minderung der Korrelation auf. Ihr Ausmaß ist eine Funktion des Unterschiedes zwischen der Zahl der Probanden und der Zahl der Variablen in der ersten Stichprobe. Im allgemeinen ist die Minderung um so größer, je geringer dieser Unterschied ist.

Wenn wir annehmen, wir hätten nur zwei Probanden und zwei Prädiktoren, können wir noch deutlicher sehen, was geschieht. Jetzt gibt unsere Regressionsgleichung eine exakte Schätzung der Kriterienwerte. Aber diese genauen Schätzungen sind bedeutungslos, denn es handelt sich um bloße mathematische Artefakte. Wenn wir die Regressionsgewichte bei einer zweiten Stichprobe zur Schätzung desselben Kriteriums anwenden würden, kann die Korrelation zwischen den geschätzten und beobachteten Werten gleich null sein. Wenn allgemein N Probanden und N Prädiktoren gegeben sind, können wir für die Stichprobe einen solchen Satz von Gewichten finden, daß die Prädiktoren die Kriterienwerte exakt reproduzieren, und zwar Proband für Proband. Aber diese Gewichte ergeben im allgemeinen nur sehr schlechte Schätzungen des Kriteriums bei einer zweiten Stichprobe.

22.3 Regressionskoeffizienten

Im vorangegangenen Abschnitt haben wir die Beziehung der multiplen Korrelation zur Anzahl der Prädiktoren und zur Anzahl der Probanden behandelt. Wir setzten dabei die Beziehung zwischen dem multiplen Korrelationskoeffizienten und den Regressionskoeffizienten voraus, worauf wir im 6. Kapitel näher eingegangen sind. Wir haben darauf hingewiesen, daß die Regressionskoeffizienten so berechnet werden, daß die mit ihrer Hilfe aus den Prädiktoren kombinierte Variable bei einer gegebenen Stichprobe maximal hoch mit dem Kriterium korreliert. Es dürfte nun von Interesse sein, einige der Probleme zu diskutieren, die bei der Verwendung von Regressionskoeffizienten auftreten. Wir wollen die Schwierigkeiten bei ihrer Interpretation und das Phänomen negativer Regressionsgewichte behandeln.

22.3.1 Schwierigkeiten bei der Interpretation von Regressionskoeffizienten

Manchmal glaubt man, daß die Höhe des Regressionskoeffizienten ein Maß für die relative Bedeutung des jeweiligen Prädiktors für die Schätzung des Kriteriums ist. Alle Versuche, Regressionskoeffizienten derartig zu interpretieren, führen jedoch in die Irre. Es ist möglich, Modelle zu entwickeln, auf Grund derer man den Beitrag einer jeden Variable für das Kriterium abschätzen kann. Diese Modelle erfordern aber spezielle Konzepte aus der höheren Mathematik, die über den Rahmen dieses Buches hinausgehen.
Wenn man versucht, Regressionskoeffizienten zu interpretieren, entsteht ein Problem dadurch, daß die Prädiktortests bei einer einzelnen

Stichprobe gewöhnlich nicht unabhängig voneinander sind. Das heißt, daß die Prädiktor-Interkorrelationsmatrix, die der Berechnung der Regressionskoeffizienten zugrundeliegt, nicht überall Nullkorrelationen enthält. Wenn in der Stichprobe alle Variablen miteinander zu null korrelieren, kann man leicht zeigen, daß der Beitrag einer jeden Variable für die Vorhersage des Kriteriums gleich dem Quadrat der Korrelation dieser Variable mit dem Kriterium ist.
Wenn ein Regressionsgewicht gleich null ist, wissen wir, daß die entsprechende Variable nichts für die Vorhersage des Kriteriums beiträgt. Denn der Variablenpunktwert wird mit null multipliziert und tritt deshalb nicht in dem zusammengesetzten Wert auf. Manchmal findet man jedoch, daß ein oder mehrere Regressionsgewichte negativ sind. Wir wollen deshalb im folgenden Abschnitt auf die Bedeutung von solchen negativen Gewichten eingehen.

22.3.2 Negative Gewichte

Ein negatives Gewicht bedeutet offensichtlich nicht, daß die entsprechende Variable weniger als keinen Nutzen oder weniger als keine Effektivität bei der Vorhersage des Kriteriums hat. Eine Prädiktorvariable kann ein negatives Regressionsgewicht, aber trotzdem eine positive Korrelation mit einem Kriterium besitzen. Wenn eine Prädiktorvariable mit dem Kriterium niedrig, mit einem oder mehreren Prädiktoren aber hoch korreliert, ist es möglich, daß diese Variable ein negatives Regressionsgewicht erhält. Auch eine solche Variable kann für die Vorhersage von Bedeutung sein, genauso wie eine Variable mit positivem Gewicht. Das soll das folgende Beispiel erläutern.
Bei der Vorhersage des Erfolgs der Ausbildung zum Flugzeugführer während des 2. Weltkriegs stellte sich heraus, daß Tests zur Prüfung der mechanischen und rechnerischen Fähigkeit und des räumlichen Vorstellungsvermögens mit dem Kriterium signifikant positiv korrelierten. Andererseits hatte ein verbaler Test nur eine sehr niedrige positive Korrelation mit dem Kriterium. Jedoch zeigte sich, daß die Korrelationen dieses Tests mit den drei anderen ziemlich hoch waren. Bei der Berechnung der multiplen Regression ergab sich, daß das Regressionsgewicht für den verbalen Test negativ war. Eine weitere Analyse zeigte, daß die multiple Korrelation mit dem Kriterium höher war, wenn der Verbaltest in die Testbatterie aufgenommen wurde, als im anderen Falle. Das galt, obwohl die Korrelation dieses Tests mit dem Kriterium fast gleich null war.

Dieses Phänomen läßt sich leicht erklären. Verbale Fähigkeiten höherer Ordnung sind nicht wesentlich für den Erfolg bei der Art von Ausbildung, wie sie während des 2. Weltkriegs für Flugzeugführer durchgeführt wurden. Sie waren jedoch notwendig, wenn man in den Papier-Bleistift-Tests, die die mechanischen, räumlichen und rechnerischen Fähigkeiten erfassen sollten, erfolgreich bestehen wollte. Verbale Fähigkeiten waren notwendig, um die Instruktionen und die Items in den drei Tests verstehen zu können.
Der mit einem negativen Gewicht versehene Verbalpunktwert diente dazu, die irrelevante Fähigkeit zu unterdrücken oder zu eliminieren, und den Gesamtpunktwert derjenigen zu senken, die insgesamt gut abgeschnitten hatten, aber nur wegen ihrer verbalen Fähigkeit, nicht wegen der für den Ausbildungserfolg relevanten Fähigkeiten. Tests mit negativen Regressionsgewichten werden „Suppressortests" genannt.

22.4 Multiple kritische Punktwerte (cutoffs)

Im 6. Kapitel haben wir gezeigt, wie Regressionskoeffizienten zur Schätzung eines Kriterienwerts durch eine differentielle Gewichtung der Prädiktorwerte verwendet werden können. Das scheint für diesen Zweck die beste Methode zu sein, und zwar sowohl aus praktischen wie auch aus theoretischen Gesichtspunkten. Früher hat man noch einen anderen Ansatz vorgeschlagen, der manchmal bei Vorhersagen mit mehreren Prädiktoren verwendet wurde. Dieser Ansatz ist jedoch nicht allzusehr zu empfehlen, aber ein Student sollte ihn wenigstens kennen. Wir wollen im folgenden die Methode der „multiplen kritischen Punktwerte" für die Vorhersage diskutieren und dabei auf das Verfahren selbst und seine Grenzen eingehen.
Bei dieser Methode werden zunächst die Meßwerte bei einer Anzahl von verschiedenen Prädiktorvariablen ermittelt. Ein Individuum gilt dann für eine bestimmte Kriterientätigkeit als qualifiziert, wenn seine Punktwerte bei jeder Prädiktorvariable bestimmte vorgegebene Werte überschreiten. Angenommen, die Prädiktorvariablen seien in Standardeinheiten gemessen. Ein Prüfling kann dann z. B. für eine Pilotenausbildung, das Kriterium, empfohlen werden, wenn seine Ergebnisse in einem Mechaniktest, einem Rechentest und einem Test für logisches Denken jeweils mindestens eine Sigmaeinheit über dem Mittelwert irgendeiner Bezugsgruppe liegen. In einem Wortschatztest dagegen braucht er nur einen Punktwert zu haben, der größer als ein kritischer Wert ist, welcher eine Sigmaeinheit unter dem Mittelwert liegt.

Bei einer Anzahl von verschiedenen Kriterien können für jede Prädiktorvariable unterschiedliche Reihen von kritischen Punktwerten aufgestellt werden. Bei dieser Methode nimmt man an, daß Probanden, die mit ihrem Punktwert bei jedem Prädiktor unter dem kritischen Wert liegen, für eine bestimmte Ausbildung oder eine spezielle Tätigkeit nicht geeignet sind, und daß diejenigen, deren Leistungen oberhalb der kritischen Werte liegen, erfolgreich sein werden. Das Verfahren berücksichtigt nicht, wie nahe die Probanden an die kritischen Werte herankommen.

22.4.2 Einschränkungen

Es gibt mindestens zwei schwerwiegende Einwände gegen dieses Verfahren, obwohl es oft verwendet wird. Ein Einwand bezieht sich auf den Mangel an Objektivität bei der Bestimmung der kritischen Punktwerte; der andere hängt damit zusammen, daß es keinen entsprechenden Index für die Effektivität dieses Verfahrens gibt.

22.4.2a Mangel an Objektivität

Bisher gibt es keine allgemein anerkannte oder angemessene statistische Methode zur Bestimmung der optimalen kritischen Werte bei den Prädiktoren in bezug auf ein bestimmtes Kriterium. Wahrscheinlich ist es auch nicht möglich, solche Werte analytisch zu ermitteln. Es ist deshalb nicht überraschend, daß diese Methode keine weitere Verbreitung gefunden hat.

Man könnte natürlich bei jeder Prädiktorvariable einen Punkt festlegen, unter dem der Anteil der Versager bei dem Kriterium als zu hoch angesehen wird, und zwar in bezug auf irgendeinen vorher festgelegten Standard, aber auch hier muß der „Anteil der Versager" besonders definiert werden. Man kann jedoch auch bei jeder Variable einen kritischen Punktwert auf Grund der Meinung von Experten über einen hinreichenden oder nicht hinreichenden Versageranteil bestimmen. Selbst wenn das möglich wäre, ist nicht garantiert, daß die Kombination der kritischen Punktwerte eine optimale Erfolgsquote gewährleistet.

Bei dieser Methode nimmt man an, daß eine Überlegenheit in einer Prädiktorvariable eine Unterlegenheit in einer anderen Prädiktorvariable nicht ausgleichen kann. Bei der Verwendung von Regressionsgleichungen setzt man jedoch Kompensationsmöglichkeiten voraus.

Das ist keine unvernünftige Annahme; denn wir wissen aus praktischen Beobachtungen, daß der Erfolg von einer Anzahl von verschiedenen Faktoren abhängt. Wenn jemandem in dem einen Faktor etwas fehlt, kann er es manchmal durch bessere Leistungen in einem anderen ausgleichen.

22.4.2b Kein Effektivitätsindex

Bei der multiplen Regression und anderen korrelativen Verfahren ist mit dem multiplen Korrelationskoeffizienten ein Index für die Effektivität der Vorhersage gegeben. Dieser Koeffizient gibt einen Eindruck davon, wie eng die geschätzten mit den beobachteten Kriterienwerten korrelieren. Bei der Methode der multiplen kritischen Punktwerte ist das jedoch nicht möglich. Denn weil die Probanden, die für ein spezielles Kriterium die verschiedenen kritischen Punktwerte überwunden haben, keine unterschiedlichen Werte erhalten, kann man nicht feststellen, wie effektiv dieses System die ausgewählten Probanden im Hinblick auf den Erfolg differenziert.

22.5 Multiple Korrelation als Funktion der Testlänge

Ein interessantes Problem hängt mit der Länge der Tests, die zur Messung der Prädiktorvariablen eingesetzt werden, zusammen. Dieses Problem ist bei der Verwendung von multiplen Messungen von erheblicher praktischer Bedeutung, ob wir es nun mit einem oder mehreren Kriterien zu tun haben. Das Prinzip, die Methode und die praktische Anwendung dieses Ansatzes sind in Veröffentlichungen von *Horst* (1951, 1956) und von *Horst* und Mac*Ewan* (1957) dargestellt. Wir wissen, daß die Korrelationen zwischen Tests Funktionen der Testreliabilitäten sind. Diese wiederum sind Funktionen der Testlänge. Wir wollen nun dieses allgemeine Problem behandeln und dabei auf seine praktischen Folgerungen und die statistischen Voraussetzungen für seine Lösung eingehen.

22.5.1 Das praktische Problem

In der Praxis kann es bei der Planung einer Untersuchung leicht vorkommen, daß man die gesamte Testzeit oder die Länge eines jeden Tests in der Batterie festlegen muß. Es kann sein, daß für eine

bestimmte Zahl von Prädiktortests nur eine begrenzte Testzeit vorhanden ist, z. B. ein halber oder ein ganzer Tag, und daß man sich überlegen muß, wie man diese Zeit auf die verschiedenen Meßinstrumente der Batterie aufteilt.
Es kann auch sein, daß die Geldmittel, die für das Testprogramm ausgegeben werden können, begrenzt sind. Obwohl die Tests verfügbar sind und die richtige Länge haben, muß man sich dann entschließen, die gesamte Testzeit zu kürzen, um Geld zu sparen. In diesem Falle wird es notwendig sein, die optimale Verteilung der Testzeit zu bestimmen. Man kann sich z. B. entscheiden, einige Tests wegzulassen, oder andere Tests zu kürzen oder zu verlängern.

22.5.2 Welche statistischen Daten sind erforderlich?

Die für die Lösung dieses Problems erforderlichen, empirisch gewonnenen Daten sind: (1) die Korrelationen der Prädiktoren untereinander, wobei die Testlänge beliebig ist; (2) die Validität eines jeden Tests bezüglich eines oder mehrerer Kriterien, und (3) die Reliabilität eines jeden Tests. Die Reliabilitäten können entweder Konsistenz- oder Retest-Schätzungen sein. Auf jeden Fall muß es möglich sein, realistisch abzuschätzen, wie sich diese Reliabilitätskoeffizienten ändern, wenn der Test länger oder kürzer wird. Im 19. Kapitel haben wir gesehen, daß die Reliabilität eines Tests eine Funktion seiner Länge ist, und wir haben die entsprechenden Formeln angegeben.
Wenn die drei Gruppen von Korrelationen bei einer bestimmten Stichprobe und bei Tests von beliebiger Länge gegeben sind, kann man eine zusätzliche Bedingung machen; Die gesamte Testzeit soll einen bestimmten festgelegten Wert haben. Durch geeignete analytische Methoden können wir dann die Länge eines jeden Tests derartig festlegen, daß die gesamte geänderte Testbatterie eine optimale Effektivität bei der Vorhersage hat. Dieses Verfahren ist anwendbar, ob man nun die Testbatterie verlängern oder verkürzen will.

22.6 Der Beitrag eines einzelnen Tests zur Validität der Testbatterie

Bei umfangreichen Testprogrammen, besonders bei solchen mit mehreren Kriterien, möchte man manchmal diese Untersuchungen mit anderen Forschungsvorhaben koordinieren. Man möchte z. B. zu den Prädiktortests, deren Regressionsgewichte bereits bestimmt worden sind, einen oder mehr experimentelle Tests hinzufügen. Es ist dann wichtig zu wissen, ob ein experimenteller Test zur Validität dieser Testbatterie beiträgt. Wir wollen im folgenden auf diesen Punkt eingehen und dabei das Problem, die erforderlichen Daten und die Rechenformel behandeln und an einem Beispiel erläutern.

22.6.1 Das Problem

Das Problem entsteht, wenn ein umfangreiches Testprogramm vorliegt, wie z. B. für die Auswahl von Flugpersonal während des 2. Weltkriegs. Ein anderes Beispiel sind die College-Eintrittstests der Universität von Washington, die eine differentielle Vorhersage des Erfolgs in einer Anzahl von verschiedenen Studienfächern ermöglichen.

In beiden Programmen gibt es ungefähr ein Dutzend Prädiktorvariablen. In solchen Fällen ist es im allgemeinen möglich, verschiedene andere Tests, die nichts mit der eigentlichen Vorhersage zu tun haben, hinzuzufügen. Für diese experimentellen Tests gibt es natürlich keine Kriterien, bezüglich derer man sie validieren kann. Man könnte die Meßwerte aufbewahren und hoffen, daß man später, wenn Kriterien, z. B. Noten, anfallen, mit geeigneten Methoden bestimmen kann, ob die experimentellen Tests zu den anderen Prädiktoren in die Testbatterie aufgenommen werden sollen. Wenn man jedoch sofort mit hinreichender Sicherheit wissen würde, daß der Test für die Effektivität der Vorhersage nichts beitragen würde, könnte man diese Daten ausscheiden und andere experimentelle Tests im Rahmen der routinemäßigen Durchführung der Testbatterie erproben.

Tatsächlich ist es möglich, im voraus anzugeben, wie hoch die Validität eines solchen experimentellen Tests sein muß, damit die multiple Korrelation der Batterie einschließlich dieses Tests um einen bestimmten Betrag erhöht wird. Man kann z. B. festsetzen, daß sich die quadrierte multiple Korrelation um, sagen wir, 5 Prozent vergrößern soll, damit die Hinzunahme dieses Tests gerechtfertigt ist. Dann kann man berechnen, wie groß die Korrelation des Tests mit dem Kriterium sein muß, damit diese Vergrößerung der multiplen Korrelation erreicht werden kann. Wenn man dann auf Grund von genügend Erfahrungen mit den Validitätskoeffizienten von einzelnen Tests bei einem bestimmten Kriterium weiß, daß eine solche geforderte Validität ganz unrealistisch ist, dann kann man annehmen, daß der Test bei späteren Untersuchungen nicht in die Testbatterie aufgenommen wird. Man kann die Daten wegwerfen und den Test vergessen.

22.6.2 Die erforderlichen Daten

Die für die Lösung dieses Problems erforderlichen Daten sind die Korrelationen des Tests mit den anderen Tests in der Batterie, die Interkorrelationen der vorliegenden Tests und die multiple Korrelation der Testbatterie mit dem Kriterium. Auf Grund dieser Werte kann man den gesuchten Validitätskoeffizienten abschätzen.

22.6.3 Die Formel

Es folgt die Formel für die Berechnung des gesuchten Validitätskoeffizienten (siehe Abschnitt 22.10)

$$r_{ck} = r_{ks}R_{c.t} \pm \sqrt{a(a + 2R_{c.t})(1 - R_{k.t}^2)} \qquad (22.6.1)$$

Dabei ist a der festgelegte Zuwachs bei der multiplen Korrelation; r_{ck} ist die Validität des Tests k, die für diesen Zuwachs a erforderlich ist; $R_{c.t}$ ist die multiple Korrelation der Testbatterie, ausgenommen Test k, mit dem Kriterium; r_{ks} ist die Korrelation des Tests k mit den auf Grund der Testbatterie, außer Test k, vorhergesagten Kriterienwerten; und $R_{k.t}$ ist die multiple Korrelation des Tests k mit der Testbatterie.

Die Formel liefert zwei Lösungen, eine, wenn das negative Vorzeichen, eine zweite, wenn das positive Vorzeichen verwendet wird. Im ersten Fall kann die Variable als Suppressortest, im zweiten Fall als Prädiktortest dienen.

Für Gl. 22.6.1 wird die multiple Korrelation des neuen Tests mit der Batterie und auch seine Korrelation mit den vorhergesagten Kriterienwerten benötigt. Wenn wir die letztere als eine hinreichend gute Schätzung für die erstere nehmen wollen, ergibt sich aus Gl. 22.6.1

$$r_{ck} = r_{ks}R_{c.t} \pm \sqrt{a(a + 2R_{c.t})(1 - r_{ks}^2)} \qquad (22.6.2)$$

In der folgenden Abbildung wird mit Gl. 22.6.2 ein Beispiel gerechnet.

$$R_{c.t} = .5 \qquad r_{ks} = .6 \qquad a = .05$$

$$r_{ck} = (.6)(.5) \pm \sqrt{(.05)(.05 + 2(.5))(1 - (.6)^2)}$$

$$= .3 \pm \sqrt{.05(1.05)(.64)} = .3 \pm \sqrt{(.0525)(.64)}$$

$$= .3 \pm \sqrt{.0336} = .3 \pm .183 = .483 \text{ oder } .117$$

Abb. 22.6.1 Berechnung des erforderlichen Validitätskoeffizienten für den experimentellen Test

Die erforderliche Korrelation ist also .483 oder .117. Die erstere ist fast so hoch wie die bestehende multiple Korrelation von .5. Die letztere ist eine höchst unwahrscheinliche Validität für einen Test, der zu .6 mit den vorhergesagten Kriterienwerten korreliert. Solange es keine zwingenden Gründe für das Gegenteil gibt, können wir also annehmen, daß es ganz unwahrscheinlich sein würde, einen dieser beiden Validitätskoeffizienten zu erreichen, wenn die Kriterienwerte verfügbar sind. Wenn ein Zuwachs von .05 gewünscht wird, sollte man diesen Test nicht länger für die Testbatterie vorsehen.

22.7 Die Vorhersage von mehreren Kriterien

Wir haben darauf hingewiesen, daß ein ideales Vorhersagemodell sowohl mehrere Prädiktoren als auch mehrere Kriterien enthält, und daß dieses Modell das ökonomischste und umfassendste für große Testprogramme mit psychologischen Tests zu sein scheint. Wenn mehrere Kriterien vorliegen, können aber zwei verschiedene Modelle angewendet werden, auf die wir nun unsere Aufmerksamkeit richten wollen. Das eine liefert eine multiple differentielle, das andere eine multiple absolute Vorhersage.

22.7.1 Multiple differentielle Vorhersage

Die multiple differentielle Vorhersage hat zur Aufgabe, auf Grund einer Reihe von Prädiktoren jedes einzelne aus einer Anzahl von verschiedenen Kriterien vorherzusagen. Man kann dann nach der Schätzung der Kriterienwerte für jeden Probanden der Stichprobe entscheiden, für welche Kriterientätigkeit ein Proband am besten geeignet ist. Das Problem ist dabei, Prädiktoren auszuwählen, die die

Individuen bezüglich der geschätzten Kriterienwerte maximal gut differenzieren.
Zur Lösung dieses Problems nimmt man an, daß eine relativ große Zahl von Prädiktortests gegeben ist. Man muß nun entscheiden, welche Tests ausgewählt werden sollen, damit sich bei Verwendung dieser Tests zusammen mit den geeigneten Formeln eine möglichst gute Differenzierung zwischen den Schätzungen der Kriterienwerte ergibt. Diese Werte bilden dann die Grundlage für die Zuweisung eines jeden Probanden zu der Tätigkeit, für die er am besten geeignet ist, oder für eine entsprechende Beratung. Die für diesen Zweck benötigten Formeln werden durch *Horst* (1954b) angegeben. Diese Formeln und ihre Ableitungen gehen jedoch über den Rahmen dieses Buches hinaus.

22.7.2 Multiple absolute Vorhersage

Die multiple absolute Vorhersage von mehreren Kriterien unterscheidet sich ein wenig von dem Modell, das wir gerade diskutiert haben. Das Ziel der multiplen absoluten Vorhersage ist nicht so sehr die maximale Differenzierung zwischen den Kriterienwerten, wie es bei einer differentiellen Vorhersage der Fall ist. Bei der letzteren Methode sollen die Korrelationen zwischen den geschätzten Kriterienwerten so niedrig wie möglich sein. Im Gegensatz dazu ist es bei der multiplen absoluten Vorhersage nicht erforderlich, daß diese Korrelationen so niedrig wie möglich sind; aber es ist wichtig, daß bei jedem Kriterium die Korrelation zwischen geschätzten und beobachteten Werten so hoch wie möglich ist. Das Problem ist, aus einer größeren Menge von möglichen Prädiktorvariablen diejenigen auszusuchen, bei denen die Summe der multiplen Korrelationen mit den einzelnen Kriterien ein Maximum ergibt und zwar ohne Berücksichtigung der Korrelationen zwischen den Kriterien.
Die Formeln für diesen Fall werden von *Horst* (1955) angegeben. Sie und ihre Ableitung gehen ebenfalls über den Rahmen dieses Buches hinaus. Es ist anzumerken, daß mit den Formeln für die Auswahl der Prädiktoren bei den beiden beschriebenen Ansätzen im allgemeinen nicht dieselben Tests ausgewählt werden. Bei dem zweiten Ansatz besteht die Tendenz, Prädiktoren zu bestimmen, die die allen Kriterienvariablen gemeinsame Varianz erfassen und deshalb Korrelationen zwischen den vorhergesagten Werten verursachen. Bei dem differentiellen Ansatz liest man eher die Prädiktoren aus, die nicht diese gemeinsame Varianz vorhersagen.

Es muß jedoch darauf hingewiesen werden, daß die Regressionsgewichte eines gegebenen Prädiktorensatzes, die jeweils zu einem Kriterium gehören, bei der multiplen differentiellen und bei der multiplen absoluten Vorhersage dieselbe sind. Die beiden Ansätze unterscheiden sich nur darin, welche Prädiktortests ausgewählt werden.

22.8 Statistische Arten von Prädiktoren

In Abschnitt 22.3 haben wir vorweggenommen, daß es von einem statistischen Gesichtspunkt aus zwei allgemeine Arten von Prädiktoren gibt. Den einen Typ haben wir Suppressorvariablen genannt. Den anderen wollen wir positive Prädiktoren nennen. Wir wollen zunächst diese behandeln, weil sie am häufigsten vorkommen, und dann die Suppressorprädiktoren.

22.8.1 Positive Prädiktoren

Als positive Prädiktortests können solche definiert werden,die Dimensionen der Kriterienvarianz erfassen. Das bedeutet, daß sie und das Kriterium einen gemeinsamen Varianzanteil besitzen. Z. B. kann ein Test, der die mechanische Fähigkeit mißt, gemeinsame Varianz mit dem Kriterium „Führen eines Flugzeuges" oder „Reparieren von Benzinmotoren" haben.
Die statistischen Eigenschaften von positiven Prädiktoren sind die folgenden: sie korrelieren miteinander niedrig, mit dem Kriterium hoch, und sie besitzen positive Regressionsgewichte. Beispiele für positive Prädiktoren sind in der Testbatterie zur Auswahl von Piloten, die bereits beschrieben wurden, enthalten.

22.8.2 Suppressortests

Als Suppressortests können diejenigen Prädiktortests definiert werden, die nicht die Varianz des Kriteriums, aber einen Teil derjenigen Varianz der Prädiktoren, die diese nicht mit dem Kriterium gemeinsam haben, enthalten. Sie erfassen die nutzlose Varianz bei den Prädiktoren und dienen dazu, diese Varianz zu unterdrücken. Ein Beispiel für eine Suppressorvariable wurde bereits genannt: der verbale Test, der die wertlose Varianz der verbalen Fähigkeit bei den Tests zur Messung der mechanischen und der rechnerischen Fähigkeit und des räumlichen Vorstellungsvermögens bei der Pilotenausbildung unterdrückt. Die statistischen Eigenschaften einer Suppressorvariable sind die folgenden: sie korreliert mit dem Kriterium niedrig und mit einigen oder allen Prädiktortests hoch, und sie besitzt ein negatives Regressionsgewicht. Im allgemeinen bringen Suppressorvariablen keine Vorteile, wenn die Prädiktoren Primärfektoren ziemlich rein erfassen. Suppressortests können nützlich sein, wenn die Prädiktortests faktoriell komplex sind und Varianz enthalten, die nicht in dem Kriterium zu finden ist. Wenn eine Testbatterie aus faktoriell reinen Tests besteht, kann keiner dieser Tests als Suppressortests dienen, auch wenn er mit dem Kriterium nicht korreliert; denn er hat per definitionem keine Varianz mit den anderen Tests gemeinsam.

22.9 Die multiple Diskriminanzfunktion

Wir wollen noch ein anderes spezielles Vorhersagemodell erwähnen, das früher erhebliche Aufmerksamkeit auf sich gelenkt hat. Dieses Modell wird bei einem stark eingeschränkten Satz von Kriterien angewendet. Es ist die multiple Diskriminanzfunktion. Wir wollen im folgenden auf Ziele, Methoden und Grenzen dieses Ansatzes eingehen.

22.9.1 Ziele des Modells

Mit der Methode der multiplen Diskriminanzfunktion versucht man, maximal zwischen einer Anzahl von verschiedenen Kriteriengruppen auf Grund einer Reihe von Prädiktorvariablen zu diskriminieren. Beispielsweise können in einer psychiatrischen Klinik eine Anzahl von Gruppen vorhanden sein, die auf Grund verschiedener psychischer Störungen gebildet sind, z. B. Schizophrene, Paranoide, usw. Das Problem ist, auf der Grundlage einer solchen Einteilung Linearkombinationen einer Reihe von Prädiktormeßwerten zu finden, die zwischen Probanden, die noch nicht gruppiert worden sind, diskriminieren. Diese Methode wird auch verwendet, wenn man Arbeiter in verschiedene Berufsgruppen einordnen will, und wenn man vorhersagen will, welche spezielle Laufbahn oder Tätigkeit jemand wählen wird.

22.9.2 Die Methode

Die Methode der multiplen Diskriminanzfunktion kann als ein Sonderfall der multiplen Vorhersage von mehreren Kriterien betrachtet werden, wobei die Kriterienwerte speziell binäre Meßwerte sind. Wenn ein Proband zu einer bestimmten Kriteriengruppe gehört, erhält er eine 1 für diese Gruppe und 0 für alle anderen Gruppen. Man sieht, daß die Matrix der Kriterienwerte deshalb ein Spezialfall einer Binärmatrix ist, bei der in jeder Zeile nur eine 1 und sonst lauter Nullen stehen.

22.9.3 Grenzen der Methode

Diese Methode besitzt schwerwiegende Einschränkungen. Man kann nicht sicher sein, daß ein Proband, der einer speziellen Berufskategorie zugeordnet wird, hier tatsächlich bessere Leistungen zeigt als andere, die nicht zugeordnet wurden. Die Angemessenheit der Kriterienpunktwertmatrix muß in Frage gestellt werden. Denn man vernachlässigt oder verschenkt Informationen über die zugeordneten Probanden. Für jeden gibt es in seiner speziellen Kategorie den Punktwert 1, während die Probanden im allgemeinen wahrscheinlich unterschiedliche Leistungen zeigen. Für die, die nicht in dieser Gruppe sind, gibt es den Punktwert 0, obwohl einige davon besser sein dürften als die, die zu der Gruppe gehören.

Die Methode wird oft auch fälschlich für optimale Zuordnungen eingesetzt. Wir haben dieses Problem kurz im 8. Kapitel behandelt, aber es würde über den Rahmen des vorliegenden Buches hinausgehen, wenn wir es ausführlicher erläutern wollten. Es genügt vielleicht, zu sagen, daß man bei der Anwendung dieses Ansatzes für optimale Zuordnungen die Beschränkung auf bestimmte Quoten für die verschiedenen Kategorien ignoriert. Diese Einschränkung ist aber ein wesentlicher Bestandteil bei der optimalen Zuordnung von Arbeitskräften.

22.10 Mathematischer Beweis der Validität eines Tests und seines Beitrags zu der Vorhersageeffektivität einer Testbatterie

Sei r die Matrix der Interkorrelationen der Tests in der Batterie außer Test k; p die Matrix der Interkorrelationen der Tests in der Batterie einschließlich Test k; r_c der Vektor der Korrelationen der Tests in der Batterie, außer Test k, mit dem Kriterium; ϱ_c der Vektor der Korrelationen der Tests in der Batterie, einschließlich Test k, mit dem Kriterium;

r_k der Vektor der Korrelationen des Tests k mit den anderen Tests in der Batterie; β der Vektor der Regressionsgewichte der Tests in der Batterie, einschließlich Test k, mit dem Kriterium; β_c der Vektor der Regressionsgewichte der Tests in der Batterie, außer Test k, mit dem Kriterium; β_k der Vektor der Regressionsgewichte der Tests in der Batterie mit Test k; r_{ck} die Korrelation des Tests k mit dem Kriterium; $R_{c.\,t}$ die multiple Korrelation der Tests in der Batterie außer Test k, mit dem Kriterium; $R_{c.\,T}$ die multiple Korrelation der Tests in der Batterie, einschließlich Test k, mit dem Kriterium; und $R_{k.\,t}$ die multiple Korrelation von Test k mit den anderen Tests in der Batterie.
Auf Grund dieser Definitionen gilt

$$\rho = \begin{bmatrix} r & r_k \\ r_k' & 1 \end{bmatrix} \tag{22.10.1}$$

$$\rho_c = \begin{bmatrix} r_c \\ r_{ck} \end{bmatrix} \tag{22.10.2}$$

Aus den Definitionen und wohlbekannten Formeln folgt

$$\rho^{-1}\rho_c = \beta \tag{22.10.3}$$

$$\rho_c'\rho^{-1}\rho_c = R^2_{c.T} \tag{22.10.4}$$

$$\rho_c'\beta = R^2_{c.T} \tag{22.10.5}$$

$$r^{-1}r_c = \beta_c \tag{22.10.6}$$

$$r_c'r^{-1}r_c = R^2_{c.t} \tag{22.10.7}$$

$$r_c'\beta_c = R^2_{c.t} \tag{22.10.8}$$

$$r^{-1}r_k = \beta_k \tag{22.10.9}$$

$$r_k'r^{-1}r_k = R^2_{k.t} \tag{22.10.10}$$

$$r_k'\beta_k = R^2_{k.t} \tag{22.10.11}$$

Aus Gl. 22.10.1 folgt

$$\rho^{-1} = \begin{bmatrix} r & r_k \\ r_k' & 1 \end{bmatrix}^{-1} \tag{22.10.12}$$

Zur Berechnung der rechten Seite von Gl. 22.10.12 schreiben wir

$$\begin{bmatrix} r & r_k \\ r_k' & 1 \end{bmatrix}^{-1} = \begin{bmatrix} s & u \\ u' & d \end{bmatrix} \tag{22.10.13}$$

Aus Gl. 22.10.13 folgt

$$\begin{bmatrix} r & r_k \\ r_k' & 1 \end{bmatrix} \begin{bmatrix} s & u \\ u' & d \end{bmatrix} = \begin{bmatrix} I & 0 \\ 0' & 1 \end{bmatrix} \qquad (22.10.14)$$

Wenn wir die linke Seite von Gl. 22.10.14 ausrechnen, folgt

$$rs + r_k u' = I \qquad (22.10.15)$$

$$ru + r_k d = 0 \qquad (22.10.16)$$

$$r_k' s + u' = 0' \qquad (22.10.17)$$

$$r_k' u + d = 1 \qquad (22.10.18)$$

Multiplizieren wir Gl. 22.10.15 von links mit r^{-1} und stellen um, so ergibt sich

$$s = r^{-1} - r^{-1} r_k u' \qquad (22.10.19)$$

Wir setzen Gl. 22.10.19 in Gl. 22.10.17 ein und lösen nach u auf

$$u = \frac{-r^{-1} r_k}{1 - r_k' r^{-1} r_k} \qquad (22.10.20)$$

Gl. 22.10.20 in Gl. 22.10.19 eingesetzt, ergibt

$$s = r^{-1} + \frac{r^{-1} r_k r_k' r^{-1}}{1 - r_k' r^{-1} r_k} \qquad (22.10.21)$$

Wir setzen Gl. 22.10.20 in Gl. 22.10.18 ein und lösen nach d auf:

$$d = \frac{1}{1 - r_k' r^{-1} r_k} \qquad (22.10.22)$$

Wir setzen die Gln. 22.10.9 und 22.10.10 in die Gln. 22.10.21, 22.10.20 und 22.10.22 ein:

$$s = r^{-1} + \frac{\beta_k \beta_k'}{1 - R_{k.t}^2} \qquad (22.10.23)$$

$$u = \frac{-\beta_k}{1 - R_{k.t}^2} \qquad (22.10.24)$$

$$d = \frac{1}{1 - R_{k.t}^2} \qquad (22.10.25)$$

Aus den Gln. 22.10.12, 22.10.13, 22.10.23, 22.10.24 und 22.10.25 folgt

$$\rho^{-1} = \frac{1}{1 - R_{k.t}^2} \begin{bmatrix} (1 - R_{k.t}^2)r^{-1} + \beta_k\beta_k' & -\beta_k \\ -\beta_k' & 1 \end{bmatrix} \qquad (22.10.26)$$

Aus den Gln. 22.10.2, 22,10.3, 22.10.6 und 22.10.26 folgt

$$\beta = \frac{1}{1 - R_{k.t}^2} \begin{bmatrix} (1 - R_{k.t}^2)r^{-1} + \beta_k\beta_k' & -\beta_k \\ -\beta_k' & 1 \end{bmatrix} \begin{bmatrix} r_c \\ r_{ck} \end{bmatrix}$$

oder

$$\beta = \frac{1}{1 - R_{k.t}^2} \begin{bmatrix} (1 - R_{k.t}^2)\beta_c + \beta_k\beta_k' r_c - \beta_k r_{ck} \\ -\beta_k' r_c + r_{ck} \end{bmatrix} \qquad (22.10.27)$$

Aus den Gln. 22.10.2, 22.10.5 und 22.10.27 folgt

$$R_{c.T}^2 = \frac{1}{1 - R_{k.t}^2} (r_c' r_{ck}) \begin{bmatrix} (1 - R_{k.t}^2)\beta_c + \beta_k\beta_k' r_c - \beta_k r_{ck} \\ -\beta_k' r_c + r_{ck} \end{bmatrix}$$

oder

$$R_{c.T}^2 = \frac{1}{1 - R_{k.t}^2} ((1 - R_{k.t}^2) r_c'\beta_c + (r_c'\beta_k)^2 - r_c'\beta_k r_{ck} - \beta_k' r_c r_{ck} + r_{ck}^2) \qquad (22.10.28)$$

Setzt man Gl. 22.10.8 in Gl. 22.10.28 ein und vereinfacht, ergibt sich

$$R_{c.T}^2 = R_{c.t}^2 + \frac{(r_c'\beta_k - r_{ck})^2}{1 - R_{k.t}^2} \qquad (22.10.29)$$

Löst man diese Gl. nach r_{ck} auf, folgt

$$r_{ck} = r_c'\beta_k \pm \sqrt{(R_{c.T}^2 - R_{c.t}^2)(1 - R_{k.t}^2)} \qquad (22.10.30)$$

Gl. 22.10.30 gibt explizit den Wert an, den r_{ck} annehmen muß, um einen vorgegebenen Zuwachs bei dem multiplen Korrelationskoeffizienten zu bewirken. Aus Gründen bequemerer Anwendung kann die rechte Seite etwas anders geschrieben werden. Der Term $r_c'\beta_k$ erfordert die Berechnung der multiplen Regressionskoeffizienten für die Vorhersage des Tests k aus der Testbatterie. Das ist nicht notwendig, wenn die auf Grund der Testbatterie ohne Test k vorhergesagten Kriterienwerte zur Verfügung stehen.

Sei z die Matrix der standardisierten Testpunktwerte, einschließlich Test k; K der Vektor der Standardwerte von Test k; C der Vektor der standardisierten Kriterienwerte; C_s der Vektor der vorhergesagten Kriterienwerte, wenn Test k nicht in der Batterie enthalten ist; und r_{ks} die Korrelation von Test k mit den vorhergesagten Kriterienwerten.
Per Definitionem gilt

$$z\beta_c = C_s \tag{22.10.31}$$

Die Korrelationen von Test k mit dem vorhergesagten Kriterienwert ist

$$r_{ks} = \frac{\frac{1}{N} K'C_s}{\sqrt{\frac{1}{N} C_s'C_s}} \tag{22.10.32}$$

Setzt man Gl. 22.10.31 in Gl. 22.10.32 ein, folgt

$$r_{ks} = \frac{\frac{1}{N} K'z\beta_c}{\sqrt{\frac{1}{N} \beta_c'z'z\beta_c}} \tag{22.10.33}$$

Per definitionem gilt

$$\frac{1}{N} K'z = r_k' \tag{22.10.34}$$

$$\frac{1}{N} z'z = r \tag{22.10.35}$$

Setzt man die Gln. 22.10.34 und 22.10.35 in Gl. 22.10.33 ein, folgt

$$r_{ks} = \frac{r_k'\beta_c}{\sqrt{\beta_c' r \beta_c}} \tag{22.10.36}$$

Setzt man die Gln. 22.10.6, 22.10.7 und 22.10.9 in Gl. 22.10.36 ein, so ergibt sich

$$r_{ks} = \frac{r_c'\beta_k}{R_{c.t}} \tag{22.10.37}$$

Löst man diese Gl. nach $r_c'\beta_k$ auf, so folgt

$$r_c'\beta_k = R_{c.t}\, r_{ks} \tag{22.10.38}$$

was in Gl. 22.10.30 eingesetzt werden kann.

Angenommen wir ziehen es vor, den gewünschten Zuwachs lieber für die multiple Korrelation als für ihr Quadrat anzugeben. Wenn wir diesen Zuwachs mit a bezeichnen, haben wir

$$R_{c.t} + a = R_{c.T} \tag{22.10.39}$$

oder

$$R^2_{c.T} - R^2_{c.t} = a(a + 2R_{c.t}) \tag{22.10.40}$$

Setzen wir die Gln. 22.10.38 und 22.10.40 in Gl. 22.10.30 ein, so folgt

$$r_{ck} = r_{ks}R_{c.t} \pm \sqrt{a(a + 2R_{c.t})(1 - R^2_{k.t})} \tag{22.10.41}$$

Das ist aber gerade Gl. 22.6.1

23. Genauigkeit der Vorhersage

In diesem Buch haben wir immer wieder betont, daß die Messung einer Variable nicht Selbstzweck ist, sondern zur Vorhersage einer oder mehrerer anderer Variablen dient. Für die Vorhersage benötigen wir Maße für den Grad des Zusammenhangs zwischen den verschiedenen Variablen, die bei einer Untersuchung vorkommen. Wir haben gesehen, daß der Grad des Zusammenhangs zwischen zwei Variablen bei denselben Probanden gewöhnlich durch Korrelationskoeffizienten ausgedrückt wird. Dabei müssen wir zwischen den Arten des Zusammenhangs zwischen Variablen einerseits und dem Ausmaß des Zusammenhangs andererseits unterscheiden.

Im 5. Kapitel haben wir verschiedene Arten des Zusammenhangs behandelt, z. B. lineare und nichtlineare Zusammenhänge, und Spezialfälle dieser beiden Typen. Im 6. Kapitel diskutierten wir die Kovarianz und die Korrelation als Möglichkeiten, den Grad des Zusammenhangs auszudrücken. Die Genauigkeit, mit der wir eine oder mehrere Variablen aus einer oder mehreren anderen Variablen vorhersagen können, hängt von dem Grad des Zusammenhangs innerhalb der Prädiktorvariablen und dem Grad des Zusammenhangs zwischen diesen Prädiktoren und jedem Kriterium ab.

In diesem Kapitel werden wir sehen, wie diese Werte dazu verwendet werden können, Indizes für die Genauigkeit der Vorhersage der Kriterien aus den Prädiktoren abzuleiten. Zuerst wollen wir solche Indizes diskutieren und dann einige Arten von Signifikanztests behandeln. Wir wollen dann die Anwendung dieser Tests besprechen und schließlich einen anderen Ansatz für die Bestimmung der Vorhersagegenauigkeit kennenlernen, nämlich die sogenannte Kreuzvalidierung.

23.1 *Indizes für die Vorhersagegenauigkeit*

In den meisten Fällen sind eine Reihe von Prädiktortests und ein oder mehrere Kriterien gegeben. Auf Grund der vorliegenden Meßwerte entwickelt man Formeln zur Schätzung der Kriterienwerte aus den Prädiktorwerten. Der Grad der Beziehung zwischen den geschätzten und den beobachteten Kriterienwerten bei einer bestimmten Stichprobe kann auf verschiedene Weisen dazu verwendet werden, um Indizes für die Vorhersagegenauigkeit zu gewinnen. Wir wollen einige der am meisten verwendeten Indizes diskutieren, und zwar den Korrelationskoeffizienten, den Standardschätzfehler, den Alienationskoeffizienten, das Selektionsverhältnis und den minderungskorrigierten Korrelationskoeffizienten.

23.1.1 *Der Korrelationskoeffizient*

Das einsichtigste und meistverwendete Maß für die Genauigkeit einer Vorhersage ist wahrscheinlich der *Pearson*sche Produkt-Moment-Korrelationskoeffizient. Wir kennen bereits einfache und multiple Korrelationskoeffizienten und ihre Interpretation als Korrelation eines beobachteten und eines geschätzten Kriterienwerts. Es muß jedoch für das folgende betont werden, daß die Indizes der Vorhersagegenauigkeit nur bei der speziellen Stichprobe verwendbar sind, bei der die Daten gesammelt wurden; nicht aber bei anderen Stichproben, bei denen die Vorhersageformeln angewendet werden.

23.1.1a *Der einfache Korrelationskoeffizient*

Der einfache Korrelationskoeffizient wird manchmal irrtümlich als Prozentanteil interpretiert, der den Grad des Zusammenhangs zweier Variablen ergibt. Offensichtlich ist das falsch. Es ist das Quadrat des Korrelationskoeffizienten, der den Prozentsatz der Gesamtvarianz der einen Variable angibt, der durch die andere Variable bestimmt wird. Es ist wichtig, diese Tatsache einzusehen. Denn der einfache Korrelationskoeffizient läßt einen übertriebenen Eindruck von der Höhe des Zusammenhangs entstehen. Z. B. scheint eine Korrelation von .7 zwischen zwei Variablen einen ziemlich hohen Zusammenhang anzudeuten. Wenn wir jedoch diesen Wert quadrieren, erhalten wir .49. Das bedeutet, daß weniger als die Hälfte der Varianz der einen Variable durch die andere Variable bestimmt wird. Ein Vorteil bei der Verwendung des quadrierten Korrelationskoeffizienten ist der, daß bei negativen Werten das Vorzeichen verschwindet. Das bedeutet, daß der Anteil der gemeinsamen Varianz unabhängig von dem Vorzeichen des Korrelationskoeffizienten ist.

23.1.1b Der multiple Korrelationskoeffizient

Der multiple Korrelationskoeffizient wird in der gleichen Art wie der einfache Korrelationskoeffizient als Index der Vorhersagegenauigkeit verwendet. Das Quadrat dieses Wertes gibt das Ausmaß an, in welchem die Varianz eines Kriteriums durch eine Anzahl von Prädiktoren, die in einer Linearkombination optimal gewichtet sind, bestimmt wird.

Ein interessanter Aspekt bei der Verwendung des quadrierten multiplen Korrelationskoeffizienten als Maß für die Vorhersagegenauigkeit bei einer Anzahl von Prädiktoren wird oft übersehen. In Abschnitt 22.6 haben wir auf ein wichtiges Problem der multiplen Vorhersage hingewiesen. Dort haben wir untersucht, wie die Korrelation wächst, wenn zusätzliche Prädiktorvariablen eingeführt werden. Nehmen wir beispielsweise an, die multiple Korrelation eines Kriteriums mit einer Reihe von Prädiktoren sei .6. Nehmen wir weiter an, diese Korrelation wächst auf .65, wenn wir einen weiteren Prädiktor hinzufügen. Es entsteht die Frage, ob dieser Zuwachs von .05 eine zusätzliche Variable wert ist. Wir sollten aber nicht .6 und .65 miteinander vergleichen, sondern die beiden Quadrate. Dieser Vergleich zeigt natürlich einen Anstieg von .36 auf .42. Das ist nicht nur ein etwas größerer absoluter (.06), sondern ein erheblich größerer relativer Zuwachs (17% gegenüber 8%).

Obwohl die Verwendung der quadrierten multiplen Korrelation einen kleineren Index für die Vorhersagegenauigkeit ergibt, ist der relative Zuwachs in der Genauigkeit bei einem gegebenen Zuwachs der Korrelation beeindruckender. Der relative Zuwachs der quadrierten multiplen Korrelation kann nicht kleiner sein als der doppelte relative Zuwachs der Korrelation selbst. Das Verhältnis dieser beiden relativen Anteile ist

$$\rho = 2 + \frac{c}{R} \qquad (23.1.1)$$

Dabei ist R die ursprüngliche multiple Korrelation und c der Zuwachs nach Hinzufügen von einem oder mehreren Prädiktoren.

23.1.2 Der Alienationskoeffizient

Manchmal möchte man nicht den Grad der Übereinstimmung oder – was dasselbe ist – den Grad der Homogenität zweier Variablen angeben, sondern das Ausmaß ihrer Unabhängigkeit oder Spezifität. Die entsprechende Methode ergibt sich natürlich aus dem, was wir über den quadrierten Korrelationskoeffizienten gesagt haben. Das Quadrat gibt den Varianzanteil der einen Variablen an, der durch die andere bestimmt wird. Wenn wir diesen Wert von 1 subtrahieren, erhalten wir denjenigen Varianzanteil der einen Variable, der nicht durch die Varianz der anderen bestimmt wird. Die Quadratwurzel aus dieser Differenz wird Alienationskoeffizient genannt. Die entsprechende Formel lautet:

$$k = \sqrt{1 - r^2} \qquad (23.1.2)$$

Es muß jedoch betont werden, daß nicht der Alienationskoeffizient selbst, sondern sein Quadrat den Varianzanteil der einen Variablen angibt, der nicht durch die andere bestimmt ist. Und man muß dauernd daran denken, daß man sich auf eine spezielle Stichprobe bezieht.
Der Alienationskoeffizient kann für den multiplen Fall verallgemeinert werden und hat dann genau die gleiche Bedeutung. Es folgt die Gleichung für den multiplen Alienationskoeffizienten für ein Kriterium und eine Anzahl von Prädiktoren:

$$k_{c.1..n} = \sqrt{1 - r^2_{c.1..n}} \qquad (23.1.3)$$

Das Quadrat dieses Alienationskoeffizienten ergibt denjenigen Varianzanteil des Kriteriums, der durch eine optimale Linearkombination einer Anzahl von Prädiktoren nicht bestimmt wird. Offensichtlich ist die Summe des quadrierten Alienationskoeffizienten und des quadrierten Korrelationskoeffizienten gleich eins. Es dürfte auch offensichtlich sein, daß diese beiden Werte als Varianzen interpretiert werden können. Der quadrierte Alienationskoeffizient ist die Varianz der Abweichungen der geschätzten von den beobachteten Kriterienwerten. Die quadrierte multiple Korrelation ist die Varianz der geschätzten Kriterienwerte. Diese Interpretation setzt natürlich voraus, daß die Kriterienwerte standardisiert sind, so daß ihre Gesamtvarianz gleich eins ist.

23.1.3 Der Standardschätzfehler

Wir haben gesehen, daß das Quadrat des Alienationskoeffizienten als Varianz der Differenzen zwischen geschätzten und beobachteten Kriterienwerten interpretiert werden kann, wenn das Kriterium in Standardeinheiten gemessen wird. Wenn das Kriterium dagegen eine beliebige, von eins verschiedene Varianz hat, dann sprechen wir nicht mehr vom Alienationskoeffizienten, sondern vom Standardschätzfehler.

Für n Prädiktoren lautet dieser

$$\sigma_{c.1..n} = \sigma_c \sqrt{1 - r^2_{c.1..n}} \qquad (23.1.4)$$

Es zeigt sich, daß der Standardschätzfehler gleich der Standardabweichung der Kriterienvariable multipliziert mit dem Alienationskoeffizienten ist. Das Konzept des Standardschätzfehlers ist in Verbindung mit dem Reliabilitätskoeffizienten und mit wahren und beobachteten Werten im 16. Kapitel diskutiert worden. Hier liegt ein Spezialfall vor.

Obwohl der Standardschätzfehler häufiger angegeben wird, ist es vielleicht sinnvoller, von der Schätzfehlervarianz zu sprechen, die einfach das Quadrat des Standardschätzfehlers ist, nämlich

$$\sigma^2_{c.1..n} = \sigma_c^2 (1 - r^2_{c.1..n}) \qquad (23.1.5)$$

Wir sehen, daß wir nur die Varianz des Kriteriums mit dem Quadrat des Alienationskoeffizienten zu multiplizieren brauchen.

Der Standardschätzfehler und die Schätzfehlervarianz sind nicht so wichtig wie der Alienationskoeffizient und sein Quadrat, weil die beiden ersteren von dem zufälligen Maßstab der Kriterienvariable abhängen. Sie können nur in Verbindung mit der Kriterienvarianz als Maß für die Vorhersagegenauigkeit interpretiert werden. Wenn wir den Standardschätzfehler oder die Schätzfehlervarianz durch die Standardabweichung bzw. die Varianz des Kriteriums dividieren, erhalten wir natürlich den Alienationskoeffizienten bzw. sein Quadrat.

23.1.4 Das Selektionsverhältnis

Ein Ansatz, der in Verbindung mit der Vorhersagegenauigkeit von erheblicher praktischer Bedeutung ist, ist bekanntlich das Selektionsverhältnis. Dabei werden der Anteil der Probanden, die aus einer bestimmten Gruppe auf Grund von Prädiktortests für eine Kriterientätigkeit ausgewählt worden sind, die Korrelation zwischen den Prädiktoren und dem Kriterium, und der Anteil der Probanden aus der ausgewählten Gruppe, die in der Kriterientätigkeit überdurchschnittlich viel leisten werden, verrechnet.

Beispielsweise sei angenommen, es lägen Schätzungen für eine Kriterienvariable auf Grund eines oder mehrerer Prädiktoren und einer optimalen Regressionsgleichung vor. Weiter sei angenommen, daß diese geschätzten Werte für jeden Probanden verfügbar sind, und daß sie den

Berufserfolg angeben, wenn eine Einstellung erfolgen würde. Schließlich wird die Annahme gemacht, die Korrelation zwischen den geschätzten und den beobachteten Kriterienwerten sei auf Grund einer früheren Untersuchung bekannt. Wir können nun für die betrachtete Probandengruppe veranschlagen, wie groß der durchschnittliche Kriterienwert sein würde, wenn alle eingestellt würden. Wenn alle beschäftigt werden, können wir annehmen, daß die Hälfte über, die andere Hälfte unter diesem Wert liegt.

Nun entsteht folgende Frage: Wenn wir nicht alle, sondern nur die, sagen wir, 60 oder 50 Prozent oder einen anderen Anteil mit den höchsten geschätzten Kriterienwerten auslesen und einstellen, wieviel Prozent davon werden auch eine tatsächliche überdurchschnittliche Kriterienleistung zeigen? Angenommen, die Korrelation zwischen den beobachteten und geschätzten Kriterienwerten für die gesamte Gruppe sei bekannt, und die Verteilung sei eine bivariate Normalverteilung. Es gibt dann Tafeln ähnlich wie die für die Bestimmung von tetrachorischen Korrelationskoeffizienten, die angeben, welcher Prozentanteil der ausgelesenen Gruppe überdurchschnittlich sein wird. Dieser Anteil ist eine Funktion des Anteils der ausgewählten Probanden und der Korrelation zwischen beobachteten und geschätzten Kriterienwerten. Solche Tafeln sind von *Taylor* und *Russell* (1939) angegeben worden. Sie sind von Nutzen, wenn sich für eine spezielle Tätigkeit eine viel größere Gruppe von Bewerbern gemeldet hat, als angenommen werden können. Wenn diese Gruppe z. B. sehr groß ist, und wenn man das Auswahlverhältnis gern niedrig ansetzt, dann ist es möglich, eine Teilgruppe auszulesen, die wahrscheinlich hohe Leistungen zeigen wird, obwohl der Korrelationskoeffizient nicht sehr hoch ist. Es ist natürlich richtig, daß von den zurückgewiesenen viele ebenfalls erfolgreich gewesen wären.

Wenn andererseits das Problem besteht, Bewerber um die Zulassung zu einer staatlichen Universität zurückzuweisen, und wenn man ganz sicher gehen will, daß die zurückgewiesenen wenig Erfolg gehabt hätten, dann können die Tabellen mit den Selektionsverhältnissen in umgekehrter Richtung zur Ablehnung eines relativ niedrigen Prozentsatzes dieser Bewerber verwendet werden. Je niedriger der Anteil der zurückgewiesenen ist, desto sicherer kann man sein, daß von diesen die meisten auch im College keinen Erfolg gehabt hätten. Viele von den zugelassenen werden natürlich auch erfolglos sein.

23.1.5 Der minderungskorrigierte Korrelationskoeffizient

Manchmal wird der minderungskorrigierte Korrelationskoeffizient als Grundlage für die Schätzung der Vorhersagegenauigkeit verwendet. Dieses Maß ist die beobachtete Korrelation dividiert durch das geometrische Mittel der Reliabilitäten beider Variablen, wie in Gl. 19.2.4 gezeigt wurde. Dabei handelt es sich jedoch um keinen geeigneten Wert zur Schätzung der Vorhersagegenauigkeit, weil bei keiner Variablen die Meßfehler berücksichtigt werden. Denn die Genauigkeit ist teilweise auch eine Funktion der Reliabilitäten von Prädiktor und Kriterium. Natürlich kann der minderungskorrigierte Korrelationskoeffizinet als Grundlage für die Schätzung der gemeinsamen „systematischen" Varianz beider Variablen verwendet werden. Man erfaßt so die Varianz der „wahren" Werte von Prädiktor und Kriterium, wie sie im 16. Kapitel definiert wurden.

23.2 Signifikanztests

Die Indizes für die Vorhersagegenauigkeit, die wir bisher behandelt haben, gelten nur für die spezielle Stichprobe, bei der Prädiktor und Kriterium erfaßt worden sind. Wenn wir abschätzen wollen, wie genau die Vorhersage bei weiteren Stichproben sein wird, dann entsteht ein anderes und viel schwierigeres Problem. Unglücklicherweise interessieren wir uns gerade für diese anderen Stichproben, nicht für die spezielle Stichprobe, bei der die Vorhersageformeln abgeleitet worden sind. Bei der experimentellen Stichprobe kennen wir das Kriterium, und wir brauchen es deshalb nicht besonders vorherzusagen. Es sind andere Stichproben oder Einzelfälle mit unbekannten Kriterienwerten, bei denen die Regressionsgleichungen auf die Prädiktoren zur Schätzung des Kriteriums angewendet werden sollen. Und für diese Stichproben brauchen wir irgendeine Methode, mit der wir den Sicherheitsgrad einer Vorhersage angeben können.

Die bekanntesten Arten von Signifikanztests, die entwickelt wurden, sind die t-Tests, die Chi-Quadrat-Tests und die F-Tests. Diesen Tests liegen komplizierte und ausgefeilte Modelle der mathematischen Statistik und Wahrscheinlichkeitstheorie zugrunde, die über den Rahmen dieses Buches hinausgehen. Es genügt hier vielleicht, zu sagen, daß sie vornehmlich in Situationen angewendet werden, in denen Normalverteilung vorausgesetzt werden kann.

23.3 Die Anwendung von Signifikanztests

In Büchern über die Varianzanalyse und Versuchsplanung sind die verschiedenen Arten von Signifikanztests, von Verteilungsfunktionen und die daraus abgeleiteten Konfidenzgrenzen erschöpfend behandelt worden. Es dürfte der Mühe wert sein, einige der Überlegungen zu diskutieren, die die Benutzung von Signifikanztabellen betreffen. Zuerst wollen wir über die traditionelle Art sprechen, wie solche Tafeln angelegt sind. Dann wollen wir die Grenzen der Anwendung von Signifikanztests behandeln.

23.3.1 Signifikanztabellen

Bei den verschiedenen erwähnten Arten von Signifikanztests ist es üblich, Tabellen mit Signifikanzgrenzen bei 5%, 1% und 0,1% zu verwenden. Diese Grenzen werden tabelliert, also nicht jedesmal direkt aus den Formeln berechnet, weil das äußerst mühevoll wäre. Die Prozentwerte sind Näherungen an bestimmte Integrale von Funktionen, die nicht direkt integriert werden können. Man nimmt an, es genügt einem Forscher, wenn er weiß, daß seine Ergebnisse höchstens auf dem 0,1%-, dem 1%- oder dem 5%-Niveau signifikant sind.
Wenn man über experimentelle Ergebnisse berichtet, ist es z. B. nützlich, anzugeben, daß die Ergebnisse auf dem 5%-Niveau nicht signifikant, also deshalb statistisch nicht bedeutsam seien. Natürlich kann eine solche Information interessant und vielleicht sogar nützlich sein. Es wäre jedoch viel günstiger, wenn man mit Hilfe von rasch verfügbaren Methoden angeben könnte, auf welchem Niveau genau die Ergebnisse signifikant sind. Wir müssen deshalb einige Einschränkungen des Konzeptes der statistischen Signifikanz bei der Verwendung von Signifikanztabellen behandeln.

23.3.2 Grenzen bei der Anwendung von Signifikanztests

Einer der Einwände gegen den Gebrauch von statistischen Signifikanztests auf der Grundlage von Stichprobenverteilungen ist der, daß man dabei nach Belieben irgendwelche Signifikanzniveaus, wie z. B. die eben genannten, auswählt und sie als „kritisch“ oder „bedeutsam“ definiert. Tatsache ist aber, daß es überhaupt keinen Grund dafür gibt, gerade 5% oder 1% oder 0,1% zu wählen. Mit anderen Worten, diese Signifikanzgrenzen sind deshalb keineswegs signifikant, d. h. von Bedeutung. Sie sind völlig beliebig festgelegt worden, und deshalb kann ihre Verwendung zu Fehlinterpretationen von experimentellen Ergebnissen führen. Der typische Forscher, der meist keine genaueren statistischen Kenntnisse besitzt, bezeichnet seine Ergebnisse entweder als statistisch nicht signifikant oder als signifikant. Manchmal sagt er genauer, auf welchem Niveau sie signifikant sind. Aber man erfährt so noch nicht die genaue Höhe der Signifikanz. Es ist wahrscheinlich genauso wichtig, wenn man weiß, daß ein Test auf dem 7%-Niveau signifikant ist, als wenn man erfährt, daß es mehr als 5% sind. In vielen Fällen kann es sogar noch wichtiger sein. Weil aber solche Werte in der Tabelle nicht angegeben sind, kann ein Forscher leider nur sagen, daß die Nullhypothese auf dem 5% Niveau nicht verworfen werden konnte.

Es gibt noch einen fundamentaleren, mehr an der Praxis orientierten Einwand gegen die Verwendung von Signifikanzgrenzen oder Konfidenzintervallen. Dieser hängt damit zusammen,daß man nach der Durchführung von vielen Untersuchungen oder Experimenten auf Grund der Ergebnisse irgendeine Entscheidung treffen oder irgendetwas tun muß. Meistens wird man zunächst etwas entscheiden müssen. Diese Entscheidung kann entweder dahin gehen, eine bestimmte Sache zu tun, oder überhaupt nichts zu tun. Es hilft dabei wenig, wenn man weiß, daß die Ergebnisse auf dem 5%-Niveau nicht signifikant sind. Sie können ja bei 10% signifikant sein. Vielleicht muß auf jeden Fall eine Entscheidung getroffen werden. Wenn die Ergebnisse der Experimente nicht vorlägen, würde man sich natürlich dann entscheiden, nichts zu tun. Wenn aber die Ergebnisse da sind, und wenn erheblich Summen auf dem Spiele stehen, je nach dem, ob auf Grund des Experiments richtige oder falsche Entscheidungen getroffen werden, dann reicht es sicherlich nicht aus, wenn man nur weiß, daß die Ergebnisse auf dem 5%- oder 1%-Niveau signifikant sind. Wenn es so aussieht, daß die Ergebnisse überzufällig sein könnten, dann ist es vielleicht besser, auf solche Resultate positiv zu reagieren, als anzunehmen, daß sie möglicherweise rein zufällig zustandegekommen sein könnten, und sie dann zu ignorieren. Es ist schade, daß die Anwendung von Signifikanztests nicht besser mit den Erfordernissen von wirklichen Entscheidungssituationen in Übereinstimmung steht.

Das Kosten-Nutzen-Konzept für Entscheidungen scheint in diesen Fällen besser geeignet zu sein. Hier besteht das Problem, relative Gewinne und Verluste bei Alternativhandlungen abzuschätzen, und sie mit der Wahrscheinlichkeit von Erfolg oder Mißerfolg bei Experimenten zu vergleichen. Bei dem Umgang mit statistischen Ergebnissen ist der entscheidungstheoretische Ansatz viel wichtiger als die Stichprobenver-

teilung von statistischen Parametern. Dieser Ansatz wurde von *Cronbach* und *Gleser* (1957) vorgeschlagen.
Die Anwendung von Gewinnmatrizen und der Theorie der Entscheidungsfunktionen bei experimentellen Untersuchungen dürfte brauchbarere Hinweise für die Entscheidungen bei anderen Stichproben oder Probanden liefern als die traditionellen, auf Grund von Stichprobenverteilungen tabellierten Werte. Leider ist eine Anwendung dieser Ansätze auf Probleme der Messung und Vorhersage in der Psychologie bisher noch nicht erfolgt.

23.4 Kreuzvalidierung

Die sogenannte Kreuzvalidierung ist ein allgemeiner Ansatz zur Gewinnung einer unverfälschten Schätzung der Vorhersagegenauigkeit bei einem einzelnen Prädiktor oder bei einer Reihe von Prädiktoren. Eine Kreuzvalidierung wird in zwei Schritten durchgeführt. Auf Grund einer gegebenen Stichprobe werden zuerst Vorhersageformeln entwickelt. deren Gültigkeit dann an späteren Stichproben überprüft wird.
Wir wollen in zwei Beispielen nochmals die bisher beschriebenen Verfahren erläutern, damit der Unterschied zur Kreuzvalidierung noch klarer wird. Angenommen, wir wollen die Validität von Testitems überprüfen. Diese Art von Aufgabenanalyse wird im 24. Kapitel diskutiert. Dabei gibt man eine Menge von Items einer Stichprobe von Probanden, bei denen ebenfalls ein Kriterienwert verfügbar ist, vor. Wir wählen dann eine oder mehrere Reihen von Items aus und stellen daraus solche Tests zusammen, die bei der Stichprobe das Kriterium optimal schätzen, – natürlich in den Grenzen des Itemauswahlverfahrens.
Das zweite Beispiel betrifft die Auswahl von Tests für eine Testbatterie. Wir haben im 22. Kapitel bereits gezeigt, daß man aus einer Anzahl von möglichen, schon konstruierten Prädiktortests einige auswählen kann, die bei der Stichprobe eine oder mehrere Kriterien maximal gut schätzen. Wir haben auch gesehen, wie man bei der multiplen Regression auf Grund einer Stichprobe von Probanden, bei denen Messungen von Prädiktor- und Kriterienvariablen vorliegen, diejenige Linearkombination von Prädiktorwerten bestimmen kann. die nach dem Prinzip der kleinsten Quadrate die beste Schätzung der Kriterienwerte ergibt.
Das sind zwei Beispiele für verschiedene Verfahren, die bei der Entwicklung oder Auswahl von Tests oder bei der Bestimmung einer

Regressionsgleichung, immer bei einer bestimmten Probandenstichprobe, angewendet werden. Wir haben in Abschnitt 23.1 gezeigt, wie man Indizes für das Ausmaß der Übereinstimmung zwischen geschätzten und beobachteten Meßwerten in der Stichprobe erhalten kann. In Abschnitt 23.2 haben wir kurz behandelt, wie Signifikanztests für die Schätzung der statistischen Bedeutung der Ergebnisse einer Stichprobe für andere Stichproben aus derselben, wie auch immer definierten Population verwendet werden können.

Bei der Kreuzvalidierung interessieren wir uns jedoch in erster Linie dafür, wie genau man Kriterienwerte bei weiteren Stichproben schätzen kann, wenn die Prädiktoren und die bei einer bestimmten Stichprobe entwickelten Formeln vorliegen. Wir wollen bei der Diskussion dieses Ansatzes zuerst auf den „Schrumpfungseffekt" eingehen, der auftritt, wenn die Ergebnisse einer Stichprobe bei einer anderen angewendet werden. Dann werden wir die Möglichkeit behandeln, die experimentelle Gruppe in Untergruppen zu teilen. Wir werden Grenzen dieses Vorgehens und schließlich „die Bewährung über längere Zeit" als ein spezielles Verfahren der Kreuzvalidierung anführen.

23.4.1 Der Schrumpfungseffekt

Wenn man den Regressionsvektor und die entsprechende multiple Korrelation für eine Reihe von Prädiktoren und ein Kriterium bei einer bestimmten Stichprobe berechnet und dann später diesen Regressionsvektor bei einer anderen Stichprobe anwendet, dann muß man bekanntlich damit rechnen, daß die Korrelation des zusammengesetzten Werts mit dem Kriterium in der zweiten Stichprobe erheblich niedriger ist als die multiple Korrelation bei der ersten Stichprobe. Das liegt teilweise daran, daß das Verfahren der kleinsten Quadrate, das bei der Berechnung der Regressionsgewichte verwendet wird, auch Zufallsfaktoren und Meßfehler bei der ersten Stichprobe ausnutzt, und daß deshalb die Vorhersage bei weiteren Stichproben nicht so gut ist.

Wenn man die Verfahren zur Itemauswahl, die im 24. Kapitel behandelt werden, verwendet, findet man ähnlich, daß ein bei einer Stichprobe entwickelter Test bei einer zweiten Stichprobe eine niedrigere Korrelation mit dem Kriterium hat als bei der ersten Stichprobe. Das ist der bekannte Schrumpfungseffekt. Allgemein weiß man, daß Indizes für die Vorhersagegenauigkeit, die bei einer bestimmten Stichprobe abgeleitet wurden, die Vorhersagegenauigkeit bei weiteren Stichproben überschätzen.

Es ist immer von Interesse zu wissen, wie groß die zu erwartende Schrumpfung ist. Ideal wäre es, wenn es Methoden gäbe, mit denen man diese Schrumpfung unverfälscht schätzen könnte. Solche Methoden sind jedoch vom Theoretischen her noch nicht genügend ausgearbeitet worden, und es liegen auch noch keine wirklich zufriedenstellenden Rechenverfahren vor.

23.4.2 Stichprobenaufteilung

Wenn man einen Anhaltspunkt für die Größe des Schrumpfungseffektes haben will, ist der naheliegendste Weg, die experimentelle Gruppe in zwei Teile zu teilen. Bei der einen Hälfte führt man die Item- oder Testauswahlverfahren durch, berechnet die Regressionsformeln und bestimmt die Validität des Tests oder der Testbatterie. Diese Tests oder diese Regressionsgleichungen oder beides werden dann bei der anderen Hälfte angewendet, und es wird die Korrelation zwischen geschätzten und beobachteten Kriterienwerten bestimmt. Man kann dann diese Korrelation mit dem ursprünglichen Validitätskoeffizienten vergleichen.

Natürlich kann man bei beiden Stichproben unabhängig Regressionsgleichungen berechnen. Man kann dann die bei der einen Stichprobe entwickelten Verfahren bei der anderen Stichprobe anwenden und umgekehrt. So ergibt sich ein kreuzweiser Vergleich der Vorhersagegenauigkeiten in beiden Gruppen. Im allgemeinen erhält man natürlich nicht genau dieselben Korrelationskoeffizienten in den beiden experimentellen Gruppen; seien es nun multiple oder einfache Korrelationen, die sich als Validitätskoeffizienten bei der Itemanalyse ergeben haben. Auch die Schrumpfung ist gewöhnlich bei den beiden überkreuzten Analysen nicht dieselbe. Man erhält jedoch so einen allgemeinen Eindruck vom Ausmaß der Schrumpfung und kann damit abschätzen, was man bei späteren Durchführungen der Testbatterie erwarten kann.

Der Betrag der Schrumpfung hängt teilweise von der Größe der experimentellen Gruppe ab, bei der die Formeln abgeleitet wurden. Allgemein gilt: Je kleiner diese Stichprobe und je größer die Anzahl der Prädiktorvariablen ist, desto größer ist die zu erwartende Schrumpfung. Auf folgendes wird aber gewöhnlich nicht hingewiesen: Je kleiner die Stichprobe und je größer die Anzahl der Prädiktoren ist, je höher ist im allgemeinen auch der Schätzwert für die Vorhersagegenauigkeit in der experimentellen Gruppe, und je mehr Schrumpfung kann man sich bei weiteren Stichproben leisten.

Der größte Nachteil einer relativ kleinen Zahl von Freiheitsgraden, die durch die Differenz zwischen Probanden- und Prädiktorenzahl definiert ist, ist wahrscheinlich der, daß bei weiteren Stichproben eine größere Variation in der Schrumpfung der Vorhersagegenauigkeit auftritt, sogar dann, wenn die spätere Genauigkeit nicht viel kleiner ist, als sie bei größeren Stichproben gewesen wäre. Jedoch weiß man nur sehr wenig über die Beziehungen zwischen der Zahl der Freiheitsgrade und dem Stichprobenumfang einerseits und der im Durchschnitt bei weiteren Stichproben erwarteten Validität andererseits. Wahrscheinlich läßt sich dieses Problem erst dann zur Zufriedenheit lösen, wenn bessere und realistischere mathematisch-statistische Modelle entwickelt werden, als im Augenblick vorhanden sind.

23.4.3 Nachteile der Stichprobenaufteilung

Bekanntlich ist das Vertrauen, das man in die aus einer Stichprobe berechneten Kennwerte setzen kann, um so größer, je umfangreicher diese Stichprobe ist, seien es nun Kennwerte von univariaten oder bivariaten Verteilungen, z. B. Validitäts- oder Regressionskoeffizienten. Es ist auch bekannt, daß die Stichprobenverteilungen aller dieser Kennwerte Funktionen der Anzahl der Variablen und der Anzahl der Probanden sind. Deshalb ist ein schwerwiegender Einwand gegen die Kreuzvalidierung, daß durch sie die Größe der Stichproben, bei der die Vorhersageformeln abgeleitet werden, verringert wird. Allgemein sollte diese Stichprobe so groß wie möglich sein. In der Praxis ist sie kaum jemals so groß, wie man gerne möchte. Deshalb ist es notwendig, alle vorhandenen Probanden zur Entwicklung der Formeln zu verwenden. Das heißt natürlich, daß es dann keine sofort verfügbare Teilstichprobe gibt, bei der man die Kreuzvalidierung durchführen könnte.

Ein anderer Nachteil der Kreuzvalidierung ist der, daß sie keine befriedigende Schätzung der bei weiteren Stichproben zu erwartenden Gültigkeit liefert. Es ist nur eine Methode, empirische Werte für den Schrumpfungseffekt und anschließende Genauigkeitsschätzungen für bestimmte Stichproben zu erhalten. Von diesem Verfahren wird in der Wissenschaft jedoch ausgiebig Gebrauch gemacht.

Eine einzelne Stichprobe bietet bei einer Kreuzvalidierung nur eine ziemlich magere Basis für eine empirische Schätzung des Schrumpfungseffektes. Es ist möglich, die experimentelle Gruppe in eine Anzahl von kleineren Gruppen aufzuteilen und eine multiple Kreuzvalidierung durchzuführen. Auf diese Weise würde man eine Anzahl von verschie-

denen Werten für die Vorhersagegenauigkeit bei späteren Stichproben erhalten. Diese Methode würde aber den Umfang der einzelnen Teilstichproben noch mehr verringern.
Einer der wichtigsten logischen Einwände gegen eine Kreuzvalidierung auf Grund von Teilstichproben ist vielleicht der folgende: Man erhält verschiedene Validitätskoeffizienten und muß sich für einen davon entscheiden. Welche Teilstichprobe ist es, deren Ergebnisse wir später weiterverwenden? Man darf eigentlich kaum die Werte nehmen, die bei der Kreuzvalidierung die höchste Genauigkeit ergaben, denn die können ja rein zufällig am größten sein. Man könnte natürlich sagen, daß die bei jeder Teilstichprobe unabhängig voneinander entwickelten Verfahren ignoriert werden können, denn sie haben ihren Zweck, nämlich die durchschnittliche Schrumpfung anzuzeigen, erfüllt. Man könnte also die zwei oder mehr Teilstichproben zusammenwerfen und die Regressionsgleichungen für die gesamte Stichprobe berechnen. Das würde aber bedeuten, daß man die Ergebnisse der Teilstichproben nicht verwendet, außer um seine Neugierde in einer Sache von höchst zweifelhafter Bedeutung zu befriedigen.
Vielleicht könnte man eine Methode entwickeln, mit der man die Schrumpfung in der Gesamtstichprobe auf Grund der Schrumpfung in den beiden unabhängigen Teilstichproben schätzen kann. Wahrscheinlich wären solche Verfahren weniger kompliziert als Modelle, die man für eine unverfälschte Schätzung der Schrumpfung in der Gesamtstichprobe entwicklen könnte. Leider gibt es keine derartigen Methoden.

23.4.4 Bewährung über längere Zeit

Trotz der Tatsache, daß die traditionelle Kreuzvalidierung ihre Grenzen hat, beschäftigt man sich immer wieder mit ihr. Das ist leicht zu verstehen, denn wenn man an einer speziellen Stichprobe ein Verfahren zur Vorhersage entwickelt hat, möchte man immer gerne wissen, wie gut es sich später bei anderen Stichproben bewährt.
Um diese – gerechtfertigte – Neugierde zu befriedigen, ist man nicht nur auf die Methode der Stichprobenaufteilung beschränkt. Man kann ein Verfahren zur Vorhersage, sei es bei der Itemanalyse, der Auswahl von Prädiktoren oder der Berechnung von Regressionsgewichten, bei der ganzen verfügbaren Stichprobe entwickeln.
Man kann dieses Verfahren eine Zeitlang bei vielen anderen Stichproben anwenden. Das Kriterium liegt jedesmal eine kürzere oder längere Zeit später vor. Sobald das bei einer bestimmten Probandengruppe der Fall

ist, kann man die Korrelation dieser beobachteten mit den geschätzten Kriterienwerten berechnen.

Diese Überlegungen führen uns jetzt zu einem der wichtigsten und am spätesten entwickelten Konzepte der Vorhersage. Wir können hier nur wenige Worte darüber sagen und darauf hinweisen, daß wahrscheinlich viele frühere Arbeiten mit diesem Ansatz übereinstimmen. Er betrifft die Entwicklung von umfangreichen, sich über längere Zeit erstreckende Testforschungs- und Ausleseprogramme, sei es in der Industrie, in Schulen, beim Militär oder bei staatlichen Stellen. In jedem dieser Fälle ist das Modell mit vielen Prädiktoren und vielen Kriterien am geeignetsten.

Die Probleme, die bei der Entwicklung einer ersten Testbatterie für mehrere Kriterien in einem bestimmten gesellschaftlichen Bereich, der Durchführung des Testprogramms über eine unbegrenzte Zeit und bei der gleichzeitigen Modifizierung der Verfahren auftreten, sind äußerst komplex. Vom sozialen Gesichtspunkt her gehören diese Probleme vielleicht zu den wichtigsten, wenn man alle verfügbaren Arbeitskräfte in einem sozialen System effektiv nutzen will.

Bei der Optimalisierung der Effektivität eines sozialen Systems gibt es wichtige technische und theoretische Probleme, und völlig befriedigende Lösungen liegen noch nicht vor. Einige Punkte sind von *Horst* (1963b) behandelt worden. Wenn man hier Fortschritte erreichen will, sind nicht nur Psychometriker, sondern auch eine große Gruppe von verantwortlichen Sozialwissenschaftlern und Verwaltungsfachleuten notwendig.

23.5 Mathematischer Beweis des Verhältnisses der relativen Zuwächse der quadrierten und der nicht quadrierten multiplen Korrelation

Seien R und R_c die multiple Korrelation vor und nach der Hinzufügung eines zusätzlichen Prädiktors. Sei

$$c = R_c - R \tag{23.5.1}$$

Der relative Zuwachs ist

$$\alpha = \frac{c}{R} \tag{23.5.2}$$

Der Zuwachs ausgedrückt durch das Quadrat der multiplen Korrelation ist

$$a = R_c^2 - R^2 \tag{23.5.3}$$

Aus den Gln. 23.5.1 und 23.5.3 folgt

$$a = c(2R + c) \tag{23.5.4}$$

Daraus folgt der relative Zuwachs des Quadrats der multiplen Korrelation

$$\beta = \frac{c(2R + c)}{R^2} \tag{23.5.5}$$

Das Verhältnis von ß in Gl. 23.5.5 und d in Gl. 23.5.2 ist

$$\rho = 2 + \frac{c}{R} \tag{23.5.6}$$

Das ist aber gerade Gl. 23.1.1

24. Itemanalyse

Wir haben im 5. und 6. Kapitel die Verteilungseigenschaften für einzelne Variable und die Beziehungen zwischen mehreren Variablen bei derselben Stichprobe, im 10. Kapitel etwas eingehender die korrelativen Eigenschaften von psychologischen Tests diskutiert. Im 11. bis 15. Kapitel haben wir insbesondere die Beziehungen zwischen den binären Itempunktwerten, aus denen sich der Testpunktwert zusammensetzt, einerseits, und den Eigenschaften von Testpunktwerten andererseits behandelt, und zwar für univariate und multivariate Verteilungen solcher Werte. Wenn also die Kennwerte dieser Verteilungen genau angebbare mathematische Funktionen der Kennwerte der binären Itemvariablen sind, dann kann man offensichtlich die Testkennwerte dadurch beeinflussen, daß man geeignete Items aus einer größeren Itemsammlung aussucht oder andere zurückweist. Es ist also möglich, Items so auszuwählen, daß sich die ergebenden Rohpunktverteilungen und Korrelationen bestimmten vorgegebenen Werten entsprechen.
Diese Verfahren der Itemauswahl bei der Konstruktion von psychologischen Tests werden „Itemanalyse" genannt. Dieser Begriff wird in der Literatur öfters ungenau verwendet, weil die Art der durchgeführten Analyse nicht klar genug spezifiziert wird. Es gibt nämlich verschiedene Arten von Itemanalysen, die davon abhängen, welche speziellen Ziele man mit dem zu konstruierenden Test erreichen will.
Wir haben im 10. Kapitel darauf hingewiesen, daß die Eigenschaften der Rohpunktverteilungen des gesamten Tests oder der einzelnen Items nicht unabhängig von den Eigenschaften der Stichprobe, die mit dem Test gemessen wurde, bestimmt werden können. Wir erwähnten, daß ein völlig einwandfreies theoretisches Modell, das die Eigenschaften der Probanden in der Stichprobe und die Eigenschaften der gemessenen Variablen zufriedenstellend integriert, noch nicht verfügbar ist. Was im Idealfalle nötig wäre, ist ein Modell, das Testparameter unabhängig von der jeweils untersuchten Stichprobe und individuelle Meßwerte unabhängig von den gerade verwendeten Tests liefert. Im 9. Kapitel haben

wir gezeigt, daß die Faktorenanalyse für dieses Problem von Bedeutung sein kann. Jedoch ist noch eine große Zahl von theoretischen und empirischen Untersuchungen erforderlich, bevor das dort erwähnte Modell und die entsprechenden analytischen und numerischen Methoden diesen Invarianzbedingungen entsprechen.[23]

In diesem Kapitel wollen wir uns auf die Analysemethoden für eine einzelne Stichprobe beschränken. Diese Stichprobe soll für andere Gruppen repräsentativ sein, bei denen der Test später angewendet werden soll.

Wir wollen die Diskussion der Probleme und Methoden der Itemanalyse mit der Betrachtung einiger ihrer wichtigeren Ziele beginnen. Dann wollen wir nacheinander zwei Arten von Analysen behandeln, solche, bei denen ein Index, und solche, bei denen mehrere Indizes zur Itemauswahl herangezogen werden. Als nächstes wollen wir Methoden für Items ohne Bestantwort besprechen. Darauf wollen wir auf die für Analysen notwendigen Testdurchführungen eingehen. Schließlich wollen wir etwas ausführlicher die Itemanalyse in Verbindung mit Stichprobeneigenschaften diskutieren.

24.1 Ziel der Itemanalyse

Wir haben bereits ausgeführt, daß die Itemanalyse im allgemeinen zum Ziel hat, aus einer größeren Itemsammlung eine oder mehrere Gruppen von Items auszulesen; und zwar so, daß die jeweiligen Testpunktwerte in bezug auf Verteilung und bestimmte Korrelationen verschiedenen vorgegebenen Bedingungen genügen. Wir wollen kurz die folgenden Typen von Itemanalysen behandeln: Analyse der Schwierigkeit, der Distraktoren, der Homogenität, der Spezifität, der Validität, der Schiefe und des Exzesses.

---

23 A.d.Ü. G. *Rasch* entwickelte im letzten Jahrzehnt ein probabilistisches Meßmodell, das eine Schätzung der Personenparameter unabhängig von den Itemparametern und umgekehrt ermöglicht. *Rasch* nennt diese Eigenschaft „spezifische Objektivität". Eine gute Beschreibung des Modells mit Erläuterungen an Beispielen findet man bei G. H. *Fischer* (Hrsg.), Psychologische Testtheorie, Bern 1966. Eine ausführliche Gesamtdarstellung geben F. M. Lord und M. R. *Novick,* Statistical Theories of Mental Test Scores. Reading, Mass., 1968.

24.1.1 Analyse der Schwierigkeit

Die Analyse der Schwierigkeit ist wahrscheinlich die einfachste, verbreiteste und auch einsichtigste Art von Analysen, die man bei einer Reihe von Itempunktwerten durchführen kann. Sie besteht daraus, daß man für jedes Item den Prozentanteil derjenigen Probanden einer Stichprobe berechnen muß, die dieses Item richtig gelöst haben. Man bestimmt also einfach aus einer Matrix von Itempunktwerten den Vektor der Mittelwerte.

Itemschwierigkeiten oder -mittelwerte sind für die Schätzung der Reliabilität durch die *Kuder-Richardson*-Formel 20 erforderlich. Eine Schwierigkeitsanalyse ist weiter notwendig, um die zu leichten oder zu schweren Items aufzufinden, oder um die Verteilung der Itemschwierigkeiten zu bestimmen. Diese Verteilung ist für die Diskrimination der getesteten Probanden in verschiedenen Bereichen der Skala von Bedeutung, wie wir schon gesehen haben. Bei den meisten Itemanalysen wird zuerst eine Schwierigkeitsanalyse durchgeführt.

24.1.2 Analyse der Distraktoren

Mit einer Analyse der Distraktoren beabsichtigt man, bei jedem Item die Plausibilität der Distraktoren zu bestimmen. Denn man muß wissen, welche Distraktoren zu wenig plausibel sind, und welche der richtigen Antwort zu nahe kommen. Das Verfahren wird auch verwendet, wenn man die Antworten auf die einzelnen Alternativen gewichten und zu einem Gesamtpunktwert aufaddieren will.

Wenn eine Distraktorenanalyse geplant ist, ist es manchmal wünschenswert, für ein Item mehr Alternativen vorzusehen, als für den fertigen Test notwendig sind. Es ist dann möglich, diejenigen Distraktoren auszuscheiden, die zu wenig plausibel oder der richtigen Antwort zu ähnlich sind. Natürlich ist es auch möglich, solche Distraktoren umzuschreiben oder etwas in der gewünschten Richtung abzuändern.

24.1.3 Analyse der Homogenität

Die Analyse der Homogenität hat zum Ziel, diejenigen Items herauszufinden, die hoch mit dem Gesamtpunktwert korrelieren, also am homogensten sind. Wenn man solche Items verwendet, kann man die Gesamtvarianz maximieren. Manchmal werden andere Begriffe für die Homogenitätsanalyse verwendet, z. B. Analyse der inneren Konsistenz oder Trennschärfenanalyse.

24.1.4 Analyse der Spezifität

Eine Analyse der Spezifität wird seltener durchgeführt, aber sie ist vielleicht wichtiger, als es auf Grund ihrer begrenzten Anwendung erscheinen mag. Hier interessiert man sich nicht nur für die Beziehungen eines einzelnen Items zu den anderen Items in einem Untertest, sondern auch zu anderen Items in anderen Subtests. Man versucht, eine Anzahl von Items verschiedenen Untertests derartig zuzuordnen, daß bestimmte Bedingungen erfüllt sind, nämlich, daß die Itemhomogenität innerhalb eines Subtests hoch, zwischen den Subtests jedoch niedrig ist.
Das sind dieselben Ziele, die man bei der Kontruktion von homogenen Tests mit Hilfe der Faktorenanalyse hat. Hierbei möchte man erreichen, daß jeder Test so genau wie möglich eine einzelne Primärvariable erfaßt, und daß die Korrelationen zwischen den Tests relativ niedrig sind, daß also die Tests so spezifisch wie möglich sind.

24.1.5 Analyse der Validität

Bei den bisher betrachteten Analysearten wurde kein Außenkriterium verwendet. Bei der Validitätsanalyse liegen jedoch außer den Itempunktwerten Meßwerte für irgendein Außenkriterium vor. Man versucht dann, Items derartig auszulesen, daß der Gesamtpunktwert möglichst hoch mit dem Außenkriterium korreliert.

24.1.6 Analyse der Schiefe

Es ist auch möglich, aus einer Itemsammlung eine Reihe von Items derartig auszuwählen, daß bestimmte Bedingungen bezüglich der Schiefe der Verteilung der Gesamtpunktwerte erfüllt sind. Man kann z. B. fordern, daß die Schiefe gleich null ist, d. h., daß die Verteilung der Punktwerte bei einer speziellen Stichprobe symmetrisch ist; oder wir können irgendeinen Grad von positiver oder negativer Schiefe festsetzen. Diese Art von Analyse ist bisher nur selten durchgeführt worden, und es gibt auch keine systematischen Methoden, mit denen man aus einer Itemsammlung Items so auslesen kann, daß ein bestimmter Schiefegrad vorliegt. Man hat sich zwar große Mühe gemacht, Tests mit einer symmetrischen Rohpunktverteilung zu entwickeln. Für dieses Problem sind jedoch keine systematischen Ansätze und entsprechende Rechenverfahren vorhanden.

24.1.7 *Analyse des Exzesses*

Bei der Schwierigkeitsanalyse wählt man Items so aus, daß der Mittelwert der Rohpunktverteilung bestimmten Bedingungen genügt, und zwar in Beziehung zur Anzahl der ausgewählten Items. Bei der Homogenitätsanalyse besteht das Problem, Items im Hinblick auf das zweite zentrale Moment der Verteilung, nämlich die Varianz, auszulesen. Bei der Analyse der Schiefe geht es um das dritte Moment der Verteilung der standardisierten Punktwerte. Die Analyse des Exzesses betrifft das vierte Moment. Man kann z. B. fordern, daß die Items so ausgewählt werden, daß das vierte Moment dasselbe wie bei der Normalverteilung ist, nämlich null. Es gibt jedoch noch keine genauen Analyseverfahren. Auch wurden solche Analysen bisher kaum durchgeführt.

24.2 *Techniken der Itemanalyse mit nur einem Auswahlindex*

Wir haben in der Einleitung zu diesem Kapitel darauf hingewiesen, daß es zwei Haupttypen von Itemanalysen gibt, solche mit nur einem und solche mit mehreren Auswahlindizes. Bei den Analysen mit einem einzigen Index verwenden wir bei der Auswahl oder Zurückweisung von Items nur eine Zahl oder einen Index. Es ist vorteilhaft, bei der Behandlung dieser Technik zwei Aspekte zu unterscheiden, nämlich die Eigenschaften des einzelnen Itempunktwerts und die Eigenschaften der Beziehung dieses Punktwerts zu anderen Variablen. Weil die Items binär sind, können wir von Abzähltechniken und Korrelationstechniken sprechen.

24.2.1 *Abzähltechniken*

In Ermangelung eines besseren Ausdrucks nennen wir die Arten von Analysen, bei denen man nur die einzelnen Items benötigt, Abzähltechniken. Dazu gehören die Analyse der Schwierigkeit und die der Distraktoren. Bei diesen beiden Methoden besteht das ganze Vorgehen offensichtlich einfach darin, eine Anzahl von Einsen zu zählen, d. h. die Zahl der Probanden, die eine spezielle Alternative angekreuzt haben, zu ermitteln.

24.2.2 *Korrelationstechniken*

Korrelationstechniken liefern einen Index für die Beziehung eines Items zu irgendeiner anderen Variable. Die Itemvariable ist meist binär oder dichotom. Die andere Variable kann binär, diskret oder kontinuierlich

sein. Es ist deshalb günstig, die Korrelationstechniken unter dem Gesichtspunkt der Art des verwendeten Korrelationskoeffizienten zu diskutieren. Korrelationstechniken haben eine größere Vielfalt von Aufgaben als Abzähltechniken. Denn bei allen Verfahren außer bei Schwierigkeits- und Distraktorenanalysen gelangt irgendeine Art von Korrelationstechnik zur Verwendung.
Bei der Analyse der Homogenität, der Spezifität, der Schiefe und des Exzesses können wir einen Index berechnen, der eine Funktion der Beziehung zwischen dem dichotomen Item und dem Gesamtpunktwert ist. Bei der Analyse der Validität haben wir es mit einer Beziehung zwischen einem dichotomen Item und einem Außenkriterium zu tun. Ob die zweite Variable nun irgendeine Funktion des Gesamtpunktwerts oder irgendeines Außenkriteriums ist, in jedem Falle kann sie auf verschiedene Arten quantifiziert werden. Die jeweilige Quantifizierungsmethode muß in dem Analyseverfahren berücksichtigt werden.

24.2.2a Die diskrete Variable

Wenn man Indizes für die Korrelation eines Items mit einer diskreten Variable berechnen will, liegt es nahe, einen Korrelationskoeffizienten direkt aus den Rohwerten der diskreten Variable zu berechnen. Das kann die Zahl der insgesamt richtig beantworteten Items sein, wenn man den Grad der Beziehung eines Items mit dem gesamten Test ermitteln will, das kann irgendein Kriterien-Rohwert sein, je nach dem, welche Maß- oder Quantifizierungstechnik man bei dem Kriterium anwendet.
Es kann günstig sein, die Rohwerte der diskreten Variable relativ grob zu klassifizieren, so daß die Zahl der vorkommenden Werte auf vielleicht drei oder vier oder eine andere Zahl von transformierten Werten – die Klassenmittelwerte – eingeschränkt werden kann. Dadurch wird die Analyse vereinfacht. Die Transformation der Rohpunktwerte kann nach irgendeinem der im 5. Kapitel besprochenen Verfahren durchgeführt werden.
Eine der einfachsten Methoden für die Transformation der diskreten Variablen ist die folgende: Man dichotomisiert bei irgendeinem Punktwert und ordnet allen Probanden mit Ergebnissen oberhalb dieses Wertes eine 1, allen Probanden unterhalb eine 0 zu. Gewöhnlich teilt man dabei bei einem Punktwert, der möglichst nahe beim Median der experimentellen Gruppe liegt. Es muß jedoch beachtet werden, daß bei dieser Methode, überhaupt bei jeder groben Klassenbildung, Informationen verlorengehen, weil die in eine Klassen gehörenden Probanden nicht mehr voneinander unterschieden werden können. Die einzige

Berechtigung für eine solche Klassifizierung oder Dichotomisierung ist, daß dadurch Analyse und Berechnung vereinfacht werden.
Bei einem anderen Verfahren wird ein Teil der experimentellen Stichprobe ausgeschieden. Hierbei nimmt man nur die 27% mit den besten und die 27% mit den schlechtesten Ergebnissen in der diskreten Variablen, und berechnet die Korrelations- oder Kovarianzanalysen für die Items auf Grund dieser eingeschränkten Stichprobe. Diese Methode wurde vor vielen Jahren vorgeschlagen und gilt seitdem als ein erprobtes Analyseverfahren. Die Grundlagen dieser Methode lassen jedoch viel zu wünschen übrig, und die Häufigkeit ihrer Anwendung ist nur schwer zu rechtfertigen. Eine große Menge von Informationen geht verloren, wenn man die mittleren 46% der Stichprobe unberücksichtigt läßt. In diesem Buch wird ein solches Verfahren nicht empfohlen, trotz seiner großen Popularität.

24.2.2b Die Beziehung des Items zu der diskreten Variable
Wenn man sich für irgendeine Methode zur Quantifizierung der diskreten Variablen für die Itemanalyse entschieden hat, muß man sich noch entscheiden, welcher spezielle Index für den Grad der Beziehung angewendet werden soll. Wir wollen einige Möglichkeiten diskutieren.
Der Index, den wir empfehlen wollen, obwohl er nicht der am häufigsten verwendete ist, ist die von uns sogenannte „Punkt-Kovarianz". Das ist einfach die Kovarianz des dichotomen Itemwertes mit der diskreten Variablen, sei es ein Gesamtpunktwert oder irgendein Kriterienwert. Die Berechnungen sind leicht durchzuführen, entweder mit Tischrechenmaschinen oder Computern.
Ein anderer Index ist der punkt-biseriale Korrelationskoeffizient. Man erhält ihn, indem man die Punkt-Kovarianz durch das geometrische Mittel der Itemvarianz und der Varianz der diskreten Variable dividiert. Bei einer Modifikation dieser Methode wird die Punkt-Kovarianz durch die Standardabweichung des Items, nämlich die Quadratwurzel aus p mal q, geteilt. Offensichtlich ist aber der so berechnete Index proportional zum punkt-biserialen Korrelationskoeffizienten, weil die Standardabweichung der externen diskreten Variable für alle Items dieselbe und unabhängig von der Itemvarianz ist.
Ein anderer Index für die Kovariation ist der biseriale Korrelationskoeffizient. Man erhält ihn, indem man den punktbiserialen Korrelationskoeffizienten mit dem Verhältnis der Standardabweichung des Items und der dem Itemmittelwert entsprechenden Ordinate der Normalverteilung multipliziert. Wenn die diskrete Variable dichoto-

misiert ist, kann man entweder eine Phi-Kovarianz oder einen Phi-Koeffizienten berechnen; oder die Phi-Kovarianz kann durch die Standardabweichung des Items dividiert werden. Wie bei der punktbiserialen Korrelation ist aber die Standardabweichung der dichotomisierten diskreten Variable für alle Items eine Konstante, so daß sie in die Berechnung des Index nicht einzugehen braucht, es sei denn, man ist an der tatsächlichen Korrelation des Items mit der externen Variablen interessiert.
Eine Methode, die den Vorschlägen von *Carroll* (1961) entspricht, ist die, den tetrachorischen Korrelationskoeffizienten zwischen dem dichotomen Item und der dichotomisierten diskreten Variablen zu berechnen. Diese Methode kann jedoch nicht empfohlen werden, weil sie im allgemeinen nicht die Grundlage für die geforderten Statistiken, wie z. B. Verteilungskennwerte oder Validititätskoeffizienten, liefert.
Wenn die Verteilung der externen oder diskreten Variable nur die beiden extremen Teile umfaßt, kann man die Anteile der Probanden, die das Item richtig gelöst haben, in der guten und in der schlechten Gruppe miteinander vergleichen und dann daraus den Grad des Zusammenhangs ermitteln. Jedoch liefert dieses Verfahren keine leicht zu interpretierenden Indizes und ist deshalb auch nicht zu empfehlen.

24.3 Techniken der Itemanalyse mit mehreren Auswahlindizes

Bei den Analysearten, die wir soeben behandelt haben, nimmt man an, daß für jedes Item ein einzelner Index vorhanden ist, z. B. der Prozentsatz der richtigen Antworten oder die Kovarianz des Items mit dem Außenkriterium. Bei einigen Analysemethoden reicht jedoch ein solcher einzelner Index nicht aus. Für die Analyse der Spezifität sind mehrere und für eine besondere Art von Validitätsanalyse zwei Indizes notwendig. Wir wollen nacheinander diese beiden Fälle behandeln.

24.3.1 Analyse der Spezifität

Die Spezifitätsanalyse betrifft die Kovarianz des Items mit dem Test, zu dem es gehört, und mit anderen Tests, zu denen es nicht gehört. Bei einer solchen Analyse sind mehrere Indizes notwendig, und zwar ein Homogenitätsindex in bezug auf den Gesamtpunktwert des Tests, der das Item enthält, und ein Spezifitätsindex in bezug auf die Tests, die das Item nicht enthalten. Genaugenommen darf bei der Homogenitätsanalyse die Kovarianz des Items nur mit dem um eben dieses Item reduzierten Gesamttest berechnet werden. Dieses Verfahren ist im 15. Kapitel behandelt worden. Das Item sollte eine hohe Kovarianz mit seinem eigenen Test und niedrigere Kovarianzen mit den anderen Tests haben.

Bisher ist keine völlig einwandfreie Technik zur Spezifitätsanalyse entwickelt worden. Wir haben in dem ersten Abschnitt dieses Kapitels auf die Beziehungen der Faktorenanalyse zur Analyse der Spezifität hingewiesen. Es ist gut möglich, daß ein befriedigendes Verfahren auf faktorenanalytische Techniken zurückgreifen wird.

24.3.2 Analyse der Validität

Diese Art der Itemanalyse hat zum Ziel, Items auszuwählen, die hohe Korrelationen mit einem Außenkriterium haben. Das einfachste und naheliegendste derartige Verfahren ist die im vorangegangenen Abschnitt diskutierte Validitätsanalyse mit nur einem Auswahlindex. Dieser Ansatz ist jedoch nicht optimal, wenn man aus einer Itemsammlung eine Kombination von Items derartig auswählen will, daß der Gesamtpunktwert dieser Items bei einer gegebenen Stichprobe maximal hoch mit einem Kriterium korreliert. Wenn man so vorgehen will, muß man zwei Arten von Prädiktor-Items unterscheiden, nämlich positive Prädiktoren und Suppressor-Prädiktoren.

24.3.2a Positive Prädiktoritems

Wir kennen bereits das Konzept der positiven Prädiktoren und Suppressorprädiktoren, sei es bei binären Items oder bei anderen Arten von Variablen. Bei positiven Prädiktoritems erreicht man die höchstmögliche Validität, wenn die Items niedrig mit dem Test und hoch mit dem Kriterium korrelieren. Das bedeutet, daß zwei Korrelationskoeffizienten erforderlich sind, einer für Item und Außenkriterium und ein anderer für Item und Gesamtpunktwert. Wenn man diese Indizes verwendet, kann man solche Items auswählen, die relativ hoch mit dem Kriterium und relativ niedrig mit dem Gesamttest korrelieren. Bei diesem Verfahren besteht eine Tendenz dazu, Items auszulesen, die verschiedene Aspekte des Kriteriums erfassen.

Der beschriebene Ansatz bringt Probleme bezüglich der Anzahl der Freiheitsgrade mit sich. Derartige Probleme sind im 22. Kapitel behandelt worden. Bei allen Analysetechniken ist es nämlich wichtig, daß

keine Freiheitsgrade verlorengehen. *Horst* (1936b) hat eine Methode beschrieben, bei der die Anzahl der Freiheitsgrade erhalten bleibt.
Bei Analysetechniken, die die Korrelation des Items mit dem Gesamtpunktwert verwenden, tritt folgende Schwierigkeit auf: Wenn Items aus einer Itemsammlung ausgelesen werden, ändert sich die Korrelation jedes verbleibenden Items mit dem neuen Gesamtpunktwert. Bisher ist noch keine völlig zufriedenstellende Methode entwickelt worden, die diese Änderung berücksichtigt.
Analysetechniken, bei denen die Korrelation der einzelnen Items mit dem Gesamtpunktwert benutzt werden, sollten am besten schrittweise durchgeführt werden. Wenn man z. B. eine bestimmte Anzahl von Items, die entweder hohe oder niedrige Kovarianzen mit dem Gesamtwert haben, eliminieren will, so sollten diese Items nicht alle auf einmal ausgelesen werden. Nur eine kleine Zahl sollte bei jedem Schritt entfernt werden. Nach jedem Schritt sollten die Gesamtpunktwerte neu berechnet werden, und die Analyse sollte auf diese neuen Werte angewendet werden.

24.3.2b Suppressoritems

Wir haben gesehen, daß positive Prädiktoritems niedrig mit dem Gesamtpunktwert und hoch mit dem Außenkriterium korrelieren. Es sei daran erinnert, daß ein Suppressortest hoch mit den anderen Tests in einer Testbatterie und niedrig mit dem Kriterium korreliert. Wenn wir deshalb Suppressoritems suchen, so sollten das Items sein, die hoch mit dem Gesamtpunktwert, aber niedrig mit dem Kriterium korrelieren.
Wenn allgemein Suppressoritems und positive Prädiktoritems im gleichen Test vorhanden sein sollen, müssen die Suppressoritems separat ausgewertet werden, und der gesamte Suppressorpunktwert muß negativ gewichtet werden, wenn er mit dem Punktwert der anderen Items kombiniert wird. Die Frage, wie groß die Gewichte sein müssen, muß mit Hilfe von optimalen Regressionsverfahren, z. B. der konventionellen Methode der kleinsten Quadrate, die im 6. Kapitel behandelt wurde, bestimmt werden.
Itemanalysen, die die Auswahl von positiven Prädiktoren und Suppressoritems kombinieren, und dadurch für ein vorgegebenes Kriterium und eine bestimmte Stichprobe eine maximale Validität erreichen, sind bisher noch nicht oft angewendet worden. Wahrscheinlich würde ein solches Verfahren bei genügend großen Stichproben fruchtbar sein.

24.4 Analyse von Items ohne „Bestantwort“

Wir haben in diesem und in den vorangegangenen Kapiteln meistens vorausgesetzt, daß jedes Testitem eine beste Antwort besitzt. Das ist im allgemeinen bei den meisten Items der Fall,die eine kognitive Leistung oder irgendwelche Kenntnisse erfassen. Wenn wir diese Voraussetzung machen können, werden die Probleme und Verfahrensweisen der Itemanalyse etwas vereinfacht.
Viele Arten von psychologischen Meßinstrumenten sind jedoch nicht so, daß wir genau sagen können, welche Alternative die beste ist. Wir werden im folgenden zuerst Arten von Tests nennen, bei denen keine beste Antwort im voraus festliegt, und wir werden dann geeignete Analyseverfahren behandeln.

24.4.1 Meßinstrumente ohne Bestantwort

Es gibt eine Anzahl von psychologischen Papier-Bleistift-Tests, bei deren Items es nicht notwendig eine beste Antwort gibt. Dazu gehören der Personalfragebogen oder auch ein Inventar biographischer Daten, die für Vorhersagen oft von Nutzen sind. Denn man hat öfter festgestellt, daß solche Inventare bei geeigneter Punktbewertung für eine große Vielfalt von Kriterien aus dem militärischen, industriellen und pädagogischen Bereich Vorhersagewert besitzen. Bei diesen Instrumenten muß der Prüfling Informationen über Fakten aus seinem Leben geben. Diese Informationen können sich auf den Schulbesuch, auf Hobbies, auf den familiären Hintergrund und viele andere Items persönlicher Art beziehen. Bei solchen Items muß die richtige Antwort notwendigerweise von Person zu Person variieren. Wenn eines dieser Items z. B. die Zahl der Geschwister ist, dann ist die richtige Antwort für verschiedene Probanden verschieden. Das Problem ist, die beste Antwort in bezug auf ein bestimmtes Kriterium, nicht aber in bezug auf einen bestimmten Probanden zu bestimmen. Im allgemeinen gibt es keine beste Antwort für ein Item, außer, eine solche ist durch ein vorher festgelegtes Ziel bestimmt.
Was wir über den Personalfragebogen und das biographische Inventar gesagt haben, gilt genauso für Fragebogen, die Interessen und spezielle Vorlieben erfassen. Das sind alles nur Spezialfälle der eben beschriebenen Instrumente. Geeignete Analysetechniken hängen weitgehend davon ab, wie man die „beste“ Antwort festlegt. In dem ersten Abschnitt dieses Kapitels haben wir angenommen, daß es eine beste Antwort gibt,

die wir mit 1, und eine oder mehr andere Antworten, die wir mit 0 bewertet haben. Aber im Falle einer Reihe von adjektivischen Antworten auf ein Item, wie z. B. bei *Lickert*-Skalen (1932), oder im Falle von numerischen Rating-Skalen kann die beste Antwort von irgendeinem betrachteten Kriterium abhängen.

24.4.2 Spezielle Verfahren der Itemanalyse

Es ist bei den meisten Analysemethoden von Fragebogenitems notwendig, daß die „richtige" Antwort in irgendeiner Weise operational definiert ist. Wir schlagen zwei Möglichkeiten für eine Definition der richtigen Antwort vor: die häufigste Antwort und die Antwort mit der höchsten Validität.

24.4.2a Die häufigste Antwort als Bestantwort

Bei Analysemethoden, bei denen man die Beziehung eines Items zu dem Gesamtpunktwert ermitteln muß, kann man natürlich nicht diesen Gesamtpunktwert wissen, ehe man nicht die richtige Antwort kennt. Ein einfaches Verfahren ist das folgende: Man betrachtet die am häufigsten gewählte Alternative als richtige Antwort.

Dieses Verfahren macht einige Annahmen über die spezielle Stichprobe, bei der die Analyse durchgeführt wird. Offensichtlich kann man gut Situationen aufzählen, in denen die häufigste Antwort nicht die ist, die man im allgemeinen als die am meisten wünschenswerte betrachten könnte. Wenn die Frage beispielsweise lautete: „Haben Sie einen High-School-Abschluß?", und wenn dieses Item für die Zulassung zum College verwendet werden sollte, dann würde die häufigste Antwort wahrscheinlich „ja" sein. Wenn das Item jedoch bei einer Gruppe von High-School-Anfängern verwendet würde, würde die häufigste Antwort offensichtlich „nein" sein. Das ist ein Extremfall, aber man kann sich leicht viele andere Fälle vorstellen, bei denen die häufigste Antwort auf ein Item bei verschiedenen Gruppen nicht dieselbe ist.

24.4.2b Die Antwort mit der höchsten Validität als Bestantwort

Bei einer Analyse der Validität ist das naheliegenste Verfahren zur Bestimmung der Bestantwort, herauszufinden, welche Alternative am höchsten mit dem Kriterium korreliert. Wenn die Alternativen z. B. „ja" oder „nein" sind, dann wäre die Bestantwort diejenige, die bei einer Bewertung mit 1 die positive Korrelation mit dem Kriterium ergibt.

24.5 Die Testdurchführung bei der Itemanalyse

Wir haben wiederholt die Stichprobe von Probanden erwähnt, bei denen die Itemanalyse durchgeführt wird. Man kann nicht sinnvoll über Itemanalysen sprechen, ohne die Analysenstichprobe zu betrachten. Weiterhin ist bei der Durchführung eines Tests im Rahmen einer Aufgabenanalyse das Problem der Zeitbegrenzung von Bedeutung.

24.5.1 Die Analysenstichprobe

Wir haben bereits über die Beziehungen zwischen der Zusammensetzung der Probandenstichprobe einerseits und der Verteilung der betrachteten Variable andererseits gesprochen. Dasselbe Problem tritt auch bei der Testdurchführung bei einer Itemanalyse auf. Im allgemeinen sollte die Analysenstichprobe den Gruppen, bei denen der Test später durchgeführt wird, so ähnlich wie möglich sein. Es ist natürlich sehr wohl möglich, daß der Test später bei vielen unterschiedlichen Gruppen angewendet wird. Deshalb ist es schwierig, die notwendigen Eigenschaften einer Analysenstichprobe im Detail anzugeben. Wir werden im nächsten Abschnitt einige der Variablen behandeln, die in Betracht gezogen werden sollten.

24.5.2 Zeitbegrenzung

Wenn ein Test im Verlauf einer Aufgabenanalyse durchgeführt wird, ist es wichtig, daß die meisten Probanden alle Items bearbeiten. Das ist die einzige Möglichkeit, bei verschiedenen Analysearten die Indizes zu berechnen. Der schwerwiegendste Einwand gegen dieses Verfahren ist der folgende: Eine solche Testsituation ist gewöhnlich nicht typisch für den späteren Ernstfall. Hier ist die Zeit meistens viel kürzer. Für dieses Problem scheint es gegenwärtig noch keine ganz befriedigende Lösung zu geben.

Wenn eine Binärmatrix von Itempunktwerten für eine Reihe von Items vorliegt, bei der einige Elemente unbekannt sind, weil einige Probanden nicht alle Items bearbeitet haben, dann gibt es Modelle, mit Hilfe derer man schätzen kann, wie die Probanden die Items beantwortet hätten, wenn sie dazu gekommen wären. Hier handelt es sich um einen Spezialfall einer Matrix mit unvollständigen Daten. Es gibt zwar allgemeine Ansätze zur Lösung dieses Problems, aber es sind noch viele experimentelle und theoretische Untersuchungen notwendig, bis es zufriedenstellend gelöst ist. Die Schwierigkeiten bei der Bearbeitung von unvollständigen Datenmatrizen sind mehr praktischer als theoretischer Art, und zwar wegen der großen Menge von Rechenzeit und -aufwand, die von jedem hinreichend befriedigenden Modell gefordert wird. Heutzutage, wo wir Computer mit hohen Rechengeschwindigkeiten haben, dürfte es möglich sein, praktische Techniken für die Lösung solcher Probleme, die sich bei der Zeitbegrenzung von Testdurchführungen ergeben, zu entwickeln.

24.6 Itemanalyse und Stichprobe

Wir haben öfters auf das Stichprobenproblem hingewiesen,und zwar bei der multiplen Vorhersage und bei der Itemanalyse. Obwohl es noch nicht möglich ist, dieses Problem hinreichend zu diskutieren, können wir wenigstens einige relevante Variable und statistische Eigenschaften der Stichprobe betrachten.

24.6.1 Relevante Variable

Wenn der Test später bei Gruppen unterschiedlichen Alters durchgeführt werden soll, dann sollten diese Altersgruppen auf geeignete Weise in der Analysenstichprobe repräsentiert sein. Wenn der Test für beide Geschlechter oder nur für ein Geschlecht gedacht ist, dann sollte das Geschlecht in der Stichprobe entsprechend vertreten sein. Andere Variable, die man berücksichtigen kann, sind Schulbildung und ökonomischer Hintergrund. Dazu können noch spezielle Fähigkeiten kommen. Wenn man sichergehen will, daß die Analysenstichprobe wie die Gruppe zusammengesetzt ist, bei denen wir den endgültigen Test später anwenden wollen, sollten eventuell entsprechende Tests angewendet werden.

24.6.2 Statistische Eigenschaften der Stichprobe

Es ist gewöhnlich möglich, eine Anzahl von allgemeinen Variablen aufzuführen, wie z. B. Alter, Geschlecht, Schulbildung, und vielleicht spezielle Fähigkeiten, wie z. B. einige der „primary mental abilities“, die dafür verwendet werden können, die Population, aus der die Stichprobe stammt, zu beschreiben. Solche relativ einfachen Variablen können bei einer großen Gruppe erfaßt und dann ihre Verteilungen bestimmt werden. Dabei kann man im allgemeinen an arithmetischem Mittel, Dispersion, Schiefe und Exzess interessiert sein. Man könnte dann aus dieser Population eine Stichprobe derart ziehen, daß bei den betrachteten Variablen Mittelwert, Dispersion, Schiefe und Exzess der Verteilungen ungefähr dieselben sind wie die in der Gesamtgruppe. Die Itemanalyse kann dann bei dieser Stichprobe durchgeführt werden.

25. Tests mit und ohne Zeitbegrenzung

Wir haben bisher einen Unterschied zwischen zwei Arten von Tests gemacht, solchen mit Zeitbegrenzung und solchen ohne Zeitbegrenzung Die letzteren werden manchmal Power-Tests genannt. Genau genommen sollten sie jedoch nur dann so genannt werden, wenn ihre Items nach der Schwierigkeit angeordnet sind.

Früher hat man manchmal das Ergebnis eines Probanden in einem psychologischen Test nicht durch die Anzahl der richtig beantworteten Items, sondern durch die Schwierigkeit der leichtesten Aufgabe, die der Proband gerade nicht mehr lösen konnte, definiert. Das ist ein interessantes theoretisches Konzept, welches zweifellos Vorteile bei der Erfassung der Fähigkeit eines Probanden auf Grund von durch einen Test gemessenen Verhaltensvariablen besitzt. Jedoch ist das Problem, ein Kontinuum zu definieren und die Items eines Tests so zu konstruieren, daß sie alle dasselbe messen, noch nicht zur Zufriedenheit gelöst. Die von *Terman* (1937) verwendeten Methoden berücksichtigen nicht hinreichend das Dimensionalitätskonzept der Faktorenanalyse.

Theoretisch könnte man eine homogene Reihe von Items, die sich nur in der Schwierigkeit unterscheiden, darbieten und ein Verfahren entwickeln, mit dem man abschätzen kann, von welchen Items ab ein Proband seine Antworten nur noch rein zufällig gibt.Man könnte einen solchen Test mit Zeitbegrenzung durchführen, wobei die Zeit dafür ausreichen sollte, daß alle Probanden alle die Items, deren Antworten sie kennen, bearbeiten können. Voraussichtlich würden dann die schwierigsten Items so schwierig sein, daß sie nur von wenigen richtig gelöst werden könnten. Wenn es ein entsprechendes Verfahren gäbe, mit dem man abschätzen könnte, bei welchem Item jeder Proband zu raten beginnt, dann könnte dieses Item für die Angabe des individuellen Testergebnisses verwendet werden.

Die Bestimmung dieses Punktes bringt Schwierigkeiten mit sich. Man könnte gleitende Gruppen von vielleicht einem halben Dutzend Items nehmen und den Punktwert für jede der aufeinanderfolgenden Gruppen berechnen. Man würde dann feststellen, daß sich dieser Wert an irgendeiner Stelle dem Zufallswert nähert. Diese Stelle könnte dann als der Wert des Prüflings auf der Verhaltensskala angesehen werden. Mit Hilfe der Computertechnik dürfte es möglich sein, solche Auswertungsverfahren zu entwickeln. Es würde jedoch notwendig sein, Items mit geeigneten Homogenitäts- und Schwierigkeitskennwerten zu konstruieren, und dann die diesen Items entsprechenden Skalenwerte auf der Verhaltensskala zu bestimmen. Da ein geeignetes Modell und entsprechende Rechenverfahren noch nicht zur Verfügung stehen, bleibt die Frage, wie man im Idealfall mit solchen Tests verfahren soll, noch offen.[24]

Obwohl wir schon öfter verschiedene Aspekte des Problems der Zeitbegrenzung diskutiert haben, wollen wir nun versuchen, einige von ihnen etwas systematischer zu behandeln. Zuerst wollen wir auf die Wirkung einer Zeitbegrenzung auf verschiedene Testpunktkennwerte eingehen. Wir wollen dann Methoden zur Konstruktion von entsprechenden Tests besprechen. Als nächstes wollen wir auf die Durchführung von Tests ohne Bestantwort unter dem Gesichtspunkt der Zeitbegrenzung eingehen, und schließlich werden wir das Problem der Bewertung bei Tests mit Zeitbegrenzung behandeln.

25.1 Der Einfluß der Zeitbegrenzung auf Testkennwerte

Der Grad der zeitlichen Begrenzung einer Testdurchführung spiegelt sich offensichtlich in den verschiedenen Kennwerten der Testpunkte wider. Wir wollen hier kurz den Einfluß auf die Schwierigkeit, die Homogenität, die Reliabilität und die Validität betrachten.

25.1.1 Schwierigkeit

Die Schwierigkeit eines Tests in einer Stichprobe wird durch das arithmetische Mittel der Testpunktwerte angegeben. Natürlich ist diese Schwierigkeit eine Funktion der für den Test zugestandenen Zeit, vorausgesetzt, daß in dieser Zeit kein Proband fertig wird. Je kürzer diese Zeit ist, desto kleiner ist im allgemeinen das arithmetische Mittel der Punktwerte.

---

24 A.d.Ü.: Das bereits erwähnte probabilistische Meßmodell von *Rasch* könnte hier verwendet werden. (Siehe Anmerkung auf S. 458)

Unser Hauptinteresse gilt jedoch der Schätzung der Schwierigkeit der einzelnen Items. Wenn wir aber die Schwierigkeiten der Items in einem Test mit Zeitbegrenzung bestimmen wollen, stehen wir dem Problem gegenüber, daß nicht alle Probanden alle Items bearbeitet haben. Wir können natürlich zur Schwierigkeitsschätzung die Zahl der Probanden, die das Item richtig haben, durch die Zahl der Probanden, die das Item bearbeitet haben, dividieren. Diese Schätzung ist jedoch verfälscht. Es ist wahrscheinlich, daß der Anteil der richtigen Lösungen bei den Probanden, die das Item nicht bearbeitet hatten, weil sie vielleicht langsamer waren, oder weil die gemessene Fähigkeit bei ihnen weniger stark ausgeprägt war, kleiner ist als bei den Probanden, die das Item bearbeitet hatten.
Deshalb scheint ein Item, dessen Schwierigkeitsindex nur auf Grund der Ergebnisse der Probanden, die das Item bearbeitet haben, ermittelt worden ist, leichter sein, als es tatsächlich unter Berücksichtigung aller Probanden der Fall wäre. Es ist natürlich auch möglich, daß diejenigen, die schneller arbeiten und mehr Items in Angriff nehmen, weniger sorgfältig sind als die langsamen Probanden. Praktisch müssen wir davon ausgehen, daß das Item nur den Probanden dargeboten worden ist, die es auch bearbeitet haben. Offensichtlich ist das aber nur eine nicht repräsentative Teilstichprobe der gesamten Gruppe.

25.1.2 Homogenitätsschätzungen

Bei Homogenitätsschätzungen durch die Bestimmung der Korrelation des Itempunktwerts mit dem Gesamtpunktwert können wir nur die Ergebnisse der Probanden berücksichtigen, die das Item bearbeitet haben, und irgendein Kovarianzmaß berechnen (siehe 23. Kapitel). Aber auch hier kann eine unterschiedliche Verteilung der Fähigkeit in der Teilstichprobe und in der Gesamtgruppe diese Homogenitätsindizes beeinflussen. Homogenitätsindizes, die sich in der zugrundeliegenden Anzahl der Probanden unterscheiden, sind nicht miteinander vergleichbar. Es müßte möglich sein, Schätzwerte abzuleiten, mit denen man diese Homogenitätsindizes korrigieren kann. Dieses Problem ist von *Gulliksen* (1950), *Cronbach* und *Warrington* (1951) und *Guttman* (1955b) behandelt worden. Jedoch gibt es bis heute keine völlig einwandfreie Lösung.

25.1.3 Reliabilitätsschätzungen

Die Schätzung der Reliabilität aus dem Homogenitätsindizes, wie z. B. durch die *Kuder-Richardson*-Formeln oder vergleichbare Methoden, geben ebenfalls bei Tests mit Zeitbegrenzung höhere Schätzungen als bei Tests ohne Zeitbegrenzung. Das gilt, weil bei der Berechnung der Reliabilität auf Grund der K-R 20 die Varianz der Itemschwierigkeiten verwendet wird, und weil diese Varianz bei Tests mit Zeitbegrenzung größer ist als bei Tests ohne Zeitbegrenzung.

25.1.4 Validität

Die Frage nach dem Effekt einer Zeitbegrenzung auf die Validität eines Tests kann nicht richtig untersucht werden, ohne daß man auch das Kriterium betrachtet. Wenn das Kriterium einen starken Speedfaktor enthält, dann haben Tests mit Zeitbegrenzung eine höhere Validität als Tests ohne. Das gilt, weil der Prädiktortest nicht nur gewisse Fähigkeitskomponenten, sondern auch eine Geschwindigkeitskomponente besitzt.

25.2 Konstruktion von zeitbegrenzten Tests

Bei der Entwicklung von Tests, die mit Zeitbegrenzung durchgeführt werden sollen, ist es für die Itemanalyse wichtig, daß die Schätzungen der verschiedenen Itemkennwerte bei den Analysenstichproben so gut wie möglich sind. Wir wollen im folgenden behandeln, wie die Items bei der ersten Durchführung solcher Tests in der Analysenstichprobe administriert werden sollen, und wie die ausgewählten Items in der endgültigen Testform angeordnet werden.

25.2.1 Die Testdurchführung bei der Analysenstichprobe

Wenn eine Reihe von Items bei einer Analysenstichprobe administriert werden soll, ist es im allgemeinen von Bedeutung, daß die Stichprobe so repräsentativ wie möglich für die Gruppen ist, bei denen der Test später durchgeführt wird. Es ist auch wichtig, daß sich bei dieser ersten Erprobung hinreichend genaue Itemkennwerte ergeben. Deshalb ist es gut, wenn in diesem Fall die Zeitbegrenzung nicht allzu streng ist, so daß ein hoher Prozentsatz aller Probanden alle Items bearbeiten kann. Mindestens 70 bis 90 Prozent sollten alle Items in Angriff nehmen. Es ist

vorteilhaft, wenn man vor der Testdurchführung die Instruktion gibt, daß jeder Proband sofort sein Testheft und die Antwortbögen bei der Aufsicht an der Tür abgibt und dann so leise wie möglich den Raum verläßt, sobald er fertig ist. Auf diese Weise kann man leicht feststellen, wieviele Probanden zu irgendeier Zeit bereits fertig sind. Und wenn fast alle fertig sind, kann die Zeitgrenze gesetzt werden. Natürlich verursacht man auf diese Weise bei den langsamen Probanden einen unzulässigen Stress. Die Alternative ist offensichtlich die, alle Probanden aufzufordern, eine bestimmte Zeit zu bleiben; aber dann ist es schwierig, zu erkennen, wie viele fertig sind.
Bevor man dann mit der Itemanalyse beginnt, ist es sinnvoll, eine Untergruppe von Items auszuwählen, welche von mehr als 70 Prozent bearbeitet worden sind. Man kann sowohl eine Untergruppe von Items als auch eine Untergruppe von Individuen derartig suchen, daß alle ausgewählten Probanden alle ausgewählten Items bearbeitet haben. Es gibt keine genauen Regeln, welcher Prozentsatz der Items oder der nicht fertig gewordenen Probanden eliminiert werden sollte. Natürlich würde man alle die Items, die von allen Probanden bearbeitet worden sind, und auch alle die Probanden, die alle Items bearbeitet haben, einschließen. Die wichtigsten Überlegungen betreffen dabei die Leichtigkeit, mit der Probanden für die Testerprobung gewonnen werden können, und die Kosten der Erstellung von möglichst guten Items.

25.2.2 Das Aussehen des endgültigen Tests

Bei dem gerade beschriebenen Verfahren dürfte es sinnvoll sein, in der Probeform die Items in zufälliger Reihenfolge darzubieten, so daß bei der anschließenden Itemanalyse nicht alle schwierigeren Items ausgeschieden werden müssen. Wenn das geschehen ist, würde es für die endgültige Testform wahrscheinlich am besten sein, die Items nach ansteigender Schwierigkeit zu ordnen, und zwar unter Verwendung der Ergebnisse einer Schwierigkeitsanalyse. Wenn man die Items in dem endgültigen Testheft auf diese Weise anordnet, erhält man ein etwas idealeres Meßinstrument entsprechend einem Power-Test, bei dem das Ergebnis in erster Linie der Aufgabenschwierigkeitsgrad ist, den ein Proband gerade noch schafft, nicht so sehr die Gesamtzahl der in einer bestimmten Zeit richtig beantworteten Items. Wahrscheinlich dürfte es bei den meisten psychologischen Testprogrammen das beste sein, Speed- und Power-Funktionen getrennt zu messen. Jedoch ist es schwierig, Items zu konstruieren, die reine Power- oder reine Speed-Items sind.

25.3 Zeitbegrenzung bei der Durchführung von Tests mit Items ohne Bestantwort

Die Frage der Zeitbegrenzung bei den Tests, bei denen es keine Bestantworten gibt, wie z. B. bei Persönlichkeits- und Interessentests und ähnlichen Verfahren, ist nicht so wichtig wie bei kognitiven Tests. Im allgemeinen sollte in der Instruktion ein mäßiges Tempo bei der Beantwortung nahegelegt werden, und es sollte ausreichend Zeit vorhanden sein, daß die meisten, wenn nicht sogar alle Probanden fertig werden.

25.3.1 Instruktion zum raschen Arbeiten

Bei den meisten Persönlichkeitsfragebogen ist es für die Prüflinge am besten, nicht zu viel Zeit mit Introspektion und Rationalisierungen bei jedem einzelnen Item zu verlieren. Es ist deshalb gut, wenn man sie auffordert, ihre erste Reaktion auf jedes Item anzugeben. Durch die Betonung des Arbeitstempos wird auch die Zeit eingeschränkt, die für diese Art von Tests vorgesehen werden muß.

Die entsprechenden Instruktionen sollen durch den Versuchsleiter gegeben werden, oder sie sollen am Anfang des Fragebogens stehen. Dem Probanden muß versichert werden, daß es keine richtigen Antworten gibt, und daß man diejenige Antwort haben möchte, die für ihn typisch ist. Es sei hinzugefügt, daß es trotz solcher Instruktionen oft schwierig ist, die Probanden dazu zu bringen, wahre Antworten zu geben, und nicht die Antworten, die in ihrem Interesse zu liegen scheinen.

25.3.2 Ausreichend Zeit

Weil es durch eine geeignete Instruktion und den entsprechenden Nachdruck möglich ist, die Prüflinge dazu zu bringen, daß sie eine große Zahl von Persönlichkeitsfragen rasch beantworten, braucht man gewöhnlich kaum eine Zeitbegrenzung zu geben.

Meßinstrumente ohne Bestantwort werfen einige Probleme auf, auf die wir im letzten Kapitel hingewiesen haben, und zwar in bezug auf die Itemanalyse und die Faktorenanalyse. Für solche Items ist die Zeitbegrenzung jedoch weniger ein Problem als für kognitive Items, bei denen für jedes Item eine erhebliche Einarbeitungszeit erforderlich ist, und bei denen aus praktischen und theoretischen Gründen wünschenswert ist, daß die Zeitbegrenzung für alle Probanden gleich ist.

25.4 Die Bewertung von Tests mit Zeitbegrenzung

Bei der Bewertung von Tests ohne Zeitbegrenzung nehmen wir an, daß alle Probanden alle Items bearbeiten, was durch die Instruktion nahegelegt wird. Es ist deshalb nicht nötig, bei den Punktwerten unter Berücksichtigung der Anzahl der Alternativen oder Auswahlmöglichkeiten eine Zufallskorrektur durchzuführen. Die Korrelation zwischen korrigierten und unkorrigierten Werten muß eins sein, denn die einen sind eine lineare Funktion der anderen. Es kann jedoch Gründe dafür geben, bei Tests mit Zeitbegrenzung eine solche Korrektur durchzuführen. Wir wollen im folgenden eine solche Zufallskorrektur und ihre Bedeutung behandeln.

25.4.1 Die Zufallskorrektur

Die Zufallskorrektur bei Punktwerten in Tests mit Zeitbegrenzung ist eine Funktion der Anzahl der von jedem Probanden bearbeiteten Items und der Wahrscheinlichkeit, ein Item rein zufällig richtig zu beantworten. Theoretisch sollten wir bessere Ergebnisse erhalten, und zwar bei der Berechnung der Reliabilität und auch in einigen Fällen bei der Berechnung der Validität, wenn die Korrektur durchgeführt wird. Gleichung 25.4.1 ist die Formel für die Zufallskorrektur von Punktwerten aus zeitbegrenzten Tests als Funktion der Anzahl der richtig beantworteten Items, der Anzahl der bearbeiteten Items und der Wahrscheinlichkeit, ein Item rein zufällig richtig zu beantworten (siehe Abschnitt 25.5.1).

$$n_k = \frac{n_C - cn_a}{1 - c} \tag{25.4.1}$$

Dabei ist n_c die Anzahl der richtig beantworteten Items; n_k ist die zufallskorrigierte Anzahl der richtig beantworteten Items, also die Zahl der Items, deren Lösung tatsächlich gewußt wurde; n_a ist die Anzahl der bearbeiteten Items; und c ist die Wahrscheinlichkeit, rein zufällig eine richtige Antwort zu finden.

25.4.2 Die Bedeutung der Zufallskorrektur

Die Punktbewertung mit Zufallskorrektur bei Tests mit Zeitbegrenzung ist offensichtlich etwas komplizierter als die ohne. Dabei muß man zunächst bei jedem Probanden zusätzlich die Anzahl der bearbeiteten Items bestimmen. Dann muß man die in Gl. 25.4.1 angegebene Formel verwenden. Mit Hilfe von speziellen Computerprogrammen ist es möglich, diese Korrektur ohne übermäßige zusätzliche Zeit oder Kosten durchzuführen.

Es ist jedoch nicht klar, ob eine solche Zufallskorrektur zur Validität, zur Reliabilität, oder zu anderen Eigenschaften der Testpunktverteilung viel beiträgt, also in der Praxis von Bedeutung ist. In der Hauptsache ist zu überlegen, wie hoch die korrigierten mit den unkorrigierten Punktwerten korrelieren. Es folgt die Gleichung für diese Korrelation, und zwar als Funktion der Korrelation zwischen den richtig beantworteten und den bearbeiteten Items (siehe Abschnitt 25.5.2).

$$r_{kC} = \frac{\sigma_C - c r_{Ca} \sigma_a}{\sqrt{\sigma_C{}^2 - 2c r_{Ca} \sigma_C \sigma_a + c^2 \sigma_a{}^2}} \qquad (25.4.2)$$

Dabei stehen die Indizes a und C für bearbeitet bzw. richtig, und c ist der Korrekturparameter.

Wenn diese Korrelation hinreichend hoch ist, sieht man, daß die Korrelation zwischen den korrigierten und unkorrigierten Werten ebenfalls hoch ist. Wenn sie in der Größenordnung von .85 bis .95 liegt, können die Vorteile einer Zufallskorrektur nur sehr gering sein.

Die folgende Abbildung zeigt die Berechnung der Korrelation zwischen korrigierten und unkorrigierten Werten als Funktion der Korrelation zwischen der Anzahl der richtigen und bearbeiteten Items.

$$\sigma_C = 5 \qquad \sigma_a = 6 \qquad r_{Ca} = .8 \qquad c = .2$$

$$r_{kC} = \frac{5 - (.2)(.8)(6)}{\sqrt{(5)^2 - 2(.2)(.8)(5)(6) + (.2)^2(6)^2}} = \frac{5 - .96}{\sqrt{25 - 9.6 + 1.44}}$$

$$= \frac{4.04}{\sqrt{16.84}} = \frac{4.04}{4.10} = .985$$

Abb. 25.4.1 Berechnung der Korrelation zwischen der Anzahl der richtigen Items und den zufallskorrigierten Werten

Hier ist die Korrelation .985, und es dürfte deshalb zweifelhaft sein, ob sich der zusätzliche Rechenaufwand gelohnt hat.

25.5 *Mathematische Beweise*

25.5.1 *Zufallskorrektur eines Testpunktwerts bei Zeitbegrenzung*

Sei n_k die Anzahl der Items, deren Lösung tatsächlich gewußt wurde; n_C sei die Anzahl der richtig beantworteten Items; n_u sei die Zahl der Items, deren Lösungen unbekannt sind; n_a sei die Anzahl der bearbeiteten Items; und c sei die Wahrscheinlichkeit, rein zufällig eine richtige Antwort zu geben. Dann gibt auf Grund dieser Definition

$$n_u = n_a - n_k \tag{25.5.1}$$

und

$$n_C = n_k + cn_u \tag{25.5.2}$$

Aus diesen beiden Gleichungen folgt

$$n_C = n_k + c(n_a - n_k) \tag{25.5.3}$$

oder

$$n_k = \frac{n_C - cn_a}{1 - c} \tag{25.5.4}$$

Das ist aber gerade Gl. 25.4.1

25.5.2 *Die Korrelation zwischen korrigierten und unkorrigierten Testwerten*

Wir wiederholen Gl. 8.2.24 für die Korrelation zwischen Linearkombinationen von Meßwerten

$$r_{S_X S_Y} = \frac{a' D_{\sigma X} r_{XY} D_{\sigma Y} b}{\sqrt{a' D_{\sigma X} r_{XX} D_{\sigma X} a} \sqrt{b' D_{\sigma Y} r_{YY} D_{\sigma Y} b}} \tag{25.5.5}$$

Sei nun

$$a = 1 \tag{25.5.6}$$

$$b = \left[\frac{1}{1-c}, -\frac{c}{1-c}\right] \tag{25.5.7}$$

Wenn man die Gln. 25.5.6 und 25.5.7 in Gl. 25.5.5 einsetzt, ergibt sich in Skalarschreibweise

$$r_{S_X S_Y} = \frac{\frac{1}{1-c}\left(r_{XY_1}\sigma_X\sigma_{Y_1} - cr_{XY_2}\sigma_X\sigma_{Y_2}\right)}{\sigma_X\sqrt{\frac{1}{(1-c)^2}\left(\sigma_{Y_1}{}^2 - 2cr_{Y_1Y_2}\sigma_{Y_1}\sigma_{Y_2} + c^2\sigma_{Y_2}{}^2\right)}} \tag{25.5.8}$$

Nun sei

$$r_{S_X S_Y} = r_{kC} \tag{25.5.9}$$

$$X = C \tag{25.5.10}$$

$$Y_1 = C \tag{25.5.11}$$

$$Y_2 = a \tag{25.5.12}$$

Wenn man die Gln. 25.5.9 bis 25.5.12 in Gl. 25.5.8 einsetzt, folgt

$$r_{kC} = \frac{\sigma_C - c r_{Ca} \sigma_a}{\sqrt{\sigma_C{}^2 - 2c r_{Ca} \sigma_C \sigma_a + c^2 \sigma_a{}^2}} \tag{25.5.13}$$

Das ist aber gerade Gl. 25.4.2.

26. Der Einfluß der Stichprobenselektion

Wir haben bereits auf die Bedeutung der Stichprobe, bei der wir eine Anzahl von verschiedenen Variablen messen, z. B. Testvariablen, Itemvariablen oder irgendeine andere allgemeinere oder speziellere Art von Variablen, hingewiesen. Wir haben betont, daß es sinnlos ist, über die Parameter der Verteilung einer Variablen zu sprechen, ohne gleichzeitig die spezielle Stichprobe zu nennen, bei der die Meßwerte erhoben worden sind. Wir haben erwähnt, daß in dem traditionellen Ansatz der mathematischen Statistiker eine Population angenommen wird, woraus die Stichprobe gezogen worden ist. Wir haben die Schwierigkeiten bei der Definition dieser Population beschrieben und gezeigt, daß wir in kaum einem Fall mehr als nur die Stichprobenkennwerte zur Verfügung haben.

Offensichtlich kann eine Stichprobe auf viele verschiedene Weisen gezogen werden, und die jeweilige Auswahlmethode kann die gesuchten Variablenkennwerte merklich beeinflussen. Ob es sich nun um univariate, bivariate oder multivariate Verteilungen handelt; diese Kennwerte spielen eine wichtige Rolle in der Theorie und Praxis der Psychometrie und bei anderen statistischen Verfahrensweisen. Es dürfte deshalb gut sein, zu zeigen, welche systematischen und vorhersagbaren Auswirkungen verschiedene Selektionsmethoden auf die Kennwerte der betreffenden Verteilungen haben.

Wir haben darauf hingewiesen, daß ein allgemeines psychologisches Meßmodell im Idealfall sowohl Personenparameter als auch Merkmalsparameter enthält, die relativ unabhängig von den jeweiligen, aus den Populationen von Personen und Variablen gezogenen Personen und Variablenstichproben sind. Weil ein solches allgemeines Modell noch nicht verfügbar ist, wollen wir den Einfluß von speziellen Stichprobenerhebungsmethoden auf die Verteilungskennwerte der in Betracht kommenden Variablen betrachten. Eine ausführliche Behandlung dieses Problems findet man bei *Rydberg* (1963).[25]

25 A.d.Ü.: Siehe jedoch die Anmerkung auf S. 458

Zuerst wollen wir auf die wichtigeren Arten von Kennwerten eingehen, die von der Stichprobenselektion beeinflußt werden. Dann wollen wir einige Selektionsmethoden betrachten, deren Einfluß auf die Kennwerte bekannt ist. Darauf werden wir die Bedeutung der Stichprobenselektion für die Forschungsmethodik und die Versuchsplanung ganz allgemein diskutieren. Schließlich wollen wir die statistischen Beziehungen behandeln, die vorkommen, wenn die Selektion nur bezüglich einer einzigen Variable geschieht. Abschließend werden wir Fälle mit multivariater Stichprobenselektion betrachten.

26.1 Kennwerte, die durch die Stichprobenselektion beeinflußt werden

Im allgemeinen können wir eine Stichprobe so auswählen, daß die Momente der Verteilung einer bestimmten Variable fast jeden beliebigen Wert annehmen können. Wir können auch eine Stichprobe so auswählen, daß die Kovarianz jeden gewünschten Wert annehmen kann. Das können wir folgendermaßen veranschaulichen: Man betrachte das Korrelationsdiagramm für zwei Variablen bei einer Stichprobe. Aus diesem Korrelationsdiagramm kann man Fälle entfernen. So kann man jede gewünschte Korrelation zwischen minus und plus eins erhalten. Das ist jedoch nicht die Art Selektion, die wir hier behandeln wollen, weil es eine nachträgliche Selektion ist.
In diesem Kapitel beschäftigen wir uns mit der Abschätzung des Selektionseffektes auf eine oder mehrere Variablen, wenn wir die Art der Selektion auf Grund einer oder mehrerer anderer Variablen kennen. Wir wollen vornehmlich den Einfluß der Selektion auf die Mittelwerte, die Varianzen und die Korrelationen von zwei oder mehr Variablen behandeln.

26.1.1 Das arithmetische Mittel

Offensichtlich hängt das arithmetische Mittel einer Meßwertverteilung von der jeweils gezogenen Stichprobe ab. Sicher sind bei irgendeinem standardisierten psychologischen Leistungstest oder einem Test der sogenannten allgemeinen Intelligenz die Mittelwerte bei Schülern aus der 12. Klasse und der 6. Klasse verschieden. Diese Behauptung bezieht sich auf zwei Variablen. Die eine ist der Testpunktwert, die andere ist die Klasse. Wir sehen also, daß die Selektion einer speziellen Stichprobe unter Berücksichtigung der Variable: „Klasse“ zu einer Veränderung des

Mittelwerts irgendeiner anderen Variable, z. B. eines psychologischen Tests, führt. Wir werden die Frage, wie es sich auf den Mittelwert des Tests auswirkt, wenn wir die Variable „Klasse“ einschränken oder auslesen, später in diesem Kapitel behandeln.

26.1.2 Die Varianz

Wenn wir eine gleiche Anzahl von Schülern aus der 6. bis zur 12. Klasse auswählen und irgendeinen psychologischen Test durchführen, können wir wahrscheinlich für die sich ergebende Testpunktverteilung eine große Varianz erwarten. Wenn wir andererseits den Test nur bei Schülern aus dem 6. oder 11. oder 12. Schuljahr durchführen würden, würden wir erwarten, daß die Testvarianz viel geringer als im ersten Fall sein wird.
Oder wir können irgendeine Stichprobe von Probanden betrachten, die mit einem psychologischen Test untersucht worden sind, und bei denen wir eine Testpunktverteilung mit irgendeinem bestimmten Mittelwert und einer bestimmten Standardabweichung erhalten. Wir können nun nach Belieben Probanden aus dieser Stichprobe am unteren und oberen Ende der Skala der betreffenden Variablen entfernen, z. B. die 25 Prozent schlechtesten und 25 Prozent besten. Offensichtlich ist dann bei der übrigbleibenden Teilstichprobe die Varianz der betrachteten Variable kleiner als bei der gesamten Stichprobe.

26.1.3 Die Korrelation

Wir können also aus einer größeren Stichprobe eine Teilstichprobe derartig auswählen, daß Mittelwert und Varianz der verbleibenden Stichprobe in gewissen Grenzen jeden gewünschten Wert annehmen können. Wenn nun ein standardisierter kognitiver Test in der 6. bis 12. Klasse bei jeweils derselben Anzahl von Schülern durchgeführt würde, dann würde die Korrelation zwischen Schuljahr und Testergebnis wahrscheinlich positiv sein. Wenn der Test jedoch nur bei Schülern aus dem 8. Schuljahr angewendet würde, dann wäre es sinnlos, über die Korrelation zwischen Klassenstufe und Testergebnis zu sprechen, weil es bei der Klassenstufe keine Variation gibt. Denn eine Kovarianz zwischen zwei Variablen ist natürlich nur möglich, wenn jede Variable variiert.
Angenommen, wir hätten den psychologischen Test nur bei den Schülern der 11. und 12. Klasse durchgeführt. Dann können wir die Korrelation zwischen Klassenstufe und Testergebnis berechnen, weil nun die Klassenstufen variieren. Diese Korrelation würde von der verschieden

sein, die wir erhalten hätten, wenn wir den Test in allen Klassen von der 6. bis zur 12. durchgeführt hätten. Das Problem, welche Beziehungen zwischen der Korrelation und der Variationsbreite der ausgewählten Klassen besteht, wird in späteren Abschnitten dieses Kapitels genauer behandelt.

26.2 Methoden der Stichprobenselektion

Vielleicht ist inzwischen klar geworden, daß man zwei allgemeine Selektionsmethoden unterscheiden muß. Bei den behandelten Beispielen haben wir uns vorgestellt, daß wir eine Reihe von Schuljahren oder auch nur ein einzelnes Schuljahr auswählen können, bei denen der psychologische Test durchgeführt wird. Offensichtlich beeinflußt die Selektion nach den Schuljahren Mittelwert und Standardabweichung der selegierten Schuljahre und zwar je nach dem, wie die Selektion durchgeführt wurde. Wenn sie unmittelbar bei den Schulstufen durchgeführt wird, sprechen wir von direkter Selektion.

Wenn wir andererseits verschiedene Selektionsverfahren bei den Schuljahren verwenden, können wir dadurch auch Mittelwert und Standardabweichung der Testpunktverteilung beeinflussen. Wir sagen daher, eine direkte Selektion der Klassenstufen führt zu einer indirekten Selektion der Testergebnisse. Die Begriffe direkte und indirekte Selektion beziehen sich also auf die beteiligten Variablen. Direkte Selektion bei der einen Variable bedeutet indirekte Selektion bei einer anderen.

26.2.1 Direkte Selektion

Wir können verschiedene Selektionsmethoden in bezug auf eine einzelne Variable verwenden. Betrachten wir beispielsweise die Verteilung des Merkmals „Schuljahr“ bei allen Schülern in einem bestimmten Schulsystem, z. B. in einer großen Stadt. Diese Verteilung ist einfach durch die Anzahl der Schüler auf jeder Klassenstufe bestimmt. Sie hat einen bestimmten Mittelwert und eine bestimmte Standardabweichung. Wir können nun aus dieser Verteilung auf beliebige Weise eine Teilstichprobe ziehen. Im folgenden wollen wir aus den verschiedenen Möglichkeiten zwei Extremfälle herausgreifen, nämlich die „Cut-off-Methode“ und die Zufallsauswahl in jeder Stufe der Variable, d. h. die geschichtete Zufallsauswahl.

26.2.1a Cut-off-Methode (Sharp truncation)

Wenn man alle Schüler unterhalb eines bestimmten Schuljahrs, z. B. des vierten, oder oberhalb eines bestimmten Schuljahrs, z. B. des achten, ausscheidet, wendet man die Cut-off-Methode an. Man kann auch beide Gruppen ausscheiden, so daß die Stichprobe nur aus Schülern aus der 4. bis zur 8. Klasse besteht.

Für alle betrachteten Schüler können nun auch die Ergebnisse in einem psychologischen Test vorliegen. Dabei stellen wir uns einen Test vor, der vom 1. bis zum 12. Schuljahr durchgeführt werden kann. Ein solcher Test wäre zwar ungewöhnlich, aber nicht unsinnig. Vielleicht sollten vielmehr derartige Tests verfügbar sein. Darauf kommen wir im nächsten Kapitel zurück.

Wenn wir also am unteren oder oberen oder an beiden Enden der Schulstufenskala einige Klassen abgeschnitten haben, beeinflußt eine solche Selektion wahrscheinlich die Kennwerte der Testergebnisse.

26.2.1b Geschichtete Zufallsauswahl

Wir können uns auch für einen anderen Weg entscheiden. Wir erhalten eine Verteilung der Testpunktwerte, indem wir aus der 1. bis zur 12. Klasse jeweils rein zufällig eine Teilstichprobe ziehen. Der Umfang jeder Teilstichprobe kann der Schülerzahl jedes Schuljahrs proportional sein, oder auch nicht. Der jeweils ausgewählte Anteil beeinflußt die Verteilung der Testpunktwerte, wenn man annimmt, daß es eine Korrelation zwischen Testpunktwerten und Schulstufe gibt.

Wenn die Selektion der Stichprobe aus jedem Schuljahr rein zufällig geschieht, können wir erwarten, daß die Verteilung der Testpunktwerte in der Zufallsstichprobe dieselbe ist wie in dem ganzen Schuljahr.

Es gibt also bei der direkten Selektion zwei extreme Methoden, die Cut-off-Methode und die geschichtete Zufallsauswahl. In beiden Fällen wird die Selektion derart durchgeführt, daß in einer bestimmten Klasse derjenigen Variablen, auf Grund derer ausgewählt wird, die zweite Variable, nämlich der Testpunktwert, ihren Mittelwert und ihre Varianz nicht systematisch ändern. Bei der Cut-off-Methode gibt es für die Klassen der ersten Variable, bei der alle Fälle eliminiert worden sind, natürlich keinen Mittelwert und keine Varianz der zweiten Variable.

26.2.2 Indirekte Selektion

Wir haben gesehen, daß der Einfluß, den die direkte Selektion auf die Parameter einer speziellen Variable hat, davon abhängt, wie die Selektion durchgeführt wird. Wir wollen nun etwas genauer die Frage untersuchen, wie die direkte Selektion bei einer bestimmten Variable die Parameter einer anderen Variable beeinflußt. Sowohl bei der Cut-off-Methode als auch bei der geschichteten Zufallsauswahl bei der direkten Variable können wir erwarten, daß bei einer zweiten, mit der ersten korrelierten Variable ebenfalls irgendeine Selektion geschieht.
Wenn die Korrelation zwischen den beiden Variablen vor der Selektion gleich null ist, dann hat die direkte Selektion in der ersten, der Primärvariable, keinen systematischen Effekt auf die zweite, die Sekundärvariable.

26.2.2a Cut-off-Methode bei der Primärvariable

Wenn bei der Primärvariable die Cut-off-Methode angewendet wird, wenn also ein Teil der Häufigkeitsverteilung abgeschnitten wird, dann müssen wir außer einem Einfluß auf Mittelwert und Varianz eben der Primärvariablen noch irgendeine systematische Wirkung auf Mittelwert und Varianz der zweiten, mit der ersten korrelierten Variablen erwarten.
Eine solche Selektionsmethode beeinflußt jedoch nicht die Varianzen derjenigen Meßwerte der zweiten Variable, die zu einem bestimmten Wert der ersten Variable gehören. Das ist leicht einzusehen, wenn man das Korrelationsdiagramm der beiden Variablen betrachtet. Wenn die Fälle am unteren oder oberen Ende oder an beiden Enden der Skala der ersten Variablen vollständig eliminiert werden, wird die Verteilung der zweiten Variable innerhalb jeder verbleibenden Stufe der ersten Variable nicht beeinflußt. Es zeigt sich also, daß diese Selektionsmethode sich nicht auf das auswirkt, was wir nun bei der zweiten Variable als Schätzfehlervarianz erkennen. Die Schätzfehlervarianz war die durchschnittliche Varianz der einen Variable für bestimmte Werte der anderen. Für diese Werte der ersten Variable bleiben also entweder die Varianzen der zweiten Variablen bei der Auswahl gleich, oder sie fallen ganz weg, weil alle Fälle eliminiert worden sind.
Wenn man alle Fälle vom unteren oder oberen oder beiden Enden der Verteilung ausscheidet, wird die Standardabweichung der Variable kleiner. Andererseits können wir die Standardabweichung auch vergrößern, wenn wir Fälle aus der Mitte der Verteilung eliminieren. Aber

auch in diesem Fall bleiben die Varianzen der zweiten Variable für bestimmte Werte der ersten Variable für die nicht ausgeschiedenen Fälle konstant. Wenn wir also annehmen, daß die Regression homoszedastisch ist, würde der Standardschätzfehler konstant sein, und zwar unabhängig davon, in welchen Klassen der ersten Variable alle Fälle entfernt werden. Jedoch wird durch die jeweilige Auswahlmethode die Standardabweichung der ersten Variable merklich beeinflußt.

26.2.2b Geschichtete Zufallsauswahl bei der primären Variable

Bei der Diskussion der direkten Selektion bei der ersten Variable hat sich gezeigt, daß man in bestimmten Klassen nach Zufall Fälle auslesen oder eliminieren kann, ohne daß sich die durchschnittliche Variation der Meßwerte der zweiten Variable in den Klassen der ersten Variable ändert. Das heißt also, daß eine Zufallsauslese in den Klassen der ersten Variable oder die Elimination ganzer Klassen bei der Cut-off-Methode zwar Mittelwert und Varianz der ersten, aber nicht systematisch die Schätzfehlervarianz für die zweite Variable beeinflußt. Jedoch kann sich hier eine solche Selektion auf Mittelwert und Standardabweichung auswirken.

Das sind nur einige wenige einfache Fälle, wo eine direkte Selektion bei der ersten Variable die Kennwerte der eigenen Verteilung und die einer anderen Variable ändern kann. Dieser Einfluß auf die andere Variable wird indirekte Selektion oder „sekundäre Selektion" (incidental selection) genannt. Die Sache wird komplizierter, wenn drei oder mehr Variablen gegeben sind, und wenn bei einer davon eine direkte Selektion erfolgt. Diese kann auf verschiedene Arten geschehen, aber in jedem Fall muß man erwarten, daß nicht nur Mittelwerte und Standardabweichungen der anderen beiden Variablen und ihre Korrelation mit der ersten, sondern auch ihre Interkorrelation geändert werden. Im allgemeinen kann eine Gruppe von Variablen gegeben sein, bei denen eine direkte Selektion so durchgeführt wird, daß Mittelwerte, Varianzen und Interkorrelationen der Variablen in irgendeiner bekannten Weise verändert werden. Dann kann eine zweite Gruppe von Variablen vorliegen, deren Mittelwerte, Varianzen, Interkorrelationen und Korrelationen mit den Variablen der ersten Gruppe ebenfalls irgendwie systematisch, und zwar sekundär, beeinflußt werden. Wir werden einige dieser etwas komplizierteren Beziehungen behandeln.

26.3 *Die Bedeutung der Stichprobenselektion für die Forschung*

Es wird meist verlangt, daß eine Stichprobe entweder zufällig oder repräsentativ sein soll. Der Unterschied zwischen diesen beiden Arten ist nicht immer ganz deutlich, und es wird nicht hinreichend geklärt, wann die eine und wann die andere Art verwendet werden sollte. Im allgemeinen sind die Konzepte „Zufallsstichprobe" und „repräsentative Stichprobe" eng mit dem Konzept „Population", aus der die Stichproben gezogen werden, verknüpft. Zufallsstichproben stehen stärker in Beziehung zu Wahrscheinlichkeitsfunktionen. Deshalb liegt diese Auswahlmethode den Statistikern mehr, weil sie so in die Lage versetzt werden, mathematische Wahrscheinlichkeitsmodelle bei der Entwicklung von Signifikanztests und Konfidenzintervallen einzusetzen. Jedenfalls wird der Studienanfänger der Sozialwissenschaften in Statistikkursen immer wieder auf die Wichtigkeit von Zufallsstichproben für seine Experimente hingewiesen. Wir werden deshalb bei der Diskussion der Bedeutung der Stichprobenselektion für die Forschung zunächst Zufallsstichprobe und bewußt ausgelesene Stichprobe einander gegenüberstellen und dann auf die Selektion im Zusammenhang mit der Vorhersage und der Itemanalyse eingehen.

26.3.1 *Zufallsstichprobe und bewußt ausgelesene Stichprobe*

In Anbetracht der großen Wichtigkeit, die der Zufallsstichprobe für statistische Arbeiten immer wieder zugeschrieben wird, sollten wir kurz überlegen, wie groß ihre Bedeutung wirklich ist. Wir wollen dabei auf zwei praktische Probleme eingehen. Das eine ist, daß Zufallsstichproben oft überhaupt nicht möglich sind, das andere, daß Zufallsstichproben dann nicht erforderlich sind, wenn die Art der Selektion genau spezifiziert ist.

26.3.1a *Zufallsstichproben sind oft nicht möglich*

In vielen praktischen Situationen ist es einfach nicht möglich, eine Zufallsstichprobe aus einer wie auch immer definierten Population als Grundlage für das Testen von Hypothesen, für die Entwicklung von Regressionsgleichungen, oder für andere wissenschaftliche Ziele zu ziehen. Nehmen wir das folgende Beispiel: Es soll ein Test für die Auswahl von Bewerbern für eine spezielle Tätigkeit in einem Industriewerk entwickelt werden. Man hat guten Grund zu der Annahme, daß ein Mechaniktest ein guter Indikator für den späteren Berufserfolg ist.

Dieser Test wird dann bei einer Gruppe von Bewerbern durchgeführt. Ohne nun genau zu wissen, wie gut der Test die spätere Leistung vorhersagt, kann man nichtsdestoweniger schon entscheiden, daß Bewerber, deren Punktwert unterhalb einer gewissen Grenze liegen, zurückgewiesen werden. Die anderen Bewerber werden eingestellt. Wenn genügend Zeit verflossen ist und Kriterienwerte vorliegen, kann die Korrelation zwischen Test und Kriterium bestimmt werden. Jedoch ist die dieser Korrelation zugrundliegende Probandengruppe sicherlich nicht repräsentativ für alle Bewerber, weil ja die mit niedrigen Testpunktwerten ausgeschieden worden sind und deshalb für sie keine Kriterienwerte vorliegen. Es ist also offensichtlich nicht möglich, die Korrelation zwischen Test und Kriterium für eine Zufallsstichprobe oder eine repräsentative Stichprobe auf direktem Wege zu erhalten. Es ist auch nicht möglich, Mittelwert und Varianz der Arbeitsleistung für eine repräsentative Stichprobe von solchen Probanden oder Bewerbern anzugeben, weil nicht alle die Gelegenheiten hatten, ihre Leistung im Kriterium zu zeigen. Dieses Beispiel ist charakteristisch für viele Versuchspläne für Testvalidierungen.

26.3.1b Zufallsstichproben sind oft nicht notwendig

In vielen Fällen ist es nicht notwendig, eine Zufallstichprobe zu ziehen. Wenn wir wissen, wie die Selektion stattgefunden hat, können wir die Verfälschung in der Stichprobe korrigieren. Angenommen, wir kennen bei einer Reihe von Variablen, bei denen eine direkte Selektion durchgeführt wurde, die Mittelwerte, Varianzen und Korrelationen vor und auch nach der Selektion. Angenommen, wir kennen bei einer zweiten, mit der ersten korrelierenden Reihe von Variablen ebenfalls die Parameter, und zwar die, die nach der Selektion in den primären Variablen gelten. Wenn dann bestimmte Voraussetzungen erfüllt sind, können wir die Parameter der sekundären Variablen vor der Selektion abschätzen.

Nehmen wir beispielsweise den Fall, wo Bewerber für eine Berufstätigkeit mit einem Test für mechanische Fähigkeiten untersucht werden. Angenommen, wir kennen Mittelwert und Standardabweichung der Testpunktwerte in der Gesamtgruppe der Bewerber und in der Gruppe der tatsächlich angenommenen Bewerber. Ferner sei angenommen, wir kennen arithmetisches Mittel und Standardabweichung des Kriteriums und seine Korrelation mit dem Testergebnis bei den eingestellten Bewerbern. Wir können dann auf Grund von vernünftigen Annahmen abschätzen, wie groß Mittelwert, Standardabweichung und Korrelation

des Kriteriums gewesen wären, wenn alle Bewerber beschäftigt worden wären. Es ist natürlich zu fragen, ob sich ein solches Vorgehen lohnt.
Im allgemeinen wollen wir Mittelwerte, Varianzen und Interkorrelationen der Prädiktor- und Kriterienvariablen wissen, um Formeln für die Schätzung von Kriterienwerten aus gegebenen Prädiktorwerten abzuleiten. Das Problem, repräsentative Stichproben zu bilden, bei denen man die Daten für die Entwicklung dieser Formeln erfassen kann, ist in diesem Zusammenhang von Bedeutung. Man kann natürlich fragen, ob repräsentative Stichproben tatsächlich notwendig sind. Dieses Problem wollen wir als nächstes behandeln.

26.3.2 Selektion und Vorhersage

Wir wollen nun den Spezialfall betrachten, bei dem die direkte Selektion bei der Prädiktorvariable, die indirekte bei der Kriterienvariable durchgeführt wird. Das ist eine durchaus realistische Situation, wie wir in dem vorangegangenen Beispiel gesehen haben. Hierbei erfassen wir bei einer Stichprobe von Bewerbern eine Reihe von Prädiktorvariablen. Wir können annehmen, daß diese Bewerbergruppe eine zufällige oder repräsentative Stichprobe aus einer wie auch immer definierten Population ist. Auf Grund dieser Prädiktorwerte werden nun einige Bewerber eingestellt, andere werden abgelehnt. Es entsteht die Frage, wie wir durch eine Regressionsgleichung die Kriterienwerte aus den Prädiktorwerten schätzen können. Denn nur für die Gruppe der angenommenen Bewerber sind die Kriterienwerte verfügbar. Es läßt sich nun zeigen, daß es in gewissen, ziemlich allgemeinen Fällen nichts ausmacht, ob die Regressionsgleichung auf Grund der vollständigen Stichprobe oder nur auf Grund einer Stichprobe von Bewerbern mit den höchsten Punktwerten aufgestellt wird.
Das ist für eine Vielfalt von Problemen der Messung und Vorhersage eine wichtige Schlußfolgerung, denn sie befreit uns von den schwerwiegenden Restriktionen, die uns durch die Voraussetzung der Repräsentativität auferlegt sind.
Wir könnten natürlich zunächst einmal rein zufällig Bewerber auswählen und sie einstellen; aber das kann ein sehr kostspieliges Verfahren sein, wie wir gesehen haben, denn die Versager sind nicht nur für die Organisation, wo sie beschäftigt sind, sehr teuer; sondern sie vergeuden auch ihre eigene Zeit und ihr eigenes Geld. Wenn die Prädiktorvariable eine annehmbare Validität besitzt, dann ist es viel günstiger, die Bewerber mit niedrigen Punktwerten zurückzuweisen und nur die mit hohen

Punktwerten einzustellen. Wenn jedoch plausible Bedingungen erfüllt sind, können wir die Regressionsgleichungen genausogut ableiten, wenn nur bei der ausgelesenen Gruppe die Kriterienwerte verfügbar werden, wie auf Grund der vollständigen Stichprobe.

26.3.3 Itemanalyse

Wir haben gesehen, daß Zufallsstichproben bei der Entwicklung von Vorhersagemodellen oft nicht notwendig, vielleicht noch nicht einmal wünschenswert sind. Dagegen ist es bei Itemanalysen meist falsch, ausgelesene Stichproben zu verwenden. Nichtrepräsentative Stichproben können die Ergebnisse einer Itemanalyse stark beeinflussen. In der Tat kann man ja durch geeignete Selektionsverfahren die Verteilung der Testpunktwerte so verändern, daß sie beliebig vorgegebene Momente und damit bestimmte Werte für Mittelwert, Varianz, Schiefe und Exzeß besitzt.

Wir haben auch gesehen, daß man mit bestimmten Analyseverfahren die Homogenität eines einzelnen Tests und die Spezifität in bezug auf andere Tests beeinflussen kann. Über die Wirkungen der Stichprobenselektion ist jedoch nur sehr wenig bekannt. Auf jeden Fall ist zu fordern, daß bei Itemanalysen die Stichprobe der Population, bei der der Test später angewendet werden soll, so gut wie möglich entspricht.

Es ist jedoch nicht unwahrscheinlich, daß Analysemethoden entwickelt werden können, die relativ unabhängig von der Art der Stichprobenauswahl sind. Wir haben bereits gesehen, daß eins der Ziele der Faktorenanalyse die Bestimmung von Parametern ist, welche relativ unabhängig von der der Schätzung zugrundeliegenden Stichprobe sind. Das ist bekanntlich das Konzept der Einfachstruktur. Bis jetzt weiß man jedoch noch nicht, in welchem Ausmaß Itemanalyseverfahren überhaupt allgemeinere Arten von multivariaten Meß- und Vorhersagemethoden, populationsunabhängig gemacht werden können, so daß man von den Restriktionen bzgl. der Art der Stichprobe frei ist. Es ist jedoch wahrscheinlich, daß erhebliche Fortschritte in dieser Richtung zu erwarten sind.[26]

---

26 A.d.Ü.: Siehe Anmerkung auf S. 458

26.4 Statistische Beziehungen bei univariater Auswahl

Wir haben ziemlich ausführlich diskutiert, welche allgemeinen Wirkungen die Verwendung von verfälschten oder ausgelesenen Stichproben aus einer Population oder aus einer größeren Stichprobe auf die beteiligten Variablen besitzt, und zwar bei direkter und indirekter Selektion. Wir haben gesehen, daß es in einigen Fällen nicht möglich, vielleicht sogar nicht nötig ist, Zufallsstichproben zu ziehen. Wir wollen nun etwas genauer die speziellen Beziehungen zwischen den verschiedenen Kennwerten behandeln, wenn bei einer oder mehreren Variablen eine Selektion vorgenommen wird. Zunächst wollen wir den einfachsten Fall besprechen, wo nur zwei Variablen gegeben sind, und Beispiele für die verschiedenen Kennwerte geben. Dann wollen wir drei Variablen, wo nur bei einer selegiert wird, betrachten. Hier wollen wir ebenfalls Beispiele für die Schätzung von Parametern geben.

26.4.1 Zwei Variablen

Wenn zwei Variablen gegeben sind, und wenn bei einer eine direkte Selektion stattfindet, liegen bei dieser Variable Mittelwerte und Varianzen vor und nach der Selektion vor. Bei der zweiten Variable sind wahrscheinlich Mittelwert, Varianz und Korrelation mit der ersten Variable nach der Selektion gegeben. Wir kennen bei dieser indirekten Variable Mittelwert, Varianz und Korrelation mit der direkten Variable vor der Selektion nicht.

Wir können natürlich den Fall zugrundelegen, wo Mittelwerte, Standardabweichungen, Kovarianzen und Korrelationen bei beiden Variablen vor und nach der Selektion gegeben sind. Dann besteht das allgemeine Problem, Beziehungen zwischen einigen dieser Kennwerte abzuleiten. In den algebraischen Gleichungen kann jeder der Kennwerte explizit als Funktion der anderen als bekannt vorausgesetzten Kennwerte ausgedrückt werden.

26.4.2 Die Gleichungen

Wir wollen den unbekannten Mittelwert, die Varianz, die Kovarianz und die Korrelation als Funktion der bekannten Kennwerte darstellen.

26.4.2a Das arithmetische Mittel

Es folgt die Gleichung für den Mittelwert der sekundären Variable vor der Selektion als Funktion der bekannten Kennwerte (siehe Abschnitt 26.6.2)

$$ {}_sM_I = {}_tM_I + ({}_sM_d - {}_tM_d)\frac{{}_tr_{dI}\,{}_t\sigma_I}{{}_t\sigma_d} \qquad (26.4.1) $$

Dabei bedeuten die vorderen Indizes s und t „vor bzw. nach der Selektion", und die hinteren Indizes geben an, ob sich die wie üblich ausgedrückten Kennwerte auf die primäre oder direkte (d), die sekundäre oder indirekte (I) oder beide Variablen beziehen.

In der folgenden Abbildung wird die Berechnung des geschätzten Mittelwerts der sekundären Variable vor der Auswahl aus den bekannten Kennwerten an einem Beispiel gezeigt:

$$ {}_tM_I = 12 \quad {}_sM_d = 10 \quad {}_tM_d = 8 \quad {}_tr_{dI} = .5 \quad {}_t\sigma_I = 4 \quad {}_t\sigma_d = 3 $$

$$ {}_sM_I = 12 + (10 - 8).5\left(\frac{4}{3}\right) = 12 + 2(.667) = 13.33 $$

Abb. 26.4.1 Berechnung des Mittelwerts der sekundären Variable vor der Selektion

26.4.2b Die Varianz

Die folgende Gleichung ist die Formel für die Varianz der sekundären Variable vor der Selektion als Funktion der bekannten Kennwerte (siehe Abschnitt 26.6.3)

$$ {}_s\sigma_I^2 = {}_t\sigma_I^2\left[1 - {}_tr_{Id}^2\left(1 - \frac{{}_s\sigma_d^2}{{}_t\sigma_d^2}\right)\right] \qquad (26.4.2) $$

Es folgt die Formel für die Varianz der sekundären Variable nach der Selektion als Funktion der bekannten Kennwerte (siehe Abschnitt 26.6.3)

$$ {}_t\sigma_I^2 = {}_s\sigma_I^2\left[1 - {}_sr_{Id}^2\left(1 - \frac{{}_t\sigma_d^2}{{}_s\sigma_d^2}\right)\right] \qquad (26.4.3) $$

Die folgende Abbildung macht die Berechnung der geschätzten Varianz der sekundären Variable vor der Selektion als Funktion der als bekannt vorausgesetzten Kennwerte deutlich

$$ {}_t\sigma_I^2 = 16 \quad {}_tr_{Id} = .5 \quad {}_s\sigma_d^2 = 18 \quad {}_t\sigma_d^2 = 9 $$

$$ {}_s\sigma_I^2 = 16\left[1 - (.5)^2\left(1 - \frac{18}{9}\right)\right] = 16[1 + .25] $$

$$ = 16(1.25) = 20 $$

Abb. 26.4.2 Berechnung der Varianz der sekundären Variable vor der Selektion

Es folgt ein Beispiel für die Berechnung der Varianz der sekundären Variable nach der Selektion bei der primären Variable.

$$_s\sigma_I^2 = 20 \qquad _sr_{Id} = \sqrt{.40} \qquad _t\sigma_d^2 = 9 \qquad _s\sigma_d^2 = 18$$

$$_t\sigma_I^2 = 20\left[1 - .40\left(1 - \frac{9}{18}\right)\right] = 20[1 - .20] = 16$$

Abb. 26.4.3 Berechnung der Varianz der sekundären Variable nach der Selektion

26.4.2c Die Korrelation

Gleichung 26.4.4 ist die Formel für die Schätzung der Korrelation zwischen der primären und der sekundären Variablen vor der Selektion als Funktion der bekannten Kennwerte (siehe Abschnitt 26.6.4)

$$_sr_{dI} = \frac{_tr_{dI}\,\frac{_s\sigma_d}{_t\sigma_d}}{\sqrt{1 - {_tr_{dI}}^2\left(1 - \frac{_s\sigma_d^2}{_t\sigma_d^2}\right)}} \tag{26.4.4}$$

Gleichung 26.4.5 ist die Formel für die Schätzung der Korrelation zwischen der primären und der sekundären Variablen, diesmal nach der Selektion, als Funktion der bekannten Kennwerte (siehe Abschnitt 26.6.4)

$$_tr_{dI} = \frac{_sr_{dI}\,\frac{_t\sigma_d}{_s\sigma_d}}{\sqrt{1 - {_sr_{dI}}^2\left(1 - \frac{_t\sigma_d^2}{_s\sigma_d^2}\right)}} \tag{26.4.5}$$

Es folgen zwei Beispiele für die Berechnung der Korrelation zwischen der primären und der sekundären Variablen als Funktion der als bekannt vorausgesetzten Kennwerte, einmal für den Zeitpunkt vor der Selektion, einmal für den Zeitpunkt nach der Selektion.

$$_tr_{dI} = .5 \qquad _s\sigma_d = \sqrt{18} \qquad _t\sigma_d = 3$$

$$_sr_{dI} = \frac{.5\left(\frac{\sqrt{18}}{3}\right)}{\sqrt{1 - (.5)^2\left(1 - \frac{18}{9}\right)}} = \frac{.5\sqrt{2}}{\sqrt{1.25}}$$

$$= \sqrt{.40} = .632$$

Abb. 26.4.4 Berechnung der Korrelation zwischen der primären und der sekundären Variable vor der Selektion

$$ {}_s r_{dI} = \sqrt{.40} \qquad {}_t\sigma_d = 3 \qquad {}_s\sigma_d = \sqrt{18} $$

$$ {}_t r_{dI} = \frac{\sqrt{.40}\left(\frac{3}{\sqrt{18}}\right)}{\sqrt{1 - (.40)\left(1 - \frac{9}{18}\right)}} = \frac{\sqrt{.20}}{\sqrt{1 - .20}} $$

$$ = \sqrt{.25} = .5 $$

Abb. 26.4.5 Berechnung der Korrelation zwischen der primären und der sekundären Variable nach der Selektion

Man erkennt, daß diese und die folgenden Formeln in bezug auf die Indizes *s* und *t* reziprok sind. Tatsächlich gibt es nichts, was darauf hinweist, welches die bezüglich der Primärvariable ausgelesene und welches die unausgelesene Stichprobe ist, wenn man die Voraussetzungen des Standardmeßfehlers betrachtet. Man kann nach Belieben jede Stichprobe als ausgelesen oder nicht ausgelesen ansehen. Die Selektion besteht im wesentlichen darin, bei Untergruppen, die bestimmten Werten der Primärvariablen entsprechen, zufällig Fälle hinzuzufügen oder zu eliminieren. Dabei wird die Annahme gemacht, daß die Fälle jeweils derartig hinzugefügt oder eliminiert werden, daß Mittelwert und Varianz der zweiten Variable für den jeweiligen Wert der ersten Variable nicht systematisch geändert werden. Es ist klar, daß beispielsweise die Cut-off-Methode einfach ein Spezialfall der zufälligen Auswahl ist. Bei bestimmten Werten der Primärvariable wird so lange eliminiert, bis kein Fall mehr vorhanden ist.

26.4.3 Drei Variablen

Wir wollen nun drei Variablen zugruundelegen, wo bei einer eine direkte Auswahl durchgeführt wurde. Wie bei zwei Variablen wollen wir die Einflüsse behandeln, die eine Selektion bei der ersten Variable auf Mittelwerte und Standardabweichungen der anderen beiden Variablen, ihre Kovarianz und die Korrelation der beiden sekundären Variablen hat.

Es ist klar, daß bei zwei sekundären Variablen Gl. 26.4.1 für jede dieser zwei Variablen gilt. Die Varianzen dieser beiden Variablen und ihre

Korrelationen mit der ersten Variablen werden in den Gln. 26.4.2 und 26.4.3 bzw. 26.4.4 und 26.4.5 gegeben. Jedoch ist die Situation jetzt etwas komplizierter, weil wir nun auch die Korrelation zwischen den beiden sekundären Variablen berücksichtigen müssen.
Es folgt die Gleichung für die Korrelation zwischen zwei sekundären Variablen vor der Selektion bei einer primären Variable als Funktion der bekannten Kennwerte (siehe Abschnitt 26.6.5)

$$_{s}r_{I_1I_2} = \frac{_{t}r_{I_1I_2} - {_{t}r_{I_1d}}\,{_{t}r_{I_2d}}\left(1 - \frac{_{s}\sigma_d^{\,2}}{_{t}\sigma_d^{\,2}}\right)}{\sqrt{1 - {_{t}r^2_{I_1d}}\left(1 - \frac{_{s}\sigma_d^{\,2}}{_{t}\sigma_d^{\,2}}\right)}\sqrt{1 - {_{t}r^2_{I_2d}}\left(1 - \frac{_{s}\sigma_d^{\,2}}{_{t}\sigma_d^{\,2}}\right)}} \tag{26.4.6}$$

Die entsprechende Gleichung für die Korrelation nach der Selektion lautet (siehe Abschnitt 26.6.5)

$$_{t}r_{I_1I_2} = \frac{_{s}r_{I_1I_2} - {_{s}r_{I_1d}}\,{_{s}r_{I_2d}}\left(1 - \frac{_{t}\sigma_d^{\,2}}{_{s}\sigma_d^{\,2}}\right)}{\sqrt{1 - {_{s}r^2_{I_1d}}\left(1 - \frac{_{t}\sigma_d^{\,2}}{_{s}\sigma_d^{\,2}}\right)}\sqrt{1 - {_{s}r^2_{I_2d}}\left(1 - \frac{_{t}\sigma_d^{\,2}}{_{s}\sigma_d^{\,2}}\right)}} \tag{26.4.7}$$

Das folgende Beispiel zeigt die Berechnung der Korrelation zwischen zwei sekundären Variablen vor der Selektion bei einer primären Variable als eine Funktion der bekannten Kennwerte.

$$_{t}r_{I_1I_2} = .4 \qquad _{t}r_{I_1d} = .5 \qquad _{t}r_{I_2d} = .6 \qquad _{s}\sigma_d^{\,2} = 18 \qquad _{t}\sigma_d^{\,2} = 9$$

$$_{s}r_{I_1I_2} = \frac{.4 - (.5)(.6)\left(1 - \frac{18}{9}\right)}{\sqrt{1 - (.5)^2\left(1 - \frac{18}{9}\right)}\sqrt{1 - (.6)^2\left(1 - \frac{18}{9}\right)}}$$

$$= \frac{.4 + (.30)}{\sqrt{1 + .25}\sqrt{1 + .36}} = \frac{.7}{\sqrt{1.70}}$$

$$= \frac{.7}{1.3} = .538$$

Abb. 26.4.6 Berechnung der Korrelation zwischen zwei sekundären Variablen vor der Selektion

Wenn man die Indizes vertauscht, wird es wieder klar, daß das Modell nicht zwischen ausgelesenen und unausgelesenen Stichproben unterscheidet. Man kann genauer sagen, daß man bezüglich einer Variablen zwei Stichproben hat, bei denen Mittelwert und Varianz verschieden sind. Dann ist zu fordern, daß die partiellen Varianzen und Kovarianzen der anderen Variablen von der Selektionsmethode der beiden Stichproben auf Grund der ersten Variable unabhängig sind.

26.5 Statistische Beziehungen bei multivariater Selektion

Im vorangegangenen Abschnitt haben wir die Wirkung einer Selektion bei einer einzelnen Variable behandelt. Wir haben dabei angenommen, daß die Varianz einer oder mehrerer anderer Variablen für bestimmte Werte dieser ersten Variable dieselbe bleibt, und daß diese Varianzen im gesamten Variationsbereich der ersten Variable konstant sind. Mit anderen Worten, die bivariaten Verteilungen sind homoszedastisch. Wir haben weiterhin angenommen, daß die Selektion die Mittelwerte der sekundären Variable für bestimmte Werte der Primärvariable nicht ändert, und daß die Regressionen linear sind.

Wir wollen nun den Fall diskutieren, wo die Selektion bei mehr als einer Variable durchgeführt wird. Hierbei sind Mittelwerte, Varianzen und Korrelationen bei einer Reihe von Variablen vor der Selektion gegeben. Dann wird bezüglich dieser Variablen selegiert. Bei der ausgelesenen Stichprobe sind dann ebenfalls Mittelwerte, Varianzen und Interkorrelationen verfügbar. Wir nehmen an, daß die Selektion so stattfindet, daß die Standardschätzfehler bei einer zweiten Gruppe von Variablen, die auf Grund der ersten Gruppe geschätzt werden, nicht geändert werden. Weiterhin nehmen wir an, daß die partiellen Kovarianzen der sekundären Variablen durch die Selektion bei den Primärvariablen nicht beeinflußt werden, und daß die Regressionen einer jeden Sekundärvariable auf die Primärvariablen vor der Selektion linear sind. Das heißt, daß diese Regressionen durch eine Hyperebene, nicht durch eine gekrümmte Hyperfläche dargestellt werden. Wir wollen bei der Behandlung der statistischen Beziehungen bei einer multivariaten Selektion zuerst darauf eingehen, wie die Kennwerte jeder Sekundärvariable für sich beeinflußt werden. Dann wollen wir die Kennwerte, die die Beziehungen zwischen Sekundärvariablen charakterisieren, behandeln.

26.5.1 Sekundäre und primäre Variable

Wir wollen verschiedene Kennwerte, die eine einzelne Sekundärvariable und die ausgelesenen Primärvariablen betreffen, behandeln und die entsprechenden Formeln angeben. Dabei handelt es sich um Mittelwerte und Varianzen der Sekundärvariablen vor und nach der Selektion und die Korrelationen der Sekundär- mit den Primärvariablen vor und nach der Selektion

26.5.1a Die Mittelwerte

Wenn wir die Mittelwerte der Sekundärvariablen vor oder nach der Selektion und die Mittelwerte der Primärvariablen sowohl vor als auch nach der Selektion kennen, können wir den unbekannten Mittelwert der Sekundärvariable schätzen.

Es folgt die Formel für die Schätzung der Mittelwerte der Sekundärvariablen vor der Selektion bei den Primärvariablen auf Grund der bekannten Kennwerte in Matrizenschreibweise (siehe Abschnitt 26.6.6).

$$ {}_sM_I' = {}_tM_I' - ({}_tM_d' - {}_sM_d')b \qquad (26.5.1)$$

Dabei sind die M's Mittelwertskalare oder -vektoren, die durch voran- und nachgestellte Indizes näher bezeichnet sind, und es gilt

$$ b = {}_s\Delta_d^{-1}\, {}_sr_{dd}^{-1}\, {}_sr_{dI}\, {}_s\Delta_I = {}_t\Delta_d^{-1}\, {}_tr_{dd}^{-1}\, {}_tr_{dI}\, {}_t\Delta_I \qquad (26.5.2)$$

Dabei sind die Δ's Diagonalmatrizen von Standardabweichungen, und die r's sind Korrelationsmatrizen. Die genauere Kennzeichnung erfolgt wieder durch vor- und nachgestellte Indizes.
Die folgende Gleichung enthält die Formel für die Schätzung des Mittelwertvektors der Sekundärvariablen nach der Selektion bei der Primärvariablen auf Grund der bekannten Kennwerte (siehe Abschnitt 26.6.6)

$$ {}_tM_I' = {}_sM_I' - ({}_sM_d' - {}_tM_d')b \qquad (26.5.3)$$

Das folgende Beispiel macht die Berechnung des Mittelwerts einer Sekundärvariable vor der Selektion bei Primärvariablen auf Grund der als bekannt vorausgesetzten Kennwerte deutlich:

$$ {}_t\Delta_d = \begin{bmatrix} 3 & 0 \\ 0 & 2 \end{bmatrix} \quad {}_tr_{dd} = \begin{bmatrix} 1.0 & .3 \\ .3 & 1.0 \end{bmatrix} \quad {}_tr_{dI} = \begin{bmatrix} .5 \\ .4 \end{bmatrix} \quad {}_t\Delta_I = 4 $$

$$ {}_tM_I = 12 \qquad {}_tM_d' = [8 \quad 9] \qquad {}_sM_d' = [10 \quad 11] $$

$$ b = \begin{bmatrix} 3 & 0 \\ 0 & 2 \end{bmatrix}^{-1} \begin{bmatrix} 1.0 & .3 \\ .3 & 1.0 \end{bmatrix}^{-1} \begin{bmatrix} .5 \\ .4 \end{bmatrix} [4] = \begin{bmatrix} \frac{1}{3} & 0 \\ 0 & \frac{1}{2} \end{bmatrix} \frac{\begin{bmatrix} 1.0 & -.3 \\ -.3 & 1.0 \end{bmatrix}}{1-(.3)^2} \begin{bmatrix} .5 \\ .4 \end{bmatrix} [4] $$

$$ = \begin{bmatrix} \frac{1}{3} & 0 \\ 0 & \frac{1}{2} \end{bmatrix} \begin{bmatrix} .5 & -\ .12 \\ -.15 + .4 & \end{bmatrix} \left(\frac{4}{.91} \right) = \begin{bmatrix} \frac{1}{3} & 0 \\ 0 & \frac{1}{2} \end{bmatrix} \begin{bmatrix} .38 \\ .25 \end{bmatrix} [4.4] = \begin{bmatrix} .127 \\ .125 \end{bmatrix} [4.4] $$

$$ = \begin{bmatrix} .56 \\ .55 \end{bmatrix} $$

$$ {}_sM_I = 12 - [[8 \quad 9] - [10 \quad 11]] \begin{bmatrix} .56 \\ .55 \end{bmatrix} = 12 + [2 \quad 2] \begin{bmatrix} .56 \\ .55 \end{bmatrix} $$

$$ = 12 + 2(1.11) = 14.22 $$

Abb. 26.5.1 Berechnung des Mittelwerts einer Sekundärvariable vor der Selektion bei zwei Primärvariablen

26.5.1b Die Varianzen

Es folgt die Gleichung für die Schätzung der Varianz einer Sekundärvariable vor der Selektion bei den Primärvariablen als Funktion der als bekannt vorausgesetzten Kennwerte in Matrizenschreibweise (siehe Abschnitt 26.6.7)

$$ {}_s\sigma_I^2 = {}_t\sigma_I^2[1 - {}_tr_{Id}\,{}_tr_{dd}^{-1}({}_tr_{dd} - \delta_d^{-1}{}_sr_{dd}\,\delta_d^{-1}){}_tr_{dd}^{-1}\,{}_tr_{dI}] \qquad (26.5.4) $$

Dabei stehen die vorderen Indizes für die Stichproben und die hinteren Indizes für die Variablen. Außerdem gilt

$$ \delta_d = {}_s\Delta_d^{-1}\,{}_t\Delta_d \qquad (26.5.5) $$

Dabei sind ${}_s\Delta_d$ und ${}_t\Delta_d$ Diagonalmatrizen der Standardabweichungen der Primärvariablen in den n_s bzw. n_t Stichproben.

Die entsprechende Formel für die Varianz der Sekundärvariablen nach der Selektion lautet

$$ {}_t\sigma_I^2 = {}_s\sigma_I^2[1 - {}_sr_{Id}\,{}_sr_{dd}^{-1}({}_sr_{dd} - \delta_d\,{}_tr_{dd}\,\delta_d)_sr_{dd}^{-1}\,{}_sr_{dI}] \qquad (26.5.6) $$

26.5.1c Die Korrelationen

Es folgt die allgemeine Gleichung für die Schätzung der Korrelationen zwischen einer Sekundärvariable und den Primärvariablen vor der Selektion als Funktion der als bekannt vorausgesetzten Kennwerte in Matrizenschreibweise (siehe Abschnitt 26.6.1)

$$ {}_sr_{dI} = {}_sr_{dd}\,\delta_d^{-1}\,{}_tr_{dd}^{-1}\,{}_tr_{dI}\,\delta_I \qquad (26.5.7) $$

Dabei sind die Elemente der Diagonalmatrix δ_I die Quotienten ${}_t\sigma_I/{}_s\sigma_I$, und ${}_s\sigma_I{}^2$ ist in Gl. 26.5.4 gegeben.

Die entsprechende Formel für die Korrelationen nach der Selektion lautet

$$ {}_tr_{dI} = {}_tr_{dd}\,\delta_d\,{}_sr_{dd}^{-1}\,{}_sr_{dI}\,\delta_I^{-1} \qquad (26.5.8) $$

Die in dieser Gleichung vorkommenden ${}_t\sigma_I{}^2$ werden in Gl. 26.5.6 gegeben.

26.5.2 Sekundäre Variable

Wenn bei einer Anzahl von Sekundärvariablen eine indirekte Selektion auf Grund einer direkten Selektion bei anderen Variablen geschieht, dann werden auch die Korrelationen zwischen den Sekundärvariablen durch diese Selektion beeinflußt.

Es folgt die Gleichung für die Schätzung der Korrelationen zwischen den Sekundärvariablen vor der Selektion bei den Primärvariablen als Funktion der als bekannt vorausgesetzten Kennwerte in Matrizenschreibweise (siehe Abschnitt 26.6.1).

$$ {}_sr_{II} = \delta_I[{}_tr_{II} - {}_tr_{Id}\,{}_tr_{dd}^{-1}({}_tr_{dd} - \delta_d^{-1}\,{}_sr_{dd}\,\delta_d^{-1})_tr_{dd}^{-1}\,{}_tr_{dI}]\delta_I \qquad (26.5.9) $$

Dabei ist δ_I eine Diagonalmatrix der reziproken Quadratwurzeln der Diagonalelemente der Matrix in den eckigen Klammern auf der rechten Seite der Gl. 26.5.9 und hat dieselbe Bedeutung wie in Gl. 26.5.7.

Die entsprechende Formel für die Schätzung der Korrelationen nach der Selektion lautet

$$ {}_t r_{II} = \delta_I^{-1}[{}_s r_{II} - {}_s r_{Id}\, {}_s r_{dd}^{-1}({}_s r_{dd} - \delta_d\, {}_t r_{dd}\, \delta_d)\, {}_s r_{dd}^{-1}\, {}_s r_{dI}]\delta_I^{-1} \qquad (26.5.10) $$

Bei der direkten und indirekten Selektion mit mehr als einer Primärvariable sind die Kennwerte der ausgelesenen und unausgelesenen Stichprobe durch einen Wechsel der Indizes wieder austauschbar. Das Modell unterscheidet also nicht zwischen ausgelesenen und unausgelesenen Stichproben. Man nimmt einfach an, daß die Regressionsmatrix der zweiten Variablengruppe auf die erste von einer Stichprobe zur anderen konstant bleibt, und daß die partielle Kovarianzmatrix der zweiten Gruppe auch konstant bleibt, wenn die erste herauspartialisiert wird. Dies sind die zwei Grundannahmen für die genannten Formeln.
Der gerade beschriebene Fall ist natürlich der allgemeinste Fall. Es ist eine Anzahl von Primärvariablen, bei denen ausgelesen wird, und eine Anzahl von Sekundärvariablen gegeben. Die Beispiele und Fälle, die wir bisher behandelt haben, sind hiervon Sonderfälle. Wenn allerdings mehrere Primär- und Sekundärvariablen vorliegen, werden die Berechnungen mit Tischrechenmaschinen sehr mühsam, und es ist die Verwendung von Computern zu empfehlen.

26.6 Mathematische Beweise

26.6.1 Das allgemeine Modell

Sei ${}_sX$ eine Rohwertmatrix

$$ {}_sX = [{}_sX_d \quad {}_sX_I] \qquad (26.6.1) $$

und sei n_s die Anzahl der Meßwertträger in ${}_sX$; n_d die Anzahl der Variablen in ${}_sX_d$; und in n_I die Anzahl der Variablen in ${}_sX_I$.

Sei ${}_tX$ eine Rohwertmatrix, die zum Teil dieselben Meßwertträger enthält wie ${}_sX$, und sei

$$ {}_tX = [{}_tX_d \quad {}_sX_I] \qquad (26.6.2) $$

Dabei enthalten die Submatrizen in ${}_tX$ dieselben Variablen wie die in ${}_sX$; und n_t ist die Anzahl der Meßwertträger in ${}_tX$. Es sei nun betrachtet

$$[1 \quad {}_sX_d]\begin{bmatrix} {}_sa' \\ {}_sb \end{bmatrix} - {}_sX_I = {}_sE \tag{26.6.3}$$

$$_s\gamma = \frac{{}_sE'\,{}_sE}{n_s} \tag{26.6.4}$$

und

$$[1 \quad {}_tX_d]\begin{bmatrix} {}_ta' \\ {}_tb \end{bmatrix} - {}_tX_I = {}_tE \tag{26.6.5}$$

$$_t\gamma = \frac{{}_tE'\,{}_tE}{n_t} \tag{26.6.6}$$

Wenn man die Spur von $_s\gamma$ minimisieren will, muß man bekanntlich

$$\begin{bmatrix} {}_sa' \\ {}_sb \end{bmatrix} = \left[\begin{bmatrix} 1' \\ {}_sX_d' \end{bmatrix}[1 \quad {}_sX_d]\right]^{-1}\begin{bmatrix} 1' \\ {}_sX_d' \end{bmatrix}{}_sX_I \tag{26.6.7}$$

bilden. Sei nun

$$_sM_d = \frac{{}_sX_d'\,1}{n_s} \tag{26.6.8}$$

$$_sM_I = \frac{{}_sX_I'\,1}{n_s} \tag{26.6.9}$$

Dabei sind die M die Vektoren der Mittelwerte der Variablen, die durch den nachgestellten Index bezeichnet sind.

$$_sG_{dd} = \frac{{}_sX_d'\,{}_sX_d}{n_s} \tag{26.6.10}$$

$$_sG_{dI} = \frac{{}_sX_d'\,{}_sX_I}{n_s} \tag{26.6.11}$$

Setzt man die Gln. 26.6.8 bis 26.6.11 in Gl. 26.6.7 ein, so folgt

$$\begin{bmatrix} {}_sa' \\ {}_sb \end{bmatrix} = \begin{bmatrix} 1 & {}_sM_d' \\ {}_sM_d & {}_sG_{dd} \end{bmatrix}^{-1}\begin{bmatrix} {}_sM_I' \\ {}_sG_{dI} \end{bmatrix} \tag{26.6.12}$$

Angenommen, wir setzen

$$ {}_sC_{dd} = {}_sG_{dd} - {}_sM_d\,{}_sM_d' \tag{26.6.13} $$

$$ {}_sC_{dI} = {}_sG_{dI} - {}_sM_d\,{}_sM_I' \tag{26.6.14} $$

Dabei sind C die Kovarianzmatrizen der durch den nachgestellten Index gekennzeichneten Variablen. Aus Gl. 26.6.13 folgt

$$ \begin{bmatrix} 1 & {}_sM_d' \\ {}_sM_d & {}_sG_{dd} \end{bmatrix} = \begin{bmatrix} 0 & 0' \\ 0 & {}_sC_{dd} \end{bmatrix} + \begin{bmatrix} 1 \\ {}_sM_d \end{bmatrix} [1 \quad {}_sM_d'] \tag{26.6.15} $$

Aus Gl. 26.6.15 und 26.6.13 folgt

$$ \begin{bmatrix} 1 & {}_sM_d' \\ {}_sM_d & {}_sG_{dd} \end{bmatrix}^{-1} = \begin{bmatrix} 1 & 0 \\ 0 & 0 \end{bmatrix} + \begin{bmatrix} {}_sM_d' \\ -I \end{bmatrix} {}_sC_{dd}^{-1} [{}_sM_d \quad -I] \tag{26.6.16} $$

Aus Gl. 26.6.14 ergibt sich

$$ \begin{bmatrix} {}_sM_I' \\ {}_sG_{dI} \end{bmatrix} = \begin{bmatrix} 0 \\ {}_sC_{dI} \end{bmatrix} + \begin{bmatrix} 1 \\ {}_sM_d \end{bmatrix} {}_sM_I' \tag{26.6.17} $$

Setzt man nun die Gln. 26.6.16 und 26.6.17 in Gl. 26.6.12 ein, so folgt

$$ \begin{bmatrix} {}_sa' \\ {}_sb \end{bmatrix} = \begin{bmatrix} {}_sM_I' - {}_sM_d'\,{}_sC_{dd}^{-1}\,{}_sC_{dI} \\ {}_sC_{dd}^{-1}\,{}_sC_{dI} \end{bmatrix} \tag{26.6.18} $$

oder

$$ \begin{bmatrix} {}_sa' \\ {}_sb \end{bmatrix} = \begin{bmatrix} {}_sM_I' - {}_sM_d'\,{}_sb \\ {}_sC_{dd}^{-1}\,{}_sC_{dI} \end{bmatrix} \tag{26.6.19} $$

Genauso können wir für die Stichprobe von n_t Meßwertträgern

$$ \begin{bmatrix} {}_ta' \\ {}_tb \end{bmatrix} = \begin{bmatrix} {}_tM_I' - {}_tM_d'\,{}_tb \\ {}_tC_{dd}^{-1}\,{}_tC_{dI} \end{bmatrix} \tag{26.6.20} $$

schreiben, wobei die Definition der Indizes dieselbe wie bei den n_s Meßwertträgern ist. Sei nun

$$ {}_sG_{II} = \frac{{}_sX_I'\,{}_sX_I}{n_s} \tag{26.6.21} $$

Aus den Gln. 26.6.3, 26.6.4, 26.6.8 bis 26.6.12 und 26.6.21 folgt

$$ {}_s\gamma = {}_sG_{II} - [{}_sM_I \quad {}_sG_{dI}{}'] \begin{bmatrix} 1 & {}_sM_d{}' \\ {}_sM_d & {}_sG_{dd} \end{bmatrix}^{-1} \begin{bmatrix} {}_sM_I{}' \\ {}_sG_{dI} \end{bmatrix} \tag{26.6.22} $$

Sei

$$ {}_sG_{II} = {}_sC_{II} + {}_sM_I\,{}_sM_I{}' \tag{26.6.23} $$

wobei ${}_sC_{II}$ die Kovarianzmatrix der n_I Variablen ist. Aus den Gln. 26.6.13 bis 26.6.18 und auch 26.6.23 ergibt sich

$$ {}_s\gamma = {}_sC_{II} - {}_sC_{Id}\,{}_sC_{dd}{}^{-1}\,{}_sC_{dI} \tag{26.6.24} $$

Analog läßt sich auf folgende Gleichung zeigen

$$ {}_t\gamma = {}_tC_{II} - {}_tC_{Id}\,{}_tC_{dd}{}^{-1}\,{}_tC_{dI} \tag{26.6.25} $$

Für die weiteren Beweise nehmen wir folgende Beziehungen an

$$ {}_sa = {}_ta = a \tag{26.6.26} $$

$$ {}_sb = {}_tb = b \tag{26.6.27} $$

$$ {}_s\gamma = {}_t\gamma = \gamma \tag{26.6.28} $$

Aus den Gln. 26.6.19, 26.6.20 und 26.6.26 folgt

$$ {}_sM_I{}' - {}_sM_d{}'\,b = {}_tM_I{}' - {}_tM_d{}'\,b \tag{26.6.29} $$

Aus den Gln. 26.6.19, 26.6.20 und 26.6.27 folgt

$$ {}_sC_{dd}{}^{-1}\,{}_sC_{dI} = {}_tC_{dd}{}^{-1}\,{}_tC_{dI} \tag{26.6.30} $$

Aus den Gln. 26.6.24, 26.6.25 und 26.6.28 folgt

$$ {}_sC_{II} - {}_sC_{Id}\,{}_sC_{dd}{}^{-1}\,{}_sC_{dI} = {}_tC_{II} - {}_tC_{Id}\,{}_tC_{dd}{}^{-1}\,{}_tC_{dI} \tag{26.6.31} $$

Seien ${}_sr_{dd}$, ${}_sr_{dI}$ und ${}_sr_{II}$ die Korrelationsmatrizen der Stichprobe mit dem Umfang n_s; ${}_tr_{dI}$ und ${}_tr_{II}$ die Korrelationsmatrizen der Stichprobe mit dem Umfang n_t; ${}_s\Delta_d$ und ${}_s\Delta_I$ die Diagonalmatrizen der Standardabweichungen der Stichprobe mit dem Umfang n_s; und ${}_t\Delta_d$ und ${}_t\Delta_I$ die Diagonalmatrizen der Standardabweichungen der Stichprobe mit dem Umfang n_t. Gl. 26.6.30 können wir deshalb folgendermaßen umformen

$$ {}_s\Delta_d{}^{-1}\,{}_sr_{dd}{}^{-1}\,{}_sr_{dI}\,{}_s\Delta_I = {}_t\Delta_d{}^{-1}\,{}_tr_{dd}{}^{-1}\,{}_tr_{dI}\,{}_t\Delta_I \tag{26.6.32} $$

Aus Gl. 26.6.31 folgt

$$
{}_s\Delta_I\, {}_sr_{II}\, {}_s\Delta_I - {}_s\Delta_I\, {}_sr_{Id}\, {}_sr_{dd}^{-1}\, {}_sr_{dI}\, {}_s\Delta_I
= {}_t\Delta_I\, {}_tr_{II}\, {}_t\Delta_I - {}_t\Delta_I\, {}_tr_{Id}\, {}_tr_{dd}^{-1}\, {}_tr_{dI}\, {}_t\Delta_I \quad (26.6.33)
$$

Sei

$$
\delta_d = {}_s\Delta_d^{-1}\, {}_t\Delta_d \quad (26.6.34)
$$

$$
\delta_I = {}_s\Delta_I^{-1}\, {}_t\Delta_I \quad (26.6.35)
$$

Aus den Gln. 26.6.34, 26.6.35 und 26.6.32 ergibt sich

$$
{}_sr_{dI} = {}_sr_{dd}\, \delta_d^{-1}\, {}_tr_{dd}^{-1}\, {}_tr_{dI}\, \delta_I \quad (26.6.36)
$$

Das ist aber gerade Gl. 26.5.7.
Setzt man Gl. 26.6.35 in Gl. 26.6.33 ein, folgt

$$
{}_sr_{II} - {}_sr_{Id}\, {}_sr_{dd}^{-1}\, {}_sr_{dI} = \delta_I({}_tr_{II} - {}_tr_{Id}\, {}_tr_{dd}^{-1}\, {}_tr_{dI})\delta_I \quad (26.6.37)
$$

Setzt man Gl. 26.6.36 in Gl. 26.6.37 ein, folgt

$$
{}_sr_{II} = \delta_I[{}_tr_{II} - {}_tr_{Id}\, {}_tr_{dd}^{-1}({}_tr_{dd} - \delta_d^{-1}\, {}_sr_{dd}\, \delta_d^{-1})\, {}_tr_{dd}^{-1}\, {}_tr_{dI}]\delta_I \quad (26.6.38)
$$

Das ist aber gerade Gl. 26.5.9.

26.6.2 Der Mittelwert der Sekundärvariable

Man nehme an, n_d und n_I seien beide „eins“, und man verwende die vorangestellten Indizes *s* und *t*, um „vor“ bzw. „nach“ der Selektion zu kennzeichnen. Dann ergibt sich aus Gl. 26.6.29 in Skalarschreibweise

$$
{}_sM_I = {}_tM_I + ({}_sM_d - {}_tM_d)b \quad (26.6.39)
$$

Wenn man annimmt, daß *b* aus den Daten nach der Selektion berechnet wird, folgt aus Gl. 26.6.20 in Skalarschreibweise

$$
b = \frac{{}_tC_{dI}}{{}_tC_{dd}} \quad (26.6.40)
$$

Aber ${}_tC_{dI}$ ist die Kovarianz der Variablen nach der Selektion, und ${}_tC_{dd}$ ist die Varianz der Primärvariablen. Deshalb kann man schreiben

$$
b = \frac{{}_tr_{dI}\, {}_t\sigma_I}{{}_t\sigma_d} \quad (26.6.41)
$$

Aus den Gln. 26.6. 39, 26.6.40 und 26.6.41 folgt

$$ {}_sM_I = {}_tM_I + ({}_sM_d - {}_tM_d)\frac{{}_tr_{dI}\,{}_t\sigma_I}{{}_t\sigma_d} \qquad (26.6.42)$$

Das ist aber gerade Gl. 26.4.1.

26.6.3 Die Varianz der Sekundärvariable bei zwei Variablen

Seien n_d und n_I beide „eins", und bedeuten die vorangestellten Indizes *s* und *t* „vor" bzw. „nach" der Selektion. Dann gilt

$$ {}_sr_{II} = 1 \qquad (26.6.43)$$

$$ \delta_I = \frac{{}_t\sigma_I}{{}_s\sigma_I} \qquad (26.6.44)$$

$$ {}_tr_{II} = 1 \qquad (26.6.45)$$

$$ {}_tr_{Id} = {}_tr_{dI} \qquad (26.6.46)$$

$$ {}_tr_{dd} = 1 \qquad (26.6.47)$$

$$ \delta_d = \frac{{}_t\sigma_d}{{}_s\sigma_d} \qquad (26.6.48)$$

$$ {}_sr_{dd} = 1 \qquad (26.6.49)$$

Setzt man die Gln. 26.6.43 bis 26.6.49 in Gl. 26.6.38 ein, so folgt

$$ 1 = \frac{{}_t\sigma_I}{{}_s\sigma_I}\left[1 - {}_tr_{Id}\left(1 - \frac{{}_s\sigma_d^2}{{}_t\sigma_d^2}\right){}_tr_{Id}\right]\frac{{}_t\sigma_I}{{}_s\sigma_I} \qquad (26.6.50)$$

oder

$$ {}_s\sigma_I^2 = {}_t\sigma_I^2\left[1 - {}_tr_{Id}^2\left(1 - \frac{{}_s\sigma_d^2}{{}_t\sigma_d^2}\right)\right] \qquad (26.6.51)$$

Das ist aber gerade Gl. 26.4.2.

Weil in dem in Abschnitt 26.6.1 behandelten allgemeinen Ansatz *s* und *t* austauschbar sind, können wir analog zu Gl. 26.6.51

$$ {}_t\sigma_I^2 = {}_s\sigma_I^2\left[1 - {}_sr_{Id}^2\left(1 - \frac{{}_t\sigma_d^2}{{}_s\sigma_d^2}\right)\right] \qquad (26.6.52)$$

bilden. Das ist aber gerade Gl. 26.4.3.

26.6.4 Die Korrelation zwischen der Primär- und der Sekundärvariable bei zwei Variablen

Wenn wir die Gln. 26.6.43, 26.6.44 und 26.6.46 bis 26.6.49 in Gl. 26.6.36 einsetzen, und die Gln. 26.6.34 und 26.6.35 heranziehen, erhalten wir

$$ {}_s r_{dI} = \frac{{}_s\sigma_d}{{}_t\sigma_d}\, {}_t r_{dI}\, \frac{{}_t\sigma_I}{{}_s\sigma_I} \tag{26.6.53} $$

Setzt man Gl. 26.6.51 ein, folgt

$$ {}_s r_{dI} = \frac{{}_t r_{dI}\,\dfrac{{}_s\sigma_d}{{}_t\sigma_d}}{\sqrt{1 - {}_t r_{dI}^{\,2}\left(1 - \dfrac{{}_s\sigma_d^{\,2}}{{}_t\sigma_d^{\,2}}\right)}} \tag{26.6.54} $$

Das ist aber gerade Gl. 26.4.4.

Wenn wir die vorderen Indizes in Gl. 26.6.54 austauschen, ergibt sich

$$ {}_t r_{dI} = \frac{{}_s r_{dI}\,\dfrac{{}_t\sigma_d}{{}_s\sigma_d}}{\sqrt{1 - {}_s r_{dI}^{\,2}\left(1 - \dfrac{{}_t\sigma_d^{\,2}}{{}_s\sigma_d^{\,2}}\right)}} \tag{26.6.55} $$

Das ist aber gerade Gl. 26.4.5.

26.6.5 Die Korrelation zwischen zwei Sekundärvariablen bei drei Variablen

Angenommen, $n_d = 1$ und $n_I = 2$. Dann ist die Matrix in Gl. 26.6.38 von der Ordnung 2. Wir können das Element in der ersten Zeile und der zweiten Spalte der Matrix in Gl. 26.6.38 in Skalarschreibweise folgendermaßen schreiben

$$ {}_s r_{I_1 I_2} = \delta_{I_1}\left[{}_t r_{I_1 I_2} - {}_t r_{I_1 d}\left(1 - \frac{{}_s\sigma_d^{\,2}}{{}_t\sigma_d^{\,2}}\right){}_t r_{I_2 d}\right]\delta_{I_2} \tag{26.6.56} $$

Aber aus Gl. 26.6.44 folgt

$$ \delta_{I_1} = \frac{{}_t\sigma_{I_1}}{{}_s\sigma_{I_1}} \tag{26.6.57} $$

$$ \delta_{I_2} = \frac{{}_t\sigma_{I_2}}{{}_s\sigma_{I_2}} \tag{26.6.58} $$

Setzen wir die Gln. 26.6.51, 26.6.57 und 26.6.58 in Gl. 26.6.56 ein, folgt

$$ {}_s r_{I_1 I_2} = \frac{{}_t r_{I_1 I_2} - {}_t r_{I_1 d}\, {}_t r_{I_2 d}\left(1 - \frac{{}_s\sigma_d{}^2}{{}_t\sigma_d{}^2}\right)}{\sqrt{1 - {}_t r_{I_1 d}^2\left(1 - \frac{{}_s\sigma_d{}^2}{{}_t\sigma_d{}^2}\right)}\sqrt{1 - {}_t r_{I_2 d}^2\left(1 - \frac{{}_s\sigma_d{}^2}{{}_t\sigma_d{}^2}\right)}} \tag{26.6.59} $$

Das ist aber gerade Gl. 26.4.6.

Vertauschen wir die vorderen Indizes in Gl. 26.6.59, ergibt sich

$$ {}_t r_{I_1 I_2} = \frac{{}_s r_{I_1 I_2} - {}_s r_{I_1 d}\, {}_s r_{I_2 d}\left(1 - \frac{{}_t\sigma_d{}^2}{{}_s\sigma_d{}^2}\right)}{\sqrt{1 - {}_s r_{I_1 d}^2\left(1 - \frac{{}_t\sigma_d{}^2}{{}_s\sigma_d{}^2}\right)}\sqrt{1 - {}_s r_{I_2 d}^2\left(1 - \frac{{}_t\sigma_d{}^2}{{}_s\sigma_d{}^2}\right)}} \tag{26.6.60} $$

Das ist aber gerade Gl. 26.4.7.

26.6.6 Die Mittelwerte der Sekundärvariablen bei mehr als einer Primärvariablen

Aus Gl. 26.6.29 folgt

$$ {}_s M_I' = {}_t M_I' - ({}_t M_d' - {}_s M_d')b \tag{26.6.61} $$

Dabei ist b eine Matrix, die entweder durch Gl. 26.6.19 oder 26.6.20 gegeben ist. Gl. 26.6.61 ist aber gerade Gl. 26.5.1. Vertauscht man die vorderen Indizes, ergibt sich

$$ {}_t M_I' = {}_s M_I' - ({}_s M_d' - {}_t M_d')b \tag{26.6.62} $$

Das ist aber gerade Gl. 26.5.3.

26.6.7 Die Varianz einer Sekundärvariable bei mehr als einer Primärvariable

Bei einer einzelnen Sekundärvariablen folgt aus den Gln. 26.6.35, 26.6.38, 26.6.43 und 26.6.45

$$1 = \frac{{}_t\sigma_I^{\,2}}{{}_s\sigma_I^{\,2}} [1 - {}_tr_{Id}\, {}_tr_{dd}^{-1}({}_tr_{dd} - \delta_d^{-1}\, {}_sr_{dd}\, \delta_d^{-1}){}_tr_{dd}^{-1}\, {}_tr_{dI}] \quad (26.6.63)$$

oder

$${}_s\sigma_I^{\,2} = {}_t\sigma_I^{\,2}[1 - {}_tr_{Id}\, {}_tr_{dd}^{-1}({}_tr_{dd} - \delta_d^{-1}\, {}_sr_{dd}\, \delta_d^{-1}){}_tr_{dd}^{-1}\, {}_tr_{dI}] \quad (26.6.64)$$

Das ist aber gerade Gl. 26.5.4.

27. Testleistung und Alter

Wir nähern uns nun dem Ende dieses Buchs. Inzwischen ist sicherlich aufgefallen, daß wir es bewußt vermieden haben, über den IQ oder Intelligenzquotienten zu sprechen. Die konventionelle Methode zur Berechnung dieses IQ ist die folgende: Man nehme das irgendwie definierte „Intelligenzalter" eines Probanden und dividiere es durch sein Lebensalter.

Im zweiten Kapitel haben wir jedoch gezeigt, daß das Konzept „der" Intelligenz immer mehr durch das Konzept einer Anzahl von verschiedenen Intelligenzarten ersetzt wird. Außerdem ist die Art, in der die Beziehung zwischen Testleistung und Alter behandelt und interpretiert worden ist, Gegenstand eingehender Kritik gewesen; aber dadurch wird die Bedeutung dieser Beziehung nicht geschmälert.

In diesem Kapitel wollen wir deshalb kurz einige der Aspekte von Alter und Testleistung berühren. Zuerst wollen wir Lebensalter und IQ, dann den Entwicklungsverlauf der Intelligenz und schließlich Alters- und Klassennormen behandeln. Am Ende wollen wir kurz auf einige Aspekte der Abnahme der psychischen Leistungsfähigkeit mit zunehmendem Lebensalter eingehen.

Wir können natürlich nicht vollständig die Abhängigkeit der psychischen Prozesse vom Alter besprechen. Dieser Bereich ist zu umfangreich und zu komplex, als daß er in einem Buch dieses Umfangs abgehandelt werden könnte. Außerdem ist er noch nicht hinreichend erforscht, und zwar sowohl von der theoretischen als auch von der experimentellen Seite her.

27.1 Lebensalter und IQ

Der IQ ist das Verhältnis von Intelligenzalter zu Lebensalter. In diesem Abschnitt wollen wir etwas eingehender die Bedeutung und die Berechnung von IQ's darstellen und dann auf einige Einschränkungen dieses Konzepts eingehen.

27.1.1 Die Bedeutung und die Berechnung des IQ

Das Konzept des IQ setzt voraus, daß es so etwas wie eine allgemeine Intelligenz gibt, die bei jedem Probanden durch eine einzige Zahl repräsentiert werden kann, d. h., daß die Intelligenz eindimensional ist. Der Eindruck einer Eindimensionalität wird durch die Verwendung des Wortes im Alltag hervorgerufen. Man sagt, daß Individuen eine hohe oder eine niedrige Intelligenz, oder irgendeinen bestimmten Intelligenzgrad besitzen. Diese Ausdrucksweise ist volkstümlich und ein Beispiel für unsere Tendenz, komplexe Konzepte zu simplifizieren.

Wir haben im zweiten Kapitel beschrieben, wie die Idee, die allgemeine Intelligenz zu messen, durch *Binet* in Frankreich entwickelt und später durch *Terman* in den USA weiter ausgearbeitet worden ist. Verschiedene Arten von Aufgaben wurden erdacht, auf die die Prüflinge reagieren konnten, und Verfahrensweisen wurden entwickelt, um diese Reaktionen in einer einzigen Zahl zusammenzufassen. Wir wollen hier nicht im einzelnen darauf eingehen, wie entschieden wurde, welche Reaktionen als typisch für einen durchschnittlichen Probanden eines bestimmten Lebensalters angesehen werden können.

Es wurden Verfahren entwickelt, auf Grund derer die Leistung eines bestimmten Probanden mit der eines Durchschnittsprobanden einer gegebenen Altersgruppe verglichen werden konnte. Die Frage, wie diese Altersgruppen definiert werden, und wie genau diese Definition in Jahren, Monaten, Wochen usw. sind, braucht uns hier nicht zu interessieren. Das mehr oder weniger genau bestimmte Intelligenzalter eines Probanden wird dann durch sein Lebensalter dividiert, um seinen Intelligenzquotienten oder IQ zu erhalten.

Bei der Definition des Intelligenzalters entstehen verschiedene Probleme, die wir hier nicht weiter zu behandeln brauchen. Z. B. ist zu fragen, ob man das Intelligenzalter eines Probanden als durchschnittliches Alter des Probanden, die denselben Punktwert erhalten haben, oder als das Alter der Probanden, deren durchschnittlicher Punktwert derselbe ist, definieren soll. Diese beiden Arten, das Intelligenzalter zu definieren, ergeben nicht dieselben Ergebnisse, da zwei verschiedene Regressionen berechnet werden müssen. *Thurstone* (1926) und andere haben darauf hingewiesen, daß die Frage, welche Definition verwendet werden soll, und daß die Schwierigkeiten bei der Verwendung einer jeden Definition bei der Bestimmung des Intelligenzalters und der Berechnung des IQ noch nicht genügend berücksichtigt worden sind.

27.1.2 Einschränkungen

Die Grenzen des IQ und der zugrundeliegenden Konzepte haben sich rasch gezeigt, aber trotz dieser Kritik wird der IQ noch sehr viel verwendet. Der gebildete oder auch nicht so gebildete Durchschnittsbürger glaubt sicherlich an den IQ. Das ist wahrscheinlich darauf zurückzuführen, daß viele Menschen aus Kreisen der Pädagogik und Psychologie, die es doch eigentlich besser wissen müßten, den IQ immer noch nach den vor vielen Jahren entwickelten Verfahrensweisen berechnen und anwenden. Wir wollen im folgenden die Einschränkungen dieses Konzeptes behandeln und dabei auf die Multidimensionalität der Intelligenz und die nichtlineare Beziehung zwischen Alter und Intelligenz eingehen. Schließlich wollen wir Lösungsversuche diskutieren.

27.1.2a Die Multidimensionalität der Intelligenz

Wie wir zu Beginn dieses Kapitels und eingehend im zweiten Kapitel ausgeführt haben, ist die Ansicht, daß die Intelligenz oder ganz allgemein intellektuelle Anpassungsprozesse eindimensional sind, seit langem widerlegt. Versuche, Intelligenz zu definieren, haben zu solchen sinnlosen Sätzen geführt wie z. B.: „Intelligenz ist das, was Intelligenztests messen". Es sind nur die Faktorenanalyse und ähnliche methodologische Modelle, mit Hilfe derer man vielleicht hinreichend sinnvoll die Dimensionalität der Intelligenz definieren kann.

Alle vernünftigen und gut durchdachten Modelle und die entsprechenden operationalen Methoden müssen zu dem Schluß führen, daß die psychischen Prozesse, die gewöhnlich unter Intelligenz zusammengefaßt werden, in Wirklichkeit multidimensional sind. Eine Anzahl von verschiedenartigen Tests mit homogenen, aber spezifischen Untertests sind erforderlich, um die Variablen des adaptiven Verhaltens in der richtigen Art zu erfassen.

Versuche, die verschiedenen Arten von solchen psychischen Prozessen oder Verhaltensvariablen in einer einzigen, „Intelligenz" genannten Variable zusammenzufassen, und einem Probanden einen einzigen Intelligenzpunktwert zuzuordnen, sind wirklich äußerst grobe Methoden zur Charakterisierung der menschlichen Fähigkeiten.

27.1.2b Die nichtlineare Beziehung zum Lebensalter

Versuche, die Leistungen in kognitiven Tests zum Lebensalter in Beziehung zu setzen, haben gezeigt, daß der Zusammenhang im allgemeinen nicht als linear angesehen werden kann. Wenn man mit irgend-

einem geeigneten psychologischen Test bei, sagen wir, dem 6. Schuljahr beginnt und dann diesen Test bei den folgenden Schuljahren bis zum 12. Schuljahr durchführt, findet man, daß die Durchschnittsleistung immer weniger wächst, wenn Schuljahr und Alter der Prüflinge ansteigen. Im allgemeinen ist es nicht möglich, psychologische Tests so zu konstruieren, daß die Testleistung noch nach dem 11. oder 12. Schuljahr, oder nach dem 16., 17. oder 18. Lebensjahr mit dem Alter weiter wächst. Man sagt deshalb, daß die psychische Leistungsfähigkeit in Abhängigkeit vom Alter negativ beschleunigt ist.
Eine der Schwierigkeiten bei der Bestimmung der Art der funktionalen Beziehung zwischen verschiedenen Arten von Intelligenzleistungen und dem Alter ist die folgende: Es gibt bei psychischen Prozessen oder Verhaltensvariablen keinen definierten Skalennullpunkt oder keine Skaleneinheit. Obwohl es gelungen ist, eine Anzahl von verschiedenen Dimensionen bei intellektuellen oder kognitiven Funktionen zu definieren, bleibt noch das Problem, die entsprechenden Meßinstrumente so zu konstruieren, daß die sich ergebenden Punktwerte auch eine sinnvolle Bedeutung haben und eine geeignete Interpretation zulassen.
Wenn wir die durchschnittliche Testleistung bei irgendeinem bestimmten psychischen Prozeß gegen das Alter auftragen, so können wir bekanntlich erwarten, daß dieser Durchschnitt einem Maximum irgendwo zwischen dem 16. und 21. Lebensjahr zustrebt. Fähigkeiten wachsen als eine Funktion des Alters nicht bis ins Unendliche, sondern sie bleiben von der psychischen Reife oder einem etwas späteren Zeitpunkt ab konstant oder nehmen wieder ab.
Natürlich lassen sich Leistungen durch Übung und Erfahrung noch weiter steigern. Deshalb ist es notwendig, die Übungswirkung von dem Einfluß der Reifung zu trennen. Das ist natürlich sehr schwierig, da unser Erziehungssystem immer Gelegenheit zur Übung und Erfahrung in einer Anzahl von verschiedenen wichtigen Arten von kognitiven Prozessen gibt, wie z. B. bei verbalen und numerischen Denkprozessen, bei solchen des logischen Denkens, usw. Nichtsdestoweniger ist es sinnvoll, anzunehmen, daß die kognitiven Wachstumskurven wie die Kurven in der Biologie oder anderen Disziplinen asymptotisch sind, und es ist zu fordern, daß entsprechende Test angemessen konstruiert sein müssen.

27.1.2c Lösungsversuche

Man hat oft genug versucht, das letztgenannte Problem zu lösen, aber diese Ansätze waren zu simpel und nicht besonders erfolgreich. Im allgemeinen wurden Normen getrennt für Erwachsene einerseits,

Kinder und Jugendliche andererseits aufgestellt. Die Intelligenz der Erwachsenen wurde während des ganzen Lebens als ungefähr konstant angesetzt.
Das Problem, den IQ bei Erwachsenen zu bestimmen, ist noch nicht hinreichend gelöst. Das zeigt, daß die Definition des IQ als Verhältnis von Intelligenz- und Lebensalter vom Standpunkt sowohl des Psychologen als auch des Mathematikers wahrscheinlich nicht sehr zweckmäßig ist.

27.2 Der Entwicklungsverlauf der Intelligenz

Wir haben ausgeführt, daß man sich bei der Definition eines Intelligenzmaßes nicht auf den Entwicklungsverlauf der Intelligenz, sondern auf eine andere feste Grundlage beziehen sollte. Gegen die Verwendung von Verhältnissen als Indizes bestehen grundsätzliche Einwände. worauf wir im 15. Kapitel bei der Behandlung der Homogenitätsindizes eingegangen sind. Dort konnten wir allerdings noch die Verwendung von Verhältnissen als – beliebig gewählte – Funktion, die Indizes mit festen unteren und oberen Grenzen lieferte, rechtfertigen. Im Falle des IQ ist es jedoch ungleich schwieriger, dieses Vorgehen zu verteidigen.
Logisch bedeutet ein IQ, daß ein Proband so und soviel Prozent der Intelligenz des Durchschnitts seiner Altersgruppe besitzt, oder daß seine Intelligenz so und soviel Prozent über dem Durchschnitt seiner Altersgruppe liegt. Aber solche Prozentangaben setzen voraus, daß irgendwelche Verhältnisskalen mit sinnvollen Ursprüngen und Einheiten gegeben sind. Bekanntlich liegen aber Testpunktwerte, seien es die Anzahl der richtigen Antworten, irgendeine andere Anzahl oder eine Summe, nicht auf einer Verhältnisskala. Der IQ als ein Verhältnis liefert Zahlenwerte, die leicht fehlinterpretiert werden können.
Deshalb ist ein gutes mathematisches Modell notwendig, auf Grund dessen man Testergebnisse dem Lebensalter derart zuordnen kann, daß die Kurve, die diese Beziehung wiedergibt, gewissen logischen Bedingungen genügt. Beispielsweise sollte die Kurve an irgendeine obere Grenze asymptotisch verlaufen, weil die Fähigkeit mit zunehmendem Alter immer weniger wächst. Außerdem sollte beim Alter null auch das Testergebnis null sein. Diese Forderungen werfen einige wichtige Fragen über die Natur eindimensionaler psychologischer Variablen auf, und ob und in welchem Ausmaß diese Prozesse in der Art oder Stärke divergieren, wenn das Lebensalter ansteigt.

Diese Fragen sind noch nicht genügend exakt formuliert worden, und es sind kaum erfolgsversprechende Lösungsansätze vorhanden. Trotzdem wollen wir auf diese Probleme eingehen und dabei den eindimensionalen und den multidimensionalen Ansatz behandeln.

27.2.1 Der eindimensionale Ansatz

Vor vielen Jahren hatte *Thurstone* (1927) eine Technik entwickelt, die Testpunktwerte auf eine Verhältnisskala lieferte. Damit versuchte er, die funktionale Beziehung zwischen dem Lebensalter und dem, was der Test mißt, auszudrücken.

Die von *Thurstone* vorgeschlagene Lösung setzt voraus, daß die Verteilung der Testpunktwerte für jede Altersgruppe normal ist. Sie setzt weiterhin voraus, daß der Mittelwert dieser Verteilung mit dem Alter ansteigt, und daß die Standardabweichung mit dem Alter variiert. Zur Überprüfung dieser Annahmen bestimmte er für jede Altersgruppe von 2 bis 18 Jahren den Anteil der Probanden, die jedes einzelne Testitem richtig beantwortet hatten. Diese Anteile wurden dann in z-Werte der Standardnormalverteilung mit dem Mittelwert 0 und der Standardabweichung 1 transformiert. Sehr schwierige Items konnten von jüngeren Kindern natürlich nicht richtig beantwortet werden. Solche Items wurden bei diesen Altersgruppen aus dem Test entfernt. Das gleiche geschah mit den sehr leichten Items bei den älteren Kindern. Schließlich lagen für jede Altersgruppe z-Werte für wenigstens einige Items aus dem Gesamttest vor. Aufeinanderfolgende Altersgruppen hatten einige Items gemeinsam, sie überlappten sich. Wegen dieser Überlappung war es möglich, mit Hilfe der Annahmen die Beziehungen zwischen Mittelwerten und Standardabweichungen bei aufeinanderfolgenden Altersgruppen abzuschätzen. Weiterhin war es möglich, Mittelwerte und Standardabweichungen jeder Altersgruppe auszurechnen und die Mittelwerte gegen das Lebensalter abzutragen. So ergab sich die Wachstumskurve der Intelligenz.

Bei der von *Thurstone* verwendeten Methode verschenkt man eine erhebliche Menge von Informationen, weil man dabei nur die Überlappung von aufeinanderfolgenden Altersgruppen berücksichtigt. Die Effizienz dieses Verfahrens ist deshalb nicht maximal. Weiterhin ist die Berechnung der unbekannten Parameter für Mittelwerte und Standardabweichungen der Altersgruppen nicht optimal, wenn man die Kriterien einer Lösung nach dem Prinzip der kleinsten Quadrate berücksichtigt.

Trotzdem waren die Ergebnisse sehr interessant. Denn als man die Mittelwerte gegen das Alter abtrug, war die sich ergebende Kurve negativ beschleunigt, und sie näherte sich bei ungefähr 17 oder 18 Jahren einer oberen Grenze. Ein anderer interessanter Aspekt dieser Untersuchung war der folgende: Die Extrapolation der Kurve zurück für weniger als $2^1/2$ Jahre ergab, daß der absolute Nullpunkt der Intelligenz ungefähr neun Monate vor der Geburt liegt. Es stellte sich weiterhin heraus, daß die Standardabweichungen mit den Mittelwerten anstiegen, und daß bei der Varianz 0 auch die absolute Intelligenz 0 war, was durchaus plausibel ist.

Thurstone verwendete bei der Berechnung der Mittelwerte und Standardabweichungen nicht alle Informationen. Eine elegantere mathematische Lösung, die einen größeren Teil der vorhandenen Information ausnutzt, wurde von *Dear* (1957) entwickelt. Er benutzte zur Berechnung der Parameter die Methode der kleinsten Quadrate. Diese Lösung trug zur Fortentwicklung des Modells einige interessante neue mathematisch-statistische Gesichtspunkte bei.

Dem von *Dear* entwickelten Ansatz lagen die Items der Revision des *Stanford-Binet*-Tests durch *Terman* und *Merrill* aus dem Jahre 1937 zugrunde. Der Lösung entsprach ein Modell mit Eigenwerten und Vektoren, und zwar ein Spezialfall des Modells, das *Horst* (1941) als „multiple rating model" bezeichnet hatte. *Horst* verwendete in diesem Modell jedoch nur die Lösung, die auf den größten Eigenwert einer reellen, symmetrischen, aus den Daten berechneten Matrix fußte. Das war das gleiche wie bei dem Ansatz von *Dear*. Wenn man jedoch noch die restlichen Eigenwerte und -vektoren ausrechnen würde, würde man wahrscheinlich noch andere interessante Dimensionen des Intelligenzkontinuums finden. Wir wollen daher im folgenden etwas genauer Lösungen auf Grund von multidimensionalen Wachstumskurven behandeln.

27.2.2 Multidimensionale Wachstumskurven

Im allgemeinen können die von *Dear* entwickelten Methoden die Basis für die Konstruktion von multidimensionalen Wachstumskurven der Intelligenz liefern. In diesem Zusammenhang interessieren uns zwei Probleme: Wie können die Kurven sinnvoll definiert werden, und wie kann man die differentiellen Wachstumsraten für die unterschiedlichen psychischen Prozesse oder Funktionen bestimmen?

27.2.2a Die Spezifikation der Variablen

Das Problem, zu bestimmen, was die Variablen sind, ist natürlich nicht, Wahrheiten zu entdecken, die schon vorhanden sind und bloß darauf warten, von einem erfolgreichen Forscher aufgefunden zu werden, sondern es besteht daraus, die Variablen auf irgendeine sparsame und objektive Weise zu definieren. Der von *Horst* und *Dear* entwickelte Ansatz versetzt einen in die Lage, faktorenanalytische Modelle auf die zugrundeliegenden Daten, die sich ergeben, wenn eine große Zahl von verschiedenartigen Items von sehr unterschiedlichem Schwierigkeitsgrad einer Reihe von Altersgruppen dargeboten wird, anzuwenden. Diese können bei 2 oder 3 Jahren beginnen und bis zum 18., 19. oder 20. Lebensjahr gehen. Man kann die Dimensionalität des Datensystems berechnen und dann bei Verwendung von geeigneten Rotationstechniken eine Einfachstruktur ermitteln.

Bei dem Verfahren von *Dear* geht ebenfalls eine große Menge an Informationen verloren, wenn auch nicht so viel wie bei dem Verfahren von *Thurstone.*

Bei beiden Methoden werden die Prozentanteile der Probanden in jeder Altersgruppe, die ein jedes Item richtig beantwortet haben, verrechnet. Bei der Methode von *Dear* vernachlässigt man jedoch alle die Informationen, die durch den Anteil der Probanden in einer Altersgruppe, die alle Itempaare richtig gelöst haben, geliefert werden.

Diese letztere Information wird in den meisten modernen und traditionellen Skalierungsmethoden gewöhnlich nicht berücksichtigt. Es ist wahrscheinlich, daß bessere Techniken – die noch zu entwickeln wären – diese Information ausnutzen. Solche Informationen über die Kovarianz können jedoch solange nicht sinnvoll verwendet werden, bis daß das Problem der Simplex hinreichend gelöst ist, und bis die Unterscheidung zwischen Schwierigkeit und Dimensionalität auf Grund eines, gegenwärtig noch nicht vorhandenen Modells geklärt ist.

27.2.2b Differentielle Wachstumsraten

Es wäre äußerst nützlich, wenn man objektiv und praxisnah die wesentlichen kognitiven Primärvariablen spezifizieren und für jede den typischen Entwicklungsverlauf angeben könnte. Das würde einen in die Lage versetzen, die Wachstumsrate für jede einzelne Variable zu ermitteln, und es wären intra- und interkulturelle Vergleiche möglich. Bevor jedoch solche Vergleiche durchgeführt werden können, muß man sicher sein, daß die Kurvenparameter für jede Funktion sinnvoll sind, so daß sie von einer Funktion zur anderen vergleichbar sind. Bei jeder Untersuchung, die solche sinnvollen Wachstumskurven für irgendwelche psychischen Funktionen liefern soll, muß man zuerst die zugrundeliegenden Annahmen ganz genau angeben. Dann müssen geeignete mathematische Modelle entwickelt werden, die sicherstellen, daß sich bei der Analyse der experimentellen Daten sinnvolle vergleichbare Kurven ergeben. Die Skaleneinheiten der verschiedenen psychischen Prozesse müssen vergleichbar sein, und es ist erwünscht, daß die Nullpunkte absolut und nicht beliebig sind. Die mathematischen Funktionen müssen so definiert sein, daß ein Anstieg um eine Einheit an irgendeiner Stelle der Skala dieselbe Bedeutung wie derselbe Anstieg bei einer anderen Skala hat. Mit anderen Worten, es soll sich um echte Verhältniszahlen handeln. Das Verhältnis von 25 Einheiten zu 30 Einheiten soll genau dieselbe Bedeutung haben wie das Verhältnis von 50 zu 60 Einheiten. Es ist z. Z. noch nicht klar, wie man echte Verhältniszahlen garantieren kann. Auf jeden Fall müssen zunächst sehr sorgfältig mathematische und operationale Definitionen formuliert werden.

27.3 Altersnormen und Klassennormen

In den vorangegangenen Abschnitten haben wir öfters das Lebensalter in Verbindung mit den IQ's und der Intelligenzentwicklung erwähnt. Es ist üblich, Testnormen sowohl für das Alter, als auch für die Klassenstufe vorzusehen. Das gilt besonders für kommerzielle Leistungstests, z. B. für Schulleistungstests.
Normen können auf verschiedene Art und Weise angegeben werden. Ein einfaches Verfahren besteht beispielsweise darin, bei einem speziellen Test Mittelwerte und Standardabweichungen für verschiedene Altersgruppen zu nennen. Das ist auch für verschiedene Klassenstufen möglich. Wir wollen deshalb im folgenden Alters- und Klassennormen behandeln.

27.3.1 Altersnormen

Die Berechnung des IQ beruht bei den *Stanford-Binet*-Tests auf Altersnormen. Für jede Altersgruppe wird der durchschnittliche Testpunktwert bestimmt. Die Varianz der Punktwerte scheint ein zu kompliziertes Konzept gewesen zu sein, als daß sie von den frühen, in der statistischen Methodik nur wenig geübten Forschern in der richtigen Art verwendet worden wäre.

Bei jedem psychologischen Test kann man Mittelwert, Standardabweichung und die Standardwertäquivalente für die Rohwerte für jede Altersgruppe berechnen. Ähnlich können auch Flächenäquivalente, z. B. Dezile oder Centile, ermittelt werden. Solche Normen sind manchmal in Testprogrammen mit einer Anzahl von verschiedenen Test vorgesehen, z. B. bei den Tests des American College Testing Program oder bei den Iowa Tests of Educational Development. Altersnormen in Form von Standardwerten oder Prozenträngen ermöglichen die Aufstellung eines Leistungsprofils bei einer Reihe von verschiedenen Tests. Was ein solches Profil einem sagen kann, ist wahrscheinlich weniger klar als viele Testautoren oder Testverlage glauben.

27.3.2 Klassennormen

Es ist vom Standpunkt der Pädagogik her wahrscheinlich nützlicher, bei psychologischen Tests Klassennormen als Altersnormen vorzusehen. Wenn die Testergebnisse für die Benotung, Klassenaufteilung, Auf- und Abstufung, Nachhilfe oder andere Handlungsweisen, die mit den Schulstufen in einem Schulsystem zusammenhängen, verwendet werden, sind Klassennormen nützlicher als Altersnormen. Auf Grund von Klassennormen kann man die Leistung eines Schülers mit der Leistung von Schülern aus derselben Klassenstufe vergleichen. Solche Vergleiche können nützlich sein, weil sie Lehrer und Schüler wissen lassen, wo die letzteren in der Gruppe leistungsmäßig stehen.

Es ist natürlich wichtig, daß dabei alle relevanten Faktoren in Betracht gezogen werden. Beispielsweise kann ein Schüler bei den Klassennormen einen Prozentrang haben, der kleiner als 50 ist und sein Alter kann unter dem Durchschnitt seiner Altersgruppe liegen. Das kann bedeuten, daß seine Leistungen tatsächlich unterdurchschnittlich sind.

Denn die Ergebnisse bei Leistungstests und verschiedenen Arten von kognitiven Tests sind bei den Schülern einer Klasse, deren Alter über dem Durchschnitt liegt, im allgemeinen nicht so hoch wie bei denen mit unterdurchschnittlichem Alter. Jüngere Kinder sind oft nur deshalb schon in dieser Klassenstufe, weil sie größere Fähigkeiten oder bessere Leistungen zeigen. Wenn deshalb die Leistung eines jüngeren Kindes unterdurchschnittlich ist, wie bei dem beschriebenen Beispiel, liegt tatsächlich eine Leistungsschwäche vor.

27.4 Die Abnahme der psychischen Leistungsfähigkeit

Wir haben die Entwicklung von psychischen Funktionen behandelt. Dabei haben wir die Voraussetzung gemacht, daß diese Wachstumskurven zwischen dem 17. und 20. Lebensjahr ihre obere Grenze erreichen. Nur sehr wenig ist darüber bekannt, was nach dem 20. Lebensjahr während der folgenden 20, 30 oder 40 Jahre geschieht. Man nimmt allgemein an, und vereinzelte Arbeiten scheinen das zu bestätigen, daß sich die meisten sozial bedeutsamen Verhaltensvariablen und psychischen Prozesse nach ungefähr dem 20. Lebensjahr nicht mehr nennenswert fortentwickeln.

Es ist natürlich klar, daß sich irgendwann bei einigen sozial bedeutsamen Prozessen, vielleicht sogar bei den meisten, ein Rückgang zeigt. Wir wären überrascht, wenn eine Person von 75 oder 80 Jahren die gleiche geistige Kapazität wie Personen im besten Alter besitzt. Wir erwarten also, daß die geistigen Kapazitäten mit fortschreitendem Alter abnehmen. Bei der nun folgenden Diskussion dieser Erscheinung wollen wir Kurventypen, die differentielle Abnahme und die Grenzen der gegenwärtigen Untersuchungen behandeln.

27.4.1 Kurventypen

Bei der Entwicklung und Berechnung von Modellen für den Leistungsabfall von psychischen Funktionen können wir im allgemeinen dieselben Ansätze wie bei der Entwicklung von Wachstumskurven dieser Funktionen verwenden. Wahrscheinlich sind sogar die entsprechenden Funktionsgleichungen ähnlich wie bei den Wachstumskurven. *Horst, Strother* und *Schaie* (1957) haben auf diesem Gebiet gearbeitet.

27.4.2 Differentielle Leistungsabnahme

Die Probleme der differentiellen Leistungsabnahme führen im allgemeinen zu denselben Überlegungen wie bei den Wachstumskurven verschiedener psychischer Funktionen. Es kann sein, daß die Leistung bei einigen dieser Funktionen im Durchschnitt etwas eher abfällt als bei anderen. Beispielsweise ist es möglich, daß das Gedächtnis früher und schneller abnimmt als die Fähigkeit, mit Zahlen umzugehen.

Was für Kurven für die Abnahme von verschiedenen Fähigkeiten man auch entwickelt, immer gibt es große individuelle Differenzen oder Abweichungen von dieser Kurve bei bestimmten Altersgruppen. Das ist natürlich auch bei den Wachstumskurven der Fall. Es sind diese individuellen Abweichungen, die für den betreffenden Probanden bedeutsam und in erster Linie von Interesse sind.

27.4.3 Grenzen der gegenwärtigen Untersuchung

Wir haben bereits die Arbeit von *Horst, Strother* und *Schaie* (1957) erwähnt. Diese Arbeit hat jedoch, genauso wie andere neuere Untersuchungen über den Leistungsabfall bei psychischen Funktionen, dieselben Mängel, die gegenwärtig unsere Erkenntnisse über differentielle und vergleichbare Wachstumskurven des Psychischen erschweren. Einmal sind die zu messenden Funktionen nicht hinreichend spezifiziert, obwohl das wahrscheinlich nicht allzu schwierig sein dürfte, wenn man die Arbeiten über die primary mental abilities von *Thurstone* und andere Arbeiten, die faktorenanalytische Techniken verwenden, heranzieht. Dann sind wichtige Probleme der Metrik, z. B. bzgl. Einheit und Ursprung, noch zu lösen. Schließlich müssen sinnvolle Annahmen über die Verteilungsformen der verschiedenen Fähigkeiten formuliert werden.
Ein anderes Problem, vielleicht das wichtigste sowohl für den Leistungszuwachs als auch für die Abnahme, ist das Stichprobenproblem. Wir müssen sicher sein, daß die Stichproben für jede Altersgruppe in irgendeinem genau spezifizierten Sinne vergleichbar sind. Man könnte natürlich dieselbe Gruppe eine Reihe von Jahren verfolgen. Dabei würde das Problem der Vergleichbarkeit aufeinanderfolgender Altersgruppen nicht auftreten. Hier würden wir jedoch mit Fragen des Übungseffektes und der Bekanntheit mit dem Testmaterial konfrontiert. Wir müssen weiterhin sicher sein, daß die über die Jahre hinweg betrachtete Probandengruppe typisch für irgendeine definierte Population ist. Wenn man dieselbe Gruppe immer wieder testet, würde das aber auch bedeuten, daß jede vollständige Untersuchung vielleicht 20 Jahre dauert. Denn die wichtigen Lebensalter, in denen Veränderungen auftreten, stehen am Anfang und am Ende des Lebens. Allgemein dürfte es besser sein, mit separaten Altersgruppen zu arbeiten und zu gewährleisten, daß jede für die Gesamtpopulation so repräsentativ wie möglich ist.

Literaturverzeichnis

American Psychological Association. Siehe Cronbach und Meehl, 1955.

Binet, A. und *Th. Simon:* „Méthodes Nouvelles pour le Diagnostic du Niveau Intellectuel des Anormaux," Année Psychologique, 11 (1905), 191–244.

Bloom, Benjamin S.: Taxonomy of Educational Objectives, Handbook I: Cognitive Domain. New York: Longmans, Green, 1956.

Brown, William: The Essentials of Mental Measurement. London: Cambridge University Press, 1911.

Carroll, John B.: „The Effect of Difficulty and Chance Success on Correlations between Items or between Tests," Psychometrika, 10 (1945), 1–19.

Ders.: „Use of the Modern Language Aptitude Test in Secondary Schools." Unveröffentlicht, 1959.

Ders.: „The Nature of Data, or How to Choose a Correlation Coefficient," Psychometrika, 26 (1961), 347–372.

Clemans, W. V.: „An Analytical and Empirical Examination of Some Properties of Ipsative Measures." Psychometric Monographs, in Vorbereitung.

Cronbach, Lee J. und *Goldine C. Gleser:* Psychological Tests and Personnel Decisions. Urbana: University of Illinois Press, 1957.

Ders. und *Paul E. Meehl:* „Construct Validity in Psychological Tests," Psychological Bulletin, 52 (1955), 281–302.

Ders. und *W. G. Warrington:* „Time Limit Tests: Estimating Their Reliability and Degree of Speeding," Psychometrika, 16 (1951), 167–188.

Davidson, W. M. und *J. B. Carroll:* „Speed and Level Components in Time-Level Scores: A Factor Analysis," Educational and Psychological Measurement, 5 (1945), 411–427.

Dear, R. E. „Methods of Estimation for Thurstone's Absolute Scaling Model." Unveröffentlichte Dissertation, University of Washington, 1957.

Edgerton, H. A. und *L. E. Kolbe:* „The Method of Minimum Variation for the Combination of Criteria," Psychometrika, 1 (1936), 183–187.

Edwards, Allen L.: The Social Desirability Variable in Personality Research. New York: Dryden Press, 1957.

Fleishman, Edwin A.: „Human Abilities and the Acquisition of Skill," in E. A. Bilodeau, ed., Acquisition of Skill. New York: Academic Press, 1966.

French, J. W.: „The Description of Aptitude and Achievement Tests in Terms of Rotated Factors," Psychometric Monographs, No. 5, 1951.

Gagné, Robert M. et al.: Psychological Principles in System Development. New York: Holt, Rinehart & Winston, Inc., 1962. Siehe den Artikel von Paul Horst, „The Logic of Personnel Selection and Classification," pp. 231–271.

Green, B. F., Jr.: „A Note on the Calculation of Weights for Maximum Battery Reliability," Psychometrika, 15 (1950), 57–61.

Guilford, J. P.: „A Revised Structure of Intellect," Reports from the Psychological Laboratory of the University of Southern California, No. 19 (1957).

Ders.: „Some New Looks at the Nature of Creative Processes," in N. Frederiksen und H. Gulliksen, eds., Contributions to Mathematical Psychology. New York: Holt, Rinehart & Winston, Inc., 1964, 161–176.

Ders. und *W. S. Zimmerman:* The Guilford-Zimmerman Temperament Survey: Manual. Beverly Hills, California: Sheridan Supply Co., 1949.

Gulliksen, Harold: Theory of Mental Tests. New York: John Wiley & Sons, Inc., 1950.

Guttman, Louis: „Image Theory for the Structure of Quantitative Variates," Psychometrika, 18 (1953), 277–296.

Ders.: „A Generalized Simplex for Factor Analysis," Psychometrika, 20 (1955a), 173–192.

Ders.: „Reliability Formulas for Noncompleted or Speeded Tests," Psychometrika, 20 (1955b), 113–124.

Holtzman, Wayne H.: The Inkblot Test. Austin: University of Texas, 1958.

Horst, Paul: „Obtaining a Composite Measure from Different Measures of the Same Attributes," Psychometrika, 1 (1936a), 53–60.

Ders.: „Item Selection by Means of Maximizing Function," Psychometrika, 1 (1936b), 229–244.

Ders.: The Prediction of Personal Adjustment. Social Science Research Council Bulletin 48, 1941.

Ders.: „Estimating Total Test Reliability from Parts of Unequal Length," Educational and Psychological Measurement, 11 (1951), 368–371.

Ders.: „Pattern Analysis and Configural Scoring." Journal of Clinical Psychology, 10 (1954a), 3–11.

Ders.: „A Technique for the Development of a Differential Prediction Battery," Psychological Monographs, No. 380, 1954b.

Ders.: „A Technique for the Development of a Multiple Absolute Prediction Battery," Psychological Monographs, No. 390, 1955.

Ders.: „Optimal Test Length for Maximum Differential Prediction," Psychometrika, 21 (1956), 51–66.

Ders.: „Differential Prediction in College Admissions," College Board Review, 33 (1957), 19–23.

Ders.: „Optimal Estimates of Multiple Criteria with Restrictions on the Covariance Matrix of Estimated Criteria," Psychological Reports, Monograph Supplement 6-V6 (1960), 427–444.

Ders.: „The Logic of Personnel Selection and Classification," in Robert M. Gagné et al., Psychological Principles in System Development. New York: Holt, Rinehart & Winston, Inc., 1962, 231–271.

Ders.: Matrix Algebra for Social Scientists. New York: Holt, Rinehart & Winston, Inc., 1963a.

Ders.: „The Statewide Testing Program," Personnel and Guidance Journal 1963b, 394–403.

Ders.: Factor Analysis of Data Matrices. New York: Holt, Rinehart & Winston, Inc., 1965.

Ders. und *Charlotte MacEwan:* „Optimal Test Length for Multiple Prediction–the General Case," Psychometrika, 22 (1957), 311–324.

Ders., C. R. Strother, und *K. W. Schaie:* „The Relationship between Advanced Age and Mental Abilities," Journal of Abnormal Social Psychology, 55 (1957), 166–170.

Jones, F. Nowell: „An Analysis of Individual Differences in Olfactory Thresholds," American Journal of Psychology, 70 (1957), 227–232.

Keats, John A.: „Estimation of Error Variance of Test Scores," Psychometrika, 22 (1957), 29–41.

Kuder, G. F.: Kuder Preference Record. Chicago: Science Research Associates, 1953.

Ders. und *M. W. Richardson:* „The Theory of the Estimation of Test Relability," Psychometrika, 2 (1937), 151–160.

Lazarsfeld, P. F.: „A Conceptual Introduction to Latent Structure Analysis," in P. F. Lazarsfeld, ed., Mathematical Thinking in the Social Sciences. Glencoe, Ill.: The Free Press, 1954.

Likert, R. A.: „A Technique for the Measurement of Attitudes," Archives of Psychology, No. 140, 1932.

Lockard, Robert B.: „Self-Regulated Exposure to Light by Albino Rats as a Function of Rearing Luminance and Test Luminance," Journal of Comparative and Physiological Psychology, 56 (1963), 558–564.

Loevinger, Jane: „A Systematic Approach to the Construction and Evaluation of Tests of Ability," Psychological Monographs, No. 61, 1947.

Lord, Frederic M.: „A Study of Speed Factors in Tests and Academic Grades," Psychometrika, 21 (1956), 31–50.

Ders. und *Ann F. Coward:* „Test Reliability as a Function of the Number of Choices per Item." Unveröffentlichte Arbeit (Educational Testing Service), 1950.

Lubin, A. und *H. G. Osburn:* „A Theory of Pattern Analysis for the Prediction of a Quantitative Criterion," Psychometrika, 22 (1957), 63–74.

Lunneborg, C. E., Jr.: „Dimensional Analysis, Latent Structure, and the Problem of Patterns." Unveröffentlichte Dissertation, University of Washington, 1959.

MacKinnon, Donald W.: „Identifying and Developing Creativity," in Selection and Educational Differentiation. Berkeley: University of California Press, 1959, 75–90.

Meredith, William: „On Appropriate Misuses of the Correlation Coefficient." Unveröffentlicht, 1964.

Mollenkopf, W. G.: „Predicted Differences and Differences between Predictions," Psychometrika, 15 (1950), 409–417.

Mosier, Charles I.: „A Factor Analysis of Certain Neurotic Symptoms," Psychometrika, 2 (1937), 263–290.

Murray, Henry A. et al: Explorations in Personality. New York: Oxford University Press, 1938.

Myers, Charles T.: „The Factorial Composition and Validity of Differently Speeded Tests," Psychometrika, 17 (1952), 347–352.

O'Connor, J.: „Administration and Norms for the Finger Dexterity Test, Worksample No. 16, and Tweezer Dexterity Test, Worksample No. 17," Technical Report of Human Engineering Laboratory, No. 16, 1938.

Rydberg, Sven: Bias in Prediction on Correction Methods. Uppsala, Sweden: Almqvist and Wiksell, 1963.

Spearman, Charles: „The Proof and Measurement of Association between Two Things," American Journal of Psychology, 15 (1904), 72–101.

Ders.: "Correlations of Sums and Differences," British Journal of Psychology, 5 (1913).

Ders.: The Abilities of Man. New York: The Macmillan Company, 1927.

Stenquist, J. L.: Stenquist Mechanical Aptitude Tests: Manual: Yonkers-on-Hudson, N. Y.: World Book Company, 1922.

Stephenson, William: The Study of Behavior. Chicago: University of Chicago Press, 1953.

Taylor, H. C. und *J. T. Russel:* „The Relationship of Validity Coefficients to the Practical Effectiveness of Tests in Selection: Discussion and Tables," Journal of Applied Psychology, 23 (1939), 565–578.

Terman, Lewis M.: The Measurement of Intelligence. Boston: Houghton Mifflin Company, 1916.

Ders. und *Maud A. Merrill:* Measuring Intelligence. Boston: Houghton Mifflin Company, 1937.

Thorndike, Robert L.: Personnel Selection. New York: John Wiley & Sons, Inc., 1949.

Thurstone, L. L.: „The Mental Age Concept." Psychological Review, 33 (1926), 268–278.

Ders.: „The Unit of Measurement in Educational Scales," Journal of Educational Psychology, 18 (1927), 505–524.

Ders.: „Primary Mental Abilities," Psychometric Monographs, No. 1, 1938.

Ders.: Multiple Factor Analysis. Chicago: The University of Chicago Press, 1947.

Ders. und *T. G. Thurstone:* „Factorial Studies of Intelligence," Psychometric Monographs, No. 2, 1941.

Tucker, Ledyard R.: „Formal Models for a Central Prediction System," Psychometric Monographs, No. 10, 1963.

Votaw, D. F., Jr.: „Testing Compound Symmetry in a Normal Multivariate Distribution," Annals of Mathematical Statistics, 19 (1948), 447–473.

Wright, C. E.: „Relations Between Normative and Ipsative Measures of Personality." Unveröffentlichte Dissertation, University of Washington, 1957.

Namenverzeichnis

Stichwortverzeichnis

Testverzeichnis

Verzeichnis der Beweise